U0532249

中国社会科学年鉴

中国非洲研究院文库·年鉴系列

中国非洲研究年鉴 2020

YEARBOOK OF AFRICAN STUDIES IN CHINA

李新烽 主编　安春英 副主编

中国社会科学出版社

图书在版编目（CIP）数据

中国非洲研究年鉴.2020／李新烽主编.—北京：中国社会科学出版社，2020.11
ISBN 978-7-5203-7477-4

Ⅰ.①中… Ⅱ.①李… Ⅲ.①非洲—研究—2020—年鉴 Ⅳ.①D74-54

中国版本图书馆 CIP 数据核字（2020）第 222776 号

出 版 人	赵剑英
责任编辑	姜阿平
责任校对	林福国
责任印制	张雪娇

出　　版	中国社会科学出版社
社　　址	北京鼓楼西大街甲 158 号
邮　　编	100720
网　　址	http://www.csspw.cn
发 行 部	010-84083685
门 市 部	010-84029450
经　　销	新华书店及其他书店
印刷装订	三河市东方印刷有限公司
版　　次	2020 年 11 月第 1 版
印　　次	2020 年 11 月第 1 次印刷
开　　本	787×1092　1/16
印　　张	29.25
插　　页	2
字　　数	621 千字
定　　价	248.00 元

凡购买中国社会科学出版社图书，如有质量问题请与本社营销中心联系调换
电话：010-84083683
版权所有　侵权必究

《中国非洲研究院文库》编纂委员会

主　任　蔡　昉
编委会（按姓氏笔画排序）

　　　　王　凤　　王林聪　　王灵桂　　毕健康　　朱伟东　　刘鸿武
　　　　安春英　　李安山　　李智彪　　李新烽　　杨宝荣　　吴传华
　　　　余国庆　　张永宏　　张宇燕　　张宏明　　张忠祥　　张艳秋
　　　　张振克　　林毅夫　　罗建波　　周　弘　　赵剑英　　胡必亮
　　　　洪永红　　姚桂梅　　贺文萍　　莫纪宏　　党争胜　　郭建树
　　　　唐志超　　谢寿光　　詹世明　　蔡　昉

《中国非洲研究年鉴》编委会

主　编　李新烽
副主编　安春英
编委会（按姓氏笔画排序）
　　　　　马学清　王林聪　成　红　刘中伟　刘鸿武　安春英
　　　　　李文刚　李安山　李新烽　吴传华　沈晓雷　张永宏
　　　　　张忠祥　张振克　洪永红　詹世明

充分发挥智库作用　助力中非友好合作

——《中国非洲研究院文库》总序

当今世界正面临百年未有之大变局。世界多极化、经济全球化、社会信息化、文化多样化深入发展，和平、发展、合作、共赢成为人类社会共同的诉求，构建人类命运共同体成为各国人民共同的愿望。与此同时，大国博弈激烈，地区冲突不断，恐怖主义难除，发展失衡严重，气候变化凸显，单边主义和贸易保护主义抬头，人类面临许多共同挑战。中国是世界上最大的发展中国家，是人类和平与发展事业的建设者、贡献者和维护者。2017年10月中共十九大胜利召开，引领中国发展踏上新的伟大征程。在习近平新时代中国特色社会主义思想指引下，中国人民正在为实现"两个一百年"奋斗目标和中华民族伟大复兴的"中国梦"而奋发努力，同时继续努力为人类作出新的更大的贡献。非洲是发展中国家最集中的大陆，是维护世界和平、促进全球发展的重要力量之一。近年来，非洲在自主可持续发展、联合自强道路上取得了可喜进展，从西方眼中"没有希望的大陆"变成了"充满希望的大陆"，成为"奔跑的雄狮"。非洲各国正在积极探索适合自身国情的发展道路，非洲人民正在为实现《2063年议程》与和平繁荣的"非洲梦"而努力奋斗。

中国与非洲传统友谊源远流长，中非历来是命运共同体。中国高度重视发展中非关系，2013年3月习近平担任国家主席后首次出访就选择了非洲；2018年7月习近平连任国家主席后首次出访仍然选择了非洲；6年间，习近平主席先后4次踏上非洲大陆，访问坦桑尼亚、南非、塞内加尔等8国，向世界表明中国对中非传统友谊倍加珍惜，对非洲和中非关系高度重视。2018年中非合作论坛北京峰会成功召开。习近平主席在此次峰会上，揭示了中非团结合作的本质特征，指明了中非关系发展的前进方向，规划了中非共同发展的具体路径，极大地完善并创新了中国对非政策的理论框架和思想体系，成为习近平外交思想的重要理论创新成果，为未来中非关系的发展提供了强大政治遵循和行动指南，是中非关系发展史上又一次具有里程碑意义的盛会。

随着中非合作蓬勃发展，国际社会对中非关系的关注度不断提高，出于对中国在非洲影响力不断上升的担忧，西方国家不时泛起一些肆意抹黑、诋毁中非关系的奇谈怪论，诸如"新殖民主义论""资源争夺论""债务陷阱论"等，给中非关系发展带来一定程度的干扰。在此背景下，学术界加强对非洲和中非关系的研究，及时推出相关研究成果，提升国际话语权，展示中非务实合作的丰硕成果，客观积极地反映中非关系良好发展，向世界发出中国声音，显得日益紧迫重要。

中国社会科学院以习近平新时代中国特色社会主义思想为指导，按照习近平主席的要求，努力建设马克思主义理论阵地，发挥为党的国家决策服务的思想库作用，努力为构建中国特色哲学社会科学学科体系、学术体系、话语体系作出新的更大贡献，不断增强我国哲学社会科学的国际影响力。中国社会科学院西亚非洲研究所是根据当年毛泽东主席批示成立的区域性研究机构，长期致力于非洲问题和中非关系研究，基础研究和应用研究并重，出版发表了大量学术专著和论文，在国内外的影响力不断扩大。以西亚非洲研究所为主体于2019年4月成立的中国非洲研究院，是习近平主席在中非合作论坛北京峰会上宣布的加强中非人文交流行动的重要举措。

按照习近平主席致中国非洲研究院成立贺信精神，中国非洲研究院的宗旨是：汇聚中非学术智库资源，深化中非文明互鉴，加强治国理政和发展经验交流，为中非和中非同其他各方的合作集思广益、建言献策，增进中非人民相互了解和友谊，为中非共同推进"一带一路"合作，共同建设面向未来的中非全面战略合作伙伴关系，共同构筑更加紧密的中非命运共同体提供智力支持和人才支撑。中国非洲研究院有四大功能：一是发挥交流平台作用，密切中非学术交往。办好"非洲讲坛""中国讲坛"，创办"中非文明对话大会"。二是发挥研究基地作用，聚焦共建"一带一路"。开展中非合作研究，定期发布研究课题及其成果。三是发挥人才高地作用，培养高端专业人才。开展学历学位教育，实施中非学者互访项目。四是发挥传播窗口作用，讲好中非友好故事。办好中英文中国非洲研究院网站，创办多语种《中国非洲学刊》。利用关于非洲政治、经济、国际关系、社会文化、民族宗教、安全等领域的研究优势，以及编辑、图书信息和综合协调实力，以学科建设为基础，加强学术型高端智库建设。

为贯彻落实习近平主席的贺信精神，更好汇聚中非学术智库资源，团结非洲学者，引领中国非洲研究工作者提高学术水平和创新能力，推动相关非洲学科融合发展，推出精品力作，同时重视加强学术道德建设，中国非洲研究院面向全国非洲研究学界，坚持立足中国，放眼世界，特设"中国非洲研究院文库"。"中国非洲研究院文库"由中国非洲研究院统一组织出版，下设多个系列丛书："学术著作"系反映非洲发展问题、发展道路及中非合作等系统性专题研究成果；"经典译丛"主要把非洲学者有关非洲问题研究的经典学术著作翻译成中文出版，力图全面反映非洲本土学者的学术水平、学术观点和对自身的认识；"智库报告"以中非关系为研究主线，为新时代中非关系顺利发展提供学术视角和智库建议；"研究论丛"基于国际格局新变化、中国特色社会主义进入新时代，集结中国专家学者对非洲发展重大问题和中非关系的创新性学术论文；"年鉴"系统汇集了每年度非洲研究的新观点、新动态、新成果，全面客观地展示了非洲研究的智慧产出。

期待中国的非洲研究和非洲的中国研究在中国非洲研究院成立的新的历史起点

上，凝聚国内研究力量，联合非洲各国专家学者，开拓进取，勇于创新，不断推进我国的非洲研究和非洲的中国研究以及中非关系研究，从而更好地服务于中非共建"一带一路"，助力新时代中非友好合作全面深入发展。

中国社会科学院副院长　中国非洲研究院院长

蔡昉

编辑说明

《中国非洲研究年鉴》是中国社会科学院西亚非洲研究所（中国非洲研究院）主办、逐年编纂连续出版的资料性文献，系统汇集了非洲研究的年度重要文献、基本数据、研究动态和科研成果。其宗旨是全面、客观地展示非洲研究的智慧产出，促进中非思想交流，推进中非合作对话，搭建增进中非人民友谊的学术平台和知识桥梁。

一 年鉴的框架

年鉴采用分类编辑法，以栏目（或称类目）为单位，下设分目、条目，栏目设置既保持相对稳定，又根据年度特色略有调整。本卷共设置10个栏目，即重要文献、热点聚焦、专题特稿、研究综述、新书选介、学刊简介、学术机构、学术动态、数据统计和年度大事。

二 年鉴的体例

年鉴的条目作为基本表达形式，采用说明体或论述体。新书选介、学术动态、学术机构等栏目，重点对所述情况进行说明解释，突出新情况；而热点聚焦、专题特稿、研究综述等栏目，侧重对所述议题进行学术性解读，突出研究特色。各条目的语言表述力求客观、平实。

三 条目选定的原则

年鉴条目是信息的基本载体，反映的是年度非洲研究的新观点、新动态、新成果。选择标准重在年度内可产生全局性、学术创新性、传播力的重要信息。由于本卷年鉴是首卷，故部分条目在时间界定上有所上溯，如"重要文献"收录了近年非洲大陆及中国对非关系中的重要政策、讲话、文件、战略计划等；"研究综述"系统梳理了中华人民共和国成立70年的非洲研究历史、研究视点、代表性观点及重要的研究成果，有助于读者对相关专题有历史纵深及延续性认知。

在年鉴编纂过程中，得到了国内非洲研究相关机构的大力支持，在此表示诚挚的感谢！囿于参与编纂人员经验不足、资料收集难等因素，本卷年鉴在栏目设置、收录范围、条目内容等方面难免存在纰漏和不足，敬请读者谅解。

中国非洲研究院
2020 年 4 月 9 日

目　录

第一篇　重要文献

- 习近平主席关于非洲发展与中非关系的论述

永远做可靠朋友和真诚伙伴
　　——习近平在坦桑尼亚尼雷尔国际会议中心的演讲
　　　　（2013 年 3 月 25 日） ································· (3)
弘扬万隆精神　推进合作共赢
　　——习近平在印度尼西亚雅加达亚非领导人会议上的讲话
　　　　（2015 年 4 月 22 日） ································· (6)
开启中非合作共赢、共同发展的新时代
　　——在中非合作论坛约翰内斯堡峰会开幕式上的致辞
　　　　（2015 年 12 月 4 日） ································· (10)
携手共命运　同心促发展
　　——在 2018 年中非合作论坛北京峰会开幕式上的主旨讲话
　　　　（2018 年 9 月 3 日） ································· (14)
习近平主持中非领导人会晤（2019 年 6 月 28 日） ·········· (19)

- 中非合作论坛成果文件

中非合作论坛约翰内斯堡峰会宣言（2015 年 12 月 25 日） ········· (20)
关于构建更加紧密的中非命运共同体的北京宣言（2018 年 9 月 5 日） ·········· (24)
中非合作论坛—北京行动计划（2019—2021 年） ·········· (29)

- 中国对非洲政策与中非合作文件

中国和非洲联盟加强中非减贫合作纲要（2014 年 5 月 5 日） ·········· (48)
中国对非洲政策文件（2015 年 12 月） ·········· (50)

- 非洲地区发展战略与计划

非洲农业综合发展计划（2003 年 7 月） ·········· (62)
2063 年议程（2015 年 4 月） ·········· (66)
非洲大陆自由贸易区协定（2018 年 3 月） ·········· (70)

第二篇　热点聚焦

● **非洲政治**
阿尔及利亚抗议风暴与政权更迭 ………………………………………… 王金岩(77)
苏丹政治剧变的原因与政局走向 ………………………………………… 周　军(85)

● **非洲经济与社会**
非洲大陆自贸区成立与中非贸易发展 …………………………………… 刘青海(96)
南非排外行为：基于历史与现实的解读 ………………………… 梁益坚　刘国强(107)

● **非洲安全**
非洲反恐形势与地区安全 ………………………………………………… 邓延庭(117)
非洲大湖地区安全形势的"危"与"机" …………………………………… 王洪一(126)

● **非洲国际关系**
特朗普的非洲新战略内涵与新动向 ……………………………………… 刘中伟(135)
从东京国际会议看日本对非洲合作新态势 ……………………… 张永蓬　张耀之(143)
俄非峰会机制下俄罗斯与非洲关系 ……………………………………… 徐国庆(151)

第三篇　专题特稿

中国与发展中国家的治国理政经验交流：历史、理论与世界意义 ……… 罗建波(163)
中国的维和外交：基于国家身份视角的分析 …………………………… 何　银(173)
中非关系70年与中国外交的成长成熟 …………………………… 刘鸿武　林　晨(184)
国际公共产品供应视角下的中非合作 …………………………………… 张　春(194)
中国对非减贫合作70年：理念演变与实践特点 ………………………… 安春英(205)

第四篇　研究综述

中国的非洲研究70年述评(1949—2019年) …………………………… 张宏明(219)
中国的非洲政治研究(1949—2019年) ………………………………… 沈晓雷(235)
中国的非洲经济研究(1949—2019年) ………………………………… 智宇琛(245)
中国的非洲国际关系研究(1949—2019年) …………………………… 安春英(257)
中国的非洲民族问题研究(1949—2019年) …………………………… 李文刚(268)
中国的非洲宗教研究(1949—2019年) ………………………………… 李文刚(279)

第五篇　新书选介

● 专著

《21世纪欧盟对非洲援助的政治导向研究》(赵雅婷著) …………………………… (293)
《印度与南非伙伴关系研究》(徐国庆著) …………………………………………… (293)
《美国与欧盟的北非安全政策研究》(王聪悦著) …………………………………… (294)
《保护的责任：全球治理视野下的国际法规范演化》(史晓曦著) ………………… (294)
《殖民主义与非洲社会变迁：以英属非洲殖民地为中心(1890—1960年)》
　(李鹏涛著) ………………………………………………………………………… (294)
《非洲学发凡——实践与思考六十问》(刘鸿武著) ………………………………… (295)
《大国经略非洲研究(上、下)》(张宏明主编) ……………………………………… (295)
《国家起源与古代王国研究：以非洲为例》(李安山著) …………………………… (296)
《第二次世界大战后日本的非洲外交研究》(王盈著) ……………………………… (296)
《非洲华人社会经济史》(三卷本)(李安山著) ……………………………………… (297)
《北非变局对环地中海国际关系的影响研究》(刘云、钱磊著) …………………… (297)
《发展和平：全球安全治理中的规范竞争与共生》(何银著) ……………………… (298)

● 研究报告

《中非产能合作发展报告(2018)：南非、肯尼亚、坦桑尼亚三国投资环境与
　产业园区建设调研》(张巧文、黄玉沛、孙志娜编) …………………………… (298)
《非洲发展报告(2018—2019)》(张宏明主编) ……………………………………… (299)
"中国非洲研究院文库·智库系列"丛书 ……………………………………………… (299)
《中非之路：坦赞铁路沿线访谈录》(张勇主编) …………………………………… (301)

● 志书

《列国志》系列丛书 …………………………………………………………………… (302)

● 学术资料

《非洲经济地理与区域发展研究资料汇编》(共6卷)(张振克主编) ……………… (302)

第六篇　学刊简介

● 现有学刊

《阿拉伯世界研究》(1978年) ………………………………………………………… (305)
《西亚非洲》(1980年) ………………………………………………………………… (305)
《亚非纵横》(1990年) ………………………………………………………………… (306)
《亚非研究》(2007年) ………………………………………………………………… (306)
《非洲研究》(2010年) ………………………………………………………………… (307)

《中国非洲研究评论》(2011 年) ……………………………………………… (307)
《非洲经济评论》(2012 年) ……………………………………………………… (308)
《阿拉伯研究论丛》(2015 年) …………………………………………………… (308)
《北大中东研究》(2015 年) ……………………………………………………… (309)
《非洲法评论》(2015 年) ………………………………………………………… (309)
《中东研究》(2015 年) …………………………………………………………… (310)

● **已停办学刊**

《亚非译丛》(1959 年) …………………………………………………………… (310)
《亚非资料》(1960 年) …………………………………………………………… (310)
《非洲经济地理参考资料》(1964 年) …………………………………………… (311)
《西亚非洲资料》(1965 年) ……………………………………………………… (311)
《非洲动态》(1973 年) …………………………………………………………… (311)
《非洲地理专刊》(1978 年) ……………………………………………………… (311)
《亚非问题研究》(1979 年) ……………………………………………………… (311)
《非洲问题参考资料》(1979 年) ………………………………………………… (312)
《非洲历史研究》(1980 年) ……………………………………………………… (312)
《亚非》(1982 年) ………………………………………………………………… (312)
《西亚非洲调研》(1992 年) ……………………………………………………… (313)

第七篇　学术机构

● **全国性非洲研究学术团体**

中国亚非学会 ………………………………………………………………………… (317)
中国非洲问题研究会 ………………………………………………………………… (318)
中国非洲史研究会 …………………………………………………………………… (319)

● **国内非洲研究机构**

安徽大学西亚北非研究中心 ………………………………………………………… (320)
中国国际问题研究院发展中国家研究所 …………………………………………… (321)
中国社会科学院西亚非洲研究所(中国非洲研究院) ……………………………… (322)
国务院发展研究中心亚非发展研究所 ……………………………………………… (324)
北京大学非洲研究中心 ……………………………………………………………… (325)
中非发展基金研究发展部 …………………………………………………………… (326)
中非工业合作发展论坛专家委员会 ………………………………………………… (327)
外交学院非洲研究中心 ……………………………………………………………… (328)
中国传媒大学非洲传媒研究中心 …………………………………………………… (328)

国际关系学院外语学院非洲研究所 (330)
中国现代国际关系研究院非洲研究所 (331)
中国人民大学中东非洲研究中心 (331)
商务部国际贸易经济合作研究院西亚及非洲研究所 (332)
北京外国语大学非洲研究中心 (333)
北京语言大学非洲研究中心 (333)
对外经济贸易大学突尼斯研究中心 (334)
中国传媒大学坦桑尼亚研究中心 (335)
中国农业大学国际发展和全球农业学院非洲发展研究中心 (336)
中国社会科学院世界历史研究所非洲史研究室 (338)
中共中央党校(国家行政学院)国际战略研究院非洲拉美研究所 (339)
重庆师范大学东非(印尼)研究中心 (340)
重庆交通大学贝宁研究中心 (340)
广东外语外贸大学非洲研究院 (341)
中山大学社会学与人类学院非洲研究中心 (343)
武汉大学非洲研究中心 (344)
湘潭大学中非经贸法律研究院 (345)
湖南省非洲文化研究与交流中心 (346)
湖南师范大学非洲研究中心 (347)
湖南大学中非经贸研究中心 (349)
中南大学中非合作与发展研究中心 (349)
南京大学非洲研究所 (350)
江苏师范大学亚非研究所 (352)
扬州大学苏丹研究中心 (353)
常州市社会科学院"一带一路"非洲研究中心 (355)
南昌大学经济管理学院非洲贸易与投资研究所 (356)
江西师范大学马达加斯加研究中心 (357)
中非贸易研究中心 (358)
西南财经大学非洲研究中心 (359)
电子科技大学西非研究中心 (360)
西华师范大学埃塞俄比亚研究中心 (362)
济南大学非洲研究中心 (362)
西北农林科技大学非洲研究中心 (364)
华东师范大学非洲研究所 (365)
上海师范大学非洲研究中心 (366)

上海国际问题研究院西亚非洲研究中心 ……………………………………… (367)
上海外国语大学东非研究中心 ……………………………………………… (368)
天津职业技术师范大学非盟研究中心 ……………………………………… (368)
云南大学非洲研究中心 ……………………………………………………… (370)
云南师范大学非洲地理与资源环境研究院 ………………………………… (371)
浙江师范大学非洲研究院 …………………………………………………… (372)
浙江农林大学非洲农林研究院 ……………………………………………… (375)
浙江师范大学非洲法律与社会发展研究中心 ……………………………… (376)
明危咨询 ……………………………………………………………………… (377)
浙江工商大学北非研究中心 ………………………………………………… (378)
浙江海洋大学非洲沿海国家研究中心 ……………………………………… (379)

● **非洲主要智库** ……………………………………………………………… (380)

第八篇 学术动态

● **学术讲座**

北京大学举办"互联网时代跨文化传播和交流：中国和非洲在地知识的
重要性"讲座 ……………………………………………………………… (385)
中国非洲研究院举办首届"非洲讲坛" ……………………………………… (386)
中国非洲研究院举办第二届"非洲讲坛" …………………………………… (387)

● **学术研讨会**

"中国非洲研究70年：回顾与展望"研讨会在湘潭大学举行 ……………… (388)
中非智库论坛第八届会议在北京隆重举行 ………………………………… (389)
"'一带一路'倡议与非洲一体化发展"国际研讨会在北京举行 …………… (390)
"延安精神与中非治国理政经验交流"国际研讨会在延安举行 …………… (391)
北京大学举行"尼雷尔日在中国"纪念活动 ………………………………… (392)
首届"中国—南苏丹智库论坛"在朱巴举行 ………………………………… (393)
扬州大学举办"中国—苏丹高等教育合作发展论坛" ……………………… (394)
中国非洲史研究会2019年年会在广州举行 ………………………………… (395)
"非洲形势中的重大现实与热点问题"学术研讨会在北京召开 …………… (396)
"治国理政与中非经济社会发展"国际研讨会在南非举行 ………………… (397)
"中非携手促进可持续发展"国际研讨会在非盟总部举行 ………………… (398)
"中非合作与共建'一带一路'"国际研讨会在塞内加尔举行 ……………… (399)
"非洲大湖地区发展局势与投资机会研判圆桌论坛"在杭州举行 ………… (400)

● 学术访问

中国非洲研究院成功承办"2019年非洲英语国家学者访华团"项目 ……… (401)
中国非洲研究院学者首访东共体总部和联合国秘书长大湖地区特使办公室 …… (402)
中国非洲研究院李新烽常务副院长率团赴苏丹调研 ……………………… (403)
云南大学举办"中国—南非民族文化交流工作坊"系列活动 …………… (404)

● 学术机构要闻

中国非洲研究院挂牌成立 …………………………………………………… (405)
北京外国语大学成立非洲学院 ……………………………………………… (406)
《非洲通史》新卷在北京大学发布 ………………………………………… (407)

第九篇　数据统计

2019年非洲国家主要经济指标 ……………………………………………… (411)
非洲国家主要社会发展指标 ………………………………………………… (413)
非洲国家环境与可持续发展指标 …………………………………………… (415)
2019年非洲国家营商环境部分指标 ………………………………………… (417)
2019年中国与非洲国家商品贸易额 ………………………………………… (419)

第十篇　年度大事

……………………………………………………………………………………… (423)

Contents

Chapter I Important Literature

● **President Xi Jinping's Statements on Africa Development and China-Africa Relations**

Trustworthy Friends and Sincere Partners Forever
—Xi Jinping's Speech at Julius Nyerere International Convention
Centre of in Tanzania (March 25, 2013) ·················· (3)

Carry Forward the Bandung Spirit for Win-win Cooperation
—Xi Jinping's speech at Asian-African Summit in Jakarta, Indonesia
(April 22, 2015) ·················· (6)

A New Era of China-Africa Cooperation and Common Development
—Xi Jinping's speech at the opening ceremony of Johannesburg Summit
of the FOCAC (December 4, 2015) ·················· (10)

Work Together for Common Development and a Shared Future
—Xi Jinping's Keynote Speech at the opening ceremony of the Beijing Summit
of the FOCAC (September 3, 2018) ·················· (14)

Xi Jinping Chaired the China-Africa Leaders' Meeting (June 28, 2019) ············ (19)

● **Outcome Documents of the FOCAC**

Declaration of the Johannesburg Summit of the Forum on China-Africa Cooperation
(December 25, 2015) ·················· (20)

The Beijing Declaration—Toward an Even Stronger China-Africa Community with
a Shared Future (September 5, 2018) ·················· (24)

The FOCAC Beijing Action Plan (2019–2021) ·················· (29)

● **China's Africa Polity and Documents on China-Africa Cooperation**

The Program for Strengthening China-Africa Cooperation on Poverty Reduction
(May 5, 2014) ·················· (48)

China's Africa Policy Paper (December 2015) ·················· (50)

- **Development Strategies and Plans of Africa**

Comprehensive Africa Agriculture Development Programme (July 2003) .... (62)

Agenda 2063 (April 2015) .... (66)

African Continental Free Trade Agreement (March 2018) .... (70)

Chapter II Special Focus

- **African Politics**

The Protest Storm and Regime Change of Algeria .... Wang Jinyan (77)

The Political Change and Development Trend of Sudan .... Zhou Jun (85)

- **African Economy and Society**

Reasons for the Launch of the African Continental Free Trade Area and its
    Influence on China-Africa Trade .... Liu Qinghai (96)

The Xenophobic Actions of South Africa: An History and Reality based
    Analysis .... Liang Yijian Liu Guoqiang (107)

- **African Security**

Anti-terrorism and Regional Security of Africa .... Deng Yanting (117)

The "Challenges" and "Opportunities" of Security Situation in the Great
    Lakes Region .... Wang Hongyi (126)

- **African International Relations**

The Strategic Connotations and New Trends of Trump's New Africa
    Strategy .... Liu Zhongwei (135)

New Trends of Japan's Cooperation with Africa in Tokyo International Conference
    of Africa's Development .... Zhang Yongpeng Zhang Yaozhi (143)

Russia-Africa Relations under Russia-Africa Summit .... Xu Guoqing (151)

Chapter III Keynote Analysis

Experiences between China and Developing Countries: History, Theory and
    World Significance .... Luo Jianbo (163)

China's Peacekeeping Diplomacy: An Analysis from the Perspective of National
    Identity .... He Yin (173)

Chinese Diplomacy towards Maturity: Benefits from Seventy Years of China-Africa
    Relations .... Liu Hongwu Lin Chen (184)

China-Africa Cooperation from the Perspective of International Public Goods

Provision ·· Zhang Chun (194)
China-Africa Cooperation in Poverty Reduction throughout 70 years: Evolution
   of Concepts and Characteristics of Practices ························· An Chunying (205)

Chapter IV Research Review

A Review of 70 Years of African Studies in China
   (1949 – 2019) ·· Zhang Hongming (219)
Studies on African Politics in China
   (1949 – 2019) ··· Shen XiaoLei (235)
Studies on African Economy in China
   (1949 – 2019) ·· Zhi Yuchen (245)
Studies on African International Relations in China
   (1949 – 2019) ··· An Chunying (257)
Studies on African Ethnic Groups in China
   (1949 – 2019) ·· Li Wengang (268)
Studies on African Religions in China
   (1949 – 2019) ·· Li Wengang (279)

Chapter V Introduction of New Books

• **Monographs**

Zhao Yating: *EU's Politically Oriented Aid to Africa since the 21st Century* ········· (293)
Xu Guoqing: *Research on India-South Africa Partnership* ···························· (293)
Wang Congyue: *The US and EU's North African Security Policy* ···················· (294)
Shi Xiaoxi: *Responsibility to Protect: Evolution of International Law Norms
   from the Perspective of Global Governance* ······································· (294)
Li Pengtao: *Colonialism and African Social Change-A Study focus on British
   Colonial Africa (1890 – 1960)* ··· (294)
Liu Hongwu: *African Studies from Chinese Perspectives* ··························· (295)
Zhang Hongming (ed): *Strategies and Engagements of Major Powers in Africa
   (Volume 1, 2)* ·· (295)
Li Anshan: *A Study on the Origin of the State and the Ancient Kingdom: with
   Africa as an Example* ·· (296)
Wang Ying: *A Study of Japan's African Diplomacy after World War II* ············· (296)

Li Anshan: *African Economic History* ……………………………………………… (297)
Liu Yun, Qian Lei: *The Upheaval in North Africa and its Impact on Euro-Mediterranean Relations* ……………………………………………………… (297)
He Yin: *Development Peace: Regulated Competition and Symbiosis in Global Security Governance* …………………………………………………………… (298)

● **Research Reports**

Zhang Qiaowen et al. (ed): *2018 Report on China-Africa Industrial Capacity Cooperation: A Survey on Investment Environment and Industrail Parks in South Africa, Kenya and Tanzania* ………………………………………………………… (298)
Zhang Hongming (ed): *Annual Report on Development in Africa (2018-2019)* …………………………………………………………………… (299)
"China-Africa Institute Think Tank" Research Reports ……………………… (299)
Zhang Yong (ed): *Uhuru: The History of Tanzania-Zambia Railway* ………… (301)

● **Annals**

Annals of Nations Series ……………………………………………………… (302)

● **Academic Materials**

Zhang Zhenke (ed): *Compilation of Research Materials on African Economic Geography and Regional Development (six volumes)* ……………………… (302)

Chapter VI Academic Journals

● **Journals Currently Available**

Arab World Studies (1978) …………………………………………………… (305)
West Asia and Africa (1980) ………………………………………………… (305)
Asia & Africa Review (1990) ………………………………………………… (306)
Asia and Africa Studies (2007) ……………………………………………… (306)
African Studies (2010) ………………………………………………………… (307)
Annual Review of African Studies in China (2011) ………………………… (307)
African Economic Review (2012) …………………………………………… (308)
Arab Studies (2015) …………………………………………………………… (308)
Middle East Studies of PKU (2015) ………………………………………… (309)
Xiangtan University African Law Review (2015) …………………………… (309)
Middle East Studies (2015) …………………………………………………… (310)

● **Discontinued Journals**

Asian-African Translation (1959) …………………………………………… (310)

Asian-African Information (1960) .... (310)
African Economic Geography Reference (1964) .... (311)
West Asia and Africa Information (1965) .... (311)
Africa News (1973) .... (311)
African Geography Special (1978) .... (311)
Asian-African Studies (1979) .... (311)
References of African Studies (1979) .... (312)
African History Studies (1980) .... (312)
Asia and Africa (1982) .... (312)
West Asia and Africa Survey (1992) .... (313)

Chapter VII Academic Institutions

- **National Societies on African Studies in China**

Chinese Society of Asian and African Studies .... (317)
Chinese Research Society of African Affairs .... (318)
Chinese Society of African Historical Studies .... (319)

- **Other Research Organs on African Studies in China**

Centre of West Asian & North African Studies, Anhui University .... (320)
Department for Developing Countries Studies, China Institute of International
　Studies .... (321)
Institute of West Asian and African Studies of the Chinese Academy of Social
　Sciences (China-Africa Institute) .... (322)
Asian-African Development Research Institute of Development Research Centre
　of the State Council, P. R. C .... (324)
Centre for African Studies, Peking University .... (325)
Research and Development Department of China-Africa Development Fund .... (326)
China Africa Industrial Forum Expert Committee .... (327)
Africa Studies Center of China Foreign Affairs University .... (328)
Africa Communication Research Center, Communication University of China ...... (328)
Institute of African Studies School of Foreign Studies, University of International
　Relations .... (330)
Institute of African Studies, China Institute of Contemporary Relations .... (331)
Center for East African Studies, Renmin University of China .... (331)
Institute of West Asian and African Studies, Chinese Academy of International

Trade and Economic Cooperation ……………………………………… (332)
Center for African Studies, Beijing Foreign Studies University ……………… (333)
Center for African Studies, Beijing Language and Culture University …………… (333)
Tunisia Studies Center, University of International Business and Economics ……… (334)
Center for Tanzania Studies, Communication University of China ……………… (335)
Center for African Studies of China Institute for South-South Cooperation in
　Agriculture, China Agriculture University ……………………………… (336)
Section of African Historical Studies, Institute of World History, Chinese
　Academy of Social Sciences ……………………………………… (338)
The Institute of Africa and Latin American Studies, Institute for International
　Strategic Studies, Party School of Central Committee of C. P. C ………………… (339)
East Africa (Indonesia) Research Center of Chongqing Normal University ……… (340)
Benin Research Centre, Chongqing Jiaotong University …………………… (340)
Institute for African Studies, Guangdong University of Foreign Studies ……………… (341)
Centre for African Studies, School of Sociology and Anthropology, Sun
　Yat-Sen University ……………………………………………… (343)
Center for African Studies, Wuhan University ……………………………… (344)
China-Africa Institute for Business and Law, Xiangtan University ……………… (345)
Hunan African Cultural Research & Exchange Center ……………………… (346)
Center Of African Studies of Hunan Normal University …………………… (347)
China-Africa Economic and Trade Research Center, Hunan University ………… (349)
Center for China-Africa Cooperation and Development, Central South University …… (349)
Institute of African Studies, Nanjing University …………………………… (350)
Institute of Asian and African Studies, Jiangsu University ………………… (352)
Center for Sudanese Studies, Yangzhou University ………………………… (353)
Center of Africa Studies with the Belt and Road, Changzhou Academy
　of Social Sciences ……………………………………………… (355)
Institute of African Trade and Investment, School of Economics and Managemant,
　Nanchang University …………………………………………… (356)
Madagascar Research Centre, Jiangxi Normal University …………………… (357)
China-Africa Trade Research Center …………………………………… (358)
Center for African Studies, Southwestern University of Finance and Economics …… (359)
Centre for West African Studies, University of Electronic Science and Technology
　of China ……………………………………………………… (360)
Center for Ethiopia Studies, China West Normal University ………………… (362)

Center for African Studies, Jinan University ······················· (362)
Africa Relation Center of North West A&F University ··············· (364)
Institute of African Studies, East China Normal University ··············· (365)
Center for African Studies of Shanghai Normal University ··············· (366)
Center for West Asian and African Studies, Shanghai Institutes for International
　　Studies ··· (367)
Cneter for East African Studies, Shanghai International University ··············· (368)
Center of African Union Studies, Tianjin University of Technology and
　　Education ··· (368)
Center for African Studies, Yunan University ··············· (370)
Institute of African Geography and Resources Environment, Yunnan Normal
　　University ··· (371)
Institute of African Studies, Zhejing Normal University ··············· (372)
Center for China-Africa Agriculture and Forestry Research, Zhejing A&F
　　University ··· (375)
Research Center for African Law and Social Development, Zhejiang Normal
　　University ··· (376)
Mingwei Risk Analysis ··· (377)
Center for North African Studies, Zhejing Gongshang University ··············· (378)
Center for African Coastal Countries Studies, Zhejing Ocean University ··············· (379)
- **African Think Tanks**
　　··· (380)

Chapter VIII　Academic Trends

- **Academic Lectures**

The lecture on "Media and Communicative Process of Heritage Knowledge in
　　the Indigenous Context of Africa and China" was held in Peking University ······ (385)
The First Africa Lecture was held in the China-Africa Institute ··············· (386)
The Second Africa Lecture was held in the China-Africa Institute ··············· (387)

- **Academic Symposiums**

The seminar of "African Studies in China throughout 70 years: Retrospect and
　　Outlook" was held in Xiangtan University ······················ (388)
The Eighth Meeting of China-Africa Think Tanks Forum was held in Beijing ··············· (389)
The international symposium of "the 'Belt and Road' Initiative and African

Integration" was held in Beijing ········· (390)
The international symposium of "Yan'an Spirit and China-Africa Exchanges on
 Governance Experience" was held in Yan'an ········· (391)
The commemorative activity of "Nyerere Day in China" was held in Peking
 University ········· (392)
The First South Sudan-China Think Tank Forum was held in Juba, South
 Sudan ········· (393)
China-Sudan Forum on Development of Higher Education Cooperation was held in
 Yangzhou University ········· (394)
The Annual Convention of Chinese Society of African Historical Studies (2019) was
 held in Guangzhou ········· (395)
The symposium of "MajorEvents and Hot Issues in the Situation of Africa" was
 held in Beijing ········· (396)
The international symposium of "Governance and China-Africa Economic and
 Social Development" was held in South Africa ········· (397)
The international symposium of "China-Africa Cooperation on Sustainable
 Development" was held in the headquarter of the African Union ········· (398)
The international symposium of "China-Africa Cooperation on Building of the Belt
 and Road" was held in Senegal ········· (399)
The Round-table Forum on the Development Situation and Investment Opportunities
 in the Great Lakes Region of Africa was held in Hangzhou ········· (400)

- **Academic Visits**

The Delegation of Scholars from English-speaking African Countries (2019) was
 organized by the China-Africa Institute ········· (401)
Scholars from the China-Africa Institute paid their first visit to the East African
 Community and the Office of the Special Envoy for the Great Lakes of the
 United Nations ········· (402)
The Academic delegation headed by Professor Li Xinfeng, Executive Vice
 President of the China-Africa Institute visited Sudan ········· (403)
China-South Africa Ethnic Culture Exchanges was held in Yunnan University ········· (404)

- **News of Academic Organs**

China-Africa Institute was inaugurated ········· (405)
School of African Studies was launched in Beijing Foreign Studies University ········· (406)
New volumes of *General History of Africa* were launched in Peking University ········· (407)

Chapter IX Statistics

Main economic indicators of African countries in 2019 ·················· (411)
Main social development indicators of African countries ················ (413)
African National Environment and Sustainable Development Index ············ (415)
Some indicators of the business environment of African countries in 2019 ············ (417)
Commodity trade volume between China and African countries in 2019 ············ (419)

Chapter X Major Events

·· (423)

第一篇

重要文献

本部分收录了四部分重要文献:"习近平主席关于非洲发展与中非关系的论述"包括习主席的讲话;"中非合作论坛成果文件"包括中非合作论坛约翰内斯堡峰会和北京峰会通过的宣言和行动计划;"中国对非政策与中非合作文件"包括新版《中国对非洲政策文件》和中非双方在减贫领域的合作共识文件;"非洲地区发展战略计划"包括非洲联盟关于推动非洲地区发展的战略规划。每一部分按文献发布的时间排序。因篇幅所限,编者对相关部分文献做了节选。

● 习近平主席关于非洲发展与中非关系的论述

永远做可靠朋友和真诚伙伴

——习近平在坦桑尼亚尼雷尔国际会议中心的演讲

(2013年3月25日)

当前,中非关系正站在新的历史起点上,具备天时、地利、人和的优势。作为"希望的大陆"、"发展的热土",今天的非洲已经成为全球经济增长最快的地区之一,非洲雄狮正在加速奔跑,而中国也继续保持着良好发展势头。中非合作基础更加坚实、合作意愿更加强烈、合作机制更加完善,推进中非合作是双方人民共同心愿,是大势所趋、人心所向。

这里,我可以明确告诉各位朋友,新形势下,中非关系的重要性不是降低了而是提高了,双方共同利益不是减少了而是增多了,中方发展对非关系的力度不会削弱、只会加强。

第一,对待非洲朋友,我们讲一个"真"字。真朋友最可贵。中非传统友谊弥足珍贵,值得倍加珍惜。我们始终把发展同非洲国家的团结合作作为中国对外政策的重要基础,这一点绝不会因为中国自身发展和国际地位提高而发生变化。中国坚持国家不分大小、强弱、贫富一律平等,秉持公道、伸张正义,反对以大欺小、以强凌弱、以富压贫,反对干涉别国内政,将继续同非方在涉及对方核心利益和重大关切的问题上相互支持,继续在国际和地区事务中坚定支持非洲国家的正义立场,维护发展中国家共同利益。中国将继续坚定支持非洲自主解决本地区问题的努力,为促进非洲和平与安全作出更大贡献。

世界上没有放之四海而皆准的发展模式,各方应该尊重世界文明多样性和发展模式多样化。中国将继续坚定支持非洲国家探索适合本国国情的发展道路,加强同非洲国家在治国理政方面的经验交流,从各自的古老文明和发展实践中汲取智慧,促进中非共同发展繁荣。

家和万事兴。全非洲是一个命运与共的大家庭。今年是非洲统一组织成立50周年,对追求联合自强的非洲各国人民具有里程碑意义。中方真诚祝愿并坚定支持非洲在联合自强的道路上步子迈得更大一些,推动非洲和平与发展事业不断跨上新的台阶。

中方希望中非关系发展得越来越好,也希望其他国家同非洲关系发展得越来越好。非洲是非洲人的非洲,任何国家发展同非洲关系,都应该尊重非洲的尊严和自主性。

第二,开展对非合作,我们讲一个"实"字。中国不仅是合作共赢的倡导者,更是积极实践者。中国致力于把自身发展同非洲发展紧密联系起来,把中国人民利益同非洲人民利益紧密结合起来,把中国发展机遇同非洲发展机遇紧密融合起来,真诚希望非洲国家发展得更快一些,非洲人民日子过得更好一些。中国在谋求自身发展的同时,始终向非洲朋友提供力所能及的支持和帮助。特别是近些年来,中国加大了对非援助和合作力度。只要是中方作出的承诺,就一定会不折不扣落到实处。

中国将继续扩大同非洲的投融资合作,落实好3年内向非洲提供200亿美元贷款额度的承诺,实施好"非洲跨国跨区域基础设施建设合作伙伴关系",加强同非洲国家在农业、制造业等领域的互利合作,帮助非洲国家把资源优势转化为发展优势,实现自主发展和可持续发展。

授人以鱼,更要授人以渔。中方将积极实施"非洲人才计划",未来3年将为非洲国家培训3万名各类人才,提供1.8万个奖学金留学生名额,加强对非洲技术转让和经验共享。

随着中国经济实力和综合国力不断提高,中国将继续为非洲发展提供应有的、不附加任何政治条件的帮助。

第三,加强中非友好,我们讲一个"亲"字。中国人民和非洲人民有着天然的亲近感。"人生乐在相知心。"中非如何知心?我以为,很重要的一点就是要通过深入对话和实际行动获得心与心的共鸣。

中非关系的根基和血脉在人民,中非关系发展应该更多面向人民。近年来,随着中非关系发展,中非人民越走越近。一些非洲朋友活跃在中国文艺舞台上,成了中国家喻户晓的明星。中国电视剧《媳妇的美好时代》在坦桑尼亚热播,使坦桑尼亚观众了解到中国老百姓家庭生活的酸甜苦辣。

我听说了一个故事,有一对中国年轻人,他们从小就通过电视节目认识了非洲,对非洲充满了向往。后来他们结婚了,把蜜月旅行目的地选在了坦桑尼亚。在婚后的第一个情人节,他们背上行囊来到了坦桑尼亚,领略了这里的风土人情和塞伦盖蒂草原的壮美。回国后，他们把在坦桑尼亚的所见所闻发布在博客上，得到了数万次的点击和数百条回复。他们说，我们真的爱上了非洲，我们的心从此再也离不开这片神奇的土地。这个故事说明，中非人民有着天然的亲近感，只要不断加强人民之间的交流，中非人民友谊就一定能根深叶茂。

我们要更加重视中非人文交流，增进中非人民的相互了解和认知，厚植中非友好事业的社会基础。中非关系是面向未来的事业，需要一代又一代中非有志青年共同接续奋斗。双方应该积极推动青年交流，使中非友好事业后继有人，永葆青春和活力。

第四，解决合作中的问题，我们讲一个"诚"字。中国和非洲都处在快速发展过程中，相互认知需要不断与时俱进。中方坦诚面对中非关系面临的新情况新问题，对出现的问题，我们应该本着相互尊重、合作共赢的精神加以妥善解决。

我相信，机遇总比挑战大，办法总比困难多。中方已经并将继续同非洲国家一道，采取切实措施，妥善解决中非经贸合作中存在的问题，使非洲国家从合作中更多受益。同时，我们也真诚希望非洲国家为中国企业和公民在非洲开展合作提供相应的便利条件。

女士们、先生们！

新中国成立60多年来特别是改革开放30多年来，中国共产党领导中国人民成功开辟出中国特色社会主义道路，中国发展取得了历史性进步，经济总量已经跃升到世界第二位，综合国力显著增强，人民生活明显改善。作为有着13亿多人口的国家，中国用几十年的时间走完了发达国家几百年走过的发展历程，这其中的艰辛和曲折是可想而知的。

现在，中国基本国情仍然是人口多、底子薄、发展不平衡，经济总量虽大，但除以13亿多人口，人均国内生产总值还排在世界第九十位左右。根据联合国标准，中国还有1.28亿人生活在贫困线以下。让13亿多人民都过上富裕的日子，仍然还有很长的路要走，还需要付出长期的艰苦努力。随着中国不断发展，中国人民生活水平必将不断提高。但是，无论中国发展到哪一步，中国永远都把非洲国家当作自己的患难之交。

女士们、先生们！

中国的发展离不开世界、离不开非洲，世界和非洲的繁荣稳定也需要中国。中非虽然远隔重洋，但我们的心是相通的。联结我们的不仅是深厚的传统友谊、密切的利益纽带，还有我们各自的梦想。

13亿多中国人民正致力于实现中华民族伟大复兴的中国梦，10亿多非洲人民正致力于实现联合自强、发展振兴的非洲梦。中非人民要加强团结合作、加强相互支持和帮助，努力实现我们各自的梦想。我们还要同国际社会一道，推动实现持久和平、共同繁荣的世界梦，为人类和平与发展的崇高事业作出新的更大的贡献！

节选自中非合作论坛网站（https：//www.focac.org/chn/zywx/zyjh/default_1.htm）

弘扬万隆精神　推进合作共赢

——习近平在印度尼西亚雅加达亚非领导人会议上的讲话

（2015年4月22日）

60年前，亚非29个国家和地区领导人出席了万隆会议，形成了团结、友谊、合作的万隆精神，促进了亚非拉民族解放运动，加速了全球殖民体系瓦解的历史进程。会议在和平共处五项原则基础上，提出处理国家间关系的十项原则，为推动国际关系朝着正确方向发展，为推动亚非合作、南南合作，为促进南北合作，发挥了重大历史性作用。因此，万隆会议是亚非人民团结合作的一个里程碑。

60年来，亚非这两片古老大陆发生了广泛而深刻的变化。亚非各国人民掌握了自己命运，相继赢得了政治独立，坚定致力于经济社会发展，推动亚非两大洲从过去贫穷落后的地区成为具有巨大发展活力的地区。在万隆精神激励下，亚非国家联合自强，区域、次区域、跨区域合作方兴未艾，在地区和国际事务中发挥着越来越重要的作用，在世界战略全局中的地位不断上升。

60年后的今天，和平、发展、合作、共赢的时代潮流更加强劲，各国越来越成为你中有我、我中有你的命运共同体。同时，应该看到，世界还很不太平，局部动荡此起彼伏，恐怖主义、重大传染性疾病等全球性问题不断增多，南北差距依然悬殊，亚非国家的主权安全、团结合作、共同发展依然面临不少困难和挑战。

新形势下，万隆精神仍然具有强大生命力。我们要大力弘扬万隆精神，不断赋予其新的时代内涵，推动构建以合作共赢为核心的新型国际关系，推动国际秩序和国际体系朝着更加公正合理的方向发展，推动建设人类命运共同体，更好造福亚非人民及其他地区人民。为此，我愿提出如下倡议。

第一，深化亚非合作。亚非两大洲都是人类文明的重要发源地，人口总量占世界的四分之三，国家数量超过联合国会员国的一半，亚非合作具有越来越重要的全球意义。面对新机遇新挑战，亚非国家要坚持安危与共、守望相助，把握机遇、共迎挑战，提高亚非合作水平，继续做休戚与共、同甘共苦的好朋友、好伙伴、好兄弟。

非洲有句谚语，"一根原木盖不起一幢房屋"。中国也有句古话，"孤举者难起，众行者易趋"。亚非国家加强互利合作，能产生"一加一大于二"的积极效应。我们要坚持互利共赢、共同发展，对接发展战略，加强基础设施互联互通，推进工业、农业、人力资源开发等各领域务实合作，打造绿色能源、环保、电子商务等合作新亮点，把亚非经济互补性转化为发展互助力。要深化区域和跨区域合作，用好现有区域和次区域合作机制，适时建立新的合作平台，推动贸易和投资自由化便利化，构建宽领域、多层次、全方位的亚非合作新格局。

亚非地区有100多个国家，社会制度、历史文化、价值观念千差万别，共同构成异彩纷呈的文明画卷。我们要坚持求同存异、开放包容，在交流互鉴中取长补短，在求同存异中共同前进，让各个文明都绽放出自己的光彩。亚非合作不是封闭的、排他的，而是开放的、共赢的，我们欢迎其他地区国家积极参与并作出建设性贡献。

第二，拓展南南合作。当年，中国改革开放的总设计师邓小平先生说，南南合作这个提法很好，应该给发明者一枚勋章。广大发展中国家都面临着加快发展、改善民生的共同使命，应该抱团取暖、扶携前行，积极开展各领域合作，实现我们各自的发展蓝图。搞好亚非合作，对南南合作具有重要示范带动作用。

亚非国家要深化合作，同时要加强同拉美、南太及其他地区发展中国家的团结合作，扩大在治国理政方面的对话交流，密切在重大国际和地区问题上的沟通和协调，壮大维护世界和平、促进共同发展的力量。

加强南南合作，需要加强机制建设。要发挥好不结盟运动、七十七国集团等机制的作用，建设好亚洲相互协作与信任措施会议、金砖国家等合作平台，推动发展中国家区域组织开展对话交流，探讨建立南南合作新架构。中方支持印尼方建立亚非中心的倡议。要提高发展中国家在国际体系内的代表性和发言权，引导2015年后发展议程谈判重点关注解决发展中国家、特别是非洲国家和最不发达国家面临的困难和挑战，更好维护发展中国家正当权益。

第三，推进南北合作。万隆精神不仅适用于亚非合作、南南合作，对促进南北合作也具有重要启示和借鉴意义。实现世界均衡发展，不可能建立在一批国家越来越富裕、另一批国家长期贫穷落后的基础之上。从建设人类命运共同体的战略高度看，南北关系不仅是一个经济发展问题，而且是一个事关世界和平稳定的全局性问题。

坚持相互尊重、平等相待，是开展南北合作的政治基础。合作共赢的基础是平等，离开了平等难以实现合作共赢。国家不分大小、强弱、贫富，都是国际社会平等成员，都有平等参与地区和国际事务的权利。要尊重各国主权、独立、领土完整，尊重各国自主选择的社会制度和发展道路，反对干涉别国内政，反对把自己的意志强加于人。

帮助发展中国家发展、缩小南北差距，是发达国家应该承担的责任和义务。要推动发达国家切实履行官方发展援助承诺，在不附带政治条件基础上，加大对发展中国家支持力度，增强发展中国家自主发展能力，建立更加平等均衡的新型全球发展伙伴关系。要维护和发展开放型世界经济，推动建设公平公正、包容有序的国际经济金融体系,为发展中国家发展营造良好外部环境。

要摒弃冷战思维、零和博弈的旧观念,倡导共同、综合、合作、可持续安全的新理念,坚持通过对话协商和平解决分歧争端,共同应对恐怖主义、公共卫生、网络安全、气候变化等非传统安全问题和全球性挑战,建设命运共同体,走出一条共建、共享、共赢的安全新路,共同维护地区和世界和平稳定。

女士们、先生们、朋友们!

中国是亚非团结合作的积极倡导者和推动者,始终坚定支持亚非国家争取民族解放的正义事业,坚定促进亚非国家共同发展,并向亚非国家提供了真诚无私的援助。中国在维护国家主权、推进国家统一、实现国家发展的进程中,也得到了亚非国家的宝贵支持和帮助。中国人民对此永远不会忘记。

新形势下,中国将坚定不移推进亚非合作。中国已经同周边8个国家签署睦邻友好合作条约,愿同所有周边国家商签睦邻友好合作条约,将加强同非洲国家和平安全合作,帮助非方增强维和、反恐、打击海盗等方面能力。中国愿同亚非国家开展产能合作,支持非洲国家建设高速铁路、高速公路、区域航空网络,推动亚非工业化进程。中国将于年内对已建交的最不发达国家97%税目产品给予零关税待遇,并将继续向发展中国家提供不附加任何政治条件的援助。中国愿同有关各方一道推进"一带一路"建设,共同建设好亚洲基础设施投资银行,发挥好丝路基金作用。中国将同有关国家一道,完善中国—东盟、中阿合作论坛、上海合作组织等合作平台,办好年内在南非召开的中非合作论坛第六届部长级会议。中国将继续推动南南合作及南北合作,共同维护地区和世界和平稳定,促进共同发展繁荣。

我愿在这里宣布:中国未来5年内将向亚非发展中国家提供10万名培训名额;连续在华举办亚非青年联欢节,共邀请2000名亚非青年来华访问并参加联欢;将成立中国—亚非合作中心,进一步推进亚非各国交流合作;设立中国—亚非法协国际法交流与研究项目;年内还将举办以弘扬万隆精神为主题的国际研讨会,欢迎各方积极参与。

女士们、先生们、朋友们!

当前,中国人民正在按照全面建成小康社会、全面深化改革、全面依法治国、全面从严治党的战略布局,齐心协力实现"两个一百年"奋斗目标,实现中华民族伟大复兴的中国梦。中国梦同亚非人民及其他各国人民的美好梦想息息相通,不仅造福中国人民,而且造福各国人民。

中华民族是一个爱好和平的民族,历来崇尚"和为贵"。中国将坚持走和平发展道路,坚持独立自主的和平外交政策,坚持奉行互利共赢的开放战略,坚持正确义利观,在和平共处五项原则基础上发展同各国的友好合作,始终做维护世界和平、促进共同发展的坚定力量。无论发展到哪一步,无论国际风云如何变幻,中国都永远做发展中国家的可靠朋友和真诚伙伴。这是中国对外政策的基础,过去、现在、将来都不会改变。

女士们、先生们、朋友们！

按照中国人的说法，每60年是一个纪年循环。亚非合作走过了60个春秋，正来到一个新的起点上。回首过去60年，中国同亚非国家风雨同舟、和衷共济，相互关系就像长江、梭罗河、尼罗河水一样奔流不息。展望未来，我们应该弘扬万隆精神，共同实现亚非振兴梦想，为亚非人民带来更多福祉，为人类和平与发展的崇高事业作出新的更大的贡献！

节选自《人民日报》2015年4月23日第2版

开启中非合作共赢、共同发展的新时代

——在中非合作论坛约翰内斯堡峰会开幕式上的致辞

（2015年12月4日）

中非历来是命运共同体。共同的历史遭遇、共同的奋斗历程，让中非人民结下了深厚的友谊。

长期以来，我们始终风雨同舟、相互支持。中国援建的坦赞铁路和非盟会议中心成为中非友谊的丰碑。中国政府和人民在援非抗击埃博拉行动中率先行动，引领国际社会援非抗疫，诠释了中非患难与共的兄弟情谊。非洲国家无私支持中国重返联合国，在中国汶川、玉树等地发生严重地震灾害后踊跃向中方捐款，中国人民对此铭记在心。

中非友好历久弥坚、永葆活力，其根本原因就在于双方始终坚持平等相待、真诚友好、合作共赢、共同发展。中非永远是好朋友、好伙伴、好兄弟。

当前，中非都肩负发展国家、改善民生的使命。非洲拥有丰富的自然和人力资源，正处于工业化的兴起阶段。中国经过30多年改革开放，拥有助力非洲实现自主可持续发展的技术、装备、人才、资金等物质优势，更拥有支持非洲发展强大的政治优势。中非合作发展互有需要、优势互补，迎来了难得的历史性机遇。

新形势下，我们要传承和发扬中非传统友好，更要把中非传统友好优势转化为促进团结、合作、发展的动力，为中非人民创造更多实实在在的成果，为推动世界更加均衡、公平、包容发展，构建以合作共赢为核心的新型国际关系作出更大贡献。

尊敬的各位同事，女士们、先生们！

当前，世界格局正在经历深刻演变，经济全球化、社会信息化极大解放和发展了社会生产力。我们面临前所未有的发展机遇。同时，霸权主义、恐怖主义、金融动荡、环境危机等问题愈加突出，给我们带来前所未有的挑战。

中方将秉持真实亲诚对非政策理念和正确义利观，同非洲朋友携手迈向合作共赢、共同发展的新时代。为此，我提议，将中非新型战略伙伴关系提升为全面战略合作伙伴关系，并为此做强和夯实"五大支柱"。

第一，坚持政治上平等互信。高度政治互信是中非友好的基石。我们要尊重各自选择的发展道路，不把自己的意志强加给对方。在事关双方核心利益和重大关切问题上，要坚持相互理解、相互支持，共同维护公平正义。中方始终主张，非洲是非洲人的非洲，非洲的事情应该由非洲人说了算。

第二，坚持经济上合作共赢。中国人讲究"义利相兼，以义为先"。中非关系最大的"义"，就是用中国发展助力非洲的发展，最终实现互利共赢、共同发展。我们要充分发挥中非政治互信和经济互补的优势，以产能合作、三网一化为抓手，全面深化中非各领域合作，让中非人民共享双方合作发展成果。

第三，坚持文明上交流互鉴。世界因为多彩而美丽。我们为中非都拥有悠久灿烂的文明而自豪。我们要加强中非两大文明交流互鉴，着力加强青年、妇女、智库、媒体、高校等各界人员往来，促进文化融通、政策贯通、人心相通，推动共同进步，让中非人民世代友好。

第四，坚持安全上守望相助。贫困是动荡的根源，和平是发展的保障，发展是解决一切问题的总钥匙。中方支持非洲人以非洲方式解决非洲问题，主张解决安全问题要标本兼治、综合施策，愿意积极参与非洲加强维护和平安全能力建设，支持非洲加快发展，消除贫困，实现持久和平。

第五，坚持国际事务中团结协作。中非在国际事务中拥有广泛的共同语言和共同利益。我们要加强协商协作，推动全球治理体系向着更加公正合理的方向发展，维护共同利益。中方将继续在联合国等场合为非洲仗义执言、伸张正义，支持非洲在国际舞台上发挥更大作用。

尊敬的各位同事，女士们、先生们！

为推进中非全面战略合作伙伴关系建设，中方愿在未来3年同非方重点实施"十大合作计划"，坚持政府指导、企业主体、市场运作、合作共赢的原则，着力支持非洲破解基础设施滞后、人才不足、资金短缺三大发展瓶颈，加快工业化和农业现代化进程，实现自主可持续发展。

一是中非工业化合作计划。中方将积极推进中非产业对接和产能合作，鼓励支持中国企业赴非洲投资兴业，合作新建或升级一批工业园区，向非洲国家派遣政府高级专家顾问。设立一批区域职业教育中心和若干能力建设学院，为非洲培训20万名职业技术人才，提供4万个来华培训名额。

二是中非农业现代化合作计划。中方将同非洲分享农业发展经验，转让农业适用技术，鼓励中国企业在非洲开展大规模种植、畜牧养殖、粮食仓储和加工，增加当地就业和农民收入。中方将在非洲100个乡村实施"农业富民工程"，派遣30批农业专家组赴非洲，建立中非农业科研机构"10+10"合作机制。中方高度关注非洲多个国家受厄尔尼诺现象影响致粮食歉收，将向受灾国家提供10亿元人民币紧急粮食援助。

三是中非基础设施合作计划。中方将同非洲在基础设施规划、设计、建设、运营、维护等方面加强互利合作，支持中国企业积极参与非洲铁路、公路、区域航空、港口、电力、电信等基础设施建设，提升非洲可持续发展能力；支持非洲国家建设 5 所交通大学。

四是中非金融合作计划。中方将同非洲国家扩大人民币结算和本币互换业务规模，鼓励中国金融机构赴非洲设立更多分支机构，以多种方式扩大对非洲投融资合作，为非洲工业化和现代化提供金融支持和服务。

五是中非绿色发展合作计划。中方将支持非洲增强绿色、低碳、可持续发展能力，支持非洲实施 100 个清洁能源和野生动植物保护项目、环境友好型农业项目和智慧型城市建设项目。中非合作绝不以牺牲非洲生态环境和长远利益为代价。

六是中非贸易和投资便利化合作计划。中方将实施 50 个促进贸易援助项目，支持非洲改善内外贸易和投资软硬条件，愿同非洲国家和区域组织商谈包括货物贸易、服务贸易、投资合作等全面自由贸易协定，扩大非洲输华产品规模。支持非洲国家提高海关、质检、税务等执法能力，开展标准化和认证认可、电子商务等领域合作。

七是中非减贫惠民合作计划。中方将在加强自身减贫努力的同时，增加对非援助，在非洲实施 200 个"幸福生活工程"和以妇女儿童为主要受益者的减贫项目；免除非洲有关最不发达国家截至 2015 年年底到期未还的政府间无息贷款债务。

八是中非公共卫生合作计划。中方将参与非洲疾控中心等公共卫生防控体系和能力建设；支持中非各 20 所医院开展示范合作，加强专业科室建设，继续派遣医疗队员，开展"光明行"、妇幼保健在内的医疗援助，为非洲提供一批复方青蒿素抗疟药品；鼓励支持中国企业赴非洲开展药品本地化生产，提高药品在非洲可及性。

九是中非人文合作计划。中方将为非洲援建 5 所文化中心，为非洲 1 万个村落实施收看卫星电视项目；为非洲提供 2000 个学历学位教育名额和 3 万个政府奖学金名额；每年组织 200 名非洲学者访华和 500 名非洲青年研修；每年培训 1000 名非洲新闻领域从业人员；支持开通更多中非直航航班，促进中非旅游合作。

十是中非和平与安全合作计划。中方将向非盟提供 6000 万美元无偿援助，支持非洲常备军和危机应对快速反应部队建设和运作。中方将继续参与联合国在非洲维和行动；支持非洲国家加强国防、反恐、防暴、海关监管、移民管控等方面能力建设。

为确保"十大合作计划"顺利实施，中方决定提供总额 600 亿美元的资金支持，包括：提供 50 亿美元的无偿援助和无息贷款；提供 350 亿美元的优惠性质贷款及出口信贷额度，并提高优惠贷款优惠度；为中非发展基金和非洲中小企业发展专项贷款各增资 50 亿美元；设立首批资金 100 亿美元的"中非产能合作基金"。

尊敬的各位同事，女士们、先生们！

今年是中非合作论坛成立 15 周年。15 年来，中非各领域务实合作成果丰硕。2014 年中非贸易总额和中国对非洲非金融类投资存量分别是 2000 年的 22 倍和 60 倍，中国对非洲经济发展的贡献显著增长。中非合作论坛已经成为引领中非合作的一面旗帜，为南南合作树立了典范，成为带动国际社会加大对非洲关注和投入的先锋。

当前，中非关系正处于历史上最好时期。我们应该登高望远、阔步前行。让我们携手努力，汇聚起中非24亿人民的智慧和力量，共同开启中非合作共赢、共同发展的新时代！

节选自中非合作论坛网站（https：//www.focac.org/chn/zywx/zyjh/default_1.htm）

携手共命运　同心促发展

——在2018年中非合作论坛北京峰会开幕式上的主旨讲话

(2018年9月3日)

"根之茂者其实遂，膏之沃者其光晔。"历史有其规律和逻辑。中非双方基于相似遭遇和共同使命，在过去的岁月里同心同向、守望相助，走出了一条特色鲜明的合作共赢之路。

在这条道路上，中国始终秉持真实亲诚理念和正确义利观，同非洲各国团结一心、同舟共济、携手前进。

——中国在合作中坚持真诚友好、平等相待。13亿多中国人民始终同12亿多非洲人民同呼吸、共命运，始终尊重非洲、热爱非洲、支持非洲，坚持做到"五不"，即：不干预非洲国家探索符合国情的发展道路，不干涉非洲内政，不把自己的意志强加于人，不在对非援助中附加任何政治条件，不在对非投资融资中谋取政治私利。中国希望各国都能在处理非洲事务时做到这"五不"。中国永远是非洲的好朋友、好伙伴、好兄弟。任何人都不能破坏中非人民的大团结！

——中国在合作中坚持义利相兼、以义为先。中国相信中非合作的必由之路就是发挥各自优势，把中国发展同助力非洲发展紧密结合，实现合作共赢、共同发展。中国主张多予少取、先予后取、只予不取，张开怀抱欢迎非洲搭乘中国发展快车。任何人都不能阻挡中非人民振兴的步伐！

——中国在合作中坚持发展为民、务实高效。中国坚持把中非人民利益放在首位，为中非人民福祉而推进合作，让合作成果惠及中非人民。凡是答应非洲兄弟的事，就会尽心尽力办好。面对新形势新挑战，中国不断完善机制、创新理念、拓展领域，提高合作质量和水平，稳步迈向更高水平。中非合作好不好，只有中非人民最有发言权。任何人都不能以想象和臆测否定中非合作的显著成就！

——中国在合作中坚持开放包容、兼收并蓄。中国始终认为，非洲实现长治久安、发展振兴，是非洲人民心愿，也是国际社会责任。中国愿同国际合作伙伴一道，支持非洲和平与发展。凡是对非洲有利的事情，我们都欢迎、都支持，全世界都应该尽力做、认真做。任何人都不能阻止和干扰国际社会支持非洲发展的积极行动！

各位同事、女士们、先生们！

当今世界正在经历百年未有之大变局。世界多极化、经济全球化、社会信息化、文化多样化深入发展，全球治理体系和国际秩序变革加速推进，新兴市场国家和发展中国家快速崛起，国际力量对比更趋均衡，世界各国人民的命运从未像今天这样紧紧相连。

同时，我们也面临前所未有的挑战。霸权主义、强权政治依然存在，保护主义、单边主义不断抬头，战乱恐袭、饥荒疫情此伏彼现，传统安全和非传统安全问题复杂交织。

我们坚信，和平与发展是当今时代的主题，也是时代的命题，需要国际社会以团结、智慧、勇气，扛起历史责任，解答时代命题，展现时代担当。

——面对时代命题，中国把为人类作出新的更大贡献作为自己的使命。中国愿同世界各国携手构建人类命运共同体，发展全球伙伴关系，拓展友好合作，走出一条相互尊重、公平正义、合作共赢的国与国交往新路，让世界更加和平安宁，让人类生活更加幸福美好。

——面对时代命题，中国愿同国际合作伙伴共建"一带一路"。我们要通过这个国际合作新平台，增添共同发展新动力，把"一带一路"建设成为和平之路、繁荣之路、开放之路、绿色之路、创新之路、文明之路。

——面对时代命题，中国将积极参与全球治理，秉持共商共建共享全球治理观。中国始终是世界和平的建设者、全球发展的贡献者、国际秩序的维护者，支持扩大发展中国家在国际事务中的代表性和发言权，支持补强全球治理体系中的南方短板，支持汇聚南南合作的力量，推动全球治理体系更加平衡地反映大多数国家特别是发展中国家的意愿和利益。

——面对时代命题，中国坚定不移坚持对外开放。面对世界经济增长的不稳定性不确定性，中国坚持走开放融通、合作共赢之路，坚定维护开放型世界经济和多边贸易体制，反对保护主义、单边主义，把自己困于自我封闭的孤岛没有前途！

各位同事、女士们、先生们！

"海不辞水，故能成其大。"中国是世界上最大的发展中国家，非洲是发展中国家最集中的大陆，中非早已结成休戚与共的命运共同体。我们愿同非洲人民心往一处想、劲往一处使，共筑更加紧密的中非命运共同体，为推动构建人类命运共同体树立典范。

第一，携手打造责任共担的中非命运共同体。我们要扩大各层级政治对话和政策沟通，加强在涉及彼此核心利益和重大关切问题上的相互理解和支持，密切在重大国际和地区问题上的协作配合，维护中非和广大发展中国家共同利益。

第二，携手打造合作共赢的中非命运共同体。我们要抓住中非发展战略对接的机遇，用好共建"一带一路"带来的重大机遇，把"一带一路"建设同落实非洲联盟《2063年议程》、联合国2030年可持续发展议程以及非洲各国发展战略相互对接，开拓新的合作空间，发掘新的合作潜力，在传统优势领域深耕厚植，在新经济领域加快培育亮点。

第三，携手打造幸福共享的中非命运共同体。我们要把增进民生福祉作为发展中非关系的出发点和落脚点。中非合作要给中非人民带来看得见、摸得着的成果和实惠。长期以来，中非一直互帮互助、同舟共济，中国将为非洲减贫发展、就业创收、安居乐业作出新的更大的努力。

第四，携手打造文化共兴的中非命运共同体。我们都为中非各自灿烂的文明而自豪，也愿为世界文明多样化作出更大贡献。我们要促进中非文明交流互鉴、交融共存，为彼此文明复兴、文化进步、文艺繁荣提供持久助力，为中非合作提供更深厚的精神滋养。我们要扩大文化艺术、教育体育、智库媒体、妇女青年等各界人员交往，拉紧中非人民的情感纽带。

第五，携手打造安全共筑的中非命运共同体。历经磨难，方知和平可贵。中国主张共同、综合、合作、可持续的新安全观，坚定支持非洲国家和非洲联盟等地区组织以非洲方式解决非洲问题，支持非洲落实"消弭枪声的非洲"倡议。中国愿为促进非洲和平稳定发挥建设性作用，支持非洲国家提升自主维稳维和能力。

第六，携手打造和谐共生的中非命运共同体。地球是人类唯一的家园。中国愿同非洲一道，倡导绿色、低碳、循环、可持续的发展方式，共同保护青山绿水和万物生灵。中国愿同非洲加强在应对气候变化、应用清洁能源、防控荒漠化和水土流失、保护野生动植物等生态环保领域交流合作，让中国和非洲都成为人与自然和睦相处的美好家园。

各位同事、女士们、先生们！

2015年中非合作论坛约翰内斯堡峰会以来，中国全面落实约翰内斯堡峰会上确定的中非"十大合作计划"：一大批铁路、公路、机场、港口等基础设施以及经贸合作区陆续建成或在建设之中，中非和平安全、科教文卫、减贫惠民、民间交往等合作深入推进，中国承诺提供的600亿美元资金支持都已兑现或作出安排。"十大合作计划"给中非人民带来丰硕成果，展现了中非共同的创造力、凝聚力、行动力，将中非全面战略合作伙伴关系成功推向新的高度。

中国愿以打造新时代更加紧密的中非命运共同体为指引，在推进中非"十大合作计划"基础上，同非洲国家密切配合，未来3年和今后一段时间重点实施"八大行动"：

一是实施产业促进行动。中国决定在华设立中国—非洲经贸博览会；鼓励中国企业扩大对非投资，在非洲新建和升级一批经贸合作区；支持非洲在2030年前基本实现粮食安全，同非洲一道制定并实施中非农业现代化合作规划和行动计划，实施50

个农业援助项目，向非洲受灾国家提供10亿元人民币紧急人道主义粮食援助，向非洲派遣500名高级农业专家，培养青年农业科研领军人才和农民致富带头人；支持成立中国在非企业社会责任联盟；继续加强和非洲国家本币结算合作，发挥中非发展基金、中非产能合作基金、非洲中小企业发展专项贷款作用。

二是实施设施联通行动。中国决定和非洲联盟启动编制《中非基础设施合作规划》；支持中国企业以投建营一体化等模式参与非洲基础设施建设，重点加强能源、交通、信息通信、跨境水资源等合作，同非方一道实施一批互联互通重点项目；支持非洲单一航空运输市场建设，开通更多中非直航航班；为非洲国家及其金融机构来华发行债券提供便利；在遵循多边规则和程序的前提下，支持非洲国家更好利用亚洲基础设施投资银行、新开发银行、丝路基金等资源。

三是实施贸易便利行动。中国决定扩大进口非洲商品特别是非资源类产品，支持非洲国家参加中国国际进口博览会，免除非洲最不发达国家参展费用；继续加强市场监管及海关方面交流合作，为非洲实施50个贸易畅通项目；定期举办中非品牌面对面活动；支持非洲大陆自由贸易区建设，继续同非洲有意愿的国家和地区开展自由贸易谈判；推动中非电子商务合作，建立电子商务合作机制。

四是实施绿色发展行动。中国决定为非洲实施50个绿色发展和生态环保援助项目，重点加强在应对气候变化、海洋合作、荒漠化防治、野生动物和植物保护等方面的交流合作；推进中非环境合作中心建设，加强环境政策交流对话和环境问题联合研究；开展中非绿色使者计划，在环保管理、污染防治、绿色经济等领域为非洲培养专业人才；建设中非竹子中心，帮助非洲开发竹藤产业；开展环境保护宣传教育合作。

五是实施能力建设行动。中国决定同非洲加强发展经验交流，支持开展经济社会发展规划方面合作；在非洲设立10个鲁班工坊，向非洲青年提供职业技能培训；支持设立旨在推动青年创新创业合作的中非创新合作中心；实施头雁计划，为非洲培训1000名精英人才；为非洲提供5万个中国政府奖学金名额，为非洲提供5万个研修培训名额，邀请2000名非洲青年来华交流。

六是实施健康卫生行动。中国决定优化升级50个医疗卫生援非项目，重点援建非洲疾控中心总部、中非友好医院等旗舰项目；开展公共卫生交流和信息合作，实施中非新发再发传染病、血吸虫、艾滋病、疟疾等疾控合作项目；为非洲培养更多专科医生，继续派遣并优化援非医疗队；开展"光明行"、"爱心行"、"微笑行"等医疗巡诊活动；实施面向弱势群体的妇幼心连心工程。

七是实施人文交流行动。中国决定设立中国非洲研究院，同非方深化文明互鉴；打造中非联合研究交流计划增强版；实施50个文体旅游项目，支持非洲国家加入丝绸之路国际剧院、博物馆、艺术节等联盟；打造中非媒体合作网络；继续推动中非互设文化中心；支持非洲符合条件的教育机构申办孔子学院；支持更多非洲国家成为中国公民组团出境旅游目的地。

八是实施和平安全行动。中国决定设立中非和平安全合作基金，支持中非开展和平安全和维和维稳合作，继续向非洲联盟提供无偿军事援助。支持萨赫勒、亚丁湾、几内亚湾等地区国家维护地区安全和反恐努力；设立中非和平安全论坛，为中非在和平安全领域加强交流提供平台；在共建"一带一路"、社会治安、联合国维和、打击海盗、反恐等领域推动实施50个安全援助项目。

为推动"八大行动"顺利实施，中国愿以政府援助、金融机构和企业投融资等方式，向非洲提供600亿美元支持，其中包括：提供150亿美元的无偿援助、无息贷款和优惠贷款；提供200亿美元的信贷资金额度；支持设立100亿美元的中非开发性金融专项资金和50亿美元的自非洲进口贸易融资专项资金；推动中国企业未来3年对非洲投资不少于100亿美元。同时，免除与中国有外交关系的非洲最不发达国家、重债穷国、内陆发展中国家、小岛屿发展中国家截至2018年底到期未偿还政府间无息贷款债务。

各位同事、女士们、先生们！

青年是中非关系的希望所在。我提出的中非"八大行动"倡议中，许多措施都着眼青年、培养青年、扶助青年，致力于为他们提供更多就业机会、更好发展空间。去年10月，我同南南合作与发展学院的留华学生互致书信，他们中绝大多数来自非洲。我在信中勉励他们坚持学以致用，行远升高，积厚成器，为推动中非合作和南南合作谱写新篇章。

"红日初升，其道大光。"我相信，只要中非友好的接力棒能够在青年一代手中不断相传，中非命运共同体就一定会更具生机活力，中华民族伟大复兴的中国梦和非洲人民团结振兴的非洲梦就一定能够早日实现！

节选自中非合作论坛网站（https：//www.focac.org/chn/zywx/zyjh/）

习近平主持中非领导人会晤

(2019年6月28日)

6月28日,国家主席习近平在大阪主持中非领导人会晤。中非合作论坛前任非方共同主席国南非总统拉马福萨、非洲联盟轮值主席国埃及总统塞西、中非合作论坛现任非方共同主席国塞内加尔总统萨勒和联合国秘书长古特雷斯出席。

习近平在讲话中指出,去年9月举行的中非合作论坛北京峰会开启了中非关系新时代。中方珍视中非传统友谊。无论国际形势如何变化,无论个别势力如何干扰,中非合作共赢、共同发展的初心不会改变,中非携手构建更加紧密的命运共同体的决心不会动摇。习近平提出三点主张:

第一,我们要做共赢发展的先行者,让合作成果更多惠及中非人民。要将中非共建"一带一路"同非洲联盟《2063年议程》、联合国2030年可持续发展议程、非洲各国发展战略精准对接,通过落实北京峰会成果,给中非人民带来更多看得见、摸得着的好处。中方将秉持真实亲诚理念和正确义利观,不折不扣兑现对非洲的承诺,持之以恒支持非洲发展,为非洲发展振兴和联合自强作出更大贡献。

第二,我们要做开放合作的引领者,凝聚支持非洲发展的更强合力。国际对非合作应该坚持非洲优先,尊重非洲意愿,维护非洲利益。任何唯我独尊、自我优先、损人利己的做法都是不得人心、不受欢迎的。中方愿推动国际社会加大对非洲投入,同联合国一道,帮助非洲国家妥善应对全球性挑战,在尊重非方意愿基础上,同联合国和国际伙伴在非洲开展三方合作。

第三,我们要做多边主义的捍卫者,为维护国际秩序作出更大贡献。要坚持文明多样性和发展包容性,秉持共商共建共享原则,携手推进国际关系民主化进程,旗帜鲜明地反对保护主义、单边主义、霸凌行径、文明冲突论,共同捍卫多边主义和自由贸易体制,充分照顾发展中国家特别是非洲国家合理诉求和正当权益,积极维护国际公平正义。中方将在联合国等多边舞台为非洲国家仗义执言,推动相关资源向非洲倾斜,继续推动联合国为非洲自主维和行动供资,为非洲实现长治久安和发展繁荣作出不懈努力。

节选自中非合作论坛网站(https://www.focac.org/chn/ttxx/t1676596.htm)

(马学清摘编)

• 中非合作论坛成果文件

中非合作论坛约翰内斯堡峰会宣言

(2015年12月25日)

1. 我们,中华人民共和国和50个非洲国家的国家元首、政府首脑、代表团团长和非洲联盟委员会主席,于2015年12月4日至5日在南非约翰内斯堡举行以"中非携手并进:合作共赢、共同发展"为主题的中非合作论坛峰会,旨在巩固中非人民的团结与合作。

2. 11亿非洲人民和13亿中国人民紧密团结,共同开启新的时代,抓住未来发展机遇,为维护世界和平稳定和促进中非发展作出贡献。

3. 中国和非洲同属发展中世界,在正在和将要发生深刻复杂变化的世界中,中非面对共同的发展挑战,拥有广泛的共同利益。我们必须继续加强现有集体对话,巩固传统友谊,深化战略合作,提升务实合作机制建设。双方同意将中非新型战略伙伴关系提升为全面战略合作伙伴关系,推动中非友好互利合作实现跨越式发展。

4. 我们高兴地看到,中非合作论坛成立15年来取得了互利成果。我们高度评价论坛北京峰会及历届部长级会议制定和实施的重大后续行动。

5. 中非合作内涵不断丰富,合作领域持续扩大,合作主体更加多元。论坛已经成为中非团结合作的响亮品牌和引领国际对非合作的样板。我们欢迎并赞赏论坛深化同非洲联盟及其所属机构、区域经济体和非洲开发银行的系统性联系。

6. 我们认为,中非关系在过去15年维护了双方人民的共同利益,推动了双方繁荣发展的势头。

7. 在联合国成立70周年之际,我们认为,维护第二次世界大战成果和国际公平正义对维护世界和平、稳定与繁荣至关重要。我们承诺坚决反对歪曲第二次世界大战成果的任何企图。我们在铭记战争灾难的同时,强调构建和平与发展的未来是共同的责任。

8. 我们认为,全球化让世界相互依存和关联空前加深,多样化在不同层面演进,各国利益相互交织,人类越来越成为一个你中有我、我中有你的命运共同体。

9. 我们强调维护《联合国宪章》的宗旨、原则和联合国在国际事务中的权威和领导地位。我们致力于在国际组织和多边机制内就共同关心的地区和国际事务加强合作、协调和支持，共同促进国际关系民主化、法治化和合理化，推动国际秩序朝着更加公正合理的方向发展，建立持久和平和共同繁荣的和谐世界。

10. 我们认为国际形势正在发生深刻复杂的变化，需要采取更多行动确保一个公正、公平、具有代表性、更符合世界政治现实的国际治理体系，维护世界和平、稳定和繁荣。

11. 我们致力于坚持多边主义原则，反对干涉别国内政，反对在国际事务中滥用武力或以武力相威胁。我们支持构建以合作共赢为核心的新型国际关系，促进世界更加公平、公正、合理地发展，维护和促进发展中国家的正当权益。

12. 我们主张维护联合国在国际事务中的核心地位和作用，重申有必要对联合国进行改革，重申应解决非洲国家遭受的历史不公，优先增加非洲国家在联合国安理会和其他机构的代表性。

13. 我们强调，非洲作为重要、强大、具有活力和影响力的国际力量和伙伴，积极、平等参与全球事务至关重要。我们赞赏非洲联盟在解决、预防和管控冲突中发挥的关键作用，积极评价非洲国家、非洲联盟和区域经济体自主解决地区冲突和维护地区和平与稳定的努力。我们强调联合国和非洲联盟根据联合国宪章第八章特别是联合国安理会第1809号和第2033号决议进行合作的重要性。我们重申危机和争端必须通过政治手段和平解决，倡导共同、综合、合作、可持续的安全观。

14. 我们对《2030年可持续发展议程》获得通过表示欢迎，这是一个具有广泛性、变革性的综合发展计划。发达国家兑现其对《2030年可持续发展议程》特别是与17项可持续发展目标相关的承诺至关重要，并应继续兑现其所作官方发展援助承诺，确保议程得到全面落实。

15. 我们呼吁国际社会加大对发展问题关注并展示政治诚意，优先支持解决发展中国家特别是非洲最不发达国家实现自主可持续发展所面临的困难和挑战。我们敦促发达国家切实兑现对发展中国家特别是非洲国家的援助承诺。我们认为，南北发展失衡是阻碍世界经济强劲复苏和可持续增长的重要原因。

16. 我们支持加强南南合作，坚信中非合作是南南合作的典范。中国致力于支持非洲实施《2063年议程》及其第一个十年规划和"非洲发展新伙伴计划"，认为上述规划对非洲谋求和平、稳定、一体化、增长和发展十分必要。

17. 我们反对任何形式的贸易保护主义，赞成推进世界贸易组织多哈回合谈判，维护和发展开放型世界经济。我们欢迎将于2015年12月15日至18日在肯尼亚内罗毕，也是首次在非洲举办的世贸组织第十届部长级会议，期待内罗毕会议取得成功，为发展中国家和最不发达国家的发展带来实质性和有意义的成果。

18. 我们主张对现有国际金融体系进行必要改革，致力于建设更为公平公正、包容有序的国际金融体系，切实增加发展中国家特别是中国和非洲国家在国际金融机构和国际货币体系中的代表性和发言权,加强国际金融机构的发展和减贫职责,努力缩小南北差距。我们欢迎成立金砖国家新开发银行,该银行总部设在上海并在南非设立非洲区域中心,该中心将重点为非洲发展尤其是基础设施和可持续发展项目提供支持。

19. 我们愿本着公平、共同但有区别的责任、各自能力原则,支持《联合国气候变化框架公约》第21次缔约方会议达成议定书、其他法律文书或具有法律效力的议定成果,为全球应对气候变化提供有效的解决方案,为发展中国家提供实施所需要的资源。我们进一步确认平衡减缓和适应行动的重要性。适应行动同样是一项全球性的责任。我们进一步确认,实现公约最终目标需要加强多边、法律架构,并需要抓紧、持续落实对公约的现有承诺,包括使《京都议定书》第二承诺期多哈修正案生效。我们认为气候变化加重了非洲现存挑战,并给非洲国家预算和实现可持续发展的努力带来额外负担。非方赞赏中国倡议设立气候变化南南合作基金,支持非洲国家应对气候变化、干旱和荒漠化。

20. 我们致力于走和平发展道路,为世界和平、稳定和经济增长作出贡献,认为中国的经济结构调整和进步将助推非洲工业化和现代化进程。

21. 非洲赞赏中国第一个向埃博拉疫区国家提供紧急支援,发挥引领作用并作出贡献。

22. 我们重申坚持一个中国立场,双方将继续支持彼此维护国家主权、安全与发展利益,推进国家统一大业和区域一体化进程的努力。

23. 我们支持非洲在维护地区和平稳定、实现经济更快增长和联合自强等方面卓有成效的努力。中国相信,非洲是世界政治、经济和文化的重要一极。

24. 我们认为,中非发展战略互补,体现了互利、平等、开放、包容和负责任的特点,为发展中国家之间的团结、互相支持和互相尊重展示了可能和机遇。中非双方将探索和充分利用各自比较优势,促进和提升互利合作。

25. 我们郑重宣示,中非将本着真实亲诚的理念和正确义利观,致力于建立和发展政治上平等互信、经济上合作共赢、文明上交流互鉴、安全上守望相助、国际事务中团结协作的全面战略合作伙伴关系,并为此:

25.1 坚持平等相待,增进团结互信。加强中国与非洲各国政府间各层级对话与合作;尊重彼此核心利益,照顾彼此合理关切和诉求,在重大战略上凝聚共识。加强司法、执法和立法领域交流合作,加强同非洲国家、非洲联盟及其所属机构、区域经济体、非洲开发银行的合作,推动区域一体化进程,维护非洲和平稳定,促进非洲经济社会发展。

25.2 坚持弘义融利,促进共同发展。积极开展产业对接和产能合作,共同推动非洲工业化和农业现代化进程。重点加强铁路、公路、区域航空、电力、供水、信息通信、机场、港口等基础设施项目合作和人力资源开发合作等能力建设,优先推进农业和粮食安全、加工制造业、能源资源、海洋经济、旅游、投资、贸易、金融、技术转移等领域互利合作。认识到深化资源深加工合作与提高技术和智力能力同等重要。建立工业园、科技园区、经济特区以及培训工程、技术和管理人员的工程中心，加强工业生产领域合作，提高附加值。积极探讨中方建设"丝绸之路经济带"和"21世纪海上丝绸之路"倡议与非洲经济一体化和实现可持续发展的对接，为促进共同发展、实现共同梦想寻找更多机遇。

25.3 坚持互学互鉴，共谋和谐繁荣。加强发展经验交流，深化发展援助、医疗和公共卫生、教育、减贫、科技合作与知识分享、生态环境保护等领域合作。认识到依靠技术和创新促进非洲经济增长的重要性，特别是在采掘业、医药、信息技术、化学、石油化工、自然资源开采和加工等领域。加强双方民间和文化交流与合作，尤其是密切文化与艺术、教育、体育、旅游、新闻与媒体、学者与智库、青年、妇女、工会、残疾人等领域交流，深化双方人民的相互了解和友谊。

25.4 坚持互帮互助，维护和平安全。坚持通过对话协商和平解决争端，支持非洲以非洲方式解决非洲问题。落实"中非和平安全合作伙伴倡议"，支持非洲集体安全机制建设，共同应对粮食安全、能源安全、网络安全、气候变化、保护生物多样性、重大传染性疾病和跨国犯罪等非传统安全问题和全球性挑战。恐怖主义是人类及其和平、宽容价值观的全球性威胁。我们强烈谴责一切形式的恐怖主义，致力于采取协调、有效措施合作打击这一公害。

25.5 坚持协调协作，维护共同利益。在联合国、国际金融机构等多边组织机构中，就共同关心的地区和国际问题加强协调和协作，坚决维护中非和发展中国家的共同利益。非洲国家支持中国主办2016年二十国集团峰会，赞赏中国致力于进一步加强二十国集团同非洲国家合作。我们赞赏和欢迎国际社会，特别是发达国家为非洲和平、发展与繁荣作出积极努力和贡献。

26. 我们对最近三个月在南非举行的第二届中非部长级卫生合作发展会议、第五届中非企业家大会取得的成果表示欢迎。

27. 我们对双方参加中非合作论坛第六届部长级会议的部长们的不懈努力和出色工作表示赞赏。根据本《宣言》精神，我们通过了《中非合作论坛—约翰内斯堡行动计划（2016—2018年）》，并将致力于推进落实，确保成功实施。

28. 我们衷心感谢南非共和国总统雅各布·盖德莱伊莱基萨·祖马和中华人民共和国主席习近平共同主持2015年中非合作论坛约翰内斯堡峰会。

29. 我们衷心感谢南非共和国政府和人民在2015年中非合作论坛约翰内斯堡峰会期间给予各方的热情接待和便利。

30. 中非合作论坛第七届部长级会议将于2018年在中华人民共和国召开。

全文摘自中非合作论坛官方网站（https：//www.focac.org/chn/zywx/zywj/）

关于构建更加紧密的中非命运共同体的北京宣言

(2018年9月5日)

1.1 我们，中华人民共和国和53个非洲国家的国家元首、政府首脑、代表团团长和非洲联盟委员会主席，于2018年9月3日至4日在中国举行2018年中非合作论坛北京峰会。围绕"合作共赢，携手构建更加紧密的中非命运共同体"主题，致力于推进中非合作论坛建设，深化中非全面战略合作伙伴关系，协商一致通过《关于构建更加紧密的中非命运共同体的北京宣言》。

1.2 我们对中非合作论坛约翰内斯堡峰会召开以来，冈比亚共和国、圣多美和普林西比民主共和国、布基纳法索3国成为中非合作论坛新成员表示热烈祝贺。

2. 当今世界正处于大发展大变革大调整时期，和平与发展仍然是我们的共同核心任务，世界各国相互联系和依存日益加深，唯有携手合作，才能有效应对恐怖主义、冲突、贫富差距、贫困、气候变化、土地退化、粮食安全、重大传染性疾病、保护主义等全球性挑战。

3.1 共同忆及和充分肯定中非领导人近年来在双多边场合提及"人类命运共同体"和"中非命运共同体"理念，共同倡议世界各国同心协力，构建人类命运共同体，建设持久和平、普遍安全、共同繁荣、开放包容、清洁美丽的世界，建设相互尊重、公平正义、合作共赢的新型国际关系，维护和促进世界和平与发展。

3.2 我们一致认为，中非历来是命运共同体。中国是最大的发展中国家，非洲是发展中国家最集中的大陆。基于共同历史遭遇、发展任务和政治诉求，中非人民同呼吸、共命运，结下深厚友谊。一致承诺，加强集体对话，增进传统友谊，深化务实合作，携手打造更加紧密的中非命运共同体。

4.1 我们赞赏"一带一路"倡议遵循共商共建共享原则，遵循市场规律和国际通行规则，坚持公开透明，谋求互利共赢，打造包容可及、价格合理、广泛受益、符合国情和当地法律法规的基础设施，致力于实现高质量、可持续的共同发展。"一带一路"建设顺应时代潮流，造福各国人民。

4.2 非洲是"一带一路"历史和自然延伸，是重要参与方。中非共建"一带一路"将为非洲发展提供更多资源和手段，拓展更广阔的市场和空间，提供更多元化的发展前景。我们一致同意将"一带一路"同联合国2030年可持续发展议程、非盟《2063年议程》和非洲各国发展战略紧密对接，加强政策沟通、设施联通、贸易畅通、资金融通、民心相通，促进双方"一带一路"产能合作，加强双方在非洲基础设施和工业化发展领域的规划合作，为中非合作共赢、共同发展注入新动力。

4.3 非洲国家支持中国于2019年举办第二届"一带一路"国际合作高峰论坛，中国欢迎非洲国家积极参与相关活动。

5.1 我们一致高度评价中非合作论坛18年来对中非关系发展的促进作用。2015年论坛约翰内斯堡峰会提出的中非"十大合作计划"及《中非合作论坛—约翰内斯堡行动计划（2016—2018年）》各项后续行动落实取得丰硕成果。

5.2 我们一致认为论坛机制日益高效，引领国际对非合作。同意维护论坛现有机制，保持特色和优势，更好促进新时代中非关系和中非合作发展。同意将论坛作为中非共建"一带一路"的主要平台。

6. 中方愿继续秉持习近平主席提出的真实亲诚理念和正确义利观，加强同非洲国家团结合作。我们致力于共同努力，发挥好各自优势，照顾好彼此关切，不断建设和丰富中非全面战略合作伙伴关系，造福中非人民。

7.1 中方赞赏非洲一体化进程，承诺继续支持非洲谋求联合自强、加快推进一体化、维护和平稳定、实现经济更快增长等努力。注意到近年非盟首脑会议在上述方面取得令人鼓舞的成果。

7.2 我们欢迎中方继续同非盟及其所属机构、非洲区域经济组织等加强合作，支持非盟委员会在推动中非跨国跨区域合作中发挥建设性作用。中方欢迎非盟在北京设立驻华代表处，支持非盟改革，提升非盟能力建设和工作效率。

8. 我们一致同意，继续坚定支持彼此维护国家领土完整、主权、安全和发展利益。论坛非方成员承诺继续坚定奉行一个中国原则，支持中国统一大业；支持中方同相关国家通过友好磋商和谈判，和平解决领土和海洋争议问题。中方重申愿在一个中国原则基础上同所有非洲国家发展友好合作关系、分享中国发展机遇；重申坚定奉行不干涉内政原则，支持非洲国家自主探索适合本国国情的发展道路。

9. 中方承诺同非洲国家加强发展战略对接，加强治国理政经验交流，分享减贫发展特别是乡村地区经济社会发展以及性别平等、妇女和青年赋权经验，支持非洲国家实现发展振兴，支持非洲实施《2063年议程》及其第一个十年规划，实现自主可持续发展。

10. 我们赞赏中非在反腐败领域合作取得的显著成就和相关合作取得的积极成果，决心继续对腐败采取"零容忍"态度，不断完善反腐败合作制度和机制。欢迎非洲启动"反腐主题年"，愿以此为契机深化南南合作，加强经验交流分享，共同打击腐败、倡导廉洁。

11. 我们积极评价双方就新形势下加强互利合作达成的共同发展、集约发展、绿色发展、安全发展和开放发展五大合作发展理念。充分肯定中非经贸合作取得的丰硕成果，高度评价中非贸易、投融资、基础设施等领域合作的显著成效。一致认为经贸合作始终是中非关系发展的"压舱石"和"推进器"。中方愿继续秉持互利共赢原则，以支持非洲培育不依赖原材料出口的内生增长能力为切入点，增强非洲第二、三产业生产能力，推动中非经贸合作转型升级，为非洲发展提供不附加政治条件的各类帮助和支持。非方重申坚持走可持续、多元化、社会经济协调发展之路，确保实现共赢结果。

12. 我们呼吁国际社会同舟共济，以贸易和投资促进发展，推动经济全球化朝着更加开放、包容、普惠、平衡、共赢的方向发展。面对当前严峻形势，坚定主张多边主义，反对一切形式的单边主义和保护主义，支持以世界贸易组织为核心、以规则为基础、透明、非歧视、开放、包容的多边贸易体制，推动建设开放、包容的世界经济。推动世贸组织争端解决机制正常运转，继续落实以往部长级会议成果，决心加强在"77国集团加中国"等机制内的合作，用实际行动共同维护多边贸易体制，支持全球发展。

13.1 非方领导人欢迎中国国家主席习近平在博鳌亚洲论坛2018年年会开幕式上宣布了中国进一步扩大开放的一系列新的重大措施，赞赏中方在能力建设等方面作出的具体、有针对性的努力，认为上述措施和努力将惠及包括非方在内的世界各国，认为中国发展为开放型世界经济发展提供了重要机遇和动力。非方领导人欢迎中方2018年11月在上海举办首届中国国际进口博览会，并愿积极参加。

13.2 中方赞赏2018年3月在卢旺达首都基加利举行的非洲自贸区建设特别首脑会议取得的重要成果，欢迎非洲启动单一航空运输市场建设，欢迎支持人员和货物自由流动的决定，支持非洲自贸区和单一航空运输市场建设尽早取得成果。中方致力于同非方加强贸易、投资便利化等领域合作，加强政策分享、信息交流和能力建设。中方支持非洲国家加强互联互通建设，支持非洲基础设施发展与工业化，愿鼓励双方企业根据市场规律，积极探讨多种形式的互利合作模式。

13.3 非方赞赏中方支持非洲铁路建设，尤其是支持非盟《2063年议程》有关目标。非方欢迎中方成为非洲铁路发展的战略伙伴，欢迎中方加大对非洲旅游业投资，扩大中非航空合作。

14. 我们欢迎《二十国集团支持非洲和最不发达国家工业化倡议》，敦促发达国家按时足额兑现对发展中国家特别是非洲国家的官方发展援助承诺，提供资金、技术和能力建设等更多支持，确保联合国2030年可持续发展议程得到全面落实。

15. 我们呼吁各国尊重文明多样性。强调人文交流合作对中非人民增进了解、友谊与合作具有重要意义，鼓励深化在文化、教育、科技、体育、卫生、旅游、媒体机构、地方政府等领域交流、互鉴与合作，持续巩固中非关系的民意社会基础。

16.1 我们强调秉持共同、综合、合作、可持续的安全观，坚持以对话解决争端、以协商化解分歧，统筹应对传统和非传统安全威胁，反对任何形式、任何方式、发生在任何地点及任何原因导致的恐怖主义。

16.2 中方坚定支持非洲国家和非盟等地区组织以非洲方式自主解决非洲问题的努力，支持非洲常备军、危机应对快速反应部队建设，支持有关地区国家采取积极措施应对恐怖主义威胁。中方支持联合国为非洲自主和平行动提供可预见、可持续的资金支持，支持非方实现2020年建成"消弭枪声的非洲"。中方愿根据非方需要，继续建设性参与非洲热点问题斡旋和调解。我们一致欢迎中非加强在联合国安理会层面相关事务中的沟通协调，通过中国与安理会非洲非常任理事国会晤、磋商等机制，密切在涉非和平安全事务中的协作，维护共同利益。欢迎中方同非盟和平安全理事会在会议、磋商等机制下加强合作，维护共同利益。

16.3 我们注意到当前非洲难移民问题突出，非盟、非洲各次区域组织和非洲各国在非盟《2063年议程》及相关框架内致力于推动解决此问题。中非将探讨加强在人道主义响应、早期预警、应对气候变化、干旱和沙漠化、灾害管理与应对等领域的合作。

17. 我们强调维护联合国宪章的宗旨和原则，支持联合国在国际事务中发挥积极作用。主张相互尊重、平等协商，坚决摒弃冷战思维和强权政治，走对话而不对抗、结伴而不结盟的国与国交往新路。秉持共商共建共享的全球治理观，主张多边主义，倡导国际关系民主化，坚持国家不分大小、强弱、贫富一律平等，反对干涉别国内政，反对在国际事务中滥用武力或以武力相威胁。重申继续在联合国等场合深化彼此理解支持，加强相互协调配合。

18. 我们主张应对包括安理会在内的联合国进行必要改革，以更好地履行联合国宪章赋予的职责，提高联合国应对全球威胁和挑战、加强全球治理的能力。强调应纠正非洲国家遭受的历史不公，优先增加非洲国家在联合国安理会和其他机构的代表性，共同推动国际治理体系变革朝着有利于发展中国家共同利益的方向发展。中国愿与安理会非洲非常任理事国加强沟通协调，共同维护中非以及发展中国家利益。我们也主张应对包括布雷顿森林体系机构在内的国际金融机构进行改革。

19.1 我们呼吁在2018年《联合国气候变化框架公约》第24次缔约方大会上达成《巴黎协定》实施细则。我们根据第22次缔约方大会上通过的《关于气候和可持续发展的马拉喀什行动宣言》，重申将坚定不移地共同应对气候变化问题。我们决定将坚持环境友好，合作应对气候变化，保护海洋生物多样性，加强海洋科学研究，发展蓝色经济，构筑绿色发展的全球生态体系，保护好人类赖以生存的家园，为小岛屿国家发展创造更好条件。呼吁发达国家尽快落实承诺，在资金、技术转让、加强能力建设方面支持非洲国家应对气候变化和保护环境。

19.2 中方赞赏非方在野生动植物保护方面作出的努力，注意到非方面临的挑战，致力于同非方合作打击野生动植物非法贸易，并提供必要支持。

20. 我们祝贺南非共和国成功主办金砖国家领导人第十次会晤，并延续由"金砖+"合作倡议和金砖领导人与非洲外围对话组成的"金砖+"领导人对话会。各国领导人积极评价会晤通过的成果文件和相关举措，认为会晤成果丰硕，有助于为金砖合作第二个"金色十年"奠定坚实基础，使各国加强合作，共同从第四次工业革命中广泛受益。

21. 我们赞赏双方参加中非合作论坛第七届部长级会议的部长们的不懈努力和出色工作。根据本宣言精神，通过了《中非合作论坛—北京行动计划（2019—2021年)》，中非双方将通过密切合作，确保行动计划获得及时全面落实。

22.1 我们感谢中华人民共和国主席习近平和南非共和国总统西里尔·拉马福萨共同主持 2018 年中非合作论坛北京峰会。

22.2 我们感谢南非共和国在 2012 年至 2018 年担任论坛共同主席国期间对论坛发展和中非关系发展所作的贡献。

23. 我们感谢中华人民共和国政府和人民在 2018 年中非合作论坛北京峰会期间给予各方的热情接待和便利。

24. 我们欢迎塞内加尔共和国接任论坛共同主席国，决定中非合作论坛第八届部长级会议将于 2021 年在塞内加尔共和国召开。

全文摘自中非合作论坛网站（https：//www.focac.org/chn/zywx/zywj/）

中非合作论坛—北京行动计划
（2019—2021 年）

1. 序言
2. 政治合作
   2.1 高层互访与对话
   2.2 磋商与合作机制
   2.3 立法机关、协商机构、政党、地方政府交往
   2.4 中国与非洲联盟及非洲次区域组织
3. 经济合作
   3.1 农业、粮食安全与食品安全
   3.2 产业对接与产能合作
   3.3 基础设施建设
   3.4 能源资源合作
   3.5 海洋经济
   3.6 旅游
   3.7 投资与经济合作
   3.8 贸易
   3.9 金融
4. 社会发展合作
   4.1 发展合作
   4.2 医疗与公共卫生
   4.3 教育与人力资源开发
   4.4 减贫经验交流
   4.5 科技合作与知识共享
   4.6 生态保护和应对气候变化
5. 人文合作
   5.1 文化
   5.2 新闻与媒体
   5.3 学者与智库

5.4 民间交往

5.5 青年与妇女

6. 和平安全合作

6.1 军队、警察与反恐

6.2 反腐败、领事、移民、司法与执法

7. 国际合作

8. 中非合作论坛机制建设

1. 序言

1.1 2018年9月2日至4日，中非合作论坛北京峰会暨第七届部长级会议在北京召开。来自中国和53个非洲国家的国家元首、政府首脑、代表团团长、非洲联盟委员会主席（以下称"双方"）以及外交部长和负责经济合作事务的部长分别出席了峰会和部长会。

1.2 双方满意地回顾了中非关系发展历程，高度评价中非合作论坛，认为论坛成立18年来，日益成熟高效，不断丰富中非关系内涵，促进中非合作全面深入发展，引领和带动了国际对非合作，并一致认为应继续维持论坛现行机制。

1.3 双方对中非"十大合作计划"及《中非合作论坛—约翰内斯堡行动计划（2016—2018年）》各项后续行动得到全面、有效落实感到振奋，决心本着《关于构建更加紧密的中非命运共同体的北京宣言》精神，共同推进"一带一路"合作，共同建设面向未来的中非全面战略合作伙伴关系，共筑更加紧密的中非命运共同体，更好造福中非人民。

1.4 双方认为，中国是最大的发展中国家，正在致力于实现"两个一百年"奋斗目标，实现中华民族伟大复兴的中国梦，非洲是发展中国家最集中的大陆，正在全面推进落实非盟《2063年议程》，致力于建设一体化、繁荣、和平的非洲，双方发展理念相通，发展战略契合，发展优势互补。双方将以共建"一带一路"为契机，加强全方位、宽领域、深层次合作，实现合作共赢、共同发展。

1.5 双方认为非洲是共建"一带一路"的重要伙伴，决心充分发挥中非合作论坛优势，支持中非共建"一带一路"。

1.6 中方将秉持真实亲诚理念和正确义利观，以支持非洲培育内生增长能力为重点，回应非方减少贫困、改善民生、吸引投资、提振出口等诉求，持续加大对非洲的投入和合作力度。

1.7 为落实会议成果，围绕"合作共赢，携手构建更加紧密的中非命运共同体"这一主题，规划今后3年或更长时间中非各领域友好互利合作，双方共同制定并一致通过本行动计划。

1.8 中方愿在中非"十大合作计划"基础上，同非洲国家密切配合，未来3年和今后一段时间重点实施产业促进行动、设施联通行动、贸易便利行动、绿色发展行动、能力建设行动、健康卫生行动、人文交流行动、和平安全行动"八大行动",支持非洲国家加快实现自主可持续发展。"八大行动"内容将在本行动计划各分领域条款中具体体现。

2. 政治合作

2.1 高层互访与对话

2.1.1 继续密切高层交往,深化传统友谊,增进政治互信,加强战略协作,夯实中非关系政治基础。

2.1.2 深化治国理政经验交流。中方支持非洲国家自主探索适合自身国情的发展道路,制定国家发展战略规划,加强能力建设,提升治理水平。中方愿同非方分享改革开放成功做法和经验,举办中非治国理政论坛,在中非合作中不断加强发展思路和理念对接。

2.2 磋商与合作机制

2.2.1 为加强中非关系与合作的规划和落实,双方同意完善中国与非洲国家双边委员会、战略对话、外交部政治磋商、经贸联(混)合委员会以及联合工作组、指导委员会等机制建设。

2.2.2 继续增强中非外长定期政治磋商机制作用。

2.3 立法机关、协商机构、政党、地方政府交往

2.3.1 加强中国全国人民代表大会与非洲各国议会以及泛非议会、非洲议会联盟等非洲区域性议会组织友好交往,增进立法领域交流互鉴,深化友谊,促进合作。

2.3.2 扩大和加强中国人民政治协商会议全国委员会与非洲国家议会、地区议会、泛非议会和非洲议会联盟的交流与合作。

2.3.3 深化中国经济社会理事会与非盟经济社会文化理事会及非洲各国经济社会理事会等相关机构的交往。

2.3.4 加大政党高层交往频率,深化政治互信,提升干部培训合作水平,深化双边和多边政治对话,加强治国理政和发展经验交流。

2.3.5 加强地方政府交流,支持双方建立更多友好省市关系,丰富友城关系内涵,完善"中非地方政府合作论坛"机制,推动中非地方合作持续发展。

2.4 中国与非洲联盟及非洲次区域组织

2.4.1 双方认识到非盟在维护非洲和平稳定、一体化建设方面发挥的重要作用,非方赞赏中方为支持非洲和平稳定与发展所作的努力和贡献。

2.4.2 同意巩固和加强中国同非盟和非洲次区域组织友好交往势头,不断增强战略互信,深化务实合作。

2.4.3 中方赞赏非盟委员会加入中非合作论坛以来发挥的积极作用,欢迎非盟在北京设立代表处。

2.4.4 中方将继续同非盟和非洲次区域组织开展磋商与对话，就非洲整体和次区域经济发展、地区重要问题等加强沟通，并继续支持非盟和非洲次区域组织加强能力建设。

2.4.5 中方赞赏非洲大陆自贸区协议的签署。双方愿探讨扩大自贸区建设领域合作。

3. 经济合作

3.1 农业、粮食安全与食品安全

3.1.1 非方赞赏中方积极落实"中非农业现代化合作计划"。感谢自上届峰会以来中方向非洲提供紧急粮食援助，助力有关国家缓解危机、提升粮食安全水平。中方将根据非方急需，继续提供粮援，非方将为上述工作提供支持和配合。

3.1.2 中方支持非洲实现农业现代化，将帮助非洲推动农业升级，改善农业基础设施，提高农业产量和农产品附加值，提升粮食安全保障能力，调试农业机械适应非洲本土情况，培育有售后服务保障能力的非洲经销商，支持非洲乡镇产业发展，促进包容性增长和共同繁荣，支持非洲在2030年前基本实现粮食安全。

3.1.3 中方将与非洲共同制定并实施中非农业现代化合作规划和行动计划，实施50个农业援助项目，向非洲受灾国家提供10亿元人民币紧急人道主义粮食援助，向非洲派遣500名高级农业专家，培养农民致富带头人。

3.1.4 中方支持非洲增强高科技粮食生产、农产品加工等农业生产能力，帮助非洲应对粮食安全挑战以及粮食短缺问题。双方鼓励发展可持续农业和有机农业，提高食品安全与粮食安全水平、环境友好型生产技术利用能力和自然资源管理效率，利用可再生能源和节水系统，降低生产成本，提高气候变化适应力。

3.1.5 双方将共同努力完善粮食安全风险管理体系并建立应急反应机制，中方愿为该机制运行提供支持。非方赞赏中方开展农业技术能力服务，实施高级农业技术人员互派项目，培养青年农业发展带头人，开展农业科研、技术培训与转让等合作，支持非洲建立生产—加工—营销等农业全产业链。中方将与非方继续加强农业政策磋商、规划设计等合作，支持非洲国家实施《非洲农业综合发展计划》，包括非盟主导的食品安全项目与活动。

3.1.6 中方将帮助非洲加强能力建设，通过开展专家交流向非方进行技术转移，开发新的农业研究成果，包括分子级别植物疾病检测与识别、病虫害分析、种子检测认证、生物安全级别高危物质隔离检疫等。

3.1.7 共同推动中非农业领域合作机制化，建立中国—非盟农业合作委员会，定期举办中非农业合作论坛。深化中非农业领域人力资源合作和农业科研机构"10+10"合作，帮助非方培养青年农业科研领军人才。

3.1.8 建立中非绿色农业发展研究中心，积极推进中非农业企业、社会组织间的合作，广泛开展投资促进、技术交流、联合研究和技术推广等活动。

3.1.9　中方将加强与非洲棉花生产国合作,全面提升非洲棉花产业规划、品质标准、生产加工、储运贸易能力,促进棉花价值链增值,扩大非洲在国际棉花市场份额。

3.1.10　中方将加强蔗糖业领域对非合作,积极研究推动潜力大的糖产品贸易的可能性。

3.1.11　双方将在农产品加工领域开展合作,增强农业企业产品区域市场出口能力,增强基层现代农业管理能力,双方将探讨家禽养殖废物处理技术合作。

3.2　产业对接与产能合作

3.2.1　中非开展产业对接与产能合作互有需要、互有优势,双方愿充分发挥中方在装备、技术等方面的综合优势,对接中非双方的供给能力和经济发展需求,共同发展实体经济。

3.2.2　中方鼓励政策性金融机构、开发性金融机构、中非发展基金、中非产能合作基金和非洲中小企业发展专项贷款等加大对中非产能合作的支持力度,支持非洲工业化进程。

3.2.3　全面推进"一带一路"建设与非盟《2063年议程》引领下的中非产能合作,充分发挥产能合作机制作用,推动具体项目取得务实成果,充分发挥大项目合作对深化产能合作的示范效应。中国决定在华设立中国—非洲经贸博览会。

3.2.4　中方将加强对非洲加工制造业、经济特区、产业园区等产业发展的支持力度,支持中国民营企业在非洲建设工业园区、开展技术转让,提升非洲国家经济多元化程度和自主发展能力。

3.2.5　非洲国家将继续完善法律法规和基础设施,提供高效务实的政府服务,为吸引中国企业投资、开展产能合作创造良好条件和环境。

3.3　基础设施建设

3.3.1　赞赏双方共同积极落实"中非基础设施合作计划"。双方将秉持集约发展理念,以项目经济社会效益为导向,进一步加强基础设施规划、设计、建设、运营、维护和良好治理等领域互利合作,保持非洲有关国家债务可持续性。中方支持中国企业利用先进的装备、技术、标准、服务等帮助非洲改善基础设施条件,促进互联互通。

3.3.2　双方愿根据非洲跨国跨地区基础设施建设规划,在兼顾国家发展实际需求和项目经济社会效益的基础上,探讨并推进非洲大陆、地区和次区域互联互通项目的建设合作。中国决定和非盟启动编制《中非基础设施合作规划》,支持中国企业以投建营一体化等模式参与非洲基础设施建设,重点加强能源、交通、信息通信、跨境水资源等合作,同非方共同实施一批互联互通重点项目。

3.3.3　中方愿在中非区域航空合作框架下,向非洲国家供应民用支线客机,为非方培训专业航空人才,增强非洲与国际民用航空组织标准和建议措施接轨的能力,支持中国企业同非方设立合资航空公司，建设机场等配套基础设施，共同推动非洲区域航空发展。

3.3.4 中方支持非洲单一航空运输市场建设。中非将在实现航空市场准入目标方面相互支持，推动实现非盟《2063年议程》旗舰项目非洲单一航空运输市场建设，支持双方空运、海运企业建立更多中非航线。双方将积极研究签署更加自由、灵活协议的可行性，增进航空市场准入合作。中方鼓励和支持有实力的中国企业投资非洲港口、机场和航空公司，非方对此表示欢迎。双方继续开展通信和遥感卫星及应用等领域合作。

3.3.5 双方认识到信息通信技术对经济社会发展发挥着战略性和全局性影响，将加强主管部门交流合作，分享信息通信发展经验，共同把握数字经济发展机遇，鼓励企业在信息通信基础设施、互联网、数字经济等领域开展合作。

3.3.6 双方将积极探讨和促进云计算、大数据、移动互联网等新技术应用，中方愿支持非洲国家建设"智慧城市"，提升信息通信技术在维护社会治安、反恐和打击犯罪等方面的作用，与非方共同维护信息安全。

3.3.7 双方鼓励和支持各自企业合作参与非洲国家光缆骨干网、跨境互联互通、国际海缆、新一代移动通信网络、数据中心等通信基础设施建设，并在相关基础设施建设、运营、服务等方面开展互利合作。

3.3.8 双方愿加强在国际电信联盟等国际组织中的合作，促进在人员培训、网络互联互通、创新中心建设等方面的协作。双方愿就信息通信技术政策和发展开展战略咨询，共同努力缩小非洲数字鸿沟，推进非洲信息社会建设。

3.4 能源资源合作

3.4.1 中非将加强能源、资源领域政策对话和技术交流，对接能源、资源发展战略，开展联合研究，共同制定因地制宜、操作性强的能源发展规划。双方愿共同努力推动在非洲设立中非能源合作中心，进一步促进中非能源交流与合作。

3.4.2 双方鼓励和支持中非企业按照互利共赢的原则开展能源贸易、能源项目投资、建设和运营，实施绿色金融能源示范项目，探索绿色、可持续的能源合作方式。中方将支持可再生能源，主要是太阳能在非洲的发展，支持使用蓄电池和完善电网。

3.4.3 中方支持非洲能源领域能力建设，为相关国家政府主管部门、研究机构及重点企业的人员开展专业培训，切实提高非洲国家建设和管理本国能源体系的能力。

3.4.4 中方愿在尊重非洲国家意愿的基础上探讨与第三方开展对非能源领域合作，发挥各自优势，为非洲能源发展提供政策建议，推动项目取得进展。

3.4.5 双方愿积极考虑共同建立"中非地学合作中心"，开展国家资源可持续利用与环境问题合作研究，提高各自国家资源可持续开发与利用能力。

3.5 海洋经济

3.5.1 双方认识到海洋经济领域的巨大合作潜力,将共同推进蓝色经济互利合作。

3.5.2 中方将继续在国际海事组织技术合作框架下提供资金和技术援助,帮助非洲国家培养海运人才和加强能力建设,促进海运业可持续发展。

3.5.3 双方将加强港口间的交流合作。中方将为非洲国家编制海岸带、海洋经济特区、港口和临港工业区建设以及海洋产业相关规划提供技术援助和支持,支持非洲国家推进港口信息化建设,加强促进蓝色经济的合作,开展投融资合作。

3.5.4 双方愿积极考虑共建"中非海洋科学与蓝色经济合作中心",继续加强在近海水产养殖、海洋运输、船舶修造、海上风电、海上信息服务、海上安全、海洋资源开发利用、海岛保护与管理、海洋科学研究、海洋观测、极地考察等方面的合作与交流。

3.5.5 双方鼓励中非航海院校和海洋科研机构加强交流合作。中方将通过技术支持、人才培训等方式提升非洲国家海洋领域能力建设。

3.5.6 中方支持非方加强海上执法和海洋环境保障能力建设,为海洋资源开发与合作创造良好安全环境,通过发展蓝色经济,推动环境、社会、经济效益高的可持续发展模式。

3.6 旅游

3.6.1 中方支持更多非洲国家成为中国公民组团出境旅游目的地。双方将推动实施更加便利的旅游签证政策,简化通关手续,不断提升旅游便利化水平,力争实现双向旅游交流人数稳步增加。

3.6.2 双方将继续邀请对方国家参加旅游展会、举办旅游宣介会等活动,为中非旅游部门和旅游业界交流经验、洽谈业务、推介产品搭建平台。

3.6.3 鼓励双方地方政府、旅游和旅游贸易企业间增进对话,加强合作,增加人员往来和游客数量,扩大双向投资,利用各种渠道加强旅游发展信息和经验交流。

3.6.4 鼓励双方开展旅游及相关产业从业人员能力建设和培训交流活动,不断提升旅游服务接待水平。双方将合作改善非洲与旅游业发展相关的基础设施,包括促进赴非洲国家邮轮旅游和过境旅游的发展。

3.7 投资与经济合作

3.7.1 非方赞赏中方积极落实"中非工业化合作计划",推进中非产业对接和产能合作,合作新建或升级工业园区等经济贸易合作区所做努力,为非洲劳动人口提供有效和可持续的基础职业技能培训,助力非洲将人口红利转化为发展优势。中方将继续支持非洲经济转型,提高产业竞争力,增加就业。

3.7.2 继续鼓励和支持双向投资,努力减少投资壁垒,合作商签、更新和落实双边投资协定,为双方投资创造良好环境。中方将鼓励中国企业扩大对非投资,在非洲新建和升级一批经贸合作区，推动中国企业未来3年对非洲投资不少于100亿美元，支持成立中国在非企业社会责任联盟，支持非洲为私营部门投资区域性项目协调相关政策和法律法规。

3.7.3 用好中方对非合作倡议及其相关工具，用好中非发展基金、中非产能合作基金来鼓励中国企业赴非洲投资，用好对非投资论坛平台，加强发展经验交流、产能合作和投资贸易合作，分享投资政策和机会、法律法规、经济发展与合作领域等方面信息，进一步发挥对非投资智库联盟作用，为优化非洲投资环境、吸引更多双方共同感兴趣领域投资提供智力支持。

3.7.4 继续开展税收领域务实合作。中方通过技术援助和人员培训等支持非洲国家提高税收征管能力，进一步商签和落实中国与非洲国家的避免双重征税协定，解决跨境纳税人涉税争议，为中非投资和经贸往来提供良好税收环境。

3.8 贸易

3.8.1 非方赞赏中方积极落实"中非贸易和投资便利化合作计划"，通过支持非洲国家提高海关、税务等执法能力，升级海关设施、交通运输设施等，助力非洲推进贸易畅通。中方将继续在市场准入、人员培训、海关等方面开展对非合作。

3.8.2 中方支持非洲大陆自由贸易区建设，继续同非洲有意愿的国家和地区开展自由贸易谈判，愿秉持互利、共赢、开放原则，与非方积极探讨合作可行性。

3.8.3 中方支持非洲提振出口能力，决定扩大进口非洲商品特别是非资源类产品，重点关注扩大非洲含附加值农产品和工业制成品对华出口，支持地方政府和商协会组织企业赴非开展贸易促进活动，定期举办中非品牌面对面活动。中国支持非洲国家参加中国国际进口博览会，免除非洲最不发达国家参展费用，欢迎非洲企业参加中国进出口商品交易会、中国国际农产品交易会等重要展会，并提供必要的优惠和便利措施。

3.8.4 中方将继续积极落实给予同中国建交的非洲最不发达国家97%税目输华产品零关税待遇承诺，根据双边换文情况给予有关国家上述优惠待遇，并采取有效举措促进受惠国家享惠便利化。

3.8.5 中方支持企业遵循互利共赢原则，与非方开展合作，支持金融机构在风险可控的前提下，对中方企业承揽的铁路、电信、电力等重点项目提供出口信贷及出口信用保险支持，支持设立50亿美元的自非洲进口贸易融资专项资金。双方欢迎并支持成立中非民营经济合作论坛。

3.8.6 中方将积极拓展与非洲国家服务贸易合作，加强信息交流和能力建设，帮助非洲国家加强服务贸易和服务外包产业人才培养，推进相关领域的合作、交流和培训。

3.8.7 继续加强市场监管及海关方面交流合作。中方将支持非洲国家海关提高管理和现代化水平，扩大与非洲国家海关的通关便利、执法和能力建设合作，打击濒危物种及其制品走私、假冒侵权、商业瞒骗等违法犯罪行为，为非洲实施50个贸易畅通项目，促进中非贸易健康顺利发展。

3.8.8 中方将同非洲开展电子商务合作，建立电子商务合作机制，包括提高出口管理水平和能力，建设互联网签证系统，引入电子证书提升贸易便利化水平。

3.8.9 中方将加强同非洲国家在标准和计量领域的交流与合作，支持非洲国家提升标准和计量能力建设。

3.8.10 为促进互利合作，中方将继续促进非洲在华设立企业便利化，并保护非洲在华投资企业合法权益。

3.9 金融

3.9.1 中方将向非洲国家提供优惠性质贷款、出口信贷及出口信用保险额度支持，适当提高优惠贷款优惠度，创新融资模式，优化贷款条件，支持中非共建"一带一路"，支持中非产能合作和非洲基础设施建设、能源资源开发、农业和制造业发展以及全产业链综合开发。中方将提供200亿美元信贷资金额度，支持设立100亿美元的中非开发性金融专项资金。

3.9.2 在对非投融资合作中，中方秉持不附加政治条件、互利共赢、集约发展等原则，支持非洲走多元化、可持续发展之路，并愿为非洲国家解决债务可持续问题，提高自主发展能力，实现经济社会发展良性循环继续作出积极努力。

3.9.3 非方欢迎《"一带一路"融资指导原则》。中方将同非洲开发银行等非洲地区多边开发银行加强合作，做好非洲共同增长基金的后续投资管理。

3.9.4 支持双方政策性银行、开发性金融机构、商业银行、多边金融机构、股权投资基金、出口信用保险机构间加强合作，建立中非开发性金融论坛和中非金融合作银联体，为非洲国家提供形式多样的资金组合安排。双方将加强合作，吸引保险公司、主权财富基金等有长期投资倾向的机构投资者的投资。

3.9.5 在遵循多边规则和程序的前提下，加强在亚洲基础设施投资银行、新开发银行、丝路基金、世界银行、非洲开发银行等多边开发机构框架下的合作，为促进非洲基础设施建设和可持续发展发挥积极作用。

3.9.6 继续加强本币结算合作，扩大本币在双边贸易和投融资中的使用，支持非洲人民币清算行业务发展。中方欢迎非洲主权、多边机构、金融机构等在中国债券市场发行熊猫债券，愿为此提供便利，助力非洲市场主体融资渠道多元化，提高非方持有人民币作为储备货币的便利性。

3.9.7 继续鼓励并支持双方金融机构在符合各自法律法规和审慎监管规则的基础上，在对方国家增设分支机构，扩大业务往来。中方金融监管部门愿继续加强与非洲各国金融监管部门合作，共同维护中非金融体系稳健运行、良性发展。

4. 社会发展合作

4.1 发展合作

4.1.1　非方赞赏中方长期以来在力所能及的范围内向非洲国家和人民提供不附加任何政治条件的援助。中方将加大对非洲国家特别是非洲最不发达国家援助力度，深化南南合作，促进共同发展。

4.1.2　非方赞赏中方在南南合作援助基金下帮助非洲国家减少贫困、改善民生，推动落实2030年可持续发展议程。中方将同非方加强发展经验交流，支持开展经济社会发展规划方面合作，继续利用南南合作援助基金，支持非洲国家实现2030年可持续发展目标和非盟《2063年议程》。

4.1.3　非方赞赏中方支持非盟和次区域组织升级改造公共服务设施，改善政府办公条件，提高政府公共服务能力。

4.1.4　中方将向非方提供150亿美元的无偿援助、无息贷款和优惠贷款，免除与中国有外交关系的非洲最不发达国家、重债穷国、内陆发展中国家、小岛屿发展中国家截至2018年底到期未偿还政府间无息贷款债务。

4.2　医疗与公共卫生

4.2.1　非方赞赏中方积极落实"中非公共卫生合作计划"，共同应对重大突发性疾病挑战，支持非洲公共卫生防控和救治体系建设。中方将继续扩大对非医疗卫生援助力度，开展公共卫生交流和信息合作，支持非洲全面提升公共卫生水平和自主发展能力，建设有应变力的公共卫生体系，为非洲国家实施《国际卫生条例（2005）》卫生相关能力建设提供技术支持。

4.2.2　中方将继续支持非洲国家提升医疗卫生服务水平和医院管理能力，更好地为非洲民众服务；继续支持中国和非洲医院开展示范合作，加强专业科室建设；继续为非洲国家培训医护人员、公共卫生人员和行政管理人员。

4.2.3　中方将优化升级50个医疗卫生援非项目，重点援建非洲疾控中心总部、中非友好医院等旗舰项目，实施中非新发再发传染病、血吸虫、艾滋病等疾控合作项目，为非洲培养更多专科医生，继续派遣并优化援非医疗队，开展"光明行""爱心行""微笑行"等医疗巡诊活动，向非洲国家提供医疗及技术支持。

4.2.4　中方将继续与非洲国家开展控制疟疾项目，支持非洲2030年加速消除艾滋病、肺结核和疟疾框架，与国际社会共同推动全球疟疾控制和清除目标。中方将支持中非双方开展药品医疗器械监管合作，鼓励中国医疗机构和企业赴非洲合作经营医院、生产药品、完善信息系统，与非洲合作提高卫生和临床诊断服务及医药产品的可及性，提高非洲医疗卫生领域的自主可持续发展能力。非方将为此方面合作提供便利。

4.2.5　继续加强卫生健康领域高层交流，开展机制性的中非卫生领域高层对话，继续举办中非部长级卫生合作发展会议，作为中非合作论坛框架内的分论坛。

4.2.6　支持中医药和非洲传统医药合作，加强高层交流，鼓励中医药和非洲传统医药机构在非洲建立中医药和非洲传统医药中心，开展医疗、教育、科研和产业合作。

4.2.7　中方将通过双边或非洲疾控中心和地区合作中心等渠道同非方加强国境卫生检疫合作，建立合作机制，及时通报疫情防控信息，帮助非洲国家培训卫生检疫专业技术人员。

4.2.8　中方将继续帮助非洲加强卫生体系建设和政策制定，实现普惠医疗，包括加强基础医疗，缩小软硬件医疗条件差距，增强重要药品生产能力，在双方友好协商的基础上探讨医疗技术转移。

4.2.9　中方将通过加强双多边合作、分享临床技术、支持重点项目等方式，帮助非洲抗击艾滋病、肺结核、疟疾、血吸虫病等传染性疾病和癌症、心血管疾病等非传染性疾病。

4.2.10　非洲大陆面临的主要问题之一是医疗卫生基础设施不健全，导致流行病疫情反复暴发。为促进非洲卫生事业发展，中方已承诺支持全非公共卫生机构——非洲疾控中心建设。埃塞俄比亚政府已为该中心提供优质地块。非方赞赏中方所作贡献，承诺为中方支持建设非洲疾控中心提供一切必要支持以及承诺建成后充分利用这一个机构，发挥其在非洲公共卫生事业中的作用。期待该项目早日在亚的斯亚贝巴建成。

4.3　教育与人力资源开发

4.3.1　非方赞赏中方积极落实"中非人文合作计划"，支持非洲升级改造文化艺术设施，落实卫星电视项目，提供学历学位教育和政府奖学金名额，促进双方在文化艺术、新闻媒体、学者智库、社会组织、青年妇女等领域交流合作，夯实中非友好合作关系社会基础。中方将继续支持非洲弘扬传统文化，增进民心相通。非方欢迎中方支持其在学校建设气象监测站，以进行早教、教育、培训、数据收集和环境管理。

4.3.2　非方赞赏中方设立南南合作与发展学院，总结分享中国及广大发展中国家的治国理政成功经验，支持发展中国家培养政府管理高端人才。中方将继续支持南南合作与发展学院的平台作用，推动开展平等互信、互利共赢、团结互助的南南合作，支持广大发展中国家探索适合自身国情的发展道路。

4.3.3　中方将实施头雁计划，为非洲培训1000名精英人才，为非洲提供5万个中国政府奖学金名额，为非洲提供5万个研修培训名额，为非洲培养更多各领域专业人才，继续实施"中非高校20+20合作计划"，搭建中非高校交流合作平台。

4.3.4　中方将继续支持非洲现有孔子学院（课堂）发展，支持非洲符合条件的教育机构申办孔子学院（课堂），欢迎非洲各国将汉语教学纳入国民教育体系。中方愿通过派出汉语教师和志愿者，赠送汉语教材和教学材料，提供孔子学院奖学金，帮助培养本土汉语教师等多种方式，进一步支持非洲各国开展汉语教学。

4.3.5　注意到中方在联合国教科文组织成功设立的援非教育信托基金项目实施顺利，成果显著，双方支持该项目继续实施并延长四年（2018—2021年）。

4.3.6 中国将继续支持津巴布韦哈拉雷非洲能力建设基金总部的非洲能力发展学院建设，为非盟《2063议程》实施提供能力建设支持，确保非洲国家和各次区域组织人力资源水平、机构能力和协调能力不断提高。

4.4 减贫经验交流

4.4.1 非方赞赏中方积极落实"中非减贫惠民合作计划"，实施"幸福生活工程"等减贫项目，提升非洲乡村公共服务能力，加强就业技能培训，改善乡村社区环境和生活条件，保护非洲妇女儿童健康。非方赞赏中方免除非洲最不发达国家截至2015年底到期未偿还的政府间无息贷款债务。

4.4.2 中方将继续支持非洲减贫事业发展，帮助非洲人民不断提高生活质量和幸福指数。

4.4.3 中方将继续举办"中非减贫与发展会议""中非青年减贫与发展交流项目"等活动，不断加强减贫经验交流和共享。广泛动员中非企业、社会组织、研究机构等各方力量共同参与中非减贫合作，逐步建立政府间、社会间的多层次减贫对话机制。

4.4.4 中方将根据非洲国家需求，继续举办减贫政策与实践研修班，并向非洲国家提供减贫与发展专业学位教育项目，帮助非洲国家培养专业人才。中方愿不断创新培训模式，扩大培训效果，积极构建中非减贫学习交流网络。

4.4.5 中方将与非洲国家及相关机构开展联合研究，合作开发减贫知识产品，为非洲国家提供减贫政策咨询，并派出专家或志愿者提供技术支持。

4.4.6 中方将继续与非洲国家合作开展村级（社区）减贫试点项目，启动非洲农村带头人培养计划，为非洲国家村级减贫与发展提供基础支持。

4.4.7 中方将与非洲国家共同研究实施减贫示范工程，为非洲国家减贫与发展探索新的模式和路径。

4.5 科技合作与知识共享

4.5.1 中方将继续推进实施"一带一路"科技创新行动计划和"中非科技伙伴计划2.0"，重点围绕改善民生和推动国家经济社会发展的科技创新领域，并与非方合作推进实施"非洲科技和创新战略"，帮助非方加强科技创新能力建设。

4.5.2 加强科技人文交流合作，中方欢迎非方科技人员积极参与"先进适用技术与科技管理培训班"、"国际杰出青年科学家交流计划"与"藤蔓计划（国际青年创新创业计划）"，开展"非洲青年科技人员创新中国行"活动，鼓励中非双方智库开展科技创新政策对话，增进中非政产学研各界的交流和了解。中方将采取举措支持中非青年创新创业合作，鼓励和支持对非技术转移。双方都认识到，创新和研发是实现增长、稳定和发展的关键因素。中国依靠创新成果维持高速增长。中国将增强与非洲的科技和创新能力合作。

4.5.3 双方认识到，随着人工智能和量子计算机的发展，一个崭新的时代在来临。计算领域量子物理规则的应用将给操作系统、网络安全、大数据、区块链和其他应用方面带来巨大影响。中国将结合自身优势，为非洲国家提供力所能及的帮助。

4.5.4 双方将加强与科研创新战略和政策相关的信息和经验交流，强化科研创新实践和法律的信息和资料收集。

4.5.5 中方理解并重视小岛屿发展中国家由于特殊的地理和其他自然条件，在气候变化、海平面上升、极端天气等问题上的特殊关切。

4.5.6 结合非洲国家的发展需求，鼓励双方大学、科研机构和企业等在双方共同感兴趣的重点领域共建联合实验室，开展高水平联合研究，培养科技人才，促进技术转移转化，建立长期稳定的合作关系。

4.5.7 探讨开展科技园区合作，中方愿与非方分享中国科技园区建设和发展经验，在园区规划、政策咨询、人才培养、产业对接等方面开展务实合作。

4.5.8 中方将继续支持非洲大陆的科技旗舰项目——国际大科学计划平方公里阵列射电望远镜项目（SKA）。

4.5.9 继续支持"中非联合研究中心"建设和发展，重点围绕生态环境保护和生物多样性保护、农业和粮食安全、水环境治理与饮用水安全、公共健康、先进适用技术研发和示范等方面开展科研和人才培养合作，联合部署一批重点科研合作项目，尤其是可再生能源合作项目，以扩大可再生能源在非洲的使用和加快相关技术的应用，从而应对多种目标，重点包括扩大能源服务可及性，加强能源供应安全和保护环境。

4.5.10 继续支持"中非联合研究中心"实施科教融合，中方愿结合科研合作，向非洲国家提供150个硕士和博士留学名额，培养一批非方急需的高端科技人才。

4.5.11 中方愿加大对非洲国家的支持，帮助其设立连接研究和生产领域的中间机构（即技术转移局）。这些机构的主要任务包括技术转移，向企业推广有价值的研究活动，研究并评估发明创造的技术和经济潜力，促进地方、地区和国家经济发展。中国国家知识产权局将和非洲各国知识产权主管机构在知识产权领域加强培训、公众意识、知识产权审查与注册的体系和实践等方面合作。

4.6 生态保护和应对气候变化

4.6.1 非方赞赏中方积极落实"中非绿色发展合作计划"，增强非洲绿色、低碳、可持续发展能力，落实清洁能源和野生动植物保护、环境友好型农业和智慧型城市建设项目，支持非洲致力于绿色、低碳和可持续发展的努力。

4.6.2 中方决定为非洲实施50个绿色发展和生态环保援助项目，重点加强在应对气候变化、海洋合作、荒漠化防治、野生动物和植物保护等方面的交流合作，共同开展环境保护宣传教育合作。

4.6.3 共同推进中非环境合作中心建设，通过加强环境政策交流对话、推动环境产业与技术信息交流合作、开展环境问题联合研究等多种形式，深化中非环境合作。继续实施中非绿色使者计划,在环保管理、污染防治、绿色经济等领域为非洲培养专业人才,加强能力建设,促进非洲国家绿色发展。

4.6.4 持续推进森林可持续经营合作,并争取通过中非政府间、科研机构等渠道,开展试点、示范、推广等务实合作,推动双方逐步走上森林可持续经营道路,为全球生态治理作出贡献。

4.6.5 共同推进中非竹子中心项目建设,积极开展竹藤资源可持续经营、竹藤产业创新发展、竹藤产品开发与扶贫、竹藤产业政策与标准化等领域对非能力建设援助,争取合作实施竹藤国际合作示范项目,提升整个非洲可持续利用竹藤资源、发展现代竹藤产业的能力。

4.6.6 中方愿支持非洲加强荒漠化防治能力建设,欢迎非洲有关国家根据实际需要引进中国荒漠化治理模式和技术,开展实地示范项目。

4.6.7 非方高度赞赏中国政府支持非洲保护野生动植物资源、大力打击盗猎、野生动植物非法贸易,主动停止国内商业性加工销售象牙等行动。双方将加强在保护野生动植物领域的合作,加强在政府间协议、国际公约等多边场合的立场沟通与协商。中方将继续同非洲国家合作提升野生动植物保护能力,为非洲国家提供生态保护领域培训名额,探讨合作实施野生动植物保护示范项目,联合打击野生动植物及其制品非法交易,积极鼓励在打击盗猎及野生动植物非法贸易中做出突出贡献的人员。

4.6.8 中方愿继续为非洲国家提供风云气象卫星数据和产品以及必要的技术支持,继续向非洲国家提供气象和遥感应用设施和教育培训援助,支持非洲气象(天气和气候服务)战略的实施,提升非洲国家防灾减灾和应对气候变化能力。

4.6.9 中方愿继续在应对气候变化南南合作框架下,深化与非洲各国的务实合作,通过物资赠送及能力建设培训等方式帮助非洲国家提高应对气候变化能力,共同应对全球气候变化挑战。

4.6.10 完善多层次的防灾减灾救灾合作对话机制,扩大在旱灾风险监测与风险评估、实用抗旱技术推广、增强社区抵御旱灾风险能力、灾害应急、灾后恢复重建等领域的交流。

4.6.11 针对非洲灾害管理人员、专业技术人员和社区公众,中方将定期举办灾害风险管理类、减灾救灾技术应用类和公众意识提高类的研修班和技能提高班,并视情况派出中方专家实地指导和开展有关培训和社区能力建设活动。

4.6.12 在灾害应急期间,应非洲国家要求,中方将提供基于空间技术的灾害应急快速制图服务。

5. 人文合作

5.1 文化

5.1.1 持续推进中非文化交流,共同倡导不同文明间开展平等对话、互鉴交融,维护世界文化多样性,推动人类文明进步和世界和平发展。

5.1.2 不断拓展交流合作层次，继续落实政府间文化协定执行计划，保持各级政府间互访对话势头，同时加强地方交往，通过友城等渠道打造中非城市间文化交流合作机制。

5.1.3 推动中非互设文化中心，继续鼓励和支持中非文化艺术团组参与对方举办的国际性艺术节，扩大中非文化艺术的国际认知度。

5.1.4 中方将继续支持非洲创意经济发展，对接《非盟文化和创意产业行动计划》需求，根据非方需要推进和扩大对非文化人力资源培训。

5.1.5 中方将实施50个文体旅游项目，支持非洲国家加入丝绸之路国际剧院、博物馆、艺术节等联盟。

5.1.6 探索中非文化产业合作的可能性，鼓励和支持双方政府和业界在文化产业和文化贸易领域加强交流与合作。

5.1.7 鼓励和支持中非开展文化领域的思想对话和沟通，共同推动国际汉学和非洲研究的发展。

5.1.8 探讨在双方培训研究机构和其他类似文化机构间建立友好伙伴关系的可行性。

5.2 新闻与媒体

5.2.1 共同打造中非媒体合作网络。中方将继续实施中非新闻交流中心项目，继续举办非洲国家新闻官员和记者研修班，推动双方更多新闻媒体人员交流互访，支持双方更多新闻机构互派记者。

5.2.2 中方将积极为非方广播电视数字化建设和产业发展提供技术支持和人才培训。非方欢迎中国企业在非洲国家开展广播电视传输播出网络建设、运营及节目营销等投资合作，同时保证当地人力资源建设和就业。

5.2.3 双方将为对方电视播出机构提供影视剧，探讨建立长期合作模式，继续参加在对方国家举办的影视节展，积极开展纪录片、影视剧的联合制作。中方将支持非洲国家制作影视节目，加强交流并促进非洲影视作品进入中国。

5.2.4 中方愿积极推动与非方在新闻出版领域的交流与合作，推动相关非洲通用语种图书出版项目合作，继续组织中国出版单位参加在非洲举办的重要国际书展。中方将推动本国出版企业向非洲知名公共图书馆、大学和中等学校图书馆赠送卫生、农业技术、文化和教育等领域的对外汉语教材及其他中文出版物。

5.3 学者与智库

5.3.1 赞赏"中非联合研究交流计划"成功实施，该计划加强了中非智库学者的合作交流，为中非合作提供了有力的学术支持，将打造中非联合研究交流计划增强版。

5.3.2 继续举办"中非合作论坛—智库论坛"，成立专门机构支持中非学术界建立长期稳定的合作，鼓励论坛和相关机构开展联合研究，为中非合作发展提供智力支持。在中非智库论坛框架下建立中非智库合作网络。

5.3.3 继续实施"中非智库10+10合作伙伴计划",鼓励双方智库拓展合作,中方每年邀请200名非洲学者访华。

5.3.4 中方决定设立中国非洲研究院,同非方深化文明互鉴。欢迎和鼓励中非企业、金融及学术机构等为促进中非学术互动、民间交往和文化交流提供支持。

5.4 民间交往

5.4.1 中非民间交往已成为中非合作的重要组成部分,双方将继续加强中非民间交流合作。

5.4.2 "中非民间论坛"的机制化为中非传统友谊注入了新的活力,双方重视"中非民间论坛"在加强民意沟通、民间友好、民生合作方面的积极作用,落实第四、五届"中非民间论坛"达成的重要成果,鼓励和支持中非非政府组织开展务实交流,特别是加强双方在民生领域的项目合作。

5.4.3 注意到首届"中非民间友好组织负责人会晤"成功举行,认为该会晤搭建了中非民间友好组织交流与合作的集体对话平台,支持该会晤机制化。

5.4.4 重视发挥"丝绸之路沿线民间组织合作网络"的平台作用,促进中非民间友好交流合作。

5.4.5 鼓励中非工会和非政府组织及社会团体之间继续深化交流,通过团组互访、专题研讨、援助、人员培训、信息共享等形式加强合作。

5.4.6 进一步加强中非在特殊需求人群领域的交流,重点是康复、教育、就业、社会保障、社会工作、扶贫开发、无障碍设施建设、体育文化等领域的合作。

5.5 青年与妇女

5.5.1 中方支持非洲开发人力资源,愿进一步实施中非青年互访计划,邀请2000名非洲青年来华交流,推动更多中非青年互访。

5.5.2 中方愿以促进就业、提升能力为目标,继续在非洲国家开展面向青年的减贫经验交流及小微型社会民生项目,推动更多非洲青年参与中非合作,将在非洲设立10个鲁班工坊,向非洲青年提供职业技能培训,支持设立旨在推动青年创新创业合作的中非创新合作中心。

5.5.3 中方将围绕非方关切领域持续向非洲派遣青年志愿者。

5.5.4 继续加强性别平等与妇女赋权领域的交流与合作,鼓励并支持开展高层女性对话、专题研讨、技能培训、女企业家对口交流等,共同促进妇女全面发展,实施面向弱势群体的妇幼心连心工程。

6. 和平安全合作

6.1 军队、警察与反恐

6.1.1 非方赞赏中方落实"中非和平与安全合作计划",支持非洲集体安全机制建设。中方将增加对非洲防务安全援助规模,在社会治理、维稳、维和、网络安全、打击海盗和反恐等领域加强务实合作和理念、经验交流,在共建"一带一路"、社会治安、联合国维和、打击海盗和反恐等领域推动实施 50 个安全援助项目。

6.1.2 中方将继续积极参与联合国在非洲开展的有关维和行动,并考虑应联合国要求,派出更多人员参与在非维和行动。中方支持非洲自主维和能力建设,将继续向非方提供维和警务培训支持,增强维和行动能力,积极推进落实 1 亿美元的对非无偿军事援助,以支持非洲常备军和危机应对快速反应部队建设,并共同推动广大发展中国家提升在联合国维和领域的话语权和影响力。非方赞赏中方向联合国在非维和行动部署首支直升机分队,以及把中国—联合国和平与发展基金的部分资金用于支持联合国在非维和行动。

6.1.3 中方继续支持非盟和非洲次区域组织在促进和维护和平以及冲突后重建中发挥领导作用,支持乍得湖盆地等地区实现持久和平与共同繁荣,继续支持非洲国家以非洲方式解决非洲问题、应对非洲挑战。中方决定设立中非和平安全合作基金,支持中非开展和平安全和维和维稳合作,将继续向非盟提供无偿军事援助,支持萨赫勒、亚丁湾、几内亚湾等地区国家维护地区安全和反恐努力。

6.1.4 中方将设立中非和平安全论坛,为中非在和平安全领域加强交流提供平台。

6.1.5 保持防务和军队领导人互访势头,加强中非在联演联训、反恐、搜寻、救援减灾方面的合作。

6.1.6 加强安全领域情报信息交流和经验分享,支持彼此防范和打击恐怖主义,注重标本兼治。

6.1.7 拓展防务和军事领域人员培训合作。继续加大对非军事人员培训,深化中非军队院校、科研机构间的学术交流与合作。加强中非军事医学合作,提升非洲军事医疗水平。

6.1.8 非方赞赏中方根据联合国安理会有关决议在亚丁湾和索马里海域的护航行动,鼓励中方加大支持在几内亚湾海域打击海盗的努力,加强在维护相关海域航道安全及地区和平稳定方面的合作。

6.1.9 双方高度重视保障对方在本国机构及人员的安全,愿就此加强合作。

6.2 反腐败、领事、移民、司法与执法

6.2.1 加强反腐败合作,充分利用《联合国反腐败公约》等现有国际法律文件开展追逃追赃个案合作,并在本国法律允许的情况下,以更加灵活的手段进行合作。

6.2.2 保持反腐败主管机构高级别代表团互访,促进司法、执法和立法领域交流与合作,完善引渡、司法协助和资产追回合作机制,加快商签《引渡条约》、《刑事司法协助条约》及其他相关协议。

6.2.3 加强在联合国等多双边机制下的协调和配合,共同倡导构建国际反腐败新秩序,鼓励在全球范围内更有力地预防和打击腐败。

6.2.4 中方愿支持非洲国家加强反腐败能力建设，将在2019年至2021年，每年为非洲国家举办一期培训班，共培训100名非洲反腐败官员。

6.2.5 鼓励在中非合作论坛框架内加强中非执法安全合作，推动建立中非执法安全合作论坛，加强中非警务交流合作。

6.2.6 中方将在未来三年向非洲国家提供警用装备援助，并开展来华短期执法培训、执法联络员汉语培训和国际执法人才奖学金项目。

6.2.7 深化"一带一路"安保合作，以铁路安保、工业园区和重大项目安保合作为重点，加强情报、技术交流和经验分享，深化联演联训，提高非洲国家执法部门保护本国重大经济项目安全的能力，同时做好在非洲国家的中国公民、中资机构、重大项目安全保护工作。

6.2.8 中方愿建立与非洲国际刑警组织对话与合作关系，并加强有关反恐和打击跨国犯罪情报分享和行动协调，共同开展相关培训援助工作。

6.2.9 双方愿加强领事合作交流、不断提升人员往来便利化水平。

6.2.10 共同打击跨国犯罪，在国际刑警组织框架内推动开展为期三年的打击走私贩运野生动物及制品联合行动。

6.2.11 加强法治领域的交流与合作，增进法治互信，推动法治交流，为中非合作和"一带一路"国际合作提供法律支撑和法治保障，共同致力于现有国际法治体系的健全与完善。

6.2.12 继续完善"中非合作论坛—法律论坛"机制建设，不断提升论坛影响力和实效性，举办"国际投资经贸法律风险及对策研讨会"，继续开展法律人才交流与培训，不断完善中非联合仲裁机制，推动中非联合仲裁中心发展，完善其在非布局，提升其国际影响力，鼓励并协助中非高校共建中国—非洲法律研究中心和法律人才培训基地，加大对参与共建"一带一路"倡议有关国家法律制度研究的广度和深度。中方愿加强与非盟委员会在法律方面的交流与协调。

7. 国际合作

世界正处于大发展大变革大调整时期。世界多极化、经济全球化、社会信息化、文化多样化深入发展，全球治理体系和国际秩序变革加速推进，各国相互联系和依存日益加深。推动构建人类命运共同体，建设持久和平、普遍安全、共同繁荣、开放包容、清洁美丽的世界，建设相互尊重、公平正义、合作共赢的新型国际关系，符合时代潮流，符合中非人民共同利益。

双方将继续致力于在国际事务中相互支持，重申恪守《联合国宪章》宗旨和原则，坚持多边主义，维护联合国权威，支持联合国在国际事务中发挥重要作用。在联合国等多边场合加强协调与配合，在贸易、金融、环境保护、和平安全、人文、经济社会发展和人权等领域加强合作，推动国际秩序朝着更加公正合理的方向发展，推动经济全球化朝着更加开放、包容、普惠、平衡、共赢的方向发展，维护发展中国家共同利益。

8. 中非合作论坛机制建设

8.1 对论坛约翰内斯堡峰会以来，中非外长联大政治磋商、高官会以及中方后续行动委员会与非洲驻华使团磋商继续保持高效、顺畅运转感到满意。

8.2 继续积极发挥论坛框架内现有分论坛作用，共同推进设立新的分论坛或推动已有分论坛机制化，进一步丰富论坛内涵，丰富中非间各领域合作。

8.3 根据中非合作论坛后续机制程序规定，决定2021年在塞内加尔召开第八届部长级会议，此前将于2020年和2021年分别召开第十四届和第十五届高官会。中非外长第五次联大政治磋商将于2019年9月在纽约举行。

全文摘自中非合作论坛网站（https：//www.focac.org/chn/zywx/zywj/）

（马学清摘编）

● 中国对非洲政策与中非合作文件

中国和非洲联盟加强中非减贫合作纲要

(2014年5月5日)

2014年5月5日，中华人民共和国国务院总理李克强应邀访问非洲联盟总部期间，中非双方就加强减贫合作进行充分交流，达成重要共识。

一、双方认为，贫困问题是当今世界面临的最严峻挑战之一，消除贫困事关各国人民最基本的生存和发展权利，事关人类社会的可持续发展事业。作为世界上最大的发展中国家和发展中国家最集中的大陆，中国和非洲都高度重视减贫工作，并均取得了长足进步。但中非双方减贫任务依然艰巨，特别是非洲在实现联合国千年发展目标所规定的减贫任务方面困难依然较多。开展减贫合作符合双方共同利益，也具备良好基础。在此背景下，中非双方决心加强减贫工作，共同应对贫困挑战。

二、双方认为，在实现减贫过程中，应坚持包容性和多样化原则。各国发展阶段、发展水平和具体国情各不相同，要尊重各国对本国发展战略和目标的自主权，由其自主选择适合本国国情的发展模式和发展道路。

三、双方认为，应加强全球发展伙伴关系，共同推动将减贫作为国际发展合作的优先任务。发达国家应认真履行官方发展援助承诺，切实提高发展援助额度，加强对发展中国家尤其是非洲国家和最不发达国家的支持力度。双方重申，南北合作仍是国际发展合作的主渠道，发展中国家应继续加强南南合作，团结互助，共谋发展，合作减贫。

四、双方认为，应加强全球经济治理，增加发展中国家在全球治理体系中的代表性和发言权，建立更加公正、公平的国际经济金融体系，为减贫事业营造有利的国际环境。

五、双方认为，2015年后发展议程应在全面评估联合国千年发展目标进展及充分考虑各国国情的基础上稳妥推进。双方同意在2015年后发展议程问题上加强协调配合，推动将消除贫困和促进发展作为2015年后发展议程的核心内容。

六、双方注意到，中国政府制定了《中国农村扶贫开发纲要（2011—2020年）》，非洲方面制定了关于减贫的《瓦加杜古宣言》及其《行动计划》。双方同意相互支持对方在上述文件中确立的有关减贫目标和行动。

七、双方将在中非合作论坛框架下继续加强各领域合作，尤其是落实好 2012 年召开的中非合作论坛第五届部长级会议有关后续行动，筹备好 2015 年将在南非召开的中非合作论坛第六届部长级会议。双方同意，将减贫合作作为论坛第六届部长级会议的重要议题。

八、中国在 30 余年的改革发展进程中，形成了独特的"中国经验"，在减贫过程中形成了"开发式扶贫"等有效做法。非方亦在减贫过程中进行了独立探索，积累了宝贵经验。双方同意继续办好"中非减贫与发展会议"，通过这一平台探讨减贫战略和政策，交流减贫和发展经验，互学互鉴。

九、发挥双方比较优势，加强产业合作，促进非洲劳动密集型产业发展，创造更多就业机会。双方认为此举有利于非洲制造业发展和工业化进程，实现自主、可持续发展，加速减贫进程。中方将积极引导企业参与在非洲的经贸合作区建设。非方愿为此营造更为有利的投资贸易环境。

十、双方认为，基础设施有助于破解发展瓶颈，对减贫至关重要。双方同意继续将其作为中非合作的优先领域，加强在交通、通信、水利、电力、能源等基础设施建设领域的合作。中方将继续深化与非方建立的跨国跨区域基础设施建设合作伙伴关系，落实好已签署的《中国商务部与非盟委员会关于非洲跨国跨区域基础设施合作行动计划》。

十一、双方同意，共同加大减贫投入力度，加强贫困人口、弱势群体的能力建设，鼓励企业、社会团体等共同参与减贫事业。在中非合作论坛框架下，中方愿继续为非洲援建职业技术培训设施，为非洲国家培训职业技术人才，并重点帮助非洲青年和妇女提高就业技能。

十二、中方将继续举办针对非洲国家需求的减贫政策与实践研修班，并为非洲国家提供减贫与发展专业学位教育奖学金，帮助非洲培养减贫专业人才。

十三、双方认为，促进农业可持续发展，提高农业生产率，保障粮食安全，对实现中非各自减贫目标至关重要。双方将加强农业科技、教育、培训合作，开展优质高产农作物品种示范、推广活动，进一步发挥现有援非农业技术示范中心作用。

十四、双方愿在减贫领域与各国加强交流合作。欢迎第三方在平等协商基础上共同参与中非减贫事业，推动实现消除贫困的伟大目标。

十五、鉴于青年创业有助于推动科技进步和创新，中方将帮助非洲加强技术和职业教育与培训。

全文摘自中国政府网（http://www.gov.cn/xinwen/2014-05/06/content_2672503.htm）

中国对非洲政策文件

(2015 年 12 月)

2006 年,中国政府首次发表对非洲政策文件。近 10 年来,政策文件内容得到全面有效落实,为指导中非关系全面发展发挥了重要作用。今年是中非合作论坛成立 15 周年,今年 12 月在南非举办中非合作论坛第二次峰会,这是中非峰会首次在非洲大陆举办,对于加强中非团结、引领中非合作具有里程碑意义。值此之际,中国政府发表第二份对非洲政策文件,旨在进一步明确中国致力于发展对非友好合作关系的坚定决心和良好意愿,全面阐述新形势下中国对非洲政策新理念、新主张、新举措,以指导今后一段时期中非各领域交流与合作。

第一部分　建立和发展中非全面战略合作伙伴关系,巩固和夯实中非命运共同体

中非从来都是命运共同体。半个多世纪以来,无论国际风云如何变幻,中非始终是风雨同舟的好朋友、休戚与共的好伙伴、肝胆相照的好兄弟。中非传统友好深得人心,已成为中非双方的宝贵财富。长期以来,中非双方坚持真诚友好、平等相待,这是中非关系历久弥坚的精神内核。新形势下,中非双方将在此基础上,致力于合作共赢、共同发展,为中非关系赋予新的内涵,注入不竭动力。

2006 年中国政府提出中非建立和发展政治上平等互信、经济上合作共赢、文化上交流互鉴的新型战略伙伴关系。10 年来,双方共同制定并落实了一系列深化中非合作的重大举措,极大地促进了中非各领域友好合作关系快速发展。中非政治互信进一步增强,在国际和地区事务中协调与配合更加紧密。中非务实合作成果丰硕。中国自 2009 年起成为非洲第一大贸易伙伴国,2014 年中国对非贸易额增至 2006 年的 4 倍。中非人文交流快速增长,中非人员往来每年近 300 万人次,中非友好的社会和民意基础进一步扩大。中非交往与合作的广度和深度前所未有,中国对非洲经济发展的贡献率显著提升。

10 年来,中非各自情况发生了很大变化,肩负着新的发展使命。中国正在按照全面建成小康社会、全面深化改革、全面依法治国、全面从严治党的战略布局,为实

现"两个一百年"奋斗目标和中华民族伟大复兴的中国梦而奋斗。非洲正在积极谋求加快工业化和现代化进程，朝着《2063年议程》描绘的美好梦想前行。中国梦与非洲梦都是为了让人民过上更加美好的幸福生活。

中非发展战略高度契合，中非合作发展互有需要、互有优势，合作共赢、共同发展迎来了难得的历史性机遇。中国发展经验、适用技术、资金、市场等相对优势，有助于非洲破除基础设施不足和人才不足两大制约发展的瓶颈，有助于非洲把丰富的自然、人力资源优势和潜能转化为发展动力和惠及民生的成果，加速工业化和农业现代化进程，更好地实现经济独立和自主可持续发展，更好地实现持久和平与稳定。

10年来，国际形势发生了很大变化。世界多极化进一步发展，新兴市场国家和发展中国家快速发展已成为不可阻挡的历史潮流，是维护世界和平、促进共同发展的重要力量。联合国已通过2030年可持续发展议程，各国都面临实现包容、可持续发展的重要任务。非洲已成为全球经济增长最快和最具发展潜力的大陆之一，是世界政治舞台上的重要一极，全球经济增长新的一极，人类文明的多彩一极。中国已成长为全球第二大经济体，是现行国际体系的重要参与者、建设者、贡献者。中国同非洲等广大发展中国家需要进一步增强在国际事务中的代表性和发言权。中非双方应充分发挥政治互信和经济互补两大优势，推动中非合作全面发展，加强南南合作，促进南北合作，为构建以合作共赢为核心的新型国际关系树立样板。

当前，中非关系已经站在新的历史起点上。共同的发展任务、高度契合的战略利益、合作共赢的广阔前景，使中非人民更加坚定地并肩跨步前行。中国愿同非洲国家一道，在传承与发扬中非传统友好的基础上，建立和发展政治上平等互信、经济上合作共赢、文明上交流互鉴、安全上守望相助、国际事务中团结协作的全面战略合作伙伴关系，促进中非友好合作全面发展，共同发展、共圆梦想，共同为中非人民创造更多福祉，为世界的和平稳定与发展繁荣作出更大贡献。

第二部分 坚持正确义利观，践行真实亲诚对非工作方针

加强同非洲国家的团结与合作始终是中国独立自主和平外交政策的重要基石，是中国长期坚定的战略选择。新形势下，中国将秉持真实亲诚对非政策方针和正确义利观，推动中非友好互利合作实现新的跨越式发展。

"真"，即平等互信、团结互助，永远做非洲的最可靠朋友和真诚伙伴。中国尊重非洲国家自主选择发展道路，尊重非洲国家推动经济社会发展、改善人民生活的实践和努力，愿在平等自愿基础上同非洲开展治国理政经验交流，促进双方对彼此政治制度和发展道路的了解、认同和借鉴。中国一贯真诚支持非洲发展，不干涉非洲国家内政，不把自己的意志强加于非方，对非援助不附加任何政治条件。在涉及彼此核心利益和重大关切的问题上，与非方加强沟通协调，相互理解、相互支持，维护共同

利益。

"实"，即务实高效、合作共赢，秉持言必信、行必果的理念，不折不扣落实对非互利合作方针和举措，在支持非洲实现自主发展的过程中实现中非共同发展。中国愿本着"筑巢引凤""授人以渔"的理念，坚定支持非洲国家致力于基础设施建设和人力资源开发，帮助非洲破除长期制约发展的两大瓶颈，积极开展产业对接和产能合作，助力非洲工业化和农业现代化进程。坚持以发展促和平，以和平谋发展，坚定支持非洲致力于自主可持续发展和"以非洲方式解决非洲问题"，在地区热点问题上发挥更大的建设性作用。

"亲"，即人心相通、和谐共处，推动中非文明互鉴，促进思想融通、政策贯通、民心沟通，为中非友好提供坚实的民意和社会基础。加强中非在科教文卫等社会人文领域的交流与合作，扩大民间交往，促进智库、高校、媒体交流，支持地方往来与合作，鼓励各自在对方国家和地区的人员与当地人民和睦相处，共存共荣。中国政府鼓励在非企业和公民进一步关心当地福祉，积极回馈当地社会；努力为非洲人在华工作、学习和生活营造良好氛围，不断扩大和夯实中非友好的社会基础。

"诚"，即以诚相待、妥善解决问题，坚持从战略高度和长远角度看待和推进中非关系，共同为中非友好互利合作营造良好的环境。中方愿与非方加强政策协调和沟通，本着相互尊重、合作共赢的原则，通过平等友好协商，坦诚面对并妥善处理中非合作中出现的新情况、新问题，使双方都能从真诚友好和互利合作中受益。

正确义利观是中国对发展中国家外交的一面旗帜，讲求的是义利相兼、以义为先、情义为重，核心要义是把帮助非洲等发展中国家实现自主可持续发展同促进中国自身的发展紧密结合起来，实现合作共赢、共同发展，推动世界更加均衡、包容和可持续发展。中国开展对非合作绝不走过去殖民者的老路，绝不以牺牲非洲的自然生态环境和长远利益为代价。

支持和帮助非洲国家实现自主可持续发展不仅符合非洲人民的利益，也符合全世界人民的利益，是国际社会的共同责任。中国开展对非合作始终尊重和维护非洲国家和人民的根本利益，秉持公道，为非洲伸张正义；坚持互利共赢，真心诚意支持和帮助非洲实现和平、稳定与发展。

一个中国原则是中国同非洲国家及地区组织建立和发展关系的政治前提和基础。中国政府赞赏非洲国家恪守一个中国原则，支持中国统一大业，不同台湾发展官方关系和官方往来。中方坚持在和平共处五项基本原则基础上全面发展同非洲各国的友好合作。

中国赞赏国际社会采取建设性行动、支持和帮助非洲实现持久和平与可持续发展的努力，愿本着"非洲提出、非洲同意、非洲主导"原则，以积极、开放、包容的态度同其他国家及国际和地区组织加强协调与合作，在非洲探讨开展三方和多方合作，共同为非洲实现和平、稳定、发展作出贡献。

第三部分　推动中非合作全面发展

（一）增强政治互信

1. 密切高层交往

发挥高层交往的政治引领作用，保持中非领导人频繁互访和对话势头，就双边关系和共同关心的重大问题加强沟通，巩固传统友谊、增强政治互信，在涉及彼此核心利益和重大关切问题上相互理解、相互支持，维护共同利益，共谋发展，深化合作，为双边和中非关系发展提供强有力政治保障。

2. 加强治国理政经验交流

相互尊重和支持对方探索和完善符合自身国情的发展道路和政治制度。中方愿同非洲国家积极开展形式多样的经验交流活动，本着平等交流、相互借鉴、共同进步的原则，从各自文明和发展实践中汲取智慧，加强国家治理经验交流，促进共同发展。

3. 完善政府间磋商与合作机制

充分发挥中国同非洲国家之间外交部政治磋商、经贸合作联（混）合委员会和高层级经贸合作机制、科技混合委员会等双边机制的统筹协调作用，进一步丰富和完善政府间对话与磋商机制，促进中非政府间对话与合作。

4. 促进立法机构、协商机构、政党、军队、地方政府等各领域交往

秉持相互尊重、加深了解、发展合作的宗旨，加强中国全国人民代表大会同非洲各国议会及泛非议会等组织多层次、多渠道、多形式、全方位的友好交往，不断丰富中非全面战略合作伙伴关系的内涵。

扩大和加强中国人民政治协商会议同非洲国家议会、泛非议会及非盟经济社会文化理事会、非洲各国经济社会理事会等相关机构的交往。

中国共产党愿在独立自主、完全平等、相互尊重、互不干涉内部事务的原则基础上，扩展和深化与非洲各国友好政党和政治组织各种形式的交往与合作。积极探索建立集体交流对话的新平台，增进相互了解和友谊，深化治国理政经验交流，增进双方对彼此执政体制和理念的了解和认同，相互学习借鉴，共同提高执政能力，促进国家关系发展。

保持双方军队领导人互访势头，加强政策对话，扩大青年军官交流。

支持双方建立更多友好省州或友好城市，加强中非地方政府之间的交往，促进双方在地方发展和治理方面的交流与合作。

（二）深化国际事务合作

进一步加强中非在联合国等国际机构和其他国际场合的交流与合作，就重大国际和地区问题保持沟通与协调，在涉及各自国家主权、领土完整、民族尊严和发展利益

等重大问题上相互理解和支持,维护双方和发展中国家的共同利益。

共同维护以《联合国宪章》宗旨和原则为核心的国际秩序和国际体系。中国坚定支持增加发展中国家在国际治理体系中的代表性和发言权。中国支持对联合国进行全面改革,主张优先增加非洲国家在联合国安理会和其他机构中的代表性和发言权,以解决非洲遭遇的历史不公。共同致力于维护《联合国宪章》宗旨和原则,切实维护国际公平正义,推动国际秩序朝着更加公正合理的方向发展。

呼吁国际社会继续推动全球经济治理改革,特别是尽快落实国际货币基金组织份额改革承诺,增加新兴市场国家和发展中国家的代表性和发言权。呼吁二十国集团加强与非洲的对话,支持非洲参与二十国集团事务。

共同推动国际社会同舟共济,权责共担,落实联合国发展峰会通过的 2030 年可持续发展议程,增强各国发展能力,改善国际发展环境,优化发展伙伴关系,健全发展协调机制,努力实现均衡、可持续发展和包容性增长,共同走出一条公平、开放、全面、创新的发展之路,努力实现共同发展,增进人类共同利益。继续坚持和弘扬平等互信、互利共赢、团结合作等原则,在新形势下推动南南合作向更高水平、更广范围、更大规模方向演进。

重申《联合国气候变化框架公约》在国际应对气候变化进程中的基础性地位,同意共同维护发展中国家团结,坚持《联合国气候变化框架公约》及其《京都议定书》的原则和规定,特别是公平原则、"共同但有区别的责任"原则和各自能力原则,推动建立公平合理、合作共赢的全球气候治理体制,促进公约的全面、有效和持续实施。注意到《联合国关于在发生严重干旱和/或荒漠化的国家,特别是在非洲防治荒漠化公约》取得积极进展,同意共同维护发展中国家利益,推动公约全面有效实施。

(三)深化经贸合作

1. 助推非洲工业化

将优先支持非洲工业化进程作为新时期中国对非合作的突破口和着力点,以产业对接和产能合作为龙头,以点带面,助推非洲加快工业化进程,为非洲实现经济独立和自主可持续发展提供坚实基础。积极支持非洲国家根据自身国情、发展需求和切实可行的国际规则,改善投资发展的软硬环境,完善吸引保护外国投资的法律法规和政府服务,破解基础设施建设滞后和人才不足两大制约发展瓶颈,积极有序推进中非产业对接与产能合作,助推非洲工业化和经济多元化进程,提高非洲国家生产、生活和就业水平。支持非洲国家建设经济特区、工业园区、科技园区,筑巢引凤。引导、鼓励和支持中国企业在非洲共同建设经贸合作区,作为推进中非产能合作的重要平台,吸引更多中国企业到非洲投资,建立生产和加工基地并开展本土化经营,增加当地就业、税收和创汇,促进产业转移和技术转让。

坚持"义利并举、合作共赢、开放包容、市场运作"的原则，在条件适宜的非洲国家优先打造中非产能合作先行先试示范区。充分发挥双方政府的引导、协调、管理和服务职能，加强宏观经济管理领域经验交流；创新双方在投资保护、金融、税收、海关、签证、移民、警务人员往来等方面合作机制，帮助非洲国家增强执法能力建设和提高管理服务水平。共同促进产能合作取得早期收获，积累发展与合作经验，发挥示范引领作用，促进、带动同其他非洲国家的合作发展。

2. 助力非洲农业现代化

将支持非洲农业现代化建设作为新时期中国对非合作的优先重点领域，切实加大投入，扩大合作，着力帮助非洲国家解决这一事关国计民生和经济独立的基础产业发展问题。中国愿同非洲国家分享农业发展经验和技术，支持非洲国家提高农业技术、农牧渔业产品生产和加工技术水平，带动农业产业链建设，增强粮食自主生产能力，促进粮食安全，提升棉花等特色产业的国际竞争力，增加收入，改善农民生活。完善并继续建设农业技术示范项目，实施农业优质高产示范工程，加强种子研发、推广和普及，派遣高级农业专家组和农业职业教育教师组，扩大农业管理和技术培训的规模和效果。建立和完善双边农业合作机制，发挥各自优势和作用，加强项目监督和评估，提高合作质量和水平。鼓励和促进中非农产品贸易。鼓励和支持中国企业到非洲国家开展农业种植、粮食仓储、畜牧养殖、渔业捕捞及农产品加工等领域投资合作，增加当地就业、产品附加值和创汇，推进非洲农业现代化建设。帮助非洲国家推广灌溉技术，有效利用水资源，提高防洪、抗旱能力。

3. 全面参与非洲基础设施建设

鼓励和支持中国企业和金融机构扩大参与非洲基础设施建设，充分发挥政策性金融作用，创新投融资合作模式。坚持市场运作为主、点面结合、注重效益的原则，鼓励和支持中国企业采取多种模式参与非洲铁路、公路、通信、电力、区域航空、港口以及水资源开发保护、水利等基础设施建设，参与项目投资、运营和管理。鼓励双方在项目规划设计、工程建设、技术标准、工程监理、大型装备和管理运营等方面开展合作。

坚持基础设施建设与产业发展协调推进，注重规模和集约效益，优先支持经济特区、工业园区、科技园区等相配套的基础设施系统建设，为非洲产业发展和中非产能合作创造有利条件。积极推进跨国跨区域基础设施互联互通，促进非洲一体化进程。

4. 加强中非金融合作

充分发挥优惠贷款等政策性金融、中非发展基金、非洲中小企业专项贷款、非洲共同增长基金、中非产能合作基金、金砖国家新开发银行等投融资平台作用，创新中非金融合作。支持中国金融机构与非洲国家、地区以及国际金融和开发机构加强交流并探讨联合融资合作，支持中非金融机构按照商业化原则合作建立合资银行。加强央行间货币合作，商讨扩大跨境本币结算和互换安排，鼓励双方企业在贸易投资中使用本币结算。支持互设金融机构，加大融资保险支持力度。加强中非在国际金融组织和机制中的协调配合，完善和改革国际金融体系，提高发展中国家的代表性和话语权。

5. 促进中非贸易与投资便利化

支持更多非洲产品进入中国市场，根据履行双边换文手续情况，继续对原产于与中国建交的最不发达国家97%税目产品实施零关税。鼓励中非企业利用港口优势建设区域物流和商品批发中心。加强对非出口产品质量管理和营销渠道建设，加大双方检验检疫合作力度，共同打击进出口假冒伪劣商品。推动中非海关合作，加强信息互换、监管互认和执法互助，共同打击商业瞒骗行为，营造守法便利的贸易环境。帮助非洲国家加强海关、检验检疫能力建设，支持非洲国家提高贸易便利化水平，助力非洲区内贸易发展。支持非洲自贸区建设和一体化进程，积极探讨与非洲国家和区域组织建立制度性贸易安排。

结合非洲需要和中方优势，在平等互利、合作共赢基础上，积极推动中非经贸合作提质增效，支持非洲加快工业化和农业现代化进程，鼓励和支持中国企业扩大和优化对非工业、农业、基础设施、能源等领域投资合作，并继续为符合条件的项目提供优惠性质贷款及出口信用保险支持等，适当提高优惠贷款优惠度。

6. 深化资源能源合作

本着合作共赢、绿色、低碳和可持续发展的原则，扩大和深化中非资源能源领域互利合作，帮助非洲国家加强资源能源勘探开发和加工能力，提高初级产品附加值，增加当地就业和创汇，将资源能源禀赋转化为可持续发展和惠及民生的成果。创新中非资源能源合作模式，扩大能矿领域全产业链合作。支持非洲国家和区域电网建设，推进风能、太阳能、水电等可再生能源和低碳绿色能源开发合作，促进非洲可再生能源合理开发利用，服务非洲工业化。

7. 拓展海洋经济合作

充分发挥非洲有关国家的丰富海洋资源及发展潜力，支持非洲国家加强海洋捕捞、近海水产养殖、海产品加工、海洋运输、造船、港口和临港工业区建设、近海油气资源勘探开发、海洋环境管理等方面的能力建设和规划、设计、建设、运营经验交流，积极支持中非企业开展形式多样的互利合作，帮助非洲国家因地制宜开展海洋经济开发，培育非洲经济发展和中非合作新的增长点，使非洲丰富的海洋资源更好地服务国家发展、造福人民。

（四）加强中非发展合作

1. 持续增加对非洲发展援助

作为最大的发展中国家，中国长期并将继续坚持向非洲国家提供力所能及的援助。每当中国遭受重大自然灾害时，也及时得到非洲国家的支持和援助。中国愿继续本着患难与共、风雨同舟的精神，秉持不附加任何政治条件、不干涉别国内政、不强人所难的原则，根据自身财力和经济发展状况，针对非洲国家的急迫需求，继续向非洲国家提供紧急和必要的援助并逐步增加援助规模，创新援助模式，优化援助条件，重点用于人力资源开发、基础设施建设、医疗卫生、农业和粮食安全、气候变化、防治荒漠化、野生动植物和环境保护以及人道主义援助等领域，帮助非洲国家减少贫困、改善民生、增强自主发展能力。

中方将认真落实免除对非洲有关最不发达国家、内陆发展中国家、小岛屿发展中国家截至2015年底到期未还的政府间无息贷款债务承诺。

2. 支持非洲加强公共卫生防控体系和能力建设

总结中非合作抗击埃博拉疫情、疟疾的经验，深化扩大中非公共卫生合作。加强公共卫生政策沟通，支持非洲加强公共卫生防控体系和能力建设，积极参与非洲疾病控制中心筹建，协助非洲国家提高实验室技术能力和开展卫生人力资源培训，重点帮助防控影响非洲人民健康的慢性非传染性疾病、虫媒传染病以及疟疾、霍乱、埃博拉出血热、艾滋病、结核病等可预防的传染性疾病和新发疾病。发挥自身优势，优先支持非洲各国口岸卫生检疫核心能力建设、传染病监测哨点建设、妇幼医疗能力建设和现有医疗机构专业科室建设。继续支持非洲国家卫生基础设施建设。继续向非洲国家派遣医疗队，开展中非对口医院的合作，加强专科医学、传统医药等交流与合作，着力提高当地医护水平。继续推动白内障手术"光明行"等短期义诊活动。加强医疗机构和药品监督管理部门之间的对口交流与合作。支持同世界卫生组织、非盟等国际和地区组织开展合作，鼓励中国医药制造企业在非投资，降低非洲医药产品成本，提高非洲医药产品可及性。

3. 扩大教育和人力资源开发合作

扩大中非教育合作，大力支持非洲教育事业发展。根据非洲国家经济和社会发展需要，加大投入，提高实效，帮助非洲国家培养培训更多急需人才，特别是师资和医护人才。加强双方教育部门和教育机构之间的交流与合作。继续实施"非洲人才计划"，逐步增加对非洲国家的政府奖学金名额，鼓励地方政府、高校、企业和社会团体设立奖学金，欢迎更多非洲青年来华学习，鼓励和支持他们在中非务实合作中发挥更大作用。鼓励双方更多高等院校建立合作伙伴关系，支持中非教师和学生交流，扩大"中非高校20+20合作计划"项目的合作成果。坚持学用结合，扩大师资培训和职业技术教育合作规模，扩展人力资源开发途径。

4. 分享和推广减贫经验

贫困是中非面临的共同挑战。中方将认真兑现向国际社会所作的支持实现2030年可持续发展议程有关承诺，积极落实《中国和非洲联盟加强中非减贫合作纲要》，加强中非减贫领域合作，发挥中国与联合国共同设立的中国国际扶贫中心等国际减贫交流平台的作用，鼓励和支持双方政府、学术机构、企业和非政府组织开展形式多样的减贫经验交流与务实合作。共同分享中国通过农村扶贫开发实现大规模减贫的成功经验，加强项目示范合作，支持非洲国家增强自主减贫和发展能力。

5. 加强科技合作与知识共享

继续推动实施中非科技伙伴计划，鼓励双方加强农业、水资源、能源、航空航天、通信、环境保护、荒漠化防治、医疗、海洋等领域科技交流与合作。支持非洲国家科技能力建设，在重点领域共建联合实验室、联合研究中心或科技园区，继续资助非洲杰出青年科学家来华开展短期科研工作，加强适用技术和政策培训，共建先进适用技术应用与示范基地。积极推进中国科技成果和先进适用技术在非洲的推广和应用。

6. 加强气候变化和环境保护协作

大力发展和巩固中非在《联合国气候变化框架公约》和其他相关机制下合作，积极推动双方开展应对气候变化磋商、交流和相关项目合作。创新合作领域，深化务实合作，共同提高应对气候变化能力。加强环境政策对话，密切中非在双多边环境领域的协调与合作。加强在生态保护、环境管理、污染防治、生物多样性保护、水资源保护和荒漠化防治等领域的教育和人力资源培训和综合治理示范合作。推动适用环境友好型产能合作与技术转让。加强环保法律、法规交流，积极开展在濒危野生动植物种保护领域的对话与合作，加强情报交流和执法能力建设，严厉打击走私濒危野生动植物的跨国有组织犯罪活动。在履行《生物多样性公约》《濒危野生动植物种国际贸易公约》等国际事务中加强沟通、协调立场，共同促进全球野生动植物保护和可持续利用。

（五）深化和扩大人文领域交流与合作

1. 拓展文化、体育交流与合作

保持文化高层交往势头，实施双边文化合作协定及其执行计划。鼓励并支持非洲国家开展汉语教学，继续在非洲国家增设孔子学院，鼓励和支持中非互设文化中心。支持在中国和非洲举办"国家年"活动。丰富"中非文化聚焦"、"中非文化人士互访计划"和"中非文化合作伙伴计划"等活动内容，提高文化交流实效，尊重彼此文化多样性，促进中非文化兼容并蓄、共同繁荣，增进双方人民彼此了解和友谊。推动双方文化机构和人员往来，加强人才培养和文化产业合作。

根据突出重点、量力而行原则，加强与非洲国家的体育交流和务实合作，继续提供援助，支持非洲国家体育事业发展。

2. 扩大旅游合作

继续为公民赴对方国家和地区旅游提供签证、服务等便利，支持对方在本国、本地区境内举办旅游推介活动，鼓励双方航空公司开辟更多中非间航线航班，扩大人员往来。中方欢迎具备条件的非洲国家提出成为中国公民出境旅游目的地的申请，并将予以积极考虑。支持双方企业在旅游基础设施建设等领域开展互利合作，改善和优化旅游环境。

3. 扩大新闻和广播影视合作

大力推动中非新闻媒体开展形式多样的交流与合作，积极为此创造条件并提供指导和便利。加强政府新闻主管部门对话与磋商，就深化新闻合作、加强网络空间管理、处理与媒体关系交流经验，优先支持非洲媒体加强能力建设。支持办好中非新闻交流中心，加大对中国与非洲各自发展以及中非关系信息传播力度和全面、客观报道，增进双方人民彼此了解和认知。鼓励中非媒体加强新闻研讨、人员培训、内容互换、联合采制和新媒体领域等合作。加强中非广播影视技术交流与产业合作，鼓励中非广播电视机构互联互通。继续支持非洲推进广播电视数字化，提供融资、技术支持和人才培训，鼓励中非企业开展合资合作。

4. 鼓励学术和智库交流

鼓励中非高校开展合作研究，壮大中非学术研究力量。积极实施"中非联合研究交流计划"和"中非智库10＋10合作伙伴计划"。积极支持中非学术研究机构和智库开展课题研究、学术交流、研讨会、著作出版等多种形式的交流与合作，优先支持双方开展治国理政、发展道路、产能合作、文化与法律异同等促进中非友好合作的课题研究与成果分享。

5. 增进民间交流

继续加强中非民间交往，促进民意沟通，推动民生合作。落实《中非民间交流合作倡议书》，鼓励实施"中非民间友好行动""中非民间友好伙伴计划"等，支持民间组织和社会团体开展形式多样的友好交流和公益活动。

着力推动中非青年交流势头。推动双方政府青年事务部门和政党青年组织交往。积极开展双方社会各界青年杰出人才交流活动。鼓励和引导中国青年志愿者赴非洲国家服务，开展扶贫、支教等活动。

继续加强中非性别平等领域的交流与合作，进一步深化妇女机构和组织交往，加强妇女问题高层对话，保持在多边妇女事务上的良好协作，共同促进中非妇女事业发展。继续向非洲国家提供必要妇幼领域援助，加强技能培训合作。

开展残疾人服务体系和社会保障政策等方面的交流。加强在康复、教育就业、社会保障、扶贫开发等领域合作。

加强中非工会组织之间的友好交流与合作。

（六）促进非洲和平与安全

1. 支持非洲实现和平与安全

支持非洲国家以非洲方式自主解决非洲问题的努力。在充分尊重非洲意愿、不干涉内政、恪守国际关系基本准则基础上，为维护和促进非洲和平与安全发挥建设性作用。积极探索具有中国特色的建设性参与解决非洲热点问题的方式和途径，为非洲和平与安全发挥独特的影响力、作出更大的贡献。进一步发挥中国政府非洲事务特别代表的作用。

加强同非洲地区组织和非洲国家在和平与安全事务上的对话与磋商，坚持以发展促和平、以和平谋发展，认真贯彻共同、合作、综合和可持续的安全共识。支持非洲国家、非洲联盟以及次区域组织致力于维和维稳能力建设和有关努力。落实"中非和平安全合作伙伴倡议"，继续为非洲常备军、非洲危机快速反应部队等非洲集体安全机制建设提供力所能及的支持。

在联合国等多边场合主持公道，伸张正义，维护非洲和发展中国家共同利益。重视并支持联合国在维护非洲和平与稳定方面发挥重要作用，继续支持并扩大参与联合国在非洲的维护和平与建设和平的努力。

2. 深化军事合作

进一步加强中非军事交流与合作，深化军事专业技术领域合作，积极开展部队联合训练。根据非方需要，扩大对非洲国家军事人员的培训规模，创新培训模式。继续支持非洲国家加强国防和维稳能力建设，维护自身安全与地区和平。

3. 支持非洲应对非传统安全威胁

加强情报交流与能力建设合作，共同提高应对非传统安全威胁的能力。支持国际社会打击海盗的努力，继续派遣军舰参与执行维护亚丁湾和索马里海域国际海运安全任务，积极支持非洲国家维护几内亚湾海运安全。

支持非洲国家和地区组织提高反恐能力和致力于反恐努力，帮助非洲国家发展经济，消除恐怖主义滋生土壤，维护地区安全稳定，促进非洲持久和平与可持续发展。加强与非盟和地区重点国家反恐交流合作。

（七）加强领事、移民、司法、警务领域交流与合作

积极支持便利中非人员往来的制度性安排，为扩大中非友好互利合作和人员有序往来提供保障。

有序在对方国家增设领事机构。加强同非洲国家领事磋商，就双边或多边领事关系中亟待解决或共同关心的问题进行友好商谈。密切移民管理部门在打击非法移民方面的交流与合作，支持非洲加强移民执法能力建设。

加强双方司法、警务部门交流与合作，在法制建设、司法改革等方面相互借鉴，支持非洲加强防暴、维稳和执法能力建设，采取切实有效措施，保障在本国境内对方人员和机构的安全与合法权益。

加强双方在司法协助、引渡和遣返犯罪嫌疑人等领域合作。扩大司法协助类条约签署、打击犯罪和追逃追赃等领域合作。共同打击跨国犯罪，保障双方经贸和人员交往的正常秩序和正当合法权益。加强双方在监狱管理、社区矫正、戒毒康复和移管被判刑人员方面的交流与合作。

第四部分　中非合作论坛机制建设及其后续行动

自2000年成立以来，在中非双方共同推动下，中非合作论坛已经成为中非开展集体对话的重要平台和促进务实合作的有效机制。15年来，中非双方共同举办北京峰会和5届部长级会议，制定出一系列重要的纲领性合作文件，推动实施了一系列支持非洲发展、深化中非友好互利合作的重大举措，取得丰硕成果。

中非双方通过部长级会议、外长联大政治磋商、高官会和论坛中方后续行动委员会秘书处与非洲驻华使团磋商等平等对话机制积极开展对话，增进相互理解和政治互信。论坛构筑起全方位的务实合作平台，推动中非贸易和相互投资跨越式增长，促进了互利共赢、共同发展。论坛拉紧中非人文交往和民间友好纽带，促进双方各界交流日益频繁，巩固和拓展了中非友好的社会和民意基础。论坛增强了中非国际沟通与协作，共同维护中非和发展中国家的整体利益。

中方愿与非方共同努力，进一步加强论坛机制建设，拓展合作领域和途径，丰富合作内涵，推动中非在工业化、农业现代化、基础设施建设、人力资源开发、产能合作、金融、科技、教育、文化、卫生、减贫、法律、地方政府、青年、妇女、民间、智库、媒体等领域建立和完善分论坛机制，深化相关领域合作，使论坛框架下中非合作更加务实、更加富有成效，取得更多实实在在的成果，更好地惠及中非人民。

第五部分　中国与非洲区域组织关系

中国重视并坚定支持非洲联盟在推进非洲联合自强和一体化进程中发挥领导作用、在维护非洲和平安全中发挥主导作用、在地区和国际事务中发挥更大作用，赞赏并支持非盟通过并实施《2063年议程》及其第一个10年规划。2014年中国设立驻非盟使团，标志中国与非盟关系发展进入新阶段。中国愿意进一步加强同非盟高层交往，充分发挥双方战略对话机制作用，加强政治对话和互信，促进双方在发展规划、减贫经验分享、公共卫生、和平安全和国际事务等领域合作。

中国赞赏非洲次区域组织在促进各自地区和平、稳定、发展方面所发挥的积极作用，愿意加强与各组织的友好交往与合作，支持非洲次区域组织能力建设。

中方愿意同非盟和次区域组织建立和完善各种对话合作机制，加强中非区域和次区域层面政治、经贸、人文等各领域合作。

全文摘自中非合作论坛官方网站（https：//www.focac.org/chn/zywx/zywj/）

（马学清摘编）

- **非洲地区发展战略与计划**

非洲农业综合发展计划

(2003年7月)

一 《非洲农业综合发展计划》设立的目的

《非洲农业综合发展计划》(the Comprehensive Africa Agriculture Development Programme, CAADP) 是由非洲国家自主制定的农业发展规划，它是《非洲发展新伙伴计划》(NEPAD) 在农业与粮食安全领域中提出的重要项目框架。作为《非洲发展新伙伴计划》的子计划，《非洲农业综合发展计划》由《非洲发展新伙伴计划》秘书处指导实施，根本目标是引导非洲各国制定国家农业战略和投资规划，实现农业资源的最佳配置和可持续增长，消除饥饿与贫困。其短期目标是：生产要素（土地、劳动力、资本）需要增强，初级和次级的农产品市场得以建立且稳定持续；促进私营部门扩张，提高收益率。除此之外，该计划的制订还希望通过一系列的制度和机制安排，使其与国家规划所涉及的各个利益相关方都能够参与到规划制定过程当中，从而使规划更切合本国实际情况，吸引更多资金发展农业生产，并将经验传授到非洲大陆其他国家。

为实现上述目标，《非洲农业综合发展计划》提出了国家层面实施过程的具体目标：所有参与国家承诺将至少10%的政府预算用于农业部门，并努力实现农业国内生产总值6%的增速。其中，10%的财政投入可能不是所有国家都能够立即实现的，由此可供选择的替代方案是：利用《非洲农业综合发展计划》整合相关援助方或投资者的资金（比如多边信托基金，MDTF），以此补充国家预算的不足。除此之外，《非洲农业综合发展计划》还希望通过一系列的制度或机制性安排，吸引更多的外部资金，助力非洲国家发展农业生产，并将其取得的经验传授到其他非洲国家。需要注意的是，《非洲农业综合发展计划》不是强制性规定，而是倡议，非洲各国可根据实际国情加以有区别的落实。

《非洲农业综合发展计划》的核心原则是：非洲国家自我主导；构建政府、私营部门、外部发展伙伴、农户之间的协调与合作；促进各利益攸关方的监评、评估与对话；利用各国的比较优势，挖掘农业发展的互补性与互动合作。

二 《非洲农业综合发展计划》的主要内容

《非洲农业综合发展计划》划定了四个重点发展领域（支柱），并根据各国情况设定了各支柱的牵头机构。

第一支柱是改善土地和水资源管理，促进其可持续利用（Sustainable Land and Water Management-SLWM）。它重点关注：土壤肥力的变化，以及如何转化或避免土地退化、荒漠化，并建立相应制度框架；提高水资源生产率和可持续利用；对土地、自然资源与管理对政策信息的共享和利用。第一支柱还会围绕农村各种产业（畜牧业、林业和水产业）等问题提供解决办法，主要关注这些产业中与自然资源利用有关的、自然的或社会文化方面的问题，包括气候变化、能源、艾滋病患者和其他潜在或现实的边缘群体等。第一支柱的牵头机构是赞比亚大学和萨赫勒地区国家间抗旱常设委员会（CILSS）。

第二支柱是改进农村基础设施及相关农产品贸易政策，提高市场准入和外贸能力（Framework for Improving Rural Infrastructure and Trade Related Capacities For Market Access-FIMA）。该支柱的牵头机构是中西非国家农业部长大会（CMAWCA）。第二支柱关注以下5个重点战略领域的活动，并提供了具体的最佳案例。

领域一是提高竞争能力，抓住国内、区域和国际市场的商业机会。这其中包括保持和增进传统出口市场，促进国内和区域贸易，提升伙伴关系促进价值增值，整合小农户与中等规模农业企业以及改进行业管理和相关政策。最佳案例包括区域农业贸易促进支持、东南非共同市场（COMESA）玉米无国界计划、东非牛奶行业。

领域二是投资于商业和贸易基础设施，降低国内、区域和国际市场交易成本。其中包括与贸易相关的基础设施建设、公私投资建设基础设施伙伴关系、区域基础设施建设协调以及行业管理和政策措施。最佳案例包括肯尼亚小型灌溉系统、公路维护资金、尼日利亚港口系统管理、电力信息通讯（ICT）和基础设施公私投资。

领域三是发展价值链和金融服务。包括促进农业企业增长和价值增值、相关金融服务业务的提供以及行业管理和政策措施。最佳案例包括小农户出口促进和通过建设基础设施整合小农户。

领域四是加强农民组织和贸易协会的商业和技术能力。包括促进农户整合以提高农民组织能力、整合路径的设定以及行业管理和政策措施。最佳案例包括马拉维国家小农户协会、番茄行业协会（CNCFTI）。

领域五是基准设定、监督实施和评估。第二支柱的实施需要制度创新安排，这需要一定的时间，为此，就需要设定基准点，对制度创新进行监督和评估。CAADP的区域战略分析和知识支持系统（ReSAKSS）为此提供了良好的操作平台。所有的信息都输入该系统中，并根据收集到的资料信息，设定基准点，创建各国的社会统计矩阵，并连接各国的战略分析和知识支持系统（SAKSS）成为区域战略分析和知识支持系统。最后，通过政策设定的制度创新，可以通过一般均衡模型来模拟可能出现的监控指标的变化，评估政策效果。

第三支柱是加强食品安全，提高灾难风险管理（Framework for African Food Security-FAFS）。即通过优先指导性政策、战略和行动的制定与分析，增进小农户生产力，加快对食品危机的反应速度，增加区域内部食物供应并减少饥饿。支柱三的焦点汇集了《非洲农业综合发展计划》的愿景的核心要素，即确保不断增长的农业生产同整合地区市场、提高弱势群体的购买力相结合，以消除饥饿，营养不良和贫困。它主要通过优先指导性政策、战略和行动的制定与分析加以落实，并着重于以下三个战略领域：增加食品供应；减少饥饿和营养不良；增强食品危机应对能力。为此，第三支柱关注一系列非洲联盟或《非洲发展新伙伴计划》项目，包括：泛非洲营养倡议（PANI）、非洲区域营养战略（ARNS）、非洲十年战略（ATYS）、阿布贾食品峰会决议等。第三支柱的牵头机构是南非夸祖鲁—纳塔尔大学和萨赫勒地区国家间抗旱常设委员会。

第四支柱是推动农业研究、促进农业技术推广（Framework For African Agricultural Productivity-FAAP）。它包括以下内容：对农业机构及服务的革命，具体包括给予农民赋权，加强农业发展规划研究，创立农技推广服务机构；提高农业生产投资规模。国家层面的预期行动，具体包括：确认农业生产的局限性，把市场条件与经济公平作为涉农发展的关键因素，促进相互学习，培育协同和反馈机制，争取所有利益相关者参与。次区域层面的预期行动，具体包括：认同次区域农业研究组织（SRO）的战略计划并加以支持，采用符合各国国情的多元方式落实次区域农业规则，关注次区域农业技术传播。大陆层面的预期行动，具体包括：参与大陆农业发展决策，为次区域农业研究组织提供智力支撑，促进相互学习、培育协同和反馈机制；提倡资源分享和伙伴关系的构建，确认和协调规划进程，促进规模经济和非洲大陆内部国家间的相互学习，确保平等获取和分享信息。在此过程中，各利益方或参与者均要发挥各自独特的作用。该支柱的牵头机构是非洲农业研究论坛（FARA）。

三 《非洲农业综合发展计划》的实施机制

《非洲农业综合发展计划》规定了各行为体在落实过程中的角色与职能：非盟是总的统领者，其主要职责包括：倡导国际伙伴为该计划提供援助，引导非洲国家发展战略向农业领域倾斜，协调该计划与非盟其他农业项目形成合力，为非盟和《非洲发展新伙伴计划》提供技术合作便利，等等。

在非盟框架之下，可通过三种路径来具体实施：路径一是非洲地区经济共同体层面，主要职责是：为国家间信息传播提供服务，协调与参与监管计划项目的实施，推动地区经济共同体与《非洲农业综合发展计划》间的议程，在地区层面动员外部资金流入，等等；路径二是各国政府层面，主要职能包括：推动本国制定与执行农业优先发展战略，协调该计划与《国家减贫战略》（PRSP）等其他项目的关系，确保公共与私营部门的参与，分享与提供计划实施经验或教训，排除项目实施过程中的制约因素；路径三是非政府组织层面，主要职责是：为地区层面和国家层面计划项目的实施提供技术支撑与服务，参与项目相互审查进程与评估，协调与国家层面的制度进行合作，等等。

为确保《非洲农业综合发展计划》顺利实施，专门设立了《非洲农业综合发展计划》的秘书长。其主要职能是：为次地区经济共同体分享信息，提供技术支持，协调地区伙伴关系并调动资源，为相互学习提供便利，等等。

四 《非洲农业综合发展计划》的资金来源

各国的资金总体上分为国内、国家间与国外援助。其中，国内负责农业项目的资金机构有政府及其附属的研究机构，民间团体与非政府组织如西非国家农民组织（ROPPA）、西非农产食品交流组织（ROESAO）等，以及技术与协调组织、私人部门或者私人资本。

国家间的援助则主要指的是区域研究机构，如国际热带农业研究所（IITA）、国际半干旱地区热带作物研究所（ICRISAT）、非洲稻米研究所（ADRAO），以及国家间金融协调组织。政府之间的综合合作机构，包括非洲联盟、西非经济与货币联盟（WAEMU）、萨赫勒地区国家间抗旱常设委员会（CILSS）、尼日尔河流域组织（ABN）、塞内加尔河流域开发组织（OMVS）。

国外（主要指发达国家）援助分以下几大类：（1）国际金融发展机构：包括WB、亚洲开发银行、非洲开发银行；（2）联合国系统：联合国开发计划署、联合国粮农组织、联合国环境计划署、世界卫生组织、世界粮食计划署、国际农业发展基金、联合国教科文组织；（3）双边发展机构：德国技术合作公司、英国国际发展部、丹麦国际开发署、美国国际开发总署、日本国际协力机构、奥地利开发公司、加拿大国际开发署。

节选自《非洲农业综合发展计划》网站资料（https：//www.nepad.org/caadp）

（安春英编译）

2063 年议程

（2015 年 4 月）

2063 年议程重申泛非主义的号召，强调为实现非洲复兴，非洲必须团结起来。非洲的命运掌握在他们手中，为了塑造想要的未来，非洲必须要行动起来。2063 年议程根植于泛非主义和非洲复兴，为解决过去的不公正现象，以及将 21 世纪变成非洲世纪提供强大的指导框架，致力于实现"繁荣、和平和一体化非洲"的泛非愿景。

一 《2063 年议程》的发展愿景

非洲坚信有能力在经济发展、社会文化以及和平建设中发挥全部的潜力，并建立起繁荣、兴盛和包容的社会。为此，《2063 年议程》致力于实现以下七个发展愿景。

1. 基于包容性增长和可持续发展的繁荣非洲。非洲决心在一代人的时间里消除贫困，通过经济和社会转型实现共同繁荣，期盼到 2063 年，非洲成为一个繁荣的大陆，拥有推动自身发展的资源和手段，能够长期和可持续地管理其资源。具体来说，包括如下方面：（1）非洲人民的生活水平和生活质量高，健康和福祉水平高；（2）拥有知识型社会所必需的科学、技术和创新，以及受到良好教育和技能培训的公民，将成为非洲大陆的常态，没有儿童因为贫困或任何形式的歧视而失学。（3）城市和其他居住区是文化和经济活动的中心，具有现代化的基础设施，人们能够获得负担得起的体面住房，其中包括住房融资以及所有基本生活必需品（如水、卫生设施、能源、公共交通和信息通信技术）；（4）国民经济实现了结构性转变，为所有人创造出共享式增长、体面就业和经济机会；（5）提升农业产量、生产率和附加值的现代农业，促进了农场主和国民经济的繁荣，保障了非洲粮食安全；（6）保护和珍视非洲独特的自然资源、生存环境和生态系统，包括野生动植物和荒地，确保其健康发展，并构建抵御气候变化的经济体和社区。

2. 基于泛非主义理想和非洲复兴愿景的政治统一的一体化非洲。非洲致力于成为一体化的、统一的、主权的、独立的、自信的和自力更生的大陆，并期盼到 2063 年能够实现如下目标：（1）成为一个统一的非洲；（2）拥有遍布非洲大陆的世界级的综合基础设施；（3）与海外侨民构建起动态的和互利的联系；（4）形成无国界阻碍的非洲大陆，并通过对话机制来管理跨境资源。

非洲致力于成为人员、资本、商品和服务自由流动的大陆，以促进非洲大陆内部贸易和投资的显著增加，使之达到前所未有的水平，进而提升非洲在全球贸易中的地位。非洲一体化进程的最高层次是政治统一，包括人员的自由流动，建立大陆机构，从而实现全面的经济一体化。

3. 尊重人权、正义和法治，施行民主和良治的非洲。非洲致力于形成一种尊重人权、正义和法治，遵循民主价值观、性别平等和良治的普遍文化。非洲期盼到2063年能够实现如下目标：（1）民主价值观、本土文化、习俗、普遍人权、性别平等、正义和法治，都扎根于非洲大陆；（2）在各层级建立有胜任能力的公共机构，并具备变革型领导者。

非洲将成为公共机构为人民服务的大陆。公民将积极参与社会、经济和政治的发展和管理。在非洲大陆、区域、国家和地方层面，以及在各个领域（政治、经济、宗教、文化、学术、青年和妇女）均将出现变革型领导者。

4. 和平与安全的非洲。非洲认识到，建立在良治，民主，社会包容，尊重人权、公正和法治基础上的繁荣、一体化和统一的非洲，是实现非洲和平与安全的必要前提条件。非洲期盼到2063年能够实现如下目标：（1）形成一种根深蒂固并蓬勃生长的尊重人权、民主、性别平等、和平和包容的社会文化；（2）所有公民共享富足、安全和安居的生活；（3）建立起促进和捍卫非洲大陆集体安全和共同利益的机制。

非洲将成为一个和平和安全的大陆。到2063年，非洲将有能力通过共同防御、外交和安全政策来确保和平，并保护非洲公民及其利益的安全。

5. 具有强烈的文化认同，拥有共同的传统、价值观和道德规范的非洲。非洲期盼到2063年能够实现如下目标：（1）泛非主义思想将根深蒂固；（2）非洲复兴达到顶峰；（3）非洲在文化、传统、语言和宗教上的多样性将成为一种力量源泉，其中包括非洲岛屿国家的有形和无形遗产。

泛非理想将完全嵌入所有学校课程之中，泛非文化资产（传统、民俗、语言、电影、音乐、戏剧、文学、节日、宗教和灵性）将得到加强。非洲关于家庭、社区、勤奋工作、功绩、相互尊重和社会凝聚力的价值观将牢固确立。

6. 充分发挥非洲人民（尤其是妇女和青年）的潜力并且关爱儿童，以人为本谋求发展的非洲。非洲致力于成为包容性的大陆，并期盼到2063年能够实现如下目标：（1）以人为本，关爱他人；（2）将儿童置于发展首位；（3）全面实现妇女赋权；（4）全面实现性别平等；（5）赋予青年人参与社会生活的权利、机会和能力。

非洲所有公民都将积极参与到社会、经济、政治和环境发展的决策之中。所有基于性别并针对女性的暴力和歧视都将消除，女性将充分享有所有人权。《非洲儿童权利宪章》和《非洲青年宪章》将得到全面执行，非洲儿童和青年的才智将得到充分的发展、奖励和保护，以推动社会的发展。

7. 作为强大的、团结的和有影响力的全球参与者和合作伙伴的非洲。非洲期盼到2063年能够实现如下目标：（1）成为世界舞台上一支重要的社会、政治和经济力量，并在全球公域（陆地，海洋和太空）中享有应有的权利；（2）积极和平等地参与全球事务和多边机构，推动世界的和平共处、宽容相待、公平正义和可持续发展；（3）具备充足的能力和手段为自身发展提供融资。

非洲将成为在全球事务中发挥重要作用的强大、团结、适应力强、和平和有影响力的全球参与者和合作伙伴。非洲将在全球治理的政治、安全、经济和社会体系中占据应有的地位，以实现其复兴并使非洲成为领先的大陆。

二　《2063年议程》的行动倡议

作为未来五十年非洲发展的共同愿景和路线图，2063年议程承诺加速推动如下方面的行动倡议：（1）通过增加对非洲人民生产能力（技能和资产）的投资、提高收入水平、创造就业机会和提供基本生活必需品，在未来几十年内消除贫困；（2）在安全、清洁和规划良好的环境中，所有非洲人都有机会拥有负担得起的体面住房；（3）通过促发教育和技能革命，积极推动科学、技术、研究和创新，为非洲世纪实现创新驱动的发展构筑知识、人力资本、能力和技能基础；（4）通过对自然资源的精选加工和价值增值，推动经济增长、转型和工业化；（5）通过提高生产率和附加值，增强非洲农业和农业企业的现代化；（6）采取紧急行动应对气候变化和环境问题；（7）通过世界一流的基础设施连接整个非洲；（8）加快建立非洲大陆自由贸易区；（9）支持青年人作为非洲复兴的动力来源；（10）通过加强以对话为中心的冲突预防和解决机制，实现到2020年枪声寂静；（11）在公共和私人机构中实现性别平等，在社会、文化、经济和政治领域消除一切形式的性别歧视；（12）推行由成员国签发的非洲护照；（13）加强非洲的民主和以人为本；（14）增强非洲在全球事务协商一致的声音；（15）加强国内资源动员，建立大陆资本市场和金融机构，扭转非洲大陆的非法资金流动状况；（16）建立以问责制和透明度为基础的执行、监督和评估体系，以确保实现《2063年议程》的发展愿景。

三　非洲转型的关键驱动因素

非洲人民和领导者的决心、参与、自力更生和齐心协力，是非洲转型取得成功的前提条件，因此非洲转型的关键驱动因素有如下几方面：（1）动员非洲人民发挥主人翁精神。以各种形式不断动员非洲人民及海外侨民，进行有效的沟通和外联，并针对2063年议程开展持续和包容性的社会对话。（2）利用非洲本土资源为发展融资。动员非洲本土资源为发展融资，加快非洲的转型、一体化、和平与安全、基础设施建设、工业化和民主治理的进程,并加强大陆机构建设。(3)具备负责任的领导者和反应积极的公共机构。通过在各层级建立起健全且透明的规划、实施、监督和评估机制,来培养有远见和负责任的领导者,并构建民主和发展的公共机构及治理方式。(4)建立胜任的和民主的发展型国家和机构。重振非洲大陆的发展规划能力,重建职业性、专业性和高水平的公共服务。为有效引导和推动转型和一体化议程,需要对非洲大陆和区域机构以及非洲的商业模式予以强化和转型。(5)采取新的态度和思维方式,重新唤起和增强自力更生、团结一致、勤奋工作和共同繁荣的泛非价值观。在非洲既有的成功、经验和最佳实践的基础上,构建发展和转型的非洲模式。(6)以泛非视角,通过团结和整合来执行我们的计划,并在非洲大陆和全球层面的关键问题上集中行使主权。(7)拥有对非洲的叙述和主张的话语权,以确保它反映非洲大陆的现实情况、发展愿景和优先关注,以及非洲在世界上的地位。(8)采取非洲模式来推动发展和转型。借鉴各个国家和地区多样化、独特性和共享的经验,以及最佳实践,并在此基础上构建发展和转型的非洲模式。

节选自非盟网站资料(African Union Commission, *Agenda* 2063: *The Africa We Want*, Final Edition, April 2015)

(朴英姬编译)

非洲大陆自由贸易区协定

（2018 年 3 月）

非洲联盟于 2015 年 6 月启动了非洲大陆自由贸易区谈判。2018 年 3 月 21 日，在卢旺达首都基加利举行的非洲联盟特别峰会上通过了《非洲大陆自由贸易区协定》。

一　非洲大陆自由贸易区建立的总体目标

非洲大陆自由贸易区建立的总体目标如下：（1）根据《2063 年议程》之"繁荣、和平和一体化非洲"的泛非愿景，建立商品和服务的单一市场，并通过人员流动加以助推，深化非洲大陆经济一体化进程；（2）通过连续多轮的谈判建立一个开放的商品和服务市场；（3）促成资本和自然人的流动，并依据成员国和区域经济共同体的发展计划和发展状况来促进投资的增长；（4）为以后阶段建立非洲大陆关税同盟奠定基础；（5）推动并实现成员国的可持续和包容性的社会经济发展、性别平等和结构转型；（6）增强成员国经济在非洲大陆和全球市场上的竞争力；（7）通过经济多元化和区域价值链发展、农业发展和粮食安全，促进工业发展；（8）解决多重和重叠的区域组织成员身份的挑战，加快区域和大陆一体化进程。

为了实现上述目标，成员国应做到如下事项：（1）逐步消除货物贸易的关税和非关税壁垒；（2）逐步开放服务贸易；（3）在投资、知识产权和竞争政策方面开展合作；（4）在贸易相关的所有领域开展合作；（5）在海关事务和执行贸易便利化措施方面开展合作；（6）建立关于成员国权利和义务争端的解决机制；（7）建立并维护非洲大陆自由贸易区的实施和管理机制。

二　非洲大陆自由贸易区协定的组成部分

非洲大陆自由贸易区协定的组成部分包括《非洲大陆自由贸易区协定》及其各项议定书，附件和附录。附件是指议定书所附的文书，附录是指构成本协定组成部分的附件所附的文书。

《非洲大陆自由贸易区协定》为框架协定，具体包括非洲大陆自由贸易区的目标、原则、执行机制、管理程序、争端解决、例外、生效、退出、审查、修订等条款。非洲大陆自由贸易区协定的议定书，包括货物贸易议定书、服务贸易议定书、投资议定书、知识产权议定书、竞争政策议定书、争端解决规则和程序议定书。议定书构成了非洲大陆自由贸易区协定的实质性和执行性的内容，包括其目标、义务、一般规定、例外条款和实施机制等。议定书的附件和附录，是对议定书条款的详细阐述。

非洲大陆自由贸易区协定的第一阶段谈判涉及货物贸易、服务贸易、争端解决规则和程序，现已签署相关议定书；第二阶段谈判涉及投资、知识产权和竞争政策，尚未签署相关议定书。

《货物贸易议定书》的具体目标是通过如下方式促进非洲内部的货物贸易：（1）逐步消除关税；（2）逐步消除非关税壁垒；（3）提高海关程序、贸易便利化和过境的效率；（4）在技术性贸易壁垒、卫生和植物检疫措施领域加强合作；（5）构建和深化区域和大陆价值链；（6）促进非洲大陆的社会经济发展、多样化和工业化。《货物贸易议定书》包括9个附件，分别为：关税减让表；原产地规则；海关合作与行政互助；贸易便利化；非关税壁垒；技术性贸易壁垒；卫生和植物检疫措施；过境；贸易救济。

《服务贸易议定书》的具体目标如下：（1）通过规模经济、降低营商成本、推进大陆市场准入以及更佳的资源分配（包括贸易相关的基础设施改善），提高服务竞争力；（2）依据可持续发展目标（SDGs）来促进可持续发展；（3）促进国内外投资；（4）增强工业发展的力度，促进区域价值链的发展；（5）通过消除服务贸易壁垒，在公平、平衡和互惠的基础上，逐步开放非洲大陆的服务贸易；（6）取保服务自由化与特定服务部门的各个附件之间的一致性和互补性；（7）通过扩大服务贸易自由化的深度和广度，促进服务贸易出口规模增加、结构优化和深入发展，致力于让非洲大陆服务贸易自由化符合《服务贸易总协定》第五条的规定，同时充分保留引入和管理新法规的权利；（8）促进各成员国之间在服务贸易领域达成共识并增进彼此的合作，以提高服务市场的产值、效率和竞争力；（9）促进服务领域的研究和技术进步，以加速经济和社会发展。《服务贸易议定书》包括5个附件，分别为具体承诺减让表；最惠国待遇豁免；航空运输服务；优先领域列表；监管合作框架文件。

《争端解决规则和程序议定书》的目标是确保争端解决程序透明、公正、有依据和有预测性，并符合《非洲大陆自由贸易区协定》的规定。

三　非洲大陆自由贸易区的执行机制框架

非洲大陆自由贸易区的实施、管理、推动、监管和评估的执行机制框架包括如下四个层级。

1. 国家元首和政府首脑大会（非盟大会）。作为非洲联盟最高决策结构，非盟大会为非洲大陆自由贸易区施以监督和战略指导。非盟大会根据部长理事会的建议，对非洲大陆自由贸易区协定有专属解释权。对协定解释的采用应通过协商一致的方式来决定。

2. 负责贸易的部长理事会。它由各成员国指定的负责贸易的部长或其他类似部长，专家或官员组成。部长理事会应通过执行理事会向非盟大会作报告。部长理事会的职能包括：（1）根据非洲大陆自由贸易区协定做出决策；（2）确保非洲大陆自由贸易区协定的有效执行；（3）采取必要措施促进非洲大陆自由贸易区协定的目标及与之相关的其他政策工具得以实现；（4）与非洲联盟有关机构合作；（5）促进相应的政策、战略和措施的协调一致，以推动非洲大陆自由贸易区协定的有效执行；（6）建立特别委员会或常设委员会，工作组或专家组，并赋予相应的职责；（7）制定本机构及为执行非洲大陆自由贸易区协定而设立的附属机构的议事规则，并将其提交至执行理事会批准；（8）监督根据非洲大陆自由贸易区协定可能设立的所有委员会和工作组的工作；（9）审议非洲大陆自由贸易区秘书处的报告和活动，并采取适当行动；（10）依据非洲大陆自由贸易区协定的条款，制定法规、发布指令和提出建议；（11）审议非洲大陆自由贸易区秘书处的工作人员和财务条例，并建议非盟大会予以通过；（12）审议非洲大陆自由贸易区秘书处的组织结构，并通过执行理事会提交非盟大会审议通过；（13）批准非洲大陆自由贸易区及其机构的工作方案；（14）审议非洲大陆自由贸易区及其机构的预算，并通过执行理事会提交非盟大会；（15）向非盟大会提出建议，以通过对非洲大陆自由贸易区协定的权威解释；（16）履行与非洲大陆自由贸易区协定一致或是非盟大会要求的任何其他职能。部长理事会每年举行两次常会，并可在特别会议上举行会议，在其职责范围内做出的决定对成员国具有约束力，成员国应采取必要措施来执行部长理事会的决定。

3. 高级贸易官员委员会。它由各个成员国指定的常任或首席秘书，或其他官员组成。其职责包括：（1）执行部长理事会的指示；（2）负责制定非洲大陆自由贸易区协定的执行方案和行动计划；（3）通过监督和不断审查，确保非洲大陆自由贸易区按照协定条款正确运作和发展；（4）根据需要设立委员会或其他工作组；（5）监督非洲大陆自由贸易区协定条款的实施，为此可要求技术委员会调查任何特定事项；（6）指示非洲大陆自由贸易区秘书处承担具体任务；（7）履行与非洲大陆自由贸易区协定相一致或是部长理事会要求的任何其他职能。高级贸易官员委员会应按照部长理事会通过的议事规则开展工作，每年至少举行两次会议，并在会议后向部长理事会提交报告。区域经济共同体应以顾问身份出现在高级贸易官员委员会中。

4. 非洲大陆自由贸易区秘书处。非盟大会负责设立非洲大陆自由贸易区秘书处，决定其工作性质、工作地点并批准其机构设置和预算。非洲大陆自由贸易区秘书处是非洲联盟系统内具有独立法人资格和自主运作的机构，其资金来自非洲联盟的年度总预算。秘书处的作用和职责由负责贸易的部长理事会决定。

节选自非盟网站资料(African Union, *Agreement Establishing the African Continental Free Trade Area*, March 2018)

(朴英姬编译)

第二篇
热点聚焦

● 非洲政治

阿尔及利亚抗议风暴与政权更迭

王金岩[*]

摘　要： 2019年4月，阿尔及利亚时任总统阿卜杜勒—阿齐兹·布特弗利卡第四个总统任期结束，该国将举行新一届大选。2月，布特弗利卡宣布继续参选，引发国内广泛抗议。抗议民众要求时任政权的代表人物全部下台，由民众认可的人选组成选举机构后组织新一届大选。本次抗议风暴具有内生性、自发性、和平性等特点，既表达了民众的诉求，也没有扰乱正常的社会秩序。2019年12月12日，阿尔及利亚新一届大选在民众的抗议中和前政权的主导下举行，资深政治家、经济学家阿卜杜勒—马吉德·特本胜选。随着前政权主要人物离开阿政坛，抗议风暴逐渐平息，阿政局趋于稳定。当前及未来相当长的时期内，新总统面临发展国家经济的重任。中国与阿尔及利亚有着长期、深入的合作交往。阿尔及利亚是我国重要的海外市场，中国建筑企业在数十年间为阿国家建设做出过重要贡献。未来，中阿关系的发展将受到阿新总统的执政理念，尤其是外交政策的重要影响。

关键词： 阿尔及利亚；抗议风暴；政权更迭；中阿关系

2019年是阿尔及利亚的大选年。自2月底以来，阿境内爆发大规模抗议示威行动，持续全年。抗议民众的诉求从最初反对时任总统阿卜杜勒—阿齐兹·布特弗利卡谋求第五任期，到要求时任政权的代表人物全部下台，由民众认可的人选组成选举机构后组织新一届大选。12月12日，新一届大选在前政权的主导下和部分民众的抗议下举行，阿卜杜勒—马吉德·特本以58.15%的得票率当选新一任总统。本轮阿尔及利亚抗议风暴对阿尔及利亚经济社会发展以及中阿关系都带来一定影响。

一　抗议风暴爆发的原因

本次抗议风暴爆发前，阿尔及利亚保持了20余年的政治稳定。即使在2011年多

---

[*] 王金岩，中国非洲研究院社会文化研究室副主任、副研究员，主要研究阿拉伯国家的政治、社会问题。

个阿尔及利亚的北非邻国发生政权更迭，阿尔及利亚依然能够独善其身。然而，2019年阿境内多地爆发大规模抗议风暴，且持续数月难平，既有大选因素，也是其长期积弊的集中爆发。

（一）布特弗利卡谋求第五任期是此次抗议风暴的导火索

根据阿尔及利亚2016年通过的宪法修正案，总统任期五年，只能连任一次。① 时任总统布特弗利卡生于1937年，自1999年开始执政后三次连任至2019年4月第四个任期结束。他自2013年中风后身体每况愈下，近几年又陆续患上多种重病，每年都须到法国、瑞士等欧洲国家的医院做相关诊治，在国内事务和国际场合都已很少公开露面。他于2019年2月底就诊的位于瑞士日内瓦的医院出具的证明称：他患有偏瘫等多种疾病。② 显然，他的身体状况已不允许其继续担当总统大任。

2019年2月10日，布特弗利卡宣布将以候选人的身份参加新一届总统选举。当时，他所属的民族解放阵线、其执政联盟内的另一重要党派——民族民主联盟、阿尔及利亚国家军队、商人联盟等都对此表示支持。但是民众认为无论从其自身的健康状况看，还是依据阿相关法律规定，他都不应继续谋求连任。因此，自2月22日开始，阿尔及利亚境内爆发了反对布特弗利卡参选的抗议示威游行，打出"反对第五任期""布特弗利卡离开"等条幅。自此，游行抗议一直持续，且日渐演化为一场抗议风暴。

（二）此次抗议风暴也是阿国内长期积弊的集中爆发

此次阿尔及利亚抗议风暴从表面看是因大选引起，其背后隐藏着国家长期积蓄的深层原因。近年间，阿尔及利亚境内曾多次爆发抗议示威游行，民众表达诉求，诟病政府的问题，但多没有得到解决。这些问题主要体现在经济和政治两方面。

经济上，国际油价长期低迷使阿尔及利亚陷入经济危机。阿尔及利亚的国土面积、人口数量和经济规模都较大。它曾经作为法国的一个海外省长达百余年，致其殖民地经济痕迹深，对外依赖性强。独立后，经济结构一直比较单一，碳氢经济特点突出，发展严重不均衡。历任国家领导人都希望解决这一问题，但都没有成功。

阿尔及利亚拥有丰富优质的碳氢能源。已探明石油储量约17亿吨，占世界总储量的1%，居世界第15位，且主要为撒哈拉低硫轻质油。已探明天然气可采储量为

---

① Algeria's Bouteflika will not seek fifth term, delays elections, https://www.aljazeera.com/topics/regions/middleeast.html, 2019年3月12日。

② الجزائر - عبد العزيز بوتفليقة جنيف - مستشفى باسم مستعار, https://www.aljazeera.net/news/politics/2019/3/28/ هوية مزيفة. تفاصيل جديدة عن رحلة علاج بوتفليقة بجنيف, 2019年3月28日。

4.58万亿立方米，占世界总储量的2.37%，居世界第10位，是世界第二大天然气出口国。① 已探明页岩气储量为19.8万亿立方米，居世界第3位。② 而且，阿尔及利亚境内仍有大部分地域尚未进行充分勘探，其能源储量仍具有较大潜力。石油与天然气产业是阿国民经济支柱，其产值多年来一直占阿GDP的30%，其税收占国家财政收入的60%，其出口占国家出口总额的97%以上。然而，阿尔及利亚的粮食与日用品主要依赖进口，钢铁、冶金、机械、电力等其他工业部门不发达，制造业仅占国内生产总值的5.2%。③ 可见，能源产业的发展对阿尔及利亚整体经济状况起着至关重要的作用，其经济比较脆弱，易受到国际经济大环境的影响。

2009年布特弗利卡执政后，在重点发展油气产业的同时，加快实施能源多元化战略，积极开发核能、太阳能等新能源，并致力于发展工业，推动产业多元化建设。2010年和2014年，阿尔及利亚分别启动了旨在振兴经济、加快发展和改善民生的国家投资计划。④ 后又于2015年提出2015—2019年的五年计划，以扩大经济合作，从而保证每年7%的经济增长率。⑤ 然而，自2014年下半年以来，国际油价持续低迷，阿尔及利亚经济陷入严重困境，上述发展计划也难以保障实施。国家财政预算赤字严重，收入调节基金大幅缩水，贸易赤字显著增加，外汇储备连年减少。在这种情况下，国家在资金投入上偏重于关乎政府形象的基础设施建设项目，如新机场、非洲最大的清真寺等，并采取货币贬值、提高物价等经济手段以保障项目的资金供给。其结果是民众承受着高物价、高通胀、高失业率带来的生活困境，长期享有的高福利政策也受到影响。为此，近五年间，阿尔及利亚民众多次上街游行，抗议政府为打造形象工程不惜以牺牲民众的切身利益为代价。

政治上，体制僵化，腐败现象多发。布特弗利卡执政的20年间，阿尔及利亚政权掌控在民族解放阵线及其领导的执政联盟手中。国家军队力量强大，一些商业精英也为国家政权提供重要支撑。上述三者长期成为阿尔及利亚政局的稳定三角。然而，近年来，无论是政界、军界，还是商界都屡屡爆出贪腐事件。近两次大选中，反对党都指控布特弗利卡以舞弊的方式获胜。民众多次以游行示威的方式抗议国家政治体制僵化和贪腐问题多发，要求实施政治改革，惩治腐败，使政治公开、透明，但一直没有得到统治阶层的明确回应和实际行动。这次布特弗利卡谋求第五任期被民众视为国

---

① 阿尔及利亚国家概况，中华人民共和国外交部网站，https：//www.fmprc.gov.cn/web/gjhdq_676201/gj_676203/fz_677316/1206_677318/1206x0_677320/，2019年1月。
② 阿尔及利亚计划8年后进行页岩气商业开采，中华人民共和国商务部网站，http：//www.mofcom.gov.cn/article/i/jyjl/k/201412/20141200829959.shtml，2014年12月11日。
③ 阿尔及利亚国家概况，中华人民共和国外交部网站，https：//www.fmprc.gov.cn/web/gjhdq_676201/gj_676203/fz_677316/1206_677318/1206x0_677320/，2019年1月。
④ 张梅：《参与阿尔及利亚经济多元发展》，《中国投资》2017年第8期。
⑤ 哈桑纳·拉贝希（Hassane RABEHI）：《阿尔及利亚：一带一路开拓阿中合作新未来》，《中国投资》2016年第1期。

家政权腐败的又一次重大体现，因此，爆发强烈抗议。

二 抗议风暴的特点

2011年以来，阿尔及利亚所处的北非地区多国都爆发了程度不同的抗议风暴，甚至政治危机，一些国家因此发生政权更迭。阿尔及利亚境内也曾多次爆发不同规模的民众抗议示威游行。然而，本次抗议风暴既不同于一些变局国家曾经历的暴力冲突，也不同于阿尔及利亚以往的示威活动，具有如下几个特点。

（一）抗议行动的爆发和演进具有内生性和自发性

本次抗议行动的爆发源于民众对国家现行政治体制的不满，完全出于民众自身的意志。抗议行动的发展演进过程也是由民众主导和参与，互联网和社交媒体成为主导者和参与者之间联络的重要媒介。游行的主导者于每周四傍晚至周五上午在社交媒体上发布第二天游行的通知，包括主要地点、呼喊的口号、打出的标语等，参与者照此执行。本次抗议示威行动既不是由国内的反对党派发起，也没有外部势力的干预，是一场彻头彻尾的自下而上、由内而外的民众自主和自发的运动。

（二）抗议行动的方式具有持续性、间歇性和一定的规律性

自2019年2月底阿尔及利亚境内爆发抗议行动开始，每个周五是行动的高潮期，这一天参与的人数最多，发生抗议的地域也最广，自中午礼拜结束后开始，至傍晚结束。每周二也会爆发相对固定的游行，规模仅次于周五，通常由某行业协会组织，如律师协会、教师协会、医生协会等都曾组织过游行。在其他时间也发生过游行，但相对分散，规模也较小。

（三）参与人数多，涉及地域广，持续时间长

自2019年2月22日起直至新总统选出后一段时间内，每周五的大规模游行不曾间断，一半以上的阿尔及利亚人都曾参与其中，以年轻人为主，尤以在校大学生占比最多。国内的游行主要集中在首都阿尔及尔、奥兰、康斯坦丁等大城市，提济乌祖、贝贾亚、卡比利亚等首都周边市镇，甚至偏远山区也爆发了各种规模的游行。长期旅居法国、西班牙、美国等西方国家的阿尔及利亚人也多次在驻当地使领馆附近，以及当地的中心广场等地组织游行。

（四）抗议行动以和平、有序的方式进行

抗议行动基本不干扰正常的社会秩序，主要发生在工作日的下班后和休息日。抗议者举止文明，在游行过程中注意保护公共设施，游行结束后负责整理环境卫生。大

量警察在游行现场及附近区域负责维持秩序,基本没有动用武力干预。

(五)抗议风暴是以前政权逐步后退,民众要求不断提升的顺序发展演变

2019年2月22日,民众首次爆发游行抗议,打出"反对布特弗利卡谋求第五任期"的口号。在强烈抗议的重压之下,布特弗利卡及其政权做出让步。他先是在3月初表示,如果在本次大选中成功连任,将在新任期内提前组织大选,自己不再参选。民众在3月8日的游行中打出"布特弗利卡立即离开""不再给他一分钟"的标语。3月中旬,布特弗利卡宣布推迟总统选举时间,他本人不再参选,并改组内阁①。民众对此仍不接受,要求前政权主要领导人全部离开,由民众推选的代表接管政权。3月底,阿尔及利亚陆军参谋长兼国防部副部长(部长由总统兼任)艾哈迈德·盖伊德·萨拉赫将军(Ahmed Gaid Salah)呼吁执行宪法第102条②。4月2日,布特弗利卡正式向宪法委员会提交辞职信。4月9日,阿尔及利亚参议院议长阿卜杜勒卡迪尔·本·萨利赫依照宪法规定被任命为临时总统。他于4月11日宣布,将于7月4日举行总统选举。然而,民众坚持包括临时总统、陆军参谋长等前政权的主要领导者必须全部下台,认为前政权无权主导国家的政治过渡,要求彻底改变现行政治统治。2019年12月,阿尔及利亚举行新一届大选。本次大选仍是在前政权的主导下,但民众指出的前政权的代表人物都没有出现在新政权中,民众的大部分要求得到满足。

三 阿尔及利亚大选后局势走向

2019年12月12日,阿尔及利亚举行新一届总统选举,共有23人报名参选并提交材料,最终5人符合要求成为总统选举候选人。他们是:阿尔及利亚前总理阿卜杜勒—马吉德·特本、前总理阿里·本·弗利斯、前文化部长伊兹丁·米胡韦比、建设运动党主席阿卜杜勒—卡德尔·本·格里纳和未来阵线党领导人阿卜杜勒—阿齐兹·贝莱德。③ 阿尔及利亚前总理阿卜杜勒—马吉德·特本在第一轮投票中胜出。本次大选在民众的抗议浪潮中举行,但选举结果揭晓后,国家日趋稳定。中国与阿尔及利亚长期保持友好合作关系,新总统的执政纲领必将对两国关系产生一定的影响。

(一)大选选情分析

本次大选仍是在前政权的主导下举行,且5名候选人都曾在前政权中任职,因而

---

① 阿尔及利亚时任总理乌叶海亚辞职,其领导的政府随即解散。布特弗利卡随后任命内政部长贝都伊为新总理,并增设副总理一职,任命前外交部长拉马姆拉为副总理兼外长。
② 阿尔及利亚宪法第102条规定:当总统患有严重疾病,长期告病假,无法正常治理国家,宪法委员会应当宣布总统无能力治国,总统职能将由参议院议长暂替。
③ 参见阿尔及利亚宣布总统选举候选人名单,https://world.huanqiu.com/article/9CaKrnKnzs8,2019年11月3日。

受到抗议民众的抵制，投票率低。负责本次大选的阿独立选举监督委员会主席穆罕默德·舒尔菲由临时总统任命，最终确定的5名正式候选人都曾是布特弗利卡执政期间的政界人士，或是高官，或是党魁。抗议民众要求彻底推翻前政权，因而对此表示不满，对本次大选持抵制态度，故投票率仅为39.93%。

根据阿尔及利亚选举法，在首轮选举中，得票第一，且超过半数的候选人当选。如没有人得票超过半数，则得票前两名者进入第二轮角逐。在本次大选的首轮选举中，特本得票58.15%，当选新一届总统。另四名候选人得票均不足20%，承认败选。

特本生于1945年，现年75岁，毕业于阿尔及利亚国家行政学院财政经济专业，是阿尔及利亚历任总统中唯一具有经济学背景者。他自阿尔及利亚第二任总统时期就任职于政治领域，至今已50余年。他是阿尔及利亚执政党民族解放阵线的资深成员，本次以独立候选人身份参选，拥有军方的支持。他曾任多个地方的省长或地区行政官，也曾在多个部委任部长或代理部长，还曾于2017年5月就任总理，但在不到3个月后就被解职，原因是他倡导政商分离而遭到一些时任官员和商业巨头的不满。

（二）大选后局势走向

本次大选后几周内，阿尔及利亚国内局势逐渐趋稳，但在一些方面依然面临严峻挑战。

政治局势逐渐稳定。布特弗利卡宣布辞职后，阿尔及利亚政治权力主要掌控在以总参谋长盖德·本·萨利赫为代表的军方手中。抗议民众要求包括总参谋长、临时政府总统、总理等时任政权的核心人物全部下台，彻底改变阿尔及利亚政治统治。但以总参谋长为首的前政权不甘交权，试图通过采取一些改革措施平息抗议，通过主导大选加固并延续其权力。12月23日，阿尔及利亚军队总参谋长艾哈迈德·盖德·萨拉赫因病去世，前政权的影响力减弱，民众对前政权的关注度也大幅下降。阿尔及利亚政局逐渐趋稳。

经济形势依然严峻。本轮抗议风暴致使多个经济领域陷入危机。其中，能源和建筑领域最为显著，直接原因是该领域的主要官员和商业巨头在2019年以来的反腐中被捕。在能源领域，阿尔及利亚国家石油公司除生产活动外的其他活动完全处于停滞状态。在建筑领域，除军方项目外的建设项目陆续叫停，逾60%的当地建筑施工企业和建筑制造业企业已停业。2019年，阿尔及利亚36000家建筑公司破产，5800家中小企业面临倒闭，失业人口达100万。据阿官方预计，2020年的经济形势将更差。①

社会安全不容乐观。阿尔及利亚爆发抗议行动以来，社会治安明显恶化，偷盗、

---

① الاقتصادات العشر الأكثر نموا في أفريقيا، لعام 2019，https://alqabas.com/article/639321，2019年11月25日。

打砸抢等恶性事件显著增加。加之,邻国利比亚国内冲突升级对两国边境地带的安全也构成威胁。此外,本轮政治动荡也加剧了阿境内阿拉伯人(占总人口的80%)和柏柏尔人(占总人口的20%)间的分裂,后者对社会不公的抗议显著增加。

特本在胜选后表达出的执政理念为:对内维持稳定,对外加强与周边国家的交往与合作。他在胜选后接受记者采访过程中表达了如下计划:其一,将在几个月内完成宪法修订;其二,在国内继续开展反腐败斗争;其三,重视全国各地的均衡发展,改变当前发展不平衡的现状;其四,不会组建新的政党和政治派别,力避党争,建立廉洁、高效的政府;其五,与抗议民众的代表进行对话,满足民众求变的愿望;其六,谴责殖民主义,主张不干涉内政原则,加强与非洲国家的关系。

四 阿尔及利亚抗议风暴及政权更迭对中阿关系的影响

中国与阿尔及利亚长期保持多领域的友好合作,经济关系尤为紧密。两国自建交至今的60多年来,政治关系稳固,经济联系紧密,多领域的交往密切。1958年,阿尔及利亚人民仍在为国家的独立而奋斗时,中国就已对其过渡政府给予承认。1963年,中国第一支援外医疗队就派往阿尔及利亚,至今从未间断。1971年,阿尔及利亚对于中国重获联合国的合法席位做出了重大而卓越的贡献。2014年,两国建立全面战略伙伴关系,阿尔及利亚成为与中国建立此关系的第一个阿拉伯国家。2018年,两国共同签署"一带一路"谅解备忘录。

自2014年至今,中国一直是阿尔及利亚最大的进口来源国。此次动荡发生前,有近十万华人在阿尔及利亚长期工作和生活,其中多为中国企业的管理人员和劳务工人。承包工程领域一直是中国与阿尔及利亚合作的重点领域,近百家中国企业已在阿深耕厚植数十年。

(一)抗议风暴对中企造成一定的经济损失

从本轮抗议风暴的直接影响看,其间,近7万华人从阿尔及利亚撤出;除军方项目以外的中国企业在建项目全部停工;中方人员多次遭遇偷盗、抢劫等恶性事件。预计阿尔及利亚2020年的经济形势将更差,暂不利于中国企业在阿尔及利亚投资兴业。根据阿尔及利亚《2020年财政法》草案,2020年财政的总体思路是合理化公共支出和减少赤字。对此,碳氢燃料和电力价格可能会大幅上涨,也将增加新的税种及提高现有税种的税率,以增加国家收入。[①] 此外,阿尔及利亚内政部长宣布,鉴于该国面临的财政困难,2020年不启动新项目。阿住房部长也宣布,未来国家所有的住房和

---

① 《2020年财政法》草案,http://dz.mofcom.gov.cn/article/jmxw/201910/20191002904210.shtml,2019年10月14日。

公共设备供应项目都将交由国有企业负责施工。从当前情况看，中国企业在阿尔及利亚现有项目已陆续复工，但承接新项目的机会将大幅减少，中国对阿尔及利亚出口及在该国兴业的成本也将升高。

（二）阿尔及利亚政权更迭为两国关系带来一定变数

从阿尔及利亚新总统就任前的做法看，亲西方趋势明显，对中国曾有不友好的表现。他任住房部长期间，将具有重大利益的工程项目多给予西方企业；对中国在阿尔及利亚承建的清真寺项目（现已建成为非洲最大清真寺）制造多种障碍，阻挠项目进展，并制造舆论压力和不良宣传，称中国与非洲国家的合作是一种"新殖民主义"。此外，本次政治变局中被捕的阿尔及利亚前政权高官和巨商多曾与中国企业有过紧密联系或良好的关系，而他们曾是特本多年的政敌。

从主要大国和地区邻国对本次大选的反应看，支持态度占主流。美国、俄罗斯都表示希望尽快与新总统开展合作；中国外交部也向特本胜选表达了祝贺；法国总统马克龙表示阿新政权应尽快与民众对话以平息动荡；埃及、沙特、科威特、卡塔尔、突尼斯等地区国家元首都向特本表示祝贺；与阿尔及利亚有领土争端的摩洛哥国王也对特本表示了祝贺，并希望开启摩阿关系的新一页。可见，阿尔及利亚当前处于相对宽松和友好的国际环境。

从新总统就任后的外交表态和活动看，重视与中东地区国家间的交往，关注地区热点问题，也积极致力于加强阿尔及利亚在非洲的大国战略地位。其执政2个多月以来分别与土耳其、突尼斯、卡塔尔等国家领导人会面，高度关注巴勒斯坦问题、利比亚问题等地区热点问题。他尚未在公开场合就对华政策表态，但2020年1月以来中国爆发新冠状肺炎疫情，阿尔及利亚派包机运抵武汉50万个医用口罩、30万副医用手套、2万副医用护目镜，以表示支持和援助。

当前，阿尔及利亚新总统执政时间还不足3个月，未来中阿关系发展前景仍有待进一步观察和评估。

苏丹政治剧变的原因与政局走向

周 军[*]

摘 要：2018年底，苏丹爆发全国性民众抗议运动，2019年4月11日，军方以"军事政变"的形式将长期执政的巴希尔总统推翻，苏丹进入后巴希尔时代。巴希尔政权垮台是经济危机、执政集团的分裂、西方国家的破坏、民众抗议运动等因素共同作用的结果。巴希尔政权倒台以来，苏丹局势发生了重大变化。在政治上，前政权支持者被大量清洗，军方和文官达成权力分享方案，而军队内部也出现正规军和准军事部队共同主导的局面。在安全层面，由于新政府和谈意愿的增强和国际社会的推动，和平进程得到推进，达成了多份协议。在外交层面，苏丹和西方国家关系改善，和中国保持了友好合作关系。虽然苏丹局势出现向好的趋势，军方和文官关系依旧不稳定，部分地区冲突依旧存在，而积重难返的经济依旧没有起色，过渡政府依然任重道远。

关键词：苏丹政局；政权更迭；巴希尔；军政关系

自巴希尔1989年军事政变上台以来，苏丹长期在军政府统治之下，但各种政治和军事反对力量不断挑战巴希尔政权的权威。2018年12月下旬，苏丹再次爆发全国性大规模游行示威活动，并很快将抗议矛头转向已经连续执政近30年的苏丹总统巴希尔。此后，苏丹陷入了长达数月的政治动荡。2019年2月22日，巴希尔宣布全国进入为期一年的紧急状态。4月11日，军方发动政变，统治苏丹30年的巴希尔政权被推翻。巴希尔下台后，军方成立的"过渡军事委员会"掌握了国家权力。在经过长达4个月的拉锯式谈判后，苏丹军方与反对派联盟"自由与变革力量"于8月17日达成了权力分享安排，双方共同组建了作为过渡时期最高权力机关的苏丹主权委员会。随后，文官过渡政府组建，苏丹进入为期39个月的过渡时期。

一 巴希尔政权垮台的原因

巴希尔是非洲和中东地区的政治强人，在2011年席卷西亚北非的阿拉伯剧变中

---

[*] 周军，扬州大学苏丹研究中心研究人员，主要研究苏丹和南苏丹政党政治、国家治理问题。

经受住了考验,然而他却在时隔8年后在民众抗议中下台。巴希尔政权的垮台是各种治理危机日益严重的结果,主要包括以下原因。

(一) 经济危机积重难返

导致政变发生和巴希尔倒台的根本原因是,石油经济逐渐枯竭,西方经济制裁导致的经济危机日益严重,外债连年攀升、通货膨胀严重等引发的各种社会矛盾和政治矛盾。

首先,石油经济逐渐枯竭。巴希尔当政时期,通过大力发展石油产业,苏丹经济在21世纪头十年迎来了"黄金十年"。然而,2011年,苏丹南方通过公投独立,带走了原苏丹境内75%的石油资源,苏丹经济遭受重创,财政收入锐减,经济出现"断崖式下跌"。2012年苏丹因南苏丹主动关停石油生产失去大量石油过境费,2014年以来国际石油价格大幅下跌,加上石油资源的逐渐枯竭,导致苏丹的石油收入大为减少。受石油产业不景气的影响,苏丹工业增长率从2010年的峰值22.4%下降到2018年的-1.7%。[①] 石油经济的枯竭还导致苏丹政府无力维持在经济高速发展时期支撑起来的各项庞大的民生、国防和政府开支。另外,在石油经济高速发展期间,苏丹的传统优势产业——农业被有意无意地忽视,农业生产萎缩,在国民经济中的比重不断下降,农业对稳定社会的作用下降。

其次,西方经济制裁令苏丹经济雪上加霜。从1993年美国将苏丹列入支持恐怖主义名单,1997年美国开始启动对苏丹的全面经济制裁,到2017年10月美国宣布解除经济制裁,长达20多年的经济制裁贯穿了巴希尔执政生涯的大部分时期。由于美国财政部严格监管众多国际金融机构的涉苏行为,大量与苏丹进行贸易往来的第三国公司和个人也受到波及,苏丹正常对外贸易遭受极大影响。由于制裁,苏丹无法进口用于工业生产的许多设备,苏丹的农产品无法进入美国的市场。美国的经济封锁使得苏丹被世界银行、国际货币基金组织等国际金融机构排斥,无法从国际社会获得贷款和债务减免等优惠政策。不仅如此,欧美国家的企业受美国影响纷纷撤出苏丹。据苏丹政府估算,制裁导致的直接经济损失超过400亿美元,国家诸多重要的民生产业发展停滞甚至倒闭。尽管美国在2017年10月宣布取消对苏丹的经济制裁,但是由于美国并未将苏丹从支恐名单中除名,各种贸易限制依旧没有取消,预想中的外部投资大量涌入的情景并未出现,反而因为对美元的需求上涨造成美元短缺、本国货币贬值。

再次,外债连年攀升,通货膨胀严重。根据国际货币基金组织的报告,苏丹的对外债务从2010年的395亿美元上升为2018年的590亿美元,占当年国内生产总值的185%。由于苏丹仍然在美国的支持恐怖主义国家名单中,无法享受债务减免。为了

---

① EIU,*Country Report*:*Sudan*,February 27th,2020,p.15.

不断获得新的信贷，苏丹每年不得不竭尽全力支付昂贵的利息。不仅如此，经济衰退伴随着货币贬值和高通货膨胀率。由于经济情况恶化，苏丹央行在2018年两次将苏丹镑贬值。黑市苏丹镑汇率为1美元兑41苏丹镑，而官方汇率是1美元兑28苏丹镑。这意味着苏丹镑官方汇率贬值了60%。在2019年2月中旬，苏丹镑兑美元汇率跌破1/80大关。伴随而来的是国内通货膨胀日益加剧，2018年12月苏丹的通货膨胀率已经上升到72.9%。[①] 物价飞涨，燃料和面包短缺，民怨沸腾。然而，由于苏丹经济基础薄弱，国际收支逆差大，缺乏资金来源或外部借贷，当局没有找到有效的解决方案。2018年12月，苏丹政府决定将面包的单价从1苏丹镑提高到3苏丹镑，随即引爆民众怒火，成为整个抗议活动的导火索。[②]

（二）执政集团分裂

执政集团的分裂导致巴希尔政府无力应对各种挑战。

首先，内阁频繁改组破坏了政权的稳定性。自2015年巴希尔再次当选总统以来，为落实2016年10月达成的全国对话成果文件，于2017年3月组建了新政府并首次设立总理职位。与上届政府相比，执政党全国大会党让出了12个职位。虽然全国大会党仍占据着关键部门，但其他政治力量也获得了四分之一的部长席位，这在一定程度上动摇了全国大会党的主导地位。由于日益严重的经济危机，2018年5月14日和9月9日内阁进行了两次改组，撤换了多位部长、州长等。巴希尔政府通过频繁改组内阁的方式应对经济危机，但都未能奏效，反而破坏了执政集团内部的稳定性。

其次，巴希尔谋求连任引发内部分裂。巴希尔自1989年军事政变后就一直担任国家元首。1989年6月巴希尔军事政变上台，连任总统职务近30年。由于巴希尔长期执政，其连任问题一直是影响执政党全国大会党党内团结的重要因素，先后有可能成为巴希尔继任者的塔哈、纳菲、戈什、萨利赫都被一一撤职，造成党内斗争激烈。已连续执政近30年的巴希尔总统将在2020年任期届满，而根据现行宪法，总统连任不得超过两届，这意味着巴希尔总统若要连任，就要获得党内一致认可，修订现行宪法，而修宪需要参加全国对话和全国团结政府的其他政党的认可。由此，围绕巴希尔的继承人和连任问题，执政党内部、执政党与反对党展开激烈博弈。虽然巴希尔本人在2016年表示不再谋求连任，但从2017年底开始，全国大会党的许多高级官员及杰济腊、青尼罗等州的政府先后公开表态要支持巴希尔连任。2018年8月9日，全国大会党协商委员会一致通过了一项修改党章的提案，废除关于党主席候选人任期限制，为巴希尔竞选下一届总统铺路。8月11日，巴希尔接受了全国大会党选举委员

[①] EIU, *Country Report: Sudan*, February 27th, 2020, p. 15.
[②] "Large protests erupt across Sudan over price hikes", Sudan Tribune, December 19, 2018, https://www.sudantribune.com/spip.php?article66796, acessed March 30, 2020.

会提名其为 2020 年总统选举候选人。本轮抗议浪潮爆发后，巴希尔不得不将连任一事暂时搁置，推迟宪法修订进程。2019 年 2 月 22 日，国家情报与安全部门领导人萨拉赫·戈什表示，巴希尔不再担任执政党全国大会党的领导人和参加 2020 年大选。3 月 1 日，巴希尔将党主席职位让给刚刚当选副主席的艾哈迈德·穆罕默德·哈伦（Ahmed Mohamed Haroun）。但是这些补救性措施都无法弥补巴希尔谋求连任造成的威望和支持度急剧下降的后果。

再次，巴希尔为应对民众抗议活动采取的措施导致国家实权被军方掌控，最终导致军队倒戈。2019 年 2 月 23 日，巴希尔对最高领导层进行了大调整，巴希尔的长期政治伙伴、第一副总统巴克利·哈桑·萨利赫的职位改由国防部长阿瓦德·伊本·奥夫（Awad Ibn Ouf）兼任。最受关注和最具指向性的是地方州长更换，巴希尔任命了 18 个军队和情报部门领导人为各州州长。新一届政府有明显的军政府特征，其核心任务是维护国家稳定。同时，巴希尔还将镇压示威运动和维护首都治安的职责交给准军事部队快速支持部队，进一步增强了军方的作用。2018 年 4 月 6 日，反对派以纪念 1985 年 4 月 6 日起义为契机组织新一轮抗议活动，前往喀土穆的苏丹武装部队司令部总部静坐，同时争取军队支持。4 月 8 日，示威者继续争取军队支持，表示愿意与苏丹武装部队进行直接接触，宣布成立政治接触委员会。这一策略产生了效果，导致苏丹国家军队苏丹武装部队（SAF）和忠于总统巴希尔的安全力量苏丹国家情报局（NISS）之间发生分歧并发生持续的冲突对抗。从 4 月 6 日到 4 月 10 日，安全力量和警察使用催泪瓦斯驱散聚集在苏丹武装部队指挥部前的抗议者，但是军队（尤其是下级军官和普通士兵）介入阻止了警方的行动。在内外压力下，苏丹军方选择了牺牲巴希尔，发动政变。

（三）民众抗议运动的推波助澜

苏丹独立以来的三届军政府下台，都是民众抗议运动的结果，本次政变几乎是 1964 年、1985 年两次政变的翻版。但与以往抗议运动不同的是，本轮民众抗议运动具有良好的组织性、参与群体广泛性、抗议时间的持续性等特征。

在组织性方面，以往大多抗议活动都因缺乏良好的组织而不能持续。本轮民众抗议运动吸取了 2013 年抗议失败的教训经验。成立于 2014 年的苏丹专业者协会（Sudanese Professionals Association（SPA）），是由劳工组织组成的，成为抗议运动的中坚力量。2019 年 1 月 2 日，包括全国共识联盟、苏丹呼吁、工会集会和苏丹职业者协会在内的反对派团体签署了《自由与变革宣言》，倡议巴希尔下台，组建民族临时政府，标志着反对派联盟"自由与变革力量"（FFC）的成立，并成为反对巴希尔政府的主要动员者。此外，社交媒体的兴起又改变了此次抗议运动的组织方式，苏丹这一次民众抗议活动最为典型的特征就是有组织但没有领导人，抗议者通过互联网手段自发联结。

在参与范围方面，参与者覆盖整个国家。2011年和2013年的抗议运动主要集中在首都喀土穆，随后扩展到周围地区。由于苏丹政府在实施财政紧缩措施时主要在首都喀土穆之外的地区推进，认为小城镇中的居民缺乏动员能力，因而本轮抗议运动首先在外围地区爆发，并迅速扩大到各个地区和各阶层。这也使此次抗议运动可能获得更多支持，发展为全国性的运动。其次，大量学生、教师、律师、医生等团体纷纷加入示威活动，而抗议运动力量上升的关键因素是苏丹妇女的参与，在多个抗议活动场合，妇女的人数要超过男性抗议者。最能体现参与群体广泛性的是反对派别的联盟"自由与变革力量"成员几乎包括了苏丹所有的反政府力量，如苏丹职业者协会（Sudanese Professionals Association）、苏丹呼吁（Sudan Call Forces）、全国共识力量（Alliance of the National Consensus Forces）、共和党（The Republican Party）、妇女无压迫倡议（No to Women's Oppression Initiative）、杰济腊农民和运输者联盟（Alliance of Jezira and Managil Farmers）、泛努比亚人大会（General Nubian Assembly）、苏丹宾纳党（Binaa Sudan Party）、卡尔福纳运动（Girifna Movement）、喀土穆大学校友会（Congress of University of Khartoum Alumni）、泛国民阵线（The Broad National Front）等。

在抗议者的意志力方面，他们具有不妥协性。抗议运动爆发后，巴希尔采取强硬立场，对抗议活动采取强力镇压，逮捕大量抗议者，并于2019年2月22日宣布苏丹全国进入为期一年的紧急状态，禁止国内举行未经允许的抗议活动，并解散中央政府以及各州州政府，任命了18个军队领导人作为苏丹各州的州长。但是示威者并不妥协，组织的示威活动规模反而越来越大，示威者在2月28日、3月7日、3月10日、4月6日接连组织抗议活动。[①] 在不妥协的同时，本轮抗议运动始终强调非暴力性，以静坐的方式对抗政府，展现出很强的韧性。

此外，外部势力给抗议运动提供了支持。西方国家一直敌视巴希尔政权，对于民众抗议运动给予或明或暗的支持，同时限制巴希尔政权使用武力镇压抗议。其中，美国在苏丹政变前不久公开呼吁苏丹人民做好政权过渡的准备。同时，在巴希尔面临不断高涨的示威运动时，其在海湾国家的盟友选择"隔岸观火"，面对巴希尔的求助，海湾国家仅给予口头承诺，使巴希尔政府失去了稳定局面所需要的经济资源。

二 后巴希尔时代苏丹局势发展

巴希尔政权倒台以来，苏丹政治和安全局势以及对外关系均发生了重大变化。

---

① Sudan journalists protest over jailed editor: witnesses, https://www.dailymail.co.uk/wires/afp/article-6847463/Sudan-journalists-protest-jailed-editor-witnesses.html.

(一) 出现"军民共治"局面

自巴希尔政权倒台以来,军方和反对派联盟分庭抗礼,最终通过权力分享协议,以"军民共治"的方式实现暂时的权力平衡。

第一,前执政集团瓦解。巴希尔倒台之前,军警部门、情报部门和伊斯兰主义者一直是执政联盟的重要支柱。为了撇清与巴希尔政权的关系,过渡军事委员会成立后立即宣布将肃清前政权的影响,采取了取缔苏丹前执政党全国大会党、大肆逮捕全国大会党官员、禁止其成员参与过渡政府等措施,同时对忠于巴希尔的情报部门官员进行了大规模清洗。不仅如此,与伊斯兰主义相关的政党同样被禁止参加新政府。当然,前政权势力依然在苏丹国内有着影响力,并在寻找时机威胁过渡政府的安全。对于2020年3月9日前政权势力涉嫌实施对总理哈姆多克的暗杀事件,苏丹政府表示要将巴希尔及其他三名前政府要员交给国际法院。一旦巴希尔被国际法院审判,前政权势力将受到巨大打击。

第二,实施"军民共治"。在打压前政权支持者的同时,苏丹军方和反对派别开始谈判,但双方在权力分享安排方面存在分歧,谈判僵持不下。2019年6月3日和6月4日,政府安全部队在驱散抗议者静坐示威行动中,造成百余人丧生,230多人受伤。"六三事件"改变了军方和反对派对抗的态势,给反对派联盟提供了能量和凝聚力,联合国、欧盟和非盟,以及美国、英国和德国等国政府立即呼吁苏丹向文官政府过渡。非盟和平与安全委员会暂停了苏丹的成员国资格,明确传达出谴责的态度和立场,并授权伊加特参与调停,埃塞俄比亚总理亲赴苏丹进行调解。美国除了指责军方以外,还给海湾国家施加压力,要求沙特利用自身对苏丹军方的影响力,迫使军方和抗议者达成妥协。在外部压力和埃塞俄比亚的调停下,2019年8月17日,过渡军事委员会与"自由与变革力量"签署宪法宣言。根据协议,过渡时期主权委员会由11人构成,其中军方和文官各占5人,最后一人由双方共同推选的民主人士担任;过渡时期为期39个月,军方先领导前21个月,文官领导后18个月。同时,由"自由与变革力量"推荐的总理组建内阁,但是军方控制国防、内政部等关键岗位。8月21日,长期在国际组织任职的经济学家哈姆多克就任苏丹过渡政府总理,并组建反对派为主的过渡政府。由此,苏丹实现了由军事过渡政权向"军民共治"的和平转变。过渡时期的苏丹实行的是一种混合治理模式,代表国家最高权力的"主权委员会"由军方和反对派联盟"自由与变革力量"代表组成,而政府由反对派指派的总理负责。

第三,军队关系重构。军队是巴希尔政权的重要支柱。在巴希尔时期,为巩固权力,避免发生军事政变,让军事系统相互制衡。出于对军队的不信任,巴希尔不断削弱正规军,同时扶持地方民兵武装,重用国家情报局,让安全机构相互制衡,出现了正规军、情报机构和非正规武装"三足鼎立"的局面。而巴希尔被推翻后,军队内原巴希尔的亲信悉数被清洗,首当其冲的是情报机构。2019年10月29日,布尔汉将军宣布改革苏丹军队结构,废除巴希尔时期的军队体系,并任命新的三军军事长官。随后,布尔汉将军下令让数名伊斯兰将军退休,从而进一步加强对军队的控制。因此,苏丹军方出现了布尔汗领导的正规军,以及海米提领导的快速支持部队两个军事力量相抗衡的局面。其中,巴希尔扶持的准军事部队快速支持部队,是推翻巴希尔政权的关键力量,其领导人海米提成为军方内部最有实力的领导人之一。巴希尔被推翻后,军方中最有实力的奥夫和戈什先后被排挤,现年才46岁的海米提成为苏丹最有实力的人物。相比被削弱的正规军,海米提不仅有数万可以直接听命自己的武装力量,还直接控制大量经济资源(达尔富尔金矿和也门作战军饷)。苏丹正规军苏丹武装部队中许多领导人对"快速支持部队"实力高于自身,以及非职业军人出身的海米提影响力不断提高不满。随着苏丹政治逐渐步入稳定轨道,两支军队的整合问题将会逐渐突出。这两股力量暗中较劲,竞相争取民意,甚至存在发生冲突的可能性。

(二)和平进程提速

在巴希尔政府执政时期,苏丹政府分别同各地的反政府武装进行了时断时续的谈判,除东部地区的和平协议得到执行外,西部达尔富尔地区和南部"两地区"(青尼罗州和南科尔多凡州)的和谈都因为和苏丹政府在中央和地方的权力与财富分配问题、安全安排等问题存在严重分歧而无法达成实质性的协议。其原因包括反政府武装过于分裂和难以统一立场,巴希尔政府的强硬,以及苏丹政府主张的分别谈判和反政府武装要求达成一份全国性的和平协议的主张难以协调。

巴希尔政权倒台给实现全国性和平创造了契机。首先,新政府的谈判意愿更加强烈。经济学家出身的哈姆多克解决当前经济危机的一个手段是削减国防预算,这一项开支占据政府支出的一半以上,实现和平无疑在节流方面能收到立竿见影的效果。其次,反政府武装和新政府中主要领导团体"自由与变革力量"是推翻巴希尔政权的盟友,双方有更好的合作基础。总理哈姆多克就来自反政府武装苏丹人民解放运动—北方局所在的西科尔多凡州,也曾给非盟和联合国在苏丹的调停工作提供建议。再次,军方为了改善国际形象,提高国内支持度,也积极支持和主导和谈。最后,外部环境也有利于和谈。美国提出完全解除经济制裁、提供经济支持的一个重要条件是实现和平,邻国尤其是南苏丹总统基尔积极推动和谈。因此,无论是为了减少财政开支,还是响应反政府武装的诉求、回应国际社会的压力,和平都是过渡政府的施政重点。

苏丹过渡政府成立后,同反政府武装进行了多轮和谈,不过因分歧巨大而多次延期。在苏丹军方与文官领导人的权力分享协议中,要求双方在过渡政府组建后的6个月内,即2020年2月前达成和平协议。2019年9月11日,过渡政府与苏丹革命阵线签署了原则声明,并承诺在2019年12月14日前签署最终和平协议。10月14日,苏丹过渡政府与反对派联盟苏丹革命阵线（SRF）及阿卜杜勒·阿齐兹·希鲁（Abdel Aziz al-Hilu）领导的苏丹人民解放运动—北方局希鲁派开展了第一轮和谈。12 月 10 日，过渡政府和苏丹革命阵线的武装组织及苏丹人民解放运动—北方局希鲁派在朱巴恢复和谈。12 月 14 日，双方将和平谈判延期至 2020 年 2 月 14 日，以便双方有更多时间讨论悬而未决的问题。2020 年 2 月 15 日，苏丹过渡政府与苏丹革命阵线（SRF）再次将和平进程延长三周至 3 月 7 日。2020 年 3 月 7 日，和谈再次延期。

尽管延期，谈判还是取得了一些成果。第一，达尔富尔和平进程取得重要进展。2020 年 2 月 17 日，政府宣布接受苏丹革命阵线的要求，将和平协议纳入过渡宪法，在宪法宣言与和谈判问题上，当和平协议与宪法内容冲突时，和平协议具有优先性，以确保和平协议的彻底实施。2 月 24 日，苏丹政府与达尔富尔地区武装组织达成共识，同意为达尔富尔地区分配 20% 的文官席位，以解决该地区代表性不足的问题。第二，南部的"两地区"问题谈判则因反叛武装的分裂出现不同进展。2017 年"两地区"最大的反叛运动苏丹人民解放运动—北方局，分裂为由主席马利克·阿加尔（Malik Aggar）领导的青尼罗州分支和副主席阿卜杜勒·阿齐兹·希鲁（Abdelaziz Al-Hilu）领导的南科尔多凡努巴山区分支。鉴此，苏丹过渡政府与阿加尔派和希鲁派单独举行会谈，其中与阿加尔派的谈判取得较大进展。2019 年 12 月 17 日，苏丹过渡政府与苏丹人民解放运动—北方局阿加尔派签署了有关停止敌对行为、为"两地区"提供人道主义援助的框架协议。2020 年 1 月 24 日，双方在朱巴签署和平框架协议，旨在结束青尼罗州和南科尔多凡州近九年的武装冲突，解决"两地区"立法权、土地所有权、权力和财富分享以及安全安排等问题。2020 年 3 月 14 日，双方签署了关于解决"两地区"的治理与权力分配问题的初步政治宣言，商定了"两地区"的政治制度、边界划分、财富和权力分享、安全安排的各个阶段、身份认同和妇女代表权等问题。[①] 但是，苏丹政府和希鲁派的谈判因教俗问题上的分歧难以推进，苏丹人民解放运动—北方局希鲁派坚持在和平谈判中讨论建立世俗国家的问题，如果过渡政府不能承诺建立世俗国家，他们将要求将自决权纳入和谈框架。政府方认为，政府并不反对政教分离，但该问题应由制宪会议而非和平谈判解决，应该在达成和平协议后召开议会讨论该问题。

（三）调整对外关系

巴希尔时代对外关系最为明显的一个特点是和西方国家关系长期恶化，同时积极发展同中国、印度等亚洲国家的合作关系，实施"向东看"政策。随着巴希尔政权的倒台和过渡政府的成立，苏丹对外关系发生转向，同西方国家关系不断升温，出现

[①] Sudan, SPLM-N Agar initial Political Document ahead of final peace agreement, March 15, 2020, https://www.sudantribune.com/spip.php?article69103.

了"向西看"趋势。

欧美国家长期对伊斯兰和军人色彩浓厚的巴希尔政府实施制裁，其目标之一便是希望苏丹发生政权变更。后巴希尔时代，欧美国家在苏丹的目标是推动建立一个顺从欧美意愿的文官政府，防止苏丹再次出现军政府，支持苏丹过渡政府。与此同时，苏丹的文官领导人也需要倚重和依靠美国和欧洲国家的支持。苏丹过渡政府中大部分部长是技术官员而非政治家，在此之前基本上没有在国内外从政的经历。但是，多种因素促成哈姆多克政府更倾向加强与欧美的关系。首先，许多文官领导人有在世界银行、联合国、世界卫生组织等国际组织工作的经历，这一类技术官员并没有明显的立场倾向，但更容易接受和认同美国的价值观，也更容易和美国政府打交道。[①] 其次，文官领导人需要借欧美力量同前政权的政治支持者以及军方对抗。过渡政府中许多文官领导人是在巴希尔执政后离开苏丹或放弃从政的。例如，记者出身的文化和信息部长费萨尔·萨利赫一直是巴希尔政府的反对者，曾多次被捕；工贸部长马达尼·阿巴斯是抗议运动领导人。这类巴希尔政权的反对者长期得到法国、德国或美国的支持，因此反对派推选的各部长自然更加亲西方。同时，在清除巴希尔政权的残余力量，以及和军方对抗方面，也需要倚重欧美。再次，推动美苏关系正常化，彻底解除对苏经济制裁，是哈姆多克政府更加"亲美"的主要原因。哈姆多克任内最主要的任务是带领苏丹摆脱经济困境，为此需要重新融入国际金融体系，获得国际社会经济援助和债务减免，要实现这些目标首要条件是美国完全解除对苏丹经济制裁。因此，不管是真心还是假意，以哈姆多克为代表的文官"倒向"欧美的倾向非常明显。哈姆多克就任总理以来两次访问美国，同巴希尔时期优先访问中国形成鲜明对比。

因此，苏丹政权变更以来，苏丹和西方国家关系得到很大改善。2019年12月20日，美国宣布将苏丹从侵犯宗教自由的黑名单上除名。2020年3月，美国正式解除对157家苏丹机构的制裁。在美国的带头下，西方国家与苏丹的关系也开始解冻。2019年9月底，刚刚参加完联合国大会的苏丹新任总理哈姆多克马不停蹄地访问法国，同法国总统马克龙举行会晤，并与苏丹反政府武装领导人进行了会面。2020年2月13日，德国政府宣布恢复与苏丹的经济合作。2月27日，德国总统弗兰克—瓦尔特·施泰因迈尔访问苏丹。施泰因迈尔表示将提供8000万欧元以便苏丹加强职业技术培训，创造就业机会。

但是，苏丹对外关系并非用一个声音说话。苏丹的领导层总体上可分为军方和文官两大派别，各方对欧美国家的态度是分化的。同样，欧美政府也区别对待苏丹的军方和文官领导人，希望通过"胡萝卜加大棒"政策，塑造苏丹内政外交走向，将其

[①] 总理哈姆多克在巴希尔执政后一直在国际组织工作，他出任总理将极大改善苏丹与欧美国家和国际组织的关系。其他例子包括：哈姆多克任命的首位女性外交部长曾在联合国教科文组织、伊斯兰教科文组织工作；财政部长易卜拉欣·巴达维（Ibrahim al-Badawi）曾在世界银行工作过20多年，卫生部长阿克拉姆长期在世界卫生组织工作。

引导到亲西方道路。在文官领导人和欧美国家建立了较为密切的合作关系的同时，以布尔汗为首的军方领导人和欧美国家关系较为紧张。美国对苏丹的军方领导人持打压态度，但在反恐和安全合作方面又需要得到军方的支持。在美国眼中，军队是巴希尔政权的支柱，苏丹军队领导人发动"政变"是形势所迫，且军队在巴希尔倒台后保留了大部分实力，当前又在过渡政府中扮演重要角色。苏丹再次出现军政府是标榜"民主"的美国所不允许的。除了支持文官领导人以外，美国还向沙特、阿联酋等军方的地区盟友施加压力。苏丹政府在2019年底决定从也门战场撤出大部分军队，背后不乏美国因素，旨在削减快速支持部队的作用。美国也利用苏丹军方内部不和进行分化瓦解和区别对待。因此，美国在打压以海米提为代表的准军事武装力量的同时，对于没有党派背景、身为职业军人的军方领导人布尔汗一派，更多采取宽容和引导态度，并于2020年2月邀请布尔汉访问美国。

与此同时，苏丹依旧保持和中国等亚洲国家的友好关系。在经济上，哈姆多克认可中国的发展道路。作为在多个国际组织工作过的官员，哈姆多克曾多次到访中国，亲眼见证了中国的发展成就，对中国的发展经验较为认可。2016年在津巴布韦举行的非洲智库峰会上，时任联合国非洲经济委员会副执行秘书的哈姆多克表示，非洲从中国的发展经验中获得积极启示，非洲国家可以从与中国的合作中获得巨大收益。在解决国家经济困境中，苏丹离不开与中国的合作，经济学家出身的哈姆多克更是深知这一点。哈姆多克明白，中苏在石油合作、农业合作、基建合作等方面合作的深度，以及苏丹在经济上对中国的依赖性，不是其他国家短期内可以追赶和取代的。在外交上，哈姆多克政府长期追求的是更加均衡的外交政策，即同时和亚洲国家和欧美国家保持良好关系，成为一个"正常"国家，而非在东西方之间选边站队。更为重要的是，中国和苏丹数十年来建立起来的友谊不会因为某个政权发生变更而发生改变，大部分苏丹人对华友好，希望发展和中国的友好关系。因此，自担任过渡政府总理以来，哈姆多克虽然将外交工作重点放在改善与西方国家关系上，但也和中方进行了多次接触。2019年9月16日，中国驻苏丹大使马新民拜会哈姆多克。9月24日，在纽约出席联合国大会期间，哈姆多克和中国国务委员兼外长王毅进行了会晤，赞扬了中国和苏丹的历史关系，强调要继续与中国开展全方位的经济合作。此外，中国驻苏丹大使馆也和苏丹各个层次政府官员保持密切接触。

结　论

苏丹政权变更以来，国内外局势发生了很大变化，国家发展出现一些积极的迹象。但是，苏丹政治发展的不稳定性依旧非常严重。

首先，军队与文官的关系不稳。自苏丹独立以来，几乎所有的政权变更都是在军方和文官之间进行转移，到目前为止已经经历了三轮文官和军政府的轮替。苏丹军政权和文官执政的历史经验表明,文官执政时期政治力量过于分裂,无法制定统一的内外政策,由此导致军人干政;然而,军政权统治又容易导致体制僵化、经济发展失去活力,最后导致领导人被军方抛弃。因此,从理论上说,目前这种"军民共治"的局面较为符合苏丹的实际。苏丹是否就此进入文官主导政治的局面,军方是否再次走到前台,成为过渡时期以及后过渡时期苏丹政治面临的最大的变数。

不管怎样,军队和文官都将目光瞄准过渡期结束后的大选,而决定双方博弈结果的是经济问题,这是任何一种力量上台的最主要"合法性"。如果哈姆多克在过渡时期内能有效解决和扭转经济危机,改善国际环境,降低苏丹外债,那就能够获得民意支持,进而获得连任。影响哈姆多克施展改革计划的最主要因素是获得国际援助的多寡,以及如何利用这些援助。如果哈姆多克政府像历任文官政府一样无法解决经济困境,甚至更加恶化,就为军人干政提供了条件。届时,军方可能与某一政治力量结盟,扶持一位代理人或军方领导直接参选,继续影响政治。在过渡时期,军方的策略是"静候"出现哈姆多克民意支持率下降的状况,同时展现自身维护和平、发展经济的能力。

其次,文官政府的执政能力有限。反对派主导的文官虽然得到美国和法国等西方国家的支持,但是苏丹的各种经济问题积弊已久,并非换一个政府就能解决。作为技术官僚,哈姆多克并没有培植太多亲信力量,执政根基尚浅。新政府缺乏执政经验,许多部长和成员长期在西方或国际组织任职,对苏丹国内情况缺乏了解。更为严重的是,反对派别内部分裂严重,领导抗议运动的"自由与变革力量"是数十个组织组成的松散联盟。同时,文官要求改革经济,肃清巴希尔政权的残余力量,必然导致军方的抵制。因此,许多观察人士并不认为哈姆多克政府的表现会比巴希尔政府强多少。

再次,苏丹实现全面和平依旧任重道远。在达尔富尔地区,虽然安全形势得到极大改善,但达尔富尔的冲突事实上远未结束,部分武装依旧抵制和谈,当地三分之一的人口仍处于流离失所状态,在政府军和反政府武装冲突减少的同时,部族间冲突依旧非常严重。在南部地区,反政府武装和政府的冲突基本停止,但是和谈各方在国家性质、中央和地方关系、地方自主权方面存在许多分歧。

● 非洲经济与社会

非洲大陆自贸区成立与中非贸易发展

刘青海[*]

摘　要：2019年7月7日，非洲大陆自由贸易区正式启动，为非洲大陆实现经济一体化，扩大区内贸易开启了机会之门。由于历史、地理、政治、经济等原因，非洲国家有推动一体化的强烈动力，几代非洲领导人也为此进行了不懈努力，取得了一定进展。然而，非洲各区域一体化组织内商品、资本和服务的自由流动仍然面临诸多限制，内部贸易并未明显改善。展望未来，由于非洲自然、社会、政治环境相对更为复杂和多元化，对一体化至关重要的原产地规则的确定与实施、基础设施建设均面临着巨大的挑战，非洲自贸区的建设可谓是任重而道远。中国可以借助非洲自贸区的建设，尝试与非洲建立一种更平等、互惠的新贸易安排，进一步深化中非基础与投资合作，推动中非贸易的增长。

关键词：非洲大陆自贸区；地区经济一体化；原产地规则；中非贸易

2019年5月30日，《非洲大陆自贸区协议》生效。同年7月7日，非洲大陆自贸区（AfCFTA）正式启动。非洲大陆自贸区的首要目标是为货物和服务创建一个单一市场，深化非洲大陆经济一体化。那么，这一目标能够实现吗？会面临哪些挑战？又会对中非贸易产生什么影响呢？

一　非洲国家有推动一体化的强烈动力

（一）非洲因边界划分导致的种族、边界问题严重

在非洲，从殖民时代继承下来的边界往往是人为的、按直线划分的（直线占边界的80%），无视河流和山脉等自然边界，无视种族（部族）的分布情

---

[*] 刘青海，浙江师范大学非洲研究院非洲经济研究所所长、副研究员，主要从事非洲经济、中非经贸合作研究。

况。一个种族被分至两个甚至更多国家的现象比比皆是,造成严重的种族分隔问题(非洲种族分隔人口占 47%,远高于其他大洲的 18.2%)、边界问题和面积过于狭小等问题。① 如果能够实现大陆的经济一体化,则可将跨境基础设施建设(如航空运输、跨境走廊)、环境保护政策、和平安全政策等方面的溢出效应内在化,大大减少搭便车及地区保护主义行为,有利于促进相关设施、政策的完善,从而扩大市场、扩大区内贸易,这可以说是非洲自贸区推进最有力的动力。

(二)非洲是一个小型开放经济体占绝大多数的大陆

非洲是一个由小型开放经济体组成的大陆,在可预见的未来,这些经济体将不得不依赖对外贸易作为增长的主要引擎。由于面积狭小,内陆国家众多(16 个),人口规模很小(2017 年 76% 的非洲国家人口不足 3000 万),经济总量小(2017 年 25 个国家的国内生产总值不足 100 亿美元,20 个国家的国内生产总值在 100 亿—600 亿美元之间,世界 47 个最不发达国家中 33 个在非洲),非洲国家普遍市场狭小,阻碍了规模经济的实现,也难以吸引足够的投资从事制造业。② 多年来,除摩洛哥和突尼斯等极少数国家因靠近欧洲市场等原因参与了全球供应链的下游之外,非洲国家基本是作为资源和原材料的供应者(主要向大陆以外国家出口石油等资源产品)仅参与供应链的上游,获取极少的附加值。③ 因此,非洲各国期望利用经济一体化实现工业化,提高附加值的愿望十分迫切。另外,目前非洲各区域经济共同体成员重合情况严重,共同体的共同对外关税(CET)有时并不适用,产生了不小的损失(例如东非共同体 2014 年为此损失了关税收入 227 亿美元)。在这个意义上,非洲各国也有强烈的动力结成泛非共同体以避免此类现象。

(三)几代非洲领导人为实现地区一体化进行了不懈努力

自独立以来,在泛非主义思想和联合自强精神的推动下,几代非洲领导人为实现一体化进行了不懈努力。1963 年 5 月,《非洲统一组织宪章》明确提出要促进非洲各国的统一与团结,加强在政治、经济等领域的合作。然而,由于大多数新生非洲国家的领导人并不愿意下放主权给一个超国家权威机构,一体化进程近

---

① Alesina, A., W. Easterly, and J. Matuszeski, "Artificial States", *Journal of the European Economic Association* 9, 2011, pp. 246–277.

② 在非洲 54 个国家中,9 个国内生产总值总量相对较大的国家为尼日利亚、南非、埃及、阿尔及利亚、摩洛哥、安哥拉、苏丹、肯尼亚与埃塞俄比亚。参见 African Development Bank, *African Economic Outlook* 2019, p. 106。赤道几内亚于 2017 年 6 月从最不发达国家类别中退出,非洲最不发达国家剩下 33 个,而全球最不发达国家的总数为 47 个。参见 UNCTAD: *World Investment Report 2018*, p. 85。

③ Del Prete, D., G. Giovannetti, and E. Marvasi, "Global Value Chains Participation and Productivity Gains for North African Firms", *Review of World Economics*, Vol. 153, No. 4, 2017, pp. 675–701.

乎停滞。① 1980 年，非洲统一组织通过了《拉各斯行动计划》，推动了各地区性组织的出现。1994 年，《阿布贾条约》生效并正式认可西非国家经济共同体（ECOWAS）、东非共同体（EAC）、南部非洲发展共同体（SADC）、东南非共同市场（COMESA）、中非经济共同体（ECCAS）等八个地区性组织作为未来成立非洲经济共同体的支柱，并为《拉各斯行动计划》的落实规定了具体的路径。② 2015 年，非盟通过了《2063 年议程》，将一体化定为未来 50 年非洲发展议程的一个关键优先事项。③ 2016 年 7 月，非盟峰会推出了非盟护照。2018 年 3 月，《非洲贸易行动计划》发布，呼吁各国下放一定的国家主权，加强在跨境基础设施、发展走廊等方面的合作。2019 年 7 月，非洲大陆自贸区正式启动，成为非洲经济一体化进程中的重要里程碑。

（四）非洲一体化进程已经取得一定进展

近年来，尽管非洲各国仍不愿将更多权力下放给超国家机构，但也出现了一些令人鼓舞的进步：国家间的合作有所增加；一些次区域经济共同体的内部贸易强劲增长（如东非共同体），一些共同体增长较快（如西非经济货币联盟）；④ 软硬基础设施的效率指标有所改善，跨境活动障碍趋于减少；一些共同体内部成员国贸易距离有所缩短（例如，1995—2005 年东非共同体新制成品的贸易平均距离从 4500 公里缩短至 2005—2015 年的 3900 公里），表明这些组织的对外贸易有向地理上更接近的成员国合作伙伴转移的趋势，意味着成员国内部制成品的贸易成本趋于下降。⑤《非洲地区一体化评估报告（第 8 版）》认为，非洲 8 个次区域经济共同体中的 5 个，包括西非国家经济共同体、东非共同体、南部非洲发展共同体、东南非共同市场、中非经济共同体已经达到了自由贸易区地位。⑥ 而 2019 年 7 月，在国际贸易保护主义、单边主义盛行的背景下，非洲大陆自贸区成功启动，更是非洲经济一体化进程中的重要里程碑。

---

① 区域一体化组织需要地区公共产品（例如，成员国产品、资本及服务流动的规则或制度）。由于在本质上是公共的，如果仅由市场提供，将可能供应不足。这要求一个超越成员国国家的权威机构来提供及执行。成员国必须愿意让渡一部分权力给这个机构（例如欧盟委员会）。然而，这通常十分困难。即使在欧盟，早在 1988 年就提出了要建设无缝的能源单一市场，但至今都遥遥无期。
② 《阿布贾条约》确定的部分路径有：2017 年在每个区域性经济共同体内建立自由贸易区和关税同盟，2019 年建立一个全非洲范围内的自由贸易区关税同盟，2023 年成立并强化非洲共同市场，2028 年实现人员和生产要素的自由流动、创建单一的非洲国内市场、泛非经济货币联盟、非洲中央银行、非洲货币和泛非议会，完成建立非洲经济共同体这一伟大目标。
③ AU（African Union），"Agenda 2063: The Africa We Want: A Shared Strategic Framework for Inclusive Growth and Sustainable Development", Addis Ababa, 2015.
④ African Development Bank, *African Economic Outlook 2019*, p. 84.
⑤ 新制成品是在 2005—2015 年至少连续出口了 3 年而在 1995—2005 年没有连续出口 3 年的制成品。
⑥ UNECA, AU, and African Development Bank 2018, *Assessing Regional Integration in Africa* Ⅷ, table 2.1.

二 非洲大陆自贸区距离经济一体化还有多远

非洲大陆自贸区的一个重要目的是为货物和服务创建一个单一市场，实现非洲地区在商品、基础设施、劳动力和资本的一体化。那么，非洲大陆自贸区距离这个目标的实现还有多远呢？

（一）经济一体化的含义

所谓地区经济一体化，一般是指地区内消除了价格差异、贸易成本较低的情况。反之，如果同种商品各地价格差异很大，政府设置贸易壁垒，官员在海关收取非正规款项时，贸易成本就会很高，地区经济一体化就没有实现。通常，一项有效贸易协定主要是通过三个渠道实现增加成员国间贸易的预期目标：一是降低成员国之间的关税；二是减少因政策和非政策原因引起的寻租行为导致的非关税壁垒；三是改善硬基础设施（如港口、公路、公路和电信）与软基础设施（涉及透明度、海关管理、商业环境和其他影响贸易便利的无形制度方面），前者属于浅层一体化措施，后者为深度一体化措施。[①] 衡量区域经济一体化进展状况的指标有区域一体化指数、记分卡（目前东非共同体正在采用，主要记录商品、资本和服务市场上履行法律承诺的进展）、夜间灯光数据（主要分析边界活动密集程度）等。[②] 其中的关键是降低贸易成本，因为商品要跨境多次。要发展跨境供应链，必须改善海关管理，采用简单和透明的原产地规则。为此，成员国还需要有较强的治理能力。[③]

（二）非洲区域一体化组织内商品、资本和服务的自由流动仍然面临诸多限制

以东非共同体为例。东非共同体起初包括肯尼亚、坦桑尼亚和乌干达，2009年布隆迪和卢旺达加入，成员国从3个增加到5个。它早在2005年已经从自由贸易协定阶段进入关税同盟阶段，区内贸易政策相当透明，并强调取消非关税壁垒，是非洲一体化程度相对最深的地区经济共同体（REC）。[④] 为了监督成员国的实施及衡量一体化的进展情况，提高透明度，东非共同体专门推出了共同市场记分卡制度。下面我们来看看该区内商品、资本和服务的流动是否符合相关协议要求。

在商品贸易方面。东非共同体协议要求在成员国之间实行零关税，对外实行共同

[①] African Development Bank, *African Economic Outlook 2019*, p. 78.
[②] UNECA, AU, and African Development Bank 2018, *Assessing Regional Integration in Africa* Ⅷ, ch. 8.
[③] African Development Bank, *African Economic Outlook 2019*, p. 76.
[④] 作为非洲大陆普遍性的自由贸易规则，非洲自贸协定并不排斥非洲大陆的其他双边及多边自由贸易安排，相反还将促进非洲国家之间缔结多双边自贸协定和进行区域自由贸易安排，如果其他双边及区域性自由贸易安排优于非洲自贸协定，也可以优先适用。

关税,尽量消除非关税壁垒。2014 年的记分卡显示,东非共同体所有成员国都取消了区域内贸易的关税,却征收了相当于被取消关税的附加税费,还存在不承认东非共同体原产地证书,对乳制品、药品和铝实施非关税壁垒等情况;2016 年的记分卡显示,成员国继续不承认原产地证书,针对敏感项目清单上的商品存在非关税壁垒,例如在海关工作时间、检验货物、公路收费等方面缺乏合作,对牛奶出口收取大量费用等。①

在资本流动方面。东非共同体协议要求成员国允许 20 项与证券、直接投资和信贷业务有关的资本业务自由流动且个人资本业务不受限制,2014 年的记分卡报告称,在被调查的 20 家公司中,有 18 家公司都面临着政府至少要有一名合伙人的限制,议定书的豁免或新的限制往往在没有通知的情况下提出;2016 年的记分卡报告称,成员国在资本流动自由方面几乎没有进行改革。

在服务贸易方面。东非共同体协议要求公平和非歧视地保障服务和服务供应商的自由流动。2014 年的计分卡发现有 63 项有关专业服务的措施不合格,违反了世界贸易组织为吸引贸易和投资而制定的服务透明度原则。没有一个伙伴国家履行告知东非共同体理事会的义务。2016 年的记分卡略有改善,但仍有 59 项不合格措施。可以发现,即使在非洲一体化程度最深的东非共同体,商品、资本和服务的流动仍面临诸多限制。②

(三) 非洲各区域经济共同体内部贸易状况并未明显改善

目前,即使在一体化程度最深的东非共同体,商品也仍存在三档共同对外关税(CET)(原材料和资本货物: 0 税率;中间产品 10%;最终产品 25%),以及一份敏感产品的例外清单(其中最高关税率达 70%,小麦和牛奶税率已超过 30%),这很不利于内部贸易的扩大。另外,非洲服务贸易平均从价税率高达 70%,而欧盟仅为 18%,东盟为 52%,南美共同市场为 23%。事实上,在非洲各区域共同体内,除东非共同体(以及在较小程度上的西非经济和货币联盟)外,西非国家经济共同体和东南非共同市场内部贸易多年来并未明显改善,其中的大型经济体尼日利亚和埃及与其他成员国的贸易往来很少。③ 而且,除东非共同体外,几乎没有证据表明非洲区域内贸易的适度增长是由共同体内减少的壁垒推动的。非洲内部贸易的总体小幅增长也反映出,如果薄弱的法治或不适当的监管政策导致国际交易活动不安全,那么减少跨境贸易壁垒的政策在很大程度上是无效的。

---

① African Development Bank, *African Economic Outlook 2019*, p. 81.
② Ibid., p. 82.
③ Ibid., p. 84.

三 非洲大陆自贸区实施面临重重挑战

(一) 非洲自然社会环境相对其他地区更为复杂和多元化

非洲大陆自贸区各成员中,既有沿海、资源丰富、人口众多、相对发达、面积辽阔的国家,也有内陆、资源贫乏、人口稀少、很不发达、地域狭小的国家,这种多样性、复杂性给非洲大陆自贸区的实施带来一系列挑战。其一,政治、经济目标很难调和。泛非团结、重建非洲等政治目标要求对最不发达国家给予特殊和差别待遇并提供财政资源以补偿其损失(这通常会遭到相对发达的经济体例如南非的反对),但充分实现规模经济需要低贸易壁垒,这并不支持对最不发达国家实行特殊和差别待遇。[①] 其二,成员的多样性必然使各国在自贸区深化和广化过程中获得的好处不均等,谈判的结果很可能是一种普遍主义(即每个成员都默认其他成员的要求,以换取对自己要求的支持),这种可能的倒退将产生进一步的调整成本,并可能降低未来一体化努力的可信度。其三,深度的一体化(包括金融市场、人员流动)需要建立负责具体事务的超国家行政机构,这要求成员之间更大的信任。这在成员较少的背景下(如东非共同体)和差异较小的环境下更容易实现;反之,则难度较大。

(二) 小国、贫穷国家、低收入者可能利益受损,进而延缓自贸区进程

在非洲一体化进程中,小国、贫穷国家可能由于谈判地位低下而被边缘化。例如,卢旺达2009年加入东非共同体时,被要求采用三类共同对外关税和一份不受三类关税限制的敏感产品清单(参见前文)。[②] 清单上的高关税商品主要针对卢旺达穷人消费的商品,导致其生活用品的价格上涨了3.8%,而卢旺达政府关税收入却因较低的共同对外关税下降了一半。[③] 利比里亚在2015年加入西非国家经济共同体后,采用了五级共同对外关税(必需品0%,原材料和资本设备5%,中间产品10%,消费品20%,地区发展产品35%)。这使得利比里亚进口加权关税从6.3%上升到14.7%,导致其城市、农村家庭的支出分别增加了3%和6%。另外,还有233种产品的进口关税至少需要提高15%,这进一步提高了生产者的进口成本。[④] 又如,西非经共体于2013年针对未经加工的农产品和矿产品采取了临时特别保护措施,这对主要出口这些产品的冈比亚、几内亚、几内亚比绍、利比里亚和尼日尔五个贫穷国家十

[①] Parshotam, A, "Can the Africa Continental Free Trade Area Offer a New Beginning for Trade in Africa", Working Paper 280, South African Institute of International Affairs, Johannesburg, South Africa, 2018.

[②] African Development Bank, *African Economic Outlook 2019*, p. 81.

[③] Frazer, G. "The EAC CET and Rwanda", IGC Policy Research Paper. International Growth Centre, London, 2012.

[④] de Melo, J., A. Laski and A. Mancellari, "Preparing for the ECOWAS CET: Options for Liberia", Working Paper, International Growth Centre, London, 2014.

分不利。[①] 因此，相关措施必然招致小国、贫穷国家人民的反对，加大自贸区在深化过程中的阻力。

（三）原产地规则的确定与实施可能会带来巨大的额外成本

由于各国生产过程日益分散，为了防止转运及表面的组装活动（如包装），原产地规则是必要的。然而，遵守严格而复杂的规则可能会带来巨大的额外成本，有时会抵消贸易创造的优惠效应。

其一，目前54个成员国的原产地规则复杂、不透明、难以评估，这使得达成一套共同的原产地规则将是一项艰巨的任务。例如，西非和中部非洲倾向于采用类似于亚太地区的一般性原产地规则，埃及、肯尼亚和南非则赞成基于特定产品的原产地规则。事实上，关于原产地规则的谈判就曾导致东南非共同市场、东非共同体和南部非洲发展共同体试图缔结三方自由贸易区协议的计划被迫推迟，因为参与方决定采用基于特定产品的原产地规则，而这意味着需要为5000多种产品确定特定规则（这是一项高度繁重、耗时和技术要求很高的工作）。

其二，与其他自贸区协定一样，非洲大陆自贸区关于原产地规则的谈判可能会被强大的利益团体所主导。这种谈判背后的政治经济考虑类似于许多发展中国家与欧盟、美国之间的谈判，由于欧美谈判地位更占优势，最后采用了基于特定产品的原产地规则。在非洲大陆自贸区的谈判中，如果南非等国家的立场占上风，则可能采用基于特定产品的原产地规则，损害低收入伙伴（如埃塞俄比亚、莫桑比克、坦桑尼亚和赞比亚等）的利益。[②]

其三，累积规则的统一十分困难。原产地规则必须是所有成员国之间达成一致的认证、核查和累积规则，虽然目前非洲的各地区经济共同体在认证、核查方法上差异很小，但累积规则却存在较大的区别，因此累积规则的统一将是一个巨大的挑战。而且，累积规则通常与基于特定产品的原产地规则相关联，完成累积的相关证明文件将是一项耗时耗力的工作，以至于即使最终达成一致，也必然阻碍企业使用优惠政策。[③]

[①] Cadot, O. and J. Gourdon, "Regional Integration in West Africa: A Survey of the Issues." University of Lausanne, Switzerland, 2014.

[②] 较发达的合作伙伴通常在资本密集型产品上更具比较优势。基于特定产品的原产地规则会使得低收入合作伙伴别无选择，只能（以更高的成本）从较发达的合作伙伴那里采购，相当于为较发达的国家创造了一个垄断市场，以抵御其他地区更高效企业的竞争。这正是欧盟、美国在签订对外贸易协议时惯用的霸权主义模式。例如，美国纺织服装行业的利益集团利用《非洲增长与机遇法案》的原产地规则，迫使不发达的非洲受惠国从美国而不是竞争力更强的亚洲国家进口某些产品（因为不发达的非洲其他受惠国也不能生产），造成一个垄断市场。因此，尽管欧盟和美国在纺织品和服装方面有很大的优惠幅度，但与原产国有关的技术要求却大大限制了进入这些市场的机会，同样的模式也可能在CFTA下重复。

[③] African Development Bank, *African Economic Outlook 2019*, p. 107.

（四）基础设施建设对非洲自贸区的深化非常重要，但面临着巨大的瓶颈

近年来，国际贸易已不再是在一个国家生产然后在另一个国家销售，而主要是通过跨国合作、最大限度地降低生产成本及扩大市场范围，供应链已成为国际贸易的主导框架。相比于降低进口关税，减少供应链壁垒对全球贸易的影响要大得多。由薄弱的基础设施等带来的供应链壁垒通过提高货运成本和增加库存等途径大大增加了生产者的成本（在非洲运营的公司中，近60%认为电力短缺和交通运输瓶颈是它们日常运营中面临的最大的制约）。一些国家低劣的基础设施服务可能使投入材料成本增加高达200%。① 很明显，这种全球贸易模式的巨大转变使得基础设施在非洲的一体化过程中具有特别关键的作用。然而，非洲基础设施的改善仍然面临诸多阻碍：其一，非洲人口密度低，城市化率低（约为33%，而其他地区在50%以上），而广大农民对交通运输的要求较低，而且通常只需要短途运输。在马拉维，由于低人口密度，公共汽车服务提供商常常亏损。② 这使得非洲政府在农村地区发展基础设施的动力较低，也使得采用公私合营（PPP）模式发展基础设施在很多地方并不具有经济上的可行性。

其二，非洲的基础设施融资需求估计为每年1300亿—1700亿美元，融资缺口每年达到670亿—1070亿美元。为了弥补这个缺口，非洲可以考虑对外举债或发行地区基础设施债券，但由于其债务负担已经较重（2017年非洲52国平均债务负担达到53%），举债可谓困难重重。③

其三，治理不善、腐败和政治因素阻碍合理的基础设施建设。在许多非洲国家，腐败的官员优先考虑能带来更高的物质和政治回报的项目，而不是社会回报更高的项目，政治因素而非经济和社会因素可能决定基础设施项目的实施地点。④ 选举和政治考虑可以将公共支出的构成转向更明显的经常性支出，而不是资本支出。⑤ 大型基础设施项目从启动到投产常常动辄需要五年多的时间，期望连任的政客因此不愿意在任

---

① WEF (World Economic Forum), Bain and Co. and World Bank, *Enabling Trade Valuing Growth Opportunities*, Geneva, 2013.

② Raballand, G., R. Thornton, D. Yang, J. Goldberg, N. Kelehe and A. Muller, "Are Rural Road Investments Alone Sufficient to Generate Transport Flows? Lessons from a Randomized Experiment in Rural Malawi and Policy Implications", Policy Research Working Paper 5535, World Bank, Washington DC, 2011.

③ 由于大宗商品价格下跌造成部分非洲国家特别是石油出口国财政状况恶化，加上基础设施等公共投资支出增加、债务组成从官方优惠外债转向成本和风险更高的商业外债、部分国家与恐怖主义有关的威胁激增导致安全支出增加，使得非洲国家总体债务负担趋于上升。

④ Castells, A. and A. Solé-Ollé, "The Regional Allocation of Infrastructure Investment: The Role of Equity, Efficiency and Political Factors", *European Economic Review*, Vol. 49, No. 5, 2005, pp. 1165–1205, http://www.sciencedirect.com/science/article/pii/S0014292103001077.

⑤ Vergne, C., "Democracy, Elections and Allocation of Public Expenditures in Developing Countries", *European Journal of Political Economy*, Vol. 25, No. 1, 2009, pp. 63–77, http://www.sciencedirect.com/science/article/pii/S0176268008000748.

期头两年内建设此类项目，因为它们无法在下次选举前展示结果。①

其四，基础设施建设在地区层面的协调非常困难，使得通过跨境基础设施建设实现成员国的互联互通步履维艰。

四 借助非洲大陆自由贸易区推动中非经贸合作

（一）中非贸易以中国对非出口制成品为主，而非洲内部贸易较小且集中于矿产品

中非贸易和非洲内部贸易具有以下特点。其一，中非贸易以中国对非出口制成品为主。以2016年为例，中国对非洲出口的前十大商品如"电气机械和设备及其零部件""核反应堆、锅炉、机器及零件、机械器具""车辆机器零件和附件，但铁道及电车道车辆除外"等，占中国对非洲出口总额的62%，其中前3类商品共占33%，可以发现其均为制成品。②而且，中国从非洲进口的前10种商品如矿物燃料，天然珍珠和宝石，矿石、矿渣和矿灰等，占全部对非进口额的95%。而且，由于中国鼓励更多非洲商品进入中国市场，并继续对与中国建交的最不发达国家97%的应税项目（约8053项，美国非洲增长与机会法框架约6000项）给予零关税待遇，许多非矿产品如含油籽、皮革和种子对中国的出口有所上升。

其二，非洲商品贸易的地理结构以对外贸易为主，内部贸易较小且集中于矿产品。以2016年为例，非洲和其他大陆间的贸易额为6829亿美元，占非洲贸易总额的87.8%。其中，出口、进口额分别为4037亿美元、2791亿美元，分别占同期非洲出口、进口总额的89.7%和85.2%。相比之下，非洲内部贸易的比例仅为12.2%，且主要集中于大宗商品，特别是石油和钻石、黄金等贵金属。③另外，非洲区内贸易的出口国也较为集中，主要有南非、尼日利亚、纳米比亚、科特迪瓦与埃及等。

（二）非洲大陆自贸区有望促进中非贸易

根据中非贸易和非洲内部贸易的特点，可以发现，非洲大陆自贸区有望促进中非贸易的扩大。其一，非洲大陆自贸区的主要目标是促进非洲内部贸易。然而，如上所述，中国对非洲出口以制成品为主，而非洲内部贸易则以大宗商品为主，商品结构非常不同，不构成竞争关系，由此相关挤出效应十分有限。其二，如果非洲大陆自贸区

---

① Baliamoune-Lutz, M., and L. Ndikumana, "Corruption and Growth: Exploring the Investment Channel", Economics Department Working Paper Series 33, University of Massachussetts-Amherst, Amherst, MA. 2008, http://scholarworks.umass.edu/econ_workingpaper/33.

② International Trade Center.

③ Ibid..

成功实施，将形成一个总人口超过13亿、生产总值超过3.4万亿美元的巨大市场，必然大大增加非洲市场的内部需求，扩大市场空间，增加中国和非洲之间的贸易机会。其三，由非洲大陆自贸区带来的更大的市场将吸引越来越多的中国企业，尤其是劳动密集型企业。他们将带来资本、技术、就业、税收和创业精神，必然促进非洲经济及中非贸易的增长。此外，他们还可以带动相关机械、设备的出口。

（三）尝试与非洲建立一种更平等、互惠的新贸易安排

非洲大陆自贸区启动后，世界上许多国家都在加紧与非洲国家签署相关贸易协定，也为中国与非盟、非洲区域性一体化组织和非洲国家加强经贸机制性建设提供了机遇。根据2015年12月发布的第二份《中国对非洲政策文件》，中国将促进中非贸易作为中非经贸合作的重点，并从促进非洲输华进口商品、提高输非商品质量、加强贸易便利化、探讨建立制度性贸易安排等四个方面提出中非贸易未来三年发展的方向。目前各方面政策正在逐步落实。例如，中国一直在积极尝试推动并参与非洲的经济一体化。2013年，李克强总理提出中国将与非洲合作建设非洲高速铁路网络、高速公路网络和区域航空网络"三大网络"的宏伟蓝图，旨在改善妨碍非洲经济一体化的落后基础设施，促进非洲区域内部贸易的互联互通。不过，在与非洲国家和区域组织建立制度性贸易安排方面，中国的计划相对迟缓。2011年和2012年，中国分别与东非共同体和西非经济共同体签署《经贸合作框架协定》，但是未涉及贸易的深层次合作。中国可参考欧盟的做法，多方尝试与非洲建立一种更平等、互惠的新贸易安排（欧盟一直在尝试与非洲国家签订《经济伙伴协定》〔EPA〕，这意味着非洲国家不仅可以免关税、无配额进入欧盟市场，而且要逐渐向欧盟出口产品开放市场。目前，欧盟已经与非洲多数国家签订了《经济伙伴协定》）。令人欣慰的是，2019年10月17日，中国与毛里求斯签署了第一个自贸协定，不仅为深化两国经贸合作提供了更有力的制度保障，也有望进一步深化中非经贸合作，助推"一带一路"倡议与非洲经济一体化进程更好地对接。

（四）进一步深化中非基础与投资合作

非洲大陆自贸区虽然为促进非洲区内贸易和中非贸易提供了机遇，但非洲要成功实施非洲大陆自贸区，仍存在诸多挑战（参见前文）。实际上，20世纪70年代末和80年代初，大多数非洲国家实行的结构调整计划也消除了许多关税和贸易壁垒，然而非洲区内贸易并未显著增加，多数非洲国家仍以向非洲大陆外部出口初级商品、进口制成品为主。考虑到日趋复杂的国际环境，未来中外经贸争端或将成为常态，中国产品直接出口欧美甚至非洲都将面临更大的挑战，中国需要利用"非洲增长与机遇法案"（AGOA）、"除武器外一切都行"（EBA）等法案，尽早确定好重点国家，加大力度深化中非投资合作，这既有利于绕道非洲出口欧美特别是美国，也有利于加快

推进中国的产业升级，同时以投资带动出口，助力非洲的工业化。中非双方需要在"一带一路"倡议和中非合作论坛框架下深化中非基础设施合作与投资合作，促进、鼓励更多的中国企业投资非洲。

南非排外行为：基于历史与现实的解读

梁益坚　刘国强[*]

摘　要：2019年南非排外再次成为国际社会关注的热点问题。南非种族隔离制度结束后，大量外国移民涌入南非，进而引发南非持续不断的排外行为。南非排外的对象主要是外籍非洲黑人，排外的群体范围相对较广，排外行为持续发生且频次较高，排外方式较为极端。经济问题的社会化是导致南非发生排外行为的根本原因，强烈的民族主义国家意识是南非排外的重要动力源，长期的种族隔离是南非排外的历史缘由，"相对剥夺感"是排外情绪的主要来源，媒体的舆论导向是南非排外思潮的催化剂。排外行为是南非政治经济转型时期出现的一个集种族主义、民族主义、暴力文化和社会分层等为一体的复杂问题，给南非造成较为严重的负面影响。为此，南非需要制定整体性的长期解决方案，通过经济发展、制度建设、社会治理等多种路径解决该问题。

关键词：移民问题；南非；排外行为；政治经济转型

2019年9月初，许多南非人挥舞着棍棒、长矛和盾牌，成群结队地穿过约翰内斯堡市中心的街道，高喊着"外国人必须返回原籍"的口号。抗议游行很快就演变为针对外国移民及劳工的大规模暴力排外骚乱，并迅速蔓延到南非多地，造成至少12人死亡，数百家商店被打砸抢烧，400余人被捕。南非拉马福萨总统对暴行表示谴责，并表示将想办法尽快结束暴力行为。随后，非盟、埃塞俄比亚、赞比亚、尼日利亚等区域组织和国家对此表示强烈谴责，非洲多国民众举行抗议示威活动，并报复性冲击来自南非的外资企业，南非与尼日利亚等国的外交关系持续紧张。南非的排外行为与曼德拉总统期待南非成为多元包容的"彩虹之国"图景不和谐，南非排外再次成为国际社会关注的热点问题。事实上，1994年以来，针对移民的暴力排外事件多达数百起，对南非造成多重负面影响。南非也一度被列为世界上对移民不友好的国家

---

[*] 梁益坚，云南大学非洲研究中心副主任、副研究员，电子科技大学西非研究中心访问学者，主要从事非洲区域研究；刘国强，云南大学非洲研究中心硕士研究生。本文是在《西亚非洲》2019年第5期刊载的论文《褪色的彩虹：南非排外行为解析》的基础上修改而成。

之一[①]。因此，我们在看到新南非在过去 25 年发展中不断推进包容性社会建设的同时，也要正视该国存在的排外行为。

一 南非排外行为的主要特点

南非在 2019 年发生的排外事件并非孤例，需从长时段观察其特点。

第一，排外行为持续不断且频次较高。在 1994 年民主选举之前，南非排外情绪已经显现，并且出现有记录的排外暴力活动。1949 年，南非曾发生过一次规模较大的暴力骚乱，造成至少 147 人死亡。[②] 在新南非成立后的 25 年中，南非的排外行为一直持续不断，每年均会发生相关事件，其中在 2008 年和 2015 年爆发了两次大规模暴力排外事件。近年来，南非的排外行为依然持续不断。2016 年 3 月，豪登省卡特勒洪镇爆发暴力排外事件。[③] 从 2017 年 2 月开始，南非各地陆续爆发当地民众与外国移民的冲突事件。比勒陀利亚发生当地民众与外国移民的暴力冲突，随后当地民众到内政部门前示威游行，要求控制移民数量。[④] 2019 年 3 月，德班发生严重的暴力排外事件，多家外国商铺被抢，导致至少 6 人死亡、多人重伤，林波波省一些地区也相继发生排外骚乱。[⑤] 目前，南非排外行为未得到根治，加之经济持续低迷、失业率居高不下，因此还有再次爆发大规模暴力排外事件的可能。

第二，排外行为方式较为极端。暴力成为南非排外情绪的重要宣泄方式。根据使用暴力的程度，南非的暴力排外行为分为以下两类：一是采用驱赶、抢劫和毁坏财物的方式。即使来自津巴布韦、莫桑比克、马拉维和赞比亚等南部非洲国家的移民和难民在南非城镇中与当地人生活在一起很长时间，一些南非人对待外国移民仍有或多或少的敌意。二是采用殴打甚至强力攻击致死的方式。持续出现的暴力排外行为，造成大量外国人被攻击甚至杀害。1999 年，6 名外国人在约翰内斯堡郊区的象牙公园被一群南非人殴打，其中 2 人被施以"胎刑"（Necklacing，把一个浸过汽油的轮胎套在受害人脖子上点燃）致死。[⑥] 2006 年，开普敦周边城镇有 29 名索马里人被杀。[⑦]

[①] Christopher Claassen, "Explaining South African Xenophobia", *Afrobarometer Working Papers*, 2017, pp. 1 – 3.

[②] 秦晖：《南非的启示》，江苏文艺出版社 2013 年版，第 23 页。

[③] Jean Pierre Misago, "Responding to Xenophobic Violence in Post-Apartheid South Africa: Barking Up the Wrong Tree?", *African Human Mobility Review*, Vol. 2, No. 2, 2016, p. 449.

[④] 《南非再次爆发较大规模骚乱》，载环球网：http://world.huanqiu.com/hot/2017 - 02/10198829.html, 2020 年 3 月 3 日。

[⑤] 《南非德班排外骚乱致多人死伤》，载新华网：http://www.xinhuanet.com//2019 - 04/01/c_1124312979.htm, 2020 年 3 月 3 日。

[⑥] Jonathan Crush, *The Perfect Storm: The Realities of Xenophobia in South Africa*, SAMP Migration Policy Series No. 50, 2008, p. 47.

[⑦] Christina Steenkamp, "Xenophobia in South Africa: What Does It Say about Trust?", *The Round Table*, Vol. 98, No. 403, 2009, p. 441.

2009年年中至2010年年末,暴力事件导致至少20人死亡、40人重伤。2011年,至少120名外国人被杀(其中5人被烧死)、100人重伤。2012年南非暴力事件数量有所增加,至少有250起暴力事件导致140人死亡、250人重伤。2013年平均每周有3起重大暴力事件。据统计,仅2014年1—3月就发生了约300起暴力排外事件。[1]

第三,排外的对象主要是外籍黑人。根据世界银行的数据,1995年南非境内的移民总数为100.4万人(占南非人口总数的2.4%),2000年为100.2万人(占2.2%),2005年为121.1万人(占2.5%),2010年为194.3万人(占3.8%),2015年为314.3万人(占5.8%)。[2] 南非排外行为主要针对来自非洲大陆其他国家的移民,特别是黑人移民。普通民众和警察常通过身体特征和语言来区分南非黑人和外籍黑人,即南非警察利用肤色、着装、语言、身高、发型、口音(某些词的发音)、气味或接种疫苗的标志等特征来识别和拘留可疑的外国人。[3] 当排外行为发生的时候,受害者不只是外籍黑人,事实上南非一些少数民族由于"看起来很陌生""长得太黑""不像南非人"等原因也常被视为外国人,他们在城市社区里也常常受到祖鲁人或科萨人的排挤。[4]

第四,参与排外行为的群体范围相对较广。南非排外的另一个显著特点是排外情绪无处不在[5],下至普通民众、上至政治精英,他们均以各种形式表现排外情绪。普通民众的排外行为发生在日常生活中,主要表现为侮辱、歧视、抢劫、殴打甚至杀害外国人。主要起因是普通民众认为南非有太多的外国人与当地人竞争有限的公共资源和就业岗位。政府官员和政府部门的排外言论和行为在一定程度上是南非排外情绪高涨的催化剂。政府官员的表现是很矛盾的,一方面通过发表对外国人的贬损言论来表达对外国人的看法并获得选民支持,另一方面又否认国内排外情绪和排外行为的存在,认为许多外国人被杀只是普通的犯罪行为。自20世纪90年代以来,许多南非议员和政府官员都在传递一种暗示:非法移民正在威胁着国家的稳定、发展、社会服务和社会结构。[6] 官员们在言语中暗示,本来南非人可以获得政府承诺的经济繁荣和更好的公共资源,但随着大量移民的到来而难以实现,"来自非洲其他国家的外国人应

---

[1] Jean Pierre Misago, op. cit., p. 449.
[2] 参见世界银行数据库: https://data.worldbank.org.cn, 2020年3月3日。
[3] David Mario Matsinhe, "Africa's Fear of Itself: the Ideology of Makwerekwere in South Africa", *Third World Quarterly*, Vol. 32, No. 2, 2011, pp. 295 – 313.
[4] Darlington Mutanda, "Xenophobic Violence in South Africa: Mirroring Economic and Political Development Failures in Africa", *African Identities*, Vol. 15, No. 3, 2017, p. 280.
[5] Oluwaseun Tella and Olusola Ogunnubi, "Hegemony or Survival: South Africa's Soft Power and the Challenge of Xenophobia", *Africa Insight*, Vol. 44, No. 3, 2014, p. 154.
[6] Portia N. Klass, *Xenophobia in Post Apartheid South Africa: Causes, Effects and Solutions*, 山东大学, 硕士毕业论文, 2016, p. 28.

该为南非糟糕的现状负责"[1]。

二 南非排外行为产生的原因

(一) 理论层面的解释

1. 社会认同理论

社会认同理论认为,个人自我形象源于其认为自己所属的社会群体。[2] 南非由众多不同肤色、语言和民族的人构成,在历史上也经历过多次社会身份认同的变化。南非区分"我群"(us)和"他群"(them)的历史可以追溯到荷兰和英国定居者进入南非的殖民时期。[3] 1994 年后,南非人逐渐对新南非形成了强烈的民族主义国家认同。社会认同不再基于种族、肤色或文化,而是更多地基于国籍和公民身份。政府也通过制定新的移民政策重新区分了"我群"与"他群",在某种意义上,"我群"指的是南非人,而"他群"指的是外籍黑人。[4] 外籍黑人被认为是南非的"污染物",认为"他们破坏经济发展、阻碍资源分配、增加犯罪率,破坏了南非作为一个民族国家的物质基础和社会认同"[5],对南非的社会结构和经济发展构成了威胁。

2. 相对剥夺理论

相对剥夺理论认为,社会动荡来源于一个人获得少于另一个人的观念。如果认为造成这一问题的是外国人,就可能会产生排外情绪和排外行为。[6] 1994 年之后,南非黑人对新南非有较高预期,并希望获得多年来所期望的公共资源。但实际情况是,政治民主化确实带给黑人一些政治权利,少数黑人成为新的精英阶层,而绝大多数黑人依然贫穷,不平等现象还在加剧。南非是世界上贫富差距最大的国家之一,超过 50% 的人生活在贫困之中,2019 年失业率为 27.3%(世界平均为 4.9%)[7]。这激发了穷人对资源的激烈争夺,并将外国人视为一种对其生存的严重威胁。

---

[1] Ernest A. Pineteh, "Illegal Aliens and Demons that must be Exorcised from South Africa: Framing African Migrants and Xenophobia in Post-apartheid Narratives", *Cogent Social Sciences*, Vol. 3, 2017, p. 8.

[2] Henri Tajfel and John C. Turner, "An Integrative Theory of Intergroup Conflict", in W. G. Austin and S. Worchel eds., *The Social Psycology of Intergroup Relations Monterey*, Brooks/Cole, 1979, p. 40.

[3] Portia N. Klass, op. cit., p. 32.

[4] Live Hagensen, *Understanding the Causes and the Nature of Xenophobia in South Africa: A Case Study of De Doorns*, Thesis (MA), Stellenbosch University, 2014, pp. 13 – 14.

[5] Sally Peberdy, *Selecting immigrants: National identity and South Africa's immigration policies 1910 – 2008*, Wits University Press, 2009, p. 180.

[6] Bronwyn Harris, "Xenophobia: A new pathology for a new South Africa?", in D. Hook and G. Eagle ed., *Psychopathology and Social Prejudice*, University of Cape Town Press, 2002, pp. 169 – 184.

[7] 参见世界银行数据库: https://data.worldbank.org.cn, 2020 年 3 月 3 日。

3. 替罪羊理论

替罪羊理论可以追溯到弗洛伊德的自我防御机制，又可称为目标转移。[1] 替罪羊往往是一个弱者，他们可能本不应为某事负责，却成了受害者。在种族隔离期间，许多南非人将他们的不幸归咎于种族隔离政府。种族隔离制度结束以后，新政府承诺为南非黑人提供以前被排斥的教育、住房、医疗卫生和其他服务，但受经济条件限制政府难以完全兑现其承诺，民众因此产生强烈的不满和失落感。人们将愤怒和不满发泄出来，从而掩盖他们焦虑的真正原因。外籍黑人成为南非一系列问题的替罪羊。

4. 社会隔离理论

按照社会隔离理论的解释，南非排外是该国与国际社会长时间隔离所造成的结果。在种族隔离时期，南非关闭边境，几乎不接受来自其他非洲国家的黑人获得其公民身份，而对于来自欧美国家和其他非洲国家的白人则持欢迎的态度。1994年以后南非开放边境，大量的外籍黑人涌入南非，并与南非人混居和工作在一起，这使得南非人直接接触了未知的外国人。与完全陌生的外国人进行空间和资源的共享，使得南非人越来越难以接受，排外情绪不断积蓄。

5. 生物文化理论

生物文化理论解释了为什么外籍黑人有别于南非黑人而使其被攻击成为可能。按照生物文化理论的解释，外籍黑人会成为主要的排外目标，是因为通过生物特征和文化差异比较容易区分南非黑人和外籍黑人。例如，尼日利亚人由于身体特征、服饰风格、发型以及不会说某种南非土著语言等，在生物文化特征上与南非黑人明显不同，使得他们很容易被识别为排外的对象。[2] 南非警察内部也有一套识别的方法：一是通过语言中的口音来区分。例如使用祖鲁语里一些特定单词的发音，通过不同国家的人在说一些特定词汇时的口音等来区分南非黑人与外籍黑人。二是通过身体、发型和服饰等外观特征来区分。例如莫桑比克人的手臂上有疫苗接种标记，莱索托人往往穿靴子、携带拐杖或披着传统特色的毯子等。[3]

上述多种理论能在一定程度上对于南非排外行为的发生给予理论支撑，但是新南非成立后，本土黑人在国家政治、经济生活中的身份发生了质的变化，种族隔离的社会环境不复存在，为什么排外情绪与行为在南非长期存在？这需要我们走近新南非的发展现实，从现实层面探寻具体的原因所在。

---

[1] Oluwaseun Tella and Olusola Ogunnubi, op. cit., pp. 148 – 149.

[2] Alan Morris, "Our fellow Africans Make our Lives Hell: The Lives of Congolese and Nigerians Living in Johannesburg", *Ethnic and Racial Studies*, Vol. 21, No. 6, 1998, p. 1125.

[3] Bronwyn Harris, *A Foreign Experience: Violence, Crime and Xenophobia during South Africa's Transition*, Centre for the Study of Violence and Reconciliation, 2001, pp. 59 – 60.

（二）现实原因

1. 经济长期低迷和失业率居高不下使得经济问题社会化。

虽然南非实现了举世瞩目的政治转型，但经济转型进展缓慢，经济长期低迷、增长乏力，并产生了较为严重的失业问题。1994年之前，南非以采矿业和农业等劳动密集型产业为主，存在严重的结构性不平等和医疗、教育等公共体系方面的问题。1994年之后，南非融入全球经济体系，产业结构发生较大变化，农业、采矿业和制造业在国民经济中的比重不断下降，金融、商业等服务业的比重快速上升。这种变化产生的一个结果：经济发展对低技术工人的需求不断下降、对高技术工人的需求不断增加。由此，南非陷入高技术领域人才短缺和低技术领域大量失业的两难境地，导致失业率长期居高不下。经济增长乏力使得民生问题恶化，政府既创造不了更多的就业岗位，又无法提供更多的公共资源，底层民众被迫与外籍黑人争夺有限的就业岗位和公共资源，使得经济问题社会化，造成双方直接的利益冲突，引发排外事件此起彼伏、持续不断。

2. 南非政府对移民问题的重要性认识不足，使该国排外行为长期存在。

虽然新南非政府成立后已经认识到需要面对全新的移民问题，但是其似乎一直没有预料到会有大量低技术移民涌入南非[1]，因此其对移民问题的重视程度明显不足。其一，政府没有从战略层面对移民问题进行治理。南非政府只是将移民管理视为国家日常行政事务的一部分，交由内政部作为唯一的部门进行管理，缺乏从国家安全和国家发展的角度进行积极治理。其二，政府缺乏基于风险管控的移民管理办法。南非没能采用将风险置于境外的基本管理原则。在大量移民通过各种渠道进入南非之后，政府相关部门一方面缺乏必要的统计数据和情况评估，另一方面又需要基于宪法精神保障移民权益而投入相应的公共资源，增加了政府的财政负担，并使国民面临治安环境恶化的风险。其三，南非缺少移民融入社会的管理程序。一些外国人也在努力适应并融入当地社区，但政府和社区并没有做好相关的准备和配套工作，使得一些移民聚居区变得日益孤立，并逐渐成为当地人眼中的"禁区"。[2]

3. 南非政府失当的移民政策导致移民问题复杂化。

南非政府所采取的移民政策存在一些失当之处。其一，2002年的新《移民法》部分内容不够细致，实施时随意性较大。新《移民法》降低了技术移民的限制，同时对非法移民采取更严格的管控，但法案中一些内容模棱两可，将重点几乎完全集中在吸引高技术移民上，忽视对现有非法移民问题的处理细则，没有正视移民人口结构

---

[1] 参见 J. Crush and V. Williams, "Labour Migration Trends and Policies in Southern Africa", *SAMP Policy Brief*, No. 23, Southern African Migration Programme, 2010。

[2] DHA, "Green Paper on International Migration", *Government Gazette*, No. 40088, Department of Home Affairs, Government of South Africa, 2016, p. 70.

的复杂状况,未能制定较为全面的配套措施来解决这一问题,使得新法发挥的作用有限,几乎没有得到政府、企业和民众的认可和支持。[1]

其二,对大赦的预期让更多的非法移民进入或滞留在南非。1994年以后,南非对外国人进行了5次大赦或者特别豁免,分别是:1995年对矿工的大赦;1996年对南共体公民的大赦;1999—2000年对莫桑比克人的大赦;2009—2010年对津巴布韦人的特别豁免;2016年对莱索托人的特别豁免。在前三次大赦中获得永久居留权的人数分别是5.1万人、12.4万人和8.2万人。在对津巴布韦人的特别豁免中,27.5万份申请中有20.3万份获得批准,但并非所有申请人都获得了永久居留权,有许多人获得的是三年期的工作或学习签证。在对莱索托人的特别豁免中,截至2016年9月已批准40万份申请中的4.8万份申请。[2] 事实上,许多南共体国家的公民已经以非法移民或寻求庇护者的身份在南非生活,有些人已经通过欺诈性文件获得了相关身份,并在南非工作、学习或做生意。大赦和特别豁免为南共体(特别是津巴布韦人和莱索托人)获得南非永居居留权或者临时签证提供了一个机会,这也使得更多的南共体公民通过各种渠道进入南非或滞留在南非。

其三,1998年《难民法》存在严重的制度漏洞。1998年《难民法》制定之初是基于一种认识,认为南共体国家相对稳定以及南非与传统难民输出国的距离较远,因而寻求庇护的人数不会太多。2000年以后,数十万申请庇护的南共体公民涌入南非,特别是在津巴布韦经济危机时期大量津巴布韦人以寻求庇护者的身份进入南非。更为推波助澜的是,根据法院判决,南非难民事务常设委员会(SCRA)依据《难民法》第22条的规定,允许寻求庇护者在等待其难民身份申请的审批期间为了解决生存问题在南非境内工作和学习。这相当于给等待审批的寻求庇护者签发了一份工作、商业和学习签证,进一步导致寻求庇护者蜂拥而至。随着寻求庇护的人数不断增加,系统不堪重负,审批周期越来越长,许多审批时间长达数年,而政府也没有采取措施来改善这一状况。这相当于寻求庇护者利用《难民法》的制度漏洞绕过了《移民法》的相关规定,并导致大量外国人进入南非申请庇护,而又没有任何形式的文件可以验证他们的身份甚至国籍。这一漏洞又经常被诸如人口走私者和贩运者等犯罪集团所利用,并产生权力寻租、社会不稳定和国家安全等一系列问题。

4. 南非媒体营造排外舆论氛围,使得民众的排外情绪有增无减。

大多数南非民众与外国人的直接接触较少,其排外情绪主要是通过纸质媒体所传达的信息逐渐形成的。南非的媒体(尤其是纸质媒体)在报道南非外国人情况时,基本上持有反移民的态度,往往将其置于负面的角色。报纸报道非法移民时常使用

---

[1] Nina Hopstock and de Jager Nicola, "Locals Only: Understanding Xenophobia in South Africa", *Strategic Review for Southern Africa*, Vol. 33, No. 1, 2011, p. 128.

[2] OECD/ILO, *How Immigrants Contribute to South Africa's Economy*, OECD Publishing, 2018, pp. 51-52.

"工作窃取者""罪犯""贩毒者""疾病或瘟疫携带者"等带有明显贬义的标签式词汇,并将某些国家的人与某种犯罪行为等同起来。例如,一些媒体在报道时,称尼日利亚人和摩洛哥人为"毒贩",还出现"刚果人制造假护照和走私钻石","莱索托人走私黄金和铜","莫桑比克和津巴布韦妇女从事卖淫活动","莫桑比克人是偷车贼"等描述。① 在2008年爆发的大规模暴力排外事件中,媒体在其中推波助澜,在"加剧紧张局势、促使暴力蔓延"中扮演了"毫不含糊的恶意角色"②。

三 南非持续排外事件的影响

第一,政治上出现"新南非"的政治理想与"鸵鸟政策"的客观现实之间的较大落差。种族隔离制度结束后,南非政府为了凸显与种族隔离政府的区别,提出了建设"新南非"的政治理想。"新南非"的理想是实现种族平等和种族和解,建设一个和平、多元、包容和公正的"彩虹之国"。"新南非"的理想包含了民主、和解和团结的政治愿望,体现了重建、发展和持续上升的发展方向。在实际应用中,"彩虹之国"与"新南非"两个词经常互换使用。但是随着南非持续排外事件的发生,理想与现实之间出现了较大差距。南非排外情绪和行为不断升级,政府在其中没能发挥有效治理作用。南非不断出现的排外行为,实际上已经破坏了"新南非"的政治理想和新宪法所规定的非公民应该享有的基本人权。在"新南非"的话语下,政府不愿意承认暴力事件的排外性质,而是采取不愿正视现实的"鸵鸟政策",因为承认南非排外将有损"彩虹之国"的形象。但现实情况则是,暴力排外在"新南非"多次出现。

第二,经济上出现排外行为与外源性增长动力缺失的恶性循环。南非的发展离不开外部资源的支持,只有外资、技术和其他生产要素的持续引进才能获得经济的外源性增长动力。然而,持续排外导致南非的投资环境恶化,外国投资急剧下降,难以获得发展急需的外部资源,使得经济长期低迷、增长乏力。南非的旅游业受到较为严重的影响。2008年南非大规模暴力排外事件之后,欧美、亚洲和非洲等地的众多国家都发出了旅行安全警告,让其民众谨慎前往南非。此外,该国的经济发展还离不开境内外投资者的支持。排外行为既破坏了南非的投资环境,使得南非难以吸引更多的外国直接投资(外国直接投资从2008年的98.9亿美元一路下滑至2015年的15.2亿美元,到2018年才恢复到54.7亿美元③),又破坏了南非跨国公司在其他非洲国家的投资努力。南非排外行为的持续发生使南非跨国公司面临失去非洲大陆投资机会和市

---

① Ransford Danso and David A. McDonald, "Writing xenophobia: Immigration and the Print Media in Post-apartheid South Africa", *Africa Today*, Vol. 48, No. 3, 2001, pp. 115 – 137.
② Ernest A. Pineteh, op. cit., p. 10.
③ 参见世界银行数据库:https://data.worldbank.org.cn,2020年3月3日。

场份额的风险。

第三，文化上出现"泛非主义"与"非洲恐惧症""南非例外论"的认同矛盾。南非政府在新南非成立后不久提出了体现泛非主义的非洲复兴思想，试图体现南非的非洲身份，并成为非洲发展的领头羊。1996年5月8日姆贝基副总统在开普敦通过南非宪法法案时发表了"我是非洲人"的演讲，强调了南非人的非洲身份和非洲认同。但是，长期种族隔离制度的影响和南非作为非洲最发达经济体的地位，使得很多南非人不认同南非的非洲身份，同时还有一种明显的心理优越感，并主要表现在以下两个方面：一是出现"非洲恐惧症"（Afrophobia）。一些研究者认为，后种族隔离时期南非对外籍黑人的暴力排斥可以描述为"非洲恐惧症"。[1] 种族隔离时期，南非政府长期封锁边境，许多南非人从未离开过南非，缺乏与其他非洲人的接触，缺乏对其他非洲国家（特别是周边国家）在南非反种族隔离斗争中所起作用的认识，缺乏对非洲各国民族解放历程和目前发展状况的了解。这就造成了南非人缺乏对其非洲身份、黑人种族属性和泛非主义的认同，进而产生了"非洲恐惧症"。二是出现"南非例外论"（South African Exceptionalism）。"南非例外论"的核心观点是"南非不是非洲国家""我们不是非洲人"。甚至姆贝基的继任者祖马总统也无意中表露出"南非例外论"的思想。祖马总统在2013年的一次演讲中说，"我们不能像在非洲的非洲人一样思考。我们在约翰内斯堡。这是约翰内斯堡。这不是马拉维的一条国道"，这次演讲也因此被社交媒体称为"我不是非洲人"的演讲。[2] 南非的媒体也经常将"非洲"一词指代南非以北的国家，其潜台词就是南非不属于非洲。[3] 在一些南非民众的眼里，南非是一个经济发达、政治民主的国家，而其他非洲国家是贫穷落后、战乱不断的国家，如果让大量外籍黑人生活在南非，就有可能把南非变成另一个非洲国家。[4]

第四，外交上出现政策构想与实施效果的明显偏差。南非实现民主过渡之后，重新进入国际社会，对外交政策进行了根本性改革，并表现出两个特点：一是以南部非洲、非洲大陆为外交政策的重心，二是利用其宪法和外交原则所体现的价值观来提升南非软实力。但是，南非排外行为对其外交工作造成了较为严重的负面影响。南非暴力排外事件接连发生，世界各国媒体跟踪报道，南非国际形象和旅游业受到重创，并受到诸多非洲国家领导人的强烈谴责。马拉维、津巴布韦和莫桑比克等国从南非撤离其公民。津巴布韦、赞比亚、马拉维、莫桑比克、尼日利亚和博茨瓦纳等国的民众对南非采取报复行动。另外，尼日利亚积极地以地区领导者和其他非洲国家代言人的姿

---

[1] David Mario Matsinhe, op. cit., p. 310.
[2] Brett Petzer, "We Can't Think Like Africans: Jacob Zuma's e-tolls Blunder", https://www.thesouthafrican.com/news/thinking-like-an-african-jacob-zumas-e-tolls-blunder, 2019年5月8日.
[3] Bronwyn Harris, op. cit., 2002, pp. 169–184.
[4] Live Hagensen, op. cit., p. 38.

态发言,利用南非排外这个机会来削弱南非的地区影响力和软实力。

结　语

　　全球化时代,任何国家都不应走自我封闭的老路。虽然排外事件不断,但南非实际上是一个迫切需要外国技术工人和劳动力的国家,从南非雇主更愿意雇用外国移民这一点就可以看出,而且一些研究表明,移民已经在创造就业机会、增加税收和提高人均收入等方面为南非经济做出了重要贡献。[1] 移民问题具有两面性,既是一个重大挑战,也潜藏着发展的机遇。南非排外是一个集种族主义、民族主义、暴力文化和社会分层等为一体的复杂问题,不是简单地通过呼吁社区宽容就能解决的。南非排外最直接的现实动因是经济发展缓慢、资源竞争激烈和外国人犯罪等问题,因此需要在打击犯罪、完善制度的基础上通过经济发展来解决,依靠制度的约束力来实现彼此的和平共处,避免历史悲剧重演,同时也避免其他非洲国家出现类似南非排外的情况。

---

[1] OECD/ILO, op. cit., pp. 99 – 148.

• 非洲安全

非洲反恐形势与地区安全

邓延庭[*]

摘　要：近年来，随着国际社会在中东地区的反恐力度持续加大，国际恐怖主义呈现出大规模渗透和转战非洲的态势，使非洲成为继中东之后恐怖主义泛滥的重灾区和国际反恐合作的主战场。2019年，非洲的恐怖主义形势依然不容乐观，国际恐怖主义力量与非洲本土恐怖主义势力加速勾连，大有在非洲"收复失地"之势，给每个非洲次区域都带来更为严峻的现实安全挑战。当前在非洲推进的多区域、多模式的打击行动对于遏制恐怖主义的肆虐起到了一定的积极作用，但在非洲反恐防控压力日趋增大的形势下，包括非洲国家在内的国际社会应积极探讨如何破解各类现实障碍，推动非洲和平安全建设真正走上可持续发展的道路。

关键词：恐怖主义；萨赫勒地带；非洲之角；非洲联盟；和平安全

在国际恐怖主义大规模渗透非洲的背景下，2019年内非洲的整体安全局势趋紧，非洲之角、萨赫勒地带等原有恐怖主义势力仍在肆虐的同时，莫桑比克北部成为恐怖主义新近泛滥的重灾区。面对非洲各地日渐汹涌的恐袭浪潮，非洲的反恐工作依然是任重而道远。

一　东部非洲恐怖主义势力出现反弹

近十年来，以青年党为代表的索马里恐怖主义势力一直是威胁非洲之角乃至整个东非地区稳定的最大毒瘤。2019年内，青年党的势力出现明显反弹，索马里、肯尼亚境内的恐袭频度和烈度呈现上升趋势，乌干达、布隆迪等国也面临着越来越严重的恐袭威胁，非洲之角的安全局势走向存在一定的不确定性。

---

[*] 邓延庭，中国非洲研究院安全研究室副主任、助理研究员，主要研究领域为东非国家政治安全建设、东非区域一体化。

（一）索马里：青年党发动的恐袭事件频发

2019 年成为自穆罕默德于 2017 年正式就任索马里总统以来，索马里本土受恐怖主义袭击最为严重的一年。从恐袭爆发的频次来看，自 1 月 4 日青年党在哈马尔（Hamar）地区杀害当地居民算起，到 12 月 28 日青年党在首都摩加迪沙发动自杀式汽车炸弹爆炸为止，索马里在 2019 年内共发生了近 70 起规模不同的恐袭，平均每个月要发生至少 5 起恐怖袭击[1]，频次较 2018 年的平均每月 3—4 次出现了较为明显的上升，其中首都摩加迪沙及其邻近区域的受袭频次上升趋势更为明显。

从恐袭爆发的烈度来看，在全年发生的近 70 次规模不等的恐袭中，一半左右都造成了不同程度的人员伤亡，索马里政府、外国维和力量以及本国普通居民依然沦为"无差别"恐袭的对象，其中 12 月 28 日发生在首都摩加迪沙的恐袭共造成 90 人死亡、149 人受伤，无论是造成的破坏程度还是恶劣影响，都刷新了 2017 年 10 月在摩加迪沙发生的卡车炸弹爆炸案的纪录，被国际社会一致认为是近年来青年党发动的最为致命性的恐袭。

索马里恐怖主义势力的抬头也充分表明，国际社会近年来不断在索马里开展的反恐行动虽然取得了一定的进展，在一定时间段内遏制了恐袭的爆发，但并没有真正对青年党起到伤筋动骨的杀伤作用。青年党仍然在用频繁制造血案的方式向外界证明，自己仍然具有挑战和破坏既有秩序的能力。当前，在中东国家特别是海湾国家日益成为介入非洲之角事务的重要域外力量，且索马里国内部落冲突与经济社会发展在短时间内难以摆脱乱局的背景下，国际恐怖主义势力的渗透以及索马里国内的既有矛盾，仍然将为青年党势力的滋生和蔓延提供广阔的温床，索马里安全局势在短期内难以出现根本性好转。

（二）肯尼亚：恐怖主义再度导致后院失火

因为族源关系，肯尼亚东北部地区在历史上与索马里存在千丝万缕的联系，民族归属与领土划分等议题在 20 世纪导致两国长期交恶。自 2012 年出兵参与索马里维和以来，肯尼亚成为除索马里本土之外，遭受索马里恐怖主义势力袭击最为严重的国家。但是除 2013 年首都内罗毕西门（West Gate）购物中心等少数几次恐袭事件之外，绝大多数袭击事件发生在东北部索马里族聚居区，特别是靠近肯尼亚与索马里边境地区的城镇和乡村。然而，2019 年索马里本土恐怖主义势力的抬头导致肯尼亚亦沦为直接受害者，受恐袭波及的范围开始扩大。

一方面，肯尼亚东北部各郡恐怖主义继续肆虐。参与恐怖主义组织的本土索马里

---

[1] The Religion of Peace, "List of Killings in the Name of Islam: 2019", https://www.thereligionofpeace.com/attacks/attacks.aspx?Yr=2019.

族成员以及来自索马里南部的实施跨境犯罪的恐怖主义人员交织在一起，使曼德拉（Mandera）、加里萨（Garissa）、瓦吉尔（Wajir）等郡的受袭频次远高于全国其他地区。从2019年1月15日加里萨郡受袭开始，一年来东北三郡受到不同程度的恐袭30余次，受害范围不仅包括肯尼亚在当地的驻军、警察局、当地居民，还包括中国企业等外国公司在当地实施的国际合作项目，如2019年1月22日江西中煤在加里萨的项目营地遭武装袭击。

另一方面，首都内罗毕再度成为青年党报复的对象。2019年1月15日，位于内罗毕市区的高档酒店都喜酒店（DusitD2 Hotel）遭受青年党恐怖分子持枪和炸弹袭击，导致包括美国、英国公民在内的15人死亡，数十人受伤。由于近年来内罗毕并非青年党恐袭高发地区，因此安全防护严密的内罗毕高档商业和居住区通常被认为是肯尼亚全境发生恐袭概率最低的地区之一[1]。但此次超出外界想象的突发事件的出现，一方面表明青年党在肯尼亚的活动范围和力度正在扩大，内罗毕继东北地区之后，再度沦为恐袭攻击的重点；另一方面也暴露出肯尼亚当前在国内的安全保卫工作，特别是中心城市的安保工作仍然存在诸多漏洞，在面对日后有可能进一步升级的恐袭压力时，存在力不从心的危险。

（三）乌干达、布隆迪：防恐维稳压力激增

乌干达、布隆迪与肯尼亚类似，也都是参与非洲联盟主导下的索马里国际维和力量的东非共同体成员国。因此，索马里青年党也将两国列为恐袭的对象，企图迫使两国尽快中止在索马里执行的维和任务，进而使非盟的维和任务破产。2010年7月，青年党在乌干达首都坎帕拉制造两起酒吧爆炸，导致正在观看南非世界杯足球比赛的共76名人员死亡，致使乌干达沦为东共体第一个首都遭受恐袭的成员国。此后，随着国际反恐力量在索马里本土持续加大打击力度，青年党势力在东非持收缩态势，乌干达连续多年没有受到恐袭波及。

但随着恐怖主义势力在2019年出现反弹，青年党在肯尼亚大规模提升恐袭的烈度和频度，尤其是1月在内罗毕制造的酒店爆炸案，给作为邻国的乌干达带来巨大的安全压力[2]。内罗毕恐袭发生之后，乌干达立刻提升了全国的安全防控工作，全面加大对全国主要城镇、交通设施以及肯乌两国边界过境人员的防控和检查力度。面对青年党在网络上叫嚣要实施的报复，乌干达将年内举行的所有涉及人员大规模聚集的活动都列为防范恐袭的重点，其中5月乌干达安全部门数次发布恐袭预警，指出恐怖分

---

[1] Washington Post, "Terrorist Attack in Kenya Shows How Increased Security can be Thwarted", 2019年1月16日, https://www.washingtonpost.com/world/2019/01/16/theyre-going-get-past-you-attack-kenya-shows-how-increased-security-can-be-thwarted/.

[2] Chimp Reports, "Uganda's Counter Terrorism Forces Put on High Alert", 2019年1月16日, https://chimpreports.com/breaking-ugandas-counter-terrorism-forces-put-on-high-alert/.

子已大规模渗透进国内,有可能对参加乌干达烈士节(Martyr's Day)庆祝以及观看欧洲冠军联赛直播的观众发动恐袭①。虽然最终国内全年没有发生恐袭,但高度戒备的防恐态势在短期内将继续维持下去。

布隆迪也多次受到青年党在网络上的威胁恐吓,最近的一次恶性恐袭为2018年5月该国一处乡村遭受不明身份的武装袭击,造成26人死亡。在当前布隆迪国内政治危机持续发酵的背景下,2019年防恐态势的变化也给布隆迪政府带来巨大的压力。该国政府在年内也多次发布可能受到青年党袭击的预警通告,对包括首都布琼布拉在内的国内主要城市的游行集会,特别是对反对派掀起的政治抗议活动不断加强安保工作。布隆迪在年内同样没有遭受实质性恐袭的波及,但高戒备的防恐工作将成为未来一段时期政府施政的重点。

二 西部非洲的恐怖主义势力依然猖獗

西部非洲的恐怖主义依然主要集中于萨赫勒地带上的马里北部以及乍得湖流域,是目前整个非洲大陆上恐怖主义问题最为严峻的地区。2019年,西非的恐怖主义继续沿袭近十年来的态势,攻势继续增强,波及范围持续扩大,已经逐步开始形成纵贯西非域内萨赫勒地带的恐怖主义链条。

(一)马里:恐怖主义成为族群冲突助燃剂

2019年内,马里的安全形势总体上延续之前的特点,依然呈现十分严峻的态势。除了仍然四处频发的恐袭之外,以班巴拉族、多贡族、富拉尼族为代表的族群间持续激化的矛盾,不仅开始带有恐怖主义的色彩,而且还为恐怖主义在当地的广泛肆虐提供了温床。1月1日当天,武装分子在马里中部地区的富拉尼村庄枪杀37人;3月24日,中部的莫普提地区发生武装分子针对富拉尼族集体屠村事件,导致134人死亡;6月9日,莫普提地区再爆屠村惨剧,武装分子血洗了一个多贡族村庄,导致95人死亡。事后,多贡族、富拉尼族分别指责是伊斯兰恐怖主义组织、马里政府派出的武装分子实施的带有种族清洗性质的恐怖主义活动②。这实质上是民众在对恐怖主义的恐惧和愤怒中,进一步走向分裂和对立的标志。此外,马里政府军依然是恐袭的最主要受害者,2019年内几乎每月都有士兵遇袭伤亡的事件,其中仅11月1日和11月18日,就分别有54名和24名士兵遇袭身亡,伤亡惨重。

---

① New Vision, "Police Warn of Terror Attack", 2019年6月22日, https://www.newvision.co.ug/new_vision/news/1502413/police-warn-terror-attacks.

② Tabital Pulaaku, "Mali: Peuls et Dogons: Des Frères Devenus Ennemis", 2020年1月12日, https://www.tabitalpulaaku.org/mali-peuls-et-dogons-des-freres-devenus-ennemis/.

(二) 乍得湖流域：跨境恐怖主义泛滥

2018年底以来，博科圣地利用尼日利亚即将于2019年中举行大选的权力过渡时期，在北部、东北部地区掀起一连串的攻势，大有"收复失地"的态势。仅2019年初在尼日利亚东北部与喀麦隆交界处的一连串纵火、爆炸、绑架等恐怖活动，已经导致3万多尼日利亚难民逃往喀麦隆、乍得、尼尔等邻国。加之在其他各地每月都发生的各类暴恐案件，尼日利亚军民伤亡人数过千，其中仅"异教徒"基督徒就死亡超过1000人[①]。即便在年中的大选时，尼日利亚国内依然是枪声不断，多地因为恐袭无法正常投票，即便在联邦政府三度推迟大选的情况下，仍然只有1/3的选民正常参加投票。除尼日利亚之外，乍得湖流域其他国家也深受博科圣地"反攻"之害：4月，喀麦隆极北大区一村庄受袭，导致11人死亡；3月和6月，乍得边境哨所两度受到大规模袭击，数十名士兵死亡；10月和12月，尼日尔的军营两次被血洗，近百名士兵丧生。其他规模相对较小的恐袭频发则是三国交界地区每月的常态。

(三) 西非萨赫勒地带上的恐怖主义链条日益完整

作为西非两大恐怖主义集团，马里北部的基地组织西非分部和乍得湖沿岸的博科圣地在先前的扩张方向上没有联动性，前者主要向塞内加尔、毛里塔尼亚、几内亚方向渗透，后者更倾向于向乍得湖沿岸各国的腹地扩张。但近年来，随着基地组织、伊斯兰国等国际恐怖组织的联动性加强以及西非各国反恐合作的不断加强，萨赫勒东西两大恐怖主义集团开始逐步改变各自为战甚至是相互竞争的局面，协作与合流愈发成为明显的趋势。为了实现构建贯穿整个萨赫勒地区的恐怖主义链条、共同在西非发动"圣战"的目的，两者迫切需要打通地理上的连接通道，而布基纳法索就是位于其计划建设的闭合链条上的关键位置，因而成为新一轮恐怖主义大肆渗透的高危地区。

布基纳法索在近两年已经开始出现恐怖主义滋生和蔓延的苗头，但进入2019年以来，形势开始急转直下，高频度、高烈度的恐袭的出现使布基纳法索政府面临的压力倍增。2019年1月以来，首都瓦加杜古以及北部的苏姆省已经沦为恐袭爆发的重灾区，各类暴恐事件正在以平均每月至少三起的速度迅速吞噬全国各地的和平稳定。根据联合国统计，受安全形势恶化的影响，仅从2019年1月到10月，恐怖主义造成的难民数就从8.7万激增到48.6万，2019年全年人数超过70万，预计在2020年内，需要人道主义援助的总人数会达到220万左右[②]，人道主义危机达到了前所未有的程度。虽然恐袭的发动者尚未表明自己的确切身份，但各界普遍认为其与马里、尼日利

[①] Fox News, "More than 1000 Christians Killed by Islamic Militants in Nigeria in 2019", 2019年12月24日, https://www.foxnews.com/world/nigeria-1000-christians-killed-islamic-militants-fulani-boko-haram.

[②] UN News, "Escalating Burkina Faso Violence Brings Wider Sahel Displacement Emergency into Focus", 2020年2月21日, https://news.un.org/en/story/2020/02/1057831.

亚的恐怖势力存在密切的关联。如果布基纳法索的安全形势继续失控，则有可能迅速沦为另一个马里，在整个萨赫勒地区的国际反恐阵线上撕开裂口，进一步增加基地组织西非分部、博科圣地等恐怖主义势力在合流后南下威胁科特迪瓦、加纳等国的风险。

三 南部非洲成为恐怖主义势力染指的新区域

2019年内，莫桑比克北部恐袭的大规模爆发表明，恐怖主义已经开始登陆南部非洲，以伊斯兰极端势力为基础的恐怖主义至此已经染指非洲所有次区域。莫桑比克北部的恐怖主义的产生逻辑与发展脉络与东非、西非的恐怖主义势力扩张大体相似，但由于非洲国际社会并未予以足够重视，因而其恶劣影响可能会迅速发酵，并呈泛滥之势。

（一）莫桑比克恐怖主义泛滥：政府难以驾驭的安全挑战

从2017年下半年开始，以德尔加多角省（Cabo Delgado）为代表的北部地区的伊斯兰极端势力开始演变为典型的恐怖主义势力，他们自称为"圣训捍卫者"（Al-Sunna），在当地的村庄、城镇、交通干线上频繁制造各类暴恐案件。由于缺乏相应的武器装备，恐怖分子通常采取大刀砍杀和斩首的原始方式袭击非穆斯林村民和政府军警，给当地社会造成了极端恐慌的情绪。其中仅2018年，德尔加多角省因恐袭丧生的居民数量就过百，这也使得当年的莫桑比克成为和尼日利亚、马里并列的非洲恐怖主义指数最高的国家之一[①]。

随着2019年非洲恐怖主义势力整体出现反弹态势，莫桑比克的安全形势继续恶化。除北部地区的原有矛盾之外，2019年内莫桑比克先是在3月份遭受飓风"伊代（Idai）"重创，大风、洪水以及随之而来的霍乱、饥荒让贝拉城区及其邻近地区全面陷入瘫痪。而后是为了应对年底举行的总统大选，忙于处理中部地区反对派政治力量与政府支持者对抗而引起的武装冲突，因而中央政府根本没有精力去顾及北部地区的安全局势问题。基于这种不利的国内环境，从1月6日发生第一起村民被砍杀事件算起，莫桑比克北部全年共发生各类大小不同的暴恐案件近50起，爆发的月均与年均频次可以与萨赫勒地带以及非洲之角的恐袭相提并论。俄罗斯年内在德尔加多角省共驻扎了200多名瓦格纳雇佣兵，负责向莫桑比克政府军提供反恐军事支援，但收效甚微，仅10月份就两次被恐怖分子伏击，阵亡了1/10的人员。恐怖主义的肆虐不仅让德尔加多角地区的天然气产业开发被推迟，而且进一步增加了莫桑比克国内政治的复

---

① Forbes News, "Terrorist Targets: The Ten Countries Which Suffer Most from Terrorism", 2019年11月20日, https://www.forbes.com/sites/dominicdudley/2019/11/20/ten-countries-terrorism/#fecf41e4db82.

杂性。

（二）莫桑比克恐怖主义发酵：非洲不容忽视的现实命题

莫桑比克北部的安全形势愈发失控表明，非洲恐怖主义的蔓延范围已经突破了非洲之角、萨赫勒地带等传统认知中的非洲本土文化或基督教文化与伊斯兰文化之间的所谓"文明断层"，开始在全新的次区域内滋生和蔓延。德尔加多角省安全问题的产生根源表明，恐怖主义的产生与特定的民族、宗教无必然联系，而政治治理的失序、发展落后问题才是关键。莫桑比克北部的恐怖主义对地区安全形势产生了极为不利的影响：一方面，周边多个国家可能直接或间接地受到波及，其中 2019 年内坦桑尼亚南部数次被不明身份武装分子袭扰，有可能是莫桑比克的恐怖分子跨境实施的暴行，而邻国马拉维境内的穆斯林群体也有可能在此"示范"的影响下走上极端化道路；另一方面，来自非洲域外以及东非、西非的恐怖主义势力有可能借此作为大规模登陆南部非洲的平台，并与当地的原有恐怖主义势力合流，而后全面加快向南以及向内陆地区的渗透速度，使恐怖主义逐步成为南部非洲国家共同面临的挑战。

四 非洲对恐怖主义的打击成果及其面临的挑战

2019 年，深陷恐怖主义旋涡的非洲当事国、非盟以及以联合国为代表的国际社会急需以多边、双边等方式加强合作，在萨赫勒、非洲之角两大阵地持续推进以打击恐怖主义为主要内容的和平安全建设，并取得一定的成效。但面对恐怖主义在非洲进一步泛滥和升级的趋势，反恐行动面临的资金短缺以及非洲国家治理体系和治理能力欠佳的问题，也成为非洲可持续推进对恐怖主义的打击所面临的现实障碍。

（一）非洲打击恐怖主义的成果

恐怖主义在非洲的反弹，特别是萨赫勒、非洲之角两大次区域的安全形势的恶化，成为非洲国际社会在 2019 年度的重要关注点。在 2019 年 2 月召开的第 32 届非盟首脑会议，对非洲整体的安全形势，特别是恐怖主义形势予以关注，寻求解决难民以及人口流离失所的问题。时任非盟轮值主席国埃及总统塞西表示，恐怖主义威胁及其带来的难民等社会问题，正在对非洲国家全面落实非盟《2063 议程》以及推动非洲大陆自由贸易区建设构成现实的挑战，通力合作是非洲化解这一难题的必由之路。非盟委员会主席法基也指出，在包括恐怖主义在内的各类安全挑战的重压下，非洲的难民和人口流离失所问题正变得越来越严峻，已经成为非洲发展迫切需要应对的重大难题。

非盟主要在两个层面上推动非洲对恐怖主义的打击。其一，继续呼吁国际社会加大对非洲反恐的支持力度，特别是在资金、物资、人员训练等方面继续深化与非洲反恐力量的合作。非盟委员会在举行或参加多个重要国际多边会议时，都呼吁国际社会把加强与非洲反恐合作列为第一要务。在 2019 年 7 月 10 日于肯尼亚内罗毕举行的非洲地区高级别反恐会议上，联合国秘书长古特雷斯、非盟委员会主席法基、肯尼亚总统肯雅塔呼吁国际社会共同应对非洲恐怖主义挑战；在 8 月 24 日于法国比亚里茨（Biarritz）召开的西方七国峰会上，法基与布基纳法索总统卡博雷联合呼吁发达国家应进一步强化支持非洲反恐的政治意愿，给予非洲特别是萨赫勒反恐以更为充足的资金支持力度。其二，继续深化与国际社会的实质性反恐合作。除继续巩固与联合国、欧洲联盟以及西方国家的既有合作成果之外，非盟与国际社会的实质性合作成果不断扩大。在 2019 年 2 月举行的中非实施和平安全行动对话会上，非盟与中国达成共识，从中国对非盟的 1.8 亿美元军事援助中划拨出部分资金，用于专门支持萨赫勒地区反恐行动和萨赫勒五国联合部队的建设。除军事合作之外，2019 年 1 月，非盟与国际刑警组织签订合作协议，双方将在打击恐怖主义以及有组织犯罪等议题上开展信息共享、人员交流、联合行动等合作[1]，为从军事层面之外探索反恐的途径，提供了有益的探索。

在非洲之角地区，非盟驻索马里特派团（AMISOM）依然是推动索马里和平进程的中坚力量。2019 年 2 月，非索团正式颁布新的目标概念，将按照移交首都摩加迪沙、其他重要城镇和主要设施、全境的顺序，把索马里的维稳任务逐步移交给索马里安全部队。联合国、非盟于 5 月同意将非索团的任期继续延长一年到 2020 年年中，并计划于 2020 年 10 月至 2020 年年底前撤出所有人员。此外，美国等域外国家也持续加大对青年党的打击力度。欧盟也根据非索团任期的延长，继续相应加大对索马里维和行动的资金支持力度。

在西非地区，由马里、尼日尔、布基纳法索、乍得、毛里塔尼亚组成的萨赫勒五国联合部队是奋战在萨赫勒反恐一线的最前沿力量。2019 年 6 月，联合部队与法国在西非执行"新月沙丘行动"（Opération Markhane）的驻军联合发起"乌头行动（Opération Aconit）"，在尼日尔北部成功对恐怖分子发动大规模打击；10 月，双方再度发起"和平行动 2"（Opération Amane 2），在尼日尔境内缴获恐怖分子的大量武器装备。联合部队还与联合国驻马里稳定团（MINUSMA）加强合作，在维持马里秩序、调查屠村事件以及防止类似危机再现的过程中，发挥了重要作用。此外，尼日利亚安全部队在北部地区维持满负荷运行，竭尽全力为尼日利亚大选和民众安全维持稳定的环境。2019 年 9 月，西非经济共同体在布基纳法索首都瓦加杜古召开特别首脑会议，就西非恐怖主义举行专题讨论，充分肯定西非各国在打击萨赫勒地带上的恐怖势力的

---

[1] INTERPOL News, "INTERPOL-African Union agreement to boost fight against terrorism and organized crime", 2019 - 01 - 15, https：//www. interpol. int/News-and-Events/News/2019/INTERPOL-African-Union-agreement-to-boost-fight-against-terrorism-and-organized-crime.

成就；并将进一步提升反恐工作的专业化程度、加强国际合作以及防控恐怖主义势力继续扩散等作为推进西非安全建设的重要指导原则。

(二) 非洲打击恐怖主义面临的挑战

目前东非、西非两大反恐战场的主要反恐模式是军事打击，但即便是依靠单一的军事行动来推动反恐，仍然面临着因资金匮乏而难以长期维持的风险。以尼日利亚为例，仅 2019 年 1—5 月，政府安全部队在打击博科圣地的过程中就耗费了 45 亿奈拉（1500 万美元）的武器装备，较 2018 年同期几乎增长了 1/3。这种趋势也导致当地的反恐成为越来越昂贵的军事行动。萨赫勒五国组建的联合部队也面临同样的问题，自 2017 年成立以来，无论是五个参与国，还是作为召集人的法国，都无力承担巨额的军事支出，严重制约了反恐行动的有效性。因此，加强国际多边援助以及探讨将五国联合部队纳入联合国框架下的萨赫勒反恐行动，成为 2019 年内法国和萨赫勒五国在国际事务中发声的重点。欧盟不愿继续维持既有模式下对非盟在索马里长期维和的巨额资金支持，目前仅维持 2019—2020 年度行动拨款，也成为非索团被迫计划在 2020 年撤出索马里的最主要原因。

无论是从国际大环境着眼，还是从非洲各国自身的情况来看，恐怖主义在可预见时期内仍然将是掣肘非洲实现包容性发展和推进大陆一体化的最主要的非传统安全挑战之一。但从本质上来看，非洲恐怖主义的源头依然在于发展权益的分配失衡。因此，包括非洲各国在内的国际社会在继续推进军事打击的同时，也应从社会经济角度探索相应的解决方案，避免反恐工作总是长期陷入无解的原地循环，为非洲带来真正可持续的和平安全建设。

非洲大湖地区安全形势的"危"与"机"

王洪一[*]

摘　要： 被称作"非洲的火药桶"的大湖地区，2019年出现安全形势趋缓之势，主要表现为军事冲突有所缓和，政治秩序有所恢复，地区国家良好的经济增速得以保持，以及国际社会的重建计划取得成效等多方面因素。但由于影响该地区冲突的因素仍然存在，卢旺达与乌干达、布隆迪之间仍有造成双方关系紧张的事件，地区武装冲突的风险仍然较高。总体看，化解大湖地区冲突，需进一步完善国际社会的建和机制，消除冲突解决机制内部矛盾，解决与此相关的社会领域问题。

关键词： 安全形势；大湖地区；军事安全；冲突解决机制

由于东非大裂谷周围地区群山环绕，森林茂密，密布着大量湖泊，因此被称为大湖地区。广义来讲，大湖地区是一个地理概念，指环非洲维多利亚湖、坦噶尼喀湖和基伍湖等湖泊的周边和邻近地区，面积700多万平方公里，包括布隆迪、卢旺达、乌干达全境，以及安哥拉、中非共和国、刚果（布）、刚果（金）、肯尼亚、坦桑尼亚、南苏丹、苏丹和赞比亚的一部分。狭义上讲，大湖地区是一个地缘政治概念，有时特指布隆迪、卢旺达、乌干达和刚果（金）边境地区。[①] 在过去20多年，大湖地区冲突不断，有"非洲的火药桶"之称，影响非洲地区安全走势。

一　大湖地区出现机遇之窗

2019年非洲大湖地区长期影响安全局势的几大要素有所改善，国际社会转变维和及建和方向的努力取得了一定成果，地区国家和平与稳定的安全形势出现了一线曙光。

（一）军事冲突有所缓和

大湖地区国家安全形势最直接的表现形式是军事安全形势，各种类型的军事冲突

---

[*] 王洪一，中国非洲研究院副研究员，研究领域涉及和平与安全、非洲问题和中非关系。
[①] 王洪一：《非洲大湖地区：战乱与诱惑》，《中国投资》2017年11月号，第22页。

曾长期威胁地区国家的和平与稳定。2019年以来，地区热点问题和安全危机出现了缓和趋势，各国的军事安全形势有所巩固。

第一，中非共和国没有爆发大规模的军事冲突。中非共和国武装派系众多，相互之间的冲突已经造成了数千人死亡，数十万人流离失所。近期各派系之间的武装冲突仍然时有发生，但2019年主要冲突发起者为一支地方武装"和平联盟"，冲突地点在北部和东部地区，冲突规模有限，造成的伤亡人数也明显下降。

第二，南苏丹的武装冲突出现缓和。南苏丹的武装派系也具有部族和地区特征，且马沙尔对其属下的派系武装控制力不足，因此南苏丹在和谈期间仍很难停止敌对行动，但由于双方都有和谈诚意，因此武装冲突的规模和范围都大大收缩，冲突的主要表现形式为农牧民为保护农作物和牲畜的冲突。

第三，刚果（金）东部地区反政府武装活跃程度有所下降。数十年来盘踞刚果（金）东部地区的各国叛乱武装虽然仍然构成地区安全威胁，但2019年各派系的活跃度下降。为了进一步巩固优势，政府军从2019年10月30日以来，加大了对武装团体民主同盟军的打击力度，占据了贝尼地区的大部分地区。

（二）政治秩序有所恢复

第一，中非共和国政府与各派武装达成和平协议。在无法以军事行动实现政治目标的情况下，各派武装同意和政府和谈。2019年1月中非共和国政府与14支武装组织在苏丹首都喀土穆重启和谈，2月6日各方在首都班吉签署了《和平与和解协议》，就之前争议的成立包容性政府、权力分配和司法过渡、特赦武装人员等条款达成了共识。受到和平协议的鼓舞，2019年有583名武装人员放下武器，东北部城市博桑戈阿（Bossangoa）的穆斯林难民开始回归[1]。

第二，南苏丹在2019年12月28日就组建联合政府达成协议。根据2018年9月南苏丹冲突各方达成的《亚的斯亚贝巴和平协议》，组建过度联合政府的最终截止日期是2019年5月12日，由于总统基尔和马沙尔就具体的部长职位分配、恢复国家区划、停止武装冲突等问题上难以快速形成一致，双方同意将截止日期推迟到2019年底。在周边国家及国际社会的共同努力下，双方终于在2019年底达成共识，成功确保了《亚的斯亚贝巴和平协议》的执行，避免了大规模武装冲突的再次爆发，流亡国外的难民有80万返回国内[2]。

第三，在美国仍对刚果（金）实施制裁的情况下，2019年1月，刚果（金）平稳地经历了选举后的政权交替，前总统卡比拉与现总统齐赛克迪在权力分配上达成了较为平顺的合作，双方协作对付其他政治势力，特别是在打击反政府武装、争取国际

---

[1] 联合国特别代表发言，https://news.un.org/zh/story/2019/10/1043301。
[2] 联合国新闻，https://news.un.org/zh/story/2020/03/1052071。

支持方面的合作，巩固了刚果（金）的政治稳定。2019 年 11 月，"M23 运动"首领恩塔甘达以 7 项战争罪和 3 项危害人类罪被国际刑事法院判处 30 年监禁，刚果（金）反政府武装的国际压力进一步增大。2019 年 10 月，联合国秘书长刚果（金）事务特别代表兼稳定特派团团长在安理会的报告会上对刚果（金）政治局势给予正面评价，称"刚果（金）政府组建之后正在走向可持续和平与稳定"。①

（三）地区国家良好的经济增速得以保持

大湖地区国家的武装冲突往往造成各个族群的极端贫困，而极端贫困人口又为武装组织提供了丰富的兵员。以中非共和国为例，该国 2019 年的人类发展指数在 189 个国家和地区中排名第 188 位②，有 75% 的人口生活在贫困线以下，需要接受人道主义援助的人数为 290 万人。但由于大湖地区国家基本上是矿产出口国和农业国，相比于非洲的石油出口国，其经济增长受到国际经济形势冲击有限。近年来，大湖地区国家的总体经济形势处于增长状态，尤其是东部政府间发展组织成员国经济增长强劲，带动周边战乱国家的经济发展。乌干达、卢旺达和肯尼亚近年来经济增长高居非洲前列，2019 年三国经济增速分别为 5.9%、9.2% 和 5.3%。③

（四）国际社会的重建计划取得成效

近年来，在中国等新兴国家的积极倡议下，在非洲各国的普遍要求下，联合国等国际组织开始重视和平建设议题中的经济重建计划。2018 年 12 月到 2019 年末，联合国支持的中非共和国重建计划资金到位率达到 67% 以上，涵盖多个社会经济领域的 400 多个项目正在有序展开。国际组织在重视战区经济恢复的同时，也日益重视当地政府能力建设工作，2019 年中非共和国的战区工作人员较 2015 年增加了一倍，警察数量增加到 1050 人，政府警察派驻省份在全国 16 个省中达到了 15 个。④

二 大湖地区安全形势面临的挑战

虽然大湖地区在 2019 年出现积极向好的安全情势，但影响该地区冲突的因素仍然存在，并在以下几方面有所体现。

---

① 《联合国安理会报告》，https：//news.un.org/zh/story/2019/10/1043301。
② 《联合国开发计划署 2019 年人类发展指数报告》。
③ EIU, *Country Report*: *Uganda*, February 27th, p.11; EIU, *Country Report*: *Rwanda*, February 27th, p.6; EIU, *Country Report*: *Kenya*, February 27th, p.11.
④ 《联合国秘书长中非共和国问题特别代表的汇报》，https：//news.un.org/zh/story/2019/10/1044341。

(一) 卢旺达和乌干达公开爆发矛盾

作为大湖地区和平与稳定发挥重要作用的两个邻国，卢旺达和乌干达曾经保持密切合作关系，但2019年两国之间公开爆发矛盾，并关闭边境，驱逐对方公民。2019年3月初，卢旺达关闭了与乌干达接壤的部分边境，以应对乌干达驱逐约40名涉嫌监视乌干达国家的卢旺达人。卢旺达还警告其公民不要赴乌干达，声称乌干达有可能逮捕或骚扰卢旺达公民。乌干达声称，卢旺达渗透其安全部门并监视乌干达国家的安全。卢旺达反过来指责乌干达支持反卢旺达叛军。卢旺达指责乌干达对卢旺达国民施以酷刑，而乌干达指责卢旺达在乌干达境内谋杀卢旺达持不同政见者。[1]

卢旺达与乌干达的既有矛盾在于两国在第二次刚果（金）内战和重建"M23"武装组织过程中，就资源和利益分配上产生冲突，最近的矛盾则在于国内政治问题的地区化，即彼此都认为对方在支持其国内外的反对派，尤其是流亡乌干达和南非的卢旺达爱国阵线（RNF）反对派，成为两国公开爆发矛盾的导火索。为了解决两国之间的矛盾，安哥拉等四国领导人在2019年先后举行了4次协调会议，虽然成功避免了两国的军事冲突，但两国矛盾仍然难以调解，边境地区枪杀对方平民的事件仍然时有发生。

尽管两国矛盾不太可能导致两国间的直接军事冲突，但由于两国都在刚果（金）东部地区对反政府武装有很强的影响力，加上地区国家间的边境管理能力非常薄弱，在大湖地区稳定形势极其脆弱的情况下，两国的公开矛盾使得紧张局势升级风险升高。而且大湖地区政治对话和冲突解决机制本来就困难重重，两国在地区对话机制中又拥有很大的发言权，今后大湖地区的和平机制将经受很大考验。

(二) 卢旺达与布隆迪关系紧张

布隆迪总统恩库伦齐扎于2015年违宪连任第三届总统，引起了严重的国内动荡，党内外的反对派被迫流亡国外。2019年以来，流亡反对派得到了西方国家的支持，也逐渐赢得了地区国家的同情。同时，在最近三年，由于严重的政治对立，恩库伦齐扎加大了对民众的高压控制，国民经济也遇到较大困难。面对布隆迪困难的政治经济局势，部分平民加入流亡队伍。由于民族构成相同和经济联系紧密，卢旺达成为布隆迪流亡政治家和难民最大的接待国。卢旺达本来与布隆迪关系友好，两国领导人有深厚的友谊，但面对国际政治压力和现实经济损失，卢旺达对布隆迪现政权的政治立场发生了较大变化。特别是2018年布隆迪反对派开始组建反政府武装之后，布隆迪政府要求卢旺达驱逐布隆迪的流亡人士，遭到了布隆迪的拒绝，两国矛盾公开化。2019年，布隆迪政府屡次指责卢旺达企图支持反政府武装团体推翻布隆迪政权，尽管卢旺

---

[1] https://issafrica.org/fr/iss-today/la-region-des-grands-lacs-ne-peut-supporter-davantage-dinstabilite.

达一再否认布隆迪政府的指控,但布隆迪政府提供了大量证据,表明卢旺达至少允许反对派在其领土上的难民营中进行军事培训。当前非盟框架下调解布隆迪政治危机的工作由东非共同体(EAC)负责,但东非共同体拒绝在调解机制中处理卢旺达和布隆迪的纠纷,两国矛盾目前仍没有缓解的渠道。

从两国历史关系来看,卢旺达和布隆迪之间并不存在根本性的矛盾,其冲突也不是不可避免的,但布隆迪危机的核心关键是恩库伦齐扎拒绝与武装反对派对话,也拒绝接受国内政策的调整。在布隆迪国内政治问题和武装冲突得不到解决的前提下,卢旺达与布隆迪的矛盾会进一步积累,甚至有可能陷入代理人战争的泥沼。

(三)地区武装冲突的风险仍然较高

虽然 2019 年大湖地区的总体安全形势出现了较大改善,但潜在的武装冲突风险仍然较高。

第一,由于中非共和国的各派武装仅仅达成了框架性协议,对于重组政府和军队的具体细节还远没有达成一致,土地产权、税收权等问题突出,各派武装为了争夺地区主导权,矛盾斗争仍然激烈。同时,各派武装的宗教和部族属性明显,不具有全国广泛代表性,在今后的政党政治及政权重建过程中很难有一方形成主导局面。2020 年中非共和国将举行总统大选,各派武装都希望扩大辖区占有更多地盘和人口,很容易触发各种旧有矛盾,导致武装冲突。

第二,南苏丹的地方势力仍然难以解除武装,和平局面靠各派系武装相互之间脆弱的约束力维系,至今仍然有个别派系没有加入民主进程,使得和平进程仍存在变数。同时,由于土地产权问题得不到解决,南苏丹族群和社群之间的矛盾依然长期存在,近期国内外难民返乡,土地确权问题将更加突出。

第三,刚果(金)东部地区的安全局势取决于各派反政府武装与刚果(金)、卢旺达、乌干达、布隆迪四国政府是否能形成和解,在当前各国之间新旧矛盾叠加的情况下,反政府武装组织具有极高的死灰复燃的可能性。在 2019 年 11 月,北基伍地区发生了当地居民反对联合国维和部队的持续暴乱,当地居民指责联合国维和部队没有更好地保护他们的安全。同时,在埃博拉病毒仍然肆虐的背景下,出现了反政府武装袭击并杀死国际救援人员的事件。2020 年布隆迪将举行总统大选,虽然恩库伦齐扎可能继续参选,但布隆迪的治安形势因为选举的到来而日益严峻,联合国称,"警察与民众的暴力冲突不断升级"[1]。

由此可见,大湖地区的安全形势,不仅直接与军事行动和外部干涉相关联,还与贫困问题、粮食安全、社会治安、卫生安全密切相关。大湖地区的社会群体关系复

---

[1] https://www.infosgrandslacs.info/productions/lonu-previent-qu-il-risque-d-y-avoir-des-atrocites-plus-graves-lapproche-des-elections.

杂，经济发展滞后，大到国际上的重大事件，小到地方上的生活资料短缺，都有可能诱发大规模的武装冲突。

三　地区冲突解决机制中的改进与不足

近年来，国际社会、非洲地区组织和非洲国家在应对地区冲突问题上均采取了一些举措，但仍有进一步改进与完善的潜力。

（一）国际社会的建和机制有所完善

长期以来，联合国主导的大湖地区建设和平机制过度依赖军事行动和政治和谈，在经济建设、发展问题、社会融合等综合性机制建设方面存在严重不足。近年来，随着中国等新兴国家积极参与非洲的和平与安全合作，发展中国家的命运共同体、群体发展理念逐渐引起反响，在新兴国家的推动下，尤其是在非洲国家的呼吁下，联合国各机构更加重视全面而综合的维和及建和理念。自从 2019 年 1 月夏煌大使被任命为联合国秘书长非洲大湖地区问题特别代表以来，联合国的各机构加大了在地区发展和融合方面的努力。在联合国秘书长特别代表办公室的支持下，刚果（金）、卢旺达、乌干达和布隆迪同意就自然资源问题开展政治对话，以便实现共同繁荣。2019 年 5 月，大湖地区国家司法部长通过了《关于司法和善政的内罗毕宣言》，加大了大湖地区司法合作和打击犯罪的努力。夏煌大使还宣布，第二届大湖区投资和贸易会议将于 2020 年 3 月在基加利举行。上述积极成果，有利于促进地区的共同发展，形成命运共同体，抵消各方的矛盾和冲突，从根源上消除武装冲突的"病灶"。在这些成果的鼓舞下，夏煌大使在联大报告中宣布，"大湖地区的合作和融合正在复苏，大湖地区进一步朝向稳定迈进，大湖地区展现重要契机"[①]。

与此相对应，非盟主导的冲突解决机制也有所丰富，具体策略和工具手段都有所改进。当前，应对大湖地区安全形势的机构是大湖地区国际会议组织（CIRGL），介入大湖地区冲突解决机制的两大主体是东非共同体和南部经济共同体。近年来，非盟努力推动大湖地区经济网络的形成，以经济发展来加强地区国家的合作与团结。东非共同体（EAC）和南部非洲发展共同体（SADC）积极推动非洲大陆自贸区（AfCFTA）的成立，得到了大湖地区国家的积极响应。2019 年 7 月非洲联盟非洲大陆自由贸易区特别峰会在尼日尔首都尼亚美开幕，正式宣布非洲大陆自贸区成立，大湖地区国家都宣布加入自贸区。目前，东非共同体和南部非洲发展共同体还在各自的地区发展框架中，将大湖地区纳入各自的社会发展、资源开发、投资贸易、交通设施联通

---

① 《联合国秘书长特使夏煌：非洲大湖区展现"重要契机"》，https://news.un.org/en/story/2019/10/1048482。

规划。如肯尼亚和坦桑尼亚都在其港口建设规划中,将刚果(金)、卢旺达、乌干达等国家的发展潜力纳入预计吞吐量之中。大湖地区国际会议组织还积极寻求国际投资,推动大湖地区经济发展。2019年11月,大湖地区国际组织就司法公正问题在刚果(金)召开国际会议,提出了改善投资环境的倡议。2019年12月,大湖地区国际会议组织与联合国秘书长大湖地区问题特使办公室共同在中国举办了非洲大湖地区投资推介会。

(二)亟须消除冲突解决机制内部矛盾

第一,国际社会需要在联合国框架内协调大湖地区冲突解决的各种机制。当前联合国在该地区派驻多个特派团,还设立了数个联合国秘书长特别代表办公室,各个机制的职能和权限有重合之处,也有严格的区别。有些机制专门负责中非共和国、南苏丹、刚果(金)、布隆迪等国家的单一危机解决问题,有些机制的职权则更为宽泛。由于大湖地区的多数问题是相互关联的,单一问题的解决往往需要多套机制的相互配合。在当前的处理模式下,各种机制的工作关系是基本平等的,相互协调工作往往需要秘书长做出决断,甚至需要提交联合国安理会,影响了工作效率和实际工作成效。这一问题同样存在于非盟的各种冲突机制,非盟的常设机构是大湖地区国际会议组织,但同时发挥效力的还有特使机制、相关国家首脑机制、东非共同体、南非发展共同体。如何加强各种机制的协调工作,是当前国际社会亟须解决的重大问题。

第二,大湖地区冲突解决机制中的行为主体是地区国家,而国家之间的矛盾成为阻碍解决机制具体实施的巨大障碍。在联合国相关机制内,欧美国家的外交政策往往与联合国的解决方案不一致,导致联合国的各种方案难以收到成效。当前西方国家动辄抛开联合国采取单边行动,是导致各种武装势力拒绝参与和平建设的重要因素。在中非共和国,法国对中非共和国政府的态度可以左右各派武装势力的行动。在刚果(金),美国采取的制裁行动往往影响着各方对刚果(金)政府军的立场。在美军缩减驻东非武装力量的背景下,东非国家自身的安全压力加大,参与地区维和行动的能力受到威胁,埃塞俄比亚、肯尼亚、乍得等一些国家试图减少在联合国和非盟框架下的维和行动。在经济发展和社会发展领域,西方国家在和平建设计划上投入过少,而且多数资金投入到民主选举、人权保护、司法建设领域,在卫生基础设施建设、社会治安等领域投入不足。2019年欧盟对大湖地区国际会议组织最大的一笔捐助是1000万欧元,用于地区国家的选举培训。

第三,防范地区组织之间的竞争关系。东非共同体和南部非洲发展共同体在大湖地区问题上发挥着最主要的作用,由于历史原因,两个地区组织之间存在竞争关系甚至是矛盾关系。在乌干达和卢旺达现政权建立过程中,刚果(金)东部地区被两国反政府武装占据,各国至今不能消灭这些反政府武装,成为两国的心腹之患。当前布隆迪的反政府武装也逐渐发展,严重威胁其政权安全。在刚果(金)第二次内战过程中，卢旺达和布隆迪直接出兵刚果（金），在刚果（金）东部构建了自己的利益保护圈，而南非等南部非洲发展共同体国家也出兵刚果（金），在政治和经济上也保留下部分历史资产。同时，由于乍得、中非共和国、苏丹等国都曾介入刚果（金）内战，中非共和国、南苏丹的安全局势与刚果（金）形成了密切联系。2019 年，虽然地区国家在目标和方向上维持一致，但在具体和平方案上则存在冲突和矛盾。就中非共和国局势来看，多数国家支持现政府，但有些国家顾忌本国的穆斯林群体，因而对北方反政府武装持同情态度。在南苏丹问题上，马沙尔曾经在多个周边国家流亡，在很大程度上得到这些国家的支持；乌干达和肯尼亚等国家接纳了最多的南苏丹难民，希望能尽快解决难民问题。在刚果（金）问题上，乌干达与卢旺达有共同利益，左右着东非共同体的决策方向，而南非、安哥拉、坦桑尼亚等国家更同情现政权。"各国领导人之间的纠纷，导致南部非洲发展共同体在具体决策上经常与东非共同体发生矛盾。"[1]

（三）解决社会发展问题迫切所需

大湖地区面临的最大问题是发展问题，因此国际社会除采取军事手段和政治手段之外，尤其应该在治安安全、非法采矿、粮食安全、卫生安全等社会领域加大投入力度。

在联合国 2019 年 10 月的报告会上，刚果（金）驻联合国代表提出的现实问题首先是大湖地区的矿产和其他资源的非法开采问题。尽管大湖地区国际会议组织以及联合国秘书长特别代表办公室都采取了各种措施来规范资源开发，避免反政府武装获得非法资金，但目前成效有限。在中非共和国和南苏丹，反政府武装则通过砍伐销售名贵木材来筹集资金。当前联合国和非盟都对大湖地区国家采取限制资源出口的方法，但这些措施并不能有效控制反政府武装的资金来源，反而造成了非法贸易横行。国际社会应该参照南苏丹石油分成的方式来有效控制各种资源的开发，既可以控制反政府武装的资金来源，也可以增加地区发展所需要的资金。

在卫生安全领域，国际社会应该加大投入并兑现承诺。在关注埃博拉疫情的同时，还应该关注其他疾病的传播。2019 年刚果（金）麻疹死亡人数超过 6000 人，但国际社会仅投入了缺口资金的 1/3。[2]

在粮食安全领域，大湖地区 2019 年的形势异常严峻。刚果（金）、中非共和国、布隆迪、南苏丹是全球最缺乏粮食的国家之一，其中南苏丹现有难民 220 万，是非洲最大的难民来源地，南苏丹的粮食缺口高达 14 亿美元。[3]

---

[1] Marc-Andre Lagrange：《大湖地区和平机制：推进民主的无效工具？》，《第三世界杂志》2016/4（第 228 期），https://www.cairn.info/revue-tiers-monde-2016-4-page-143.htm#。

[2]《世界卫生组织报告》，https://news.un.org/zh/story/2020/01/1048741。

[3]《国际粮农组织报告》，https://news.un.org/zh/story/2020/03/1052731。

在治安安全领域，联合国和非盟一直试图通过警察培训、帮助政府设立军队据点的方法来改善治安环境，但大湖地区国家的警民关系和军民关系普遍存在信任问题，因此，当前最优先的措施应该是改善社区关系和族群关系。另外，在进行警察培训的同时，可以考虑帮助当地恢复传统上的治安管理措施，即族长负责制下的群体安全措施。

● 非洲国际关系

特朗普的非洲新战略内涵与新动向

刘中伟[*]

摘　要：特朗普就任美国总统后，对美国的非洲政策进行了重要调整。这主要体现在特朗普政府于 2018 年底推出的非洲新战略中。同上届美国政府的非洲战略比，特朗普非洲政策的新变化在于大肆强调美国优先、减轻美国在非洲负担以及制衡中非关系。所谓的非洲新战略与此前发布的《美国国家安全战略报告》一脉相承，"美国第一"是其核心与灵魂，"非洲最后"是其隐语与必然结论。当前，美非关系增长乏力，特朗普政府无力推出重量级对非新举措，却一味将矛头对准他国，这既得不到国际社会的支持，非洲人民也不会欢迎。

关键词：特朗普；博尔顿；非洲政策；非洲新战略

特朗普出任美国总统以来，对美国的外交政策进行了重要调整。在"美国优先"战略的指导下，非洲的地缘政治地位、经济价值也得到重新评估。美国的非洲政策也随之出现了一些新变化。美国对非政策的新变化，主要体现在 2018 年岁末白宫推出的非洲新战略。那么，特朗普政府的对非新战略新在何处？与奥巴马政府的对非战略相比，它有哪些特点与变化？

一　大肆强调"美国优先"

特朗普政府的对非新战略的第一大显著变化是通篇着墨美国对非政策的出发点必须是保护美国国家利益，赤裸裸地强调"美国优先"。

2012 年 6 月 14 日，奥巴马政府正式发布了一份对非战略文件，对美国在非洲的利益和战略进行详细阐述，即《美国对撒哈拉以南非洲战略》。在这份对非战略中，

---

[*] 刘中伟，中国非洲研究院国际关系研究室副主任、副研究员，主要研究方向为美国的非洲政策和大国对非关系。本文是在刊发于《当代世界》2019 年第 2 期《美国非洲战略新在何处？》一文的基础上修改而成。

奥巴马巧妙地将对美国每一项在非利益的界定都"嵌入"非洲利益之中。通观2012年版的《美国对撒哈拉以南非洲战略》，奥巴马无处不在彰显美国的非洲战略是为了非洲国家的发展和非洲人民的利益。例如，奥巴马在该对非战略文件中指出，非洲经济可持续性发展具有重要意义，美国政府将鼓励美国公司展开对非业务，通过资本与技术为非洲的发展做出贡献。在政治上，美国将不会袖手旁观，而只会坚定不移地支持非洲国家的民主进程。该文件界定了美国在非洲的核心利益，明确提出美国对非战略的四大支柱：其一，加强非洲民主机构建设；其二，促进非洲的经济增长、贸易与投资；其三，推进非洲和平与安全事业；其四，改善能够促进非洲发展与机会增长的各种条件因素。[1] 综上，奥巴马的非洲战略非但对"美国优先"只字不提，而且刻意塑造美国在非洲的道义高地。

与奥巴马政府的对非战略相反，特朗普的对非新战略丝毫不加掩饰，赤裸裸地将美国利益置于非洲人民的利益之上，大肆强调"美国优先"。特朗普的对非新战略文件开宗明义地指出，美国对非新战略是政府各部门协同讨论的结果，反映了特朗普总统外交政策的核心信条，即不管是在国内还是国外，将美国利益放在第一位。而美国政府之所以制定该文件，是因为非洲的稳定和繁荣深嵌在美国国家利益之中。在非洲新战略之下，特朗普政府将保证美国对非政策每条路径、作出的每项决策、追求的每项政策目标和在援助上投入的每一美元都能够促进美国在非洲的三项核心利益，即：一、推进美非经济合作；二、打击非洲伊斯兰极端恐怖主义；三、确保用于对非援助的美国纳税人的钱不被浪费。在美非经济合作方面，博尔顿着意指出，特朗普非洲新战略提出名为"繁荣非洲"（Prosper Africa）的倡议，这个对非经济新倡议的目标就是扩展美国的出口市场、在美国国内创造更多的就业机会。[2]

追求和维护国家利益是一国外交政策的应有之义，美国非洲新战略强调追求国家利益这本身无可厚非，但像特朗普政府这样将之发挥到极致的对非战略文件，在美国历史上还从未有过。纵观第二次世界大战以来的美国历届政府，虽然对非洲战略地位的评估和重视程度相差很大，但无一不宣称美国的非洲战略是为了非洲人民的利益。其实，应该看到，特朗普在该对非新战略中对美国利益赤裸裸地强调并非横空出世，而是与该届政府此前发布的《美国国家安全战略报告》一脉相承。在这份2017年12月出台的美国安全战略报告中，特朗普指出，"美国第一"不仅是他的个人信念，也是美国政府在"领导"这个世界时最重要的基础与任务。在开篇中，特朗普甚至直接称其为"美国第一"的国家安全战略，可见"美国第一""美国优先""美国利益"是特朗普安全战略的核心与灵魂。由此不难理解，为何这些现实主义原则成为

---

[1] The White House, "U. S. Strategy Toward Sub-Saharan Africa", June, 2012.

[2] Remarks by National Security Advisor Ambassador John R. Bolton on the The Trump Administration's New Africa Strategy, https：//www.whitehouse.gov/briefings-statements/remarks-national-security-advisor-ambassador-john-r-bolton-trump-administrations-new-africa-strategy/，2018年12月14日。

他对非新战略的指导思想。

二 减轻美国在非负担

特朗普政府的对非新战略的第二大显著变化是减少美国对非洲的义务，从而减轻美国在非洲的负担。

第一，在反恐方面，强调发挥非洲国家的自主性。特朗普政府指出，近年来，包括伊斯兰国和基地组织在内的伊斯兰极端主义恐怖组织在非洲的恐怖袭击更为致命，且扩展到更广的区域，目标直指美国公民和利益，因此在非洲打击恐怖主义是美国非洲新战略的优先选项。自"9·11"事件发生以来，不论小布什政府还是奥巴马政府都将打击恐怖主义作为美国对非战略的优先选项，"反恐至上"的对非战略格局早已确立，所以所谓的调整并无新意可言。

美国非洲新战略本次在反恐方面的更新，主要体现在鼓励非洲国家担当其反恐的先锋，从而减轻美国在非洲的负担。特朗普上台以来，大幅增加军费预算，却力图减少对非军事投入。2017年11月，4名美国士兵在尼日尔遭遇军事伏击丧生，在美国国内引发巨大的讨论与争议。[①] 2018年11月，五角大楼宣布美国将削减700名驻扎在西部非洲地区的士兵数量。[②] 时隔仅一个月，新出炉的美国非洲战略再次表明，特朗普将在缩减对非军事存在的同时力图维持美国的军事影响。博尔顿指出，虽然美国在马里、利比亚、南苏丹等非洲国家投入了大量的金钱，但遗憾的是恐怖主义仍持续将美国的利益推向危险的边缘。这说明，美国的投入耗费了巨大的国家资源，效果却不尽如人意。因此，美国非洲新战略的目标将是鼓励非洲国家发挥自主性，主动担当起反对恐怖主义和维护和平稳定的义务。博尔顿说，在美国的支持下，由马里、毛里塔尼亚、尼日尔、乍得与布基纳法索组成的萨赫勒五国集团联合部队（The G5 Sahel Joint Force）在本地区打击恐怖主义、跨境组织性的人口贩卖方面发挥了突出的作用，美国将乐于看到更多类似的地区性安全组织的出现。[③]

第二，在联合国非洲维和行动方面，要求进行精简与重新配置。美国是非洲最大的军事援助国，也是联合国在非洲维和行动的最大资金提供者。鉴于"9·11"事件以来美国在非洲的安全利益增加，小布什政府与奥巴马政府对联合国在非洲的维和行动向来持支持态度，投入的资金呈增加之势。但是，向来以精打细算商人品格著称的

[①] Madison Park, Niger ambush: "Timeline of Attack that Killed 4 US Soldiers", https://edition.cnn.com/2017/10/24/politics/niger-ambush-timeline/index.html, 2018年10月26日。

[②] Carla Babb, "Mattis Cuts U.S. Troop Numbers in Africa by 10 Percent", https://allafrica.com/stories/201811160190.html, 2018年11月18日。

[③] Remarks by National Security Advisor Ambassador John R. Bolton on the The Trump Administration's New Africa Strategy, https://www.whitehouse.gov/briefings-statements/remarks-national-security-advisor-ambassador-john-r-bolton-trump-administrations-new-africa-strategy/, 2018年12月14日。

特朗普上台后，不仅要求北约盟国分摊防务费用，还抱怨美国承担了过多的国际义务，要求削减美国的联合国会费及在联合国维和行动预算中所占的份额。2018 年 9 月，在第 73 届联合国大会的演说中，特朗普重申美国的这一立场，声称他的政府今后不会支付超过 25% 的联合国维和预算。①

在其非洲新战略中，特朗普政府对奥巴马政府的对非援助做出重要调整，再次显示了其力求减轻美国负担、减少对非义务的立场。博尔顿说，特朗普政府的非洲新战略将重新评估美国对联合国维和行动的支持，并将不再支持联合国在非洲的"无效"维和行动。在特朗普接下来的任期内，联合国相关维和行动必须进行精简与重新配置，而对于那些不能创造持久和平的维和任务，美国将从中抽身而出。在 2018 年 4 月，美国已经对在西撒哈拉地区存在数十年之久的联合国维和行动进行了评估，要求将该任务由每年更新接续改为每六个月一次。

第三，在对非援助方面，更有效利用美国援非资金，设定对非援助的"优先国家"。特朗普政府在非洲新战略中一再抱怨美国在非洲浪费了太多纳税人的钱，对援助的调整是其非洲新战略与往届美国政府非洲战略的最大不同之一。

在奥巴马政府的《美国对撒哈拉以南非洲战略》中，白宫多次强调通过援助帮助非洲国家提高政府治理能力、减贫、打击犯罪以及促进可持续发展等。例如，奥巴马在该战略文件中指出，非洲是三大发展倡议即"全球健康倡议""未来粮食保障计划"和"气候变化倡议"的焦点，美国将通过援助等手段来促进非洲国家的安全稳定以及经济社会的全面发展。根据该战略，奥巴马政府于 2013 年 6 月推出了"电力非洲"倡议。该倡议指出，鉴于在撒哈拉以南非洲中有 69% 以上的人口享受不到电力供应所带来的便利，而非洲在油气、地热、水利、风能和太阳能发电方面的巨大潜力却得不到很好的利用，美国在未来五年中向非洲国家提供 70 亿美元的援助发展电力项目，以"倍增"该大陆可以使用到电力供应的人口。② 援助也是小布什政府对非战略的最大亮点之一。小布什总统任内把美国对非援助特别是医疗卫生援助提高到了一个堪称空前的高度。在其任内，小布什政府不仅发起成立了"千年挑战账户""千年挑战公司"和防治疟疾倡议，还推出了被非洲艾滋病患者和工作者视为福音的"总统防治艾滋病紧急援助计划"。反观特朗普政府，执政两年来在对非援助方面非但至今未推出任何重量级的倡议，反而多次威胁减少对非援助。

为对特朗普政府所谓的非洲新战略辩护，博尔顿晒出美国对非援助的账单并大发牢骚。博尔顿说，1995 年至 2006 年，美国对非援助额几乎等于其他所有援助者提供资金的总和。2014 年至 2018 年，美国仅对南苏丹及其周边国家难民营的人道主义援

---

① 《特朗普在联大演讲中称反对全球主义理念》，http://www.xinhuanet.com//world/2018-09/26/c_1123481757.htm，2018 年 9 月 26 日。

② The White House, FACT SHEET: Power Africa, https://obamawhitehouse.archives.gov/the-press-office/2015/07/25/fact-sheet-power-africa，2015 年 8 月 3 日。

助总额就达到了37.6亿美元。2016财年,美国提供了约83亿美元对非援助资金。2017年,美国国务院与国际开发署又向非洲提供了约87亿美元的援助。博尔顿抱怨说,尽管美国在非洲投入了数以十亿美元计的援助资金,但是并没有实现美国期望的目标:第一,美国的援助并没有消除非洲恐怖主义、极端主义和暴力的根源;第二,美国的援助没能阻止其他大国增大它们在非洲的权势与影响力;第三,美国的援助并未使非洲国家实现更加稳定透明的政府治理,也并未在促进非洲经济活力方面发挥应有的作用。博尔顿指出,正是鉴于这些缺陷,美国将对其非洲援助战略作出重要调整:从今天起,美国将不再容忍这种无效援助,只有满足我们援助条件的非洲国家才会得到美国的援助,我们将只支持那些"有效的"且"有效率的"援助,我们将确保美国的所有对非援助,不管是军事援助、人道主义援助还是发展援助,都促进美国的利益。[①]

三 制衡中非关系

特朗普政府的对非新战略的第三大显著变化是在文件中赤裸裸地强调大国竞争对美国利益的损害,并将矛头特别对准中非关系,用大篇幅罗列中非关系的"罪状"。此前,奥巴马政府对中非关系也有一些批评言论,但与特朗普政府相比相对温和,而且涉及中非关系的批评言论并没有出现在其官方正式的对非文件中。应该说,特朗普政府一味强调中非关系的"危害",既有很强的经济考量,也有其深刻的政治和军事动因。

第一,在经济上,美国力图分享非洲经济发展的大蛋糕,削弱中国对非经济影响力。近年来,非洲经济持续增长,已成为全球最具经济活力的大陆,经济价值潜力巨大。美国政府已经无法像过去那样忽视非洲市场,原因在于非洲在世界经济格局的地位较以前有了很大提升,对美国经济的战略价值也随之增大。进入21世纪以来,非洲经济表现十分抢眼。根据国际货币基金组织的数据,全球经济增长率最快的10个国家中有6个来自非洲。"复兴资本集团"(The Renaissance Capital group)发布的一份报告显示,"非洲将成为世界未来30年最具经济活力和经济回报价值的地区",而到2050年"非洲国家的国民生产总值将超过美国和欧元区的总和"。[②]

与此同时,美国近年来对非关系陷入泥潭。在对非贸易方面,美国对非洲第一大贸易国的地位在2009年被中国超越之后,近十年非但没有追回,反而贸易额连年下

---

① Remarks by National Security Advisor Ambassador John R. Bolton on the The Trump Administration's New Africa Strategy, https://www.whitehouse.gov/briefings-statements/remarks-national-security-advisor-ambassador-john-r-bolton-trump-administrations-new-africa-strategy/, 2018年12月14日。

② Steve Mcdonald, "How Should America Response to Economic Opportunities in Africa?" The Wilson Center Policy Brief, January 2013, p.2.

滑。在援助上，如前所述，美国既无力也无心提出重要的对非援助倡议，甚至削减了对非援助的相关项目。面对中非经贸合作蓬勃发展、美非经贸往来增长乏力的现实，特朗普一时无力遏制中国对非经济影响力的持续扩大，只能进行舆论抹黑称中非合作加重了非洲国家的债务负担，规劝非洲国家疏远中国。除了对非洲新战略，早在2017年12月的《美国国家安全战略报告》中，特朗普政府就点名批评了中非关系。该火药味浓厚的安全战略报告指出，中国在二十多年前只能算非洲的一个小投资者，可是现在中国已经成长为非洲最大的贸易伙伴。相应地，中国对非洲经济影响正在迅速扩展。但是，"中国的一系列做法对非洲的中长期发展不利"[1]。

第二，在政治上，美国试图遏制中国对非政治影响，确保非洲按西方模式发展，阻止非洲成为中国实现崛起的突破口。中非关系近年来的大发展不仅包括经贸往来的发展，也包括中国与非洲国家友好往来的发展。与此同时，越来越多非洲国家"向东看"，主动学习中国发展的经验和模式，这自然被美国决策层解读为其霸权的"失去"。美国不愿看到自身在非洲的政治影响下降，担心对非事务的主导权被中国夺走。力图继续确保非洲按照西方设定的模式发展，反映了美国典型的霸权心态。同时，由于近年来中国综合国力持续增强，国际影响力不断扩大，特朗普政府视中国的崛起为洪水猛兽，在《美国国家安全战略报告》中将中国定义为战略对手。应该说，美国非洲新战略与特朗普政府遏制中国崛起的相关言论一脉相承，反映了典型的冷战思维。自特朗普上台以来，美国对中国的战略打压明显加强。虽然非洲不是美国全球战略的核心，但非洲是联合国的票仓且自然资源丰富，特朗普政府担心非洲会成为中国在全球取得对美地缘政治优势的突破口。

第三，在军事上，无端怀疑中国租用吉布提后勤港口的目的。美国非洲新战略妄称，中国于2017年在吉布提建立了一个"军事基地"，而它离莱蒙尼尔军营只有数里之遥。莱蒙尼尔军营是美国在非洲的第一个永久军事基地，对于美国在东部非洲展开打击相关恐怖主义活动至关重要。但是，中国的"军事基地"已经对莱蒙尼尔军营构成了现实的威胁。美国担心，吉布提将会把多哈雷集装箱货运码头移交给中国国有企业使用，该码头位于红海，具有重要的战略意义。如果中国实现了该目标，非洲之角的权力平衡将被打破：横跨欧洲、中东与南亚的海上商业航运大动脉的天平将会向中国一方倾斜。此外，如果中国获得该港口的控制权，在莱蒙尼尔军营的美方工作人员也将面临更大的挑战。[2]

必须指出，特朗普政府对中非关系的上述无端指责与揣测站不住脚。

首先，在经济方面，虽然中国对非投资的增长速度高于美国，但中国对非投资的

---

[1] The White House, "National Security Strategy of the United States of America", December 2017, p. 52.

[2] Remarks by National Security Advisor Ambassador John R. Bolton on the The Trump Administration's New Africa Strategy, https://www.whitehouse.gov/briefings-statements/remarks-national-security-advisor-ambassador-john-r-bolton-trump-administrations-new-africa-strategy/，2018年12月14日。

总体规模依然小于美国。中国对非基础设施及制造业领域的投资大大促进了非洲的发展，创造了大量的就业机会。中非合作历来是南南合作的标杆，也被公认为国际对非合作的典范。据不完全统计，几十年来，中国已经帮助非洲建设了1万多公里公路、6000多公里铁路以及上百座机场、港口、电站。援建的医院、学校等民生设施更是不计其数，遍布非洲各国。中国的对非援助与合作，为助力非洲的经济社会发展，为改善非洲的民生福祉发挥了不可替代的重要作用，也得到了非洲各国的一致赞赏和欢迎。最近国际上有人不断炒作非洲的债务问题，甚至企图把责任推到中国头上，这既不符合事实，也不会得到非洲国家认同。[①]

其次，在政治方面，中国在发展对非关系中始终秉持真实亲诚的理念，同非洲各国开展平等互利的友好往来，有力地支持了非洲人民的正义事业。2018年9月，在中非合作论坛北京峰会上，习近平主席提出中国对非合作坚持"五不"原则：不干预非洲国家探索符合国情的发展道路，不干涉非洲内政，不把自己的意志强加于人，不在对非援助中附加任何政治条件，不在对非投资融资中谋取政治私利。这既树立了中国对非合作的自律标杆，也展示了国际发展合作的道德准则。[②] 中国这种坚持平等互利、包容合作的做法与美国非洲新战略的霸权主义姿态形成了鲜明的对比。

再次，在军事方面，众所周知，出于打击索马里海盗的需要，中国近年来在吉布提建设了一个后勤基地。中国在吉布提的基地主要用于中国军队执行亚丁湾和索马里海域护航、人道主义救援等任务的休整补给保障，是单纯的后勤保障设施。除此之外，中方积极支持联合国在非洲的维和行动，已是维和行动的第二大出资国，也是"五常"中向非洲派出维和人员最多的国家。相反，特朗普政府非但威胁不再支持联合国在非洲的"无效"维和行动，反而无端宣扬中国在非军事威胁论。孰是孰非，不辩自明。

结 语

综述所述，特朗普的新非洲战略以"美国优先"为出发点，在力图减轻美国在非洲负担的同时大肆批评中非关系，这既反映了特朗普外交的自私性，也反映了美非关系增长乏力的现实。可以说，这样一份充满自以为是的对非新战略严重背离中非关系的实际，既不会得到非洲国家的赞同，在实践中也难以奏效。

美国非洲新战略显示了白宫急切打压中非关系的焦虑，但是，中非关系是否惠及非洲应由非洲人民说了算。2018年初，面对蒂勒森访问非洲时对中非关系的攻击，

---

① 《王毅谈"非洲债务问题"：中国将帮助非洲实现经济自主和可持续发展》，https://www.fmprc.gov.cn/web/wjbzhd/t1626888.shtml，2019年1月4日。

② 《2018年12月19日外交部发言人华春莹主持例行记者会》，https://www.fmprc.gov.cn/web/fyrbt_673021/t1623344.shtml，2018年12月19日。

非盟主席法基公开回应说："非洲有许多的合作伙伴，非洲国家自己也足够成熟，我们有能力判断这些合作是否有利于非洲人民"[1]。言外之意，中非合作不需要外人说三道四，蒂勒森碰了一鼻子灰。同样是在 2018 年 10 月，美国有线新闻电视台专访肯尼亚总统肯雅塔，当该电台主持人问应当如何看待中国的贷款使得肯尼亚深陷"债务包围"时，肯雅塔说："我们从中国借贷，但我们同美国也有借贷。在肯尼亚人民看来，我们有自己的发展议程、社会议程和经济议程，我们愿意与所有帮助我们实现目标的国家合作"[2]。特朗普非洲新战略出台后，尼日利亚前总统奥巴桑乔撰文指出："美国将中非关系全抹黑为资源掠夺和腐败，但非洲人民却并不这么认为。中国在非洲争取民族独立斗争的年代就曾支持过非洲人民，现在中非经贸额已增长到 2000 亿美元。美国要求非洲国家在中国与美国之间选一个国家站队，很遗憾非洲人民并不欢迎这种'奢侈'"[3]。

小布什担任美国总统期间，曾两次访问非洲。奥巴马担任美国总统期间，其到访非洲的次数更是达到了创纪录的四次，而且他在就任美国总统后的第一年和连任后的第一年均出访了非洲。特朗普就任美国总统已经两年，却从未访问过非洲大陆。很明显，由这样一位漠视并污蔑非洲的美国总统来主导所谓的对非新战略，非洲人民不会欢迎。可以说，美国对非新战略既不是非洲的福音，其遏制中非关系的做法在国际上也会失道寡助。

---

[1] Remarks by Secretary of State Michael R. Pompeo, https：//www.state.gov/secretary/remarks/2018/03/279106.htm, 2018 年 4 月 3 日。

[2] Elvis Ondieki, "Uhuru's Interview With Richard Quest", https：//allafrica.com/view/group/main/main/id/00064501.html, 2018 年 11 月 1 日。

[3] Obasanjo Says Trumps Africa Strategy Cant Rival China, https：//qz.com/africa/1501023/president-obasanjo-says-trumps-africa-strategy-cant-rival-china/, 2018 年 12 月 20 日。

从东京国际会议看日本对非洲合作新态势

张永蓬　张耀之[*]

摘　要： "东京非洲发展国际会议"既是日本对非洲合作的主要平台，也是日本用以拓展自身国际战略的平台之一。2019 年召开的第七届东京国际会议在规模和合作范围上都有新的表现，呼应了非洲发展的相关议题。通过第七届东京国际会议《横滨宣言》，日本再次将其关注的联合国安理会改革和印太战略纳入日非合作话语体系。日本对非政策的主线条是在推动日本在非洲政治、经济影响力的同时，将非洲纳入美日印地缘战略大框架，从而达到在与中国战略竞争中不落下风的目的。

关键词： 日本的非洲政策；第七届东京非洲发展国际会议；《横滨宣言》

自 1993 年日本成立"东京非洲发展国际会议"（以下简称"东京国际会议"）机制以来，东京国际会议已经召开了 7 届。东京国际会议机制最重要的特点，就是将日非关系由之前分散的、有限的日本对非合作资源整合到一个完整有序的平台上，使得日本对非合作从分散的双边外交层面上升到系统的多边层面，由一般的外交层面上升到国际战略层面。东京国际会议机制极大地推动了日非关系发展。2019 年在日本横滨召开的第七届东京国际会议与往届会议既有继承，也有差异和发展，进一步推动了日本对非洲合作，凸显出日本对非合作新态势。

一　东京国际会议规模持续扩大、多边特点进一步突出

东京国际会议从其诞生之时起，就定位于以日本为主，与相关国际组织和合作伙伴共同打造的对非洲国家合作平台。首先，1993 年首届东京国际会议参会方包括 48 个非洲国家的领导人，具有日本和全非洲合作的规模和意义。其次，有 12 个欧洲援助国和 8 个联合国等国际组织的领导人或代表参会，结合了多边平台。只是受限于当时东京国际会议对非合作的总体规模，当时联合国及相关合作方实际参与的对非合作

---

[*] 张永蓬，中国非洲研究院研究员，研究领域为非洲国际关系、国际对非洲援助、中非关系；张耀之，中国社会科学院日本研究所《日本学刊》编辑。

项目尚为有限。

2016年8月在肯尼亚首都内罗毕召开的第六届东京国际会议为该会议史上规模最大的一次。据称参会人数超过11000人（包括企业界人士），除日方代表外，还包括来自54个非洲国家的元首和政府首脑、52个伙伴国家和包括联合国发展计划署、世界银行、非盟委员会等74个国际和地区组织的代表，[①] 超过第五届东京国际会议的51个非洲国家和35个伙伴国家的数量。2019年8月在日本横滨召开的主题为"以人为本、以科技创新推动非洲发展"的第七届东京国际会议，参会人数同样达到1万多人，包括来自53个非洲国家的42位领导人、52个发展伙伴国家代表、108个国际和地区组织负责人以及私营部门的代表。更为突出的是，根据第七届东京国际会议发布的《横滨行动计划》，在东京国际会议框架下三年期间对非合作的54个项目中，日本主导的项目仅占33个，其余21个分别以联合国发展计划署和世界银行等国际组织为执行主体。日本广泛吸纳国际及地区组织和私营部分参与东京国际会议机制的目的主要有三方面：一是利用联合国及欧盟国家的对非合作资源弥补日本自身的不足；二是通过吸纳第三方对非合作可以扩大日本对非合作影响力和合法性；三是更有利于日本的国家战略。

二　对非合作成果落实有所进展，新计划仍需努力

从第四届东京国际会议起，东京国际会议后续行动机制开始适时发布后续行动进展年度报告（有些年份没有报告）。此后，第五届和第六届东京国际会议成果落实虽有局部不到位，但总体顺利。例如，日本首相安倍在第六届东京国际会议（2016年召开）开幕式讲话中表示，日方在过去的三年中已落实五年计划的67%（第五届会议于2013年召开，自第六届会议起改为每三年一届）。[②] 如果照这个比例，其进展应该是较好的。当然，有些情况还得具体分析。例如：根据第五届东京国际会议《横滨行动计划》，2013—2015年日本共拟向非洲提供总额320亿美元的援助，其中官方发展援助（ODA）为140亿美元。《横滨行动计划》拟在经济增长、基础设施建设、农业与粮食安全、可持续增长、创造增长型社会、和平与安全、民主与良政等方面取得具体合作成果。[③] 根据相关后续行动进展报告，由于第六届东京国际会议已于2016年召开，原计划2013—2017年后续行动计划目标时限有所调整，但原计划内容没有

---

① Nairobi Declaration: Advancing Africa's Sustainable Development Agenda-TICAD partnership for prosperity, 28 August, 2016: http://www.mofa.go.jp/af/af1/page3e_000543.html, 2018年2月5日。

② Address by Prime Minister Shinzo Abe at the Opening Session of the Sixth Tokyo International Conference on African Development (Saturday, August 27, 2016): http://www.mofa.go.jp/afr/af2/page4e_000496.html, 2018年2月5日。

③ Yokohama Action Plan 2013 - 2017, June 3, 2013: http://www.mofa.go.jp/region/page3e_000054.html, 2018年2月5日。

改变。① 然而，从进展报告看，目标落实成果尚为有限。例如，在促进非洲经济增长项下，行动计划确定了增加对非贸易的目标，但进展报告并没有列举日非贸易进展情况。实际上，根据日本贸易振兴会统计，2013—2016年日本对非贸易一直处于下降趋势，对非投资也未见增加趋势。②

2016年第六届东京国际会议《内罗毕行动计划》重点实施三方面对非合作：一是通过经济多样化和工业化推动经济结构转型；二是促进有活力的卫生系统，提高生活质量；三是推动实现共同繁荣和社会稳定。根据2018年东京国际会议年度报告，③第六届东京国际会议后续成果落实并没有详细统计，只是罗列了一些重点合作项目。例如：在促进经济多样化方面，主要是2018年5月在南非约翰内斯堡召开了日非"公私经济论坛"，42个非洲国家代表出席论坛。此次会议主要聚焦四个领域：一是推进非洲基础设施发展；二是拓展信息技术和农业领域的市场能力；三是通过鼓励中小企业发展，扩大和增加企业数量；四是改善企业经营环境。这次论坛有利于加强日非企业间的信息沟通与合作。在农业领域，在2008年第四届东京国际会议基础上成立的"非洲水稻开发联盟"（CARD），拟在2018年帮助非洲实现水稻产量翻一番，同时支持农业附加值产品开发和南南合作。2016年撒哈拉以南地区水稻年产量达到2614万吨，达到2008年拟定目标的93.4%。日本国际协力机构（JICA）帮助实施"非洲基础设施开发计划"（PIDA），帮助非洲国家交通设施发展。总体上，从第六届东京国际会议成果报告看，具体的成果统计处于缺位状态，一些项目事例尚难以说明总体成果。

不过，从对非援助成果落实情况看，日本国际协力机构2019年度报告有较为具体的统计和总结。根据这一报告，2016—2018年日本国际协力机构对外援助财政预算各地区分配为：南亚地区4836亿日元，东南亚及太平洋地区3434亿日元，非洲地区1251亿日元，欧洲地区1234亿日元，东亚及中亚地区607亿日元，拉美地区435亿日元。非洲在日本对外援助地区分配中占第三位。2016—2018年三年期间，日本对非援助在各方面取得进展：其一，根据"安倍计划"有关支持非洲人力资源开发项目，三年间日本根据"非洲商业教育计划"共计接收学生746人，加上海外技术培训等项目，共计为非洲培训人才1500人。其二，支持高质量基础设施建设。日本为莫桑比克纳卡拉走廊（Nacala Corridor）和西非增长环线（West Africa Growth Ring）提供1200亿日元官方发展援助贷款

---

① TICAD V, Progress Report 2013 - 2015, Digest Version: http://www.mofa.go.jp/files/000170784.pdf, 2018年1月12日。

② Japan External Trade Organization, Statistics: https://www.jetro.go.jp/en/reports/statistics/, 2018年1月12日。

③ TICAD Report 2018 Report 2018: Progress and Way Forward, https://www.mofa.go.jp/mofaj/files/000406611.pdf, 2020年4月1日。

和 300 亿日元赠款。此外，日本公司还完成了肯尼亚蒙巴萨港、莫桑比克纳卡拉港、乌干达尼罗河桥以及肯尼亚地热电站等相关工程。其三，技术援助。通过"非洲粮食和营养计划"（IFNA），日本国际协力机构与非洲发展新伙伴计划建立协调机构，计划推出包括 10 个非洲国家的战略计划，日本国际协力机构向 29 个非洲国家派出包括志愿者在内的 350 名推动营养计划人员。其四，支持制定预防传染病措施。2019 年在加纳建成新的高等级传染病研究中心，建成可提供检测传染性病原体和埃博拉病毒的生物安全三级（BSL－3）实验室。其五，实施生活用水和卫生计划。自 2008 年第四届东京国际会议建立非洲"饮用水和卫生行动团队"，截至 2018 年 6 月，日本国际协力机构共向 21 个非洲国家派出 260 名志愿者，帮助非洲国家应对饮用水和卫生问题，包括建设和维护村庄水井，鼓励使用厕所及提高卫生意识等。其六，协助提高水稻产量。实施"非洲水稻开发联盟"计划后，水稻产量已从 2008 年的 1400 万吨提高到 2018 年的 2800 万吨。[①]

三 经贸与援助合作稳步推进

经贸与援助是东京国际会议的传统合作领域，日本近年挖掘双方合作潜力，持续推进该领域的合作。

（一）经济合作持续发展

从近年来日本对非洲经贸合作情况看，日本对非贸易与投资增长趋势缓慢，与日本对非援助形成较为明显对比。由此可以看到日非经济领域的合作潜力有待挖掘，这一方面取决于日本企业与非洲当地项目特点和需求的对接程度，另一方面也与日本对非合作更注重日本所关注的安理会常任理事国席位等现实政治利益有关。

第一，日非贸易持续发展，但增长较为有限。从对非贸易具体情况看，从 2007—2016 年十年间日本对非贸易并未持续稳步增长，大体呈起伏前行趋势。2007 年日本对非贸易总额为 263.7 亿美元，2011—2013 年日本对非贸易额基本保持在 300 亿美元以上。2018 年日非贸易总额为 171.3 亿美元，同比增长 23.4%。当年日本对非洲出口 81.5 亿美元，进口 89.7 亿美元。

对南非贸易在日本对非贸易中占有重大比例。2007—2018 年日本对南非贸易基本与日本对非洲贸易呈相同趋势，从各年度数据看，日本与南非贸易基本都占到对非

---

① JICA 2019 Japan International Cooperation Agency Annual Report，https：//www.jica.go.jp/english/publications/reports/annual/2019/c8h0vm0000f7nzvn-att/2019_all.pdf，2020 年 4 月 3 日。

洲贸易的30%以上,多数年份接近或超过50%。

第二,对非投资呈明显起伏。从日本对非投资情况看,2007—2018年11年间起伏明显,南非是日本主要投资对象国。2008年日本对非投资曾达到15.2亿美元,但2009—2010年受金融危机影响明显,连续两年对非投资流量呈负增长,2016年又骤降至-4.31亿美元。不过,从存量看,日本对非投资总体呈增长趋势,从2007年的38.95亿美元增加到2016年的99.92亿美元,增幅为15.7%。同期,日本对南非投资存量从2007年的8.52亿美元增加到2016年的82.08亿美元,增幅达到86.3%。2018年日本对非直接投资为15.75亿美元,而对南非投资就占到12.53亿美元。当年日本对非投资存量为87.76亿美元,对南非投资存量为69.37亿美元。日本对非投资地区分布严重失衡。[①]

值得注意的是,日本在投资非洲跨地区基础设施建设方面取得重要进展,已经参与诸多非洲国家跨地区基础设施建设,包括跨马格里布地区的地中海沿岸公路,以及开罗—达喀尔、阿尔及尔—拉各斯、拉各斯—蒙巴萨、的黎波里—温得和克—开普敦、恩贾梅纳—吉布提等9条跨非洲高速公路。

(二)对非援助持续提升

援助是日本对非洲合作的主体部分,是日本对非战略的政治基础。进入21世纪以来,经济援助越来越成为日本在非洲谋求政治、经济利益的重要工具,对非援助力度逐步加大。2003—2007年日本对非援助总量年均为0.9亿美元,2008年迅速增加到17.5亿美元。2013年第五届东京国际会议宣布的对非援助总额猛增到320亿美元,大大超过第四届会议的规模。从援助方式看,日本长期以无偿援助为主,其次是技术援助,再次是优惠贷款,最后是向非洲发展银行(AfDB)的拨款。2016年第六届东京会议宣布在未来三年向非洲提供300亿美元援助,年均援非100亿美元。当年日本国际协力机构在48个非洲国家累计实施援助项目总额为1156.96亿日元(时价约11.54亿美元)。[②]

2019年第七届东京国际会议宣布未来三年维持对非私人投资200亿美元并力争超越,并在经济、社会发展与和平安全三大领域支持非洲发展。第七届东京国际会议提出对非援助计划主要包括:支持非洲国家公共和私营部门的数字技术创新;与非洲开发银行合作,建设非洲人力资源培训中心,将为非洲国家培训14万人,涉及创新、农业、海洋经济等领域,助推非洲实现产业多样化;继续实施非洲水稻发展联盟有关计划,拟将非洲目前水稻产量的2800万吨增加到2030年的5600万吨;日本将派遣有经验的农业专家前往非洲国家传授农业技术;支持非洲

---

① 投资部分除注明外,数据均来自日本贸易振兴会相关统计:Japan External Trade Organization, Statistics: https://www.jetro.go.jp/en/reports/statistics, 2020年3月12日。

② *JICA Annual Report* 2017, https://www.jica.go.jp/english/publications/reports/annual/2017/c8h0vm0000bws721-att/2017_all.pdf, p.47, 2018年2月9日。

国家海洋安全能力建设、提升海洋资源管理能力,未来三年为非洲国家培训1000名海洋安全人员;日本将继续支持非洲国家改善港口设施。①

四 日本对非合作有明显的战略指向

基于日本的战略利益和外部国际环境的变化,日本对非合作指向发生了新变化。

(一)突出日本战略关切重点

日本对非政策的战略意图主要始于20世纪90年代初冷战结束,其时日本得以摆脱冷战期间美国与西方集团对日本外交的意识形态约束,相对可以根据自己的国家利益做出选择。也正是基于这一背景,日本于1993年成立了东京非洲发展国际会议机制。时任日本首相细川护熙在1993年东京国际会议上的讲话提出,未来日本对非政策有四要点:一是日本将继续支持非洲国家的政治、经济改革,日本将在与联合国等相关机构开展合作的基础上在非洲发挥更大的作用;二是日本将增加对非洲的发展援助,从1993年开始的五年内拟向非洲提供700亿—750亿美元的援助;三是日本将积极支持非洲的人力资源开发,将加强推动与非洲国家青年之间的交流,关注非洲的环境问题;四是日本希望与非洲国家建立超越援助国与受援国关系的"长期可靠的友好关系"②。经过几十年的发展,到21世纪第二个十年,日非东京国际会议合作机制已经成熟。2016年第六届东京国际会议确定合作领域非常广泛,综合为"推动非洲经济多样化和产业化、卫生健康、社会稳定与维持和平"三个领域,具体包括农业与海洋经济、人力资源开发、政府治理与财政、反对恐怖主义和极端主义、全球性问题与气候变化、食品安全等政治、经济、文化、安全各领域;会议同时宣布,2016—2018年三年间日本计划向非洲国家提供300亿美元资金支持。③ 借助会议平台,日本持续在东京国际会议文件中带入诸如联合国改革等涉及日本自身的利益诉求,日本首相安倍晋三在2016年第六届东京国际会议开幕式上的讲话更是大谈联合国改革问题,称:日本支持非洲最迟于2023年获得安理会常任理事国席位,又强调联合国安理会改革是日本和非洲的共同目标,呼吁双方共同推动实现这一目标。④ 会后发布的行动计划又特别提到海

---

① *Yokohama Plan of Actions* 2019, *Actions for Implementation of the Yokohama Declaration* 2019, https://www.mofa.go.jp/region/africa/ticad/ticad7/pdf/yokohama_declaration_en.pdf,2020年3月1日。

② Keynote Address by Prime Minister Morihiro Hosokawa of Japan at the Tokyo International Conference on African Development (5,October 1993,Tokyo),http://www.mofa.go.jp/region/africa/ticad/ticad1.html,2016年1月12日。

③ Japan's Measures for Africa at TICAD Ⅵ "Quality and Empowerment",http://www.mofa.go.jp/files/000183835.pdf,2018年2月5日。

④ Address by Prime Minister Shinzo Abe at the Opening Session of the Sixth Tokyo International Conference on African Development (Saturday,August 27,2016),http://www.mofa.go.jp/afr/af2/page4e_000496.html,2018年2月5日。

洋安全、国际法和联合国安理会改革相关内容。[①]

2019 年第七届东京国际会议将对非合作重点放在经济、社会与和平稳定三大领域。具体包括：通过创新和私营部门参与，促进非洲经济转型；推动建设可持续和有活力的社会建设；加强非洲的和平与稳定。安倍首相在会上宣布，未来三年日本将在人力资源（包括实施"安倍倡议 3.0"）、推动非洲全民健康覆盖计划、非洲和平与稳定新途径以及增加对非私人投资等方面加强对非合作。此次会议各项议题及成果显示，日本对非战略合作进一步深入推进，特别在海洋安全、联合国改革和积极确认"自由开放的印太战略"等战略议题上进一步突破。作为日本战略关切的重点，裹挟着非洲的关切，联合国安理会改革问题在第七届东京国际会议发表的《横滨宣言》中得到充分表述。《横滨宣言》指出：安理会改革应通过全面、透明和平衡的方式，对包括否决权在内的所有关键问题进行回应解决。不过，值得注意的是，《横滨宣言》中表述的安改问题非洲立场并没有改变，非方仍然要求在改革后的安理会拥有两个否决权席位。这与日本、德国、印度和巴西坚持的搁置否决权 15 年的"四国方案"有所不同，意味着《横滨宣言》中非洲的立场并不能够对日方立场形成实际支持，只是尊重东道主的一个姿态而已。

（二）日本对非战略体现与中国的战略竞争

随着中国的战略崛起，中日在历史问题、意识形态和领海领土主权等问题上的矛盾也一度十分突出，日本一直在东亚地区充当美国围堵中国的棋子或先锋。以此为基础，中日在经济实力和综合国力方面的竞争也在向扩大的地缘层面延伸，将非洲拉入日本新的地缘政治战略框架就成为日本外交的新方向之一，日本与美国和印度共同倡导的"印太战略"和"亚非增长走廊"是日本对中国战略竞争的工具。

所谓"印太战略"，源于"印太"概念，原本指从印度洋到西太平洋和中太平洋的地理区域。但自 2011 年以来，美国、日本、印度和澳大利亚等国官方或学界有意将这一地理概念提升为地缘战略区域，并将"印太"地区范围延及非洲东海岸，形成东至太平洋东岸的美洲，南及大洋洲，北及日本及东亚地区、西至印度及印度洋并及至非洲东岸的广大区域。出于扩大联盟制衡中国的目的，日本对推动实践"印太"概念尤为积极。在 2018 年 6 月召开的第七届东京非洲发展国际会议部长级会议上，日本外务大臣河野太郎将印太战略与非洲的联系描述为"通过印度洋和太平洋，将非洲与北美和南美洲连接起来"[②]。2019 年 8 月，东京国际会议《横滨宣言》确认了

[①] TICAD Ⅵ *Nairobi Implementation Plan*, August 28, 2016, http：//www.mofa.go.jp/af/af1/page3e_000549.html, 2016 年 11 月 9 日。

[②] Statement by H. E. Mr. Taro KONO, Minister for Foreign Affairs of Japan, at the Opening Ceremony of the TICAD Ministerial Meeting (October 6, 2018 Tokyo), https：//www.mofa.go.jp/af/af1/page4e_000917.html, 2020 年 3 月 7 日。

"印太战略",这也是日非峰会正式文件中首次确认"印太战略"。①

鉴于"印太战略"的推动者各方与中国的战略竞争关系,以及这一战略涵盖区域与中国"一带一路"之"21世纪海上丝绸之路"的高度重合性,可以说,日本所谓"自由开放的印太战略"的核心目标就是围堵中国。

"亚非增长走廊"(AAGC)是日本和印度共同推动的对非合作新平台,其目的是在日印两国各自对非合作平台基础上,形成与"印太战略"相匹配、能够更加有效将非洲纳入美、日、印、澳地缘战略框架的实质性合作框架。早在2016年印度总理莫迪访日期间,日印在双方发表的联合声明中便提到"亚非增长走廊"。在2017年5月于印度召开的非洲开发银行第五十二届年会上,印度宣布亚非增长走廊启动。根据相关亚非增长走廊远景文件:亚非增长走廊将充分利用日印双方现有的对非合作平台(即东京非洲发展国际会议和印非论坛峰会)推进对非合作,印度与日本间的"特殊战略与全球伙伴关系"凸显了亚非增长走廊的价值。根据规划,亚非走廊框架日印对非合作将涵盖四个方面:增强能力与技术、高质量基础设施与制度联通、发展与合作项目、人民间的伙伴关系。②

日本推进亚非增长走廊的目的在于为"印太战略"填充内容,旨在最终形成以印太战略为政治框架、以亚非增长走廊为经济合作平台的完整的地缘战略合作区域带,为日印与中国在非洲的合作提供新的竞争工具。

结 论

东京国际会议框架下的日本对非洲合作,体现着日本对非政策发展方向,其特点是在全面推进对非政治、经济合作的同时,最大程度拓展日本的战略利益。截至第七届东京国际会议召开之前,第六届会议后续成果落实有所进展,特别在日本对非援助领域进展较为明显。同期,日本对非贸易和投资持续发展,但有所起伏。日本对非援助涵盖较多领域,是日本对非合作的主体部分。2019年第七届东京国际会议将对非合作重点放在促进非洲经济转型、推动建设可持续有活力社会和加强非洲和平稳定三个领域,关注非洲大陆自贸区发展,基本呼应了非洲的需求。通过第七届东京国际会议《横滨宣言》,日本再次将其关注的联合国安理会改革和印太战略纳入日非合作话语体系。可以说,日本对非政策的主线条就是在推动日本在非洲政治、经济影响力的同时,将非洲纳入美日印地缘战略大框架,从而达到在与中国战略竞争中不落下风的目的。

---

① The 7th Tokyo International Conference on African Development (TICAD7) 28 – 30 August, 2019, Yokohama, Japan, https://www.mofa.go.jp/files/000521256.pdf, 2020年3月2日。

② Asia Africa Growth Corridor Partnership for Sustainable and Innovative Development, A Vision Document: http://www.eria.org/Asia-Africa-Growth-Corridor-Document.pdf, 2018年2月10日。

俄非峰会机制下俄罗斯与非洲关系

徐国庆[*]

摘　要：近期，俄罗斯致力于全面发展与非洲的关系。俄罗斯不但扩大对非武器出口、深化与非洲能源合作，还注重与非洲国家的外交、安全与战略互动。除了强化与传统友好国家的关系，俄罗斯还加大与非洲各地区主要国家的经济和政治合作力度，推动与非洲在经济、人文等领域的合作步伐。2019年10月23—24日，俄罗斯更是一改以往在对非关系上的"低调"态度，召开了首届俄罗斯非洲峰会。峰会彰显冷战后俄罗斯对非政策的调整，会议成果主要体现在《首次俄罗斯非洲峰会宣言》文件之中，对未来俄罗斯非洲关系的发展有重要意义。

关键词：俄罗斯的非洲政策；俄非峰会；《首届俄罗斯非洲峰会宣言》；战略利益

进入21世纪，非洲作为能源、原材料产地和消费市场的潜力日益受到全世界重视。随着经济上的复苏，非洲在国际政治舞台上也重新活跃。自2018年以来，俄罗斯普京政府大力推动与非洲国家的关系。2019年10月23—24日，俄罗斯召开首届俄罗斯非洲峰会，这吸引了全球的目光。

一　俄非峰会召开的背景

此次俄罗斯非洲峰会的召开，与普京政府近期对非政策的变化有密切关系。这种变化主要体现在三个方面。

（一）俄罗斯强化对非外交互动

长久以来，俄罗斯对非合作的重点是北非地区和南非等少数撒哈拉以南国家。不过，从2018年起，俄罗斯非洲的外交互动频繁。2018年3月，俄罗斯外长拉夫罗夫访问安哥拉、埃塞俄比亚、莫桑比克、纳米比亚和津巴布韦等非洲五

---

[*] 徐国庆，中国非洲研究院副研究员，主要从事新兴国家对非关系、新兴国家间关系研究。

国；会见非洲联盟委员会主席法基,就非洲联盟与欧亚经济联盟、上海合作组织开展合作等议题交换意见。6月,拉夫罗夫访问卢旺达,这是他在2004年就任外长以来首次到访卢旺达;俄罗斯还首次邀请尼日利亚参议院议长布科拉·萨拉基在俄罗斯议会上院发表演讲。7月,普京总统不但在2018年世界杯期间接见加蓬总统邦戈和苏丹总统巴希尔,而且借参加金砖国家峰会之际,会见赞比亚总统伦古和安哥拉总统若昂·洛伦索。此外,俄罗斯外交部与交通部等机构合作,计划为在非洲国家媒体组织工作的高级编辑启动短期培训,并在2018年到2020年执行为期两年的试点方案。①

(二)俄罗斯对非政策中经济内容日渐加重

俄罗斯积极推动与非洲经贸合作。通过2018年4月俄罗斯出口中心与非洲进出口银行签署合作协议,俄罗斯出口中心设立200亿美元的基金,为俄罗斯向非洲国家航空公司制造商用飞机提供资助。② 为加强与非洲国家制造业合作,2018年3月,俄罗斯与津巴布韦签订建造一个经济特区的协议;5月,俄罗斯与埃及签署一项在苏伊士运河地区建立俄罗斯工业区的协议,据此,俄罗斯计划投资约1.9亿美元,利用其工业组装及生产方案,制造面向埃及和第三方市场的高品质产品。③ 此外,为深化矿业合作,2018年3月,俄罗斯表示将全力执行在津巴布韦的一项30亿美元的铂矿合资项目。④ 7月,南非俄罗斯举行第三次铂族金属会议,两国签署一项关于核技术非电力使用领域开展合作的协定。

(三)俄罗斯非洲防务合作日趋密切

俄罗斯注重与非洲安全与防务互动。在联合国安理会武器禁运的例外许可下,俄罗斯成为首个向中非共和国提供武器和军事人员培训的国家,2018年1月,俄罗斯开始向中非共和国提供步枪等装备,并向该国总统派遣一名国家安全顾问。3月,俄罗斯外长拉夫罗夫就提供防空系统等事宜,同卢旺达展开协商。在访问非洲联盟总部时,拉夫罗夫表示俄罗斯希望获得非洲联盟警察合作机制的观察员地位,愿为非洲外交官提供培训。4月,喀麦隆、南非、乌干达等十几个非洲国防部长或副部长应邀参加第七次莫斯科国际安全会议,其间,俄罗斯与莫桑比克签署简化俄罗斯军舰对莫桑比克港口访问的政府间协定及两国国防部在海军

---

① Kester Kenn Klomegah, "Russia Offers Training for African Editors", July 19, 2018, http://www.thenewdawnliberia.com/feature-op-ed/special-feature/17614 - russia-offers-training-for-african-editors-from-kester-kenn-klomegah-moscow.

② Kaleyesus Bekele, "Russia To Fund Commercial Aircraft Presence in Africa", April 17, 2018, https://www.ainonline.com/aviation-news/air-transport/2018 - 04 - 17/russia-fund-commercial-aircraft-presence-africa.

③ "Russia, Egypt Sign Deal to Build Industrial Zone in Suez Canal Area", *Xinhua*, May 24, 2018, http://www.newtimes.co.rw/africa/russia-egypt-sign-deal-build-industrial-zone-suez-canal-area.

④ "Russia Seeks Military Cooperation, Diamond, Platinum Projects in Zimbabwe", Reuters, March 9, 2018.

领域合作备忘录。① 7月，俄罗斯与南部非洲发展共同体签署推动双方军事技术发展的谅解备忘录，俄罗斯认为这能为其与非洲国家在军事技术领域奠定多边合作基础。

总之，当前，俄罗斯正致力于实现与非洲国家与地区的全方位、多领域合作。不过，同欧非首脑会议、日本非洲发展国际会议、中非合作论坛、巴西非洲论坛会议相比，此前俄罗斯还缺少一个与所有非洲国家直接互动的机制。因此，俄罗斯非洲峰会应运而生。2018年7月，俄罗斯总统普京在金砖国家领导人第十次会晤期间，宣布俄罗斯将在次年举办首次俄非峰会。

二 俄非峰会推出的主要举措

此次俄罗斯非洲峰会由俄罗斯和非洲联盟轮值主席国埃及共同主持，主题为"俄罗斯和非洲：释放合作潜力"，峰会提出的倡议主要体现在三个方面。

（一）推动俄罗斯非洲合作迈入机制化轨道

峰会视俄罗斯与非洲整体的机制化合作为重要议题。峰会的与会代表来自54个非洲国家，43个非洲国家的元首和政府首脑到会。会议许诺致力于建立俄罗斯联邦议会和非洲国家议会间的定期对话，组建双边友好小组；确立年度外交部长级磋商机制，组建俄罗斯非洲伙伴关系论坛，该论坛负责俄非峰会的协调与筹划，每三年召开一次。此外，《首届俄罗斯非洲峰会宣言》文件强调将为既有的俄非政府间贸易、经济和科技委员会提供支持，助推俄罗斯和非洲国家建立新伙伴关系机制，推动双方在各自领土上设立大众传媒枢纽，申明和平解决争端，深化在联合国等多边机制中的合作，致力于维护现存国际武器控制、核不扩散与裁军构架，反对太空军事化，推动俄非在国际信息安全领域的合作。不仅如此，俄罗斯还承诺深化金砖国家与非洲伙伴关系，支持国际多边体系中的集体磋商机制，扩大发展中国家在其中的权重。②

（二）挖掘俄罗斯非洲经贸领域合作潜力

普京认为过去5年来，俄罗斯和非洲大陆的双边贸易额增加了一倍以上，已超过200亿美元，深信未来四至五年将至少再翻一番。③ 峰会期间，俄罗斯召开首次俄非经济论坛会议，170多家俄罗斯公司参会。俄商界还组织涉及农业、重型和轻型工程、军事和民用设备等领域的展览会，此外，俄罗斯非洲就核能、能源领域合作展开

---

① "Russia-Africa: Military Partnership", May 31, 2018, http://valdaiclub.com/a/highlights/russia-africa-military-partnership/.
② "Declaration of the First Russia-Africa Summit", October 24, 2019, https://summitafrica.ru/en/about-summit/declaration/.
③ George Nyongesa, "Putin's Africa tilt to bring dividends for Russia", *China Daily*, November 20, 2019, p.6.

交流，讨论数字经济、环保等方面的合作机会。其间，俄罗斯与部分非洲国家签署 50 多项经贸合作协议，价值超过 120 亿美元。① 《首届俄罗斯非洲峰会宣言》文件表示将探索俄罗斯与非洲联盟、非洲主要次区域组织的合作前景，推动欧亚经济联盟和非洲国家的经贸合作。② 值得一提的是，峰会期间，俄罗斯宣布设立一个 50 亿美元的筹资机制，支持俄罗斯非洲贸易发展。③

（三）支持非洲能力建设

普京表示俄罗斯希望扩大在非洲的存在，系统性地支持非洲大陆的发展，包括向非洲提供贸易优惠、共同抗击传染病、开展教育合作等。值得一提的是，普京强调俄罗斯已减免非洲国家所欠的 200 亿美元债务。俄罗斯注重宣扬俄非传统友谊，推动人员交流。俄罗斯还承诺为非洲维和提供人员培训，帮助非洲解决重大冲突和危机，支持苏丹等国稳定国内政治局势，探索支持非洲基础设施建设和工业化的方式，并与南非就联合军工制造展开探讨。④ 不仅如此，俄罗斯会展基金会与俄罗斯科学院非洲研究所签署合作协议，还与埃及、马里等非洲国家的商贸机构签署合作协议。

三 俄非峰会折射俄罗斯的利益需求

俄罗斯非洲峰会是俄罗斯推进对非关系的主要举措，体现了俄罗斯的国家利益。

（一）非洲是俄罗斯提高国际地位的倚重

近些年，俄罗斯普京政府对外战略有所变化。2013 年 2 月，俄罗斯政府发布新版《俄罗斯联邦外交政策概念》，强调使用现代方法处理外交事务，包括开展经济外交、注入软实力因素。俄罗斯制定《俄语 2016—2020》专项计划，针对青年群体开展的公共外交包括留学教育、短期赴俄罗斯考察项目等。2017 年，俄罗斯通过《俄罗斯海军学说》，该文件强调要促进俄罗斯海军作为一支全球力量的愿景，在未来十年内将继续成为仅次于美国的世界第二大海军。在 2018 年 5 月的总统就职演说中，普京表示俄罗斯应成为国际事务中强大、积极和有影响力的参与者，指出俄罗斯将以开放姿态迎接对话，主张同所有国家开展以维护世界和平与稳定为宗旨的平等、互利

---

① "Russia returns to Africa with a Bang", *The Standard*, November 2, 2019, p.6.
② "Declaration of the First Russia-Africa Summit", October 24, 2019, https://summitafrica.ru/en/about-summit/declaration/.
③ "Russia's 'Secret Weapon' for Winning Influence in Africa", October 24, 2019, https://www.rt.com/news/471773-russia-secret-weapon-win-africa/.
④ "Sudan: Putin-We Will Support Sudan to Normalize Political Situation", Sudan News Agency, October 24, 2019.

合作。①

与此同时，俄罗斯对其在非洲的影响力的下滑表示担忧。在政策层面，俄罗斯科学院非洲研究所教授阿列克谢·瓦西里耶夫（Aleksei Vasiliev）认为虽然俄罗斯政界宣称将推动与非洲关系视为优先目标，但缺乏系统的实践活动，俄罗斯非洲关系的发展迄今没有任何可圈可点之处。② 该所所长伊琳娜·阿布拉莫娃（Irina Abramova）呼吁俄罗斯政府向非洲国家提供俄罗斯制定的合作方案。就实际状况而言，据俄罗斯人民友谊大学的统计，自20世纪70年代以来，有40万非洲学生在苏联或俄罗斯接受培训，但截至2019年在俄罗斯大学的非洲学生不足5000位。③ 根据俄罗斯政府估计，非洲说俄罗斯语的人数仅为10万，仅南非等国的几所大学教授俄语课程，且选修者以有意前往俄罗斯的学生和外交官为主。④ 俄罗斯认为这将给其执行对非政策造成负面影响。在安全层面，2018年3月，俄罗斯外长拉夫罗夫对世界各大国密集聚焦非洲之角表示关切，认为这一方面体现了国际社会对该地区恐怖主义、海盗行为、跨界犯罪和贩毒等安全议题的关切，但另一方面不利于非洲一体化进程，加剧大国在全球军事领域的竞争态势。⑤

（二）非洲是推动国际格局多极化的重要力量

俄罗斯安理会秘书尼古拉·帕特鲁舍夫指责西方，特别是美国在经济、信息、心理、军事和政治等方面的施压，阻碍多极世界进程。面对2016年以来，美国与俄罗斯的博弈和对抗不断升级、俄罗斯与西方国家的外交政治矛盾愈加尖锐、战略空间受挤压的严峻现实，俄罗斯迫切需要调整外交战略，以摆脱外交困境。而加强对非合作，对于俄罗斯平抑外部压力，维护自身利益方面具有不可代替的意义。正如俄罗斯科学院俄非关系和非洲国家外交政策研究中心主任叶夫根尼·科连佳索夫（Yevgeny Kolentyasov）所言，对于俄罗斯来说，加强与非洲关系具有重要地缘政治意义，在他看来，非洲精英赞赏俄罗斯捍卫国家主权的立场以及对干涉内政行为的谴责，俄罗斯和非洲国家都支持多极化的国际关系，非洲早已不是西方国家看来没有主见的软弱伙伴。⑥ 值得一提的是，当前非洲国家占联合国大会席位的25%左右，且在安理会非常任理事国中占3个席位。在针对2014年联合国批评俄罗斯吞并克里米亚的决议投票

---

① 徐国庆：《普京凝视非洲》，《环球》2018年第17期。
② Kester Kenn Klomegah, "Russia-Africa: It's a New Year, The Same Old Fairy Tales", January 3, 2019, https://www.exchange.co.tz/russian-african-relations/.
③ Arnaud Kalika, "Russia's 'Great Return' to Africa?", *Russie. Nei. Visions*, No. 114, Ifri, April 2019, p. 17.
④ Maina Waruru, "Universities Team up to Teach Russian in Africa", December 3, 2018, https://thepienews.com/news/zambian-university-in-partnership-to-teach-russian-in-africa/.
⑤ Kostelyanets S. V., "Geopolitical 'funnel' of the Red Sea", March 4, 2018, https://www.inafran.ru/en/node/678.
⑥ "The First Russia-Africa Summit will be held in Sochi in October", *Sputnik News*, April 1, 2019.

中,29个非洲国家持反对或弃权态度,6个非洲国家没有出席投票。[1] 正因此,俄罗斯外长拉夫罗夫强调,尽管有来自西方的巨大压力,但多数非洲国家在国际法、人权,及重视联合国在国际多边机制中的核心角色等议题上能坚持原则立场,这符合俄罗斯的外交利益。2018年5月,俄罗斯外交部声明,在全球舞台发生深刻变化的背景下,同撒哈拉以南非洲国家合作,对于俄罗斯执行外交政策具有特殊意义。[2]

(三)非洲的经济潜力适应俄罗斯发展需求

西方制裁刺激俄罗斯寻求新的合作伙伴。自2014年起,美国对俄罗斯的防务领域实施制裁,欧盟推出禁止与俄罗斯的军事物资直接贸易。2017年7月,美国总统特朗普还签署《通过制裁打击美国对手法案》(CAATSA)等。为缓解困局,俄罗斯探索在"俄罗斯制造"计划下,推动工业产品对拉丁美洲、亚洲和非洲市场传统的出口。值得关注的是,近些年俄罗斯非洲经贸处于上升阶段。2014—2017年,非洲对俄出口显著增加,增幅达54亿美元。仅2018年前9个月,俄非贸易额就达到了126亿美元左右。峰会前夕,俄罗斯科学院俄非关系和非洲国家外交政策研究中心主任叶夫根尼·科连佳索夫指出,2017年,俄非贸易额比2000年增长了16倍,俄罗斯铝业联合公司、俄罗斯天然气工业股份公司、俄罗斯石油公司、谢韦尔钢铁公司等多家俄企已成功进入非洲市场。俄罗斯对非洲消费者提供小麦多达3000万吨,同时,非洲对俄果蔬出口不断增加,正在取代遭俄制裁反制的欧洲竞争对手。[3]

俄罗斯希望进一步拓展对非经贸合作机遇。究其主因,主要有二。一是在俄罗斯看来,同俄罗斯非洲政治关系相比,双方经济合作严重滞后。如,苏丹为俄罗斯的传统盟友,但两国贸易不足4亿美元。[4]俄罗斯与南非同为金砖国家机制成员,根据世界银行统计,按实际GDP计算,2018年南非为非洲第二大经济体(4299亿美元),仅次于尼日利亚(4694亿美元)。不过,俄罗斯对非出口的81.8%集中在北非地区,对南非的出口只占俄罗斯对非洲出口的1.8%。[5] 因此,俄罗斯外长拉夫罗夫表示将尽最大努力,把俄罗斯非洲经贸关系提高到与俄罗斯非洲政治合作同样高的水平。[6]

---

[1] Paul Stronski, "Late to the Party: Russia's Return to Africa", October 16, 2019, https://africacenter.org/security-article/late-to-the-party-russias-return-to-africa/.

[2] "Russia Signals Readiness to Deepen Economic Ties with Africa", June 17, 2018, http://3news.com/88932-2/.

[3] "The First Russia-Africa Summit will be Held in Sochi in October", *Sputnik News*, April 1, 2019.

[4] "Sudan, Russia Discuss Promotion of Military Cooperation", *Sudan Tribune*, May 18, 2018.

[5] "Russia and Africa: Long-Term Trade and Economic Partnership", *Analytical Digest*, October 17, 2019, https://roscongress.org/en/materials/rossiya-afrika-dolgosrochnoe-torgovo-ekonomicheskoe-partnyerstvo/.

[6] Kester Kenn Klomegah, "Russia to Deepen Trade and Investment Cooperation with Africa", July 5, 2018, http://www.ghananewsagency.org/economics/russia-to-deepen-trade-and-investment-cooperation-with-africa-135151.

在会见赞比亚总统伦古时,普京总统表示两国外交关系悠久,现在应将焦点转移到经济合作上。[1] 二是非洲一体化的深入为俄罗斯非洲经贸合作创造良机。俄罗斯出口中心主任彼得·弗拉德科夫表示俄罗斯一直在尽一切努力避免"原材料"出口模式,把重点放在发展出口导向型的工业上。[2] 普京表示俄罗斯应在传统的强势领域逐步建立领先地位,并稳扎稳打地全力争取在明显存在不足的领域取得所需成果。在2018年5月25日的"非洲解放日"上,普京指出非洲大陆取得发展进步,区域经济一体化不断深入,表示俄罗斯将与非洲合作,支持其实现更大发展,并就解决冲突和危机协调行动。[3] 此外,非洲资源丰富,南非铂资源占世界的80%,津巴布韦铂矿资源仅次于南非,阿尔及利亚拥有世界第三大天然气和页岩油储量。[4] 预计非洲运营商将在未来20年内订购约1000架新飞机,以满足非洲大陆客运和货运服务日益增长的需求。[5]

四 俄非峰会成果的落实前景

峰会表明俄罗斯加大对非外交力度的决心。俄罗斯在落实峰会的内容、追求国家利益上既有很多优势,也面临着不少挑战。

(一) 俄罗斯落实俄非峰会成果的有利因素

当前俄罗斯在非洲的布局,将为峰会后的俄非关系做一定铺垫。其一,俄罗斯已以能源、安全与军事等领域合作为媒介,加强与非洲各地区主要大国的合作。如在北非,俄罗斯加强与埃及、苏丹等国的传统合作关系;在中、西部非洲,俄罗斯增强与中非共和国、尼日利亚等国的合作;在东、南部非洲,俄罗斯深化与埃塞俄比亚和南非、莫桑比克的合作。其二,部分非洲国家展现出推动俄罗斯非洲深化合作的浓厚兴趣。卢旺达外交部部长路易丝·穆希基瓦博表示卢旺达愿通过提供"沟通渠道",促进俄罗斯与非洲关系。苏丹前总统巴希尔强调苏丹在非洲有着广泛的联系,可以帮助俄罗斯发展与非洲国家的关系。[6] 尼日利亚参议院议长布科拉·萨拉基强调俄罗斯需

---

[1] Kester Kenn Klomegah, "Russia to Move Deep Ties with Africa", July 28, 2018, http://www.ghananewsagency.org/world/russia-moves-to-deepen-ties-with-africa-136312.

[2] "Africa in the 'Made in Russia' Era", *The Herald*, February 23, 2018, p.3.

[3] "Russia to Expand Relations with Africa, as Continent Marks National Day", May 29, 2018, https://www.thisdaylive.com/index.php/2018/05/29/russia-to-expand-relations-with-africa-as-continent-marks-national-day/.

[4] "Algeria has Bought Half of the Russian Weapons Sold in Africa", July 20, 2018, https://www.middleeastmonitor.com/20180720-algeria-has-bought-half-of-the-russian-weapons-sold-in-africa/.

[5] Kaleyesus Bekele, "Russia To Fund Commercial Aircraft Presence in Africa", April 17, 2018, https://www.ainonline.com/aviation-news/air-transport/2018-04-17/russia-fund-commercial-aircraft-presence-africa.

[6] "Gabonese and Sudanese Leaser Received by Putin in Russia", July 21, 2018, https://allafrica.com/stories/201807260563.html.

要扩大在尼日利亚和整个非洲的利益。①

俄罗斯对非关系适应非洲寻求合作伙伴多元化的战略需求。俄罗斯曾在非洲自由解放事业和国家建设中发挥积极角色，没有殖民非洲的历史，没有西方传统的人权说教，且在能源、军工等领域具先进技术。另外，出于维护外交独立性的考量，非洲国家重视与俄罗斯等国在内的国际社会成员展开合作。埃及总统塞西就明确指出，得益于市场和投资领域的积极变化和工业潜力增长，非洲进入新的重要发展阶段，非洲国家希望与俄罗斯合作，以提升经济和科技潜力、实现工业升级并改善基础设施，认为峰会的结果对所有参会者而言都是成功的。② 军事上，俄罗斯和非洲在军事合作方面有着深厚渊源，在安全方面有合作需求。俄罗斯与中非共和国的安全合作，已激发刚果民主共和国和尼日尔、几内亚等国与俄罗斯在军事和经济领域的合作兴趣。③

峰会利于增强俄罗斯对非合作的信心。普京总统认为俄罗斯非洲峰会意味着俄罗斯与非洲国家关系的历史掀开新的一页。④《俄罗斯非洲"2030年共同愿景"报告》编辑安德烈·马斯洛夫（Andrey Maslov）表示此前对俄罗斯非洲峰会持质疑的态度，不过峰会的结果促使其改变看法，指出俄罗斯是在秉持互利精神，及新价值观和新目标的基础上重返非洲，俄罗斯总统和国家各部委参与峰会，显示俄罗斯领导层对非洲给予的象征性重视。⑤ 俄罗斯侨民与国际人道主义合作事务署负责人埃莉诺·米特罗凡诺娃（Eleanor Mitrofanova）表示期待更多的非洲学生获得在俄罗斯学习的奖学金，认为每年约有1750位来自非洲的学生被派遣到俄罗斯学习，短期内这一数字将增至2000位。⑥ 俄罗斯国防出口公司总经理米赫耶夫在此次峰会期间表示，非洲各国现在的订单占俄罗斯出口的40%，并表示俄计划在2019年年底前向非洲供应价值40亿美元的武器。⑦

（二）俄罗斯落实俄非峰会成果面临的诸多难题

俄罗斯非洲关系的强化引发西方国家的警惕。美国前安全顾问博尔顿认为俄正加

---

① Saraki, "Russia should Reckon with Nigeria as Focus in Africa", August 25, 2018, http://www.pulse.ng/bi/politics/russia-should-reckon-with-nigeria-as-focus-in-africa-saraki-id8524186.html.

② "Russia's 'Secret Weapon' for Winning Influence in Africa", October 24, 2019, https://www.rt.com/news/471773-russia-secret-weapon-win-africa/.

③ Maria Dubovikova, "African States Open Doors to Russia", June 12, 2018, http://www.arabnews.com/node/1320331.

④ Alua Kulenova, "Africa: The New Frontier of Russian Influence", December 10, 2019, https://www.mironline.ca/africa-the-new-frontier-of-russian-influence/.

⑤ "Russia's 'Secret Weapon' for Winning Influence in Africa", October 24, 2019, https://www.rt.com/news/471773-russia-secret-weapon-win-africa/.

⑥ "Russia Returns to Africa with a Bang", *The Standard*, November 2, 2019, p. 6.

⑦ 屈佩、孙锋：《俄罗斯与54个非洲国家开峰会，俄专家：中俄在非洲是合作伙伴》，《环球时报》2019年10月24日第8版。

强对非投资，扩大在非的影响力，非洲已成为美国与俄罗斯竞争的舞台。究其原因，从历史层面看，非洲曾是苏联美国争夺霸权的重要区域之一。尽管普京总统指出，俄罗斯所追求的并非重新划分非洲大陆的丰富资源，而是与其他国家文明竞争，进一步推进俄罗斯与非洲各国友好合作关系。不过，自2016年以来，俄罗斯加快扩大其全球力量和影响力的步伐。此前西方媒体倾向于关注俄罗斯国内问题，及俄罗斯在北极或东欧边界、中东的扩张。而2018年以来，西方认为俄罗斯一改此前对非关系的静悄悄的姿态，推动俄罗斯非洲关系获得积极快速发展，这凸显俄罗斯正致力于动用大量资源，通过在能源和原材料等部门的战略投资，重新恢复与非洲国家既有的历史联系，并建立新的合作关系。针对峰会首日，俄罗斯两架图—160战略轰炸机在南非降落，执行训练任务，美国"军事"网站称，这是俄首次在非洲大陆部署军机，旨在呼应正在俄罗斯南部城市索契举行的首届俄罗斯非洲峰会，凸显重返非洲雄心。[1]

在一定程度上讲，美国在非洲将俄罗斯视为竞争敌手。目前美国非洲经贸关系趋缓，2008—2017年，美国对非洲贸易从1000亿美元降至390亿美元。[2] 有西方专家担忧俄罗斯将可能继中东之后，在非洲再一次取得成功，并最终成为非洲国际关系中不可忽视的一支力量。在他们看来，抓住机遇、填补真空，是俄罗斯普京政府的风格。在美国等西方国家近几年减少对非洲关注之际，俄罗斯通过在非洲获取军事基地港口、军备市场、自然资源等和平方式弥补过去十多年来在非洲的缺席，赢得在非洲的势力。西方专家还指出，中国与俄罗斯正在扩大在非洲的影响力，这是两国重塑世界秩序努力的一部分。除此，在一些西方舆论看来，俄罗斯为第二大武器出口国，其与非洲军事合作的深入，将对美国等国对非军售构成挑战；波音和空中客车公司等西方飞机制造商主导着非洲民用航空市场，而俄罗斯参与非洲航空市场，可能激化竞争态势。美国非洲司令部瓦尔德豪瑟（Waldhauser）甚至认为，俄非关系的发展，将促使俄罗斯有能力冲击北约南部地区的影响力。[3]

俄罗斯非洲关系的发展还受到诸多自身状况因素的羁绊。其一，动力不足。冷战期间苏联曾一度在非洲扮演重要角色。不过，90年代以来，俄罗斯被视为撤退中的超级大国，其在非影响力锐减，俄罗斯因此将外交重点置于中亚等周边地区。此外，不同于印度等国，俄罗斯能源自主，在与非洲国家能源关系上，既有合作的一面，也有竞争的一面。此次峰会期间，俄罗斯与相关非洲国家未签订投资担保合同，所签署经贸合作协议大多具"谅解备忘录"性质，这在很大程度上意味着俄罗斯与非洲在

---

[1] 《俄罗斯举办首届俄非峰会，西方媒体心里泛酸》，《上观新闻》2019年10月24日，第6版。
[2] Nathan Ghelli, "Russian Investment in Africa Contributes to Its Development", June 18, 2018, http://www.borgenmagazine.com/russian-investment-in-africa/.
[3] Jeff Seldin, "Africa: China, Russia Mounting Growing Challenge to U.S. in Africa", March 8, 2018, http://allafrica.com/stories/201803080194.html.

深化经贸合作方面，尚需更多的互信、探讨与协商。其二，实力不足。受俄罗斯自身经济结构所限，俄罗斯与非洲以能源和军火等领域合作为主的局面难以短期内改观。在涉非主体方面，俄罗斯私人企业在俄非经贸中的角色不够活跃。当然，在一定程度上而言，俄罗斯在深化对非经贸合作上还面临其他大国的竞争。尤其是相比其他大国，俄非经贸合作的起点较低。2018 年，俄罗斯并没有跻身非洲五大商品贸易伙伴之列，欧盟、中国、印度、美国和阿联酋都排在俄罗斯前面。[1] 其三，非洲国家国情迥异。以农产品为例，一方面，俄罗斯是南非最大的小麦供应国，约占其进口的 30%，[2] 但另一方面，尽管俄罗斯对农产品进口给予优惠待遇政策，非洲人却很少使用，俄罗斯须与非洲单个国家协商，简化非洲国家产品进入俄罗斯市场手续。[3] 其四，俄罗斯需要在对非军售和维和间达成平衡，避免因军售引发非洲局势动荡。如，中非共和国派系众多，维和任务艰巨，三名俄罗斯记者亦在该国遭到枪杀。有专家认为这是对俄罗斯干涉中非共和国局势的不满所致。中非共和国政府还拒绝俄罗斯就武装派别力量展开磋商的建议。[4] 自 2017 年 12 月，俄罗斯向中非共和国约 1300 名军人提供装备和培训以来，舆论对俄罗斯回归非洲的讨论加强。有专家指出，俄罗斯向非洲提供武器的做法，显示普京政府的最终目标可能是管理冲突，而不是专注于真正解决冲突，其利于增强俄罗斯在非洲政局中的影响力，强化非洲对俄罗斯的依赖，淡化西方大国在非角色。2018 年，法国国防部长弗洛朗丝·帕利（Florence Parly）在达卡论坛上甚至表示，俄罗斯涉足中非共和国，将不利于其局势稳定。[5]

结　论

出于国家利益和地缘政治的考量，俄罗斯正加强与非洲国家关系。而 2019 年召开的首届俄罗斯非洲峰会，则成为冷战结束以来俄罗斯调整对非关系的集中体现。相比以往，当前俄罗斯对非政策更具全面性和有效性。虽然就未来趋势看，俄罗斯与非洲关系的发展将面临国际竞争、实力不足等因素的羁绊。但在一定程度上讲，峰会的成功举办不仅适应非洲致力于国际合作伙伴多元化的战略需求，还利于俄罗斯与非洲整体互动的机制化、拓展对非经贸合作潜力，并进而提升俄罗斯强化对非合作的信心。客观而言，俄罗斯非洲合作是非洲国际关系的重要组成部分，对新兴国家与发展中国家的合作将提供独特的经验和启示。

---

[1] 《俄罗斯举办首届俄非峰会，西方媒体心里泛酸》，《上观新闻》2019 年 10 月 24 日，第 6 版。

[2] UkrAgro, "Russia Plans to Export Meat, Fish and Sugar to South Africa", July 30, 2018, http://www.blackseagrain.net/novosti/russia-plans-to-export-meat-fish-and-sugar-to-south-africa.

[3] Kester Kenn Klomegah, "Africa in the 'Made in Russia' Era", *The Herald*, February 23, 2018, p. 6.

[4] "C. Africa Rejects Russia Mediation Bid with Rebels", July 12, 2018, https://www.journalducameroun.com/en/c-africa-rejects-russia-mediation-bid-with-rebels/.

[5] Arnaud Kalika, "Russia's 'Great Return' to Africa?", *Russie. Nei. Visions*, No. 114, Ifri, April 2019, p. 5.

第三篇
专题特稿

中国与发展中国家的治国理政经验交流：历史、理论与世界意义

罗建波[*]

摘　要：当下国内外关注的中国治国理政经验，主要是指中国改革开放以来逐步探索和积累的改革、发展与治理经验。其基本内涵包括：独立自主、发展至上、渐进改革、有效政府、多元共识。随着发展中国家对中国发展的普遍关注以及中国自信的增长，中国与其他发展中国家的经验交流、观念互动和治理对话正在稳步发展，成为当前南南合作深入发展的重要着力点和生长点。继续推进中国与其他发展中国家治国理政经验交流的行稳致远，需要坚持相互平等、互学互鉴、存异求同的原则。

关键词：发展中国家；治国理政经验；南南合作；中非关系

当今世界面临百年未有之大变局，全球性的观念、制度和文化的合作与交流更加紧密，竞争与交锋也更加激烈。其中最富积极意义的方面，是中国与其他发展中国家的经验交流、观念互动和治理对话正在稳步发展，成为当前南南合作深入发展的重要着力点和生长点。此种经验交流在本质上属于人文交流的范畴，也具有全球发展和全球治理层面的意义，其深入发展不仅有助于培育中国与其他发展中国家的相互理解和政治互信，也可以通过经验、观念和制度层面的对话助推发展中国家的整体发展，帮助它们更好地应对和解决全球性发展和治理问题。

一　治国理政经验交流的历史演进

经验交流一直是中国与发展中国家南南合作的重要内容。中华人民共和国成立70年来，中国与发展中国家合作从第三世界民族解放运动时期的政治团结与互助，逐步发展过渡到经济建设和国家发展进程中的全方位互利合作，中国与发展中国家的经验交流也从最初以革命经验交流为主，逐步拓展提升为改革与发展经验的分享，以

---

[*] 罗建波，中共中央党校（国家行政学院）国际战略研究院教授，主要研究方向是中非关系、治国理政经验研究。本文是在刊发于《西亚非洲》2019年第4期的文章基础上修改而成。

及更为全面意义上的治国理政经验交流。南南合作历史任务的转变以及国际环境的巨大变迁，赋予不同时期经验交流以不同的内容与形式，也因此呈现出鲜明的时代烙印。

早在20世纪50—70年代，年轻的中国怀揣共产主义的世界情怀，也着眼为自身维护主权独立并打破外部封锁争取更多的政治支援，曾广泛声援和支持第三世界的民族解放运动。在这一时期，许多亚非拉国家友好人士纷纷前往中国，寻求实现国家独立的精神激励和斗争经验。第三世界的大团结极大地推动了亚非拉世界的民族独立运动，摧毁了西方殖民大国建立和维系的长达百余年的殖民体系，中国在这一斗争中也极大地彰显了自身的力量和价值，有力塑造了中国与其他第三世界国家的政治认同与互信，奠定了中国与其他发展中国家友好合作的政治和情感基础，其历史意义至今仍在显现。中国与发展中国家的历史性接触，从一开始就具有重大的世界意义。

20世纪70年代后期，中国战略重心逐步转向经济建设，亚非拉世界民族独立运动也基本完成，南南合作的历史任务悄然发生重大转变。如果说此前中国与其他发展中国家经验交流主要是革命经验的横向传递，那么进入80年代后则演变为发展经验的横向交流。20世纪80—90年代，中国领导人在会见发展中国家代表时，一个重要内容是向外宾介绍中国改革和发展经验，鼓励他们探索适合自身条件的发展道路。1985年8月邓小平同志在会见坦桑尼亚总统尼雷尔时谈到，"我们的经济改革，概括一点说，就是对内搞活，对外开放。"他自信地展望："我们的改革不仅在中国，而且在国际范围内也是一种实验，我们相信会成功。如果成功了，可以对世界上的社会主义事业和不发达国家的发展提供某些经验。"[①]

进入21世纪，中国开始逐步显现经济发展的巨大成就，国际影响力得到快速提升，中国也更加自信地向世界特别是发展中国家介绍中国发展的成就与经验。许多发展中国家在经历八九十年代的政治动荡和经济停滞后，也开始更加重视对中国政治经济持续发展和社会稳定的关注，非洲国家"向东看"、部分拉美国家"向西看"正是在这一背景下出现的。2000年首届中非合作论坛部长级会议的召开，开创性地设立"非洲人力资源开发基金"，推动了中非人力资源开发合作的大规模快速发展（见表1）。2006年1月，中国政府发表首份对外政策白皮书——《中国对非洲政策文件》，把"相互学习、共谋发展"确定为中国对非洲政策的四项原则与目标之一，明确提出中非双方"相互学习借鉴治国理政和发展的经验。"[②] 治国理政经验开始作为一个独立词汇被明确提了出来。

[①] 邓小平：《对中国改革的两种评价》（一九八五年八月二十一日），载《邓小平文选》第三卷，人民出版社1993年版，第135页。

[②] 《中国对非洲政策文件》，《人民日报》2006年1月13日。

表1 中非合作论坛会议拟定的非洲人力资源培训计划

中非合作论坛会议	培训起止时间（年）	计划培训非洲学员（人次）
中非合作论坛第一届部长级会议（2000）	2001—2003	7000
中非合作论坛第二届部长级会议（2003）	2004—2006	10000
中非合作论坛北京峰会暨第三届部长级会议（2006）	2007—2009	15000
中非合作论坛第四届部长级会议（2009）	2010—2012	20000
中非合作论坛第五届部长级会议（2012）	2013—2015	30000
中非合作论坛约翰内斯堡峰会（2015）	2016—2018	40000
中非合作论坛北京峰会（2018）	2019—2021	50000

资料来源：笔者根据外交部中非合作论坛网站（https://www.focac.org/chn）资料整理。

党的十八大特别是十九大以来，中国开始更加自信地思考自己的道路、理论和制度选择，更加系统地总结提炼国家发展和治理的经验、教训和相关启示，也开始更加深入地推进中国与世界特别是与其他发展中国家的治国理政经验交流。2018年中非合作论坛北京峰会明确把"能力建设"作为未来三年中非合作的"八大行动"之一，表明治国理政经验交流和国家能力建设已经成为中非合作的优先合作领域之一。中阿合作论坛强调加强治国理政经验交流，促进改革发展理念互鉴，中拉合作论坛也把治国理政经验交流作为深化中拉合作的重要事项。在此背景下，治国理政经验的交流涵盖面愈加广泛，从非洲和部分亚洲国家逐步拓展到囊括拉美、中东欧和南太平洋岛国等几乎所有发展中国家，交流内容从经济和社会发展经验逐步拓展到更为广泛、深层次的国家发展和治理领域，交流形式从党政高层交流逐步拓展到包括公共外交、民间和智库交流在内的大外交格局，交流对象也从党政官员和专家学者逐步拓展到包括传媒、非政府组织、妇女和青年领袖等各层面各领域的精英人士。治国理政经验交流已经成为中国与其他发展中国家关系的一个重要方面，成为新时代中国特色大国外交的一个重要亮点。

二 中国治国理政经验的理论内涵

一般意义上，时下国内外热议的中国治国理政经验主要是指中国改革开放以来逐步探索和积累的改革、发展与治理经验。人们试图回答，中国作为一个后起的超大型发展中国家，何以能够实现近40年的政治稳定和经济快速发展，其背后的"秘密"究竟何在？中国经验对世界意味着什么，特别是对多数尚未实现经济社会较快发展的其他发展中国家究竟有何种启示和借鉴意义？

回答这些问题，首先需要界定中国治国理政经验的本质。从最为宏观意义上讲，中国过去40年的发展是中国作为一个发展中国家主动追求现代化并深入参与经济全球化的历程。着眼中国自身历史演进，这一进程是中国近代以来追求国家独立、发展和富强的最新努力，是中国从传统社会走向现代化这一宏大社会变迁的最新阶段。放眼全球，中国发展是亚非拉第三世界国家在实现民族独立后追求发展和复兴的一个重要实践，是当今世界在解决全球发展问题上取得的一个突破性进展，也是当今世界政治经济结构呈现全球性大发展大变革大调整的重要推动力量。

对中国治国理政经验的总结和提炼，也因此具有两个指向，既要呈现中国的创新因而彰显中国个性中国特色，又要能够进行世界表达因而能为世界所理解，推动世界读懂中国，进而通过经验交流互鉴助推世界减贫与发展进程以及发展中国家治理能力的提升，由此更好体现中国经验的世界价值和意义。具体来讲，这种经验总结就不应只是强调中国政治经济制度的某些显著中国特色，而更应从一般意义上的国家构建（State-building）的理论与实践角度去思考中国治理经验的世界价值，从广大发展中国家在追求发展并参与经济全球化进程中面临的普遍性问题挑战的角度去总结中国经验的普遍性意义。

（一）独立自主

中国发展模式的最根本之处，在于对独立自主和自力更生的深刻理解和一贯坚持。中国从开国领袖毛泽东开始，就强调独立自主和自力更生，强调依靠中国自己的力量和智慧来实现国家发展，并由此彰显中国人的价值和意义。在中国人看来，独立自主不仅是政治上获得独立，更要实现思想和精神上的自立自强和完全解放。其实质，就是要自主决定适合自身的发展道路和制度选择，自主决定自己民族、国家的命运和前途。在中国人看来，独立自主不只是每个民族国家自己的事业，整个第三世界的南南合作也是更为广泛意义上自立自强和自力更生的一部分。当前中国积极倡导和践行对发展中国家的正确义利观，稳步推进与发展中国家的"一带一路"建设，正在构筑一条横贯亚非拉的更为广泛的新丝绸之路。这一南南合作精神，得益于早年中国共产党在革命斗争时期建立统一战线的历史启示，成长于第三世界民族解放运动时期南南合作的现实需要，在今天发展中国家追求发展和复兴进程中仍具有强大的生命力。

（二）发展至上

改革开放以来中国经济发展具有四个显著特点：一是将经济发展置于优先地位，即经济发展在相当长时期里是国家追求的中心目标，且全民有着实现现代化的普遍共识；二是政府对经济的有效推动，即政府有着推动经济发展的强烈意愿并拥有有效动员、协调和整合资源以推动国家经济发展的能力，特别是通过大规模基础设施建设来改善发展条件并提升发展能力，通过有选择性的产业培育以实现在特定领域的追赶型发展；三是积极参与全球产业分工，即充分发挥资源禀赋的比较优势以承接全球产业转移,主动建立出口导向型的经济体系并在此基础上不断提升自身在全球产业链价值链中的地位;四是采取了一种"发展导向"的问题解决路径,中国坚信"发展才是硬道理",试图通过更高质量的发展来解决发展中出现的问题,通过更为深入的改革来破解发展中出现的难题。中国经济发展具有许多东亚"发展型国家"(Developmental State)的显著特点,同时又试图在政府与政党、社会与国家、市场机制与宏观调控,以及改革、发展与稳定之间探索更加平衡的关系,不断探索建立现代治理体系并提高治理能力,以超越传统东亚"发展型国家"的某些局限。[①]

(三)渐进改革

在选择改革路径之时,中国从一开始便选择了一条渐进改革之路,也即"摸着石头过河",在充分保证国家政治稳定的前提下稳步推进改革进程并扩大对外开放领域,在制度不断完善和经济不断发展进程中增强了抵御内外风险的能力和参与世界经济竞争的经验,从而较好地处理了改革、发展和稳定的相互关系,因而得以成功避免冷战结束后东欧激进转轨、非洲国家90年代政治民主化以及阿拉伯之春出现的不同程度的政治动荡。这是因为,发展中国家的现代化,特别是在其初期往往涉及复杂的经济、社会和政治变迁,必然要触及诸多既有的利益,必然要突破许多既有的制度藩篱,因而容易引发甚至激化各种潜在的问题和矛盾,这就需要政府通过不断增加新的发展机遇、新的发展成就,来满足民众不断提升的发展需求;通过国家宏观调控能力的不断增强,来健全社会保障体系、提升社会保障能力,由此不断增强民众的获得感和对国家的认同感。

(四)有效政府

从改革方向看,中国的国家治理应是一种"有效国家"(Effective State)或"有效政府"(Effective Government),即国家或政府在有限的治理范围和必要的制度约束下行使富有效能的国家权力,比如,维护国家稳定和基本社会秩序,为民众提供必要的公共服务,以及为经济发展提供必要条件和制度激励。中国的国家治理能力之所以相对较强且治理较为有效,至少源于三大因素:一是中国有一套系统且较为成熟的国家基本制度,诸如现代的金融与财政制度、统一的国内市场秩序和经济规则、成熟的法治和治理体系,以及较完备的教育、医疗和社会保障体系,这是任何现代国家履行其基本职能的必要条件。二是中国政府具有超越国内不同利益集团和政治力量的相对

---

① 有关东亚"发展型国家"的论述,参见 Linda Weiss, "Development States in Transition: Adapting, Dismantling, Innovating, not 'Normalizing'", *The Pacific Review*, 2000, Vol. 13, Issue 1, pp. 21 – 55; Victor Nee, Sonja Opper & Sonia M. L. Wong, "Developmental State and Corporate Governance in China", *Management and Organization Review*, Vol. 3, No. 1, March 2007, pp. 19 – 53; John Knight, China as a Developmental State, *The World Economy*, 2014, No. 10, Vol. 37, pp. 1335 – 1347。

"自主性"(Autonomy),因而能够制定相对长远的国家发展目标,且能够在实践中一以贯之地追求。① 三是中国政治崇尚选贤与能,逐步建立了一套较成体系的官员选拔和考核制度,以旨在遴选出具有良好知识素养、管理能力而又符合道德标准的行政官员。② 对于身处现代化进程的发展中国家来说,政治发展的主题不仅仅是政治民主化,也包括同样重要的制度建设和政治稳定问题,后者对于国家的发展和稳定同样具有基础性、决定性的作用。国家首先应该是一个"制度供给者",进而才能成为政治改革的"推动者"、经济发展的"服务者"和社会秩序稳定的"维护者"。

(五) 多元共识

这里所言多元共识,既体现为中国社会广泛存在的多元共识理念,也体现在国家治理和社会管理中广泛存在的多元共识的制度安排。这种多元共识理念,源于中国自古以来的中庸思想和"和而不同"理念,源于中国漫长历史进程中的"大一统"政治传统,在当代中国的改革和发展中又不断地得以丰富和发展。这种多元共识制度,具体体现为人民代表大会制度、共产党领导的多党合作与政治协商制度、民族区域自治制度、基层群众自治制度等制度安排,也体现在民主选举、民主决策、民主管理、民主监督以及更为广泛意义上的治理现代化进程之中。在本质上,多元共识是多元和共识的辩证统一。多元共识的前提是多元,导向是共识,在承认社会多样性和差异性基础上,通过广泛的讨论、对话和协商来化解分歧、增进互信。因此,共识不是同一,也并非消灭差异,而是基于多元达成大体一致,基于差异实现各方的大致趋同,其实质是通过"存小异求大同"以达到最大限度的"和而不同"。一些中国学者认为,如果把民主制度大致分为选举民主和协商民主,那么中国的政治制度安排更接近于协商民主的实质;如果把民主制度分为多数民主和共识民主,那么中国的政治制度更接近于共识民主。③ 与选举民主或多数民主单纯倚重多数票决的方式有所不同,协商民主或多数民主在承认选举合理性的同时,也旨在通过适当的制度设计和包容的政治文化最大限度地吸纳各党派、各阶层、各领域的民众参与公共决策和政治生活,其目的在于通过对话、讨论、审议等方式尽可能地反映大多数人的意见,当然也包括少数人的意见。

以上对中国治国理政经验进行了初步的理论思考,这里还需强调以下四点。

其一,中国所言独立自主和自力更生,主要是强调一种自立和自主精神,而非孤

---

① 北京大学姚洋教授因此把中国政府概括为"中性政府"(Disinterested Government),认为中性政府和社会平等是中国经济成功的关键。贺大兴、姚洋:《社会平等、中性政府与中国经济增长》,《经济研究》2011年第1期。

② 加拿大政治学者贝淡宁(Daniel A. Bell)把中国政治模式称为"贤能政治"(Meritocracy)。[加拿大]贝淡宁:《贤能政治》,吴万伟译,中信出版集团2016年版,第136—163页。

③ 林尚立:《中国政党制度与国家建设》,《毛泽东邓小平理论研究》2009年第9期,第1—6页;杨光斌:《中国的政策过程追求的是一种共识民主》,《北京日报·理论周刊》2018年3月5日。

立和封闭,更不是依附理论主张的与世界体系"脱钩";恰恰相反,中国经济快速发展正是在全面启动对外开放、全面融入现代世界经济体系之后出现的,而且这一进程还将继续全方位地深入推进。

其二,本文强调中国经济的发展至上,主要旨在阐释政府对经济发展的某种引导作用以及建立更为良性、更为均衡的政府和市场关系的必要性,而非刻意强调国家对经济的绝对主导或者政府对市场的过多干预。事实上,中国过去几十年经济发展的成功离不开大规模的市场经济改革,离不开对新自由主义经济思想和发展举措的某种选择性借鉴;而中国改革的理性在于,它在全面培育市场机制的同时,也能注重发挥政府的发展角色且实现政府职能的较快转变,从而有效实现市场与政府角色的大体平衡。

其三,本文对中国渐进改革路径及"有效政府"模式的强调,绝不意味着否定中国政府不断推进的社会主义民主政治进程和现代治理能力建设这一基本方向,绝不意味着赞同那种认为威权体制是成就中国发展成就的主要原因的论点,更无意于说明中国政治体制已经完美无缺以至不需要有进一步的改革开放。本文想说明的是,在发展中国家开启现代化进程之时,在这些国家追求现代民主政治的进程中,必须重视更为基础的国家制度与政府能力建设,因而有序推进国家的改革和发展进程,必须注重培育社会共识因而减少在现代化进程中可能出现的社会分裂。或许,中国政治发展的重要经验在于,它在充分激发社会发展活力的同时,能够成功化解不断增多的社会矛盾,并通过有效的社会管理来维护国家的基本稳定,从而破解了其他发展中国家出现的"经济发展—政治动荡"的政治难题。

其四,中国改革开放是一个未竟之业,中国治国理政与发展经验还在进一步的发展、完善和调适。政治学思考的两个核心问题,一是提高国家治理的绩效,二是完善对政府的监督和制衡,如何更好地实现二者的有效平衡仍是中国政治必须思考和解决的大问题。中国政府在官方文件中至今仍未公开使用"中国模式"的概念,更没有采纳"北京共识"这一称谓,显示出其应有的谨慎和谦虚态度,也显示出它对自身改革开放仍需不断推进的清醒认识。

三 治国理政经验交流的世界意义

当今世界正处于百年未有之大变局,中国不断推进与发展中国家的治国理政经验交流,对于中国自身、世界发展,以及中国与外部世界关系,都有着极为重要的意义。

(一)为全球发展问题的解决提供新经验

当今世界的发展问题主要体现为发展中国家的发展和治理问题。从《联合国千年发展目标》对世界减贫与发展的执着追求,到《2030年可持续发展议程》提出的发展新愿景,以及世人对非洲联盟《2063年议程》的积极关注和支持,都体现出国际社会推动解决全球发展问题的努力和决心。在中国发展不断取得显著成就之时,世人开始关注中国的发展及其经验积累,于是中国党和政府对经济社会发展的引领,中国通过基础设施建设撬动减贫与发展的经验,中国有效激发社会创新活力和创业激情的政策举措,以及中国政府在推动经济社会发展进程中所发挥的积极作用,都成为他们热议的话题。作为对外部世界的一种回应,同时也是中国对自身大国责任的一种不断增加的自信和自觉,中国开始更加主动地向世界介绍中国发展和治理经验,通过更加广泛参与世界发展和治理进程来展现中国对世界发展的新贡献,通过推动全球发展问题的解决来彰显中国发展的世界价值和意义。

(二)为发展中国家探索自主发展道路提供新启示

在过去很长时期里,发展中国家要么全面效仿苏联模式,要么全盘复制美国模式或更大意义上的西方模式,苏联模式早已证明由于内在的体制缺陷而无法实现经济社会的可持续发展,而来自美国等西方国家的制度安排也被实践证明无法解决发展中国家面临的所有发展和治理难题。一个重要原因在于,这些外来经验看似完美无缺,但当它们被人为"移植"到有着极为不同的历史文化和经济社会发展条件的发展中国家或转型国家时,往往显得不那么"灵验"或呈现明显的"水土不服"。而中国治国理政经验最为根本之处,就是明确倡导独立自主的精神,强调基于自身历史文化和现实条件来思考外来的经验及其可借鉴之处,来思考自身发展道路和路径选择。因此,中国治国理政经验给发展中国家带来的最为重要的东西,或许是方法论上的启示和精神上的启迪。

(三)为南南合作深入发展提供新助力

当前,中国致力于推动与发展中国家的治国理政经验交流,就是要不断拓展提升南南合作的内涵和层次,通过与发展中国家的政治互信、安全共筑、经济共荣、文明互鉴来推动发展中国家的共同发展与繁荣。这种经验交流,是中国与发展中国家在追求现代化进程中对各自发展模式、理念认知与经验探索的相互分享,是中国与发展中国家合作从一般意义上的经贸往来发展到更深层次的理念对话和知识共享的重要举措,从更大的意义上讲,也是中国与发展中国家不同民族、文化和文明间的交流与互鉴。这种经验交流,无疑有助于增进中国与发展中国家对彼此的认识和理解,通过互信的增进来夯实彼此间的情感纽带和民众基础,通过观念、文化和思想的交流来逐步培育中国与发展中国家间的"共享价值"。此种"共享价值"的培育,必将能为新时代中国与发展中国家关系奠定更加坚实的价值观基础,为世界发展贡献更多来自非西方世界的思想与智慧。

(四) 为世界秩序的发展和完善提供新愿景

自近代以来的相当长时期里,世界范围的知识流动总体上呈现出从北方向南方扩散和渗透,如今这一格局正在悄然发生重大转变。发展中国家在继续借鉴发达国家的知识和经验的同时,也开始推进大规模的南南发展合作与知识交流,这在人类历史上尚属首次。可以预见的是,伴随着一大批发展中国家特别是新兴国家在经济上的快速发展,伴随南南人文合作与知识交流的广泛开展,人类社会的物质、财富和知识流向日益呈现更加多元的格局,这是当今世界最大的变化之一。以发展中国家政治互信、经济互利、文化互鉴为核心内容的横向合作正在全面展开,世界日益呈现出一种"多中心化"甚或"去中心化"的趋势。以一种"大历史"的视野观之,延续几个世纪之久的以西方为中心、以亚非拉为外围的"中心—边缘"垂直体系正在悄然发生重大转变。这些在近代资本主义世界体系中长期处于边缘的地区和国家,如今通过自主发展和横向联合,逐渐成为世界经济增长的新引擎,成为国际政治舞台的重要参与方,成为人类知识的重要创造者。一个不争的事实是,世界财富、权力、观念以及国际话语权都在发生某种具有历史意义的结构性改变新趋向。

四 治国理政经验交流需要坚持的几点原则

深入推进中国与发展中国家的治国理政经验交流,我们要始终秉持谦虚谨慎的精神,坚持以下原则。

第一,相互平等。几十年来,中国与其他发展中国家的关系之所以能够经历不同时代而历久弥坚,最为根本之处在于双方能够始终坚持相互平等和相互尊重的原则,在此基础上实现互信、互助、互利、互鉴。中国与其他发展中国家的治国理政经验交流,也自然应该尊重对方的平等地位,尊重它们的自主选择,尊重它们的本土知识,在经验、知识、文化层面上建构一种平等的伙伴关系。中国政府明确强调,中国在开展治国理政经验交流时严格做到三个"不",即中国不"输入"外国模式,也不"输出"中国模式,更不会要求别国"复制"中国的做法。[1] 西方国家的相关实践早已告诉我们,以一种"救世主"式的自负情结来审视第三世界的发展,以一种"教师爷"式的傲慢姿态为发展中国家开"药方",事实证明难以实现预期目标,也难以为发展中国家所接受。

第二,互学互鉴。中国是一个善于学习的国家。中国与其他发展中国家的治国理政经验交流还要坚持相互学习和相互借鉴,而非中国经验的简单复制或单方面介绍。

---

[1] 《习近平:携手建设更加美好的世界——在中国共产党与世界政党高层对话会上的主旨讲话》(2017年12月1日,北京),《光明日报》2017年12月2日。

从中国自身角度看，中国经验尚在不断发展和完善之中，因此其他发展中国家在政治转型、经济发展和社会建设等方面的探索和思考可以为中国提供相关经验，即便是它们走过的弯路和积累的相关教训也可以为中国的制度建设提供某些启示，让中国更好也更加从容地规划自身发展方向和道路选择。从其他发展中国家角度看，它们确实也有着值得中国学习的地方，比如许多非洲国家对市民社会的适度培育，对自然环境的充分尊重，对多元文化的高度包容，都值得中国予以认真研究和体会。

第三，存异求同。我们要看到，中国与很多发展中国家的历史文化有着很大的不同，经济与社会发展程度有显著的差异，政党政治制度也有各自的特色，因此双方治国理政经验交流应当在尊重多元和差异的基础上循序渐进地予以推进。最容易入手的，是相互分享减贫、农业发展、基础设施建设、经济园区的规划和建设等具体领域的知识和技能，以及诸如发展战略规划、产业政策设计、社会保障体系的完善等经济社会发展经验。在探讨属于政治和文化领域的议题时，应多从一般意义上的国家构建的角度去共同探讨国家治理能力的提升，多从国家发展的角度去强调现代国家制度建设，多从人类文明共同繁荣的角度去培育共享的文化、观念和思想，而尽量不去争辩意识形态的高下之分和政治制度的孰优孰劣。中国自然应该借机向国际社会介绍中国的政治制度和发展道路，但出发点在于相互尊重与包容，着眼点在于增进国际社会对中国的了解，争取更多的国际尊重和理解。

稳步推进中国与发展中国家的治理经验交流，还需始终秉持谦虚谨慎的精神。一是要充分照顾到其他发展中国家的舒适度和接受度。我们要以一种谦虚谨慎的态度去描述和对外宣介中国发展成就、发展地位和治国理政经验，尽量避免引发或加重国际社会对中国战略意图的曲解和猜忌。二是要看到全球发展问题的复杂性和我们认识的相对有限性，加强对发展中国家的研究，深入了解它们的历史、文化和制度，了解它们的发展条件、发展成就和面临的发展问题。我们还要看到，虽然很多发展中国家在不同场合都表达过对中国发展的羡慕，表达过对"中国模式"的兴趣，表达过分享中国治国理政经验的愿望，但客观来讲，很多发展中国家特别是新兴国家对自身历史文化有一定程度的自信，对西方发展理念、制度和经验有相当程度的了解甚至不同程度的认同。我们可以乐见非洲国家"向东看"、拉美国家"向西看"，但期待非洲国家"向东走"，或者拉美国家"向西走"，显然并不完全现实。中国与发展中国家的治国理政经验交流，自然有助于中国和其他发展中国家完善各自发展模式，丰富各自对治国理政的思考，但幻想用"中国模式"去取代"西方模式"，或者以中国经验去拯救其他发展中国家，无疑也是不现实的。

中国的维和外交：基于国家身份视角的分析

何 银[*]

摘　要：中华人民共和国建立70年来国家身份发生了三次演变：1949年到实行改革开放以前是游离于西方主导的国际社会之外的革命型国家；20世纪80年代到2012年是逐渐回归国际社会的融入者；2013年以来，致力于在国际制度体系中发挥引领者的作用。基于国家身份的分析为观察中国维和外交提供了一个独特的视角。中国在不同时期不同的国家身份对应的是不同的国家利益，以及不同的维和外交行为。当前，中国对联合国维和的贡献超越了政治和物质层面，开始成为一名规范供应者。中国需要对自身的能力和利益诉求以及国际形势有正确的判断，在发挥引领作用时科学决策、量力而行，避免冒进和资源浪费。

关键词：维和外交；中国；国家身份；引领者；发展和平

维和外交是中国参与全球安全治理的重要路径。回顾中华人民共和国成立70年来的发展历程，我们发现：随着中国国家身份的变化，中国参与联合国维和行动从旁观者到参与者、推动者乃至引领者，中国的角色、地位发生了显著变化，表明中国在维护世界和平等方面发挥着越来越重要的作用，维和外交成为观察中国参与维护世界和平、履行中国负责任大国国际责任的重要视角。

一　中国对维和事务的态度与国家身份的变迁

中华人民共和国自成立70年以来对联合国维和事务的态度变得越来越积极：从坚决的反对者变成了坚定的支持者。[①] 这样的变化引起了国内外学术界的兴趣，许多

---

[*] 何银，中国人民警察大学中国维和警察培训中心副教授，主要研究国际关系理论、联合国维和行动、全球安全治理及海外安保。本文是在刊发于《西亚非洲》2019年第4期的同题论文基础上修改而成。

① He Yin, "China's Doctrine on UN Peacekeeping", in *UN Peacekeeping Doctrine in a New Era*, edited by Cedric de Coning, Chiyuki Aoi and John Karlsrud, London: Routledge, 2017, pp. 109 - 131.

人尝试探究个中原因。① 根据现有的研究，中国积极参与维和事务的原因可以列出一个很长的清单，其中既包括保护海外利益等经济利益因素，也包括支持联合国和多边主义、展现负责任大国形象和反制"台独"势力等政治利益因素。然而，不同的研究者所持的观点往往各不相同，难以在某一个最重要的原因上达成一致。

不可否认，任何一个联合国会员国在参与维和事务时，都需要从实用主义出发考虑一些近期或远期的现实利益。但是，作为国际体系中的大国和联合国核心会员，中国的维和行为并非现实主义的分析能够充分解释。实际上，许多基于政策分析的研究很容易被证伪。例如，有人以南苏丹为例，指出中国更愿意参加石油等资源丰富国家的维和行动。② 但是，中国也向海地、黎巴嫩、利比里亚和达尔富尔等资源贫乏的国家和地区派出了大量维和人员；马里并不是中国的重要贸易伙伴，但是中国仍然向这个安全风险很高的维和任务区派出了维和力量。③

也有一些学者使用国际关系理论的分析方法解读中国的维和行为，④ 但这类研究的核心问题是中国在西方主导的国际社会中的社会化（Socialization）进程。⑤ 也就是说，中国在很大程度上被看作国际规范的学习者和接受者；中国积极参与维和事务的根本原因，是为了融入西方主导的国际社会。⑥

重返联合国并学习和接受相关规范，是中国融入国际社会整体进程的重要组成部分。但是，不断发展、强大的中国与国际社会的互动并非单向的。特别是进入 21 世纪的第二个十年以来，中国的国内外形势出现了新变化：在国际上，中国深入参与全球事务能力和意愿的增长激发起国际社会对中国承担更多国际责任的期待；在国内，随着以习近平同志为核心的新一代中央领导集体上台，中国对自身的国家实力和国家身份等问题的认知发生了改变，提出要积极参与国际制度体系的变革，提升在国际秩序和国际体系长远制度性安排中的地位和作用。⑦ 在此背景下，中国在包括维和事务在内的全球事务中，在亟须做一名积极的参与者的同时，还开始展现出了引领者的势头。

---

① 李东燕：《中国国际维和：概念与模式》，《世界经济与政治》2018 年第 4 期；Yin He, "China's Changing Policy on UN Peacekeeping Operations", Asia Paper, Stockholm: Institute for Security and Development Policy, July 2007; Christoph Zürcher, "30 Years of Chinese Peacekeeping", CIPS Report, January 2019.

② Colum Lynch, "UN Peacekeepers to Protect China's Oil Interests in South Sudan", The Cable, 16 June, 2014, http://foreignpolicy.com/posts/2014/06/16/u-n-peacekeepers-to-protect-chinas-oil-interests-in-south-sudan, 2019 – 04 – 15.

③ Mac Lanteigne, "China's UN Peacekeeping in Mali and Comprehensive Diplomacy", The China Quarterly, Vol. 236, 4 March, 2019, pp. 1 – 21.

④ 冯继承：《中国参与联合国维和行动：学习实践与身份承认》，《外交评论》2012 年第 1 期。

⑤ 关于中国的社会化进程研究，参见 Alastair Iain Johnston, Social State: China in International Institutions: 1980—2000, Princeton: Princeton University Press, 2008。

⑥ 何银：《发展和平：联合国维和建和中的中国方案》，《国际政治研究》2017 年第 4 期。

⑦ 《习近平：推动全球治理体制更加公正更加合理》，新华网，http://news.xinhuanet.com/politics/2015 – 10/13/c_1116812159.htm，2019 年 5 月 5 日。

中国于 1990 年首次派出人员参加维和行动，至 2019 年初总共参与了 23 项维和行动、2 项政治特派团和 1 项联合国授权的武器核查行动，派出了近 4 万名军、警维和人员。2000 年以来，中国承担的维和经费摊款份额和派出维和人员的数量都经历了一个持续、快速的增长过程。如图 1 所示，2016 年中国超过日本，排名第二位。2019 年在 2016 年的基础上增加了约 50%。最近十多年，中国一直是维和行动的主要出兵/警国，派出维和人员数量超过其余 4 个常任理事国之和。①

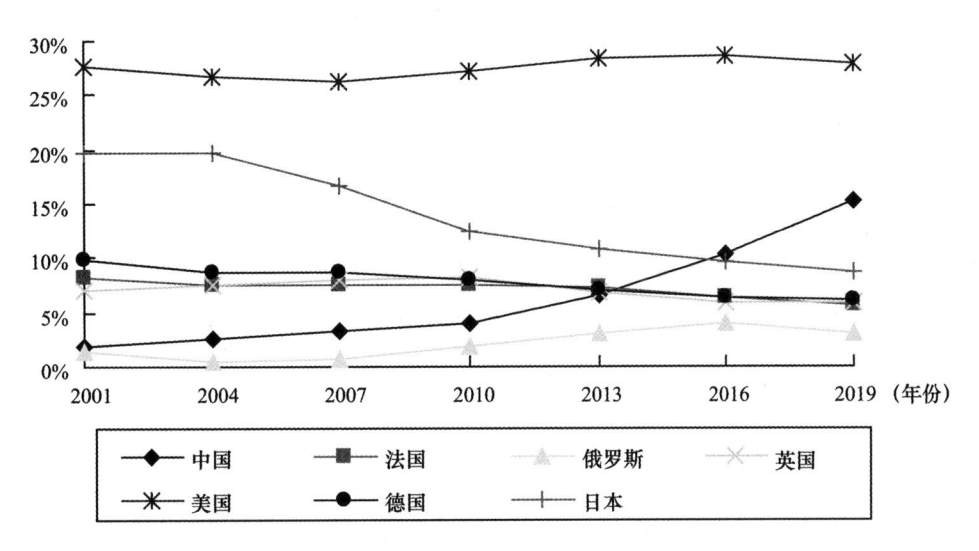

图 1　2001—2019 年联合国维和行动的主要出资国出资额占比

资料来源：笔者根据联合国统计局网站（http://www.unstats.com）资料制作。

中国对联合国维和事务的态度从坚决反对转变为大力支持。② 为什么会有这样明显的变化？对于这个问题，无论是基于现实利益的政策分析，还是基于社会化需要的理论分析，都没能给出具有说服力的答案。其中一个原因是，研究者将国家作为一个静态的概念来看待。国际关系理论的建构主义学派认为，国家在国际社会中有三项基本特征：身份、利益和行为，其中身份决定国家利益，进而影响对外行为。③ 本文在建构主义理论的基础上，拓展对国家身份的理解，提出一个主权国家的国家身份并不仅仅是由社会化互动过程赋予的；国家作为国际关系的主体，能够且有必要结合对自身的国家实力、国家利益和国际格局等考量，主动定位并采取行动塑造在国际社会中的国家身份。

---

① Christoph Zürcher, "30 Years of Chinese Peacekeeping", *CIPS Report*, January 2019.
② 何银：《中国是支持联合国维和行动的中坚力量》，中国网：http://opinion.china.com.cn/opinion_50_138350.html，2015 年 9 月 30 日。
③ See Alexander Wendt, *Social Theory of International Politics*. Cambridge: Cambridge University Press, 1999.

据此，本文基于中国维和事务政策的演变与中国在崛起过程中的国家身份演变的相关性，立足中华人民共和国成立 70 年来国家发展历程以及其间国际制度体系和国际格局的变迁，分析中国的国家身份变化与在维和事务上的外交行为之间的关系。在此基础上，本文还进一步回答：当前和今后一个时期中国维和外交面临什么样的机遇和挑战？中国又该如何应对？

二 基于革命者和融入者身份的维和外交（1949—2012 年）

过去数十年里，中国的国家发展及其间国际体系和国际格局的变迁引起国家身份发生了三次变化：从中华人民共和国成立后到实行改革开放以前，中国大体上是一个存在于西方主导的国际体系之外的国家；从 20 世纪 80 年代到 2012 年，中国大体上完成了融入国际社会的过程，成了体系内的一员；2013 年第五代中央领导集体上台以来，中国开始寻求在国际制度体系中发挥引领者的作用。中国在不同时期不同的国家身份对应的是不同的国家利益，以及不同的维和外交行为。

（一）革命者的反对（1949—1977 年）

自中华人民共和国成立之后到开始实行改革开放之前的 30 年间，中国在很大程度上是一个孤立于西方主导的国际制度体系之外的革命型国家。由于这一时期中国在国内和国外都还在进行着意识形态革命，与超级大国处于对立状态，国家安全环境恶劣，所以坚守传统的国家主权观念，为拓展国际空间而积极支持广大亚非拉国家的独立斗争。这一时期，中国在维和事务中没有重大的国家利益，坚决反对维和行动，认为维和是帝国主义干涉他国内政的工具。

重返联合国之前，中国由于不在联合国体系之中而不能直接参与维和事务并对其产生影响。20 世纪 70 年代重返联合国以后几年里，中国继续孤立于西方主导的国际体系之外，需要通过团结广大第三世界国家以应对来自超级大国的压力，没有利益和意愿积极参与联合国维和事务。此间，中国在联合国履行会员国义务缴纳会费，但拒绝承担维和行动经费摊款，并且除非涉及非常重大利益关切，一般都不参加安理会磋商和投票。

（二）融入者的参与（1978—2012 年）

从 20 世纪 70 年代末开始，中国实行改革开放政策，国家的战略重心从生存安全转向了经济发展。要实行改革开放，就需要参与国际事务并成为国际社会中的一名成员，因此中国对国家身份的定位从革命者变成了融入者。在维和事务参与方面，从 20 世纪 80 年代到 2012 年的 30 多年中，中国融入联合国维和机制的外交经历了 3 个阶段。

1. 政策调整（20 世纪 80 年代）

中国与美国于 1979 年 1 月建立正式外交关系之后，中国的国际安全环境开始明显改善，中国提出"和平与发展"是时代主题并施行独立自主的和平外交政策。在此背景下，中国开始调整有关维和行动政策，为改革开放营造有利的国际环境。1981年，中国在安理会表决同意延长联合国驻塞浦路斯维持和平部队的期限。次年，中国开始缴纳维和行动经费摊款。尽管如此，中国由于刚刚走上改革开放之路，是参与国际多边事务的初学者，所以遵循了大国超脱于具体事务之外的国际惯例，并没有派人参加维和行动。直到1988年，中国才申请加入联合国维和行动特别委员会。

2. 开始参与（20世纪90年代）

1989年"政治风波"之后，以美国为首的西方国家开始孤立中国，加之随后发生苏联解体，进入20世纪90年代后，国际形势出现了对中国不利的局面，中国深化改革和继续融入国际社会的战略遭遇巨大挑战。在邓小平"二十四字方针"的指引下，中国积极利用维和外交缓和与西方的关系，展示坚持改革开放并继续融入国际社会的决心。

1990年4月，中国向联合国停战监督组织派出5名军事观察员，开启了派人参加维和行动的序幕。但是，在整个20世纪90年代中国仅仅象征性地向5项维和行动派出了总共不到500名军事观察员和800名的维和部队官兵。这一时期，中国参与安理会事宜面临考验：需要在坚守国家主权和不干涉原则的同时，避免与美国等西方国家发生严重的政治冲突。中国投票支持了原有维和行动的延期，以及绝大部分旨在建立新的维和行动的决议草案。当美国等西方国家在安理会积极推动根据《联合国宪章》第七章授权使用武力时，中国往往选择了弃权投票形式。

中国在改善与西方国家关系和继续融入国际社会的同时，又在涉及国家核心利益的维和决议上坚守底线。20世纪90年代，台湾地区分裂势力开始抬头，美国等西方国家通过军售和炫耀武力等手段企图为"台独"势力背书，而部分台湾当局的所谓"邦交国家"更是在"金元外交"的诱惑下，挑衅中国的国家主权和尊严。对此，中国利用在安理会的地位表明了严正立场和捍卫领土与主权完整的决心。

3. 积极参与（2000—2012年）

到世纪之交，中国国内政治和社会稳定，经济继续高速增长，与西方国家的关系也得到了改善，中国以充满自信的姿态进入21世纪并加入了世界贸易组织。经过长期改革开放，中国已经积累起了参与国际多边事务的知识，相信可以从中实现国家利益和提升国际影响力。此外，中国还需要展现"负责任大国"的形象以消除国际社会对中国崛起的疑虑，并更加深入地融入国际制度体系。在此背景下，积极参与维和事务就成为进入21世纪后中国外交的一项重要工作。

这一时期中国对维和事务的积极参与主要体现在两个方面。一是在人员和经费上对维和行动的贡献持续、快速增加。如图2所示，就派出维和人员数量而言，2000年时中国尚不足100人，是安理会五常中最少的，但到了2012年中国已超过2000人，是安理会五常中最多的；与此同时中国承担的维和经费摊款也快速增长。二是面对新的形势，中国采取了较为灵活的政策。当建立新的维和行动时，只要经安理会讨论通过并且得到冲突各方的同意，即便是援引《宪章》第七章授权使用武力，中国一般也都不会反对。2005年，联合国峰会通过《世界首脑会议成果文件》，提出了"保护的责任"（responsibility to protect，R2P）的理念。[①] 中国尽管对责任的主体和保护的方式持有保留态度，但还是签署了这份文件。尽管如此，随着国家实力和参与国际事务的意识增强，中国反对新干涉主义的态度也变得更加坚决。例如，这一时期中国以反对干涉内政为由，多次否决了美国等西方国家提出的关于缅甸、津巴布韦和叙利亚等国问题的决议草案。

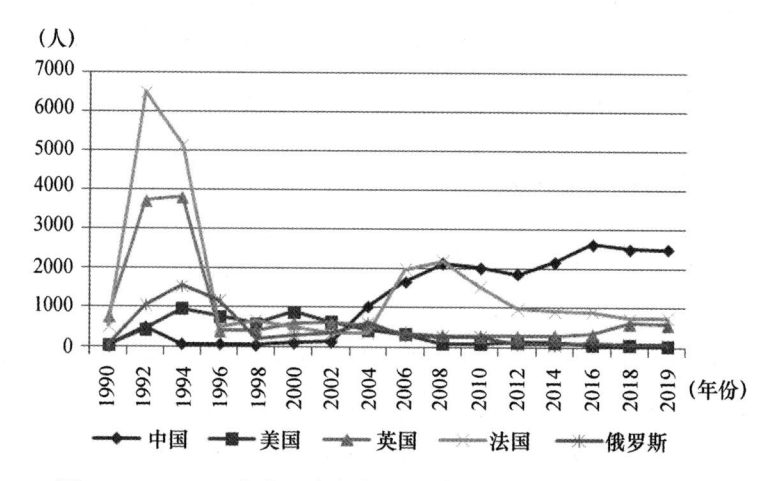

图2　2001—2019年安理会各常任理事国派出维和人员数量

资料来源：笔者根据联合国网站（http://www.un.org）相关资料制作。

总之，中国在和平崛起的过程中逐渐积极支持维和行动并接受相关规范，更加深入地融入了国际社会。然而，一个国家在国际社会中的社会化过程不可能是单向的，在接受国际规范的同时，也必然反过来对国际制度体系产生影响。中国这样的崛起大国尤其如此。在一定的历史节点，中国的国家身份将发生改变，在继续积极接受维和规范的同时，对维和事务的影响也必然逐渐凸显。

三　引领者的维和外交（2013年以来）

中国的国家身份一方面在不断融入国际社会的过程中被塑造，另一方面也受到自身基于国家实力等因素变化而对国家身份进行主动定位的政治意愿的影响。以习近平

[①] UN General Assembly, "2005 World Summit Outcome", A/60/L.1, 20 September, 2005, 2019年5月15日。

为核心的中国新一代领导集体上台执政以来,中国立足对国家实力和国际形势的判断,对国家身份的认识发生了明显改变。习近平在多个重要场合发表讲话,表达了中国深度参与全球治理、推动全球治理体系朝着更加公正合理方向发展的政治主张。中国在国际制度体系中的国家身份定位开始从融入者转变为引领者。中国维和外交的利益和行为都由此发生了相应改变,这主要体现在政治支持、经费和人员贡献,以及规范供应三方面。

(一)引领者的政治支持

习近平于 2015 年 9 月 28 日在纽约参加联合国峰会期间宣布了支持联合国改进和加强维和行动的六项承诺,对于亟须支持的联合国来说具有重大的政治意义。西方国家从 20 世纪 90 年代中期开始失去派人参加维和行动的政治兴趣。中国在出兵/警数量排名长期位居前列的情况下,进一步加大对联合国维和事务支持的力度,起到了示范带头作用。例如,中国率先以实际行动支持建立新的维和待命机制,提出组建常备成建制维和警队并建设 8000 人的维和待命部队。中国的做法得到许多会员国的响应。以新的维和警察待命机制为例,截至 2019 年 5 月,已经有 32 个国家参加。[①]

中国以"引领者"的姿态从政治上支持维和事务,还表现在对多边主义制度体系的大力支持方面。特别是自 2017 年初特朗普就任美国总统以来,单边主义和保护主义势头持续上升,国际多边主义秩序和全球治理体制遭到挑战。对此,中国则高调宣布支持和践行多边主义,坚持联合国是多边主义的旗帜,主张以联合国为中心的国际多边架构是国际合作的主要平台。[②] 中国支持多边主义的坚定态度,是当前和今后在联合国维和事务中发挥引领作用的政治保障。

(二)引领者的财力和人力支持

长期以来联合国一直饱受资金、人员短缺之困。自 2013 年以来,中国进一步加大了在这两方面对联合国维和的支持力度,在众多会员国特别是大国中起到了表率作用。如图 1 所示,近些年大多数安理会出资国承担的维和经费比额逐年减少,而中国的比额却在逐年快速增长。实际上,2019 年中国承担的维和经费超过了英国、法国和俄罗斯 3 个常任理事国之和。并且,有的国家经常以各种理由拖欠应缴费用,而中国则总是能够及时、足额缴纳。[③]

中国还以间接的方式出资支持维和行动。习近平承诺的中国—联合国和平与发展基金让经费紧张的维和事务官僚部门可以开展很多具体的工作,包括政策评估、理念

---

① 该数据源于笔者 2019 年 5 月 9 日在北京对联合国和平行动部警察司官员的访谈。
② 杨洁篪:《倡导国际合作,维护多边主义,推动构建人类命运共同体》,《国际问题研究》2019 年第 2 期。
③ 此观点源于笔者 2019 年 3 月 5 日在纽约对联合国官员和中国外交官的采访。

讨论、行动指南和培训课程开发以及人员培训等等。中国还出资支持联合国的维和伙伴，承诺向非盟提供总额为 1 亿美元的无偿军事援助，以支持非洲常备军和危机应对快速反应部队建设，连同中国通过其他形式给予非盟及其成员国的维和能力建设援助，必然有助于提升非洲本土区域组织和次区域组织分担联合国维和负担的能力。

作为引领者，中国继续向维和行动贡献大量维和人员。如图 2 所示，尽管与高峰时期相比，2015 年以后中国派出维和人员的数量有所回落，但在过去几年里仍然保持在 2000 人以上，在安理会常任理事国中遥遥领先。中国先后于 2013 年和 2015 年向马里和南苏丹两个维和任务区派出一支 170 人的警卫分队和一个 700 人的加强步兵营，并于 2016 年 10 月向非盟—联合国达尔富尔混合行动派出 4 架多用途直升机和 140 名陆军航空兵。至此，中国成了当前少数几个派出维和人员种类最齐全的出兵/警国之一。2016 年发生在马里和南苏丹的两起造成中国维和人员重大伤亡的事件并没有动摇中国继续积极支持维和行动的决心。

在派遣维和人员的同时，中国还大力帮助其他会员国培训维和人员。习近平主席在 2015 年联合国峰会上承诺用 5 年时间为其他国家培训 2000 名维和人员。到 2019 年 5 月，中国已经完成了大部分培训任务。中国在严格按照联合国的要求大力培训自己的维和人员的同时，还积极向其他出兵/警国提供培训援助，这是对联合国维和培训工作引领者式的支持。

（三）引领者的规范供应

新时期中国与国际上其他力量在维和舞台上的社会化互动已经不再仅仅是接受规范，也开始主动供应规范，或者说是为维和行动提供"中国方案"。这主要表现在战略和行动两个层面。

中国在战略层面为维和行动供应的规范是发展和平。[1] 后冷战时期的多层面维和行动传播的是一个称作自由和平的规范。自由和平包含了一个关于转型国家开展建设和平路径的假设：只要实行政治和市场的自由化就可以实现自我维系的和平（self-sustaining peace）。自由和平的具体操作方法是：在政治上倡导普选式民主，在经济上推行新自由主义市场模式。[2] 在自由和平的影响下，许多维和行动特派团的任务重心都落到了从制度层面建立韦伯式的现代国家。[3] 然而，激进地推行政治和经济自由化会加剧社会紧张，并不利于建立稳定的和平。[4] 一些学者由引指出，自由和平建设

---

[1] 何银:《发展和平：联合国维和建和中的中国方案》，《国际政治研究》2017 年第 4 期。
[2] Roland Paris, *At War's End: Building Peace after Civil Conflict*, Cambridge: Cambridge University Press, 2004.
[3] Benjamin Reilly, "Elections in Post-Conflict Society", in Edward Newman and Roland Rich, eds., *The UN Role in Promoting Democracy: Between Ideas and Reality*, Tokyo: United Nations Press, 2006, p. 11; Oliver P. Richmond and Jason Franks, *Liberal Peace Transitions: Between Statebuilding and Peacebuilding*, p. 1.
[4] Roland Paris, *At War's End: Building Peace after Civil Conflict*, Cambridge: Cambridge University Press, 2004, p. ix.

的是"虚幻的和平"(virtual peace)。①

中国的和平崛起呈现了一套不同于西方的国家现代化实践和理念。这些实践和理念上升为一个可以称作发展和平的规范在国际上传播。② 发展和平也包含一个转型国家开展建设和平路径的假设：在保持国内政治和社会稳定的前提下，无论一国实行什么样的政治和经济制度，只要能够以经济建设为中心，解决好发展问题，都有利于实现和平。发展和平重视基础设施建设，主张避免无谓的政治纷争造成资源浪费。中国发挥发展和平的建设经验，长期以来坚持为维和行动贡献勤务保障力量，在为维和特派团提供优质服务的同时，为东道国基础设施和生活环境改善做出了贡献。特别是中国维和力量在艰苦卓绝的环境中执行任务时展现出的"中国速度"，对官僚主义严重、效率低下的维和行动运行模式形成了冲击。发展和平对一些冲突后国家的建设和平产生了影响。③

在维和的行动层面，中国维和部队与警队在队伍管理、营区建设、装备管理以及行动勤务等方面的先进做法和理念，开始被推广为最佳实践经验。例如，中国维和警察防暴队在利比里亚实践的装备核查标准被联合国利比里亚特派团在全任务区推广，并得到维和行动部警察司的认可；"以信息驱动的维和警务"得到维和行动部的关注。④ 尽管宣介中国维和经验的努力还有待加强，但作为维和事务引领者的中国已经有了充分的信心与他方交流分享维和经验，并开始积极推动具有中国特色的做法上升为联合国的标准或规范。

四　新时期中国维和外交面临的挑战及其应对

迄今中国在维和事务中的引领行为主要局限于政治态度、人力和物力贡献及有限的规范供应，并非在维和事务的所有领域，而物质资源贡献并不能确保中国在维和行动中有效地发挥引领作用并实现国家利益。在参与维和议程设置和理念探讨上，中国展现出的引领能力还不明显。一些源于国内和国际上的因素制约了中国有效地在维和事务中发挥引领作用，是当前和今后一个时期中国的维和外交需认真应对的挑战。

（一）国内层面

中国的维和外交来自国内的挑战主要有三方面。

---

① 有关自由和平批判的文献，参见 Roland Paris, *At War's End: Building Peace after Civil Conflict*, Cambridge: Cambridge University Press, 2004; Roger Mac Ginty and Oliver Richmond, *The Liberal Peace and Post-War Reconstruction: Myth or Reality*? London: Routledge, 2009; Susanna Campbell, et al., *A Liberal Peace? The Problems and Practices of Peacebuilding*, 2011, London: Zed Books。
② 何银：《发展和平：联合国维和建和中的中国方案》，《国际政治研究》2017 年第 4 期。
③ 何银：《规范竞争：以建设和平为例》，《世界经济与政治》2014 年第 5 期。
④ 此信息源于笔者 2015 年和 2018 年在廊坊、南宁对中国赴利比里亚维和警察防暴队的访谈。

第一,相关的制度机制建设还有待加强。由于还没有建立起配套的制度机制,维和工作在投入和收益上出现了严重不平衡①,由此建议成立跨部门的国家维和工作领导小组,加强顶层设计,统筹、协调各相关部门的工作。国家维和工作领导小组应当对国家维和外交政策、维和人员派遣、民事岗位竞聘、国际合作、人才培养及学术研究等方面的工作进行宏观指导。

第二,学术研究基础薄弱。长期以来,西方的价值理念和知识生产在联合国维和机制中占据了主导地位。之所以如此,其中一个重要原因是它们有强大的学术研究能力和话语能力。中国还没有建立起成熟的维和学术研究机制,维和研究主要依靠少数学者的学术自觉。由于长期坚持该领域研究的学者数量稀少且分散在全国各地,中国的维和学术氛围淡薄,研究网络机制建设滞后,研究的深度和广度与西方国家甚至其他一些发展中国家都存在巨大差距。加之学界与政策部门之间的沟通渠道还不够畅通,维和学术研究难以有效地为国家维和外交决策提供咨询参考,相关学者也很少有机会走出去参与联合国维和事务的政策咨询。

中国需要加强相关观念和知识体系建设,加大政策和资金投入支持维和学术研究,打通并拓展政策界与学术界之间的沟通渠道,确保维和相关的外交决策、人员培训以及行动实践等能够得到有力的智力支持。中国应积极向联合国官僚机构中的政策研究部门推荐国际职员,并大力支持中方研究机构和智库,与联合国维和事务官僚机构建立起合作关系,派学者到维和研究领域知名的国际研究机构和智库访问交流,以及到维和行动任务区开展实地调研,提升中国在维和学术研究上的水平。此外,应当积极地为国内的维和研究学术界参与联合国的各种专家小组争取机会。

第三,人才缺乏也是新时期维和外交的一大障碍。中国要以引领者的身份深度参与维和事务,就需要有各个领域的专家型人才。2016 年 9 月 27 日,在中央政治局第 35 次集体学习会上,习近平主席就指出:要加强全球治理人才队伍建设,突破人才瓶颈,做好人才储备,为中国参与全球治理提供有力人才支撑。② 中国政府相关部门需要开展深入调研,并拿出更加得力的措施,落实中央的战略决策。

(二)国际层面

在国际政治的现实面前,中国在维和事务中发挥"引领"作用的努力面临诸多方面的挑战。首先,国际上一些人不愿意看到中国的引领,在很大程度上缘于对中国和平崛起的担忧甚至恐惧。中国的引领行为必然推动业已陷入困境的维和机制从制度安排到行动实践的各个层面都发生渐进的变革。然而,长期以来联合国事务一直深受

---

① 何银:《联合国维和事务与中国维和话语权建设》,《世界经济与政治》2016 年第 11 期。
② 《习近平:加强合作推动全球治理体系变革 共同促进人类和平与发展崇高事业》,新华网:http://www.xinhuanet.com//politics/2016-09/28/c_1119641652.htm, 2019 年 5 月 20 日。

西方政治制度和价值理念的影响,是西方主导的国际制度体系的重要组成部分。无论是在安理会常任理事国席位数量上,还是从联合国总部到维和行动任务区各级官僚机构中占据关键职位的层级和数量上,西方国家都占有绝对的优势。[①] 在西方的一些人看来,非西方国家在维和事务上的积极行为,都可能对西方制度霸权构成所谓的"挑战"。[②]

其次,对中国引领者话语和行为的误解,也容易加深国际上对中国的猜忌和疑虑。新时期中国开始在维和事务中发挥引领者作用,并非要取代西方的领导地位或者推翻现有的制度安排。由于中国和平崛起发端于现有的国际制度体系之中,所以无论中国和平崛起如何深入,对现有国际制度安排进行颠覆式的修正都既不现实,也不符合中国的国家利益。尽管如此,中国还是应该通过更加有效的话语渠道,向国际社会阐释自己积极支持联合国维和事务的政策。

结 论

身份是决定国家对外政策行为的基本因素。国家作为国际体系中的基本单位,是一个动态的概念,其身份随着国家自身发展和国际体系的变迁而发生改变,并引起其在国际体系中的利益和行为发生变化。2013 年以来的新时期中国成为联合国维和事务的引领者,体现了和平崛起大国支持和捍卫国际多边主义制度体系的负责任态度。与一些西方国家相比,中国在深度参与维和事务上还是一个初学者,需要学习应对好来自国内外的各种挑战,有效地发挥好引领者的作用,要对自身的能力、利益诉求和国际形势有正确的判断,在"引领"时科学决策、量力而行,避免不切实际的冒进和资源浪费。随着中国的进一步崛起,中国对维和事务的引领将进入"深水区":在继续大量给予人力和财力支持的同时,将越来越积极地参与维和制度变革。如何更有效地为联合国维和供应"中国方案"?这是一个有待深入研究的问题。

---

① 何银:《联合国维和事务与中国维和话语权建设》,《世界经济与政治》2016 年第 11 期。
② John Ikenberry, "The Rise of China and the Future of the West: Can the Liberal System Survive?", *Foreign Affairs*, Vol. 87, No. 1, January/February 2008, pp. 23 – 37.

中非关系 70 年与中国外交的成长成熟

刘鸿武　林　晨[*]

摘　要： 中华人民共和国成立 70 年来的中非外交实践表明，中非双方能够立足自身历史传统与现实需要，合作建构起一种新型的、具有自主意识并保持开放协同的战略合作关系结构。这种新型关系一方面形塑起一种发展导向的、合作共赢的新型南南关系，另一方面也对中国外交之民族精神成长与大国风格形成起着特殊的推进作用。具体而言，过去 70 年的中国对非外交的丰富实践，一是推进了中国外交全球战略布局的形成与完善；二是促进了中国外交的队伍建设、能力建设和文化建设；三是奠定了有特色的中国外交核心理念与自主思想的基调底色，并由此建构起一种日益积极正面的中国外交形象。这一切将深刻影响未来中国外交的发展走向与前景。

关键词： 中非关系；中国外交；全球布局；能力建设；理论贡献

当代中非关系的开启及随后的推进，对中国当代外交具有重大意义。它有力促成了中国外交战略眼光的拓展与全球战略布局的初步形成，推进了中国外交的队伍建设、能力建设和文化建设，奠定了有特色的中国外交核心理念与自主思想的基调和底色，并由此建构起一种在发展中国家的日益积极正面的中国外交形象。进入 21 世纪后，随着中非合作论坛的有力推进，并进而汇入"一带一路"全球合作倡议及人类命运共同体理念的伟大实践进程，中非关系的这些重大意义获得了更为显著的呈现。今天，中非合作已经成为中国推进全球新型合作体系与人类命运共同体建构的特殊观察窗口与最佳实验平台，深刻影响着中国外交的未来发展走向。

一　中非关系与中国外交之全球布局

在近代全球联系建立以前，人类文明都以区域性的形态而存在。亚洲、非洲、欧

---

[*] 刘鸿武，教育部长江学者特聘教授、教育部全国高校政治学专业教指委委员、浙江师范大学非洲研究院院长、博士生导师；主要研究方向为非洲政治、历史、文化，中非关系，尼日利亚、坦桑尼亚、苏丹、南苏丹国别研究；林晨，浙江师范大学非洲研究院博士生。本文是在刊发于《西亚非洲》2019 年第 4 期论文基础上修改而成，原文曾全文转载于《新华文摘》（网刊）2019 年第 19 期。

洲三大陆是人类文明的核心舞台，这里曾形成一些或大或小的区域性文明形态。其中，中华文明是产生时间最古老、延续时间最持久、拓展范围最广的大型区域文明形态之一。历史上的中国位于亚欧大陆东侧，其疆域自东南沿海至亚洲内陆腹地，文明影响更辐射到整个东亚、东南亚，并一直延伸到中亚、南亚甚至西亚的遥远地带，从而形成了一个具有洲际规模的大型文明共同体。古代中国与周边文明在辽阔地域空间上的长久交往，一方面使得中华文明自古就具有某种程度上的那个时代的"世界视野"，在久远时代的古代中国已有所谓的南海、东海、东洋、南洋、西洋、西域这样伸延开来的时空概念，有"大明混一图"这样的世界地理学知识。在历史上的不同时期，留下了"苏武牧羊""张骞通西域""郑和下西洋"这样中国历朝历代和平外交的美谈，也因此使得中国在历史上就有丰富的对外交往经历和认知外部世界的传统。另一方面，在中华文明内部，以中原文化为核心的华夏文明与边疆各少数民族文化形成了兼容并包、相互吸纳融合的多民族国家文化的关系结构和并存格局，这使得中华文明内部本身就具有高度的文化多样性和民族多元性，在多元而又复合的交往过程中，逐渐形成了富有历史凝聚力和文化向心力的中华多民族国家关系结构。[①]

中国历史发展的上述特点，使得中国在历史上形成了相对成熟的多元文化融合交往的政治智慧，以及富有包容性的地区国际关系的实践经验与行为理念。今天，这些传统正构成了现代中国外交民族精神成长的内在基础与文化基因。尽管如此，从历史角度来看，在传统农业文明时代自成一体的中华文明，其生存发展与演化交往的空间，主要还是限于亚洲东部的广阔地区，在近代以前尚未形成真正全球视野的国际体系与格局，与亚洲、非洲、拉丁美洲其他文明与国家的认知与交往有限。近代以来，中国逐渐处于持续性的国家衰落时期，长期遭受西方列强的侵略掠夺，直至民族国家陷入被奴役、被肢解的危险境地，中华民族也由此走上寻求国家民族复兴的漫长艰辛之路。在此过程中，由于中国面临的外部压力主要来自西方国家，近代以后相当长一个时期中国对外部世界的关注，大多集中在西欧一隅的西方世界，随后又大体扩展到美国、日本及后来的苏联，而对其他的亚、非、拉广大地区关注很少。作为中国对来自西方世界外部冲击的反应，以及中国被动卷入西方主导的世界体系的结果，近代以后中国所形成的域外知识、所积累的对外交往经验，也自然是集中于西方世界，对西方世界的认知交往也深刻影响了近代以后中国的世界图景，这自然是一个远不全面的世界图景。

中华人民共和国成立以后，中国基于自身的历史文化实践和当时的外交关系形态，开始探寻新的对外交往合作道路，努力突破西方导向的单向度的对外交往格局，而与世界所有国家和民族建立多向度的交往关系。在此过程中，与遥远非洲大陆的交往是最具有时代变革象征意义的重大举措，中国外交的全球战略布局和开阔的世界眼光，也因此获得了最初的突破而向前推进。

---

① 刘鸿武：《从中国边疆到非洲大陆——跨文化区域研究行与思》，世界知识出版社2017年版，第80页。

中国与非洲相距遥远，双方的文明进程与文化形态也差异很大，但中非交往的历史源远流长。根据中国史书记载，中非直接或间接的往来在唐宋以前已经开始，而大规模的往来发生在宋元与明初。大致形成于公元1389年（明洪武二十二年）的明代彩绘世界地图《大明混一图》，对于非洲和欧洲的地理已有准确的描绘。此外，在坦桑尼亚的桑给巴尔王宫有一幅郑和航海图，亦清楚地标明了非洲大陆与阿拉伯半岛的整个地形地貌。这两张当时中国人所绘制的世界地图，都已经清楚地标示出非洲最南端的好望角及非洲西海岸，这说明中国人对非洲地理知识的了解要比后来抵达非洲的欧洲人早至少一个世纪。尤其是600年前的15世纪初叶，中国航海家郑和七下西洋，大致有4次抵达了东非沿海，意义深远。事实上，在宋元到明清海禁之前的数百年间，中国参与了从东亚到南亚和东非沿海的跨印度洋亚非贸易体系的建构，与西亚和东非沿海国家有着密切的直接或间接贸易往来。应该说，那是世界史上第一个具有跨大洋性质的世界贸易与文明交往体系，是亚非文明源远流长交往的伟大成果。但这一亚非文明间的贸易体系随着西方殖民列强的崛起扩张而瓦解，中非交往也随之沉寂了数百年之久。直到20世纪初叶以前，中国与非洲依然还是两个相对陌生的世界。然而，进入20世纪五六十年代中非交往关系开启后，与非洲大陆这块面积达3030万平方公里的数十个年轻国家的交往，却成为推进中国形成全球交往格局的一个关键踏板或战略支点。借助于这一战略支点，中国开始逐渐走向全球、走向整个世界。[1] 虽然这一进程起初主要基于中国外交现实的发展需要，某些战略举措也具有战术性应急的特点，但从长远看，它是当代中国建立全球外交关系体系，形成中国外交全球战略布局的关键性一步。

早在1949年中华人民共和国成立之初，中国共产党人已开始思考中国如何与外部世界建立外交关系，这时正努力摆脱西方殖民枷锁的非洲大陆引起了他们的关注。毛泽东在1951年指出，第二次世界大战后世界局势发生巨大变化，"许多人民民主国家成立"，"整个亚洲和北部非洲的民族解放斗争蓬蓬勃勃地起来了"，我国人民要"好好地和一切人民民主国家团结一致，好好地和世界上一切同情我们的民族和人民团结一致"[2]。从那时起，中国共产党人开始把非洲民族解放运动与中国革命和建设的外部环境问题联系起来，关注非洲大陆的民族解放运动发展情况。1954年9月，周恩来总理在第一届全国人民代表大会第一次会议《政府工作报告》中，强调希望同"非洲国家发展事务性的关系，以增加互相的接触和了解，并创造建立正常关系的有利条件"[3]。虽然当时非洲大陆基本上还是西方国家的殖民地，不具备主权国家

---

[1] 刘鸿武：《中非关系30年：撬动中国与外部世界关系结构的支点》，《世界经济与政治》2008年第11期。

[2] 毛泽东：《中国人民政治协商会议第一届全国委员会第三次会议的开会词》，《人民日报》1951年10月24日。

[3] 周恩来：《政府工作报告》，《人民日报》1954年9月24日。

独立的外交能力，但非洲的民族解放运动已风起云涌，埃及、利比里亚、利比亚等纷纷取得独立，这促使中国逐渐重视并加强与非洲大陆新兴国家或殖民地的接触与了解。

1955年4月万隆亚非会议期间，周恩来总理带领的中国外交代表团与来自非洲国家的代表有了直接而实质性的接触，为随后的中非交往打开了窗口。1955年5月，埃及宗教事务部长巴库里率领的埃及政府代表团访华，双方签署建立外交关系前的第一个协议——《中埃文化合作会谈纪要》。1956年5月30日，中国与埃及正式建立外交关系，埃及由此成为首个同中国建交的非洲国家，从此开启了中国与非洲大陆现代外交关系的新时代。1959年10月4日，中国与几内亚建交，这是第一个与中国建交的撒哈拉以南的非洲国家，在此之前，已有摩洛哥、阿尔及利亚、苏丹三国分别于1958年11月、1958年12月、1959年2月与中国建交。1960年是非洲独立年，有17个国家宣布独立。当年，加纳（1960年7月5日）、马里（1960年10月25日）、索马里（1960年12月14日）三个非洲国家与中国建交。

当时，中国领导人明确意识到，要打破西方的封锁和苏联的打压，中国必须走近亚非拉国家。周恩来总理曾说："我们必须走出去，让别人看到我们，听到我们的声音。"1963年12月13日至1964年2月4日，周恩来总理首次对非洲十国进行了为期近两个月的深入访问，提出了著名的"对外经济援助的八项原则"①，标志着中国对非洲援助政策的正式形成，也是中国首次在国际上明确地宣示具有鲜明中国特色的重大外交理念与政策，它是中国70年外交成长的关键性一步。

推进中国外交全球战略布局形成的关键性一步，是从中国援助坦赞铁路的伟大实践开始的，这份遗产直到今天还有特殊的示范意义。20世纪60年代中期，在中国外交"走出去"的同时，非洲国家领导人也开始日益频繁地走入中国，他们开始尝试是否可以从西方以外的世界获得推进非洲独立和发展的援助。1965年2月，坦桑尼亚总统尼雷尔访华，请求中国援建坦赞铁路，并告诉中国领导人，这条铁路对于坦赞两国和其他正在争取独立的非洲国家的特殊意义。周总理对此高度认同并明确表示，中国愿意援建坦赞铁路，"铁路建成后，主权是属于你们和赞比亚的"②。对于援助非洲的重要意义，毛泽东主席曾这样表示，"先独立的国家有义务帮助后独立的国家""全世界如果不解放，中国这个国家就不可能最后解放自己，你们也不可能最后解放自己"③。这些著名的论断和思想，是那个年代中国国家领导人对于中非命运共同体理念的最初的阐释。

在那个困难的年代，中国首先在发展中国家最为集中的非洲大陆树立起后来被称

---

① 陈墩德：《探路在1964：周恩来飞往非洲》，解放军文艺出版社2007年版，第209页。
② 外交部政策规划司：《中非关系史上的丰碑：援建坦赞铁路亲历者的讲述》，世界知识出版社2015年版，第7页。
③ 同上书，第16页。

为"真、实、亲、诚"的中国形象。这个时期,中国还在非洲援建了涉及农业、工业、基础交通、体育、教育和卫生等众多领域的 200 多个项目,可谓举全国之力而为之,也由此开启了现代国际关系史上南南合作的新模式。中国的真诚援助对长期遭受西方殖民压迫而饱受屈辱的非洲国家具有特殊的意义,它鼓舞了非洲人民,也是中国走向世界成为全球性大国最初的一步。

到 1978 年改革开放开启之时,中国已经与非洲 43 个国家建立了外交关系。不断扩大的中非外交关系构成了中国外交的重要支持力量,为随后中国改革开放年代在外交领域维护中国国家利益奠定了坚实的基础。20 世纪 80 年代以来,国内的政治经济改革与对外关系的调整形成相互推进的局面。在此背景下,1982 年 12 月至 1983 年 1 月,中国总理访问了非洲十国,并提出了新时期中非经济合作的十六字方针:"平等互利、讲求实效、形式多样、共同发展",此次高访被视为"中国同非洲国家关系史上的一个重大事件"①。从那时起,注重援助的经济效益和可持续性、追求互利共赢的新型经济技术合作方式,就日益成为中国对非政策调整的大方向。

进入 21 世纪后,中非关系开始跃上历史新高度,其对中国外交全球战略布局的意义也以一种更加独特的方式呈现出来。2000 年,中非合作论坛建立,第一届部长级会议于 2000 年 10 月 10 日在中国北京举行,这是中华人民共和国成立后最重要的一次外交创新尝试,展现了中国开始作为一个新兴大国在外交领域的战略意识与全球布局,它为 21 世纪中非关系的长远发展提供了一个有效的制度平台。至此,面向 21 世纪的中非新型战略合作伙伴关系的基本格局大体形成,而中国外交全球布局的基本雏形和精神品格已是呼之欲出。

二 中非关系与中国外交之能力建设

独立自主的外交政策与忠诚高效的外交队伍,是国家主权与治理能力的重要标志。中华人民共和国成立以后,从战争年代走来的中国开始建立独立自主的外交战略和政策,开始组建自己的外交队伍。在遭受西方国家封锁的背景下,中国同亚、非、拉国家开辟了新的外交领域,其中非洲是很重要的一方面。

在中非建立现代外交关系 70 年的过程中,中国向非洲国家派出了大批的外交队伍,包括部分领事队伍,前后在非洲国家工作过的中国外交官达到数千人次。他们有的一辈子扎根非洲,有的在非洲获得磨砺后再被派往世界其他地区和国家。非洲地域遥远,条件相对落后,早期中国驻非外交使馆规模较小,有些处在战乱地区,文化差异大,情况复杂,异常艰苦。但由于非洲对中国外交极为特殊也特别重要,中国外交官在非洲扮演着复杂的综合性角色,除了开展一般的外交工作以外,还承担反对

---

① 《中国同非洲关系史上的重大事件》,《人民日报》1982 年 12 月 20 日。

"台独"、遏制分裂势力等复杂任务，同时还承担支持非洲前线国家开展民族解放运动的大量任务。因而，当时中国向非洲派遣的外交官都是国家外交队伍当中的优秀人才。

派遣国家公职人员到环境艰苦的边疆地区、少数民族地区开展工作，在艰苦环境中锻炼才干，培养优秀人才，是中国古代国家治理形成的历史传统，也是中国共产党培养干部队伍的习惯。根据中国古代国家治理体制中的文官制度，历朝历代的读书人饱读诗书后考取功名，进入文官体系为国家和百姓服务时，需要从基层或边远地区做起，通过品德和政绩考核而逐渐晋升职务。[①] 中华人民共和国成立后，中国共产党人也保持了这一传统，毛泽东曾指出："中国共产党，它的领导机关，它的干部，它的党员，是不怕任何艰难困苦的"[②]，主张"党员和干部要上前线"[③]。非洲是当时世界民族解放运动的前线，中国派出外交官到非洲去都要和当地人民平等交往，不搞特权。于是，在那个特殊的年代，非洲大陆就成为中国共产党培养党和国家外交干部队伍的特殊锻炼场所。

过去几十年，一批批中国年轻外交人走向遥远陌生的非洲大陆东西南北，为国出使，接受锻炼，开启自己的外交生涯。其中有一部分人在非洲坚持工作直到退休，这些人是过去几十年中国对非外交的核心成员。还有一部分外交人，虽没有毕生在非洲工作，但其第一项任务就是被派往非洲，在锻炼了工作意志、业务能力、外语水平等之后，再轮换到世界其他地区去担任外交官。经历了在非洲的历练，年轻外交官们逐渐成为中国外交领域的中坚力量，这成为中国培养外交领域人才的一种可行方式。

宏大历史都是由鲜活的人与事构成的，中国外交的理念建构与能力成长就是这样一个一代代人接力而成的过程。非洲就像干部培训基地，年轻人先到非洲去锻炼，然后再被派往其他国家和地区。经过岁月的洗礼和磨砺，这些个体经历和生命情感会逐渐升华成为一种集体记忆和精神力量，形成一种精神品格，那就是对弱小国家、落后国家、发展中国家的情感认同和记忆归属，及对多元文明与文化的理解能力与包容心态，并内化成中国外交人独特的价值观、人生观和世界观，指引人们的行为方式。[④]我们说中非关系是一种"真、实、亲、诚"的关系，并不是抽象的概念和原则的宣示，而是过去70年中非交往过程中由千千万万的普通中国人，包括驻非外交官员、援非医生、农业专家、工程技术人才、维和官兵等的人生经历，在与非洲人民的互动和双向建构过程中一点点累积起来、一代代传承下来的。

中国驻非外交队伍具有一种特殊的蕴含悠久中华古老文明和多民族国家政治智慧

[①] 刘鸿武：《从中国边疆到非洲大陆——跨文化区域研究行与思》，世界知识出版社2017年版，第25页。
[②] 《毛泽东选集》第一卷，人民出版社1991年版，第150页。
[③] 《毛泽东选集》第二卷，人民出版社1991年版，第549页。
[④] 刘鸿武：《用私人记忆重现历史的细节——"中国驻非洲大使访谈录"启言》，《中国社会科学报》2011年6月9日，第16版。

的大国外交文化：扎根于非洲大地，和非洲人交朋友，虚心向非洲人学习，学会欣赏多元文化，并时刻牢记国家民族复兴使命，用近代以来中国经历的民族苦难、奋斗历程和社会发展经验，来观照非洲，尽心尽力地推动中非合作，助推非洲摆脱贫困实现自主发展。改革开放40年特别是中非合作论坛成立以来，中国驻非大使与上一辈革命者出身的大使有了很大不同，他们不仅是代表国家出使的"特命全权大使"，在很大程度上也扮演着于所在国推进中非双方投资贸易合作的"项目CEO"和"前方总经理"角色，他们深入条件艰苦的非洲各国边远乡村、企业、厂矿、工地，对所在国的中非合作项目给予关心和支持，为中国在非洲企业牵线搭桥，拓展人脉，提供服务。当代中国优秀的赴非外交官，到了非洲遥远的异国他乡，要做好民风、民情调研，尊重当地文化，交好当地朋友，学好本土知识，努力适应环境，根据非洲的实际情况创造性地开展工作，而不能在当地发号施令，照搬中国模式。实事求是，入乡随俗，尊重差异，真诚相待，大致就是中非合作成功的基本原理。回顾中非合作的进程，中非合作关系能快速发展，得益于有这样一大批务实勤奋的外交一线的管理干部，历届对非合作论坛的战略、思想、举措、行动，很大程度是通过这样一批融外交官、企业家、基层干部为一体的新型外交队伍去实施的。对许多中国外交官来说，到非洲去任职，并不是去享受外交特权，也不能做只会外交辞令的说客，而必须做务实的行动者。就是在这样一种特殊的实践磨砺过程中，一种具有中国特色、中国气度、中国精神的当代中国外交文化也就逐渐形成了。

21世纪创立的中非合作论坛对中国外交能力提升产生了多方面的推进作用。其一，提升了中国主客场举办大型国际合作论坛的能力，包括设置大型论坛主题和议题，形成概念，建构话语，发布宣言，制定周密可行的行动计划和项目安排。其二，每三年一届的机制化论坛模式，将中非合作的战略目标与政策行为逐渐规范化、系统化、常态化、精细化，将宏观战略规划与具体项目实施无缝对接，各届论坛前后之间既有承接性，又有变革性，凸显了中非合作的稳定性、连续性与务实性。其三，借助中非合作论坛行动计划具体项目在非洲各国的逐年实施，中国国家发展经验与非洲国家多样性环境和差异性诉求间的关系逐渐得到磨合与调整，既重视战略规划又重视项目实施，重视政府与民间、国企与私企的有机结合，结合非洲实际情况而与时俱进，在实践中不断探索中非合作的国别路径。其四，中非合作论坛的丰富实践拓展了中国大国外交理念的构建平台和施行路径，提升了中国外交在发展中国家和南方国家的吸引力，中非合作发展的故事获得广泛传播。其五，每届论坛都需要统筹内政和外交而实现，提升了国内组织动员能力，包括城市管理能力，如论坛期间进行城市交通管制，环境生态得到改善而形成"中非合作蓝"等，也间接促进了国内环境治理进程。

此时的中非合作已不仅仅是一些原则性的宣言，更是一种充满理性思考和务实精神的行动方案与工程项目，表明中国的对非战略与政策、中国的对非事务管理，越来越具有现代政府的治理意识与效益精神。当代中国国家治理体制的中国特色与制度优势，通过中非合作论坛这一外交平台，开始在中国的国际交往与对外合作中呈现出来，而这种务实高效的精神品格，正是中非关系走到全球前列并引领全球对非合作的制度基础与能力保障。

三　中非关系与中国外交之理论建构

外交是国内政治的自然延续，是国内政策的外部呈现。一国外交思想的形成，也与本国本民族的思想传统有复杂的关联。中国是一个古老的东方大国，幅员辽阔，民族众多，文化多元，在过往漫长历史中，在处理多民族国家内外关系的过程中，中国形成了具有自身历史特色的国际交往观念和理论思维传统，这些丰富的历史传统和精神遗产，在中国的对非外交实践中因注入了新的时代特征而焕发出新的生机。

理想的文明制度与交往原则，是使国家民族内则得以国泰民安，人民安居乐业，外则得以协和万邦，各国和平共处。政治形态的高度有组织结构与强大统一国家框架的长期存在，世俗理性而温和民本的富于凝聚力的国家文化体系的长期延存，是理解中华文明特质与优势的两个关键维度。这两个特质，让中华国家和中华文化在空间上得以日渐广大，时间上得以长久延续，在当代演化出新的中国自身的国际关系理念与对外交往法则，并且在与遥远非洲的现代交往合作中得到了充分的体现。

在19世纪以前，存在于亚洲大陆广阔之区域，以中华文明为中心的从东亚到南亚再到中亚的这一地区性国际体系，曾是前现代时期世界上最重要的国际体系之一。历史上的中国，与东南亚、南亚、中亚周边文明交往关系紧密，甚至与遥远的西亚、中东、非洲和欧洲也有直接间接的往来，这让中国积累了自己的对外交往的实践经验与知识体系。早在革命年代，中国共产党人就已经意识到这一问题，无论是西方的还是苏东的制度与理念，都不可以完全解决中国自身的发展道路的选择，中国必须立足中国革命和建设的实践，自主选择中国对外交往之路。中国与遥远非洲的交往与合作正是在此背景下开始获得推进，中国对非交往的核心理念与思想就是在这一过程中形成的。

近代以来，西方中心主义者往往把非洲视为原始野蛮的大陆，断定非洲大陆是一块既没有历史也没有文化的大陆。但中国有不同于西方的非洲观，20世纪50年代，毛泽东曾指出，"我们做工作，交朋友，重点应该放在什么地方？我认为，应该放在三大洲，那就是亚洲、非洲和拉丁美洲"。[①] 20世纪60年代，中国把支持非洲民族解放运动视为自己对人类应尽的国际责任，体现出中国领导人已经具有一种开阔的世界视野与政治抱负。在经过长期外交实践与思考后，1974年毛泽东在会见来访的赞比

[①] 外交部、中共中央文献研究室：《毛泽东外交文选》，中央文献出版社1994年版，第269—270页。

亚总统卡翁达时，首次明确提出了关于"三个世界"划分的理论，认为中国和"整个非洲都是第三世界"，并分析了三个世界的关系及前途，"希望第三世界团结起来"。[①] 在他看来，中国与亚非发展中国家是联系在一起的，中国不可能独善其身，中国问题必须与发展中国家的问题联系起来解决。

从今天的角度来回看，毛泽东提出"三个世界理论"，明确将中国与非洲、亚洲、拉丁美洲划分为第三世界，把自己定位为发展中国家的一部分，对中国特色外交的成长来说是有跨越时空的战略意义与目标指向的，表明中国共产党人要建构一种既不同于西方殖民主义也不同于苏联霸权主义的对外交往新原则与新理念，一种将中国的前途和命运与发展中国家人民的前途和命运结合起来的中国外交原则与战略理念。它塑造了当代中国外交的这样一些核心理念，即中国不能走西方殖民主义走过的老路，也不会走苏联霸权主义的扩张道路，中国只能走和平发展的道路。正是"三个世界"理论的提出，让中国与广大的非洲国家、发展中国家站在一起，从而开创了南南合作的新模式，开启了当代中国外交与国际合作的广阔道路，这也是今天中国之所以能够提出"建构人类命运共同体"这一时代构想的历史基础与文化背景。而在此之前，周恩来总理在万隆会议期间就提出了"求同存异"原则和关于促进世界和平与合作的"十项原则"，这些原则基于中国人对自我、对他人、对世界文明与人类文化多样性的理解能力与尊重传统，也是中非合作关系走到世界前列、成为中国外交特色领域的根本原因。

从20世纪90年代中期开始，中国提出"走出去"的发展战略，受中国当时的经济发展水平、产业结构、科技水平以及企业管理经验的制约，中国"走出去"战略的第一步在很大程度上集中于非洲等发展中国家和地区。1996年江泽民主席访非时，正式提出了新时期的中国对非政策，表示中国愿同非洲国家构筑面向21世纪长期稳定、全面合作的国际关系，提出"真诚友好、平等相待、团结合作、共同发展、面向未来"的推进中非合作五点建议。2006年1月中国政府发表了首份《中国对非洲政策文件》，系统总结回顾了中国的对非政策，明确强调加强同非洲国家的团结与合作始终是中国独立自主和平外交政策的重要组成部分，中国愿与非洲国家建立和发展政治上平等互信、经济上合作共赢、文化上交流互鉴的新型战略伙伴关系。2013年3月，中国国家主席习近平访问非洲期间，首次提出"中非从来都是命运共同体"的著名论断，"中国致力于把自身发展同非洲发展紧密联系起来，把中国人民利益同非洲人民利益紧密结合起来，把中国发展机遇同非洲发展机遇紧密融合起来"。[②] 这样一种跨区域跨文化的以共同发展为核心使命的"中非命运共同体"的有机结合，

---

① 外交部、中共中央文献研究室：《毛泽东外交文选》，中央文献出版社1994年版，第600—601页。
② 习近平：《永远做可靠朋友和真诚伙伴——在坦桑尼亚尼雷尔国际会议中心的演讲》，参见中华人民共和国中央人民政府网站：http://www.gov.cn/ldhd/2013-03/25/content_2362201.htm，2019年5月25日。

将有助发展出一种更高层次、更具战略意义的结构性平衡发展联系，以从根本上解决传统全球化的种种局限，从而在最广泛的意义上实现"全球的新平衡发展与包容性发展"。

从中国外交全球战略布局上看，中非关系正是中国在现有的全球对外关系中最有可能也是最值得用心去经营的一个特殊领域，它给了中国这样一个机会，一个通过中非合作实践平台来实现自己所倡导的塑造新型全球国际关系新理念的机会。今天，中非合作正日益汇入更具全球格局的"一带一路"国际合作倡议，这是中国基于自身智慧的国际合作新天地，通过推进全球和平发展、共同发展来超越西方的冷战思维，以更具包容性、建构性的心胸与眼光来推进世界的和平发展。

中非合作正在给这个充满不确定性的世界带来新的希望和期待。过去百年，中国从积贫积弱的绝望状态中挣扎站立起来，前赴后继，一步步地走向民族复兴的伟大梦想，在这个过程中，中国人以自己的天下情怀和济世精神，与非洲人民一起奋斗，努力将这世界上最贫穷落后的被西方视为"世界弃儿"的"绝望非洲"，建设成繁荣和平的新非洲。所有这一切中非双方的伟大实践，正是今日中非双方得以建构起新型国际交往模式、新型发展理论和话语概念与知识体系的最佳实践平台。中非双方完全可以开创出属于自己的、以自己的传统文化、民族精神和现实实践为基础的新型外交理论、外交话语和外交概念，并在中非发展合作的实践中不断完善。

国际公共产品供应视角下的中非合作

张 春[*]

摘 要：尽管对中国供应国际公共产品的呼吁和讨论持续增多，但国际社会较少关注中国的既有实践及其演变。自新中国成立之初起，中国便开始探索有自身特色的国际公共产品供应，最为集中地体现在中非关系上。70年来，中国为非洲提供国际公共产品的实践演变与中国从"站起来"到"富起来"再到"强起来"的整体发展相一致，其内涵逐渐从单一向全面发展，供应响应速度加快，对战略成本与战略回报的衡量模式也日益优化。未来，中国为非洲供应国际公共产品需克服能力、期待和机制等差距，相关思考也应围绕供应理念、理论框架、机制体制及技术评估等方面展开，为建构更为紧密的中非命运共同体贡献力量。

关键词：中非关系；国际公共产品；人类命运共同体

随着中国的快速崛起，国际社会对中国参与国际公共产品供应的呼吁持续上升。尽管如此，既有研究往往缺乏对中国的实践及其演变的探讨。事实上，自新中国成立之日起，中国便从战略高度系统性地参与国际公共产品供应，尽管因国际体系、自身能力等原因而呈现不同的阶段性差异。同样，基于国际体系和自身能力的原因，新中国成立70年来中国参与国际公共产品供应的系统演变，最为完整地体现在中非关系的发展之中：对发达国家而言，中国长期以来主要是其供应的国际公共产品的消费者，中国参与对前者有益的国际公共产品供应的确是较为晚近之事；在发展中世界，拉美和中国周边国家在很大程度上都因地缘政治原因而长期与中国关系疏离，唯有非洲自20世纪50年代起便与中国联系密切，因此也最能有效观察中国供应国际公共产品的发展历程。以此为出发点，本文将首先回顾中非关系发展，尤其是中国为非洲供应国际公共产品的历史演变及其基本特征，在此基础上考察当前这一实践所面临的机遇与挑战，并提出以中非合作为试点推进塑造中国特色公共产品供应之道的系统思考，特别是这一努力在超越中非关系本身之外的对中国实现长期可持续崛起的理论和战略意涵。

---

[*] 张春，云南大学国际关系研究院研究员，主要研究中非关系、非洲国际关系、国际发展、国际关系理论。本文是在刊发于《西亚非洲》2019年第4期论文基础上修改而成。

一 中国向非洲供应国际公共产品的实践演变

自1956年中国与埃及建交开启当代中非合作进程以来,中国就开始有意识地通过中非合作为非洲提供国际公共产品。中国为非洲供应国际公共产品经历了与自身"站起来""富起来""强起来"大致相对应的三阶段发展,为下一阶段中国特色国际公共产品供应之道的塑造奠定了坚实的基础。

(一)中国向非洲供应国际公共产品的发展阶段

在很大程度上,中国参与国际公共产品的供应是从非洲开始的。总体而言,中国为非洲供应国际公共产品经历了三个阶段的历史演变,与中国自身的发展历程大致对应。

第一阶段是中国"站起来"时期,大致从中华人民共和国成立到1979年改革开放正式启动。基于中国民族独立解放运动的成功经验,这一时期中国为非洲提供的国际公共产品主要是政治性的,曾为非洲的政治独立贡献了重要力量。

随着中华人民共和国成立,中国将支持世界其他地区人民的民族解放运动视作自身国际义务的重要内涵。自1955年亚非会议之后,中国政府强调对那些有相似历史遭遇和现实困难的亚非拉国家给予道义支持和物质援助。就道义或政治性公共产品而言,毛泽东主席反复强调,"已经获得革命胜利的人民,应该援助正在争取解放的人民的斗争,这是我们的国际主义的义务"。[①] 中国同期也提供了与政治性公共产品相匹配的经济性公共产品,尽管相对而言较为单一,即为非洲提供经济援助。据统计,在1970—1978年,中国共帮助37个国家建成470个项目,超过此前建成项目的总和,其支出为新中国成立以来21年对外援助总和的159%。[②] 坦赞铁路是中国为非洲提供国际公共产品的典型代表。1967年6月,毛泽东主席在会见到访的赞比亚总统卡翁达时特别指出,"先独立的国家有义务帮助后独立的国家"[③];而周恩来总理在谈及坦赞铁路时强调,"这是支持非洲的民族独立、反帝反殖的斗争,也是为了帮助你们巩固民族独立。"[④] 此外,20世纪60年代,中国开始为非洲提供人道主义性质的公共产品。其中,对非医疗队的派遣更是从1963年一直持续至今,成为中国国际公共产品的重要内涵。

第二阶段是中国"富起来"时期,大致从改革开放正式启动到2013年党的十八

[①] 中共中央文献研究室:《建国以来毛泽东文稿》(第10册),中央文献出版社1996年版,第340页。
[②] 石林:《当代中国的对外经济合作》,中国社会科学出版社1989年版,第60—61、69页。
[③] 《关于中国政府援助修建非洲坦赞铁路的文献选载(一九六五年二月——一九七〇年七月)》,载《党的文献》2012年第3期。
[④] 同上。

大召开。基于改革开放的既有经验和积累,这一时期中国为非洲提供的国际公共产品更多是经济性的,对促进中非经贸合作、提升非洲的国际经济地位有重要意义。

随着改革开放的启动,中非合作的经济要素日益上升,其典型体现是中非贸易、投资合作快速发展。在贸易方面,1995 年之前,中非贸易额相对较小;1995 年之后,中国走进非洲步伐加快,中非贸易额增速明显,2000 年中非贸易额是 1995 年的 2.7 倍;此后,中非经贸关系更是一路高歌猛进,双边贸易额实现翻番的周期不断缩短,2014 年首次超过 2000 亿美元;尽管此后有所反复,2018 年再度超过 2000 亿美元。在投资方面,2003 年以前,中国在非洲的直接投资额极为有限,1996 年投资流量为 5625 万美元,2002 年为 6300 万美元(投资存量为 8.18 亿美元);2003 年以来,中国对非投资的规模与领域都不断增大,到 2017 年中国对非投资累计达到 430 亿美元,对非洲经济社会发展的溢出效应持续显现。可以认为,无论是从中非贸易在整个中国对外贸易中的占比变化看,还是从中国对非投资的结构优化看,中非经贸关系都正逐渐从单纯的经济合作演变为经济合作与公共产品供应的组合。

在为非洲供应的经济类公共产品迅速增长的同时,中国提供的其他公共产品也在同步增长,如减债、各类专项基金、人力资源培训、公共卫生援助等,尽管其增长速度、规模等可能远不如前者。

第三阶段是中国"强起来"时期,大致从党的十八大后开始。基于中国崛起的物质能力提升和国际责任意识强化,中国为非洲提供的国际公共产品内涵日益丰富,推动中非关系向新的时期迈进。

在经济类公共产品供应持续加强的同时,中国在进入"强起来"时期后越来越多地为非洲供应诸如安全、治理等非物质性公共产品。尽管和平安全合作长期以来都是中非合作的重点,但其系统化合作机制的建立则是在 2015 年召开的中非合作论坛约翰内斯堡峰会,和平安全合作被列入中非未来三年"十大合作计划"之列。[①] 在 2018 年 9 月举办的中非合作论坛北京峰会上,中国持续努力推进为非洲提供安全类公共产品,和平安全行动被列入习近平主席倡导的"八大行动"之中。[②]

在安全类公共产品之外,中国为非洲提供的治理类公共产品亦快速增长。尽管一贯重视与非洲的治国理政经验交流,但同样是 2018 年中非合作论坛北京峰会才凸显了治理类公共产品的系统供应特点。2018 年论坛峰会通过的《中非合作论坛—北京行动计划(2019—2021 年)》体现了中国为非洲供应治理类公共产品的三个趋势:一是战略上高度重视,治国理政经验交流被提升至"政治合作"层面;二是在机制化方面推进,特别是举办中非治国理政论坛;三是以政党交流为核心,如加大双方高层

---

① 《开启中非合作共赢、共同发展的新时代——在中非合作论坛约翰内斯堡峰会开幕式上的致辞》,中非合作论坛网站:https://www.fmprc.gov.cn/zflt/chn/ltda/dwjbzzjh_1/hyqk/t1321569.htm,2019 年 3 月 1 日。

② 《习近平在 2018 年中非合作论坛北京峰会开幕式上的主旨讲话》,中非合作论坛网站:https://focac-summit.mfa.gov.cn/chn/zt/t1591241.htm,2018 年 9 月 4 日。

政要交往频率，提升干部培训合作水平，加强治国理政和发展经验交流。①

此外，中国还为非洲提供诸多非物质性公共产品，如人力资源培养、技术转移等。例如，自2000年中非合作论坛创立以来，中国承诺为非洲提供的政府奖学金数据已经增长8倍有余。

（二）中国向非洲供应国际公共产品实践的特点

回顾中国通过中非合作为非洲供应国际公共产品的历史演变，大致可以识别出三个基本特征。

第一，中国为非洲供应的国际公共产品正日益丰富。在中非合作的早期，中国为非洲供应的公共产品相对单一：一是由于中华人民共和国刚刚成立，国际公共产品供应的能力严重不充分；二是由于历史原因，非洲当时的核心任务是实现政治上的主权独立，因此中国争取民族解放的斗争经验对非洲而言尤其适用；三是由于国际体系呈现两极对抗的特点，中非合作的首要关切注定更多是政治性的。但随着中国启动改革开放并逐渐走向民族复兴之路，加上国际体系转型进程在冷战结束后全面启动，中国新获得的经济能力及由此而来的国际影响力等都逐渐转化为向非洲供应更多、更为丰富的国际公共产品。

第二，中国为非洲供应国际公共产品的响应速度明显加快。一方面，就特定类型的公共产品来说，中国从具备供应能力到实际供应之间的时间差，正快速缩短。例如，中国支持非洲民族解放运动的能力事实上在新中国成立前就已具备，但真正为非洲供应此类公共产品则始于20世纪60年代。相比之下，当前中国为非洲供应治理类公共产品的能力准备与实际供应之间的时间差要短得多。另一方面，中国对非洲的国际公共产品供应呼吁响应速度明显加快。一个典型对比是，2004年苏丹达尔富尔问题不断升级后，作为正式响应，中国政府于2007年正式设立中国政府非洲事务特别代表一职；但在2015年中非合作论坛约翰内斯堡峰会期间，非洲多国国家元首和政府首脑向中国表达对安全类公共产品的需求，马上就在峰会上提出的"中非和平与安全合作计划"中得到响应。

第三，中国对为非洲供应国际公共产品的战略成本—收益计算更加合理。如前所述，在"站起来"时期，中国为非洲供应国际公共产品时甚至出现超过自身实力的现象。改革开放后，中国在较长时间内将"量力而行"作为国际公共产品供应的主要衡量标准。习近平主席在2013年3月首次出访非洲时提出，中国在对非合作中将秉持正确义利观，坚持义利平衡、以义为先。从国际公共产品供应的角度看，正确义利观事实上就是强调优先向非洲供应其所需要的国际公共产品，不断建设和丰富中非

---

① 《中非合作论坛—北京行动计划（2019—2021年）》，中非合作论坛网站：https://focacsummit.mfa.gov.cn/chn/hyqk/t1592247.htm，2018年9月6日。

全面战略合作伙伴关系，造福中非人民。

二 中国为非洲供应国际公共产品的机遇与挑战

"两个一百年"奋斗目标的历史交汇期与世界转型过渡期①的两期叠加，一方面要求中国提供更多更好的国际公共产品；另一方面也凸显了国际社会对中国供应非洲公共产品的期待差距，暴露了中国为非洲提供国际公共产品的机制性弱点。如果应对得当，这些挑战本身也可有效转化成为中国为非洲提供国际公共产品的重大机遇。

第一，面对非洲经济类公共产品需求持续增加、国际社会其他力量供应意愿和能力同步降低的严峻挑战，中国为非洲供应经济类公共产品的能力缺口明显增大。

非洲经济增长在进入21世纪第二个十年之后面临的挑战逐渐增大，对经济类国际公共产品的需求迅速增加。例如，非洲要实现自身设定的2025年发展目标，仅基础设施建设一项所需资金就高达1300亿—1700亿美元/年，每年的融资缺口高达680亿—1080亿美元。而实现联合国2030年可持续发展目标（SDGs），非洲面临的资金缺口更大，有估计高达6140亿—6380亿美元，而国际货币基金组织则认为约5200亿美元。②尽管需求明显增加，但国际社会尤其西方国家为非洲提供经济类公共产品的意愿和能力在很大程度上呈减弱态势。例如，自2008年全球金融危机以来，非洲国家所获得的外国直接投资事实上在下降，2017年（417.7亿美元）甚至比2008年（581.3亿美元）还少，在全球外国直接投资中的比重也始终徘徊在3%左右。③

因此，尽管非洲国家对自身国内资源动员潜力充满信心，中国能够为非洲供应的经济类公共产品特别是发展融资仍相当不充分，但基于非洲大陆高债务情势，以及部分国家出于权势竞争目的而抹黑中国④，或围绕债务可持续性进行相关规则设定，都可能进一步限制中国为非洲提供更多经济类公共产品，特别是发展融资的能力和意愿。

第二，紧随21世纪头十年的"非洲崛起"和2011年的阿拉伯剧变，非洲新一轮政治转型进程启动，中国难以充分满足非洲对治理类公共产品的需求。

自20世纪60年代逐步实现政治独立以来，非洲国家一直在探索自身独立的政

---

① 《习近平：努力开创中国特色大国外交新局面》，外交部网站：https://www.fmprc.gov.cn/web/wjdt_674879/gjldrhd_674881/t1571169.shtml，2018年6月25日。
② UNECA, *Economic Report on Africa 2019: Fiscal Policy of Financing Sustainable Development in Africa*, Addis Ababa: UNECA, 2019, p.29.
③ 笔者根据联合国贸易与发展组织（https://unctad.org/en/Pages/statistics.aspx）数据计算得出。
④ See Anzetse Were, "Debt Trap? Chinese Loans and Africa's Development Options", *SAIIA Policy Insights*, No.66, August 2018, https://saiia.org.za/wp-content/uploads/2018/09/sai_spi_66_were_20190910.pdf, 2019年3月1日；David Ndii, "China's Debt Imperialism: The Art of War by Other Means?", *East African Review*, August 18, 2018, https://www.theeastafricanreview.info/op-eds/2018/08/18/chinas-debt-imperialism-the-art-of-war-by-other-means, 2019年3月1日。

治、经济和社会发展道路,但其效果并不理想。近年来,非洲国家在政治、经济和社会治理方面陷入困境,尤其明显地体现在两个近乎相反的发展上:一方面,非洲长期存在的"输家政治"有了明显的改变,非洲的政治治理理念、能力、手段等均有了积极发展,特别是"逢选必乱"的现象大幅减少。① 但另一方面,为突破宪法限制,近年来有多个非洲国家尝试通过修改宪法、改变选举规则等延长领导人任期,其中不少引发了强烈的国内外反对,如布隆迪、刚果(金)等。② 在此背景下,非洲对治理类公共产品的需求相当迫切,尤为明显地体现在进入 21 世纪以来非洲诸多国家所采取的"向东看"战略上。③

尽管中国努力为非洲供应更为丰富的治理类公共产品,但总体仍显不足,特别是中国的此类公共产品供应机制、资金等均不充分。例如,西方国家对非洲的治理类公共产品供应主要通过社会性渠道来实现,特别是资助非洲当地的非政府组织(NGOs)。仅 2002—2012 年间,美国对非洲非政府组织的资助就从 2.888 亿美元增加到 15 亿美元;同期,整个国际社会对非洲非政府组织的资助也增长了 185%。④ 尽管中国的治理理念和实践与西方有着明显差异,但与非洲公民社会的交流确有较大的提升空间。

第三,与非洲政治、经济、社会转型大致同步,非洲面临的安全挑战正发生历史性转型,这对中国供应安全类公共产品的能力提出了更高需求。

通过回顾冷战结束后非洲的发展历程可以发现,非洲安全挑战的根本性质正发生深刻变化。其中最为明显的是,非洲今天所面临的安全问题更多来自社会,而非传统的政府。根据武装冲突地点与事件数据项目(Armed Conflict Location and Event Data Project, ACLED)提供的数据,非洲的冲突主要集中于四个地区,即北非和撒赫勒、西非、非洲之角及大湖地区;在 2010—2016 年,非洲的各类冲突数量增长了 3 倍。但需要指出的是,这一数量增长主要是各类草根或社会性的抗议、暴乱等,其中尤以南非、突尼斯、埃塞俄比亚、埃及等国为典型,这与前述的冲突地区并不完全一致。换句话说,进入 21 世纪第二个十年以来,非洲面临的传统安全挑战,如武装冲突、内战及国家间战争数量明显下降,但各类非传统的或非结构性

---

① 联合国非洲经济委员会(UNECA)曾指出,非洲"少有选举是完美的;选举争议是普遍现象",而选举治理的目标是"满足政党要求"而非选举公正,参见 UNECA, *African Governance Report III: Elections and the Management of Diversity*, Addis Ababa: UNECA, 2013, "Executive Summary", p. 7。

② Robert I. Rotberg, "Africa Plagued by Third Term-itis," *The Diplomat*, September 27, 2015, http://diplomatonline.com/mag/2015/09/africa-plagued-by-third-term-itis, 2019 – 03 – 01; Austin Bay, "Africa's Third Term Power Grabs: Prelude to War", *Free Republic*, February 10, 2016, http://www.freerepublic.com/focus/f-news/3395435/posts, 2019 年 3 月 1 日。

③ 有关这一主题的集中讨论可参见杨光《中东非洲发展报告:解析中东非洲国家的"向东看"现象》(No. 13, 2010—2011 年),社会科学文献出版社 2011 年版。

④ Steven Lawrence, Anna Koob, and Niamani Mutima, *U. S. Foundation Funding for Africa*, Warrenton, V. A.: Foundation Center and Africa Grantmakers' Affinity Group, 2015, p. 5.

暴力正明显上升。① 在安全挑战性质发生根本变化的同时，非洲仍面临严峻的非传统安全挑战，特别是恐怖主义与海盗问题。尽管上述问题都得到国际社会高度关注，但二者都具有较强的弹性，进而不时呈现复苏态势。

就非洲国家当前所面临的安全挑战而言，它们对安全类公共产品的需求仍相当大，但国际社会所供应的安全类公共产品存在三个"错配"，即目标—手段错配、意愿—能力错配、需求—支持错配。② 尽管中非和平安全合作已取得一定进展，但中国为非洲供应的安全类公共产品既不充分，品种也不够齐全，这很大程度上源于中国自身的相关能力的不充分与不平衡。

第四，在供应能力不充分、不平衡之外，中国为非洲供应公共产品还面临潜在的期待落差。如果管理不当，可能使中国对非国家公共产品供应努力大打折扣。

首先，就中国公共产品的直接消费方非洲而言，这一期待落差体现为非方呼吁中国供应更多的公共产品。导致这一期待落差的原因主要在于：一是非洲对公共产品的需求增大；二是国际社会其他力量为非洲供应公共产品的能力和意愿下降；三是中国为非洲供应公共产品的记录良好；四是中国为非洲供应公共产品的能力有限。

其次，就为非洲供应公共产品的国际伙伴而言，这一期待落差主要源于中国未必会沿着其所预设的道路或方式发展。由此而来，西方国际社会的两难在于：一方面希望中国供应更多国际公共产品，另一方面竭力限制中国可能因此而获得的更大国际影响力。出于对"地位竞争"的担忧，西方往往利用中国供应国际公共产品的经验和能力不充分，限制中国国际影响力的提升。

最后，就承担为非洲供应公共产品实际成本的中国国内民众而言，其期待落差同样是最小化成本与最大化收益的矛盾。尽管中国"富起来""强起来"的逻辑后果之一是承担更多国际公共产品供应，但国内公众显然没有做好相应的心理准备。

第五，在能力差距、期待落差之外，中国为非洲供应国际公共产品还面临严峻的制度短缺，具体体现为三个方面：首先，尽管自中华人民共和国成立之初便开始尝试参与国际公共产品的供应，但中国长期未能建立系统的公共产品供应体制机制；其次，尽管非洲长期是国际公共产品的消费方，但迄今也仍未建立有效的公共产品消费协作机制；最后，尽管国际社会各行为体努力为非洲提供各类公共产品，但战略互疑仍是各方围绕为非洲供应公共产品展开有效合作的重大阻碍。美欧长期呼吁展开三方乃至多方合作，以提高对非公共产品供应的效率，但由于其真实意图仍是设法掌控新兴发展伙伴与非洲的合作，因此难以推动相应合作。而在新兴国家特别是中国对三方

---

① 张春：《非结构性暴力增生与非洲动荡的常态化》，《当代世界》2014 年第 9 期。
② 张春：《非洲安全治理困境与中非和平安全合作》，《阿拉伯世界》2017 年第 5 期。

合作变得更为积极之后,美欧国家又更加怀疑前者的战略意图,进而由先前的积极施压转向消极拖延。① 因此,尽管国际公共产品供应方的合作将显著地提高其效率,但相关合作的展开则极为困难。

三 中国对非国际公共产品供应的可持续发展建议

尽管面临前述重大挑战,但如果管理得当,中国特色的国际公共产品供应之道很可能在不久的将来,以非洲为最佳实践和创新示范。中国特色国际公共产品供应之道的核心,在于提升中国国际公共产品供应的可持续性,其重点体现在两方面:一是为非洲供应国际公共产品这一先行试验努力的可持续性;二是中国国际公共产品的供应理念、方法和机制逐渐从非洲向世界推广,并在此过程中进一步提高其可持续性。

第一,建立健全中国为非洲供应国际公共产品的战略指导。

从中国为非洲供应国际公共产品的既有实践看,它从来都是中国为整个国际社会提供公共产品的整体战略的一部分;中国从未从狭隘的地区性或俱乐部公共产品供应视角思考全球或国际公共产品的问题。因此,中国下一阶段为非洲供应国际公共产品的战略指南,也必须从整个中国国际公共产品供应战略乃至更大的中华民族复兴战略出发加以设定。

随着中国步入"强起来"时期,一系列新的战略挑战正在浮现:一方面,中国可效仿或对标的对象范围正愈益缩小,创新成为必然;另一方面,国际社会特别是西方发达国家,允许中国向其学习的意愿正在快速下降,最为明显地体现在美国挑起的中美贸易摩擦。②

对中国的长期可持续性崛起而言,上述挑战意味着中国崛起战略环境的根本性变化,即中国需要从先前更多注重学习国际社会先进经验的"体系内效仿型崛起",转向越来越多地聚焦创新的"体系内创新型崛起"。③ 依据"体系内创新型崛起"的战略思维,中国未来为非洲供应国际公共产品的战略指导,就是不断增加中国崛起的战略外溢,使非洲从历史上大国崛起的"受害者"变成中国崛起的"受益者"。这一战略外溢或使非洲"受益",可主要从如下方面加以实现:一是经济类公共产品的供应真正有利于非盟《2063年议程》、非洲各国可持续发展等目标的实现;二是安全类公

---

① 张春:《涉非三方合作:中国何以作为?》,《西亚非洲》2017年第3期。
② Christopher Walker and Jessica Ludwig, "The Meaning of Sharp Power: How Authoritarian States Project Influence", *Foreign Affairs*, November 16, 2017, https://www.foreignaffairs.com/articles/china/2017 - 11 - 16/meaning-sharp-power, 2019 - 03 - 01; "Sunlight v Subversion: What to Do about China's 'Sharp Power'", *The Economist*, December 14, 2017, https://www.economist.com/leaders/2017/12/14/what-to-do-about-chinas-sharp-power, 2019年3月1日。
③ 有关历史上大国崛起的模式及其缺陷的讨论,可参见张春《中国实现体系内全面崛起的四步走战略》,《世界经济与政治》2014年第5期。

共产品的供应不仅有助于非洲应对正在转变中的安全挑战,更有助于非洲夯实其脆弱的主权;三是治理类公共产品的供应旨在为非洲提供经验参考,而非充当"教师爷"。

第二,创新中国为非洲供应国际公共产品的理论指导。

自独立以来,非洲对国际公共产品的需求不仅从未得到充分满足,更似有供应差距越拉越大的趋势。尽管不同类型的公共产品情况略有差异,但所谓"援助失败"(Aid Failure)或"援助有效性"(Aid Effectiveness)的确已成为国际公共产品供应中的典型失败案例。[①] 尽管有大量提升援助有效性甚至是发展有效性的努力,但都没有真正触及国际公共产品供应的核心问题,即国际公共产品供应的可持续性问题。

因此,中国为非洲供应国际公共产品的理论创新应围绕公共产品的供应可持续性展开。的确,既有公共产品理论对"免费搭车"问题的强调,恰好凸显了国际公共产品的供应可持续性问题:尽管公共产品本身具有非排他性、非歧视性特征,但由于公共产品本身是有消耗性的,因此必须持续追加投入;事实上,"免费搭车"并不会导致公共产品供应成本增加,但在公共产品本身存在自然及人为损耗的情况下,消费增加肯定会导致供应成本上升。因此,国际公共产品供应的不可持续,根源更多在于国际公共产品本身的自然或人为损耗。这使降低国际公共产品的损耗,或提高国际公共产品的可持续性,变得格外重要。国际公共产品的可持续性在很大程度上取决于四方面:一是国际公共产品的再生产成本或对外部持续性投入的需求,如果它在供应开始后无需过多的再生产或维护、运营成本,就具有较高的可持续性,如就公共路灯的电力供应而言,风力或太阳能发电显然比火力发电更具可持续性;二是公共产品载体的可持续性,同样以路灯为例,其电灯杆、灯泡的材质不同可能影响公共产品的可持续性;三是公共产品的财务可持续性,即公共产品本身的经济或财务闭合循环是否存在;四是公共产品的社会可持续性,即其社会、环境等溢出效应是否积极、大小如何。[②] 中国要为非洲提供更多更好的国际公共产品,就必须从上述四方面出发,提高其可持续性,从而极大地缓解供应成本、提升供应可持续性。

第三,完善中国为非洲供应国际公共产品的制度指导。

非洲公共产品的短缺不只是因为其需求量大、供应不当,还因为供应机制存在的重大不协调。中国为非洲供应国际公共产品的制度体系,需要创新三方面的劳动分工模式:一是创新中国国内涉公共产品供应的行为体间的劳动分工模式。中国应尝试发

[①] See F. Nlyonkuru, "Failure of Foreign Aid in Developing Countries: A Quest for Alternative", *Business and Economics Journal*, Vol. 7, No. 3, 2016, doi: 10. 4172/2151 – 6219. 1000231, 2019 – 03 – 01; Vasile Dedu, Gabriel Staicu, and Dan Costin Nițescu, "A Critical Examination of Foreign Aid Policy: Why it Fails to Eradicate Poverty?", *Theoretical and Applied Economics*, Vol. XVIII, No. 4, pp. 37 – 48; Marian Leonardo Lawson, "Does Foreign Aid Work? Efforts to Evaluate U. S. Foreign Assistance", *CRS Report*, R42827, June 23, 2016.

[②] 笔者曾对此问题作过一些粗浅讨论,参见张春《"一带一路"倡议与全球治理的新实践》,《国际关系研究》2017 年第 2 期。

展"全政府"（whole-of-government）方法，横向创建单一机构统领所有类型的国际公共产品供应，纵向塑造决策—执行—监督的多线程配合体系，确保打破部门间条块分割，适度引入社会组织参与和监督，形成国际公共产品供应的合理劳动分工。

二是加强中国与其他供应方的协作关系。中国在供应非洲国际公共产品时，应当创新性地围绕各供应方的比较优势，建构国际公共产品供应的新劳动分工模式，其核心是各种三方乃至多方合作。这一基于比较优势的国际公共产品供应合作模式，应遵循理念互补、能力互补、合法性互补、资金互补等原则，实现各供应方的优势互补、取长补短，最终推动非洲国家及更大的国际公共产品消费方的可持续发展。

三是建立中国与非洲围绕国际公共产品供应的合作模式。中非合作论坛作为进入21世纪以来中国为非洲供应国际公共产品的核心平台，在这一过程中发挥了重要作用，其核心是"整体协商、双边落实"模式。需要指出的是，这一分工模式没有充分释放非洲大陆和次地区组织的居间协调潜力，也没有充分动员非洲强大的公民社会。因此，中国未来应鼓励非洲在"单一声音"框架内建构合理的次国家—国家—次地区—大陆等四级劳动分工模式，在强化现有中非合作模式和机制优势同时，弥补其短板，优化中非国际公共产品供应的劳动分工。

第四，培育中国为非洲供应国际公共产品的评估指导。

一方面，中国要通过开展聚焦消费方的发展有效性评估，尽可能避免供应方逻辑的消极影响。在进一步开展中国对非国际公共产品供应时，中国应当坚持自身理念，以对象国的可持续发展为根本着眼点，坚持从公共产品消费者视角创新评估理念、设计评估方法：一是要继续坚持在中非合作中相当成功的发展和平理念，只要具备哪怕是最低水平的治理与安全条件，也要将发展置于优先地位；二是大力落实2018年中非合作论坛北京峰会所倡导的"四个对接"；三是以习近平主席所提出的"五不""四不能"原则[①]为指导，设计中国特色国际公共产品的评估体系，并始终将消费方的可持续发展作为评估的首要标准。

另一方面，由于中国参与国际公共产品供应的时间尚短，因此仍应广泛借鉴国际先进技术丰富和完善自身评估体系。一方面，国际社会不仅经历了诸如结果管理、援助有效性、发展有效性等理念升级，而且提出过大量的评估方法，其中最具代表性的是与官方发展援助（ODA）相关的评估体系，以及顺应联合国2030年可持续发展议程提出的"官方对可持续发展总支持"（Total Official Support for Sustainable Develop-

---

① "五不"原则即不干预非洲国家探索符合国情的发展道路，不干涉非洲内政，不把自己的意志强加于人，不在对非援助中附加任何政治条件，不在对非投资融资中谋取政治私利。"四不能"原则，即任何人都不能破坏中非人民的大团结；任何人都不能阻挡中非人民振兴的步伐；任何人都不能以想象和臆测否定中非合作的显著成就；任何人都不能阻止和干扰国际社会支持非洲发展的积极行动！参见《习近平在2018年中非合作论坛北京峰会开幕式上的主旨讲话》，中非合作论坛网站：https://focacsummit.mfa.gov.cn/chn/zt/t1591241.htm，2018年9月4日。

ment，TOSSD）评估方法。另一方面，推动高质量发展是当前和今后一个时期确定发展思路、制定经济政策、实施宏观调控的根本要求，必须加快形成推动高质量发展的指标体系、政策体系、标准体系、统计体系、绩效评价、政绩考核，创建和完善制度环境，推动我国经济在实现高质量发展上不断取得新进展。① 可以认为，国际社会以可持续发展为核心的新评估方法与中国以高质量发展建构自身的评估体系，存在高度的相通性，对中国国际公共产品供应的评估体系建设也具有重要指导意义，以国内高质量发展的指标体系、统计体系、绩效评价等为基础和范本，发展中国国际公共产品供应的评估体系将是合理选择。

结束语

尽管新中国自成立之初便系统参与国际公共产品供应，但中国仍是国际公共产品供应的"后来者"，需要在战略、理论、机制及技术等方面全力追赶。更值得注意的是，鉴于国际公共产品供应本身意味着重大的国际规范、规则权力，中国在供应国际公共产品方面的角色增长很大程度上会被以美国为代表的传统供应方视作一种"权势竞争"甚至"地位竞争"；或者说，中国参与国际公共产品的供应，特别是当消费方主动选择中国的国际公共产品时，极可能被视作一种公共产品的"产品替代"（Goods Substitution）战略。② 就此而言，以比较优势为基础，建立公共产品供应的合作或协作机制，或许是中国在积极参与国际公共产品供应的同时，缓解供应竞争、降低战略试错成本③的重要途径。未来，非洲将是塑造中国特色国际公共产品供应之道的最佳场所：它不仅有助于将中非合作打造成为中国特色国际公共产品供应的示范地，推动非洲成为中国特色国际公共产品的首要受益者；也有助于推动更为紧密的中非命运共同体的建构，打造人类命运共同体的典范；还有助于塑造中国与国际社会围绕国际公共产品供应的竞争与合作的可持续模式，从而真正推动人类命运共同体和新型国际关系的建构。

---

① 《中央经济工作会议举行　习近平李克强作重要讲话》，新华网：http://www.xinhuanet.com/fortune/2017-12/20/c_1122142392.htm，2017 年 12 月 21 日。

② Alexander Cooley, Daniel H. Nexon, Benjiamin de Carvalho, and Halvard Leira, "Undermining Hegemony? Building a Framework for Goods Substitution," Policy Brief, No. 33, Norwegian Institute of International Affairs, 2015, https://nupi.brage.unit.no/nupi-xmlui/bitstream/handle/11250/2434908/NUPI_Policy_Brief_33_15_Cooley_Nexon_de%2bCarvalho_Leira.pdf?sequence=2&isAllowed=y, 2019-03-01.

③ 关于大国崛起战略试错成本的讨论，可参见潘亚玲《美国崛起的社会心理演变——从榜样到救世主》，《国际展望》2019 年第 2 期。

中国对非减贫合作 70 年：理念演变与实践特点

安春英[*]

摘　要：中华人民共和国成立以来，注重加强与非洲国家的双边关系与互利合作，其中减贫合作是重要内容。纵观中非减贫合作发展历程，从 20 世纪五六十年代的"援助—减贫"合作观，到七八十年代的"经济增长—减贫"合作观，再到 21 世纪以来的"发展—减贫"合作观，体现了中国对非减贫合作政策理念的不断深化与创新。在此过程中，中非减贫合作的主体、内容和途径均实现了转型、提速与升级。在当下共建中非命运共同体的语境下，中非减贫合作需准确研判国际环境的新变化，尊重非洲国家在双方合作中的主导性，关注非洲国家的整体性与差异化以及中国减贫经验的对非适应性，以期推进中非减贫合作行稳致远。

关键词：中非命运共同体；减贫合作；中国经验；非洲发展

当前，中非关系处于承前启后、继往开来的重要时期，非洲国家期待与中国加强务实合作，共享机遇，共迎挑战。中国在减贫领域取得的成就为广大非洲国家提供了宝贵经验，后者迫切希望能将中国的减贫经验这一全球公共产品融合于非洲发展实践。在此背景下，中国需超越中非贸易、投资合作等物质性关切，以中非减贫合作走稳做实中非命运共同体建设，回应非洲国家的热望，以新动能推动中非传统友好关系迈上新台阶。

一　中国对非洲政策中的减贫理念

中国对非政策主要体现在政府宣示的文件、中非双方签署的协定中。此外，中国领导人的相关讲话、意见、观点等也指导着中国对非合作，上述三方面均可以体现中国对非政策中的减贫理念。从新中国成立至今，根据中非减贫合作的方式和内容，中

---

[*] 安春英，中国非洲研究院编审，研究方向为非洲经济、非洲可持续发展问题与中非关系。本文是在刊发于《国际问题研究》2019 年第 3 期论文基础上修改而成。

国的对非减贫理念大致经历了三个发展阶段。

(一)"援助—减贫"合作观

20世纪50—70年代,非洲大陆民族解放运动进入高潮,纷纷建立独立主权国家,维护与巩固主权独立、实现民族经济发展、摆脱贫困落后是非洲各国的迫切所需。毛泽东等中国领导人看到了处于上升阶段的非洲民族国家的力量,视非洲国家为应当团结和依靠的朋友,提出了为非洲国家谋求民族独立及国家建设提供国际主义援助的重大决策。

这一时期,中国对非减贫政策涵盖在对非援助政策体系中。后者的主要内容包括:第一,确立了平等互利的原则。1963年12月至1964年2月,周恩来总理在访问非洲十国时,代表中国政府提出了"中国对阿拉伯国家和非洲国家的五项原则"及"中国对外援助的八项原则"[1],标志着中国对非洲援助政策的正式形成。第二,倡导中国对非关系中发扬无私的国际主义精神。1963年,毛泽东在会见来访的非洲朋友时,曾明确指出:"已经获得革命胜利的人民,应该援助正在争取解放的人民的斗争,这是我们的国际主义的义务。"[2] 1975年6月,邓小平在会见巴实·干乍那越为团长的泰国国会议员访华团时指出,"非洲各国的事情要由非洲各国来管。尽管中国是不发达的,属于第三世界国家,但我们还是要尽我们的国际主义义务,在力所能及的范围内对第三世界的许多国家进行一点帮助。帮助虽然不大,但这是我们应尽的义务,而且是不附加任何政治条件的。"[3] 第三,强调根据自身国情、以自力更生为主开展国际发展合作。1975年8月,邓小平在会见弗朗西斯·艾伯特·雷内率领的塞舌尔群岛人民联合党代表团时指出,塞舌尔在发展问题上,"关键是要立足国内,自力更生,解决人民的衣食住行问题,发展同第三世界的友好关系"[4]。

这一时期,中非减贫合作最初归属于中国对非援助的框架之内。虽然中国对非政策中没有出现"摆脱贫困""民生"等表述,但基于中非双方面临不同的国际环境和历史任务,中国对非援助政策着力于帮助非洲国家支持与巩固民族独立、发展经济、消除贫困,为非洲国家实现国富民强奠定政治基础和减贫的基础条件。需要注意的是,"中国对外援助的八项原则"是中国对非关系中重要的政策宣示,为后来的中非减贫合作奠定了思想基础,其中所蕴含的平等互利、重在帮助受援国提高自身发展能力等要义一直延续至今。

---

[1] 参见《对外经济技术援助的八项原则》,载《周恩来外交文选》,中央文献出版社1990年版,第388—389页。

[2] 参见《接见非洲朋友时的谈话》,载《建国以来毛泽东文稿》(第10册),中央文献出版社1996年版,第340页。

[3] 《邓小平年谱1975—1997》(上),中央文献出版社2004年版,第58页。

[4] 同上书,第79页。

（二）"经济增长—减贫"合作观

20世纪八九十年代，中国实行了以经济建设为中心、改革开放的政策，非洲国家则在"华盛顿共识"指导下推行经济调整计划。由此，发展国民经济成为中非国家工作的重心。在此背景下，中非发展合作呈现新特点。

第一，中国对非政策在优先考虑非洲国家发展需要的同时，适度体现中国的发展议程。1983年1月，中国总理在访问坦桑尼亚期间，宣布了中国与非洲国家开展经济技术合作的四项原则，即"平等互利，讲求实效，形式多样，共同发展"。这表明，中非在发展合作方面既坚持平等互利的原则，又注重合作的效果，还要寻求合作方式的多元化，其最终目的是使合作双方经济与社会共同发展。90年代，在"市场多元化""两个市场、两种资源"和"走出去"战略的指导下，中国调整了对外援助方式，重点推行政府贴息优惠贷款和合资合作项目。1996年5月，江泽民主席访问非洲期间提出巩固和发展同非洲各国面向21世纪的长期稳定、全面合作的国家关系，强调互利互惠，谋求共同发展，"鼓励双方企业间的合作，特别要推动有一定实力的中国企业、公司到非洲开展不同规模、领域广泛、形式多样的互利合作"[1]。第二，中国政府继续秉承真诚友好、尽力援助等合作理念。1986年6月，邓小平在会见马里总统穆萨·特拉奥雷时表示，到20世纪末中国摆脱贫困、实现小康社会之时，"中国仍然属于第三世界，这是我国政策的基础。……中国即使发展起来了，还是要把自己看成是第三世界，不要忘记第三世界所有的穷朋友，要帮助第三世界穷朋友摆脱贫困。实现中等发达国家水平的中国，仍不忘帮助穷朋友"[2]。

中国对非政策与双方社会发展的变化情势相契合。若聚焦于中国对非减贫政策这一点，以强有力的经济增长产生改善非洲民众生活质量的减贫直接或间接效应，是这一时期的合作支点。

（三）"发展—减贫"合作观

进入21世纪以来，中国与非洲双方形势以及中非关系均进入新的发展阶段。对于中国而言，中国经济保持强劲的高速发展势头，人民生活水平迅速提高，国家综合实力增强，引起国际社会的关注。非洲国家虽经济发展态势良好，但大部分国家贫困化状况未获得根本性改善，减贫与发展为非洲国家所迫切需求。对于中非关系而言，2000年以来，双方关系快速发展，中非全面战略伙伴关系稳步推进，尤其是中非合作论坛的建立在中非关系史上具有里程碑意义，使中非减贫合作更具机制化、具象

---

[1] 《为中非友好创立新的历史丰碑——在非洲统一组织的演讲》，载《江泽民文选》（第一卷），人民出版社2006年版，第529页。

[2] 《邓小平年谱（1975—1997）》（下），中央文献出版社2004年版，第1124页。

性。这一时期，中非双方在减贫战略、政策内涵的广度和深度方面获得空前拓展。

第一，秉持正确的"义利观"，从共建命运共同体战略高度看待中非减贫合作。中非同属发展中世界，双方都肩负着发展国家、改善民生的使命。在中方看来，非洲大陆的持续贫困不符合世界利益，中国将帮助非洲国家共同实现经济、社会的可持续发展。2013年3月25日，习近平在坦桑尼亚发表演讲时说：中非关系发展史告诉我们，"中非从来都是命运共同体"，并全面阐释了中国对非政策中"真实亲诚"的内涵。[①] 由此，基于这一对非政策新理念，中国对非政策中多次强调树立"正确义利观"。中国国家主席习近平在2018年中非合作论坛北京峰会开幕式致辞中提出："中国在合作中坚持义利相兼、以义为先。……把中国发展同助力非洲发展紧密结合，实现合作共赢、共同发展。中国主张多予少取、先予后取、只予不取。……我们要把增进民生福祉作为发展中非关系的出发点和落脚点。"[②] 上述对于中非减贫合作"以义为先"的价值取向[③]，是中国新一代领导集体对国际形势、非洲发展与中国国家发展定位的新认知，体现了当代中国外交弘义融利的道义观，体现了中国作为发展中大国强烈的使命情怀与责任担当。中非合作不仅有"势"，更要有"实"——把中国人民利益同非洲人民利益紧密结合起来。由此可见减贫问题在中非合作中地位的提升。

第二，以发展促减贫，中国对非减贫合作趋向综合施策。随着国际社会对贫困内涵认识的加深，以及中国减贫理念的明晰，在中方看来，非洲贫困致因是多元的，贫困的根源在于发展不足。"发展是解决一切问题的总钥匙。"[④] 基于此，中国政府对非发布的有关减贫的相关政策，涉及非洲发展问题的多个领域，具有引导双方在更广阔、更深远的领域开展减贫合作的特点，为中非减贫合作注入新内容。2015年和2018年两次中非合作论坛通过的《约翰内斯堡行动计划》（2016—2018年）和《北京行动计划》（2019—2021年），提出了工业化、农业现代化、基础设施、金融、绿色发展、贸易和投资便利化、减贫惠民、公共卫生、人文、和平与安全等覆盖非洲发展与减贫的多领域合作计划，彰显中国对非减贫合作政策中"扶贫观"的新变化。

二 中非减贫合作模式的发展变化

从1949—2019年的70年，中非减贫合作在理念层面发生了嬗变，同时，理念作为行动的先导，指导着中非减贫合作逐渐走向深入，实现了转型、提速与升级。

---

① 《习近平在坦桑尼亚尼雷尔国际会议中心的演讲》，载《习近平谈治国理政》，外文出版社2014年版，第306—310页。
② 习近平：《携手共命运 同心促发展——在2018年中非合作论坛北京峰会开幕式上的主旨讲话》，《人民日报》2018年9月4日，第2版。
③ 参见罗建波《正确义利观与中国对发展中国家外交》，《西亚非洲》2018年第5期。
④ 《习近平：开启中非合作共赢、共同发展的新时代》，人民网，2015年12月4日，http：//politics. people. com. cn/n/2015/1204/c1001 - 27892314. html。（访问时间：2019年2月20日）

(一) 从以政府援助为主向政府、企业、非政府组织互动参与合作转型

从中非减贫合作参与主体看，在20世纪90年代以前，在中非经济与社会发展领域的合作中，政府间合作独占鳌头、一枝独秀，这是由此段时间中国对非合作行为体较为单一的原因所致。而从20世纪90年代中期以来，中资企业开始走进非洲，进行市场化的投资合作。与此同时，非政府组织在中国国内逐渐发展壮大，从本土到海外拓展扶贫济困领域的公益合作。上述两大力量与政府相关部门一同参与到中非减贫合作事业中。

第一，政府通过有计划且持续实施的大规模减贫合作项目，发挥对非减贫合作的主体作用。无论是新中国成立之初，还是进入21世纪，中国政府参与非洲的减贫合作贯穿始终，在参与中非减贫合作的领域、规模、强度方面均体现重要的引领作用。其原因在于：一方面，政府作为强制性制度供给的主体、公共资源的管理和使用者，可通过政策工具强有力地推进中非减贫合作的进程和效果。例如，中国政府通过自上而下的机制性安排，从1963年向非洲国家派遣医疗队援非方式持续至今。另一方面，政府利用自身所拥有的行政资源，通过外交部、商务部、农业部、教育部等政府相关部门有计划地将中国对非减贫计划付诸实施，使援助与减贫紧密结合。例如，中非合作论坛统领与协调中非发展合作相关事宜；农业部承担了中国对非涉农项目的援助合作任务；教育部负责与国内相关高校协调安排接收非洲留学生事宜，并按计划向非洲国家派遣志愿者，提供了汉语教学、医疗卫生、体育教学、信息技术、国际救援等多个领域的志愿服务；卫健委则是中国派遣对非医疗队、提供传染病防控援助、捐赠医疗物资的责任方。中国国家开发银行和中国进出口银行两大国家政策性银行，为中资企业在非投资与援助项目提供有效的金融服务，等等。

第二，企业通过投资合作产生的经济和社会效益，直接或间接助推非洲减贫进程。20世纪80年代开始中国企业在非洲只有小规模的投资行为，90年代以来才将非洲视为企业国际化经营与海外投资合作的重要目的地。中资企业在非洲开展的投资经营活动，通过以下方式助力非洲减贫与发展。其一，中资企业通过投资，创造产值，增加投资东道国税收，为非洲国家实施经济与社会发展计划提供了资金支持，在一定程度上对东道国实施国家减贫战略起到了促进作用。其二，中企采用人员属地化经营方式，为当地人创造就业岗位，使他们参与经济活动进而拓宽收入来源，提高穷人的收入水平。例如，赞比亚—中国经济贸易合作区在2007—2017年为该国创造的就业岗位由2647个增加到7251个。[①] 其三，中企在非投资合作注重技术转移，通过现场在职技能培训、举办短期技术培训班等方式，在东道国培训熟练技术人员，提高当地人力资源素质，助力非洲国家产业升级。非洲第一大悬索跨海大桥莫桑比克马普托—

---

① 感谢赞中经贸合作区承办方中国有色集团提供资料。

卡藤贝大桥在施工建设的四年中，累计为当地培养 5000 余名焊工、车工、钢筋工、司机、机械操作手等各类技术工人，该项目被视作莫桑比克培养本土产业工人的大学校。[①] 其四，中企通过捐资、修路、架桥、打水井、建医院、盖学校等形式，主动履行企业社会责任，参与当地社区发展的公益事业，从而惠及当地民众，促进当地民生的改善。

第三，中国非政府组织通过在非开展慈善、济困项目，成为中国对非减贫合作的新力量。非政府组织与政府运用政治与经济资源践行国家减贫政策、企业通过履行社会责任助推减贫事业不同，非政府组织主要是运用社会良知与互动来动员社会各方力量参与减贫。从中国的非政府组织发展历程看，1978 年以后中国的非政府组织逐渐发展壮大，而它们参与对非减贫合作则是进入 21 世纪以来之行为。中国民间组织国际交流促进会、中国青少年基金会等国内一些与减贫密切相关的非政府组织，共同探索与非洲国家开展减贫合作。2018 年 9 月 3 日，习近平主席在中非合作论坛北京峰会上提及的"微笑行"项目就是典型案例。

由此可见，政府、企业、非政府组织在对非减贫合作中扮演不同的角色。政府以民生援助为抓手，项目实施有组织、有计划、资金雄厚，成为对非减贫合作最重要的力量支撑。企业和非政府组织虽参与非洲减贫事业仅有 20 余年，但在中非共同发展的动能引领下，参与宽度、深度逐渐扩展，对中非减贫合作起到了有力的补充作用。

（二）从农业、医疗卫生等传统领域向人力资源开发合作升级

随着 2005 年中国国际扶贫中心的建立，与减贫相关的中国对非人力资源培训进入有计划、系统性的发展阶段，中非减贫合作的内容亦从传统的"生存扶贫"向提升非洲贫困人口自我减贫能力即"发展扶贫"方向转变。

长期以来，中方结合自身经济与社会发展经验与能力，在非洲国家独立以来的相当长时段内，实施了旨在满足非洲贫困人口基本生活需要的减贫合作，这主要体现在以下几方面。其一，支持非洲公共基础设施建设，改善贫困人口的生产与生活条件，直接惠及当地民众。这些社会类基础设施项目包括公路、桥梁、住房、水渠等。其二，在粮食安全领域持续开展多种形式的减贫合作。主要做法包括：援助农业基础设施、提供农用物资援助、派遣农业技术专家等。其三，医疗援非成为中非开展减贫合作时间最长、涉及国家最多、成效最为显著的项目。截至 2016 年底，中国共向 48 个非洲国家派出了 2 万余人次的援非医疗队。[②] 可以说，20 世纪后半叶的中非减贫合作重在扶贫济困，通过开展农业、医疗、基础设施等与减贫直接相关领域的合作，为非洲的贫困群体提供救助服务，为贫困人口的基本生存提供保障。

---

① 感谢中交集团中国路桥马普托—卡藤贝大桥项目提供资料。
② 商务部国际贸易经济合作研究院编：《中国与非洲经贸关系报告 2017》，内部印刷，2017 年，第 18 页。

进入 21 世纪以来，中国实现大规模减贫的现象引起了同属发展中世界的非洲国家的广泛关注。中国减贫理念何在？中国在减贫过程中的具体做法有哪些？与此同时，中方也意识到中非减贫合作中扶贫必扶智的重要性。由此，中非减贫合作更加注重双方减贫发展经验的互动，减贫知识的分享与交流较之前更为频密，且进入机制化轨道。其一，举办减贫经验论坛或研讨会。"中非减贫与发展会议"自 2010 年 11 月举办首次会议以来，已成为中非减贫交流的核心平台，每年举办一次，且从 2015 年起被纳入中非合作论坛框架，改称"中非合作论坛—减贫与发展会议"。其二，中方为非洲国家举办短期研修培训班，中国国际扶贫中心、中国农业大学、中国社会科学院、商务部国际商务官员研修学院等不定期举办非洲减贫与发展相关议题研修班，分享中国的减贫经验，提高了学员对中国减贫发展的感性和理性认识。其三，通过"走出去"和"请进来"的双向互动方式，提供中长期人力资源开发合作。中方除了向非洲派遣志愿者和为非洲国家青年来华学习提供政府奖学金以外，2016 年南南合作与发展学院在北京大学成立，设有硕士、博士学位教育项目和非学位培训项目。上述援非培训与人力资源开发合作有助于提升受援国自主减贫与发展能力。

综上，从静态来看，中非减贫合作涉及粮食安全、产业发展、基础设施建设、医疗卫生、发展经验交流与能力建设、减债、人道主义援助等多个领域，体现中非减贫合作综合施策的特点；从动态来看，中国减贫合作内容愈加丰富，且从初始的慈善功能向改善非洲贫困人口生产、生活条件，提高自我发展、自我减贫能力，乃至分享减贫发展经验转变。这表明中非减贫合作的水平与层次越来越高。

（三）从双边国别层面向双、多边互动减贫合作演进

从中非减贫合作形式看，20 世纪 90 年代中期以来，中非合作（包括减贫领域）形式从原来的纯粹双边渠道转变为双边和多边齐头并进的新阶段。

第一，依托中非合作论坛和《中国和非洲联盟加强中非减贫合作纲要》（以下简称《纲要》），确定中非减贫合作的方向与着力点。中非合作论坛经过近 20 年的发展，现已成为中国与非洲国家开展集体交流与对话的有效机制和深化务实合作的重要平台，也是"单边—双边"即"X+非洲"的国际对非多边外交的典型。一般来说，中非合作论坛每三年召开一次部长级会议，中国政府代表、非盟代表和非洲国家政要参会，以宣言和行动计划方式制定并共同商定未来三年合作的大体方向、大致规划。论坛结束后，高官会议和后续工作委员会等协调机构还会继续跟进双方达成的动议，并促推落实。例如，2018 年中非合作论坛北京峰会指明了携手打造"责任共担、合作共赢、幸福共享、文化共兴、安全共筑、和谐共生"六位一体的中非命运共同体的内涵，并规划了加强中非在产业产能、基础设施、贸易投资、能力建设、健康卫生、生态环保、人文交流、和平安全等领域的合作。由此，中非合作论坛发挥了引领非洲减贫与中非共同发展的多边机制性平台作用。而《纲要》则是中国与非盟签订

的专门聚焦中非减贫合作的政策文件,提出双方应"坚持包容性和多样化原则",采取加强在工业化、基础设施、粮食安全、青年发展、职业技术培训、减贫经验互学互鉴等方面的合作路径。① 无论是中非合作论坛,还是《纲要》,均属于中国与非洲国家通过多边渠道商定的减贫合作总的框架,但具体达成的项目则要通过双边渠道落实,所以中非减贫合作是一种双边和多边的结合。

第二,参与国际组织或其他第三方在南南合作框架下的非洲减贫项目。联合国粮农组织 1996 年在粮食安全特别计划框架下启动南南合作计划。中国在该计划启动以来就一直积极参与其中,并于 2006 年与粮农组织签署了合作备忘录,成为第一个与粮农组织建立南南合作战略伙伴关系的国家。此后,双方合作关系不断加深,主要方式包括:其一,提供资金支持,2005 年和 2015 年中国向粮农组织南南合作信托基金分别捐赠 3000 万美元和 5000 万美元,支持包括非洲国家在内的发展中国家实施农业与农村发展项目;其二,派遣农技专家,进行政策研究、农业生产技术实地示范和人员培训。截至 2018 年底,中国向埃塞俄比亚等 12 个非洲国家及其他国家派遣了近 1100 名农技专家,② 成为南南合作的主要引领者与支持者。这表明中非减贫合作具有开放性,中国与世界其他国家一道为发展中国家实现可持续发展目标贡献中国智慧与中国方案。

中非减贫合作顺应双方国情的发展变化,倡导更多社会力量参与非洲减贫事业,扩展了减贫合作主体,也结合国际合作的新主题、新趋势,增加了可持续发展、能力建设等内容,减贫合作在传承基础上进一步创新,减贫合作平台由单一走向多元,合作伙伴队伍扩大,突出了中非减贫合作"多元、创新、可持续"的特点,双方合作基础更牢、资源更多、发展更为强劲,中国成为推动非洲减贫与发展的重要外部力量。

三 深化中非减贫合作的关注点

当前,中国对非政策以"真、实、亲、诚"和正确义利观为指导原则,以构建更加紧密的中非命运共同体为努力方向,以实施"八大行动"为最新路径。中非关系的全新定位,需要中非减贫合作加速提质,以改善非洲民生为目标,打造中非命运共同体建设的新标识。为更好地推进升级版中非减贫合作,需要厘清以下问题。

---

① 《中国和非洲联盟加强中非减贫合作纲要》,参见中央政府门户网站:http://www.gov.cn/xinwen/2014-05/06/content_2672503.htm。(访问时间:2019 年 2 月 5 日)

② 参见联合国粮农组织南南合作项目网站:http://www.fao.org/partnerships/south-south-cooperation/en。(访问时间:2019 年 2 月 5 日)

(一)准确研判中非减贫合作环境的新变化

从国际层面看,南南合作在全球发展体系中的角色发生重大变化,从边缘开始走向中心,与南北合作一道成为国际发展合作的主体。从国际社会对非减贫合作的主体来看,基于历史联系与战略考量,美国、英国、法国等发达国家或欧盟、世界银行等国际组织保持了对非发展合作的传统影响力。而近十几年来,中国、巴西、印度、土耳其等新兴经济体以其强劲的经济增长态势,成为对非发展合作的重要参与者。南南合作亦由原来的聚焦政治领域向加重经济分量转化,发展中国家在国际发展合作舞台上的地位随之发生变化——与北方国家一道处于"聚光灯"下。当前,面向2030年的"可持续发展目标"(SDGs)已代替千禧之年的"千年发展目标"(MDGs),成为国际发展合作新载体。它包括17个大目标和169个子目标,与"千年发展目标"相比,"可持续发展目标"的内容既有延续,也有创新,表明国际社会对贫困与反贫困问题认识的深化,同时也意味着国家间减贫合作要尽量对接这一国际发展合作的新机制。在其中,基于中国在全球减贫事业中重要贡献者的角色,国际社会对中国承担更多责任的期待也越来越大。

(二)明晰中非减贫合作"谁来主导"问题

中国与非洲国家同为发展中国家,在现代化进程中面临许多相似的发展难题,因此中非减贫合作在本质上是发展中国家间的相互支持,属南南合作。而且,这种减贫合作的意义已超越了单纯的援助,是推动中非双方实现伟大复兴的"中国梦"和"非洲梦"的重要推动力量,是双方实现经济与社会可持续发展的共同追求。在双方合作中,中国需尊重非洲减贫发展的战略自主性,即尊重非洲国家减贫发展战略与道路的自主选择。2015年12月,习近平主席在第六届中非合作论坛开幕式致辞中指出:"中方始终主张,非洲是非洲人的非洲,非洲的事情应该由非洲人说了算。"2018年9月3日,习近平主席在中非合作论坛北京峰会上的讲话再次强调,中国对非合作中坚持做到"五不",其中就言及"不干预非洲国家探索符合国情的发展道路""不把自己的意志强加于人"。上述两次论坛提出的中非"十大合作计划"和"八大行动"要点亦与非方《2063年议程》相契合,这反映出中国追求国际公平、平等、敦睦合作的价值取向,主动呼应和衔接非方有关减贫的战略规划,彰显"非洲提出、非洲同意、非洲主导"的合作原则。

(三)关注中方参与中非减贫合作主体的平衡性问题

从中非减贫合作主体看,纵观中国对非发展合作的历史演变,政府层面的对非援助长期居于主导地位。20世纪90年代以来,中国企业"走出去"步伐加快,顺应了发展南南合作的新思路和新政策,企业在当地发展中社会责任渐增,把参与慈善事业作为一项有良好经济效益的企业社会投资，通过构建以人为本的企业文化及参与非洲当地的社区发展项目，树立企业的公益形象。而中国国内有关减贫与发展的非政府组织，将其服务对象逐渐放宽，国际视野逐渐拓宽，已陆续启动中非减贫合作项目。由此，中非减贫合作形成了政府主导、多方参与的模式。在未来一段时间，基于政府动员政治资源、经济资源的能力以及自上而下的强执行力，其仍将持续发挥中非减贫合作的主力作用，与此同时企业层面和非政府组织层面的参与程度亦应不断扩大。在动员非政府组织助力减贫事业方面，我们可有选择地借鉴发达国家和其他发展中经济体在对非减贫合作中的做法与经验，形成一个多元差异的参照系，以补充与完善中非减贫合作形式，以创新思维弥补对非减贫合作中的"短板"。

（四）重视中非减贫合作的差异化与适应性问题

中国减贫策略为非洲带来参考和经验，这主要是基于中非贫困化特征的某些相似性，但与此同时，非洲是由54个国家组成的大陆，国家之间具有或多或少的差异性。从政治稳定度来看，既有南苏丹、索马里等和平与发展问题突出的国家，也有博茨瓦纳、纳米比亚等安定之邦；从国民经济基础产业看，既有坦桑尼亚、塞内加尔等农业资源国，也有南非、安哥拉、赞比亚等矿业资源国，还有塞舌尔、毛里求斯等旅游资源国；从经济发展水平看，既有南非、肯尼亚等有一定工业化基础的国家，也有佛得角、吉布提等无任何工业基础的国家；从就业情况看，既有埃塞俄比亚、卢旺达等青年就业率较高的国家，也有加蓬、突尼斯等青年失业率问题严重的国家；从基础设施情况看，既有南非这样高速公路网纵横交错的国家，也有马达加斯加、马拉维等公路建设十分落后的国家。凡此种种，不一而足。因此，非洲54个国家在发展阶段、发展水平和具体国情方面各不相同，中非双方在减贫合作上需要包容性与多样化。实施具体减贫方案亦需要突出非洲国家的个体性特点，一国一策，精准合作。

客观而言，中国的减贫经验源于中国独特的国情与历史文化，源于新中国成立70年来的持续探索，源于中国领导人与广大人民的伟大实践，源于继往开来、与时俱进的减贫思想的创新。中国政府在减贫政策实施过程中发挥了强有力的主导作用，这与中国的"强政府"政治文化密切相关。这种主导型政府依靠自己所掌握的政治资源、经济资源和文化资源，在国家经济建设方面具有很强的动员和干预能力。而且，由于党的政治权力可以自我延续，中国政府可制定中长期国家发展目标和长远的战略规划，而不受政府领导人更迭的影响，保持国家减贫发展战略的高度可持续性。因此，"强政府"政治文化为中国减贫政策的实施提供了有力保障。而非洲国家大多移植或参照某种西方模式而形成本国的政治制度，属移植型政治制度。国内或隐或显的各种族群冲突、宗教冲突、党派斗争在一定程度上消解或侵蚀着国家权力，形成"弱政府、强社会"现象。国家权威的缺失导致国家无法有效动员和整合各种资源，集全国之力推进国家的减贫计划。目前，非洲的多党制也是在外来干预的基础上形成的，没有根植于非洲社会，未能超越狭隘的部族或地区利益。由于当政者拥有不同的治国理念，执政党有可能追求自己的短期利益，而不是国家长期发展目标，故政府更迭后，往往出现国家原有经济与社会发展战略难以为继现象。因此，中国在与非洲国家进行减贫合作时，尤其是在分享中国减贫经验过程中，不能简单推介、草率移植或照搬中国方案，而将中国方案作为非洲借鉴国际减贫经验的"他山之石"，为非洲国家探索符合自身国情的内生型减贫模式创造良好的外部环境。

放眼全球，尽管近年逆全球化浪潮汹涌而至，全球化进程正步入崎岖发展阶段，但不容否认的是，人类社会已经成为你中有我、我中有你的命运共同体，利益高度融合，彼此相互依存。就中非合作而言，减贫合作会帮助非洲发展、夯实中非关系的基础、优化中非合作舆情环境，接地气、惠民生项目会大大拉近中非民众的距离，巩固中非民心基础，成为中国在非洲推进"一带一路"建设的软力量。

第四篇

研究综述

中国的非洲研究 70 年述评（1949—2019 年）

张宏明[*]

摘　要：中国对非洲有组织的研究始于 1949 年中华人民共和国成立之后，历经 70 年的艰难跋涉和三代学人的辛勤耕耘，中国的非洲研究经历了从无到有、由弱渐强的发展历程，目前在科研队伍和人员素质、学科建设与科研教学、基础理论研究和应用对策研究，以及科研成果的数量和质量等方面均取得长足进展，并保持勃勃向上的发展势头。但是，中国的非洲研究之路并非坦途，同时亦毋庸讳言，较之起步较早的欧洲国家，我国的非洲研究在诸多方面尚存在差距；在中国的国际问题研究特别是"地区研究"中，非洲研究亦长期处于边缘化的地位，只是近 10 年多来这种境遇方得到部分改观。即便如是，其现状亦非尽如人意。如何使中国的非洲研究既符合学术发展的规律又适应形势发展的需求，无疑是值得学界深思的问题。但是，无论情况如何变化，中国的非洲研究必须要以研究非洲本身的问题为根本。中国非洲研究的前途在于深耕基础理论研究，如果基础理论研究"立不住"，那么，应用对策研究难能"用得上"。

关键词：中国；非洲研究；学术发展；学科领域

中国有组织的非洲研究始于 20 世纪 50 年代中期，至今已经走过近 70 年的岁月。本文站在学术发展史的视角，通过宏观与微观、纵向与横向相结合的叙事方式，对新中国的非洲研究进行梳理和评估。一方面是为了勾勒出中国非洲研究的学术发展历程和学科发展脉络的轮廓，使读者对中国非洲研究的发生、发展轨迹，传承关系、阶段性特征，以及现实状况有一个比较客观、清晰的了解；另一方面亦旨在总结经验、发扬成绩、厘清问题、探究和明辨今后的发展方向，以使中国的非洲研究做得更实、更深、更好。纵向梳理主要围绕中国非洲研究的学术发展历程这一主脉展开，内容涉及中国非洲研究各阶段的基本情况、主要特征、传承关系；横向展开则聚焦中国非洲研究的学科发展情况，内容涵盖相关学科研究的发展脉络、学术前沿、研究主题等，由于受到篇幅的限制，学术成果、学科人物及其学术观点等不在本文论述之列。

---

[*] 张宏明，中国非洲研究院研究员，研究领域涉及非洲政治和国际关系。

一　中国非洲研究的缘起

中国与非洲交往的历史虽然源远流长，但对非洲有组织的研究则肇始于1949年中华人民共和国成立之后。它是伴随着人文社会科学自身发展的规律，特别是国家对外交往的需求而兴起的。站在学术发展史的视角来看，新中国的非洲研究与过往研究或著述基本上不存在直接的传承关系，可谓"另起炉灶、白手起家"。

根据现有的史料和文献，中国典籍关于非洲的文字记述，其源头可以追溯到唐人杜佑的《通典》（公元801年成书）。唐以后，宋、元、明、清历朝典籍均为后人留下有关非洲的文字记述。但这些记述，或散落在少数亲历者的游记或漫笔中，或存于由他人汇集而成的类似于"世界博览"一类的书籍之中。民国时期，国人对非洲的记述依然稀疏，除少数含有一些研究成分外，整体上多属于叙事之作，且涉及的主题相当散乱，亦缺乏连续性、系统性和理论性。这些文字的价值或意义在于，它们向国人传达了有关非洲的一些信息。诚然，这些文字在后人探究中非交往史时无疑是具有史料价值的，但站在学术发展史的视角，它们与中国的非洲研究并非直接的传承关系。

学术研究并非孤悬之物，它也会受到"时空环境"的影响。如果说地理大发现之后勃兴的奴隶贸易和殖民浪潮催生了英国、法国等欧洲国家的非洲研究的话，那么，中国的非洲研究同样也系需求驱动使然，这在早期研究机构[①]的孕生过程中体现得尤为明显。新中国成立伊始便奉行"一边倒"的外交政策，国际处境孤立。1955年亚非（万隆）会议后，非洲民族独立运动高涨，越来越多的非洲国家相继挣脱殖民枷锁赢得独立，为了加强与新生的非洲国家的联系，中国亟须了解非洲的基本情况；另外，中苏关系的恶化使中国外交处于"两面开弓"的窘境，亟须打开外交局面。正是在这一时空背景下，中国非洲研究的帷幕徐徐拉开。1956年11月，根据中央批复外交部提交的报告，成立中国科学院国际关系研究所（中国国际问题研究院的前身），其内设机构"西亚非洲研究组"（4人）开始涉猎非洲问题研究。

为了加强对非洲研究，1959年9月，中共中央宣传部委托中国科学院哲学社会科学部（中国社会科学院前身）组成亚非研究所"建所筹备小组"。基于官方的需求，亚非研究所自筹建之日起便同步开展科研工作，国际关系研究所的"西亚非洲研究组"便是在此过程中并入筹建中的亚非研究所的。1961年4月27日毛泽东主席在杭州会见非洲外宾时讲道："我们对于非洲的情况，就我来说，不算清楚。应该搞

---

① 为了尊重历史，本文涉及的科研机构，均用其在当时的称谓。

个非洲研究所，研究非洲的历史、地理、社会经济情况。"① 为落实毛泽东主席的讲话精神，7月4日，处于筹建中的亚非研究所应运而生，② 至此，开启了中国对非洲问题"有组织的"研究。

1963年冬，周恩来总理在出访亚非14国前夕，召集有关部门负责人专门商讨国际问题研究工作，会后，由中央外事工作小组向中央提交了《关于加强研究外国工作的报告》（以下简称《报告》）。根据毛泽东主席对该报告的批复精神，③ 1964年1月，国家编制委员会同意中国科学院亚非研究所拆分为西亚非洲研究所和东南亚研究所，并对两所进行扩编。同年10月，中国科学院西亚非洲研究所正式挂牌，编制88人，吴学谦、张铁生任副所长（所长空缺）。④ 同样为落实《报告》精神，北京大学以东语系和国政系为依托于1964年4月成立亚非研究所，由季羡林教授出任所长，编制20多人；南京大学在1964年7月以地理系为依托设立非洲经济地理研究室，由苏世荣教授任主任。⑤ 这三家机构成为中国首批从事非洲研究的科研队伍，"三家店"的局面一直维系到20世纪70年代末。需要指出的是，北京大学的非洲研究除了亚非研究所外，历史系的亚非史教研室还有一部分教师从事非洲史的教学和研究工作。⑥ 至此，我国非洲研究队伍从无到有，并纳入正规建制；研究工作也从以往的零星探讨，发展为有组织的、相对系统的学术研究。

二 中国非洲研究的发展脉络

站在学术发展史的角度来看，中国的非洲研究伴随着国际环境、国内时局、非洲形势，特别是中国对非洲需求的变化而起伏，大致经历了起步、沉寂、复苏、发展四个阶段，从中既可看到中国对非洲研究演化的历史脉络，亦可看到其鲜明的时代特征。

---

① 中华人民共和国外交部、中共中央文献研究室编：《毛泽东外交文选》，中央文献出版社、世界知识出版社2011年版，第465页。
② 中国社会科学院西亚非洲研究所的前身，同时也是中国非洲研究院的前身，当时的称谓是中国科学院亚非研究所。
③ 1963年12月30日，毛泽东主席审阅并批复了《关于加强研究外国工作的报告》，随后将之作为中共中央文件（中发［63］866号）转发全国。参见赵宝煦《关于加强外国问题研究的一点史料》，《国际政治研究》2004年第3期。
④ 中国社会科学院西亚非洲研究所《所史》编写组：《西亚非洲研究所40年（1961—2001）》（征求意见稿），2001年6月，第7、10、56、63页。
⑤ 关于南京大学非洲研究的发展历程，笔者在2010年专访过时任南京大学非洲研究所所长甄峰教授。
⑥ 关于北京大学非洲研究的发展历程，笔者在2010年专访过中国非洲史研究的奠基人杨人楩先生的弟子郑家馨教授。

(一) 中国非洲研究的起步

20世纪50年代中期至"文化大革命"爆发（1966年）是中国非洲研究的起步和奠基阶段。虽然首批专门从事非洲问题研究的科研机构是在20世纪60年代上半叶陆续成立的，但中国有组织的非洲研究则始于50年代中期。1956年国际关系研究所成立后，其内设机构"西亚非洲研究组"便开始从事非洲问题的调研工作，直至1960年并入筹建中的中国科学院亚非研究所。

科研机构的成立标志着我国的非洲研究走上机制化轨道。首批成立的三家研究机构由于职责、功能和规模不同，其在学科布局或研究领域的取向上亦各有侧重。中国科学院亚非研究所以非洲政治、经济和国际关系的重大现实问题研究为主，同时兼顾非洲历史和社会问题研究，研究所初始阶段的任务主要是为国家对非工作决策提供政策咨询。北京大学的非洲研究大致分为历史与现实两部分，前者由历史系亚非史教研室承担，后者主要由亚非研究所承担。南京大学则专注于非洲经济地理研究，并侧重于非洲区域经济发展条件和自然资源的基础研究。这种依托各自优势而形成的"自然分工"，也为日后这三家机构确立各自在国内非洲研究中的学科优势地位奠定了基础。

鉴于中国发展与非洲国家关系，首先不是出于经济方面的考虑，而更多的是基于政治或外交需求，因而，这一时期的科研工作主要围绕非洲地区和国家的重大问题、热点问题和突发事件展开动态性的专题调研，其中非洲民族独立运动、非洲国家的基本情况、大国与非洲关系及大国在非洲关系等主题成为学界关注的焦点。

这一时期的科研成果大致分为两类。一类是学术论文及公开或内部出版的著作，但这类成果不多，著作只有12种，其中1962—1966年陆续由世界知识出版社出版的《非洲手册》丛书[①]是"我国非洲学的奠基之作"[②]。另一类是研究报告和内部资料，这类成果为数众多，几乎与我国有直接或间接关系的非洲重大问题在这类成果中均有所反映，涉及非洲政治、外交、经济，以及人物、事件等。这些成果部分刊载在内部刊物上，更多的是直接报送职能部门，因此并不为人所知。

由于科研机构的主要任务是为职能部门提供咨询服务，因此对非洲现实问题研究成为这一时期中国非洲研究的重中之重。另则，由于受到科研条件的限制，处于起步阶段的中国非洲研究尚无明确的学科发展规划，涉及的研究领域也比较狭窄，研究工作多系基础研究或动态性的跟踪研究、专题研究和对策研究，主要以介绍非洲情况为

[①] 《非洲手册》丛书由"概况"和"列国志"两部分构成，"列国志"部分原计划涵盖所有非洲国家，但因"文化大革命"而搁浅。已出版的7本列国志的国家名称见中国社会科学院西亚非洲研究所《所史》编写组《西亚非洲研究所40年（1961—2001）》（征求意见稿），2001年6月，第64页。

[②] 张毓熙：《中国非洲学著作百年出版情况概析》，载张毓熙编《非洲问题研究中文文献目录》（1990—1996），中国社会科学院西亚非洲研究所、北京大学亚非研究所、中国非洲史学会印制1997年版，第259页。

主，总体水平不高，在理论性、系统性等方面均有欠缺，学术规范更无从谈起。但是，站在中国非洲研究学术发展史的视角来看，这一时期的工作具有里程碑意义：它奠定了中国非洲研究的基础，使中国的非洲研究有了传承关系，同时也为日后的深度研究做了有益的铺垫。

（二）中国非洲研究的沉寂

"文化大革命"动乱使中国的非洲研究陷入低谷，好在科研工作只是停滞了几年，并未贯穿整个"文化大革命"时期。从1971年起，基于外交工作的需要，科研工作开始得以部分恢复。但由于尚处"文化大革命"期间，科研工作难以真正全面开展，直至十一届三中全会后，国内的非洲研究才逐步走上正轨。[①]

"文化大革命"对中国的非洲研究工作带来的负面影响是不言而喻的，它使科研工作的连续性被打断，资料工作的系统性被破坏，尤为严重的是人才培养被迫中断，致使科研人员出现断层，凡此种种均迟滞了中国的非洲研究。这一时期值得称道的研究成果，主要是刊载在"文化大革命"后期相继复刊的内部刊物上的有关非洲的时政分析和专题调研文章；此外，还翻译出版了一批国外学者有关非洲研究的著述。值得庆幸的是，历经劫难，国内非洲研究原有的科研队伍还基本得以保留，这已是不幸中之万幸。

（三）中国非洲研究的复苏

改革开放至20世纪末是中国非洲研究的平稳发展阶段。这一时期的工作看似平淡无奇，实则是在建章立制、积蓄力量，在中国非洲研究学术发展史上具有承上启下的意义。科研工作的正规化、专业化建设构成了这一时期中国非洲研究事业发展的主要内容。具体体现在，科研任务逐步由以往的"行政主导"朝着科研规划的方向过渡；学科建设提上日程，学科发展从以往的"自然分布"转化为有意识的布局；学术期刊的复刊或创办使研究成果从内部"运作"转为公开发表，不仅研究成果的质量上了一个台阶，学术规范亦愈加受到重视；中国非洲问题研究会（1979年）和中国非洲历史研究会（1980年）等全国性学术社团的成立密切了学者之间横向联系，并使国内学术交流趋于活跃；对外学术交流渐有起色，改变过去那种"有来无往"、闭门造车的封闭状态。

这一时期，国内从事非洲问题研究的科研机构有所增加。1978年成立的湘潭大学非洲研究室（1998年更名为非洲法研究所）是"文化大革命"之后国内成立的首家非洲问题研究机构。此后，相继成立的研究机构有：中国现代国际关系研究所西亚

---

① 关于这一时期中国非洲研究的情况，详见张宏明《中国非洲研究述要》，载中国社科院西亚非洲研究所编《中国的中东非洲研究（1949—2010）》，社会科学文献出版社2011年版，第142—146页。

非洲室（1980年）、华东师范大学历史系非洲史研究室（1985年）、徐州师范学院亚非史研究室（1987年，1993年更名为亚非研究所）、国务院发展研究中心亚非发展研究所（1994年）、上海师范大学非洲研究中心（1998年）和云南大学亚非研究中心（1998年）等。虽然成立了多家新的研究机构，但由于原有的三家科研机构，即中国社会科学院西亚非洲研究所、北京大学非洲研究中心（1998年更名）和南京大学非洲研究所（1992年更名）编制的萎缩，实际上，从事非洲问题研究的科研队伍并未明显壮大。

随着科研机构的增加，这一时期国内非洲研究所涉及的学科有所拓展，除了以往的非洲政治、非洲国际关系、非洲历史和非洲地理研究之外，陆续向非洲经济、民族、法学、军事（安全）等学科拓展。"三家店"依然是国内非洲研究的主力军：西亚非洲研究所自1981年从中联部划归中国社会科学院建制后，随着办所方针和任务的调整，科研工作的重心逐步从侧重基础研究（特别是国别研究）和形势调研，向基础理论研究和应用对策研究并重的方向过渡，并侧重于非洲政治、经济、国际关系问题研究，同时兼顾民族、宗教问题；北京大学的非洲研究依然由历史与现实两部分构成，不过，较之亚非研究所的非洲现实问题研究，历史系的非洲史研究更有声色；南京大学依然专注于非洲经济地理研究。在新成立的科研机构中，湘潭大学在非洲法研究上在国内可谓一枝独秀；上海师范大学侧重于非洲历史和经济研究；云南大学关注非洲民族、文化问题；中国现代国际关系研究所专注于非洲国际关系和安全问题研究；国务院发展研究中心侧重于非洲热点问题研究。

这一时期中国的非洲研究已涵盖社会科学一半以上的学科，涉及的领域和主题更为广泛，其中非洲政治、经济、历史、地理等学科的成果尤为丰厚，学术水准也较高。就学术著作而言，主要出自60年代成立的"三家店"的学者之手，其中的一些著述堪称我国非洲研究相关学科门类的奠基之作。[1] 不过，客观地讲，这一时期国内的非洲研究基本上维系着一种不温不火的局面。原因之一是，在改革开放后的头20年，中国的外交重点转向发达国家，目的是获取国家发展急需的资金、技术和管理经验。随之，中国国际问题的研究对象特别是科研力量的地域分布上也向发达地区和发达国家倾斜[2]，在这种情况下，非洲研究实际上处于"被边缘化"的地位。

（四）中国非洲研究的蓬勃发展

2000年中非合作论坛机制启动后，中国的非洲研究渐入佳境；2006年中非合作

---

[1] 读者如欲了解这一时期中国非洲研究成果的全貌，可参见马惠平编《非洲问题研究中文文献目录》（1949—1981），中国非洲史学会、北京图书馆（今国家图书馆）文献研究室印制，1982年；张毓熙编《非洲问题研究中文文献目录》（1990—1996年）；成红、赵苹编《非洲问题研究中文文献目录》（1997—2005）。

[2] 以中国社会科学院为例，国际研究学部8个研究所中的欧洲所、亚太所、美国所和日本所都是在20世纪80年代成立的，而西亚非所的人员编制在院内的几次调剂中不断萎缩。

论坛北京峰会后这种趋势更为明显;进入21世纪第二个10年,随着中国崛起所激发的对非洲需求的增加,以及"一带一路"倡议在非洲的落地,中国的非洲问题研究迎来了难得的发展机遇,至今仍保持着蓬勃向上的发展势头。较之以往,这一时期中国非洲研究的诸多要素都在优化,突出体现在以下几个方面。

其一,科研队伍不断壮大,科研人员的综合素质明显提高,并涌现出一批学科带头人和科研骨干,从而使我国非洲研究的整体水平获得了较大的提升。其二,学科布局大为拓展,各个科研机构结合自身的条件和优势,逐步形成了各自的学科优势或研究特色,目前中国的非洲研究已涵盖人文和社会科学2/3的学科。其三,国别研究全面铺开,"一带一路"倡议在非洲加快实施及教育部启动"区域和国别研究培育基地"计划,有力地推动了学界对非洲的国别研究,目前非洲主要国家均被覆盖。其四,科研条件大为改善,突出体现在,国内学术活动日趋活跃,国际学术交流愈加频繁,许多中国学者开始深入非洲进行实地考察。其五,科研成果大幅增加,相继出版了一批学术专著,发表的学术论文更是不胜枚举[①],并且在基础理论与应用对策研究方面均取得丰硕的成果。尤其值得一提的是,由葛佶主编的《简明非洲百科全书》(2000年)和赵国忠主编的《简明西亚北非百科全书》(2000年)被国家新闻出版署确定为"八五"和"九五"期间重点选题和出版项目,是我国首次编纂出版的全面、系统阐述撒哈拉以南非洲地区和西亚北非各个领域、各个国家历史与现状的大型工具书;由杨光和温伯友主持的《非洲列国志》项目是我国非洲学界在"十五"至"十二五"期间的学科基础研究课题,已经出版33本,是目前国内全面、系统的非洲国别研究著述。上述两套大型工具书的编撰和出版对推动非洲研究和学科建设意义重大。

促成这一时期中国非洲研究蓬勃发展的原因是多方面的,但从根本上说,是国家需求使然,确切地说,是中国经济持续快速发展所激发的对非洲需要的变化。一方面,中国持续加大对非工作力度,中国在非洲利益的快速拓展和利益主体的多元化,使得各方对非洲研究的需求激增;另一方面,随着中国跃升为第二大经济体和"走进非洲"步伐的提速,中国在非洲的活动备受西方大国的关注甚或非议,中国在"大国与非洲关系"和"大国在非洲关系"两个层面所要应对的问题越来越多,亟须学界做出反应。简而言之,国内各方对非洲研究需求的旺盛,导致了国家投入的增加,后者又产生了供给的溢出效应。值得一提的是,随着需求的增加和服务对象的多元化,中国的非洲研究呈现出基础理论研究与应用对策研究齐头并进的良好态势。可以说,时下的中国非洲问题研究,已不单单是一种专门的学问,而且肩负起了既服务

[①] 关于这一时期中国非洲研究的成果,可参见成红、赵苹编《非洲问题研究中文文献目录》(1997—2005),以及2007—2011年的《中东非洲发展报告》(杨光主编)和2012—2019年的《非洲发展报告》(张宏明主编)中的"国内非洲研究述评"。

于政府、社会，同时又满足"大众消费"的功能。

这一时期中国非洲研究所涉及的学科、领域、主题虽愈加广泛，但其主脉是清晰的，研究主题和学术前沿主要是围绕着非洲经济、非洲国际关系特别是中非关系展开的。原因在于，中国综合国力的提升及中国持续加大对非工作力度，不仅深刻地影响着中国与非洲国家之间的关系，而且也深刻地影响着中国与世界主要国家在非洲的关系。随之，中非关系研究成为中国非洲研究的"时代主题"和学术前沿，统计数据显示，在过去20年，这方面的科研成果也最丰硕。

三 中国非洲研究的学科分布

注重现实问题研究，甚或"研以致用"可谓中国非洲研究的传统和特点，这在中国非洲研究早期的学科分布以及学科发展历程中亦有所反映。概言之，中国的非洲研究是从政治、国际关系、历史和地理等学科入手的，这在相当程度上是由中国非洲研究诞生的"时空"环境决定的：一方面，中国的非洲研究是伴随着非洲民族独立运动的勃兴而起步的；另一方面，随着中苏关系的恶化，中国的国际处境更为险恶，亟须打开外交局面。这一时期中国发展与非洲国家的关系，主要是基于政治和外交需要，而科研工作的主要任务是配合国家的对非工作。此后，随着中国对非洲需求的增加，中国非洲研究的学科分布逐步向其他学科拓展。

（一）中国非洲研究的学科分布

中国非洲研究学科门类的拓展是伴随着中国对非洲需求的增加及科研队伍的壮大而逐步实现的。国内非洲研究队伍的扩充是一个持续的过程，自改革开放后就不曾中断过，只是在改革开放的头20年扩充速率比较温和：从20世纪60年代的3家，增至20世纪80年代的7家，继而增至20世纪末的10家。中国非洲研究的科研队伍大规模扩充则是在2006年中非合作论坛北京峰会之后，中非关系的迅猛发展促生了中国学界的"非洲热"；2013年"一带一路"倡议提出后则又加快了这一进程。据不完全统计，目前国内从事非洲研究的科研机构已达56个。[①]

科研队伍的壮大主要源于以下几种路径：其一，一些国际问题研究机构程度不同地加强了非洲研究的人员配置，如中国现代国际关系研究院非洲研究所等；其二，依托原有机构，通过"更名""扩编"或转化为实体单位等方式，不断充实研究力量，如浙江师范大学非洲研究院等；其三是在教育部实施"区域和国别研究培育基地"计划的过程中新组建的研究机构，如济南大学非洲研究中心等。进入21世纪以来，中国非洲研究的生力军主要来自高校系统，它们通过多种途径源源不断地为国内的非

[①] 数据统计截至2019年5月，数据来源于中国亚非学会会员登记。

洲研究队伍注入新鲜血液。中国从事非洲研究的科研队伍的壮大,特别是专业学术人才的引进,使得中国非洲研究的学科门类不断拓展,同时也为一些有条件的科研机构进行学科布局和学科建设奠定了基础。

经过近70年的不懈努力,目前国内非洲研究已涵盖了人文和社会科学2/3以上的学科门类,只是各个学科起步时间的早晚、涉猎程度的深浅不一而已。从时序上说,运用政治、经济、历史、地理等学科的理论、方法研究非洲问题起步最早,学者队伍也最庞大;继而,中国非洲研究的学科门类逐步拓展到人口学、社会学、民族学、宗教学、法学、语言学、教育学、文学、艺术学、军事学(安全)等学科;有关非洲哲学、美学、新闻学、人类学、考古学、民俗学、管理学等学科的研究则起步较晚,其中的有些学科是进入21世纪后才开始有所涉猎;还有些学科,如伦理学、心理学等尚未涉猎。

(二)主要科研机构的学科取向

目前国内从事非洲问题研究的科研队伍形成了党政军系统、高校系统、社会科学院系统等遍布全国主要省市的分布格局。这些研究机构属性不同,职能不一,规模不等,它们根据自身的学科优势、学术传统或科研条件,逐步形成了各自的学科布局、专业方向或研究特色。从各个科研机构的自我定位、科研规划和科研成果来看,其学科取向或研究领域各有侧重,有些涵盖多个学科,有些侧重于某一学科,有些则专注于某一领域,还有些甚至主攻某个专题或国别。值得一提的是,或许由于科研机构的属性、功能和学术传统之惯性使然,中国的非洲研究在学科分布上形成了比较有特点的格局:从事非洲政治、经济、国际关系、安全问题研究的,以社会科学院和党政军系统的科研机构为主;而对非洲民族、历史、地理、教育问题的研究则以高等院校的研究机构为主。即便是做相同学科、领域或主题的研究,由于服务对象不同,不同系统的差别也是比较明显的:党政军系统侧重于应用研究;高校系统侧重于基础研究;社科院系统则是基于基础研究的应用研究。

中国社会科学院西亚非洲研究所的学科布局自1981年以来经过7个"科研发展五年规划"的实施已趋于合理,2019年中国非洲研究院成立后,在非洲研究二级学科之下,依托研究室构建了非洲政治、经济、国际关系、民族、宗教、军事(安全)和法学等多个三级学科,但研究重点是当代非洲政治、经济发展和国际关系,并以基础研究为依托,就事关中非关系发展的紧迫而重大的理论和现实问题开展应用研究。中国现代国际关系研究院非洲研究所、国防大学非洲安全研究中心、中国人民解放军军事科学院侧重于从战略或政策层面研究非洲政治、国际关系特别是安全问题。中国国际问题研究院发展中国家研究所、上海国际问题研究院西亚非洲研究中心、中共中央党校(国家行政学院)国际战略研究院非洲研究部和新华社世界问题研究中心等机构主要从政治、经济、国际关系等学科或角度研究当代非洲的重大或热点问题。商务部国际贸易经济合作研究院西亚及非洲研究所、国务院发展研究中心亚非发展研究所和中非发展基金研究部侧重于非洲经济、中非经贸关系问题研究，同时也关注非洲发展问题和重大热点问题。

高校系统的非洲研究机构多为非实体研究中心，即便是实体性研究机构，由于受到人员编制的制约，有条件进行学科布局、学科建设的科研机构不多。浙江师范大学非洲研究院（2007年成立，其前身是成立于2003年的浙江师范大学非洲教育研究中心）是高校系统规模最大的实体性非洲研究机构，其学科布局涉及非洲政治、经济、教育、民族、宗教、人类学等，并以当代非洲发展问题和中非发展合作为主攻方向。北京大学非洲研究中心有非洲历史研究的传统，近年来关注更多的是非洲国际关系、文化、教育等问题。南京大学非洲研究所以非洲经济地理研究起家，目前侧重于非洲发展研究，涵盖非洲农业、人口、环境、区域经济等。上海师范大学非洲研究中心在以往非洲历史、中非关系研究的基础上，近年来聚焦非洲经济史研究。湘潭大学非洲法律与社会研究中心（2005年成立，其前身是非洲法研究所）则依然专注于非洲法研究。云南大学非洲研究中心（2007年更名）在以往非洲文化、生态研究的基础上向非洲国际关系、安全问题拓展。华东师范大学非洲研究所（2011年更名）侧重于非洲历史、国际关系、教育研究。中国人民大学中东非洲研究中心、外交学院非洲研究中心（2009成立）、国际关系学院非洲研究中心、武汉大学外语学院非洲研究中心侧重于非洲国际关系研究。北京外国语大学西亚非洲研究中心（2008年成立）主要从事非洲语言、文学研究。浙江师范大学中非国际商学院（2010年成立）侧重于非洲经济研究。中国农业大学人文与发展学院主要从发展学的视角专注于发展合作和农业合作研究。南京农业大学非洲农业研究中心（2006年成立）、中国传媒大学非洲传媒研究中心（2012年成立）和中央民族大学民族学与社会学学院则一如其称谓，分别专司非洲农业、传媒、民族和人类学研究。此外，还有一些高校的非实体性研究机构则侧重于某一领域、专题或国别研究。

四　中国非洲研究的学术前沿

注重现实问题研究是中国国际问题研究的特点，同时也是中国非洲问题研究的传统。中国非洲研究的学术前沿，也即构成不同时期中国非洲研究主流的学科、领域或主题，是随着非洲时局及与之相关的环境要素的变化而变换的。进入21世纪，非洲国家社会政治经济的转型发展，国际政治生态、全球经济环境的变化，中国对非洲需求的增加，以及因中国在非洲影响力的提升所引发的大国在非洲的利益博弈，凡此种种使得中国非洲研究的理论前沿不断出现新情况或新问题，同时也引领着中国非洲研究的学术前沿。站在学术发展史的视角，纵观新中国成立以来特别是近20年来中国的非洲研究，相关学科所关注的研究领域或研究主题主要集中在以下几个方面（限于篇幅，只能涉及几个主要学科）。

（一）非洲政治研究

非洲政治研究始终是中国学界关注的重点。中国对非洲政治问题的研究始于20世纪50年代，它是伴随着非洲民族独立运动的勃兴而起步的。就研究内容和学术成果的时序而言，中国非洲政治研究的发展脉络基本上是围绕着非洲国家政治发展的时代主题展开的，其大致序列是：非洲民主独立运动，非洲社会主义的理论与实践，非洲政党制度，非洲军政权，非洲民族国家建构，非洲政治民主化等。可以说，中国非洲政治研究的阶段性主题与非洲国家政治发展或政治变迁的时代内容基本上是相吻合的。进入21世纪，中国学界对非洲政治研究的特点之一是注重从发展政治学的视角对非洲国家政治发展过程特别是民主化过程进行描述、解释、评价和预测，研究范围涵盖比较政治学所涉及的主要领域。不过，较之非洲经济特别是非洲国际关系研究，这一时期中国对非洲政治问题的研究有所弱化，突出体现在对非洲国家民主化问题的研究缺乏连续性和系统性。例如，20世纪90年代，中国学者有关非洲民主化浪潮，特别是非洲国家民主开启、民主转型的研究文献比较丰富，但最近20年对非洲国家民主巩固和民主质量的跟踪研究则明显滞后。

（二）非洲经济研究

中国学界对非洲经济问题的关注晚于非洲政治问题，早期做的工作是编译、整理非洲经济文献资料，学术研究大致始于20世纪80年代。从学术成果来看，中国学者关乎非洲经济的著述基本上也是沿着非洲国家独立后经济发展的脉络展开的，并且从不同的角度阐述了对非洲经济发展的主要领域或重大问题的看法。后者涉及非洲经济发展模式、非洲经济形势、非洲经济结构调整、非洲农业、非洲能矿业、非洲制造业、非洲金融、非洲对外贸易等。2000年中非合作论坛机制启动后，伴随中非经贸合作的快速发展，非洲经济研究日益受到中国学界的重视，研究内容几乎涉及非洲经济的各个领域和各个层面。关注的重点问题是：非洲区域一体化进程，非洲工业化与现代化进程，非洲市场和资源开发，非洲的投资环境与风险，非洲的私有化进程对外资流入的影响，非洲金融与资本市场，非洲债务和国际免债行动，非洲农业发展与粮食安全，非洲各国的农业概况，非洲减贫与可持续发展，国际经济环境变化与非洲发展，外部援助与非洲自主发展，等等。

（三）非洲国际关系研究

中国学界对非洲国际关系问题的研究始于20世纪50年代中后期，初始阶段的工作是翻译、编译、整理有关非洲国际关系问题的文献资料，也有零星的政论性文章，真正意义上的学术研究大致始于20世纪80年代。非洲国际关系的研究对象涵盖非洲与域外国家关系、域外国家与非洲关系、非洲国家间关系,以及域外国家在非洲关系等诸多层面。中国的非洲国际关系研究主要聚焦"大国与非洲关系"及"大国在非洲关系",但不同时期的主题特别是研究对象又各有侧重:冷战时期更多地关注非洲原宗主国法国、英国等与非洲的关系,美国与苏联在非洲的争夺及其对非洲的影响;冷战终结后的最初10年的研究主题是西方大国对非洲国家经济结构调整和政治民主化的态度,此外,法国、英国与美国在非洲的博弈一度也引发中国学界的关注;进入21世纪,大国在非洲新一轮博弈的展开,大国与非洲关系及大国在非洲关系,特别是中国与非洲关系、中国与其他域外大国在非洲关系研究成为重中之重,涉及的主题也愈加广泛。不过,中国学者对非洲国际关系各个层面研究的用力并不均衡,突出体现在,对中非关系的关注过多,对非洲国家间关系的研究则偏少。

(四)非洲民族研究

中国学界对非洲民族问题的研究始于20世纪80年代,涉及的主题有种族矛盾、民族过程、部族因素等,20世纪90年代,学界还对非洲"族体"概念问题展开过学术争鸣,也因此使研究得以深化。争议的焦点看似在非洲"族体"的称谓,实则是如何看待非洲民族过程,特别是非洲"族体"的发育程度。学界对非洲民族的研究大致有两条线:一是围绕着非洲的民族过程,二是从民族政治学的视角,后者关注的是其对非洲政治发展(政治体制取向和民族国家建设)的影响。此外,研究主题还包括非洲跨界部族问题,非洲民族和宗教之间的关系,以及南部非洲,特别是南非种族关系等。

(五)非洲宗教研究

中国对非洲宗教问题的研究起步较晚,进入20世纪90年代才陆续有一些学术著述问世。其研究对象主要涉及非洲传统宗教、非洲伊斯兰教和非洲基督教。就研究视角而言,对非洲传统宗教的研究主要是从历史文化的角度来探讨的,对非洲伊斯兰教和非洲基督教的研究则是沿着两条主线而展开的:一是基于多元文化,从跨文化的视角对之进行比较研究,内容涉及外来宗教的非洲化或本土化,外来宗教与传统宗教的交融;二是基于宗教的社会化,从跨学科的视角,如从民族宗教学、宗教政治学的视角评估不同宗教间的关系,特别是宗教矛盾、宗教意识形态对非洲国家社会稳定、政治发展的影响。

(六)非洲历史研究

中国学界对非洲历史问题的研究始于20世纪50年代,从对成果文献的检索来看,研究主脉还是比较清晰的,始终围绕着非洲近现代史展开;从成果类别上看,除了非洲通史研究之外,还涉及非洲国别史、专题史研究。20世纪80年代特别是90

年代可谓中国非洲史研究的收获期,其中影响较大的5套(本)非洲通史著作也是在这一时期出版的。纵观半个多世纪的中国非洲史研究,其研究领域或主题主要涵盖非洲历史的分期、大西洋奴隶贸易、非洲的殖民化、非洲民族独立运动、非洲社会的现代化进程、非洲历史上的重大事件、大国与非洲关系史,其中中非关系史研究更是重中之重,主题涉及中非交通史、非洲华人华侨史等。值得欣慰的是,中国的非洲史研究在沉寂了一段时间后,进入21世纪第二个10年又出现复苏的迹象,这在非洲专题史研究(如非洲经济史)方面尤为凸显。

(七)非洲地理研究

非洲地理研究在中国的非洲问题研究中起步较早,从20世纪50年代起便有学术著作问世,不过,早期成果以翻译、编译类为主。20世纪80年代,中国非洲地理研究的学术专著相继问世,20世纪90年代特别是进入21世纪后,随着中国对非洲需求的增加,中国的非洲地理研究的广度和深度均有所提升,而且逐步从相对单一的学科研究过渡到多学科、交叉学科研究,例如,其所关注的领域和主题,除了非洲自然地理(气候、荒漠化、地形、水资源)、非洲经济地理(农业、工业、能源、交通)之外,又拓展到非洲人文地理(人口、城市、旅游、政治)等诸多领域。现阶段中国非洲地理研究所关注的主题或内容更加贴近现实,特别是服务于不断深化的中非各领域合作,诸如,非洲地域政治与中国国家战略研究、非洲城市化与乡村发展研究、中非土地资源利用比较研究、非洲环境的可持续发展问题研究等。

随着中非合作关系不断向深度和广度发展,特别是随着中国对非洲需求的增加,中国非洲研究的学术前沿、研究领域、研究主题仍将继续得到拓展。不过基于国际问题研究的特点及中国非洲问题研究的传统,其主流仍将聚焦非洲现实问题研究,反映在学科分布上,则仍将以非洲政治、经济、国际关系研究为主。另外,基于维护中国在非洲利益的需要导向,从趋势上看,非洲法律、安全、人文、舆情等将愈益受到中国学界的关注。

五　中国非洲研究的成就与缺失

就纵向比较而言,历经近70年的艰难跋涉和三代学人辛勤耕耘,中国的非洲研究在诸多方面均有了长足的进步并继续保持勃勃向上的发展势头;但如果横向比较,由于主客观原因,中国的非洲研究还存在一些问题或困难,而且要想在短期内扭转这种局面亦非易事。在国内"地区研究"中,非洲研究仍处于"被边缘化"的地位,只是近10年来这种境遇方得到部分改观。从学术发展史的视角对中国非洲研究的学科发展历程和学术发展脉络进行梳理和评估,旨在总结经验,厘清问题,探究和明辨今后的发展方向。

(一) 中国非洲研究取得的成就

经过近 70 年的不懈努力，中国的非洲研究经历了从无到有、由弱渐强的发展过程，目前在科研队伍、人员素质、学科建设、科研条件、科研成果等方面均取得了长足进展，具体体现在以下几个方面。

其一，中国非洲研究队伍不断发展壮大，特别是近年来随着教育部启动"区域和国别研究培育基地"计划，国内从事非洲研究的科研机构更是出现井喷式的增长，从趋势上看，这一增长势头依然具有可持续性。

其二，随着拥有学术专长的生力军源源不断地加盟，及相关科研机构学科布局、学科建设的拓展和推进，中国的非洲研究所涵盖的学科门类越来越广泛，从而为日后的多学科、跨学科研究奠定了必要的基础。

其三，科研人员的综合素质明显优化，拥有博士学位和高级职称的科研人员的数量越来越多，并涌现出一批学术功底扎实的中青年科研骨干，为我国非洲研究整体水平的提升及后续发展积蓄了足够的能量。

其四，随着国际、国内学术交流的频繁与深入，中国学者的研究视野越来越开阔，研究视角、路径和方法趋于多样化，这无疑有助于中国非洲研究的理论创新和方法创新，促使国内非洲研究的学术前沿与国际接轨。

其五，随着中国非洲研究的科研环境和条件的改善，中非学者之间的学术交流在愈加频密的同时向着更高层级的学术合作发展，即逐步从过去以研讨会、学术报告或讲座等形式为主单纯的学术切磋，提升到由中非双方学者组成联合团队共同开展合作研究。

其六，中国非洲研究的整体水平不断提升，不仅科研成果的数量逐年递增，尤为重要的是陆续推出一批学术积淀深厚、在学界反响颇大的学术精品，其中的一些学术成果系学科奠基之作，还有一些成果填补国内研究的空白。

其七，对策研究及智库建设成效卓著，具体反映在向党和政府决策部门报送内部报告的投稿量上，特别是约稿量、采用率、反馈率、批示率均有程度不同的提升，还有一些研究报告或咨询报告受到政府职能部门、金融机构和商界的褒奖或好评。

(二) 中国非洲研究面临的问题

中国的非洲研究虽然取得了辉煌的成绩，但其现状亦非尽如人意，甚至还面临一些比较严峻的困难和挑战。从缘由上看，这些问题或挑战有些是客观因素使然，有些则是主观原因所致，抑或两者兼而有之，择其要者而言之，主要表现在以下几个方面。

其一是研究力量严重不足。据不完全统计，目前中国专职从事非洲研究的科研人员只有百余人，即便加上兼职从事非洲问题研究的人员，乐观地估计也只有 300 多人。研究力量不足是国内非洲研究长期以来一直面临的问题，只是近年来各方需求的不断加大，使得这个老问题更加凸显。原因在于：非洲研究不仅涵盖社会科学的所有一级学科，并且其涉及的分支学科、研究领域、研究专题也更为广泛；不同于美国研究或日本研究等国别研究，它是名副其实的"地区研究"，涵盖54个国家。因此，现有的科研力量与形势和任务严重不相匹配，难免顾此失彼。国内现有的研究力量原本已经捉襟见肘，而科研人员在学科分布上的不均衡性，更加剧了这一不足所带来的危机，其突出表现是，过去20年特别是近10年，中非关系研究占据了过多的科研力量和学术资源。

其二是学科分布与发展失衡。由于国内学科布局缺乏统筹协调，加之有些科研机构或学者个人的学科定位模糊或多变，我国非洲研究的学科发展不均衡问题愈加凸显。这种不平衡不仅反映在各学科之间，也反映在某一学科的内部（子学科或分支学科）；不仅反映在国内非洲研究的整体分布上，也反映在一些学术机构内部的学科布局上。由于受到主客观因素的制约，目前，中国非洲研究的科研力量主要集中于非洲政治、经济、国际关系、法律、教育等学科，而其他学科的研究则相对薄弱，还有一些学科尚无人触及。学科发展失衡突出表现在：中国的非洲研究在过去20年对中非关系关注多了，对非洲本身研究少了；一些学者学风浮躁，热衷于赶时髦，导致以往的优势学科风光不再；近年来同质化研究过多。学科发展失衡已成为制约我国非洲研究整体水平提升的一大瓶颈。

其三是基础理论研究滞后。基础理论研究滞后于应用对策研究是国内非洲研究的老问题，只是近年来这个问题尤为凸显。究其原因，一方面，随着"非洲热"的兴起和各方需求的加大，各种委托课题或临时性交办任务越来越多，导致许多在研的基础课题受到冲击，拖期现象严重；另一方面，基于绩效方面的考虑，一些科研机构片面追求数量；一些学者急功近利，忙于做"短平快"的项目，真正高质量的成果凤毛麟角；"撰文不立论、著书不立说"的现象仍在蔓延。基础理论研究"立不住"，导致应用对策研究肤浅化。按照学术影响力、社会影响力、国际影响力特别是决策影响力这四项指标进行综合评估，目前国内非洲学界的多数"智库"是忙于作秀、徒有其名，因为其智库研究成果基本上处于"用不上"的境地。

六 中国非洲研究的发展方向

回望中国非洲研究的发展历程，不仅是为了铭记中国的非洲研究是从何处走来，更是为了校准其未来的发展方向，以使其前进步伐迈得更加坚实。在国际形势风云变幻、非洲社会政治经济转型及中非关系快速发展的情势下，如何使中国的非洲研究既符合学术发展的规律，又适应形势发展、满足各方需求，无疑是值得学界深思的问题。但无论情况如何变化，中国的非洲研究必须要以研究非洲本身的问题为根本，中国非洲研究的前途在于深耕非洲本身的情况,如果基础研究"立不住",那么,应用研究也就难能"用得上"。在上述前提下,基于我国非洲研究的历史与现状,考虑到形势发展和各方需求,从趋势上判断,中国非洲研究的发展或将呈现出以下特点或趋向。

其一,随着中国政府加大对非工作力度,中非合作关系的全方位快速发展,以及政府对非洲研究投入的增加,中国非洲研究的学科门类、研究领域、研究主题将进一步拓展,逐步覆盖非洲学研究的主要学科和领域。据此,国内各科研机构及学者个人应根据自身的条件与可能,本着扬长避短、有所为有所不为的原则,制定中长期学术发展规划,以便逐步形成各自对非洲研究的优势学科或领域,确立自身在国内非洲研究中的学术地位,进而提升中国非洲研究的整体水平。

其二,多学科、跨学科研究应成为中国非洲研究的发展方向。非洲国家众多,且情况非常复杂,仅从单一学科已经难以深刻、透彻地解析研究对象,有时甚至还会出现以偏概全或"以全概偏"的情况。事实上,非洲学的各个学科、各个领域之间存在着内在的联系,随着我国对非洲研究学科门类的拓展,及对非洲研究的不断深入,中国学者应善于从社会科学甚或自然科学的相关学科中吸纳理论、概念和方法,从它们之间的紧密联系中去观察和研究非洲问题。

其三,随着中国"走出去"战略在非洲的实施,特别是"一带一路"倡议在非洲的落地,中国与非洲国家之间的人流、物流、信息流愈加频密,在这种情况下,对非洲的国别、领域、行业、专题等的系统、跟踪研究将日益受到重视。此外,随着中国对非合作主体的多元化及其对非需求的增大,中国学者除了学术研究外,还将更多地担负起服务政府和社会的职责,这将意味着中国的非洲研究将更加细化和深入,同时也意味着学者承接的各种委托课题或合作课题将会越来越多。

其四,基础研究仍然是中国的非洲研究立身之本,但智库研究的重要性将日益凸显。鉴于学术机构与实际部门在资讯获取和信息量方面严重不对称的现实,学术机构的应用研究应与实际部门有所区隔。学术机构的对策研究不应满足于就事论事,继续沉溺于传统的"是什么?为什么?怎么办?"的老套路,而应基于对研究对象长期、系统的基础研究,对非洲及中非关系的重大现实和理论问题进行综合性、战略性、前瞻性、储备性的研究。

总之,中国非洲研究的前途在于研究非洲本身的问题,深耕非洲本身的情况;中国非洲研究的前途还在于解决相关的理论和实际问题,满足各方特别是中国的需求。中国的非洲研究只有植根于中国的土壤,形成国际化的"中国特色",方得以在国际非洲学界占据一席之地。目前中国非洲研究的科研环境特别是科研条件是新中国成立以来最好的,我们没有理由辜负国家的重托和时代的机遇。中国的非洲研究不仅有着硕果累累的过去,也有着充满希望的未来。

中国的非洲政治研究（1949—2019 年）

沈晓雷[*]

中国的非洲研究始于 20 世纪 50 年代中后期，它是伴随着非洲民族独立运动的勃兴而起步的。纵观中国非洲政治研究从无到有、从力量薄弱到逐步发展壮大的过程，其学科发展大致经历了萌芽、初创、快速发展和相对成熟四个阶段。而就研究内容和学术成果的时序而言，中国非洲政治研究的发展脉络基本围绕非洲国家政治发展或政治变迁的时代主题展开，其大致序列为：非洲民主独立运动，非洲社会主义、非洲政党制度、非洲军政权，非洲民族国家建构，非洲政治民主化等。可以说，中国非洲政治研究的阶段性主题与非洲国家政治发展或政治变迁的时代内容基本相吻合。

一　萌芽阶段：20 世纪 50 年代中后期至改革开放前

20 世纪 50 年代，在"一边倒"外交思想的指导下，新中国将广大亚非国家作为团结与合作的对象。为了实现与非洲国家的团结，中国开始支持它们的民族独立运动，而为了支持它们的民族独立运动，就需要对它们的国情，尤其是民族独立运动开展的情况与政治局势有所了解，这两个方面也由此成为这一时期非洲政治研究的时代主题和主要内容。

从表现形式来看，这一时期的研究成果主要有三类：一是涉及非洲政治局势和民族独立运动的概况类图书，如西亚非洲研究所编著《非洲手册》（概况部分）[①]。二是以非洲民族独立运动为主题的时事读物，包括《从黑夜走向黎明的非洲》和《热火朝天的非洲民族独立运动》等。[②] 三是在国内学术刊物上发表的学术论文，如顾章义的《第二次世界大战与非洲的觉醒》，

---

[*] 沈晓雷，中国非洲研究院政治研究室副主任、助理研究员，研究方向为非洲政治问题、民族问题、津巴布韦与南非国别研究。

[①] 西亚非洲研究所非洲手册编辑委员会编：《非洲手册》（概况部分），世界知识出版社 1962 年版。

[②] 吴秉真编著：《从黑夜走向黎明的非洲》，上海新知识出版社 1956 年版；燕汉生编著：《热火朝天的非洲民族独立运动》，河北人民出版社 1959 年版。

马彤的《阿尔及利亚的民族解放斗争》和郑道传的《纳萨尔的反殖民主义思想》等。①

这一时期虽学术成果不多且质量有所欠缺，但就研究本身而言还是保持了较好的发展势头，而且从非洲政治学科的发展史来看，具有培育和萌芽的性质，为日后深入研究做了有益的铺垫。然而，这一进程被"文化大革命"所打断。从1966年夏天开始，国内各研究机构均被迫解散或停止日常工作，科研人员下放，科研计划搁浅，有些完成的书稿甚至被遗失或付之一炬。② 如《非洲手册》列国志部分"准备分别介绍非洲五十九个国家和地区的情况"，但除1964—1966年出版了7本外，"文化大革命"爆发后再没有出版其他分册。

但尽管如此，这一时期为非洲政治研究所做的培育或孕育工作并未完全停止，原因有三：其一，"文化大革命"爆发之前翻译出版外国学术著作的工作得以延续，其中涉及非洲政治的有6本，人物传记有8本，"对非洲研究工作者还是颇有参考价值的"；③ 其二，《人民日报》和新华社等媒体仍刊发了大量涉及非洲政治局势和未独立国家民族解放斗争的报道和评论文章；④ 其三，中联部于1973年创刊"内参"《非洲动态》，在收集信息、分析资料和培养人才方面做了一些工作。这三个方面工作所提供的资料和信息，不仅有助于国内学者了解非洲政治局势的变化和国外非洲政治研究的进展，更为他们日后开展非洲政治研究提供了重要的参考资料。

二 初创阶段：1978—1989年

"文化大革命"结束之后，随着思想理论战线的拨乱反正以及国家对社会科学和人文学科的需要与重视，中国的非洲研究进入恢复性发展时期，"文化大革命"之前在中国非洲研究中占据主导地位的非洲政治研究，也开始步入有意识的学科发展道路，其作为非洲研究的一门分支学科由此进入初创期。

就研究内容而言，这一时期除继续对非洲民族独立运动进行深入研究外，开始重点涉及非洲独立后的政治发展问题，具体包括非洲社会主义的理论与实践，非洲国家的政党和政党制度，非洲国家的政治领袖及其政治思想，以及非洲国家的军人干政与

---

① 马彤：《阿尔及利亚的民族解放斗争》，《历史教学》1959年第1期；郑道传：《纳萨尔的反殖民主义思想》，《学术论坛》1957年第1期；顾章义：《第二次世界大战与非洲的觉醒》，《历史研究》1963年第5期。
② 参见张宏明《中国非洲研究述要》，载中国社会科学院西亚非洲研究所编《中国的中东非洲研究（1949—2010）》，社会科学文献出版社2011年版。
③ 张毓熙：《中国非洲学著作近百年出版情况概析》，载张毓熙编《非洲问题研究中文文献目录（1990—1996）》，中国社会科学院西亚非洲所、北京大学亚非研究所、中国非洲史研究会，1997年，第263页。
④ 参见马惠平编《非洲问题研究中文文献目录（1949—1981）》，中国非洲史研究会、北京图书馆文献研究室，1982年；北京大学国际政治系民族解放运动教学组编印《非洲人民反帝反殖反霸斗争》（第一辑），民族解放运动学习文件及资料汇编，1976年。

政局动荡等。

（一）非洲社会主义理论与实践

非洲社会主义既是一种政治思潮，也是许多国家所选择的一种社会制度，非洲大陆曾有近一半的国家曾宣称"走社会主义发展道路"。20世纪70年代末到80年代末正值非洲社会主义方兴未艾之时，对非洲社会主义理论与实践的研究由此成为这一时期最为重要的学科前沿性研究。

中国学界对非洲社会主义的研究始于20世纪80年代初，沈永林的《关于"非洲社会主义"》一文为中国学者发表的第一篇关于非洲社会主义的学术成果。① 此后，张薏、唐大盾、李安山、郁景祖和南文渊等学者对非洲社会主义的由来、发展、理论和实践等进行了系统的研究。②

这一时期研究非洲社会主义最重要的成果，当为《非洲社会主义：历史·理论·实践》一书。该书全面阐述了非洲社会主义的由来、发展和流派，分析了非洲社会主义的历史作用和影响，并对埃及、塞内加尔和坦桑尼亚等国的社会主义进行了分析。③ 该书曾获中国社会科学院首届（1977—1991年）优秀科研成果专著奖。

（二）非洲政党和政党制度

20世纪80年代初，在50个独立的非洲国家中有37个国家实行一党制，一党制由此成为非洲政党与政党制度研究最早的主题。中国社会科学院西亚非洲研究所（简称西亚非所）组织编写的《非洲概况》是最早对非洲政党和政党制度进行研究的著作，该书除在分析非洲民族独立运动时涉及了非洲民族主义政党之外，还在非洲国家独立后的政治发展中对一党制的发展趋势和一党制盛行的原因进行了探讨。④

20世纪80年代后半期，一些较有深度的学术论文得以面世，如陆庭恩的《非洲国家一党制原因剖析》和汤平山的《非洲国家实行多党制和一党制的经验及其改革初探》等。⑤ 其中，陆庭恩认为传统社会"民主政治"的影响，保持政局稳定和经济发展的需要等因素，是导致非洲国家一党制盛行的主要原因。汤平山则指出一党制有

---

① 沈永林：《关于"非洲社会主义"》，《科社研究》1982年第2期。
② 张薏：《非洲"社会主义"思想浅谈》，《西亚非洲》1984年第2期；唐大盾：《非洲社会主义的由来和发展》，《西亚非洲》1985年第5期；郁景祖：《阿拉伯社会主义的主要理论及渊源》，《当代世界社会主义问题》1986年第2期；李安山：《非洲社会主义的理论特点概述》，《当代世界社会主义问题》1986年第4期；南文渊：《传统村社制文化与非洲社会主义》，《社会主义研究》1988年第4期。
③ 唐大盾、张士智、庄慧君、汤平山、赵慧杰：《非洲社会主义：历史·理论·实践》，世界知识出版社1988年版。
④ 中国社会科学院西亚非洲研究所《非洲概况》编写组：《非洲概况》，世界知识出版社1981年版。
⑤ 陆庭恩：《非洲国家一党制原因剖析》，《西亚非洲》1988年第5期；汤平山：《非洲国家实行多党制和一党制的经验及其改革初探》，《西亚非洲》1999年第3期。

利于非洲国家的政局稳定、经济发展和民族融合,但也存在权力高度集中、党政不分和容易产生腐败等弊端。

(三) 非洲政治领袖及其政治思想

在非洲民族独立运动和独立后的政治发展进程中,非洲各国的领导人,尤其是第一代领导人发挥了至关重要的作用。从这一时期起,国内学者便对非洲政治领袖及其政治思想展开研究。《西亚非洲》杂志在1980年创刊后设立专栏,先后对津巴布韦、埃及、坦桑尼亚和喀麦隆等国领导人的政治经历、施政纲领和成败得失等进行了评述。①

相关专著也得以面世。康昭和吴增田等编译的《黎明的曙光——非洲早期反殖民主义斗争中的风云人物》介绍了非洲早期反殖民主义斗争中的一些领导人;② 陈公元等主编的《非洲风云人物》一书共介绍了39位非洲领导人,基本将非洲各国在民族独立运动中和独立后的重要领导人都涵盖在内;③ 杨立华编著的《南非黑人领袖纳尔逊·曼德拉》是中国学者第一本关于曼德拉的著作。④

关于非洲政治领袖的思想,加纳总统恩克鲁玛、坦桑尼亚总统尼雷尔和塞内加尔桑戈尔受到了较多的关注,其中唐大盾、张象等对恩克鲁玛政治思想的研究,静一和孙韶林等对尼雷尔政治思想的研究,张宏明等对桑戈尔政治思想的研究取得了较为丰硕的成果。⑤

(四) 军人干政与政局动荡

非洲国家独立后地区冲突不断、军人涉政频仍、军事政变频发,有半数以上的国家出现过军政权,上述问题遂引起国内学者的关注。吴期扬对这一问题研究较多且成果颇丰,先后撰文对非洲国家军事政变的起因、政治社会背景及其历史作用等进行了分析,为国内学界研究非洲军事政变问题奠定了一定的基础。⑥

葛佶等所著的《南部非洲动乱的根源》认为,南部非洲局势动荡主要源于南非种族主义当局与南非和纳米比亚人民的矛盾、南非与南部非洲其他国家的矛盾,以及

---

① 具体见《西亚非洲》1980年第1—4期和1981年第3—6期。
② 康昭、吴增田等编译:《黎明的曙光——非洲早期反殖民主义斗争中的风云人物》(内部出版),中国社会科学院西亚非洲研究所,1988年。
③ 陈公元、唐大盾、袁牧主编:《非洲风云人物》,世界知识出版社1989年版。
④ 杨立华编著:《南非黑人领袖纳尔逊·曼德拉》,社会科学文献出版社1988年版。
⑤ 唐大盾:《试论恩克鲁玛的政治思想》,《西亚非洲》1983年第4期;张象:《论恩克鲁玛政治理论的三个组成部分》,《南开史学》1989年第1期;静一:《尼雷尔"社会主义"思想的形成及其特点》,《西亚非洲》1982年第6期;孙韶林:《尼雷尔民族社会主义的理论与实践》,《当代世界社会主义问题》1989年第3期;张宏明:《桑戈尔思想的理论与实践》,《世界经济与政治》1988年第11期。
⑥ 吴期扬:《非洲国家军事政变的政治社会背景》,《西亚非洲》1982年第3期;吴期扬:《试论非洲军政权的起因及其历史作用》,《西亚非洲》1988年第2期。

美国和苏联两个超级大国之间的矛盾,这为当时国内了解南部非洲局势提供了系统且深入的视角。①

三 快速发展阶段:1990—2000 年

中国的非洲政治研究从20世纪90年代之后进入快速发展阶段,主要表现为:第一,从事非洲政治研究的机构和学者队伍不断壮大;第二,学科体系建设得到进一步深化,研究内容得到进一步扩展;第三,研究成果无论数量还是质量都有大的提升,尤其是出版了一些具有开创性和奠基性的学术著作。

学者们在这一时期除继续深化对非洲民族独立运动、非洲社会主义、非洲政党与政党制度等问题的研究外,将重心主要放在了政治民主化这一非洲国家独立以来最为广泛而深刻的政治变革上面。

(一)继续深化对原有问题的研究

20世纪90年代,学者们进一步深化对非洲民族独立运动、社会主义、政党与政党制度等问题的研究,并相继出版了一批具有开创性和奠基性的学术著作。

吴秉真和高晋元主编的《非洲民族独立运动简史》为国内第一本全面论述非洲民族独立运动的著作。该书全面梳理了自20世纪50年代末以来非洲国家争取民族独立的历程,重点介绍了在非洲民族独立斗争中影响较大、在斗争方法上具有典型意义的国家,其作者多数为西亚非洲所长期从事非洲政治研究的学者,可谓中国非洲民族独立运动研究的集大成者。②

唐大盾等主编的《非洲社会主义新论》是中国学者研究非洲社会主义的又一本力作,该书阐述了非洲社会主义的起源、发展、四大流派及其典型代表,对非洲社会主义所取得的成就、面临的挑战及其发展趋势进行了分析。③ 该书编写时正值非洲社会主义遭遇挫折和失败之际,这使作者们能够对其进行更为全面和客观的分析与总结,进而把非洲社会主义研究提升到了新的高度。④

非洲政党与政党制度研究在这一时期也取得了重要进展。陆庭恩与刘静合著的《非洲民族主义政党和政党制度》为国内第一本研究非洲政党与政党制度的专著。该书深入分析了非洲国家独立后民族主义政党和政党制度的变迁,尤其是一党制和多党制、民族主义政党在各类国家中的作用,以及军事政变与民族主义政党等问题。⑤

---

① 葛佶、何丽儿、杨立华、孙耀楣:《南部非洲动乱的根源》,世界知识出版社1989年版。
② 吴秉真、高晋元主编:《非洲民族独立运动简史》,世界知识出版社1993年版。
③ 唐大盾、徐济明、陈公元主编:《非洲社会主义新论》,教育科学出版社1994年版。
④ 张毓煕:《中国非洲学著作近百年出版情况概析》,《西亚非洲资料》1994年第2期,第265—266页。
⑤ 陆庭恩、刘静:《非洲民族主义政党和政党制度》,华东师范大学出版社1997年版。

（二）全面开展对非洲政治民主化的研究

20世纪90年代多党民主化浪潮席卷非洲大陆，仅在1990—1994年就有42个非洲国家举行多党民主选举，从一党制政体过渡到多党民主制政体。受此影响，非洲政治民主化问题受到国内学界的普遍关注，学者们围绕非洲民主化的原因、进程、前景等展开了广泛而深入的讨论。

在上述问题中，争论最多的是非洲民主化浪潮产生的原因、非洲是否存在民主化的条件和非洲民主化进程的前景这三个问题。对于非洲民主化浪潮产生的原因，高晋元认为，外因，即东欧与苏联剧变的影响和西方的压力是主因；[1] 向非则指出，起决定性作用的还是非洲国家内部的政治、经济和社会因素，其中尤以经济没有搞好为根本因素。[2] 对于非洲民主化进程的前景，崔青莲和陆庭恩等认为西方的多党制或多党民主并不适合非洲；[3] 徐济明则认为非洲政治民主化的趋势已经不可逆转，且有些国家开始借此探索适合非洲国情的政治发展模式和政党制度。[4]

1994年10月18日，中国社会科学院西亚非洲研究所组织召开"非洲政治民主化"问题学术讨论会，会后徐济明围绕民主概念的内涵，非洲是否存在实现民主化的条件，民主化浪潮产生的原因、前景及未来的政治模式，以及民主与稳定、发展的关系等问题进行了综述，基本涵盖了当时中国非洲学界对非洲政治民主化问题研究和争论的情况。[5]

20世纪90年代末，还有学者将非洲民主化置于非洲独立后政治变革与政治发展的历史进程之中进行考察。徐济明、谈世中主编的《当代非洲政治变革》分析了非洲政治民主化的背景、进程、特点、成果和不足，评述了经济因素、部族主义和政治文化对非洲政治发展的影响，认为民主制在非洲确立还需一个长期曲折的过程。[6] 张宏明的《多维视野中的非洲政治发展》是国内非洲政治发展研究最为重要的著作之一，其从内部环境和外部因素入手，对非洲政治与经济发展的关系，部族与民族国家建设问题，非洲传统文化与政治，宗教对政治发展的影响等进行了深入的分析，其中对部族主义对非洲政治体制模式取向之影响的分析，为该书最大的学术贡献之一。[7]

---

[1] 高晋元：《多党民主化在非洲的发展》，《西亚非洲》1994年第5期。
[2] 向非：《黑非洲"多党民主"剖析》，《西亚非洲》1994年第4期。
[3] 崔青莲：《西方的多党民主模式不适合黑非洲的现实》，《西亚非洲》1995年第1期；陆庭恩：《西方国家的多党制不适合非洲》，《国际社会与经济》1995年第3期。
[4] 徐济明：《非洲政治民主化趋势不可逆转》，《西亚非洲》1997年第1期。
[5] 徐济明：《"非洲政治民主化"问题学术讨论会纪要》，《西亚非洲》1995年第1期。
[6] 徐济明、谈世中主编：《当代非洲政治变革》，经济科学出版社1998年版。
[7] 张宏明：《多维视野中的非洲政治发展》，社会科学文献出版社1999年版。

四 相对成熟阶段：2001 年至今

进入 21 世纪之后，中国的非洲政治研究作为中国非洲研究的一个分支学科逐步进入相对成熟的阶段，主要体现为：第一，研究主题已基本涵盖非洲政治学研究的所有重点领域，且对特定议题的研究更加系统与深入；第二，研究成果越来越具有多学科、跨学科的特征，且除学术论文和学术专著外，各类研究报告集也成为重要的学术阵地；第三，在继续保持整体研究和宏观研究的同时，国别研究、案例研究和微观研究日益增多。

这一时期的非洲政治研究集中在以下三个主要领域：政治民主化与政治发展问题研究；民族国家建构（构建）问题研究；冲突与安全问题研究。其中，政治民主化与政治发展问题研究仍是这一时期最为重要的研究议题，但冲突与安全问题研究在最近几年有后来居上之势。

（一）政治民主化与政治发展

政治民主化及相关问题仍是 21 世纪非洲政治研究的核心议题之一，不过相较于 20 世纪 90 年代，这一时期更加侧重从政治发展的角度来研究政治民主化问题。

贺文萍的《非洲国家民主化进程研究》是这一时期非洲政治民主化研究最为重要的学术成果，该书解析了制约非洲民主化进程的经济、政治、军队、文化和外部条件等因素，并对南非、尼日利亚、肯尼亚和乌干达 4 国的民主化进程进行了个案研究。[①] 李保平的《传统与现代：非洲文化与政治变迁》则探讨了传统文化对非洲现代政治变迁的影响，并以喀麦隆、坦桑尼亚和南非为例进行了分析。[②]

政治民主化对非洲国家的政治、经济和内政外交等的影响受到一些学者的关注。张怀印认为在政治民主化的推动下，非洲宪政已经形成了不同于西方宪政的独特的精神内涵，非洲的宪政民主制有望得到巩固和完善。[③] 姚桂梅认为多党制虽在起始阶段对非洲经济发展形成猛烈冲击，但在发展和巩固阶段对非洲市场经济的发展起到了促进作用。[④] 张宏明则认为非洲多党民主变革的积极影响要大于消极影响，随着具有"民族性"和"非洲性"的多党民主政体的建立和巩固，非洲政治局势趋于稳定，国际地位有所回升。[⑤]

还有学者对宗教和民族等在非洲民主化进程中的作用进行了探讨，如郭佳认为非

---

① 贺文萍：《非洲国家民主化进程研究》，时事出版社 2005 年版。
② 李保平：《传统与现代：非洲文化与政治变迁》，北京大学出版社 2011 年版。
③ 张怀印：《非洲宪政发展：内涵、特征及问题》，《西亚非洲》2008 年第 5 期。
④ 姚桂梅：《非洲国家多党民主之经济影响评析》，《西亚非洲》2007 年第 10 期。
⑤ 张宏明：《政治民主化后非洲内政外交的变化》，《国际政治研究》2006 年第 4 期。

洲基督教会所扮演的监督者、调解者与民主政治文化教育者的角色,有助于巩固、推进和完善非洲政治民主化的成果;李文刚认为伊斯兰原教旨主义给非洲的民主政治发展带来挑战,相关国家需妥善应对;马正义则指出传统领袖制度所蕴含的协商民主的特质可弥补南非代议民主的缺失。①

非洲政治发展中的"第三任期"现象在近年来受到关注,沈晓雷指出"第三任期"现象虽凸显了非洲国家民主化进程的复杂性与长期性,但也表明这些国家在尝试探索符合本国国情的民主巩固方式和民主发展道路。②

(二)民族国家建构

由于现代意义上的国家形成的特殊性,非洲国家政治发展始终同时面临民主政治建设和民族国家建设的双重任务。虽然张宏明早在 1998 年便从部族主义的视角对非洲的民族国家建构进行了分析,③ 但中国学者直到 21 世纪之后才将其作为一个主题进行研究,其中刘鸿武在 2002 年撰文对撒哈拉以南非洲民族国家统一构建进程进行了分析。④ 此后,学者们从民族、宗教、语言、文化等多个学科或多个视角对非洲民族国家建设问题进行了探讨。

就具体研究成果而言,潘华琼以图阿雷格人叛乱与马里危机为切入点,探讨了马里的民族国家建构的困境。⑤ 黄慧从民族认同与国家认同的冲突性与一致性的角度对阿尔及利亚的卡比尔人问题进行了探讨,认为该问题长期悬而未决不利于阿尔及利亚的统一和稳定。⑥ 李文刚指出伊斯兰教在现代非洲民族国家构建中的作用虽不尽相同,但都存在具有聚合力与向心力的双重影响。⑦ 孙晓萌和阳利分别以豪萨语和斯瓦希里语为例,分析了语言对非洲国家民族建构中的双重性影响。⑧ 张永宏认为,在非洲民族国家构建的进程中,本土知识是他们提升国家治理和自主发展能力的基础。⑨ 李鹏涛则解读了科特迪瓦土著话语与民族国家建构之间的内在联系,认为土著话语会导致社会分裂,进而影响民族国家建构进程。⑩

---

① 郭佳:《基督教会在巩固非洲政治民主化成果中的作用》,《世界宗教文化》2013 年第 3 期;李文刚:《浅析塞内加尔的伊斯兰教及其对政治变迁的影响》,《西亚非洲》2011 年第 4 期;马正义:《酋长的回归:传统领袖的复兴与南非民主的巩固》,《世界民族》2018 年第 4 期。
② 沈晓雷:《透视非洲民主化进程中的"第三任期"现象》,《西亚非洲》2018 年第 2 期。
③ 张宏明:《部族主义因素对黑非洲民族国家建设的影响》,《西亚非洲》1998 年第 4 期。
④ 刘鸿武:《撒哈拉以南非洲民族国家统一构建进程》,《西亚非洲》2002 年第 2 期。
⑤ 潘华琼:《试论图阿雷格人与马里危机——兼论马里的民族国家建构问题》,《西亚非洲》2013 年第 4 期。
⑥ 黄慧:《阿尔及利亚卡比尔人问题探析》,《西亚非洲》2012 年第 1 期。
⑦ 李文刚:《浅析伊斯兰教对非洲民族国家构建的影响》,《世界宗教文化》2016 年第 3 期。
⑧ 孙晓萌:《试析豪萨语与尼日利亚国家民族建构》,《国际论坛》2013 年第 5 期;阳利:《论斯瓦希里语的非洲民族国家建构作用》,《天津外国语大学学报》2018 年第 1 期。
⑨ 张永宏:《非洲:本土知识在国家建构进程中的作用》,《自然辩证法研究》2016 年第 7 期。
⑩ 李鹏涛:《土著话语与非洲民族国家建构——以科特迪瓦危机为例》,《西亚非洲》2012 年第 1 期。

（三）冲突与安全问题

21世纪以来非洲政治形势虽总体趋于稳定，但一直存在较为严重的安全问题，这些安全问题不仅影响非洲各国政治、经济的发展，也对中国在非洲的利益产生了较大的负面影响，因而在近年来受到了国内学者的普遍关注。

"自然资源诅咒"与非洲冲突之间具有密不可分的关系，詹世明在2002年撰文指出，"冲突钻石"的存在使一些非洲国家的冲突和战乱长期化，并严重影响这些国家的战后重建。[①] 王洪一和黎文涛近年来密切跟踪非洲的冲突与安全局势并发表了一系列成果，其中王宏一对非洲的安全问题进行了分类，认为其主要包括局部军事冲突肆虐、恐怖活动分散化和治安威胁突出等；黎文涛则指出非洲当前虽选举冲突、政变及暴恐伤亡有所下降，但威胁稳定的根源性问题并未解决，新的安全风险和冲突模式也不断出现。[②]

非洲的恐怖主义组织、索马里海盗和几内亚湾海盗问题在近年来受到较多关注。王涛围绕乌干达圣灵抵抗军、索马里青年党和马格里布基地组织等发表了大量著述。[③] "博科圣地"对尼日利亚及其邻国的安全构成了严峻的挑战，李文刚就此分析了"博科圣地"的演变，李维建则从宗教研究的视角对"博科圣地"进行了解读。[④] 索马里海盗给包括中国在内的全球最主要贸易国的海上通道安全造成了巨大威胁，王竞超就此撰文指出应建立国际社会共同为治理索马里海盗提供公共产品的机制。[⑤]

还有学者对非洲的安全机制和安全治理进行了探讨。莫翔认为非洲的安全机制是一种集体安全和多边安全的机制，[⑥] 王学军认为应在非洲大陆建立一种包括全球体系、非洲大陆、非洲次地区、非洲国家、非洲公民社会和私人行为体等层次的多层安全治理体系。[⑦] 张春则指出受困于目标与手段、意愿与能力、当地需求与外部支持三个层面的错配，当前非洲安全治理面临重大困难。[⑧]

[①] 詹世明：《非洲"冲突钻石"的产生及影响》，《西亚非洲》2002年第5期。
[②] 王洪一：《非洲安全新挑战及其对中非合作的影响》，《国际问题研究》2018年第4期；黎文涛：《非洲安全形势评估和中非安全合作》，载张宏明主编《非洲发展报告（2016—2017）》，社会科学文献出版社2017年版。
[③] 王涛：《乌干达圣灵抵抗军研究》，浙江人民出版社2014年版；王涛、秦名连：《索马里青年党的发展及影响》，《西亚非洲》2013年第4期；王涛、曹峰毓：《伊斯兰马格里布基地组织产生的背景、特点及影响》，《西亚非洲》2016年第3期；王涛、鲍家政：《恐怖主义动荡弧：基于体系视角的解读》，《西亚非洲》2019年第1期。
[④] 李文刚：《"博科圣地"的演变与尼日利亚反恐政策评析》，《阿拉伯世界研究》2018年第4期；李维建：《解读"博科圣地"：宗教研究的视角》，《西亚非洲》2015年第2期。
[⑤] 王竞超：《国际公共产品视阈下的索马里海盗治理问题》，《西亚非洲》2016年第6期。
[⑥] 莫翔：《当代非洲安全机制》，浙江人民出版社2013年版。
[⑦] 王学军：《非洲多层安全治理论析》，《国际论坛》2011年第1期。
[⑧] 张春：《非洲安全治理困境与中非安全合作》，《阿拉伯世界研究》2017年第5期。

结　语

　　经过自 20 世纪 50 年代中后期以来近 70 年的发展，中国的非洲政治研究已经取得了丰硕的成果，尤其是在非洲社会主义、非洲政治民主化与政治发展等研究领域，涌现了一批专家学者，出版了一些具有开创性和奠基性的学术著作。甚至可以说，非洲政治研究是中国非洲研究的分支学科中发展脉络最为清晰、学术成果最为丰富、学术影响最为广泛的学科之一。

　　然而，近年来中国非洲政治研究也存在一些问题：其一，较之非洲经济、非洲国际关系特别是中非关系研究，非洲政治研究有所弱化；其二，日益偏重热点问题研究和应用对策研究，基础理论研究滞后且越来越不受重视；其三，对非洲政治民主化问题的研究缺乏连续性，对非洲政治文化等问题的研究尚待展开等。展望未来，随着中国非洲政治研究队伍的不断扩大，学者前往非洲实地调研的机会越来越多，以及非洲政治发展进程为学者们提供了越来越丰富的素材，中国的非洲政治研究将会获得更大的提升空间。

中国的非洲经济研究（1949—2019 年）

智宇琛[*]

20 世纪 50 年代，中国学者便开始关注非洲经济问题，但截至 20 世纪 70 年代，其主要工作是翻译、摘编和整理非洲经济文献资料。中国学界对非洲经济问题的学术研究大致始于 20 世纪 80 年代，就研究成果分布而言，主要是围绕非洲发展模式、非洲经济形势、非洲农业、非洲能矿业、非洲工业和制造业、非洲金融等主题展开的。虽然在不同的历史时期，各研究主题由于服务对象的差异，聚焦的具体内容也不尽相同，但研究主题的总体结构还是比较稳定的。

一 非洲发展模式研究

20 世纪 80 年代，非洲国家独立后的经济发展效果已经比较清晰，国内学者开始对非洲的发展模式进行分析研判。陈宗德对以发展农业及有关加工业、出口能矿产品及走"非资本主义道路"为特征的三类非洲国家的经济发展模式进行了比较研究。[①] 此后，张薏、唐宇华、谈世中、朱重贵、吴兆契、明非、唐大盾、王建、夏吉生等学者围绕非洲发展模式也进行了有益的探讨。[②] 此外，非洲的国有化和私有化问题也是学界关注的焦点，汪勤梅、张史贤、朱重贵、陈宗德等学者就此问题阐述了各自的观点。[③] 这一时期对非洲发展模式研究的重要著述是陈宗德、吴兆契主编的《撒哈

---

[*] 智宇琛，中国非洲研究院助理研究员，主要研究领域：非洲经济。本文中关于 2010 年之前的专著引述自李智彪：《非洲经济研究综述》，《西亚非洲》2011 年第 5 期。中国社会科学院西亚非洲研究所李智彪研究员对本文提出指导意见。

① 陈宗德：《非洲国家三种经济发展类型的比较》，《西亚非洲》1981 年第 2 期。

② 张薏：《非洲国家的经济发展模式探讨》，《西亚非洲》1983 年第 2 期；唐宇华：《非洲国家经济社会发展战略与调整》，《西亚非洲》1984 年第 2 期；谈世中：《关于非洲若干经济问题的思考》，《西亚非洲》1986 年第 3 期；朱重贵：《非洲社会经济发展战略初探》，《世界经济》1986 年第 10 期；吴兆契：《非洲国家经济调整和发展的探讨》，《西亚非洲》1987 年第 1 期；明非：《非洲国家经济调整和改革的动向》，《西亚非洲》1988 年第 3 期；唐大盾、王建：《非洲社会主义国家的经济改革初探》，《当代世界社会主义问题》1988 年第 4 期；夏吉生：《非洲的经济发展战略与西太平洋某些发展中国家（地区）的比较》，《北京大学学报》1989 年第 2 期。

③ 汪勤梅：《非洲经济国有化的若干问题探讨》，《西亚非洲》1986 年第 3 期；张史贤：《黑非洲各国经济私营化问题浅析》，《西亚非洲》1986 年第 3 期；汪勤梅：《非洲国家经济发展中国有化问题初探》，《世界经济》1986 年第 11 期；朱重贵：《非洲国家经济从"国有化"到"私有化"》，《西亚非洲》1988 年第 3 期；陈宗德：《非洲私有化浪潮：进展与面临的问题》，《西亚非洲》1988 年第 5 期。

拉以南非洲经济发展战略研究》，该书论述了撒哈拉以南非洲经济发展战略的形成与演变，各种战略的特点及其存在的问题。① 通过这些研究，基本确立了中国学界对非洲国家独立后经济发展模式及效果的框架性和基础性结论：独立后，非洲国家在"国有化"和"计划经济"模式方面存在诸多问题，其经济发展效果不甚理想。

从20世纪90年代开始，中国学者对国际金融机构提出的非洲经济结构调整方案进行系统性研究，同时也关注非洲国家提出的非洲自主发展方案。吴兆契对《拉各斯行动计划》、《非洲经济优先复兴计划》、西方提出的结构性调整方案、非洲自发提出的结构调整计划等的背景、思路和执行情况进行了比较研究和分析。② 张同铸主编的《非洲经济社会发展战略问题研究》不仅对非洲经济社会发展进行了全面梳理，也提出了中国学者对非洲未来发展战略的选择方案，引起了学术争鸣。③ 20世纪90年代中后期至21世纪初，中国学者普遍认为，西方提出的结构调整方案在很多方面并不适合非洲的实际情况。其中，李继东的《迟发展效应与黑非洲现代化的延误》、④ 唐宇华的《非洲国家不同时期的发展理论与模式》、⑤ 钟伟云的《非洲国家经济结构的改革和调整》、⑥ 谈世中的《误区之一："非资本主义道路"》⑦ 等都是这一时期比较有代表性的学术论文。李继东所著《现代化的延误——对独立后"非洲病"的初步分析》、⑧ 谈世中主编的《反思与发展——非洲经济调整与可持续性》⑨ 以及舒运国著《失败的改革——20世纪末撒哈拉以南非洲国家结构调整评述》⑩ 等学术专著，集中体现了中国学界对西方提出的结构调整方案的研究和反思。

自20世纪末至今，非洲国家根据自身特点实施的经济转型引起了中国学者的高

---

① 陈宗德、吴兆契主编：《撒哈拉以南非洲经济发展战略研究》，北京大学出版社1987年版。参加该书撰写的还有吴慎娴、高晋元、肖蓉春、何丽儿、汤平山、杨德贞、钱榆圭、庄慧君、李起陵。该书是国家社会科学"六·五"规划重点项目"发展中国家经济发展战略研究"子课题之一。
② 吴兆契：《非洲经济的宏观调整和改革》，《世界经济》1991年第7期。
③ 张同铸主编：《非洲经济社会发展战略问题研究》，人民出版社1992年版。参加该书撰写的还有王岳、傅政罗、张象、冯建伟、葛公尚、夏吉生、曾尊固、姜忠尽、朱重贵、汪勤梅、原牧等。该书由中国非洲问题研究会组织国内十几家非洲问题研究机构的数十位专家历时4年完成。全书立足历史与现状，但又以未来为着眼点，从多维角度解读非洲国家独立后经济社会发展的经验教训，并提出中国学者对非洲未来发展战略的选择方案，很多建议在今天看来对非洲国家仍具有指导意义。
④ 李继东：《迟发展效应与黑非洲现代化的延误》，《西亚非洲》1994年第1期。
⑤ 唐宇华：《非洲国家不同时期的发展理论与模式》，《世界经济与政治》1994年第9期。
⑥ 钟伟云：《非洲国家经济结构的改革和调整》，《世界经济》1995年第5期。
⑦ 谈世中：《误区之一："非资本主义道路"》，《西亚非洲》1995年第1期。
⑧ 李继东：《现代化的延误——对独立后"非洲病"的初步分析》，中国经济出版社1997年版。
⑨ 谈世中主编：《反思与发展——非洲经济调整与可持续性》，社会科学文献出版社1998年版。参加该书撰写者还有安春英、姚桂梅、陈宗德、苏泽玉、李智彪、王智猛。
⑩ 舒运国：《失败的改革——20世纪末撒哈拉以南非洲国家结构调整评述》，吉林人民出版社2004年版。

度关注。朱重贵[①]、吴兆契[②]均指出，自主改革方案的实施成为非洲宏观经济发展的重要因素。舒运国在《非洲经济改革的走向》中对《拉各斯行动计划》和《非洲发展新伙伴计划》进行对比后指出，非洲国家的认识水平和改革能力都得到了较大提升，非洲国家的经济改革将沿着不断深化的方向继续发展。也有学者对此进行过不同角度的探讨，如李智彪指出，非洲现行经济发展战略与政策基本上仍是过去经济结构调整计划的延续或翻版，仅仅是换上了减债计划、减贫战略等新的外包装。[③] 舒运国的《试析20世纪非洲经济的两次转型》[④] 和张忠祥的《当前非洲经济转型的特点》[⑤] 均提出了非洲"经济转型"的概念及"自主发展"的重要性。

从以上研究历程可以看出，非洲国家已经进入根据自身特点选择发展战略的时期，中国对非洲发展模式的研究也相应地进入观察和积累期。

二 非洲经济形势研究

20世纪80年代，中国非洲研究学者在前期大量文献资料的基础上着手进行非洲经济形势研究。其中，陈宗德的《非洲国家经济发展中面临的一些问题》、[⑥] 计德容的《八十年代初期非洲的经济发展形势》、[⑦] 唐宇华的《非洲最不发达国家经济发展状况初析》、[⑧] 马简文的《非洲经济现状及其发展前景》、[⑨] 杨显亚的《非洲的经济现状和发展趋势》、[⑩] 汪勤梅的《暗淡中见希望——漫谈非洲经济形势》[⑪] 等文章，不仅对非洲的总体经济形势及石油、农业、制造业、贸易、政府预算、债务等方面的发展情况进行了详细分析，也对非洲国家产生各种经济问题的内因及当时的国际经济环境因素进行了论证、分析，这些文章为日后对非洲经济形势进行更为深入的学术研究奠定了基础。1987年，由中国社会科学院西亚非洲研究所集体编写的《非洲经济（一）》、《非洲经济（二）》和《北非五国经济》[⑫] 是一套系统介绍非洲国家基本经济

---

① 朱重贵：《非洲经济发展的曲折历程和希望》，《西亚非洲》1998年第1期。
② 吴兆契：《非洲宏观经济结构调整与经济复苏》，《世界经济与政治》1998年第2期。
③ 李智彪：《对后结构调整时期非洲主流经济发展战略与政策的批判性思考》，《西亚非洲》2011年第8期。
④ 舒运国：《试析20世纪非洲经济的两次转型》，《非洲史探索》2015年第4期。
⑤ 张忠祥：《当前非洲经济转型的特点》，《上海师范大学学报（哲学社会科学版）》2016年第2期。
⑥ 陈宗德：《非洲国家经济发展中面临的一些问题》，《西亚非洲》1981年第2期。
⑦ 计德容：《八十年代初期非洲的经济发展形势》，《西亚非洲》1981年第5期。
⑧ 唐宇华：《非洲最不发达国家经济发展状况初析》，《西亚非洲》1982年第4期。
⑨ 马简文：《非洲经济现状及其发展前景》，《世界经济》1983年第11期。
⑩ 杨显亚：《非洲的经济现状和发展趋势》，《西亚非洲》1986年第3期。
⑪ 汪勤梅：《暗淡中见希望——漫谈非洲经济形势》，《世界知识》1985年第12期。
⑫ 中国社会科学院西亚非洲研究所编：《非洲经济（一）》，人民出版社1987年版；中国社会科学院西亚非洲研究所编：《非洲经济（二）》，人民出版社1987年版；中国社会科学院西亚非洲研究所编：《北非五国经济》，时事出版社1987年版。

情况的专著。该套书共覆盖26个非洲国家,所述内容包括经济地理、经济发展简史、国民经济状况、社会经济结构等方面,时间跨度大致为非洲国家独立前后至20世纪80年代中期,具有资料翔实、结构完整、分析透彻等特点。

20世纪90年代至21世纪初,每年都有专家学者对非洲当年及前后一段时期的经济形势进行系统分析和研判。其中,汪勤梅、谈世中、苏泽玉、傅政罗、曾强、贺文萍、姚桂梅、陆庭恩、夏吉生、蒋光化、张象、安春英等学者发表了一批关于非洲经济热点问题研究的学术论文。[1] 这些论文所引用的数据已经与主流的国际经济统计数据库对接,除了建立起覆盖国民收入、经济增速、政府预算、农工和服务业、债务、外国直接投资、国际贸易、储蓄和投资、汇率和利率等全面的经济指标统计和分析体系外,还对非洲经济发展的机遇与挑战进行系统分析。此外,在这一时期,中国学者已经开始就一些国际经济突发事件对非洲经济形势的影响进行专题分析。其中,姚桂梅、陆庭恩、李智彪等曾专门撰文对亚洲金融危机、"9·11"事件等对非洲经济形势的影响进行研判。[2]

值得一提的是,进入21世纪第二个10年,中国学界对非洲经济形势的研究趋于"机制化"。其中由中国社会科学院西亚非洲研究所编撰、出版的《非洲发展报告》,设有专题报告、地区形势、热点问题、市场走向和文献资料等固定栏目,每年都邀请国内知名专家学者探讨非洲经济形势和市场走势。此外,浙江师范大学非洲研究院组织编撰、出版的《非洲地区发展报告》每年也有多篇文章聚焦非洲经济热点问题。由张忠祥、舒运国主编的《非洲经济发展报告》则专门聚焦非洲经济问题研究,且每年的主题或专题均有所侧重。

20世纪八九十年代,中国学者对非洲经济面临的困难和挑战投入了较大的研究

---

[1] 汪勤梅:《90年代非洲发展的趋势》,《国际展望》1991年第21期;谈世中:《非洲政治经济形势将有所改善》,《亚非纵横》1994年第1期;苏泽玉:《非洲经济形势:1994年回顾与1995年展望》,《非洲市场》1994年第33期;谈世中:《非洲经济出现复苏》,《亚非纵横》1995年第1期;傅政罗:《非洲经济初露转机》,《西亚非洲》1995年第2期;曾强:《浅析1994年非洲经济出现转机的原因》,《世界形势研究》1995年第12期;汪勤梅:《非洲经济稳步回升》,《国际展望》1995年第24期;苏泽玉:《黑非洲经济持续好转》,《世界知识》1996年第2期;苏泽玉:《非洲经济继续保持良好发展势头》,《世界经济》1996年第2期;汪勤梅:《90年代非洲经济发展趋势》,《世界经济与政治》1996年第6期;汪勤梅:《非洲经济驶入相对稳定回升期》,《中国市场》1997年第3期;贺文萍:《持续增长的非洲经济》,《世界经济》1997年第2期;姚桂梅:《非洲经济持续增长》,《世界经济》1998年第2期;曾强:《非洲复兴的势头不断增强》,《亚非纵横》1998年第2期;汪勤梅:《非洲经济形势的回顾与展望》,《国际展望》1998年第1期;陆庭恩:《非洲求稳定,求发展的新局面》,《亚非纵横》1998年第1期;夏吉生:《当前非洲经济面临的几个问题》,《亚非纵横》1999年第3期;蒋光化:《迈向21世纪的非洲经济》,《当代世界》1999年第10期;姚桂梅:《经受考验的非洲经济持续增长》,《经济研究参考》1999年第98期;张象:《试析21世纪非洲的喜与忧》,《亚非纵横》2000年第4期;姚桂梅:《非洲经济振兴不是梦》,《西亚非洲》2000年第3期;安春英:《2004年非洲经济形势综述》,《亚非纵横》2005年第3期;姚桂梅:《非洲经济发展的主要特征评述》,《西亚非洲》2005年第4期。

[2] 姚桂梅:《亚洲金融危机对非洲的影响》,《西亚非洲调研》1998年第9期;陆庭恩:《亚洲金融危机对非洲经济的影响》,《西亚非洲》1998年第5期;李智彪:《亚洲金融危机对非洲的影响》,《世界经济形势研究》1998年第48期;姚桂梅:《9·11事件严重冲击非洲经济》,《西亚非洲》2002年第1期。

精力。陈才林、谈世中、殷尘、陈立、舒展等围绕此问题发表了系列论文。① 陈才林指出，非洲经济发展面临粮荒、经济衰退、难民、债务等问题，其原因是殖民统治造成的不合理的经济结构、不合理的世界秩序、不安定的政治和社会因素、政策失误、人口激增以及生态环境恶化。② 进入20世纪90年代，陈宗德、卫灵、唐宇华、李安华、张忠民、夏吉生、舒运国等以历史延续性的视角，结合当时非洲的情况，进一步对非洲经济发展面临的挑战进行了深入的研究。③ 其中，陈宗德指出，非洲在90年代面临资金、产业结构调整和经济运行机制转变三大难点。④ 进入21世纪以来，非洲经济持续增长引起了中国学界的关注，围绕着非洲经济增长动力的研究开始出现。李智彪、郝睿、许蔓、何曙荣、卢凌宇、刘鸿武等围绕此问题发表了系列文章。⑤ 其中，李智彪分析指出，和平红利、消费需求、资源要素、市场化改革、通信领域改革、外部资金、南南合作等成为非洲经济的增长动力，并有一定的可持续性，同时非洲也面临局部动荡、贫富分化、失业及资源依赖等问题。⑥ 朴英姬认为，伴随着金融危机和大宗商品价格大跌，非洲国家的经济增长出现分化，资源型国家经济陷入低迷甚至衰退，经济多样性程度较高和制度环境较好的非资源型国家保持了较高的经济增速。外部环境的恶化导致国内需求成为拉动非洲经济增长的主要推动力。⑦ 梁益坚的专著《比较优势动态化与非洲经济发展》则根据非洲国家经济增长要素的变化情况，研究非洲比较优势变化的原因和趋势，探索非洲经济发展的道路和增长要素升级的路径。⑧

三　非洲农业研究

农业是非洲各国经济发展支柱和基础，中国学者从20世纪50年代就开始对非洲

---

① 陈才林：《非洲面临的经济困难及其原因初析》，《西亚非洲》1985年第3期；谈世中：《关于非洲若干经济问题的思索》，《西亚非洲》1986年第3期；殷尘：《论非洲国家经济建设的经验教训》，陈立：《阻碍非洲经济发展的三个因素》，《西亚非洲》1988年第3期；舒展：《非洲面临的严峻挑战（经济困境）》，《政党与当代世界》1989年第4期。

② 陈才林：《非洲面临的经济困难及其原因初析》，《西亚非洲》1985年第3期。

③ 陈宗德：《九十年代撒哈拉以南非洲经济复兴面临的困难》，《西亚非洲》1990年第5期；卫灵：《令人忧虑的撒哈拉以南非洲》，《国际展望》1992年第13期；唐宇华：《九十年代非洲经济发展面临的困难与选择》，《经济研究参考》1992年第101期；李安华：《战后非洲经济的发展及其制约因素》，《西亚非洲资料》1996年第1期；张忠民：《浅谈非洲现代化的两障碍》，《非洲历史研究》1997年第28期；夏吉生：《当前非洲经济面临的几个问题》，《亚非纵横》1999年第3期2；舒运国：《关于非洲国家发展中若干客观制约因素的思考》，《上海师范大学学报（哲学社会科学版）》2005年第5期。

④ 陈宗德：《九十年代撒哈拉以南非洲经济复兴面临的困难》，《西亚非洲》1990年第5期。

⑤ 李智彪：《非洲经济增长动力探析》，《西亚非洲》2013年第5期；郝睿、许蔓：《当前非洲经济发展阶段研判》，《西亚非洲》2013年第5期；何曙荣：《非洲经济的新发展及其动力》，《现代国际关系》2014年第1期；卢凌宇、刘鸿武：《非洲的可持续发展：挑战与应对》，《国际问题研究》2016年第4期。

⑥ 李智彪：《非洲经济增长动力探析》，《西亚非洲》2013年第5期。

⑦ 朴英姬：《全球金融危机后非洲经济发展的新变化》，《国际论坛》2018年第6期。

⑧ 梁益坚：《比较优势动态化与非洲经济发展》，社会科学文献出版社2014年版。

农业经济问题进行资料搜集和研究。从 80 年代开始，关于非洲农业研究的学术论文陆续发表。

在 20 世纪 80 年代，中国学者如曾尊固、孟庆栽、张卉、吴能远、朱美荣、徐兴龙、陈宗德、郑润玉、姜忠尽、包锡南、刘月明等重点关注了非洲农业的发展情况及政策调整的趋势和原因。[1] 其中，陈宗德在《非洲农业发展面临的问题》一文中，回顾了自 20 世纪 60 年代非洲农业发展在指导思想、农业投入、管理体制、价格、技术等方面存在的问题。[2] 而刘月明在《非洲国家调整农业政策》一文中指出，非洲国家在此期间农业政策的总体发展趋势是自由化、个体化、私营化，并采取了调整所有制、增加投入、改革价格体系等措施。[3]

20 世纪 90 年代至今，中国的非洲农业研究逐渐分化为三个层面。

其一是继续深入进行非洲农业发展形势和政策研究。王沅、朱丕荣、罗建国、陆庭恩、姚桂梅、夏吉生、陶红军、赵亮、李淑芹、石金贵、王俊、陈宗德、安春英、杜志鹏、赵媛、张墨逸、黄贤金、陈志刚、唐丽霞、刘鑫淼、赵文杰、徐建玲、郭占锋、李小云等学者，从非洲粮食安全、工业与农业的关系、非洲农业的国际环境和贸易条件、农业与减贫及经济发展的关系等角度，对非洲农业发展政策进行了系统研究。[4] 李小云等著的《小农为基础的农业发展：中国与非洲的比较分析》对影响非洲农业

---

[1] 曾尊固：《当代非洲农业问题》，《西亚非洲》1983 年第 2 期；孟庆栽、张卉：《非洲农业发展的现状和前景》，《现代国际关系》1983 年第 4 期；吴能远、朱美荣：《非洲经济发展战略的首要问题是农业问题》，《西亚非洲》1984 年第 2 期；徐兴龙：《非洲的农业生产与粮食危机》，《农业现代化研究》1985 年第 1 期；朱美荣：《从经济地理角度看非洲农业发展战略问题》，《江西师范大学学报（自然科学版）》1985 年第 1 期；吴能远、朱美荣：《非洲农业经济发展战略探讨》，《西亚非洲》1985 年第 2 期；陈宗德：《非洲农业发展面临的问题》，《西亚非洲》1986 年第 3 期；郑润玉：《浅议非洲的气候特征及农业发展的气候条件》，《西北师范大学学报（自然科学版）》1987 年第 4 期；姜忠尽：《坦桑尼亚农业地域差异的经济地理分析——热带非洲农业地理的一例》，《热带地理》1988 年第 1 期；包锡南：《非洲的饥荒和农业环境保护》，《农业环境与发展》1988 年第 3 期；刘月明：《非洲国家调整农业政策》，《现代国际关系》1989 年第 2 期。

[2] 陈宗德：《非洲农业发展面临的问题》，《西亚非洲》1986 年第 3 期。

[3] 刘月明：《非洲国家调整农业政策》，《现代国际关系》1989 年第 2 期。

[4] 王沅：《非洲农业的现状与对策》，《世界农业》1990 年第 4 期；朱丕荣：《非洲农业的困境与出路》，《世界农业》1996 年第 11 期；罗建国：《非洲农业发展的一些基本思路》，《南亚研究季刊》1999 年第 4 期；陆庭恩：《非洲亟须加强农业的基础地位》，《西亚非洲》2000 年第 2 期；姚桂梅：《非洲农业危机的根源》，《西亚非洲》2002 年第 3 期；夏吉生：《从"非洲农业发展综合规划"看当前非洲农业方针》，《亚非纵横》2004 年第 4 期；陶红军、赵亮：《非洲农产品贸易条件恶化研究》，《全国商情（经济理论研究）》2007 年第 2 期；李淑芹、石金贵：《全球粮食危机与非洲农业发展》，《世界农业》2008 年第 10 期；王俊等：《近 15 年来非洲土地利用现状及其变化特征》，《安徽农业科学》2009 年第 6 期；陈宗德：《增强危机意识 加快农业发展——当前粮食危机给非洲的重要提示》，《西亚非洲》2009 年第 1 期；安春英：《非洲经济增长与减贫发展的悖论——兼论非洲从贫困化增长到益贫式增长范式的转变》，《西亚非洲》2010 年第 3 期；杜志鹏、赵媛：《非洲粮食问题的时空演化研究》，《世界地理研究》2012 年第 2 期；张墨逸、黄贤金、陈志刚：《非洲土地制度变革对粮食生产绩效研究》，《土地经济研究》2014 年第 2 期；唐丽霞、刘鑫淼、赵文杰：《非洲大陆合同种植农业的发展与问题研究》，《世界农业》2017 年第 1 期；徐建玲：《撒哈拉以南非洲地区粮食安全问题研究：基于经济发展的视角》，《粮食经济研究》2017 年第 1 期；郭占锋、李小云：《对当前非洲农业研究的若干思考》，《农业经济》2012 年第 3 期。

发展的政策、投入、科技、自然条件、外部学习与支持等方面进行了系统分析。[1]

其二是开展对部分非洲国家农业情况的国别研究。除了程宇航等学者的研究论文外，[2] 2000年由农业部、外交部、外经贸部联手策划并组织国内百余位非洲问题学者编著了《非洲农业开发投资指南丛书》。该套丛书共5卷，分别是陆庭恩主编《非洲农业发展简史》，文云朝主编《非洲农业资源开发利用》，何秀荣、王秀清、李平主编《非洲农产品市场和贸易》，陈宗德、姚桂梅主编《非洲各国农业概况（1）》和《非洲各国农业概况（2）》[3]。整套丛书从宏观和微观两个层面全面、系统地阐述了非洲农业发展的历史和现状，非洲农业资源的种类、区域分布特点、开发前景和开发战略，非洲农业市场的总体特征和主要农产品市场发展现状、前景，非洲农产品市场和农产品贸易的特点，并从国别角度对53个非洲国家的农业基本情况进行了系统介绍。

其三是对具体农业产业和技术的研究。何君、史文娇、王秀红、朱维维等学者从气候、地理、农作物等专业技术角度对非洲农业情况进行了分析。[4] 此外，还有很多从各专业农业技术角度进行研究的文章，在此就不一一引述了。

诚如郭占锋、李小云在《对当前非洲农业研究的若干思考》一文中指出，中国对非洲农业研究出现了新的转型：从原来研究非洲国家层面转入研究小农家庭农业层面；学者也由"学院书斋"进入"非洲田野"。[5] 随着中非农业合作的深入开展，中国对非洲的农业研究也将进一步深入和细化。

四 非洲能源矿产研究

"能矿经济"是很多非洲国家出口创汇的重要收入来源。自20世纪80年代以来，中国学者始终对非洲石油、天然气和矿产资源发展状况保持关注，并形成系列研究成果。

20世纪80年代，中国学者如刘焕兴、董文娟、姜忠尽、魏茂、辉楠、宋振祥等发表的学术论文，对非洲石油产业基本情况及与全球能源市场的关系进行了

---

[1] 李小云等：《小农为基础的农业发展：中国与非洲的比较分析》，社会科学文献出版社2010年版。

[2] 程宇航：《赞比亚：中南部非洲的"农业之国"》，《老区建设》2013年第13期；程宇航：《非洲最大经济体尼日利亚和它的农业》，《老区建设》2014年第9期；程宇航：《"非洲心脏"刚果（金）和她的农业》，《老区建设》2014年第13期。

[3] 陆庭恩主编：《非洲农业发展简史》，中国财政经济出版社2000年版；文云朝主编：《非洲农业资源开发利用》，中国财政经济出版社2000年版；何秀荣、王秀清、李平主编：《非洲农产品市场和贸易》，中国财政经济出版社2000年版；陈宗德、姚桂梅主编：《非洲各国农业概况（1）》，中国财政经济出版社2000年版；陈宗德、姚桂梅主编：《非洲各国农业概况（2）》，中国财政经济出版社2000年版。

[4] 何君、苟天来、马欣：《发展中国家农业适应气候变化的制约因素与需求分析——以亚洲和非洲典型发展中国家为例》，《世界农业》2013年第11期；史文娇、陶福禄：《非洲农业产量对气候变化响应与适应研究进展》，《中国农业科学》2014年第16期；王秀红、申建秀、张镱锂：《非洲大陆生态地理格局与土地利用生态风险问题》，《中国农学通报》2014年第26期；朱维维、包峰、邓岩、王世：《非洲农作物种业现状分析与投资策略研究》，《种子世界》2014年第10期。

[5] 郭占锋、李小云：《对当前非洲农业研究的若干思考》，《农业经济》2012年第3期。

系统梳理。[1] 90 年代，中国学者关注到西方石油公司对非洲的投资，以及非洲国家石油政策的变换等问题，姚桂梅、娄承、孙巧成等学者的文章对这些问题进行了分析和研判。[2] 进入 21 世纪以来，非洲产油国数量和石油产量的快速增加、全球对非洲能源产业的关注，以及非洲能源产业的投资环境和政策成为中国学者的研究重点。安维华、刘桂玲、姚桂梅、于鹏、梁明、吴磊、关增森、郭建宇等学者分析了不同时期非洲石油产业的发展情况；[3] 汪巍、刘曙光、张春宇等学者重点研究了非洲石油产业的国际因素；[4] 张永蓬、周术情、张昌兵、穆献中、王涛等学者对非洲石油产业及贸易的收益、政策、环境等方面进行了系统研究。[5] 通过持续不断的梳理和研究，中国非洲学界对非洲能源产业的复杂性形成了深刻的认识，在看到非洲能源产业潜力的同时，也对在促进可持续发展、国际竞争加剧以及"资源诅咒"难以消除等方面的风险给予了高度重视。

中国学者对矿产经济的公开研究成果产生于 20 世纪 80 年代，但大量成果则出现在 2000 年之后，主要分为两大类：一是对非洲矿产资源和矿业发展情况进行梳理。陈宗德、姚桂梅、万朴、孙春强、杨宝荣、叶玮等学者，通过论文和专著对非洲各类矿产资源分布、生产和开发情况进行了梳理和综述。[6] 二是对非洲矿产资源开发投资环

---

[1] 刘焕兴：《非洲石油巨人的崛起》，《世界知识》1981 年第 4 期；董文娟、姜忠尽：《非洲原油在西方石油消费中的地位及其前景》，《西亚非洲》1982 年第 1 期；魏茂：《非洲的石油》，《西亚非洲》1982 年第 1 期；辉楠：《非洲石油富国利比亚》，《世界知识》1982 年第 19 期；董文娟：《非洲石油供需状况初析》，《西亚非洲》1983 年第 2 期；董文娟：《世界石油运输系统中的非洲》，《西亚非洲》1984 年第 2 期；宋振祥：《非洲"石油巨人"尼日利亚》，《瞭望周刊》1987 年第 35 期；姜忠尽：《非洲能源若干问题》，《世界经济》1988 年第 2 期。

[2] 姚桂梅：《石油产业在非洲崛起》，《亚非纵横》1998 年第 3 期；娄承：《非洲南部和中部国家的石油立法与鼓励政策简介》，《国际石油经济》1998 年第 5 期；孙巧成：《非洲石油与西方石油公司》，《世界知识》1999 年第 21 期；孙巧成：《析石油开发与非洲经济》，《国际问题研究》2000 年第 1 期。

[3] 安维华：《非洲石油业的新发展》，《亚非纵横》2001 年第 3 期；刘桂玲：《非洲油气生产现状》，《亚非纵横》2003 年第 3 期；姚桂梅：《非洲的石油新星》，《亚非纵横》2004 年第 3 期；于鹏：《非洲对外石油合作现状及中非合作建议》，《国际经济合作》2010 年第 10 期；梁明：《非洲石油贸易：中国的视角》，《国际经济合作》2011 年第 4 期；吴磊、吴西京：《非洲能源形势发展变化与未来前景》，《当代世界》2013 年第 3 期；关增森、李剑编著：《非洲油气资源与勘探》，石油工业出版社 2007 年版；郭建宇、孙泽生、朱蓉：《非洲油气资源合作环境研究》，经济科学出版社 2015 年版。

[4] 汪巍：《非洲石油开发与西方大国的争夺》，《西亚非洲》2003 年第 4 期；刘曙光：《非洲石油的战略意义与中非石油合作开发》，《外交评论（外交学院学报）》2008 年第 6 期；张春宇：《金融危机对非洲产油国对外油气合作的影响》，《西亚非洲》2009 年第 5 期。

[5] 张永蓬：《非洲国家的资源贸易与收益管理》，《西亚非洲》2008 年第 3 期；周术情：《非洲油气开发主体意识与中非能源合作》，《西亚非洲》2010 年第 8 期；张昌兵、张台秋：《非洲石油经济发展的自主性及其主流影响分析》，《国际贸易问题》2011 年第 9 期；周术情：《非洲石油开发本土化战略初探》，《国际论坛》2012 年第 3 期；穆献中、何帆：《非洲五大产油国石油投资环境评价——基于熵权法和物元模型》，《企业经济》2015 年第 5 期；王涛、曹峰毓：《多维视域下的非洲石油政治研究》，《国外社会科学》2018 年第 4 期。

[6] 陈宗德：《非洲的矿产资源》，《西亚非洲》1980 年第 3 期；姚桂梅：《关于开发利用非洲矿产资源的战略思考》，《西亚非洲》2003 年第 2 期；万朴：《北部非洲的非金属矿产资源及开发利用概况（一）》，《中国非金属矿工业导刊》2003 年第 5 期；万朴：《北部非洲的非金属矿产资源及开发利用概况（二）》，《中国非金属矿工业导刊》2004 年第 1 期；孙春强、闫卫东、郑子敬：《非洲矿产勘查形势与展望》，《国土资源情报》2012 年第 10 期；杨宝荣：《有色非洲的金属质感》，《进出口经理人》2013 年第 6 期；叶玮、朱丽东等：《当代非洲资源与环境》，浙江人民出版社 2013 年版。

境进行研究。宋国明、王志云、吴荣庆、张美年等学者，对非洲的矿业开发、矿业政策、投资环境等进行了较全面的介绍和分析。① 值得重视的是，朴英姬在《非洲矿业发展的"资源诅咒"困境及其出路》一文中指出，大多数非洲矿产资源国并未受益于矿业繁荣而走上持续发展的道路，反而陷入了"资源诅咒"的困境；若要实现"以资源促发展"，非洲国家就不能只是随机应变地制定政策，而应该培养战略眼光来管理资源收益，并将其纳入长远的国家乃至区域发展规划之中。在对待外国矿业投资时，需要明确的长期发展战略作为决策依据来认真权衡得失，以实现国家在矿业开发中获取净收益。② 这一观点为中国制定与非洲合作进行矿产资源开发的政策提供了有价值的参考。

五　非洲工业研究

非洲工业属第二产业，其发展决定其经济机构变化，因此始终为中国学者所重视。自80年代至今，中国对非洲工业发展的研究逐步细化，并将众多相关因素纳入视野。

20世纪80年代，中国学者主要围绕非洲国家实施"进口替代"和"出口导向"的工业发展战略进行了研究。吴能远、曾尊固、唐宇华、丁顺珍、姜忠尽等学者的研究指出，"进口替代"战略总体上实施情况并不理想，很多非洲国家也未能处理好工业和农业的关系，加强地区合作对非洲工业发展非常重要。③

从90年代至今，在非洲工业发展过程中，也伴生了一些困难和问题，中国学者对此进行了系统研究。安春英研究指出，工业品国际价格波动、债务上升、基础设施不足、政局动荡、人才和知识不足、区域内合作亟待加强等成为非洲工业化的阻碍因素。④ 陈宗德从全球化角度研究了非洲的工业化过程，并指出，外国直接投资的不断增长、制造业的全球分工等因素有利于非洲工业化，但也应注意充分发挥资源优势、重视人力资源开发、优化产业结构等问题。⑤ 姚桂梅从一体化角度进行研究，指出目前工业合作仍是非洲一体化组织诸多合作领域中的短板，但非洲重要的一体化

---

① 宋国明：《非洲矿业投资环境分析》，《国土资源情报》2005年第6期；王志云、宋扬、胡建中：《非洲矿产投资的机遇与风险》，《矿床地质》2012年第S1期；吴荣庆：《非洲铜矿开发的投资前景》，《中国金属通报》2013年第39期；宋国明：《非洲矿业投资环境概览》，《国土资源情报》2014年第12期；张美年：《非洲金属矿山投资开发的风险、优势及对策分析》，《有色矿冶》2015年第3期；宋国明主编：《非洲矿业投资指南》，地质出版社2004年版。
② 朴英姬：《非洲矿业发展的"资源诅咒"困境及其出路》，《亚非纵横》2015年第1期。
③ 吴能远：《论非洲工业发展战略》，《西亚非洲》1984年第4期；曾尊固：《非洲加工工业的发展问题》，《西亚非洲》1984年第5期；唐宇华：《非洲制造业的发展与工业化战略》，《西亚非洲》1985年第1期；丁顺珍、刘月明、杨京鸣：《非洲工业发展的现状和前景》，《现代国际关系》1986年第2期；姜忠尽、尹春龄：《非洲工业化战略的选择与发展趋向》，《西亚非洲》1991年第6期。
④ 安春英：《非洲工业发展面临挑战》，《亚非纵横》1996年第4期。
⑤ 陈宗德：《全球化中的非洲工业发展战略》，《西亚非洲》2003年第4期。

组织都在努力推进区域工业一体化战略和协调政策，相信未来发展会有很大改观。①李智彪对非盟公布的《2063年议程》，联合国非经委公布的《转型中的非洲工业政策》，埃塞俄比亚学者阿尔卡贝发表的学术专著《非洲制造：埃塞俄比亚的产业政策》等非洲工业化构想进行了综述，并指出，非洲推进工业化面临的一系列难题，如工业化中的产业布局问题，生产规模化与市场碎片化难题，经济多元化与资源依赖症难题，工业化模式与路径选择难题，等等。②

也有中国学者从非洲的民族资本、比较优势和发展战略等角度审视其工业化进程。罗建国所著《非洲民族资本的发展（1960—1990）》把综合研究与个案剖析结合在一起，系统阐述了非洲民族资本的发展演化进程，为学界今后继续关注、研究该问题打下了良好基础。③ 林毅夫研究指出，非洲劳动力成本优势非常大，只要外国企业在非洲拥有比较优势的劳动密集型行业开展经营，就能训练本地劳动力，进而非洲人将拥有和经营出口公司；谨慎而集中的出口战略至关重要，有正确的政策，非洲也可以成为现代制造业的中心。④ 舒云国研究指出，进入21世纪，非洲国家制定了较为合理的工业化发展政策，扎实启动了非洲大陆的"再工业化"进程。21世纪成为非洲大陆工业化的最佳时期，这是非洲大陆工业化的现实希望。

六　非洲金融研究

中国学者对非洲金融研究的学术成果自20世纪90年代开始出现，主要关注非洲金融业发展情况、债务、货币以及金融危机等问题。

在非洲金融业发展方面，苏泽玉、李智彪、陈宗德、国娇、李志辉、张小峰、曾维莲、黄梅波等学者对非洲金融业不同时期的发展情况进行了系统研究。⑤ 通过这些研究，中国学者既看到了非洲国家政府大力推进金融改革，极大地释放了银行业发展潜能，以及新贷款模式、收入增长、微型金融的发展和技术改进等因素有助于银行拓宽融资渠道，加速推进了非洲银行业发展等积极方面；同时也对非洲国家银行业的高度集中、金融深度不足、金融监管脆弱及效率低下等问题有着准确的把握。

---

① 姚桂梅：《从一体化视角看非洲工业化的新动力》，《西亚非洲》2016年第4期。
② 李智彪：《非洲工业化战略与中非工业化合作战略思考》，《西亚非洲》2016年第5期。
③ 罗建国：《非洲民族资本的发展（1960—1990）》，华东师范大学出版社1997年版。
④ 林毅夫：《非洲有理由成为现代制造业中心》，《国际商报》2015年3月8日。
⑤ 苏泽玉：《试论非洲国家的金融改革》，《西亚非洲》1995年第3期；李智彪：《非洲金融市场概况与金融政策动向》，《西亚非洲》2000年第5期；陈宗德：《非洲国家应充分重视金融业》，《西亚非洲》2002年第6期；国娇：《非洲国家微型金融的发展》，《国际金融研究》2006年第7期；李志辉、国娇：《非洲国家的微型金融》，《中国金融》2009年第13期；张小峰：《非洲银行业发展趋势与中非金融合作》，《国际问题研究》2014年第3期；曾维莲、李莹星、李阳：《非洲发展移动金融的经验及启示》，《金融教学与研究》2015年第6期；黄梅波、沈婧：《非洲银行业竞争格局及中非银行业合作空间》，《国际经济评论》2017年第6期。

在非洲债务研究方面，姚嘉、杨宝荣、陈旻辉等学者分别对20世纪90年代以来非洲不同时期的债务问题进行了研究。[1] 其中，杨宝荣研究指出，受金融危机影响，国际资本流动性减弱，私营资本活力下降，非洲融资情境严峻，负债发展形势将进一步恶化。[2] 此外，杨宝荣所著《债务与发展——国际关系中的非洲债务问题》一书在系统梳理非洲债务问题的形成与发展、非洲国家独立以来国际社会与非洲国家自身的债务问题解决方案及其成效的基础上，多视角探讨了非洲负债发展面临的问题和解决路径。[3]

在非洲货币研究方面，张延良、张旭彤、祝小兵等学者从不同角度对非洲货币合作机制进行了论述和梳理，比较分析了原英属、法属殖民地非洲国家不同货币合作机制的特点和利弊。[4]

在金融危机对非洲的影响方面，陆庭恩、舒运国、张春宇、姚桂梅、王涛、戴严等学者分别对亚洲金融危机和2008年全球金融危机对非洲国家的影响进行了综合分析。[5] 总体而言，中国学者对全球金融危机对非洲在产品出口、贸易条件、外汇收入、国际援助和直接投资、经济发展速度等方面的影响有着深刻的认识，同时也看到了非洲国家通过动员国内和区域力量、加强南南合作等方式减少负面影响的努力。

此外，张永蓬撰写的《国际发展合作与非洲》从国际援助理论及其对国际援非的影响入手，分析中国与西方对非援助的异同和各自的成效与问题，在总结经验教训的基础上探讨对中国援非战略的启示性意义，以及未来国际援助非洲的方向。[6] 朴英姬编著的《外国直接投资与非洲经济转型》提出：非洲国家要放弃从事效率低的经济活动，帮助陷于经济困境的国民摆脱贫困，同时要在全球化的经济运行规则和分工体系中寻求新的发展契机，实现经济转型和经济赶超。[7]

---

[1] 姚嘉：《略论非洲国家的债务问题》，《唐都学刊》1992年第4期；杨宝荣：《非洲负债发展与国际融资环境——兼论金融危机对非洲负债发展的影响》，《西亚非洲》2010年第9期；陈旻辉：《非洲债务可持续问题及对中非合作的影响》，《国际经济合作》2018年第2期。

[2] 杨宝荣：《非洲负债发展与国际融资环境——兼论金融危机对非洲负债发展的影响》，《西亚非洲》2010年第9期。

[3] 杨宝荣：《债务与发展——国际关系中的非洲债务问题》，社会科学文献出版社2011年版。

[4] 张延良、木泽姆：《非洲货币合作历程及发展前景》，《国际金融研究》2002年第12期；张旭彤：《非洲法郎的命运》，《世界知识》2002年第17期；祝小兵：《非洲货币合作模式及其影响》，《生产力研究》2008年第13期。

[5] 陆庭恩：《亚洲金融危机对非洲经济的影响》，《西亚非洲》1998年第5期；舒运国、路征远：《世界金融危机对非洲的影响》，《西亚非洲》2009年第3期；张春宇：《金融危机对非洲产油国对外油气合作的影响》，《西亚非洲》2009年第5期；姚桂梅：《金融危机对非洲发展的影响》，《亚非纵横》2009年第4期；舒运国：《金融危机与非洲对外关系》，《西亚非洲》2010年第3期；王涛、杨广生：《金融危机背景下非洲经济发展现状及展望》，载郑新立主编《国际经济分析与展望（2009—2010）》，社会科学文献出版社2010年版；戴严：《非洲国家积极应对金融危机初见成效》，《亚非纵横》2010年第5期。

[6] 张永蓬：《国际发展合作与非洲》，社会科学文献出版社2012年版。

[7] 朴英姬：《外国直接投资与非洲经济转型》，社会科学文献出版社2015年版。

目前，正值非洲经济转型深入推进、中非合作加快发展的重大历史机遇期，中国应加快推进非洲经济学的科学建设，通过强化模式研究夯实理论基础，加强经济形势分析和热点问题研究的机制化平台建设，建立多学科交叉的专题和行业研究网络等措施，将中国对非洲经济的研究推到新的高度。

中国的非洲国际关系研究（1949—2019 年）

安春英[*]

国际关系学是研究国际关系行为体之间相互作用，各种国际体系运行和演变规律的一门科学，它主要以各行为体的政治、军事、经济、社会、文化等方面为研究对象。就此而言，有国家出现，就有了国际关系。国际关系作为一门独立学科的兴起或设立，既是学术发展自身规律使然，也与其内在国际关系演变情势密切相关。在新中国成立以来相当长历史时期内，国内学界虽涉及非洲国际关系研究议题，但系统性、机制化、专业性研究则始于改革开放之后。纵观中国的非洲国际关系学科发展脉络，它源于国际关系史与非洲历史研究、非洲政治研究的互动，涵盖非洲与外部世界关系、外部世界与非洲关系及非洲国家间关系三个层面的内容，但中国对上述三部分内容研究的起始时间是不同的，用力也并不均衡。比较而言，中国学者更多关注域外国家与非洲之间的关系，这之中又以大国与非洲关系特别是中非关系居多。中国的非洲国际关系研究虽然主要聚焦大国与非洲关系，但不同时期的内容又有所侧重。冷战时期更多地关注非洲原宗主国法国、英国等与非洲的关系，美国、苏联在非洲的争夺及其对非洲的影响；冷战终结后的研究主题是大国对非洲国家经济结构调整和政治变革的态度；进入 21 世纪，随着新兴国家与非洲关系的热络特别是中国在非洲活动的激增，学界在将视线投入大国与非洲关系的同时，也更加关注大国在非洲关系问题，而中非关系及中国与其他大国在非洲关系问题则成为重中之重。

一 非洲国际关系研究的基本沿革

受到中国和非洲发展时空环境的影响，以及源于中国学者研究的内生动力，中国的非洲国际关系研究大致可分为以下四个发展阶段。

（一）以学术评论为主的研究萌芽阶段（1949—1977 年）

在新中国成立以来的前 30 年，中国学者涉足非洲国际关系的研究主要动力源自

---

[*] 安春英，中国非洲研究院编审，研究方向为非洲经济、非洲可持续发展问题与中非关系。

中国的外交需求。20世纪50—70年代，国际格局在雅尔塔体制的基础上，形成以美、苏两个超级强国为中心的两极格局，整个世界进入全面冷战时代。从非洲国家政治发展看，20世纪50—70年代非洲国家进入争取民族独立及巩固新生政权的历史发展时期，政党、民族解放组织及后来建立的国家作为行为主体，在国际关系格局中的影响不容忽视，非洲由此成为美、苏争霸的角逐之地。从中国国内情况看，1949年中华人民共和国成立后，遂以主权国家身份与外部世界进行交往。但当时的中国处于东西方全面冷战的阴霾笼罩之下，面临着恶劣的外部国际环境，先是有以美国为首的西方国家对中国全面封锁，后有来自苏联的对立，由此中国的外交需要破解美、苏两条线的外部压力。毛泽东看到了处于上升阶段的非洲民族国家的力量，提出了著名的"中间地带"和"三个世界"的理论，中国与非洲国家如何反对霸权主义的共同威胁成为双方在这一历史时期的共同利益。在这一过程中，需要学界给予智力支持。

这一时期，中国的非洲国际关系研究旨在支持非洲的民族解放斗争与巩固民族独立成果，以及反对帝国主义的对外侵略政策，以此配合国家的外交诉求。研究议题集中在世界各行为主体之间在非洲大陆展开的合作、矛盾、斗争等；研究成果形式以编译类为主，兼有政论性文章，严格的学术著述较少；以马克思主义理论为指导，侧重采用历史研究方法；囿于研究资料来源单一，以文献资料为主，学者无法进行研究对象的实地考察，加之学者自身学术背景原因，非洲国际关系史研究特点突出，非洲国际关系研究在很大程度上从属于历史研究；非洲国际关系研究学科尚未建立，研究力量有限。虽然国内学者在该领域的研究广度和深度均有所欠缺，但集中翻译的一批相关研究成果也为国内学界全面开展非洲国际问题研究奠定了坚实的基础，尤其体现在学术资料与信息积累方面。

（二）步入学术规范化的学科初创阶段（1978—1999年）

改革开放带来了"科学的春天"，非洲国际关系研究也开始重新焕发生机。尤其是各级政府机构部门和高校一批涉及非洲研究的国际问题研究机构、教学的恢复与建立，中国非洲问题研究会（1979年）和中国非洲史研究会（1980年）两家全国性非洲研究学术团体的相继成立，以及学术刊物——《西亚非洲》（1980年）、《亚非问题研究》（1982年）的创刊，在一定程度上推动了国内非洲学研究的发展，非洲国际关系研究亦概莫能外。值得注意的是，冷战结束前后20年，东、西方国家关系由对峙走向缓和，非洲逐渐走出美、苏争霸的阴影，非洲在变化了的国际格局中地位下降。中国实行改革开放政策，政府工作重心转移到发展经济方面，由此中国加强了与西方国家的对外关系。从对非外交而言，政治和意识形态因素淡化，双边关系由"特殊需要"走向正常化，这些因素均在一定程度上影响了中国学者对非洲国际关系研究。

独立的中国非洲国际关系学科的初创是该学科由业余研究转向系统研究的分界

点。1978 年，中国社会科学院西亚非洲所的前身——中国科学院亚非研究所恢复招收硕士研究生。1981 年，该所划归中国社会科学院领导后，研究生的招生与培养划归中国社会科学院研究生院管理，并在西亚非洲系设立了国际关系专业（包括非洲国际关系研究方向）。北京大学亚非研究所自 1998 年并入新成立的北大国际关系学院后，以非洲国际关系方向培养研究生的定位则更为明确。外交学院在 20 世纪 80 年代开设了战后国际关系史课程，从 1996 年开始招收国际政治专业非洲研究方向的研究生。中国人民大学招收非洲国际关系专业研究生始于 90 年代后半期。云南大学于 1996 年开始招收非洲国际关系研究方向的硕士生，等等。由此，国内研究机构和高校中非洲国际关系研究方向专业的设置，标志着中国的非洲国际关系研究进入了专业化、系统性阶段。

基于历史联系，涉非域外利益攸关大国对非政治与外交关系仍是研究重点，但经济关系议题明显增多。与改革开放之前中国的非洲国家关系研究注重适应冷战时期的环境而进行信息收集、跟踪、分析和提供政策咨询不同，这一时期学者已从深度国际评论走向规范化学术研究，出现一批本土化、原创性专著类学术成果。对外开启学术交流大门，以中方学者学习、吸收、借鉴相关知识为主。

（三）学科反思中的学术自觉发展阶段（2000—2009 年）

进入 21 世纪以来，非洲大陆联合自强趋势增强，非洲经济发展进入新一轮持续中高速增长期，且在国际舞台上的地位有所提升。由此，西方国家重新重视非洲，重返非洲步伐加快。与此同时，中非合作论坛在 2000 年创立后，中非关系进入快速发展轨道，如何协调好中国与其他大国在非洲的利益关系，需要学界提供智力支持。更为重要的是，在世纪之交，中国的非洲研究已然走过 50 年的历程，在开放的学术氛围之下，学界开始反思：中国需要什么样的非洲研究？中国需要怎样的非洲研究？正是基于这种学术发展内在逻辑的深入思考，加之学者的时代责任，使中国的非洲国际关系学在双重合力下向前发展，步入学术自觉发展阶段。

问题自觉是学术自觉的要义之一，在学术研究中则反映在学者基于学科研究态势研判而对研究议题进行主动设置。此阶段，中国学者关心的有关非洲国际关系议题包括：非洲在国际体系中的地位、非洲的国际战略与国家利益、非洲与其他主要国际角色的关系、非洲国家外交政策与政治精英的外交思想、非盟、中非关系等，体现了中国学者对非洲国际关系研究的热度与议题取向。

（四）中非关系研究引领下的学术深化阶段（2010 年以来）

2008 年全球金融危机的爆发重创了美欧发达经济体，使这些国家陷入持续的经济低迷发展阶段。2009 年，中国成为非洲第一大贸易伙伴国。2010 年，中国成为仅次于美国的世界第二大经济体。上述全球经济格局的变化，也使非洲国家对外关系发生了静悄悄的变化。中国在国际事务中扮演着重要的角色,在非洲的海外利益扩大,与其他国家在非洲的合作或竞争关系更为频密。由此,在世界发展进入大发展、大变革、大调整的新时代,中国的全球角色生成,中国的非洲国际关系研究迎来了新机遇,并出现星星点点的学术创新。

学术研究选题注重现实问题与学术命题的有机结合,关注新领域和新问题,体现学者学以致用的治学倾向。社会科学研究的最终目的在于认识社会、改变社会,因此学者在时代话题、现实问题、学术前沿问题的研究中力求洞见。基于中国崛起的现实需要,学界开始思考:在各方国际力量在非实力和影响力发生渐变的情势下,如何建立一个更加均衡地反映各方诉求的新的地区秩序?中国如何处理好在非洲的传统大国、新兴大国的利益关系?中非关系和中非合作何以实现深化与升级?这些迫切需要回应的时代议题引起学者的研究兴趣,尤以中非关系研究热潮为甚,突出体现为中非关系研究领域拓宽、更加精细、贴近社会现实,涉及中非关系发展与合作战略、各领域合作等议题。与此同时,一些传统议题的研究得以延续并进一步深化,发达经济体与新兴国家对非关系研究得到学界持续关注,且更加重视内在因素的分析、国际处境的影响。得益于中非之间国际交流渠道的增多及资金支持,科研组织形态由原来的个人"单打独斗"、研究室为单元或临时的课题为纽带,发展为组建创新研究团队,由不同专业背景的学者组成,形成融政治学、外交学、经济学、社会学、法学等多种研究范式于一体的跨院校、跨学科、协同性交叉研究的特点,推动国际关系研究范式与方法转型与创新。在国家日益需要智识供给的背景之下,新型研究成果即智库研究报告突起,此类创新型研究成果为政府决策提供了有力的智力支撑。

二 非洲国际关系研究的基本内容与重要成果

关于非洲国际关系的研究,可分为域外大国与非洲关系、非洲对外关系、非洲国家间关系、中非关系 4 个视角,大致可反映中国学者在此领域研究的核心内容及主要学术贡献。

(一) 大国与非洲关系研究

20 世纪 50 年代,中国对非洲国际关系的研究最初是由翻译或编译外国学者相关著述起步的,进入 20 世纪 60 年代才真正开展学术研究。这一时期的研究成果大致分为三类:其一是以欧洲前宗主国掠夺非洲为主题的学术论文,如《关于殖民主义者贩卖黑人的若干史实》等[1];其二是服务于政府决策的学术资料,如《非洲手册(概况部分)》(第三章和第五章)、《苏彝士运河问题文件选辑》等;其三是发表在《人

---

[1] 陆庭恩:《关于殖民主义者贩卖黑人的若干史实》,《学术月刊》1964 年第 6 期。

民日报》《大公报》等载体上的评论文章。① 上述研究成果所涉及的研究主题虽然很窄，也不系统。但它拉开了中国非洲国际关系研究的帷幕，为中国学者日后深入研究非洲国际问题奠定了基础。

20世纪八九十年代，鉴于欧美是影响非洲地区局势发展的主要外部力量，中国学者由此持续关注大国与非关系。中国学者一方面追溯历史，探究了欧洲列强的殖民侵略对非洲经济、社会、文化等方面的影响，杨人楩、张文淳、陆庭恩、郑家馨等学者从国际关系史角度对比、分析了英、法、德、比等列强在非洲殖民统治时期至二战结束的政策取向、特点及治理方式的异同性，揭露欧洲殖民列强与非洲国家间的矛盾与斗争。另一方面，由于这一时期非洲国家正处于经济结构调整阶段，欧美、日本等发达国家与非经济关系渐入中国学者的视域，吴兆契、汪勤梅、夏吉生、张宏明等学者发表了一系列围绕世界格局变化对非经济关系影响以及苏非（或俄非）、美非、法非、英非、日非等大国对非经济合作的学术论文，拓展了大国与非关系研究视域。②

进入21世纪以来，非洲的战略地位上升，日本、印度、韩国等国也加大对非洲的关注和投入力度。由此，中国学者在继续追踪研究美、法、英等国对非政策的调整变化的同时，也将日本、印度、韩国等国与非洲关系纳入研究视野。这一时期开始有大国与非洲关系研究的学术专著问世。③ 梁根成在《美国与非洲》一书中评述了第二次世界大战至20世纪80年代美国的对非洲政策，这是国内首部系统研究美国对非洲政策的学术专著。值得注意的是，在经济全球化背景下，大国与非洲经济合作议题热度上升。《中国和世界主要经济体与非洲经贸合作研究》一书全面评析了7个发达国家和5个新兴国家与非洲的经济合作关系，内容涉及经济政策、合作领域和成效评估等。④《大国经略非洲研究》一书系统研究了法国、英国、德国、美国、日本、印度、俄罗斯、巴西八国对非政策的演化脉络及其与非洲在各领域的合作，研究具有前瞻性、战略性和对策性。⑤

（二）非洲对外关系研究

由于非洲在国际关系中处于相对弱势地位，20世纪80年代末，中国学者以非洲

---

① 沈其逵：《法国在非洲的"殖民帝国"的崩溃》，《人民日报》1962年5月3日；秉真：《帝国主义争夺非洲的斗争》，《大公报》1957年3月22日。
② 吴兆契：《非洲与西方发达国家经济关系的发展》，《西亚非洲》1982年第4期；汪勤梅：《苏联同非洲国家经济贸易关系的发展》，《世界经济》1987年第12期；夏吉生：《论克林顿政府对非政策》，《西亚非洲》1998年第1期；张宏明：《密特朗的对非政策》，《国际问题研究》1988年第4期。
③ 梁根成：《美国与非洲》，北京大学出版社2001年版；高晋元：《英国—非洲关系史略》，中国社会科学出版社2008年版；陈晓红著：《戴高乐与非洲的非殖民化研究》，中国社会科学出版社2003年版；陈积敏、魏雪梅著：《美国对非洲外交研究》，世界知识出版社2015年版，等等。
④ 张宏明主编：《中国和世界主要经济体与非洲经贸合作研究》，世界知识出版社2012年版。
⑤ 张宏明主编：《大国经略非洲研究》，社会科学文献出版社2019年版。

为主体研究其对外关系的著述较少,议题集中在非洲为维护民族权益与其利益攸关域外大国的矛盾与斗争。代表性研究成果系陆庭恩的《非洲与帝国主义》,这是中国首部研究非洲与帝国主义关系的专著。该书运用历史分析法,提出两次世界大战期间帝国主义对非洲的经济掠夺加速了非洲各国社会结构的演变,孕育了二战后非洲人民的民族独立运动。[1]

冷战结束后,伴随着非洲国家联合自强、谋求发展的主张和实践,中国学者探究非洲对外关系的学术成果增多,议题包括:一是思考非洲在国际政治或世界经济中的地位和作用。与国际学界对非发展悲观论不同,中国学者不仅正视非洲大陆在新世界格局的边缘化态势,而且还看到了非洲复兴思潮的内源动力与其在世界资源市场的巨大潜力,认为非洲在国际体系中的重要性不容忽视。[2] 中国学者的观点主要是基于国际合作是国际关系发展的趋向,特别是在反恐、气候变化等新的国际安全议题方面均需要非洲国家的通力合作。

二是探讨非洲参与全球性事务所持态度与立场。在联合国"增常"问题上,中国学者就非洲国家缘何成为日本等国欲争夺席位国家的角逐对象,非洲国家对于"增常"问题上有何利益诉求,共同立场是什么,非洲国家能否争得席位等问题阐述了自己的观点。[3] 非洲国家在气候变化国际谈判中的立场也引起了中国学者的关注。[4] 此外,中国学者还就非洲国家与国际组织合作在非洲实施反恐维稳行动问题阐述了自己的观点,《非洲世纪的到来?非洲自主权与中非合作研究》《非洲集体安全机制的理论基础与现实困境》等著述,既指出非洲国家寻求安全治理自主性的利益诉求,又分析了其依附欧洲、美国、联合国等外部力量的现实困境。[5]

三是研判非洲国家外交政策与政治精英的外交思想。除了《列国志》非洲国别卷分别简介了相关国家的外交政策外,中国学界开始探究埃及、南非、尼日利亚等非洲地区大国对外关系问题,如陈天社的《埃及对外关系研究》(1970—2000)、方伟的《新南非对外关系研究》、杨广生的《尼日利亚对外关系研究》等著作,系统分析了相关国家对外关系的发展历史、影响因素与政策内容。

---

[1] 陆庭恩著:《非洲与帝国主义》(一九一四——一九三九),北京大学出版社1987年版。

[2] 顾章义:《新非洲与当代世界》(上、下),《西亚非洲》2003年第5期和第6期;钟伟云:《非洲在国际体系中的地位》,《西亚非洲》2003年第3期。

[3] 徐伟忠:《非盟在"增常"问题上的立场透视》,《现代国际关系》2005年第8期;詹世明:《联合国安理会席位之争——非洲的立场与前景》,《西亚非洲》2005年第6期;王莺莺:《非洲与联合国改革》,《国际问题研究》2006年第1期。

[4] 参见詹世明《应对气候变化:非洲的立场与关切》,《西亚非洲》2009年第10期;陈海嵩《非洲国家应对气候变化政策分析》,《国外理论动态》2015年第3期。

[5] 周玉渊著:《非洲世纪的到来?非洲自主权与中非合作研究》,社会科学文献出版社2017年版;王学军:《非洲集体安全机制的理论基础与现实困境》,《西亚非洲》2014年第4期。

(三) 非洲国家间关系研究

中国学者对于非洲国家间关系的研究主要关注以下三个方面的专题。一是非洲国家的边界与领土争端问题。基于历史遗留问题与现实利益关系，独立以来非洲部分国家间的边界与领土纠纷不仅困扰着非洲国家间关系，同时也对相关非洲国家的民族国家建设产生负面影响。据此，中国学者采用政治学、民族学、历史学、国际法等多学科研究方法，从宏观和微观视角评析了非洲国家边界与领土纠纷的产生原因、演变过程和解决方案。其中关培凤的专著《非洲边界和领土争端解决模式研究》采用历史学与法学相结合的研究方法，全面梳理了非洲边界和领土争端问题产生的根源并提出了解决问题的路径。

二是非洲国家与其周边邻国关系及地区大国间关系。中国学者在这方面的著述，除了社会科学文献出版社出版的《列国志》非洲国别卷"外交"部分设有"与周边邻国关系"专门章节加以论述之外，还有高晋元的《东非三国关系浅说——坦、肯、乌的合作与矛盾》、郝望的《南部非洲国家与南非间的不平等"伙伴"关系》、李鹏涛的《"静悄悄外交"的困境——评析姆贝基时期南非对津巴布韦政策》和延飞的《埃塞俄比亚与厄立特里亚冲突的根源——埃塞俄比亚厄立特里亚联邦始末》等学术论文，重点剖析了相关非洲国家同周边国家间关系的特点、利益汇合点与冲突原因。此外，周玉渊结合非洲大国南非和尼日利亚两国在全非经济总量中此消彼长的变化，分析了两国在非洲地缘政治关系中"竞合"态势。①

三是非洲一体化组织的内在机制建设及功用。在全非层面的一体化进程，中国学者探究了从泛非主义思潮到非洲统一组织，再到非洲联盟的演化过程。内容涉及非洲一体化缘何兴起；非统或非盟在非洲国家内部或国家间冲突管理、安全建构、经济合作方面有何作为；其在参与国际事务时能否承担共同外交政策之使命等。唐大盾的《泛非主义与非洲统一组织文选（1900—1990）》、舒运国的《泛非主义史 1900—2002》、罗建波的《通向复兴之路：非盟与非洲一体化研究》等著述，均围绕上述问题进行了各有侧重的分析。在非洲区域一体化层面，一些学者解析了非洲区域一体化组织的运行机制、成效、困境和发展前景。

(四) 中非关系研究

中国与非洲关系始终受到国内学者的关注，并且从历史与现实，政治、经济、文化、安全等学科，以及合作机制、战略构想、政策措施等不同的层面或视角加以研究。在非洲国际关系研究中，国内学者有关中非关系研究的著述最丰厚，其主题大致可分为以下几个方面。

---

① 周玉渊：《南非与尼日利亚关系：从合作到竞争》，《西亚非洲》2015 年第 1 期。

一是中非双边关系史研究。中国学者对于中非关系史研究注重系统的资料整理与历史文献考证。张星烺的《中西交通史料汇编》（第二册）、方积根的《非洲华侨史资料选辑》、艾周昌的《中非关系史文选（1500—1918）》以及李安山的《非洲华人华侨社会史资料选辑（1800—2005）》为中国学者进一步研究中非关系提供了扎实的文献资源，而张铁生的《中非交通史初探》（中国学者撰写的第一部中非关系史著作）、夏鼐的《作为古代中非交通证据的瓷器》、许永璋的《中国与亚非国家关系史考论》、沈福伟的《中国与非洲：中非关系二千年》、艾周昌和沐涛合著的《中非关系史》、李新烽的《郑和与非洲》等大量著述以史为据，丰富与推进了中非关系史研究。总体来看，中非关系史研究在20世纪后半叶较为兴盛，进入21世纪后这一专题研究相对弱化。

二是中国对非战略与机制研究。2000年以来，随着中国走进非洲步伐的提速，中国在非海外利益扩大，需要学界厘清中国对非战略的原则、目标、基础条件、实现路径等问题。中国学者应时而需，遂围绕上述问题展开讨论。其中，刘鸿武、罗建波著的《中非发展合作理论、战略与政策研究》，杨立华等著的《中国与非洲经贸合作发展总体战略》，张春著的《中非关系国际贡献论》和罗建波著的《中非关系与中国的大国责任》等专著，及张宏明的论文《中国对非洲战略运筹研究》和《中国在非洲经略大国关系的战略构想》等，对该专题研究较为深入。2000年创立的中非合作论坛是中非双方开展集体对话的新的合作机制，有力地促进了中非各领域合作的发展，因此，论坛机制也成为中国学者研究的对象。张忠祥的专著《中非合作论坛研究》，李安山的论文《中非合作论坛的起源——兼谈中国非洲战略的思考》和周玉渊的《中非论坛15年：成就、挑战与展望》，李新烽、吴传华、张春宇的智库报告《新时代中非友好合作：新成就、新机遇、新愿景》等著述，论及了中非合作论坛机制的缘起、演化、特点、成效等。

三是中非合作各领域研究。与中非关系发展进程相一致，中国学界自20世纪90年代中期开始明显地加大了对中非关系议题的研究宽度、深度，开始从更加具体的合作领域观察中非关系，并且在研究中突出问题意识。这方面比较有代表性的成果包括《中非合作能源安全战略研究》《中非低碳发展合作战略背景研究》《中非经济外交及其对全球产业链的启示》《中国中央企业走进非洲》《非洲开放式自主发展与"一带一路"中非产能合作》《国际发展合作与非洲——中国与西方援助非洲比较研究》《中国与非洲国家教育合作与交流》《中非人文交流与合作》《中非减贫合作与经验分享》《超越非洲范式：新形势下中国对非传播战略研究》《非洲非政府组织与中非关系》等专著，及《非洲安全治理困境与中非和平安全合作》等论文。[①] 以上著述涉及资源开发、环境、投资、援助、安全、文化、科技、发展经验分享等诸多领域。

---

① 张春：《非洲安全治理困境与中非和平安全合作》，《阿拉伯世界研究》2017年第5期。

四是中国与其他大国在非洲关系研究。中非关系的主体虽然主要涉及中国与非洲双方，但是在以全球化著称的国际政治时代，随着国际因素特别是"大国因素"的介入，中国在非洲的"利益攸关方"不断增多，中非关系业已超出了中非双方的范畴，越来越具有多边的性质。这方面的研究主题包括中美、中法、中英、中日、中印等在非洲关系，以及涉非三方合作等问题，体现了非洲对外关系各行为体之间的互动性特点。其中，张宏明在《中国在非洲经略大国关系的战略构想》一文中，论述了如何妥善处理中国与世界主要国家在非洲的关系，以维系中非关系与大国在非洲关系之间的良性互动，进而缓解中国"走进非洲"的国际阻力。

三　反思与前瞻

总的看来，经过70年中国学者艰难且持续的努力与探索，中国的非洲国际关系研究的发展经历了从深度国际评论到规范化学术研究，从宏大叙事研究风格到微观实证性专题研究，从回应政府需求研究到方法意识、问题意识及理论意识的学术自觉的转变与升华。无论是研究议题的更新，还是学术资料的累积，抑或研究范式的创新，都取得了长足发展。但同时我们也应清醒地意识到，中国学者在非洲国际关系研究理论与方法创新方面还存在缺憾，对非洲国际关系各个层面研究的用力也还不够均衡。回望历史，审视当下，思考未来，中国学者需要继续在以下几方面着力推动中国非洲国际关系学科的发展。

（一）补齐短板，完善学科体系

从中国的非洲国际关系学术地图看，以中国社会科学院西亚非洲研究所、北京大学、清华大学、外交学院、中国人民大学、中国国际问题研究院、中国现代国际关系研究院等为代表的国内该学科研究力量齐聚北京，成为该学科学术研究重镇。而国内科研人员的流动及中国对非外交研究成果需求的迫切，则推动中国非洲国际关系研究学术地图进行了重组，上海、浙江、云南均形成具有建制的非洲国际关系研究机构，是该学科学术研究中不可或缺的一部分力量。上述可盘点的研究机构虽可罗列十多家，但教学研究人员实际体量过小、寥寥无几，人员缺乏与时代的要求和大国地位是极不相称的。另则，从中国的非洲国际关系学科内部结构看，偏重域外大国对非关系研究，尤以中非关系为甚，而非洲国家的对外政策、战略利益、外交重点等研究较为薄弱，非洲国家间双边关系相关成果更是付之阙如，亟待加强。欲改变上述现状，需要上下两条路径形成互动：其一，以人才培养的上游为切入点，优化中国国际关系学位点布局，调整过于倚重美欧大国及周边国家国际关系研究的失衡态势；借力于"一带一路"良好语境，大力扶持非洲区域与国别研究培育基地；通过各层级课题设置，引导学界进行非洲国家关系研究中的薄弱议题。其二，在大学本科教学中，开设非洲国际关系史等通识课程，培养学生对该学科领域的学术旨趣；吸引在国外学习或研究的该领域学者回到国内，充实该学科研究队伍；通过学术期刊、网站、微信等多元学术平台，引导学者探讨相关学术话题。

（二）努力建构自主性学术体系

毋庸置疑，引入西方国际关系理论与方法给中国的非洲国家关系研究带来了一场场头脑风暴和观念变革，改变了国内这一学科的研究格局，出现了运用建构主义、现实主义、区域一体化理论等研究非洲国际关系之现象。一些学者遂将之视为这一学科诸专题研究"放之四海而皆准"的理论前沿，而忽视了本土化理论与研究新方法的探索。事实上，随着国际格局的变化、中国等发展中经济体在对非关系中位势的上升，中国的非洲国际关系研究已经进入了转型期，需要在非洲国际关系理论与方法呈现出的全球多元化思潮中占据一席之地，体现中国元素或中国特色。从理论层面看，研究人员应摆脱"规范化"与"本土化"二元对立的思维逻辑，突破西方中心论桎梏，寻找中国非洲国际关系研究的理论创新与方法创新的主体性。其一，从当代全球国际关系视野出发，深入研读中国古代政治思想家的经典著述，其中蕴含诸多智慧与哲思，结合研究对象利益攸关国或关系国的政治文化，发掘与阐释大国对非政策、国际行为等之内在机理，例如从中国传统文化中的"仁""义""信""和合"理念，阐释中国对非关系中的合作共赢新思想。其二，总结与发展马克思主义国际关系理论，包括马克思主义经典作家理论与中国化的马克思主义国际关系理论。例如，学者运用马克思主义理论可以深刻解读与分析殖民地理论、新殖民主义论。其三，从中非关系丰富的实践来凝练出中国对非关系中的新概念、新观点和新理论。基于中国成为非洲对外关系的重要行动体这一现实，中国学者可以中国为本，围绕中国模式、中国外交、中国战略、中非关系等核心问题，从中非政治、经济、安全、减贫等丰富的实践样本出发，提出中非关系、中非合作、中国解决非洲问题的中国智慧、中国方案。例如，中国在对非减贫合作中已形成独特的合作模式，丰富了南南合作国际减贫理论。在中非关系的问题上，中国的非洲国际关系研究颇具特色，是获得理论自主性与本土化的重要沃土。由此，立足中国对非关系的"问题意识"，将中国学界的理论需求供给与中非关系可持续发展建设需求真正结合，才能真正做到理论上"引领双边关系"和实践上"解决问题"。

（三）选择多元化研究方法，且需不断探索新方法

从中国非洲国际关系研究演变轨迹看，它源于史料挖掘与运用，但由于国际关系的复杂性，决定了仅靠一个视角、一种路径或一门学科，难以解决任何一个理论与现实问题。例如，对于特朗普政府2018年底出台对非新战略的解读，既需要以美国对非政策的历史考察为基础，也需要从心理学角度探微其人格特征，还需要梳理他执政

以来的相关对外政策具体做法等等。否则，研究会陷入就事论事、浅尝辄止的表象分析。为此，深入的非洲国际关系研究，需要学者合理保持旧传统、采用新手段、融贯多学科。其一，互联网技术的飞速发展，为学者搜集相关数据和材料提供了便利，但是原始一手材料的使用和积累是拿出一流研究成果的基本条件。为此，研究学者一方面要阅读相关文本资料，另一方面更要脚踩田野，通过实地调研访谈，获取扎实且可靠的资料。其二，提倡多学科支持下的跨学科研究方法。例如，历史学就常与国际关系学相伴，非洲国际关系研究主要以涉及各国安全和对外政治经济关系的政策性研究为主，在分析具体问题时，若能结合与之相关的历史因素，会增加文章的思维深度与纵深感，从而增加文章的穿透力。其三，在大数据时代，技术进步对国际关系研究产生了重大影响。例如，通过相关大数据库筛选、整理索马里"青年党"的恐袭频次、活动地点等信息，可预测该组织给相关国家带来的安全风险的等级。

（四）加强学术话语传播能力建设

由于中国的非洲国际关系研究起步较晚，西方学术话语体系长期居于强势地位，形形色色的理论、论断或名词等层出不穷。中国学者运用西方资料进行相关研究，易陷入西方话语绑架的窘境。加之，中国学者的著述译成外文著述偏少，仅有一本涉及非洲研究的期刊——《西亚非洲》（中文）。尽管近年来，国际学术交流具有多渠道、多形式特点，但加强中国非洲国际关系研究话语权建设仍是不争的事实。要消解西方话语霸权，其一，要培养具有国际话语传播能力的人才，具备熟练的外语语言表达能力、思辨思维、高质量的相关研究成果，在研讨会、访学等学术交流舞台畅达地阐释自己的观点。例如，采用恰当的表达方式，让受众能理解"中非命运共同体""一带一路"的内涵。其二，加强传播平台建设，包括中非双方、中国与其他国家研究机构，或中、非与第三方机构的合作机制建设，举办或参加国际学术研讨会（尤其是参与研讨会议题设置），出版英文等外文出版物等多样化方式，传播中国声音。

中国的非洲民族问题研究（1949—2019年）

李文刚[*]

中国学界对非洲民族的研究始于改革开放之后。对非洲民族的研究，如同中国的世界民族研究一样，在20世纪80年代，学界以情况、问题、理论为主进行了学术积累。90年代以来，对具体国别民族问题的研究成为重点。中国的非洲民族研究虽整体看还比较薄弱，但也迎来大发展的重要机遇期。非洲国家民族数量众多，民族结构、民族关系复杂，民族国家一体化进程较为曲折。学界对非洲民族的研究，主要集中在非洲民族概念等基本理论，非洲民族问题原因、类型、影响、治理以及热点问题。

一 非洲民族研究的缘起

20世纪60年代，为支持非洲人民的民族解放运动，与独立的非洲国家建立友好关系，了解非洲的基本情况尤显重要。毛泽东主席在1961年接见非洲外宾后就做出了要建立一个"非洲研究所"的重要指示，显示了中国领导人对非洲研究的支持。[①]为了解非洲时局，中国学者选译了一批关于非洲的书籍，以苏联学者的著作居多，最著名的当属奥尔德罗格和波铁辛主编的《非洲各族人民》。[②]

在中国学者翻译的著作中，英国学者塞利格曼的《非洲的种族》[③]影响较大。费孝通认为，"塞利格曼这本《非洲的种族》受到学术界及一般读者的重视，不仅在其出世较早，成了有关非洲民族的标准读物，而且在于它能以最少的篇幅，最浅显的语言，叙述清楚最复杂的非洲"。[④]李安山教授则指出，《非洲的种族》一书充满种族偏见而已受到学界批判。费孝通先生将其称作"有关非洲民族的标准读物"实际上表

---

[*] 李文刚，中国非洲研究院民族与宗教研究室主任、副研究员，主要研究领域包括尼日利亚国别研究、中国与尼日利亚关系、非洲伊斯兰教等。本文是在《中国的非洲民族宗教研究》一文（载中国社会科学院西亚非洲研究所编《中国的中东非洲研究（1949—2010）》，社会科学文献出版社2011年版）的基础上增补而成。特此说明。

① 中国社会科学院西亚非洲研究所就是根据毛主席的这一重要指示建立的。
② ［苏］奥尔德罗格、波铁辛主编：《非洲各族人民》，生活·读书·新知三联书店1960年版。
③ ［英］塞利格曼：《非洲的种族》，费孝通译，商务印书馆1982年版。
④ 费孝通：《费孝通社会学文集·民族与社会》，天津人民出版社1981年版。

明"文化大革命"期间中国学者长期与国际学术界缺乏交流而对国际学术界了解甚微的一种状况。①

20世纪80年代初期,中国社会科学院民族研究所世界民族研究室的学者编译了数本有关非洲民族概况的书,虽没有正式出版,但在当时为从事科研、外事、民族、教学工作的人员提供了极大便利。② 与此同时,《世界民族》杂志的前身——《民族译丛》上刊登了大量介绍非洲民族概况的文章。时至今日,不少文章仍不乏参考价值。③ 已故的葛公尚先生除编译了大量介绍非洲民族概况的书籍外,还撰写了多篇非洲民族的论文,是中国非洲民族问题研究的开拓者。

二 非洲民族概念辨析

在中国学术界,特别是在非洲学研究中,还没有哪几个概念像"民族""部族""部族主义"那样引发长时间的热烈讨论而至今仍众说纷纭。④ 长期以来,在涉及非洲人们共同体及相关问题的著述和新闻报道中,使用频率最高的词大概非"部族"和"部族主义"等概念莫属了。有些学者认为,"部族""部族主义"更适应非洲的现实情况。⑤ 早在20世纪80年代初,牙含章在探讨非洲民族形成问题时就指出,涉及非洲民族情况时出现的"民族""部族"之分,在概念上会产生矛盾,在理论上也会陷于混乱。⑥ 90年代末,李安山指出,"部族"一词因翻译上的错误而含义不清,国际学术界已基本摒弃了这一概念,非洲人也不喜欢这一带有歧视性的概念,中国学者对此概念的理解与史书中的含义差异极大,因此主张用"民族"或"某某人""某某族"来称呼非洲人们共同体。⑦ 与"部族"一样,"部族主义"同样是一个含混不

---

① 李安山:《20世纪中国的非洲研究》,《国际政治研究》2006年第4期,第117页注释。
② 葛公尚、曹枫编译:《非洲民族风貌》,中国社会科学院民族研究所(内部印刷)1980年;葛公尚、李一夫编译:《非洲民族人口与分布》,中国社会科学院民族研究所(内部印刷),1981年;葛公尚、曹枫编译:《非洲狩猎民族与游牧民族》,中国社会科学院民族研究所(内部印刷),1982年;葛公尚、曹枫编译:《西非民族概况》,中国社会科学院民族研究所(内部印刷),1984年;葛公尚、宋丽梅编译:《中非民族概况》,中国社会科学院民族研究所(内部印刷),1987年。
③ 如[英]A.费德尔斯 C.萨尔瓦多利:《东非的狩猎采集民》,《民族译丛》1983年第6期;[卢旺达]加斯帕尔·加伊基:《卢旺达特瓦族现实调查》,《民族译丛》1982年第2期;[法]P.史密斯:《南非的居民》,《民族译丛》1981年第4期;[坦桑]A.J.恩塞凯拉:《坦桑尼亚的部族》,《民族译丛》1981年第1期。
④ 参见顾章义《评非洲"部族"说——兼评斯大林的民族定义》,《中央民族学院学报》1983年第4期;吴秉真《关于非洲部族问题的探讨》,《西亚非洲》1986年第5期;葛公尚《非洲民族主义与部族主义探析》,《西亚非洲》1994年第5期;张宏明《非洲国家的部族问题和部族主义的历史渊源》,《西亚非洲》1995年第5期;吴增田《黑非洲部族问题研究综述》,《西亚非洲》1996年第5期。
⑤ 参见宁骚《试论当代非洲的部族问题》,《世界历史》1983年第4期;葛公尚《非洲民族主义与部族主义探析》,《西亚非洲》1994年第5期;张宏明《非洲国家的部族问题和部族主义的历史渊源》,《西亚非洲》1995年第5期。
⑥ 参见牙含章《马克思主义民族理论与非洲民族形成问题》,《西亚非洲》1983年第1期。
⑦ 李安山:《论中国非洲学中的"部族"问题》,《西亚非洲》1998年第4期。

清却在中国学者中广为流行的术语。李安山认为，用"地方民族主义"一词代替"部族主义"更为妥当。① 持类似观点的学者还有顾章义、阮西湖②等。时至今日，学术界对此问题仍众说纷纭，在论述非洲多民族国家的情形时尤为如此。无论是用"民族"，还是用"部族"，学者们都认识到非洲民族研究的重要性和非洲的族际冲突对非洲国家民族建设的负面影响。

三 非洲民族（部族）问题

非洲是世界上民族最多、民族成分最复杂、跨界民族最多的一个大陆，同时也是民族关系较为复杂、民族问题较为突出、民族冲突频发的大陆。自20世纪60年代中期以来，一些国家爆发了与民族问题密切相关的暴力冲突甚至是内战，引发了全世界广泛关注。李安山认为，这是因为全世界习惯将非洲看作一个整体，个别国家的民族矛盾引发过较大冲突或民族仇杀，非洲国家的民族冲突往往有大国干涉的因素。由于非洲国家数目众多，各国民族构成也比较复杂，因此对非洲国家的情况要具体国家具体分析，不能以偏概全。事实上，非洲各国因民族矛盾引发政权危机的并不多，但西非（如尼日利亚）和大湖地区的几个国家（如卢旺达和布隆迪）存在较为严重的民族冲突。③ 故此，中国学者的研究多集中于这些国家。

从中国学者研究成果的载体形式上来看，非洲民族问题研究可粗略分为概论类和专论类。前者多见于研究世界民族问题或国际政治的著作④，后者除少数学术专著外，以学术论文居多，就非洲民族问题的原因、类型、影响进行了分析，对一些国家的民族政策做了评价。施琳等的《试论当前非洲民族热点问题及其发展趋向》⑤ 通过梳理2013—2014年度非洲民族热点问题，揭示了其多面性、交叉性、特殊性、尖锐性与变化性等诸多特点。综合学者们的论述，主要有以下观点。

---

① 参见李安山《试析非洲地方民族主义的演变》，《世界经济与政治》2001年第5期。
② 参见顾章义《"部族"还是"民族"？评人们共同体的"部族"说》，《世界民族》1997年第2期；阮西湖《关于术语"部族"》，《世界民族》1998年第4期。
③ 李安山：《非洲民族主义研究》，中国国际广播出版社2004年版，第5页。
④ 世界民族研究会：《世界民族问题初探》，中国社会科学出版社1981年版；张同铸主编：《非洲经济社会发展战略问题研究》，人民出版社1992年版；王逸舟：《当代国际政治析论》，上海人民出版社1995年版；葛公尚主编：《当代政治与民族问题》，中央民族大学出版社1995年版；金涛、孙运来主编：《世界民族关系概论》，中央民族大学出版社1996年版；中国现代国际关系研究所民族与宗教研究中心：《全球民族问题大聚焦》，时事出版社2001年版；金鑫：《世界问题报告：从世界的视角观照中国》，中国社会科学出版社2002年版；王联主编：《世界民族主义论》，北京大学出版社2002年版；阮西湖：《20世纪后半叶世界民族关系探析》，民族出版社2004年版；葛公尚主编：《二十世纪世界民族问题报告》，民族出版社2005年版；熊坤新主编：《21世纪世界民族问题热点预警性研究》，民族出版社2006年版；乌小花：《当代世界和平进程中的民族问题》，中央民族大学出版社2006年版；章毅君：《战后世界民族问题探源》，中央民族大学出版社2007年版。
⑤ 施琳、杜实、王皓田：《试论当前非洲民族热点问题及其发展趋向》，《非洲研究》2015年第1卷，中国社会科学出版社2015年版。

其一，非洲民族问题的原因多种多样，包括历史上根深蒂固的族际对立、殖民遗产的不良影响、国家民族发育不充分、宗教语言等因素、地方民族主义①（主体民族、少数民族）、少数民族在经济政治社会文化等领域的边缘化、贫困与资源稀缺等经济问题、国际局势变化、外部势力插手、不正确的民族政策，等等。②

其二，非洲民族问题的类型比较复杂。既有种族冲突，又有主体民族之间的冲突、主体民族同少数民族之间的冲突、少数民族之间的冲突、少数民族同国家的冲突以及跨界民族冲突等类型。中国学者不仅从理论上对非洲跨界民族问题的概念、特点、影响等展开探讨，还从实例中对跨界民族问题比较突出的东北非、南部非洲的情况进行深入研究。③

其三，非洲民族问题的影响复杂深刻。民族冲突导致非洲族际心理集体失衡，现代民族国家形成过程中断，甚至出现倒退，国家民族建构受挫，政局不稳，社会动荡不安，难民问题严重，人道主义灾难突出。总体性的研究只能反映非洲民族问题的概貌，具体国家的情况主要应参考各国别研究，主要包括尼日利亚④、

---

① 参见李安山《试析非洲地方民族主义的演变》，《世界经济与政治》2001 年第 5 期。

② 专著如李安山：《非洲民族主义研究》，中国国际广播出版社 2004 年版；裴圣愚：《非洲萨赫勒地带民族问题研究》，中央民族大学出版社 2018 年版。论文主要包括：张胜军：《试论非洲部族问题的由来和当前非洲部族矛盾激化的原因》，北京大学硕士学位论文，1994 年；顾章义：《非洲国家政局动荡中的民族问题》，《西亚非洲》1994 年第 6 期；葛公尚：《部族问题将长期困扰黑非洲》，《西亚非洲》1997 年第 1 期；包茂宏：《论非洲的族际冲突》，《世界民族》1998 年第 4 期；车效梅：《非洲部族冲突问题探析》，《山西师大学报》2002 年第 2 期；李巍：《冷战后黑非洲部族冲突的历史根源》，吉林大学硕士学位论文，2004 年；葛公尚：《对当代黑非洲国家民族政策的几点思考》，《世界民族》1998 年第 3 期；裴圣愚等：《非洲萨赫勒地带民族问题初探》，《中央民族大学学报》（哲学社会科学版）2012 年第 3 期。

③ 葛公尚主编：《当代国际政治与跨界民族研究》，民族出版社 2006 年版；葛公尚：《试析跨界民族的相关理论问题》，《民族研究》1999 年第 6 期；葛公尚：《非洲跨界民族之管见》，《西亚非洲》1985 年第 5 期；张宝增：《南部非洲的跨界民族与移民问题》，《西亚非洲》1999 年第 3 期；张湘东：《埃塞俄比亚境内的索马里族问题》，《西亚非洲》2008 年第 1 期；白璐：《试论非洲国家的边界冲突》，上海师范大学硕士学位论文，2010 年；王涛、赵跃晨：《泛索马里主义的历史渊源与流变——兼论泛索马里主义与恐怖主义的关系》，《世界民族》2018 年第 4 期；李文刚：《尼日利亚农牧民冲突：超越民族宗教因素的解读》，《西亚非洲》2018 年第 3 期；宁彧、王涛：《索马里青年党的意识形态与身份塑造》，《世界民族》2017 年第 3 期；徐薇：《博茨瓦纳的族群关系与社会变迁》，《国际论坛》2015 年第 1 期；罗圣荣：《埃塞俄比亚奥罗莫人问题的由来与现状》，《世界民族》2015 年第 1 期。

④ 刘鸿武等：《从部族社会到民族国家》，云南大学出版社 2000 年版；张世华、王冶、李起陵：《尼日利亚部族问题探讨》，《西亚非洲》1982 年第 3 期；黄泽全：《尼日利亚两大难题：民族和宗教矛盾》，《西亚非洲》1993 年第 3 期；包茂宏：《部族矛盾和尼日利亚政局》，《世界民族研究会会刊》1994 年第 3 期；刘宇杰：《浅析尼日利亚八十年代后期以来的民族整合制度》，北京大学硕士学位论文，2001 年；张佳梅、亢升：《政府主导型的尼日利亚民族一体化进程》，《西亚非洲》2002 年第 2 期；沈晓雷：《阿巴查的还政于民政策与尼日利亚的民主化》，北京大学硕士学位论文，2005 年；李文刚：《试析尼日利亚国家民族建构中的语言问题》，《西亚非洲》2008 年第 6 期；李文刚：《浅析尼日利亚少数民族问题》，《西亚非洲》2007 年第 7 期；李文刚：《尼日利亚地方民族组织的缘起与演化》，《西亚非洲》2009 年第 9 期；李鹏涛：《尼日尔河三角洲问题剖析》，载李安山、安春英、李忠人主编《中非关系与当代世界》，中国非洲史研究会 2008 年 10 月太原年会论文集；葛公尚：《尼日利亚"三足鼎立"族际关系探析》，载葛公尚主编《二十世纪世界民族问题报告》，民族出版社 2005 年版；孙晓萌：《围绕尼日利亚国语问题的政治博弈》，《国际论坛》2009 年第 5 期；蒋俊：《论尼日利亚的族群问题与国家建构》，《西南民族大学学报（人文社科版）》2010 年第 5 期；张志新：《论民族矛盾与尼日利亚内战（1967—1970 年）》，华东师范大学硕士学位论文，2010 年；史静、周海金：《尼日利亚乔斯地区宗教与族群冲突探析》，《国际论坛》2014 年第 4 期。

卢旺达/布隆迪①、索马里②、坦桑尼亚③、肯尼亚④、埃塞俄比亚⑤、南非⑥、苏丹⑦等国。

四 非洲民族问题对政治发展的影响

（一）对民族国家构建的影响

李安山对为什么要重视利比亚的"部落"因素、利比亚动乱前的民族状况与卡扎菲有关民族问题的政策实践等进行了分析，认为脱离殖民主义统治后的民族国家建构是一个长期艰难的过程，利比亚动乱可以说是外部势力对一个弱小国家的蓄意颠覆；只有深入研究利比亚的民族状况和卡扎菲的民族政策，才能对利比亚的政治变迁有全面的认识。⑧青觉和朱鹏飞以开普敦地区的田野调查为基础，对后冲突时代南非社会和解与转型正义进行分析，认为应在"转型正义"的话语背景下重新探讨"宽恕"与"宽容"两个概念的区别，以及它们在实现民族和解与社会转型正义过程中

---

① 萧复荣：《卢旺达和布隆迪的部族冲突初析——兼论黑非洲国家的部族问题》，《西亚非洲》1994年第5期；林木：《从卢旺达、布隆迪内战看非洲部族矛盾》，《西亚非洲资料》1994年第2期；王莺莺：《卢旺达悲剧的回顾与反思》，《国际问题研究》1994年第4期；徐济明：《卢旺达内战的由来与前景》，《西亚非洲》1994年第5期；徐济明：《对卢旺达内战原因的几点分析》，《西亚非洲调研》1994年第6期；葛公尚：《卢旺达—布隆迪部族冲突透视》，《世界民族》1995年第1期；刘海方：《十周年后再析卢旺达种族大屠杀》，《西亚非洲》2004年第3期；李安山：《非洲民族主义研究》第八章：《卢旺达民族冲突的缘起及其演变》，中国国际广播出版社2004年版；李安山：《论民族、国家与国际政治的互动》，《世界经济与政治》2005年第12期；马雪峰：《大屠杀、含米特理论、族群身份及其他——由〈卢旺达饭店〉所想到的》，《西北民族研究》2006年第1期。

② 参见葛公尚：《索马里部族混战透析——兼论泛民族主义、民族主义、部族主义对非洲国家发展的影响》，《世界民族》1996年第4期；丁隆：《索马里冲突的根源与解决途径探析》，《西亚非洲》2007年第3期；李文俊、谢立忱：《索马里民族国家重构的困境与出路》，《南京师大学报（社会科学版）》2009年第2期；杨廷智：《索马里民族国家重构的困境与出路》，《徐州师范大学学报（哲学社会科学版）》2009年第3期。

③ 葛公尚：《初析坦桑尼亚的民族过程一体化》，《民族研究》1991年第2期；李安山：《非洲国家民族建构的理论与实践研究——兼论乌贾马运动对坦桑尼亚民族建构的作用》，《西亚非洲》2002年第4期；姜玉峰：《论尼雷尔对坦桑尼亚民族整合的贡献》，浙江师范大学硕士学位论文，2009年；周泓：《坦桑尼亚民族过程及其民族政策》，《民族论坛》1997年第4期；葛公尚：《试析影响斯瓦希里民族过程的若干历史因素》，《西亚非洲》1985年第2期。

④ 张永蓬：《地方民族主义与肯尼亚多党大选》，《世界民族》2002年第6期；张永蓬、曹雪梅：《肯尼亚政党的地方民族主义背景》，《西亚非洲》2002年第2期。

⑤ 钟伟云：《埃塞俄比亚的民族问题及民族政策》，《西亚非洲》1998年第3期。

⑥ 章毅君：《评曼德拉的民族和解政策》，《中央民族大学学报（哲学社会科学版）》2003年第3期；刘海方：《论阿非利卡民族的形成与南非种族主义的关系》，《西亚非洲》1999年第6期；潘兴明：《南非种族冲突的化解与现代化之路》，《南京大学学报（哲学社会科学版）》2005年第6期；潘兴明：《南非种族政策取向的重大调整——评沃斯特政府的统治及其政策调整》，《史学月刊》2005年第8期；关于南非种族隔离制度的著述很多，此处不一一列举，可参见杨立华《南非国别研究综述》，《西亚非洲》2011年第5期。

⑦ 刘辉：《民族主义视角下的苏丹南北内战》，《世界民族》2005年第6期；刘辉：《苏丹民族国家构建初探》，《世界民族》2010年第3期；许亮：《中国的苏丹问题研究综述》，《西亚非洲》2007年第2期。

⑧ 李安山：《利比亚的部落因素与卡扎菲的民族政策》，《世界民族》2019年第1期。

的作用和意义。① 蒋俊从"去族群化"的角度探讨了卢旺达在大屠杀后身份政治的重建问题，指出尽管采取了"去族群化"政策，但卢旺达依然没有摆脱身份政治被用来争夺利益与进行资源配置的困局，"去族群化"仅在一定程度上"隐蔽"了族群身份的边界，却又形成"大屠杀受害者＝图西人""大屠杀施害者＝胡图人"两组不加区别的对抗性等式。② 沈晓雷分析了恩德贝莱地方民族主义对津巴布韦政治发展的影响，认为恩德贝莱地方民族主义对津巴布韦构建统一的民族国家和民主政治的良性发展产生了较大的负面影响，为消解恩德贝莱人的地方民族主义思想，姆南加古瓦上台后采取民族和解与团结政策，但目前收效甚微。阳利的《论斯瓦希里语的非洲民族国家建构作用》一文认为，有些非洲国家将斯瓦希里语定为民族共同语和官方语，对激发非洲国家民族认同意识与建构民族国家具有不可替代的重要作用。③ 王磊在其博士学位论文《尼雷尔与坦桑尼亚国家建构研究》④ 中认为，尼雷尔采取的一党制下的民主体制、乌贾马社会主义、民族聚合以及不结盟外交等一系列政策措施奠定了今天坦桑尼亚在非洲乃至世界的地位与影响。民族冲突对民族国家构建的负面影响颇大。

（二）对民主化的影响

就非洲民族（部族）问题对政治的影响而言，中国学者讨论较多、较有深度的是民族问题与非洲民主化的关系问题。李安山在其代表作之一《非洲民族主义研究》中专门就非洲民主化进程中的民族问题进行了论述，认为非洲民主化与国家民族建构存在一个悖论：一方面，民主化有助于消除地方民族主义，有利于国家民族建构；另一方面，民主化为地方民族主义的发展提供了便利条件，不利于国家民族建构。他还在该书中从六个方面对这一悖论进行了具体阐述，提出了地方民族主义的一些解决办法，并对其未来走向做了判断。⑤ 可以说，这是国内学者首部系统地从理论和个案上深入分析非洲民族问题的著作，具有很高的理论指导意义。贺文萍认为，部族政治的痼疾是制约非洲民主化进程的因素之一，主要表现在三个方面：在部族基础上成立政党，即政党部族化；在部族的基础上建立国家，即部族国家化；由部族冲突导致的无政府状态和"国家空心化"。⑥ 不难看出，贺文萍的观点在一定程度上受到了宁骚在

---

① 青觉、朱鹏飞：《从宽恕到宽容：后冲突时代南非社会和解与转型正义之反思——基于开普敦地区的田野调查研究》，《世界民族》2019 年第 1 期。
② 蒋俊：《去族群化：大屠杀后卢旺达身份政治的重建》，《世界民族》2019 年第 1 期。
③ 阳利：《论斯瓦希里语的非洲民族国家建构作用》，《天津外国语大学学报》2018 年第 1 期。
④ 王磊：《尼雷尔与坦桑尼亚国家建构研究》，华东师范大学博士学位论文，2014 年。
⑤ 参见李安山《非洲民族主义研究》，中国国际广播出版社 2004 年版及《非洲民主化与国家民族建构的悖论》，《世界民族》2003 年第 5 期。
⑥ 贺文萍：《非洲国家民主化进程研究》，时事出版社 2005 年版。

《民族与国家》一书中所提供的理论框架的影响。① 李文刚在其博士学位论文中认为，民族问题对尼日利亚民主化的影响主要表现在其对国家民族建构、政党和选举以及公民社会等方面的影响上。应客观看待二者的关系：一方面，从总体上看，民族问题对尼日利亚民主化进程产生了不利影响；另一方面，在特定条件和特定历史时期，民族问题可能推动了尼日利亚民主化的发展。民族问题对尼日利亚民主化进程的负面影响总体上在减弱，但不排除在特定时期出现反复甚至加剧的可能。民族问题与民主化进程之间的关系是双向的，民主化的发展离不开民族问题的解决，而民族问题的解决也有赖于民主化的深化和发展。②

五 非洲民族问题的治理

非洲民族问题的原因不尽相同，各国国情差异较大，对于非洲民族问题的治理各国自然有自己的特色。学者们不仅对国别治理研究较多，对比较研究也非常感兴趣。

卢旺达的民族问题治理长期以来一直是研究的热点。赵俊从族群边界、权力介入和制度化的角度，对卢旺达族群关系的历史变迁及其政治逻辑进行了分析，认为卢旺达政府1994年后的族群政策有其特殊时空背景，普适性有限，但对于其他非洲国家处理自身族群和跨界族群问题具有启发意义。③ 舒展的《卢旺达民族和解探究与思考》④ 中认为，卢旺达政府和民众需要摆脱历史包袱，着力于建设适合本国国情的族群与社会治理制度，以期在多元社会建立持久和平，巩固社会稳定与包容治理。庄晨燕则对卢旺达和南非的族际关系和国家发展模式进行了比较，认为两国不同的发展模式导致了当前族际关系的不同状态，其中卢旺达较为成功，南非则相对失败。两国案例的比较表明，治国理政需要充分考虑本土文化和价值观。⑤

近年来，学界对埃塞俄比亚的民族治理研究观点颇为新颖。施琳认为，迄今已经实施了20多年的"民族联邦制"，既立足本国多民族实况，又吸收借鉴了社会主义国家的民族治理思路，通过制定明确承认民族平等地位的宪法和法律、强调横向与纵向"分权"以保障民族自治权力的制度安排，显著缓和了历史上曾经非常尖锐的民族矛盾，较好地维护了国家统一、社会安定与经济发展，成为非洲代表性的民族治理模式之一。⑥

---

① 宁骚：《民族与国家》，北京大学出版社1995年版。
② 李文刚：《民族问题与尼日利亚民主化进程研究》，北京大学博士学位论文，2007年。
③ 赵俊：《族群边界、权力介入与制度化：卢旺达族群关系的历史变迁及其政治逻辑》，《西亚非洲》2019年第3期。
④ 舒展：《卢旺达民族和解探究与思考》，《西亚非洲》2015年第4期。
⑤ 庄晨燕：《发展模式与族际关系——基于南非和卢旺达的比较研究》，载张宏明主编《非洲发展报告2018—2019》，社会科学文献出版社2019年版。
⑥ 施琳：《应对民族多元性的非洲思路》，《黑龙江民族丛刊》2016年第3期。

非洲的民族分离运动都有很深的历史背景,治理起来难度颇大。王涛、王璐晞认为,卡萨芒斯分离主义运动是塞内加尔在独立后因未能处理好与卡萨芒斯地区的族群、政治与经济关系而引发的离心倾向。卡萨芒斯分离主义运动表明,非洲的多族群国家以"分离"为解决族群矛盾的途径并不能真正解决问题,只有在处理好族群、宗教、经济、政治等多种关系的同时,通过相互沟通、理解,在承认差异的基础上努力弥合分歧,实现共同发展,才能找到真正的出路。①

沈晓雷、孙晓萌的《津巴布韦土地重新安置与种族和解研究》一文对津巴布韦独立后的土地重新安置和种族和解之间的关系进行了研究,认为,这两个政策之间存在内在的矛盾性,导致两者相互掣肘,最终的结果是土地重新安置的延滞和种族和解政策的破产。②

在民族问题治理的比较研究方面,李安山对南非和津巴布韦两国的民族问题和民族政策进行了比较研究,认为,二者既有相同点,也存在较大差异:外部势力干预程度不同导致政策制定过程不同;内部势力的分化与整合差异表明政策制定的国内政治环境差异;两国对白人种族主义政权遗产处理方式不同;族际分野与政治分化的敏感性使两国面临的政局和政策导致的政治后果存在差异。③

六　在华非洲人研究

非洲联盟提出非洲由 6 个部分组成,除了东部、西部、南部、北部和中部非洲外,又加上"散居非洲人",或"非洲移民裔群",这是非洲的第 6 个区域。这就意味着新的非洲研究要将全球范围内的非洲人和非洲移民裔群全部包括进来。的确,随着中非关系的大发展,在中国越来越多的高校及广州和义乌等地,非洲留学生和非洲商人的身影随处可见,因此在华非洲人研究近年来受到了国内学界的重视。学者们的研究主要涉及三大领域:非洲在华留学生、广州等地的非洲商人群体和非洲人的管理问题。

蒋华杰的文章梳理了一段尘封的历史,即 20 世纪 60 年代非洲留学生退学现象,即使对当下也不乏借鉴意义。该文指出,来华非洲学生在生活待遇、政治教育、男女关系等问题上与中方存在矛盾,并最终发生"退学现象"。政治身份认同障碍是造成非洲学生难以适应中国高校教育和社会生活的主要根源。教育部门始终坚持通过革命教育改造非洲学生,非但无法消除障碍,反而招致种种误解。④陆应飞对非洲留学生的特点进行了深刻分析,认为根据留学生的民族特点和性格特征,中方需要加强沟

---

① 王涛、王璐晞:《卡萨芒斯分离主义运动的发展、影响及启示》,《世界民族》2017 年第 2 期。
② 沈晓雷、孙晓萌:《津巴布韦土地重新安置与种族和解研究》,《世界民族》2018 年第 2 期。
③ 李安山:《新南非与津巴布韦的民族问题及民族政策的比较》,《西亚非洲》2011 年第 7 期。
④ 蒋华杰:《二十世纪六十年代在华非洲学生"退学现象"分析》,《党史研究与教学》2016 年第 2 期。

通、正确引导、真诚相待、做好重点人工作,并应介绍中非文化差异,增加介绍中国文化方面的内容。① 云嘉妮认为,汉语学习、歧视问题、法律事务、行政手续和饮食问题及社会支持网络的缺失加重了非洲留学生的适应障碍。相较于其他国家的留学生而言,非洲留学生对于歧视问题更加敏感。② 此外,还有多篇硕士学位论文涉及非洲留学生的文化适应、学习汉语的动机以及对中国印象等。李安山与沈晓雷通过对有关非洲留学生的研究、历史、政策及效果、来华动机及贡献等方面进行分析后指出,非洲留学生在华经历以及中国对留学生的政策与中国的发展息息相关。非洲留学生来华学习的热情日益提高,他们成为中非关系的积极参与者,大力推动了中国的国际教育合作。非洲留学生通过他们在中国的主观能动性及他们与中国人之间的交往,不但将非洲的文化价值观带给了中国,而且为非洲大陆发展作出了巨大贡献。③

对广州非洲商人的研究则主要集中在其独特的、不同于"侨汇"的"邮寄商品"行为及其逻辑④、社会网络适应问题⑤、在广州的经济社会生活⑥、非洲移民身份的建构⑦、移民社区的形成⑧、在华文化适应性问题⑨、非洲商人与当地居民的关系⑩等。其中,姜飞、孙彦然的《"跨文化协商":广州非洲裔移民身份建构研究》一文以广州非洲裔商人在华身份建构研究为个案,分析展望了中国未来移民政策与理论建构的问题与路径。该文认为,移民与本地居民、组织、媒体、政府之间客观地呈现出具有中国特色的来华外国人移民身份认同和建构过程,这为"跨文化协商"理论提供了独特的视角。⑪ 王亮、张庆鹏的《非洲人在广州——跨境迁移者的口述史》一书以丰富的田野访谈资料和作者本人在小北社工机构的服务经历,以故事性的结构,夹叙夹议的形式,从多方面描绘了在穗非洲人的经商、留学、家居、社会交往等方面的生活,从多种角度呈现了广州的非洲人的生活概貌。⑫ 杨淑馨的《广州非洲裔群体的社

---

① 陆应飞:《非洲留学生特点分析》,《北京高校来华留学生教育研究》,北京市高等教育学会,2008年。
② 云嘉妮:《在华非洲留学生的文化适应性调查》,吉林大学硕士学位论文,2013年。
③ 李安山、沈晓雷:《非洲留学生在中国:历史、现实与思考》,《西亚非洲》2018年第5期。
④ 陆继霞:《广州非洲人的"汇款"特征及其功能研究》,《广西民族大学学报》2018年第3期。
⑤ 杨淑馨:《广州非洲裔群体的社会网络适应》,《媒介与文化研究》2016年第6期。
⑥ 王亮、张庆鹏:《非洲人在广州——跨境迁移者的口述史》,知识产权出版社2017年版。
⑦ 姜飞、孙彦然:《"跨文化协商":广州非洲裔移民身份建构研究》,《新疆师范大学学报(哲学社会科学版)》2017年第1期。
⑧ 王亮:《全球化背景下在华非洲人社区的生成及演进路径——以广州小北非洲人社区为例》,《青海民族研究》2017年第2期。
⑨ 陈宇鹏:《非洲商人的中国文化适应——以来华尼日尔商人为例》,《北方民族大学学报(哲学社会科学版)》2017年第1期。
⑩ 梁玉成、刘河庆:《本地居民对外国移民的印象结构及其生产机制——一项针对广州本地居民与非洲裔移民的研究》,《江苏社会科学》2016年第2期。
⑪ 姜飞、孙彦然:《"跨文化协商":广州非洲裔移民身份建构研究》,《新疆师范大学学报(哲学社会科学版)》2017年第1期。
⑫ 王亮、张庆鹏:《非洲人在广州——跨境迁移者的口述史》,知识产权出版社2017年版。

会网络适应》一文认为，随着广州大都市开放度和国际化程度的提升，相应地出现了跨国移民的聚居空间。① 梁玉成、刘河庆在《本地居民对外国移民的印象结构及其生产机制——一项针对广州本地居民与非洲裔移民的研究》中认为，非洲裔移民并未真正进入广州劳动力市场，且以经商为主，因此不同类型的本地居民对非洲裔移民经济影响方面的印象并无明显差异，本地人对他们的印象，主要由人们实际遇到的威胁以及感知到的威胁所决定。②

随着在华非洲人，特别是在广州非洲人的增多，学界也在探讨对其管理的问题，这是在华非洲人研究的一个较新领域。陈宇鹏的《非洲商人的中国文化适应——以来华尼日尔商人为例》一文认为，来华尼日尔人商人身份在生活适应和贸易适应方面表现出积极性、主动性和策略性，社会交往适应表现出保守性、被动性和封闭性，宗教文化适应表现出适应性、灵活性和多元性倾向。③ 王亮的《全球化背景下在华非洲人社区的生成及演进路径——以广州小北非洲人社区为例》一文以广州的小北非洲人社区为例，探讨了该社区生成的原因及演进逻辑：基于族裔性的链式迁移和聚群居住而形成的群体聚居；基于族裔熟人网络而形成的族裔经济共同体；基于族裔共同的生活、文化等前提下形成的生活、文化共同体；以及在这一系列共同体基础上所形成的社区共同体。④ 屈精瑞在《广州市非洲人管理问题研究》一文中，从阐述问题发生的背景、问题的现状，到分析在穗非洲人的特点，直至提出解决方案来展开讨论。⑤

周博的《在华非洲人管理新模式：广州外国人管理服务工作站》指出，随着来华的外国人越来越多，公安部门、税务部门、街道办等基层部门，都可以考虑把管理外国人的职能分离出来，设立多个只面向外国人的政府机构。⑥ 李慧玲在《试论跨文化交流中的伦理精神——与来华非洲人相遇》一文中指出，中非跨文化交流中，应守护伦理精神：商品交换中要守护诚信，义利合一；日常交往中要尊重包容，弱化种族优势感；在学校教育中要人道理性、尊重差异、远离功利；在网络传播中，要以人为本，明确担当，传播正能量。⑦

---

① 杨淑馨：《广州非洲裔群体的社会网络适应》，《媒介与文化研究》2016年第6期。
② 梁玉成、刘河庆：《本地居民对外国移民的印象结构及其生产机制——一项针对广州本地居民与非洲裔移民的研究》，《江苏社会科学》2016年第2期。
③ 陈宇鹏：《非洲商人的中国文化适应——以来华尼日尔商人为例》，《北方民族大学学报（哲学社会科学版）》2017年第1期。
④ 王亮：《全球化背景下在华非洲人社区的生成及演进路径——以广州小北非洲人社区为例》，《青海民族研究》2017年第2期。
⑤ 屈精瑞：《广州市非洲人管理问题研究》，《法制与社会》2016年第26期。
⑥ 周博：《在华非洲人管理新模式：广州外国人管理服务工作站》，《广西民族大学学报（哲学社会科学版）》2016年第4期。
⑦ 李慧玲：《试论跨文化交流中的伦理精神——与来华非洲人相遇》，《东北师大学报（哲学社会科学版）》2016年第1期。

此外,还有学者专门对中国的非洲民族研究方法论进行了探讨,对于推动学界的非洲民族问题研究大有裨益。例如,施琳通过对"共生论""冲突论"等非洲民族与文化研究中的主流观点进行反思与修正,指出在当前中非关系全面快速发展的新形势下,非洲民族研究需要积极探索"宏观结构+量化分析"和"广域深景"民族志等新研究范式,以有效提升非洲民族研究的广度、深度与精度。[①]

[①] 施琳:《超越"共生"与"冲突":非洲民族研究方法论的精进与启示》,《世界民族》2019年第1期。

中国的非洲宗教研究（1949—2019年）

李文刚[*]

非洲传统宗教、基督教、伊斯兰教共同构成当代非洲宗教生态格局的"三驾马车"。随着全球化的发展，其他域外宗教相继踏上非洲，非洲宗教生态的多元化趋势越来越明显，越来越深入。[①] 中国学界主要是从文化的角度来探讨非洲传统宗教，对非洲伊斯兰教和基督教的研究起步都比较晚。近10年来，随着中非人文交流的日益活跃和宗教极端势力在非洲活动的增多，学界对非洲宗教的研究也更加深入，跨学科研究逐渐成为趋势。

一 非洲传统宗教研究

（一）总体研究情况

中国学者对非洲传统宗教的了解是从译介苏联和西方学者的著作开始的。[②] 英国学者帕林德的著作《非洲传统宗教》中译本的出版使中国人对非洲传统宗教有了一个较系统和深入的了解。这本篇幅不大的著作，较客观地勾勒出由"众神、社会群体和精神力"组成的非洲人宗教信仰概貌。[③] 宁骚主编的《非洲黑人文化》将非洲宗教作为文化的重要组成部分展现在我们面前，认为由自然崇拜、图腾崇拜、祖先崇拜、精灵崇拜和首领崇拜构成的传统宗教是非洲黑人固有的、有悠久历史和广泛社会基础的宗教。在伊斯兰教和基督教相继传入非洲后，传统宗教并未衰落，而是呈现走向一神教的趋势。[④] 中国学者论述非洲黑人文化的其他著作（包括编译著作）或多或

---

[*] 李文刚，中国非洲研究院民族与宗教研究室主任、副研究员，主要研究领域包括尼日利亚国别研究、中国与尼日利亚关系、非洲伊斯兰教等。本文是在《中国的非洲民族宗教研究》一文（载中国社会科学院西亚非洲研究所编《中国的中东非洲研究（1949—2010）》，社会科学文献出版社2011年版）的基础上增补而成。特此说明。

① 李维建：《当代非洲宗教生态》，《世界宗教文化》2017年第3期。
② 例如，[苏]谢·亚·托卡列夫：《世界各民族历史上的宗教》，魏庆征译，中国社会科学出版社1985年版；[英]弗雷泽：《金枝：巫术与宗教之研究》，徐育新等译，中国民间文艺出版社1987年版。
③ [英]帕林德：《非洲传统宗教》，张治强译，商务印书馆1992年版。
④ 宁骚主编：《非洲黑人文化》，浙江人民出版社1994年版。

少也涉及非洲传统宗教的内容。① 一些工具书性质的出版物为我们提供了非洲各国传统宗教的基本概况。② 周海金的《非洲宗教的传统形态与现代变迁研究》一书对非洲的传统宗教及其现代变迁进行了研究，认为非洲传统宗教的保守性决定了其改变的有限性。现代化背景下，传统宗教在城市正快速失去其阵地，但在广大农村依然发挥着规范社会行为、维护社会秩序的重要功能。③

中国学者对非洲传统宗教在非洲人信仰体系中的地位、传统宗教的内涵及传统宗教在殖民地时期的变化等主题进行了深入探讨。张宏明认为，非洲传统宗教是动态的，随社会环境的变化而变化，有较强适应力和创新力。在社会、经济和文化欠发达的阶段，它仍在非洲保持独特地位，影响非洲人的思维方式和行为规范，并将继续在非洲国家的社会生活和政治生活中起潜移默化的作用。④ 包茂宏撰文对图腾崇拜做了探讨。⑤ 李保平对黑人的祖先崇拜进行了论述，认为祖先观念在非洲人精神世界中占据十分显要的地位。祖先崇拜是非洲黑人传统宗教中最典型和最引人注目的内容，并在一定程度上反映了非洲社会结构的特征，适应了各共同体内聚和认同的需要，对各黑人传统社会长期延续起着重大作用。⑥ 郑莉通过分析丹麦作家凯伦·布里克森的自传体小说《走出非洲》⑦ 中各种土著居民的宗教信仰情况，认为非洲传统宗教由于西方宗教的强行侵入已边缘化，非洲的各种宗教呈现出相互交流融合的趋势，后殖民主义特征显现。⑧ 任一鸣通过津巴布韦作家伊旺·维拉的小说《内罕达》分析了非洲传统宗教的概貌及其与西方宗教的冲突和发生的变化。⑨

（二）传统宗教的社会政治功能

关于非洲传统宗教的社会政治功能，中国学者的研究起步较晚，但已认识到了该问题的重要性，并做了较深入的探讨。周海金⑩认为，传统宗教塑造了非洲人的价值观念与行为规范，并在非洲群体整合与社会认同中起到了一定的积极作用，但长期以来被外界所误解。作者因此反驳了西方对非洲传统宗教的曲解，考察了传统宗教最核心的内

---

① 如刘鸿武：《黑非洲文化研究》，华东师范大学出版社 1997 年版；艾周昌、舒运国：《非洲黑人文明》，福建教育出版社 2008 年版；宋擎擎、李少晖：《黑色的光明：非洲文化的面貌与精神》，水利水电出版社 2006 年版；[苏] 谢·亚·托卡列夫：《人类与宗教》，魏庆征编译，中央编译出版社 2009 年版。
② 如世界宗教研究所编：《各国宗教概况》，中国社会科学出版社 1984 年版；中国社会科学院主持编写的《列国志》（非洲各国卷），社会科学文献出版社 2003 年以来陆续出版。
③ 周海金：《非洲宗教的传统形态与现代变迁研究》，中国社会科学出版社 2018 年版。
④ 张宏明：《传统宗教在非洲信仰体系中的地位》，《西亚非洲》2009 年第 3 期。
⑤ 包茂宏：《试析非洲黑人的图腾崇拜》，《西亚非洲》1993 年第 3 期。
⑥ 李保平：《论非洲的黑人祖先崇拜》，《西亚非洲》1997 年第 5 期。
⑦ [丹麦] 凯伦·布里克森：《走出非洲》，徐秀荣译，中国致公出版社 2005 年版。
⑧ 郑莉：《从〈走出非洲〉看后殖民时代非洲宗教的特征》，《甘肃社会科学》2008 年第 2 期。
⑨ 任一鸣：《后殖民时代的非洲宗教及其文学表现》，《社会科学》2003 年第 12 期。
⑩ 周海金：《关于非洲传统宗教的若干问题研究》，《世界宗教文化》2017 年第 3 期。

容，并分析了其在当代非洲社会发展所面临的机遇与挑战。张宏明指出，传统宗教的社会功能主要体现在其群体整合或社会认同功能及行为规范或社会控制两个方面；政治功能实际上就是宗教对政治的神化过程，包括权力的神圣化、权力的一元化和个人化；此外，传统宗教对非洲政治体制的取向、政治现代化均产生着深远的影响。① 张宏明对非洲传统宗教所蕴含的价值观念和影响力进行分析，指出传统宗教是非洲传统价值观念的重要源头，目前非洲社会正处于转型期，但在走向现代化的道路上，非洲人并没有完全丢失传统信仰，后者仍然对非洲社会生活的诸多方面产生着潜移默化的影响。②

张驰在《现代化进程中的宗教反抗——重建〈非洲的假面剧〉中非洲传统信仰的本质》一文中通过比较奈保尔笔下不同对象对非洲传统信仰的观念差异，分析作为传统信仰本质的祖先崇拜与自然崇拜在去殖民化进程中扮演的不同角色，及其对生态环保的积极促进作用，试图促使读者对于如何使非洲传统信仰在受功利主义影响的现代化社会中存续下来这一问题进行再思考，最终保留传统信仰的神圣特性。③ 隋立新认为，尽管目前非洲传统社会已发生了根本性变化，但是很多部族依然奉行传统宗教信仰，面具也仍在某些传统宗教仪式中继续使用，成为非洲黑种人传递信息、寄托愿望、交流知识、传承文化、凝聚精神的重要媒介之一。④

二 非洲伊斯兰教研究

（一）整体研究概况

与非洲传统宗教研究和非洲基督教研究相比，中国学者对非洲伊斯兰教的研究不仅内容广泛，研究深度在近年来也有所加强。关于非洲伊斯兰教的整体概况，许多伊斯兰教的著作或工具书都有所涉及。⑤ 特别是，新版的《伊斯兰教史》增补了不少撒哈拉以南非洲伊斯兰教的内容，显示了学界对非洲伊斯兰教的认识达到一个新的高度。《中国穆斯林》等杂志曾刊登多篇介绍非洲国家伊斯兰教概况的编译文章。⑥ 非

---

① 张宏明：《多维视野中的非洲政治发展》，社会科学文献出版社1999年版。
② 张宏明：《非洲传统宗教蕴含的价值观念和影响力》，载张宏明主编《非洲发展报告2018—2019》，社会科学文献出版社2019年版。
③ 张驰：《现代化进程中的宗教反抗——重建〈非洲的假面剧〉中非洲传统信仰的本质》，《苏州大学学报（哲学社会科学版）》2016年第5期。
④ 隋立新：《传统宗教文化视域下的非洲面具艺术》，《艺术科技》2016年第5期。
⑤ 中国伊斯兰百科全书编辑委员会：《中国伊斯兰百科全书》，四川辞书出版社2007年版；中国社会科学院世界宗教研究所：《伊斯兰教文化面面观》，齐鲁书社1991年版；宗教研究中心：《世界宗教总览》，东方出版社1993年版；金宜久主编：《伊斯兰教史》，凤凰出版传媒集团2006年版。
⑥ 如黄陵渝：《加蓬的伊斯兰教》《津巴布韦的穆斯林》《科摩罗的伊斯兰教》《毛里塔尼亚的伊斯兰教》，《中国穆斯林》1990年第5、6期，1991年第6期、1993年第1期；赵立涌、黄陵渝：《乌干达伊斯兰教概况》，《中国穆斯林》1994年第5期；赵立涌：《坦桑尼亚的伊斯兰教》《肯尼亚伊斯兰教概况》，《中国穆斯林》1997年第3期、1998年第1期。

洲伊斯兰教的国别研究情况很不平衡，较为深入的研究成果主要集中在塞内加尔、尼日利亚、苏丹、索马里、乌干达等国。① 研究主题包括：非洲伊斯兰教的历史和现状、伊斯兰教对非洲的影响、伊斯兰主义和宗教极端势力、"一带一路"与宗教风险等。

（二）伊斯兰教的历史与现状

关于伊斯兰教在撒哈拉以南非洲，特别是在西非和东非地区早期传播和发展的历史及其对非洲的影响，国外学术界有细致入微的研究。国内学者在这方面的研究也颇多。中国非洲学界通力合作编写的三卷本《非洲通史》的古代卷用三章的篇幅详细考察了伊斯兰教文明在非洲的早期历史；而在论述"基督教文明与非洲"时仅用了一章的篇幅，可见国内学术界对该问题的重视程度。② 伊斯兰教在非洲的传播问题更多是作为非洲历史研究的一部分来展开的，学术界已发表多篇论文，对传播的时间、方式、影响和本土化等问题做了探讨。③ 李维建深入考察了伊斯兰苏非主义在西非的传播和发展。④ 伊斯兰教在非洲的传播问题更多是作为非洲历史研究的一部分来展开的。李维建的《西部非洲伊斯兰教历史研究》延续了学界的这一历史传统，从宗教学视角深化了对非洲伊斯兰教历史的研究，是其一大特色。⑤ 李维建在《瓦苏里传统与西非伊斯兰教的地方化》一文中认为，苏瓦里传统是15世纪西非雨林地带居于少数地位的穆斯林为处理与周围非穆斯林的关系而形成的一套相对固定的伊斯兰教理念与实践，既属于西非伊斯兰教地方化的一种表现，也是一种结果。⑥

伴随着伊斯兰教的传播，伊斯兰教法也被移植到了非洲。夏新华认为，伊斯兰教

---

① 参见田逸民、杨荣甲《伊斯兰教在塞内加尔的影响》，《西亚非洲》1983年第5期；杨荣甲、田逸民《伊斯兰与塞内加尔社会》，世界知识出版社1984年版；李文刚《浅析塞内加尔的伊斯兰教及其对政治变迁的影响》，《西亚非洲》2011年第4期；郭文豹《伊斯兰教在尼日利亚政治生活中的地位》，《西亚非洲》1981年第6期；李忠人《论豪萨圣战与北尼日利亚的社会变迁》，《史林》1994年第3期；李文刚《尼日利亚宗教问题对国家民族建构的不利影响》，《西亚非洲》2007年第11期；陈德成《论图拉比的伊斯兰主义》，《西亚非洲》1995年第6期；王联《论哈桑·图拉比与苏丹的伊斯兰化》，《西亚非洲》2010年第1期；蒋真《哈桑·图拉比与苏丹"伊斯兰试验"》，《西北大学学报（哲学社会科学版）》2006年第1期；蒋恒昆《苏丹内战中的宗教因素》，《西亚非洲》2004年第4期；樊小红《索马里伊斯兰激进组织初探》，《西亚非洲》2010年第10期；李维建《乌干达宗教印象》，《世界宗教文化》2009年第4期。

② 何芳川、宁骚主编：《非洲通史·古代卷》，华东师范大学出版社1995年版。

③ 参见李继东《伊斯兰教在古代黑非洲的传播和影响》，《西亚非洲》1988年第5期；田萍萍《伊斯兰教在撒哈拉以南非洲的传播、影响及其本土化》，云南大学硕士学位论文，2008年；赵姝岚、刘鸿武《曼德商人与伊斯兰教在西苏丹的传播》，《西亚非洲》2009年第3期；李文刚《非洲伊斯兰教的现状和发展趋势》，《西亚非洲》2009年第5期。

④ 李维建：《西非苏非主义：历史、现状和新苏非教团》，《世界宗教研究》2008年第3期。

⑤ 李维建：《西部非洲伊斯兰教历史研究》，社会科学文献出版社2011年版。

⑥ 李维建：《瓦苏里传统与西非伊斯兰教的地方化》，《世界宗教文化》2016年第3期。

法在动摇非洲传统习惯法权威的同时，本身也经历了本土化和民族化的过程，最终与非洲传统习惯法历经数世纪的交汇，在信奉伊斯兰教的非洲形成新的法律文化构架，实现了非洲法律文化的第一次重大变迁。① 此外，还有学者对非洲的伊斯兰建筑艺术进行了阐述。② 非洲独立半个多世纪以来，经济、社会、政治、文化等方面发生了显著变化，撒哈拉以南非洲的伊斯兰教正在不断发生变化。李文刚指出，非洲伊斯兰教情况更趋复杂，穆斯林分化加深；非洲穆斯林和基督徒的矛盾和冲突长期存在，在一些国家可能激化；非洲国家穆斯林人口结构和分布状况将发生较大变化；非洲穆斯林与伊斯兰世界的联系将加强。③ 李维建认为，在撒哈拉以南非洲，苏非主义仍是伊斯兰教的主流，包括卡迪里教团、哈尔瓦提教团和沙兹里教团。20世纪中期以来，非洲苏非主义面临现代性、塞莱菲主义等伊斯兰教内外的诸多挑战，传统的神秘主义、本土化的路径都遭遇挫折，经济基础面临瓦解。④

（三）伊斯兰教与殖民主义的关系

非洲伊斯兰教同欧洲殖民主义之间的关系是一个非常重要的问题，同时也是学术界争论不休的一个话题，西方学术界已有大量论著问世。遗憾的是，中国学者对该问题尚无深入研究。许多学者指出了非洲伊斯兰教反抗侵略的一面。李安山认为，非洲伊斯兰教反抗欧洲殖民入侵的主要表现形式为马赫迪运动，或称马赫迪主义。⑤ 20世纪初期，马赫迪运动在上几内亚、毛里塔尼亚以及塞内加尔等地成为反对法国殖民主义的重要形式。李文刚指出，非洲伊斯兰教与欧洲殖民主义也有合作、共处、相互利用的一面，这在法属西非殖民地，如塞内加尔、马里等国表现得较为明显。⑥ 柴玲玲指出，在西方"直接统治"与"间接统治"方式的强大压力下，穆斯林在非洲政治生活中逐渐处于"边缘化"状态。殖民主义的系列政策也为后殖民时代非洲大陆的部族与宗教冲突埋下了隐患。这种影响还从政治逐渐延伸到了伊斯兰教育、法律和文化领域，从而推动了非洲伊斯兰文化从传统向现代变迁的历史进程，这无疑对后殖民时代伊斯兰文化的发展具有重大意义。⑦

---

① 夏新华：《论8—16世纪伊斯兰教法在黑非洲的移植》，《湘潭大学社会科学学报》1999年第4期。
② 李维建：《撒哈拉以南非洲伊斯兰教建筑艺术》，《世界宗教文化》2010年第6期。
③ 李文刚：《非洲伊斯兰教的现状和发展趋势》，《西亚非洲》2009年第5期。
④ 李维建：《当代非洲苏非主义》，《世界宗教研究》2016年第3期。
⑤ 参见李安山《非洲民族主义研究》，中国国际广播出版社2004年版。关于马赫迪起义，还可参见赵淑慧《苏丹马赫迪起义》，商务印书馆1985年版；包茂宏《苏丹马赫迪运动成败原因分析》，《史学月刊》1995年第6期；杨苓《从苏丹马赫迪起义看宗教在19世纪反殖民主义斗争中的社会作用》，《云南师范大学学报（哲学社会科学版）》1987年第3期；王彤《从反埃到反英的马赫迪起义》，《世界历史》1983年第5期。
⑥ 参见李文刚《浅析塞内加尔的伊斯兰教及其对政治变迁的影响》，《西亚非洲》2011年第4期。
⑦ 柴玲玲：《西方殖民统治对非洲伊斯兰教的影响研究》，浙江师范大学硕士学位论文，2014年。

（四）伊斯兰教对非洲发展的影响

伊斯兰教作为一种重要的宗教、文化和政治力量，其对非洲的影响是广泛而深远的，但学界对此的研究多局限在政治领域。关于伊斯兰教与民族国家构建，李文刚指出，在现代非洲民族国家构建中，伊斯兰教大致表现为聚合力和离心力的双重影响，且二者相互依存。非洲民族国家构建需要走政府主导、自上而下的道路，既要考虑历史背景和各自国情，采取稳妥和谐的民族宗教政策，又要积极应对宗教激进主义、宗教极端势力的严峻挑战。[1] 李文刚进一步指出，伊斯兰教的聚合或分化作用是由各国的具体国情，特别是民族、宗教、政教关系等因素所决定的。即使是在前一类国家（即伊斯兰教发挥聚合力的国家），伊斯兰教也在悄然发生变化；在后一类国家（即伊斯兰教的分化作用较强的国家），从总体上讲，伊斯兰教与基督教的矛盾虽短期内不可能被彻底解决，但二者的和平共处还是主流。[2] 李文刚还对尼日利亚的什叶派做了个案研究。他指出，什叶派同尼日利亚政府和逊尼派激进势力不时爆发冲突，给尼日利亚民族国家构建和国家治理设置了道道难题，且成为影响尼日利亚对外关系的一个敏感话题。[3]

张宏明在论述伊斯兰势力对非洲国家政治发展的影响时，将其分为几个阶段：20世纪60年代后，伊斯兰教的影响呈上升趋势；70年代是其复苏时期；进入80年代，特别是冷战后，受伊斯兰原教旨主义的影响逐步在政治上活跃，但其作用已不比前殖民时期，更多或更主要的是作为社会化了的政治实体，扮演着压力集团的角色。[4] 在具体的国别研究方面，李文刚认为，多党民主制的引入、宗教问题政治化以及外部势力的影响，使得占少数派的伊斯兰教在肯尼亚的影响趋于复杂化。[5] 李文刚在马里的个案中指出，随着多党民主制的引入，马里温和且具包容性的伊斯兰教发生很大变化，穆斯林比以往更积极地参与政治活动，并在2002年总统大选中初显其潜在影响力。近年来，马里伊斯兰教所处的国内外环境均发生较大变化，马里政府和本国的民主化进程也面临伊斯兰激进势力、北方少数民族分离运动以及打着伊斯兰旗号的恐怖主义的挑战和威胁。[6]

（五）伊斯兰主义思潮及极端势力

20世纪90年代末以来，特别是"9·11"事件以来，随着西方对非洲伊斯兰原

---

[1] 李文刚：《浅析伊斯兰教对非洲民族国家构建的影响》，《世界宗教文化》2016年第3期。
[2] 李文刚：《浅析塞内加尔的伊斯兰教及其对政治变迁的影响》，《西亚非洲》2011年第4期；李文刚：《尼日利亚宗教问题对国家民族建构的不利影响》，《西亚非洲》2007年第11期。
[3] 李文刚：《尼日利亚伊斯兰教什叶派初探》，《世界宗教文化》2017年第3期。
[4] 张宏明：《多维视野中的非洲政治发展》，社会科学文献出版社1999年版，第355页。
[5] 李文刚：《伊斯兰教与肯尼亚的政治变迁》，《亚非纵横》2014年第3期。
[6] 李文刚：《马里的伊斯兰教与民主化》，《世界宗教文化》2013年第3期。

教旨主义关注的升温，国内学者对此问题的研究有所增多。[①] 张宏明认为，伊斯兰原教旨主义正是假民主变革之途在北非迅速膨胀并将触角伸向撒哈拉以南非洲的。[②] 张怀印则从阿米娜"石刑"案这一引发多方关注的案件入手，对尼日利亚的伊斯兰刑法进行了剖析。[③] 余文胜认为，伊斯兰运动由于其对穆斯林有很强的感召力、被当地穆斯林政客利用达到政治目的以及一些伊斯兰国家的支持，在非洲一些国家蔓延。[④] 李文刚通过对撒哈拉以南非洲的伊斯兰主义的兴起与发展等问题进行梳理，认为伊斯兰主义虽然在非洲会长期存在，但从长远来看难有更大发展。[⑤]

对宗教极端势力的研究成为近十年来国内非洲伊斯兰教研究的热点。学界的研究成果主要可以分为两大块：一是对具体的极端组织、恐怖势力的研究，特别是对尼日利亚"博科圣地"、索马里"青年党"的研究。这些成果[⑥]大多从历史学、政治经济学和民主政治学的角度来探讨，也有从宗教角度对此进行解读的研究[⑦]。二是对宗教极端化思潮，特别是萨拉菲主义的研究。[⑧] 刘青建、方锦程认为，国际恐怖主义及"基地"组织借助地缘便利不断向萨赫勒地带扩散，为该地带本土恐怖主义与国际恐怖主义联合提供了契机，也给中国在该地区的利益带来了巨大威胁。[⑨] 李希若认为，"博科圣地"逐步蜕变为国际圣战组织，对地区及国际安全威胁日益增大。[⑩]

李维建指出，穆兄会是个多位一体的庞大社会集团，但其核心属性是宗教性与政治性，它根本上是一个宗教组织与政治组织，或者说是政教合一的政党，它的思想、目标可以是保守的，但组织方式却可以是现代的。[⑪]

[①] 余文胜：《黑非洲伊斯兰运动的发展现状及原因》，载中国现代国际关系研究所民族与宗教研究中心：《世界宗教热点问题大聚焦》，时事出版社2003年版；樊小红：《索马里伊斯兰激进组织初探》，《西亚非洲》2010年第10期；涂龙德、周华：《伊斯兰激进组织》，时事出版社2010年版。

[②] 张宏明：《多维视野中的非洲政治发展》，社会科学文献出版社1999年版。

[③] 张怀印：《尼日利亚伊斯兰刑法述评——从阿米娜"石刑"案谈起》，《长春工业大学学报（社会科学版）》2007年第1期。

[④] 参见余文胜：《黑非洲伊斯兰运动的发展现状及原因》，载中国现代国际关系研究所民族与宗教研究中心《世界宗教热点问题大聚焦》，时事出版社2003年版。

[⑤] 李文刚：《撒哈拉以南非洲的伊斯兰主义》，《阿拉伯世界研究》2017年第2期。

[⑥] 参见王一帆、陈刚：《"博科圣地"恐怖组织的源起、恐怖活动特点和应对策略》，《新疆社会科学》2019年第1期；李文刚《"博科圣地"的演变与尼日利亚反恐政策评析》，《阿拉伯世界研究》2018年第4期；刘鸿武、杨广生《尼日利亚"博科圣地"问题探析》，《西亚非洲》2013年第4期；王涛、赵跃晨《泛索马里主义的历史渊源与流变——兼论泛索马里主义与恐怖主义的关系》，《世界民族》2018年第4期；宁彧、王涛《索马里青年党的意识形态与身份塑造》，《世界民族》2017年第3期。

[⑦] 例如李维建：《解读"博科圣地"：宗教研究的视角》，《西亚非洲》2015年第2期。

[⑧] 王涛、宁彧：《萨拉菲主义在撒哈拉以南非洲的传播、极端化及其影响》，《阿拉伯世界研究》2018年第4期；王涛、宁彧：《萨拉菲主义的多维透视——兼论萨拉菲主义与恐怖主义的关系》，《俄罗斯东欧中亚研究》2018年第1期。

[⑨] 刘青建、方锦程：《非洲萨赫勒地带恐怖主义扩散》，《当代世界》2014年第3期。

[⑩] 参见李希若《尼日利亚恐怖组织博科圣地》，《国际研究参考》2014年第1期。

[⑪] 李维建：《宗教与政治之间——埃及穆斯林穆兄会的组织特点与本质特征》，载金泽、李华伟主编《宗教社会学》第五辑，社会科学文献出版社2018年版，第199—211页。

王涛和宁彧就萨拉菲主义发表了两篇文章，核心观点如下：极端化的萨拉菲主义以"圣战"分子为传播载体渗透至撒哈拉及其周边地区，不仅冲击了撒哈拉以南非洲以苏非主义为主流的宗教格局，而且在瓦解撒哈拉以南非洲国家体制的同时，消耗了撒哈拉以南非洲的人口红利。① 萨拉菲主义可分为教团型萨拉菲主义、政党型萨拉菲主义与反政府武装型萨拉菲主义三种，其中反政府武装型萨拉菲主义的危害最大。但萨拉菲主义的宗教主张并不必然导向恐怖暴力，只有寻求化解宗教矛盾之道，促进文明间的相互理解，才有可能从根本上破解恐怖主义难题。②

（六）伊斯兰教与"一带一路"倡议

马丽蓉认为，宗教外交自古是中国开展亚非合作的重要外交形态之一，在丝绸之路、亚非会议和中国与亚非国家关系中发挥了重要而特殊的作用。在当前的"一带一路"与亚非战略合作中，既要规避面临的宗教人文风险，也应进一步推进"民心相同"的战略举措，打造战略软环境，加强中国参与全球软治理的能力建设。③ 马丽蓉进一步指出，以"郑和崇拜""郑和文化"和"郑和精神"为内涵的"郑和符号"，对丝路上的东南亚、中东和非洲伊斯兰信仰板块产生了深刻的影响，对深化丝路伙伴关系、构建丝路"命运共同体"意识具有重要作用。④ 李文刚对尼日利亚的宗教风险进行了分析，认为宗教极端主义泛滥、穆斯林和基督徒之间的矛盾、伊斯兰教派纷争、境外宗教风险的影响和渗透等，都加剧了尼日利亚宗教风险的多重性和复杂性。就此而言，需加强对尼日利亚宗教风险研究，这将有助于在"一带一路"建设中及时规避其不利影响。⑤

三 非洲基督教研究

（一）总体研究情况

中国学者对非洲基督教的研究比较欠缺，除硕士学位论文⑥外，目前尚无专著出版。一些综合性的宗教著作、工具书、译著、学术论文等为我们提供了非洲基督教传

---

① 王涛、宁彧：《萨拉菲主义在撒哈拉以南非洲的传播、极端化及其影响》，《阿拉伯世界研究》2018 年第 4 期。
② 王涛、宁彧：《萨拉菲主义的多维透视——兼论萨拉菲主义与恐怖主义的关系》，《俄罗斯东欧中亚研究》2018 年第 1 期。
③ 马丽蓉：《"一带一路"与亚非战略合作中的"宗教因素"》，《西亚非洲》2015 年第 4 期。
④ 马丽蓉：《"郑和符号"对丝路伊斯兰信仰板块现实影响评估》，《世界宗教研究》2015 年第 5 期。
⑤ 李文刚：《"一带一路"背景下尼日利亚宗教格局及宗教风险分析》，《世界宗教文化》2019 年第 2 期。
⑥ 如陈水恩：《基督教与黑非洲近代社会》，山东师范大学硕士学位论文，1991 年；郭佳：《基督教会与非洲政治民主化》，硕士学位论文，中国社会科学院，2008 年。

播历史、本土化、非洲基督教与政治以及非洲基督教宗教领袖的一些情况。① 国内出版的非洲近现代史著作（包括译著）大都涉及非洲基督教的一些内容，可作一般参考。②

（二）基督教的传播及本土化

基督教是随着西方殖民主义者的入侵在非洲传播的，因而与殖民主义有千丝万缕的联系。同样是外来宗教，有非洲学者对基督教与伊斯兰教的态度截然不同。张宏明对爱德华·布莱登的宗教思想进行了分析，指出布莱登是贬斥基督教、褒扬伊斯兰教的，其依据是：基督教文明有悖于非洲传统，侵蚀了非洲社会的肌体，亵渎了非洲文化，抑制了黑人个性的发展；而伊斯兰教文明则适于非洲社会的发展，它增强了非洲社会的凝聚力，维系了非洲人的尊严，有益于非洲文化和黑人个性的完善和发展。③ 陆庭恩对非洲史上一位重要而有争议的人物——探险家、传教士戴维·利文斯敦的一生进行了客观评价，认为利文斯敦在当时反对奴隶贸易、主张种族平等有其进步性。但受时代条件制约，他提倡非洲人信奉基督教，进行"合法贸易"，却帮了英国殖民主义者的忙，其在非洲的考察活动客观上更是为殖民侵略开辟了道路。④ 郭佳较深入地分析了基督教在非洲的历史，她认为，基督教自15世纪传入撒哈拉以南非洲开始，至19世纪上半叶，在非洲的传播初见成效；19世纪中叶开始的殖民探险活动揭开了基督教在非洲大传播、大发展的序幕，使得基督教的影响逐渐遍及撒哈拉以南的非洲大部分地区；基督教的非洲化进程进一步促进了其在非洲的传播，并使之成为非洲第一大宗教。⑤

关于基督教的本土化问题，雷雨田认为，基督教的非洲化随西方殖民体系兴起而

---

① 如王宏辉：《基督教辞典》，商务印书馆2005年版；马克尧：《世界文明史》（第二卷），水牛图书出版事业有限公司2005年版；马超群：《基督教两千年》，中国青年出版社1988年版；王秀美等：《基督教史》，凤凰出版传媒集团、江苏人民出版社2006年版；卓新平：《当代基督宗教教会发展》，上海三联书店2007年版；于可主编：《当代基督新教》，东方出版社1993年版；傅乐安主编：《当代天主教》，东方出版社1996年版；杨真：《基督教史纲》，生活·读书·新知三联书店1979年版；中国社会科学院世界宗教研究所·各国宗教概况编写组：《各国宗教概况》，中国社会科学出版社1984年版；中国社会科学院主持编写的《列国志》（非洲各国卷），社会科学文献出版社2003年以来陆续出版；[南非]约翰·艾伦：《图图传》，张继矿、张晓佳译，江西人民出版社2009年版；[英]迈克尔·基恩：《基督教概况》，张之璐译，北京大学出版社2005年版；吕臣重：《战后的非洲天主教》，《世界宗教资料》1983年第1期；郭文豹：《南非黑人主教——德斯蒙德·图图》，《世界宗教资料》1985年第2期。

② 如中国学者编写的三卷本《非洲通史》、中国学者翻译的联合国教科文组织编写的《非洲通史》等。这方面的著作很多，此处不一一列举。

③ 张宏明：《基督教、伊斯兰教对非洲社会发展的影响》，《西亚非洲》2007年第5期；张宏明：《近代非洲思想经纬：18、19世纪非洲知识分子思想研究》，社会科学文献出版社2008年版。

④ 陆庭恩：《评戴维·利文斯敦》，《非洲问题论集》，世界知识出版社2005年版，原载《北京大学学报》1981年第5期。

⑤ 郭佳：《撒哈拉以南非洲基督教的历史与现实》，《世界宗教文化》2016年第3期。

出现,又随殖民制度的崩溃而加强,是非洲人民反抗外来侵略的历史进程。非洲独立教会是其典型标志。① 张宏明指出,黑人基督徒抵制西方文化入侵和捍卫非洲传统文化,即反抗教会内部的种族歧视和摆脱西方国家教会的控制是基督教非洲化兴起的历史背景。② 王忠林认为,非洲宗教反殖斗争形式主要有两种:一是非洲基督教会分立运动,即致力于摆脱欧洲传教士对基督教会的控制,建立非洲人自己组织、自己管理的基督教会或者教派;二是独立非洲教派运动,即在基督教之外,创立非洲人自己独立的宗教派别。反殖宗教运动尽管有一定局限性,但其无疑表明现代非洲民族主义思潮的萌发和兴起。当然,无论非洲基督教会分立运动,还是独立非洲教派运动,从宗教教义和宗教仪式两方面来看,它们在宗教形式上都属于把基督教和非洲传统宗教糅合在一起的混合宗教。③

在非洲独立教会的个案研究方面,徐薇通过对后种族隔离时代南非的非洲独立教会进行梳理与考察,并以锡安基督教会为个案分析了非洲独立教会对南非政治、社会、文化、信仰等方面的影响及未来发展趋势,指出非洲独立教会在乡村城镇地区发展规模日益壮大,深刻影响着南非非洲人的精神与日常生活。④

(三)基督教对非洲发展的影响

1. 对非洲政治民主化的影响

关于非洲教会与政治的关系,张宏明认为,非洲教会与国家关系无一例外是政治与经济、历史与现实、内因与外因等多种因素互动综合作用的结果。⑤ 郭佳分析了基督教会势力在非洲国家政治生活中的重要角色,⑥ 她认为,尽管基督教会不能对刚果(金)的政治走向产生决定性影响,但作为一支举足轻重的力量,其在刚果(金)未来的政治发展中将发挥其他因素所不可比拟的调和及推进作用。⑦

关于基督教会与非洲政治民主化问题,国内已有学者对其进行比较深入的研究。张宏明认为,虽然教会势力在非洲国家政治民主化进程中起到的不过是推波助澜的辅助作用,但其作用和影响不容低估和忽视。⑧ 郭佳指出,基督教会在非洲民主化开启阶段扮演了开启者、策划者与组织者的角色;在民主化推进与危机阶段,又以调节

---

① 雷雨田:《论基督教的非洲化》,《西亚非洲》1990年第2期。
② 张宏明:《多维视野中的非洲政治发展》,社会科学文献出版社1999年版,第355页。
③ 王忠林:《本世纪初黑非洲的反殖宗教运动》,《西亚非洲》1984年第5期。
④ 徐薇:《南非非洲独立教会及其对社会与政治的影响——以锡安基督教会为例》,《世界宗教文化》2019年第2期。
⑤ 张宏明:《多维视野中的非洲政治发展》,社会科学文献出版社1999年版。
⑥ 郭佳:《基督教会在非洲民主化进程中的角色探析》,《西亚非洲》2010年第3期。
⑦ 郭佳:《基督教会在非洲国家政治危机中的角色评析——基于刚果(金)的个案研究》,《世界宗教文化》2018年第3期。
⑧ 张宏明:《多维视野中的非洲政治发展》,社会科学文献出版社1999年版。

者、监督者、教育者的身份出现。它还在维护社会稳定、基督政府、推进民主方面发挥了宗教的独特作用。① 贺文萍在评述乌干达的民主化进程时注意到了乌干达政党政治中的宗教因素，即天主教和基督教新教与伊斯兰教等的矛盾和冲突，它们渗透到政党和当权者之中，对政治产生深刻影响。② 张象主编的《彩虹之邦新南非》指出，在民主谈判的过程中，宗教起了特殊的作用；基督教的传播曾有利于殖民主义的一面，但也开启了南非的近代教育和文化进程；在社会生活方面，宗教则能在各民族文化中起一种协调作用。③ 马恩瑜指出，宗教非政府组织在调解冲突、促进和平、防治艾滋病、扶贫、人道主义救援等方面发挥着积极作用，但在当代非洲年轻世俗国家的建构以及政府权威的塑造方面产生的影响是复杂的，要具体国家具体分析，不能一概而论。④ 刘鸿武等主编的《非洲非政府组织与中非关系》也有一章的内容专门论述非洲宗教非政府组织的概念、背景、活动及影响。⑤

2. 对非洲社会发展的影响

郭佳主要探讨了非洲基督教的现状及其对非洲社会的影响，她指出非洲基督教徒人数在2018年达到6.31亿人，居全球各大洲首位。基督教在非洲现代化进程中呈现出世俗化倾向，且以更加包容和进取的姿态继续在社会公共领域发挥作用，扩展影响。⑥ 郭佳认为，基督教对当代非洲社会的影响具有积极和消极两方面：前者主要表现在慈善公益、社会关怀等，后者集中于舆论导向、政治、安全等方面。非洲基督教要加强与其他宗教的对话和合作，服务非洲社会。⑦ 王涛等在《乌干达圣灵抵抗军产生背景的多维视角分析》⑧ 一文中认为，科尼综合运用了神秘主义、心理暗示、道德说教和恐怖手段，长期掌控这支武装，使之成为撒哈拉以南非洲影响巨大的反政府武装之一。

3. 对"一带一路"倡议的影响

郭佳认为，在"一带一路"倡议实施中，非洲基督教风险主要表现为：基督教文化塑造了非洲人的价值观念，中西方价值观念的不同易对"一带一路"人文交流造成隔阂；基督教会在政治领域的参与可能对非洲政治走向产生一定影响，从而为

---

① 郭佳：《基督教会在非洲民主化进程中的角色探析》，《西亚非洲》2010年第3期。
② 贺文萍：《非洲国家民主化进程研究》，时事出版社2005年版。
③ 张象主编：《彩虹之邦新南非》，当代世界出版社1998年版。相关论述还可参见黄若迟《论南非宗教及其社会文化作用》，《西亚非洲》1986年第3期；潘迎华《论基督教在南非反对种族主义斗争中的作用》，《浙江教育学院学报》2002年第1期；《基督教与新南非的和平与稳定》，《浙江教育学院学报》2003年第2期。
④ 马恩瑜：《宗教非政府组织在非洲国家的角色参与及影响》，《西亚非洲》2009年第7期。
⑤ 刘鸿武、沈培莉主编：《非洲非政府组织与中非关系》，世界知识出版社2009年版。
⑥ 郭佳：《非洲基督教现状及其对非洲社会的影响》，张宏明主编：《非洲发展报告2018—2019》，社会科学文献出版社2019年版。
⑦ 郭佳：《基督教对当代非洲社会的影响》，《世界宗教文化》2019年第6期。
⑧ 王涛等：《乌干达圣灵抵抗军产生背景的多维视角分析》，载浙江师范大学非洲研究院主办《非洲研究》2015年第1卷，中国社会科学出版社2015年版。

"一带一路"倡议在非洲的实施带来不确定因素;基督教与伊斯兰教教派冲突及个别基督教极端势力会对"一带一路"建设造成阻碍。为此,需要加强对非洲基督教的研究,加强中非在基督教领域的人文交流合作。[①]

[①] 郭佳:《"一带一路"倡议实施中的宗教风险探析——非洲基督教的视角》,《世界宗教文化》2017年第3期。

第五篇

新书选介

本部分收录 2019 年国内学术界正式出版的有关非洲研究的学术著述，包括专著、研究报告、志书、学术资料等，不包括译著。各类著作按出版的先后时间排序；同月出版的，排名不分先后。

● 专著

【21 世纪欧盟对非洲援助的政治导向研究】

赵雅婷著

社会科学文献出版社，2019 年 4 月

该书从理论和实践两个层面对欧盟强调人权、民主和良治政治导向的援助政策及其成效进行了逐一探析。在理论分析层面，该书认为，欧盟和非洲对人权和良治问题的认知有重大差异，而民主问题则完全由欧盟主导。欧盟制定对非援助政策的出发点决定了其不可能考虑非洲各国具体的国情与需求，也决定了其以人权、民主和良治为政治导向的对非洲发展援助无法发挥作用。在对援助实践的具体考察中，该书认为，欧盟给予非洲国家的带有政治导向的援助是"一体适用"的，因此，在实施过程中，那些认同欧盟价值观并与其保持良好关系的非洲国家，得到的援助就会更多，但援助的结果则并不尽如人意，并没有达到欧盟所设想的政策目标，甚至阻碍了一些非洲国家的发展进程。就欧盟的收益而言，该援助政策在道义上对欧洲民众有所交代，在实践中能够强化欧盟对非洲的观念影响力，推进欧盟规范在世界范围的传播。该书作者赵雅婷，系中国社会科学院西亚非洲研究所（中国非洲研究院）助理研究员，主要从事欧盟与非洲关系研究。

【印度与南非伙伴关系研究】

徐国庆著

社会科学文献出版社，2019 年 4 月

该书从历史研究与现实跟进的视角，对印度与南非关系进行阶段性分析，集中探析印度南非两国由对手到战略伙伴的转变历程、印度南非双边与多边战略合作的具体领域、印度南非战略合作的影响因素及未来走向等三个方面的议题。印度和南非是重要的发展中国家，在亚洲、非洲、环印度洋区域乃至世界范围内都发挥着越来越重要的作用，两国的伙伴关系具有重要的区域和世界意义。考察印度南非关系发展过程，有助于中国有序发展与包括南非在内的非洲国家的关系，加强与第三世界国家的南南合作，对中印关系也具有一定借鉴与启示意义。全书分为上、中、下三篇，每篇各包括若干章。其中，上篇指出，印度对南非政策大致经历了对峙与博弈、全面恶化和修复与转型三个阶段。中篇则分述了印度与南非战略合作的具体领域，包括经贸、军工与安全、文化等领域。下篇分析了影响印度南非关系的主要因素，如历史联系、国家实力和外交优先议程等，并指出印度南非关系将出现全方位、深层次、战略性的发展态势。该书作者徐国庆，系中国社会科学院西亚非洲研究所（中国非洲研究院）副研究员，主要从事新兴国家对非关系、新兴

国家间关系研究。

【美国与欧盟的北非安全政策研究】
王聪悦著
社会科学文献出版社，2019年4月

该书从重大事件"阿拉伯之春"着手，选取兼具非洲国家、地中海国家、中东国家三重身份的北非五国（埃及、利比亚、突尼斯、阿尔及利亚、摩洛哥）当下所面临的三大非传统安全问题领域（国内冲突、恐怖主义、难民危机）为考察对象，试图论证多重"角色冲突"是导致美、欧的北非安全政策失灵的主要原因。该书以利比亚危机与埃及革命为案例，分别探讨特定情境下，二者如何陷入角色冲突从而难以达到遏制两国危局和维护自身利益的政策目标。作者认为，从角色内涵看，美、欧在北非安全事务舞台上绝非单纯的实用主义者或规范性力量，无论是"急需国际公信力与合法性的实用主义者"还是"务实的规范性行为体"均天然带有理想与现实主义交织的双面性特征，需要二者在实践中不断寻求自我平衡。在角色扮演过程中美国与欧盟均表现不佳，双双陷入多样化角色冲突的重重包围之中，导致政策实践趋于"空心化""低能化""碎片化""盲目化"，并最终走向失灵。该书作者王聪悦，系中国社会科学院美国研究所助理研究员，主要从事美国社会文化研究，侧重美国的社会思潮、社会运动及其国际角色的国内因素考察。

【保护的责任：全球治理视野下的国际法规范演化】
史晓曦著
社会科学文献出版社，2019年4月

该书以保护的责任原则作为研究对象，阐述它在国际法上的源起、理论基础、法律性质、制度形态以及实践效果。第一章研究保护的责任的发展过程。第二章探讨保护的责任的法理基础。第三章研究保护的责任在国际法上的定位。第四章研究保护的责任的制度形态。重点探讨非洲联盟体系下的保护的责任和联合国与非洲联盟的协调机制。第五章研究美国、中国、巴西三个不同类型的"大国"关于保护的责任的立场。第六章研究保护的责任在实践中遭遇的挑战。该书认为，在当前的国际法制度环境下，保护的责任还有其重大的限度，如无法替代国家能力建设的作用、无法克服集体决策机制的内在缺陷、无法回应双重适用标准的批评。因此，需要把保护的责任限制在其能够发挥作用的领域，以此为推进全球治理的国际法律手段之一，抵制以政权更迭为目的的军事行动以及以"新殖民主义"为目的的重建计划，尤其需要借助这个理念推动全球法治制度建设，拓展多元国际主体共同参与应对大规模人道危难的事业。该书作者史晓曦，系中国社会科学院西亚非洲研究所（中国非洲研究院）助理研究员，主要从事非洲政治、法律和中非合作研究。

【殖民主义与非洲社会变迁：以英属非洲殖民地为中心（1890—1960年）】
李鹏涛著
社会科学文献出版社，2019年5月

该书旨在展示殖民时代非洲社会的

剧烈变迁，揭示非洲民众在塑造殖民地社会变革进程中的能动作用。作者认为，从19世纪90年代前后欧洲国家确立对于非洲的殖民统治，到20世纪60年代大多数非洲民族国家实现独立，这70年左右时间是非洲史的殖民时期。殖民统治表现出残暴性和剥削性，同时也暴露出霸权的脆弱性，它无法有效控制殖民地社会变迁，这体现在殖民地社会变迁的各个方面，例如殖民地的经济变革、城镇化、性别、家庭和人口、种族关系、大众传媒、宗教、娱乐休闲和教育等方面的变化。尤其是在二战后，英国在非洲殖民统治进入"发展型"殖民主义阶段，殖民地国家极力推动殖民地社会变革，而这构成了20世纪五六十年代非殖民化的重要背景因素。另外，该书还重点探讨了非洲史与英帝国史之间的关联，作者认为，虽然非洲殖民地很少是帝国决策者优先考虑的对象，处于帝国的边缘地带，但帝国本土力量和非洲当地社会力量的相互作用，塑造着非洲当地社会的变迁。该书作者李鹏涛，系浙江师范大学非洲研究院研究员、世界史博士，主要从事非洲史研究。

【非洲学发凡——实践与思考六十问】

刘鸿武著

人民出版社，2019年6月

该书基于作者对非研究的丰富实践，以问题为导向，以案例为支撑，对建构有特色中国非洲学的背景、意义、目标、路径、前景等问题作了深入浅出的分析说明。全书分为引言、正文和后记三大部分。其中引言指出了非洲研究的意义；正文则以强烈的问题意识探讨了中国非洲研究的方方面面，如非洲民族学、历史文化、宗教哲学、语言艺术、考古、政治思想等。此外，该书还对如何做好学术研究和智库工作进行了深入探讨。作者认为，非洲学是一门以非洲大陆的人文与自然为研究对象、探究非洲文明历史进程及其当代政治经济与社会发展问题的综合交叉学科，其内容既包括对非洲大陆做专门化认知研究的各类探索活动与探索过程，也包括经由这些认知探索活动积累而成的系统化的概念与方法、知识与思想。这门学科对创造中非共享知识、完善当代中国学术体系、助推中非命运共同体建构都有重要的意义。该书是此领域国内首部专著，既有理论思考，也有案例解读，融知识性、实践性、学理性于一体，对理论与实务工作者都有参考借鉴意义。该书作者刘鸿武，系教育部长江学者特聘教授，浙江师范大学非洲研究院创始院长，浙江师范大学学术委员会副主任，非洲教育与社会发展专业博士生导师。

【大国经略非洲研究（上、下）】

张宏明主编

社会科学文献出版社，2019年7月

该书选取法国、英国、德国、美国、日本以及印度、俄罗斯、巴西8个国家作为"研究对象国"，从"大国与非洲关系""大国在非洲关系"以及"大国战略关系等"多重关系互动的视角，分析、研判、回应中非关系在国际体系层次已经或可能出现的各种重大问题，试图解析如何妥善处理中国与世界主要国家特别是西方大国在非洲的利益关系，减小中国"走进非洲"的国际阻力，进而为中国在非洲活动营造良好的国际氛围。该书在结构上将每个"研究对象国"辟为一章，由三部分构成：一是纵向梳理"研究对象国"对非政策的演化脉络；二是横向展开"研究对象国"与非洲各领域合作的内容、方式和效果；三是侧重中国与"研究对象国"在非洲关系的前瞻性、战略性、对策性研究。该著作被列入中国社会科学院2019年度创新工程重大科研成果。该书主编张宏明，系中国社会科学院西亚非洲研究所（中国非洲研究院）研究员，中国亚非学会会长，主要从事法非关系、中非关系和非洲传统宗教文化研究。该书作者还包括中国社会科学院西亚非洲研究所（中国非洲研究院）的朱伟东研究员（主要研究英非关系、非洲法律）、张永蓬研究员（主要从事日非关系、非洲国际关系研究）、刘中伟副研究员（主要从事美非、德非关系研究）和徐国庆副研究员（主要从事印非、俄非关系研究）。

【国家起源与古代王国研究：以非洲为例】

李安山著

湖北科学技术出版社，2019年8月

该书指出，国家起源与古代王国两者是紧密联系在一起的，非洲的国家起源与其他大陆一样，有其自身的逻辑。在国家起源的研究中，所谓经典作家对非洲的关注极少，所举的例证多来自祖鲁王国，对其他非洲王国的史实或是由于学科局限而不太清楚，或是认为不具备典型意义。该书分为两个部分。第一部分是关于国家起源和政体演进的理论概述，主要介绍一些有代表性的理论，如马克思恩格斯的国家起源理论、斯宾塞的冲突、暴力与征服论、弗兰兹·奥本海默的牧人对农民的征服论、冈普洛维奇的征服导致国家形成理论。第二部分描述了非洲王国的个案，包括非洲的重大考古发现与人类的起源，古代苏丹的黑人法老与努比亚王权，阿克苏姆王国，西非的加纳、马里、桑海王国，加涅姆—博尔努与豪萨城邦，僧祇帝国与斯瓦希里文明，大津巴布韦与姆塔帕帝国，刚果王国，阿散蒂帝国，西部非洲的森林王国，等等。该书以平和的语言讲述生动的史实，用非洲古代王国来为学界解说国家起源和王权政治提供一些依据和政治理论启示。该书作者李安山，系北京大学教授，中国非洲史研究会会长，联合国教科文组织《非洲通史》第9—11卷国际科学委员会副主席，长期从事非洲历史、非洲华侨华人史、中非关系史研究。

【第二次世界大战后日本的非洲外交研究】

王　盈著

上海社会科学院出版社，2019年9月

该书是国内首部对战后日本非洲外交进行系统性研究的著作。该书认为，日本对于自己国家身份的定位，深刻影响着其对外关系的利益诉求和行为模式。随着国际局势的演变，战后日本的对非外交经历了酝酿、形成、调整的变化过程。战后日本非洲意识的酝酿与行为模式的形成是从旧金山和会、万隆会议、苏伊士运河危机会议、联合国会议等一系列国际会议开始的，这些场合也充分体现了自视"名誉白人"的日本在非洲问题上的摇摆性和功利性。随着国内经济的腾飞，日本开始重视对外援助在日非关系中的重要作用，援助也构成了日本对非关系的基本形式。"名誉白人"的独特身份认同使日本的对非援助不同于其对亚洲的援助，而更接近欧美国家。由于自身并非完全的白人国家，日本的对非外交也具有与集团内其他成员不一致的地方，在集团内部日本队并未被平等对待，随着国力的增长，日本试图借助对非外交提升自身地位。该书还在分析总结国家身份对日本对非外交行为产生的具体影响模式后，对日本当前的国家身份定位进行判断，并对未来日本对非外交的调整进行了展望。该书作者王盈，系上海社会科学院宗教研究所助理研究员，上海社会科学院日本研究中心副主任，日本国爱知大学客座研究员。

【非洲华人社会经济史（三卷本）】

李安山著

江苏人民出版社，2019年11月

该书为全面深入研究非洲华侨华人经济社会史的鸿篇巨制，在系统阐述非洲华侨华人史研究的背景、方法和现状，以及中非关系史概览之外，以时间为序，论述了从古代到辛亥革命时期、民国时期、1949—2016年以来非洲华侨华人社会经济各方面的演变。在此基础上，论及新移民的定义、作用和分类，以及华侨华人对非洲社会的影响等理论问题。该书利用各种史料，对人们关心的各种问题做了深刻的解答，并对一些偏见给予评判，对非洲华人的未来做出展望。全套著作分上中下三卷，探讨的主题包括：早期中非关系，非洲华人的起源，18—20世纪非洲的契约华工，非洲早期华人社区活动，契约华工受到的压迫、歧视和抗争，清朝政府对非洲华侨的政策，非洲华侨与辛亥革命、非洲华侨的经济发展，人口与社会，抗日战争前后的非洲华侨，华文学校的兴起与社区文化生活、非洲华侨社会团体，华侨的困境，非洲华侨与中华民国政府的互动关系，战后非洲华人人口的变化，非洲华人经济，20世纪90年代以来的非洲华商经济，华人社团的传承与演变，华人的文化生活和精神世界，华人—中国—非洲的三角关系。该书作者李安山，系北京大学教授，中国非洲史研究会会长，联合国教科文组织《非洲通史》第9—11卷国际科学委员会副主席，长期从事非洲历史、非洲华侨华人史、中非关系史研究。

【北非变局对环地中海国际关系的影响研究】

刘云 钱磊著

社会科学文献出版社，2019年12月

该书对新近发生的国际关系重大事件与重大变化进行了全面、系统的研究，论述了北非变局之后环地中海国际关系的变迁。研究内容涵括了北非变局的新形势下环地中海国际关系领域中的主要问题与关键性问题，如突尼斯革命、埃及变局、利比亚问题、叙利亚危机、

"伊斯兰国"等，深度挖掘了环地中海国际关系所体现的意义、模式与问题，展现了环地中海国际关系的新发展对推进地中海南岸国家未来政治经济发展、建构新型南北关系所具有的建设性意义。从具体的章节看，全书重点关注的问题在于：从"联系国"到地中海联盟的欧洲地中海关系的当代发展、西亚北非变局和欧洲的反应、北非变局对欧洲的影响和冲击、北非变局与欧盟地中海政策的两次调整，内容包括欧盟"民主促进"战略的出台与挫折、德国调整对埃政策、巴黎暴恐事件与欧盟地中海政策的再调整、欧洲与地中海国家关系的思考，特别是利益与价值观、伊斯兰主义与民主促进、难民问题的治理等。该书作者刘云，系浙江师范大学非洲研究院教授，主要从事中东、非洲政治与国际关系、中非关系研究；钱磊，系浙江师范大学人文学院教师，主要从事埃及政治史、埃及—欧洲关系史研究。

【发展和平：全球安全治理中的规范竞争与共生】
何　银著
中国社会科学出版社，2019年12月

该书提出，规范产生于人类文明的实践。长期以来主导国际建设和平的是产生于西方文明的自由和平。以中国为代表的东亚发展型国家的现代化实践经验，在中国崛起之力的推动下上升为一个称作发展和平的规范，开始对国际建设和平产生影响。自由和平重视制度建设，主张通过建设自由民主的政治制度和新自由主义经济制度实现和平。发展和平主张在政治和社会稳定的前提下，以经济建设为中心，通过经济发展带动国家的全面发展，进而消除维和建和东道国国内冲突的根源。发展和平弥补了自由和平的不足，两种和平规范可以互补共生。崛起的中国不仅仅是维和建和规范的学习者和接受者，还是供应者和传播者，发展和平是联合国维和建和中的中国方案。通过案例研究发现，存在发展和平与自由和平竞争的利比里亚，建设和平的效果要好于自由和平独霸的海地。这证明了两个和平规范之间的竞争不一定出现零和的结果，而是可能出现互补性共存甚至共生的关系。近些年来，卢旺达、埃塞俄比亚和肯尼亚等非洲国家在国家治理方面探索的经验表明，发展和平正在对非洲乃至全球范围内的安全治理产生影响。该书作者何银，系中国人民警察大学中国维和警察培训中心副教授，曾赴东帝汶维和，主要从事中国维和研究和维和人员的培训。

● 研究报告

【中非产能合作发展报告（2018）：南非、肯尼亚、坦桑尼亚三国投资环境与产业园区建设调研】
张巧文　黄玉沛　孙志娜编
经济科学出版社，2019年1月

该报告是在浙江师范大学经济管理学院、中非商学院的研究团队在南非、肯尼亚和坦桑尼亚三国实地考察和研究的基础上完成的。报告发现非洲产能合作的巨大机遇，同时也提出产能合作的风险，使中非双方的企业家关注非洲投资环境的新变化，了解非洲产业园区对产能合作的重要性，找到中非双方未来产能合作的重点领域和优先发展方向，从而为浙江的企业家们抓住机遇、规避风险，到非洲去进行发展和开拓，提供有针对性的建议。该报告作者张巧文，系浙江师范大学经济与管理学院、中非国际商学院副教授，主要从事中非经贸关系、对非投资的影响力研究；黄玉沛，系浙江师范大学经济与管理学院、中非国际商学院副教授，主要从事非洲债务可持续问题、中非经贸研究；孙志娜系浙江师范大学国际经济与贸易系讲师，主要从事国际贸易理论与政策、中非贸易和投资研究。

【非洲发展报告（2018—2019）】

张宏明主编

社会科学文献出版社，2019年8月

《非洲发展报告（2018—2019）》分为六部分。"主报告"首先论述2018—2019年非洲地区的主要发展形势，同时聚焦中非合作发展论坛北京峰会，阐释中非友好合作关系的新发展。"分报告"分别介绍了非洲地区政治安全形势的新发展与新挑战，非洲地区经济发展的新形势和经济可持续发展所面临的各种挑战，以及美国、法国、日本、中国、欧盟和金砖国家等国家或组织对非战略及对非关系的调整与深化。"专题报告"从非洲传统信仰、非洲伊斯兰教、非洲基督教、族群特点与关系等方面切入，从宏观层面论述非洲的宗教文化和大陆国家间及内部各族体间关系的发展和面临的问题。"国别动态"选取尼日利亚、喀麦隆、刚果民主共和国、安哥拉、南非，分别从国家治理、安全建设、大选情况和政局走向、经济改革、政治动态等方面，就重要政策、重大事件展开分析论述并预判前景。"市场走向"重点分析2017—2018年非洲贸易、投资、国际援助的发展趋势。"文献资料"包括2018年非洲大事记、国内非洲研究述评和非洲地区主要宏观经济数据。报告主编张宏明，系中国社会科学院西亚非洲研究所研究员，中国亚非学会会长，主要从事法非关系、中非关系和非洲传统宗教文化研究。

【"中国非洲研究院文库·智库系列"丛书】

中国社会科学出版社，2019年10月

李新烽和格雷戈里·休斯敦等著《非洲华侨华人报告》认为，从中非交往源头至今，非洲华侨华人是中非交往重要的桥梁，他们积极融入非洲社会，为非洲大陆的建设做出了重要贡献，但同时在非华侨华人也面临着融入困境与形象挑战。在中非合作的新时代，中国政府、媒体、智库、学术机构、非洲华侨华人协会、非洲华侨华人个体等各方应采取措施积极应对，以改变非洲民众对中国人形象的刻板成见，更好传递中国国家形象和精神文化，进而提升中国在非洲的文化软实力和影响力。该报告荣获"中国社会科学院2019年度国家智库报告优秀奖"。作者李新烽，系中国社会科学院西亚非洲研究所所长、中国非洲研究院常务副院长，研究员，中国社会科学院研究生院西亚非洲系主任、博士生导师，《西亚非洲》杂志主编，兼任中国非洲史研究会副会长，主要从事非洲华人华侨、苏丹、南苏丹、南非等研究；格雷戈里·休斯敦，系南非人文科学研究理事会（HSRC）首席研究专家，主要从事南非民族和解、民主治理研究。

王林聪、朱泉钢著《中国与埃及友好合作》指出，中国与埃及友好合作具有战略性、全面性、伙伴性、开创性和示范性等特点，不仅有利于两国的发展和稳定，也有利于非洲和中东地区的和平与繁荣，是构建"人类命运共同体"的重要实践。报告还就中埃战略伙伴关系的高质量发展提出了有建设性的政策建议。该报告荣获"中国社会科学院2019年度国家智库报告优秀奖"。作者王林聪，系中国社会科学院西亚非洲研究所副所长、中国非洲研究院副院长、研究员，中国社会科学院研究生院西亚非洲系副主任、博士生导师，兼任中国中东学会副会长、秘书长，中国社会科学院海湾研究中心副主任，主要研究领域为中东政治和中东国际关系；朱泉钢，系中国社会科学院西亚非洲研究所（中国非洲研究院）助理研究员，主要研究领域为中东政治和中东国际关系。

朱伟东、王琼和王婷著《中非双边法制合作》正视中国在非各类活动中面临的法律困境，提出应加强现有的双边法制合作，推动与更多非洲国家商签投资保护条约、民商事和刑事司法协助条约、税收条约等，同时补充、完善条约的某些规定；尽快同一些非洲国家和地区性经济组织商签自贸协定；加强在立法、司法和执法等领域的交流与合作；利用多边途径加强在跨国犯罪、反腐、民商事和税收等领域的合作。该报告作者朱伟东，系中国社会科学院西亚非洲研究所（中国非洲研究院）研究员、博士生导师，中国社会科学院首届领军人才，主要从事非洲法律、中非法律合作研究；王琼系中国社会科学院西亚非洲研究所（中国非洲研究院）副研究员，主要从事中东非洲政治、中东非洲法律、中东非洲热点问题与国际法研究；王婷系中国社会科学院研究生院西亚非洲系博士研究生，研究方向是非洲法、非洲国际关系。

王金岩著《中国与阿尔及利亚的友好合作》指出，阿尔及利亚是第一个与中国建立全面战略合作伙伴关系的阿拉伯国家。中国的"一带一路"倡议提出后也得到阿尔及利亚的热烈响应。两国始终保有多层次的政治交往，在国际和地区事务中保持密切的沟通和协调，经贸往来不断取得重大进展。两国在教科文卫等领域保持长期友好合作。当前，阿尔及利亚正处于政治、经济、社会转型阶段，未来的中阿合作因此面临诸多新的机遇与挑战。该报告作者王金岩，系中国社会科学院西亚非洲研究所（中国非洲研究院）副研究员，主要从事阿拉伯国家的政治、社会问题研究。

徐国庆著《印度与非洲关系发展报告》对印度对非政策演变加以分析，研究探讨印非政治、经贸和人文交流等关系发展的现状和前景，并结合中印对非政策异同、印度对中非合作的认知等议题，提出当前中印在对非合作上存在的分歧，并从智库的角度提出相关的对策。

中国一方面须充实中非合作机制，另一方面可探索同印度在涉非经贸、安全等相关议程上开展磋商与合作。该报告作者徐国庆，系中国社会科学院西亚非洲研究所（中国非洲研究院）副研究员，主要从事新兴国家对非关系、新兴国家间关系研究。

沈晓雷著《中国与津巴布韦友好合作》系统梳理中津在政治、经济、教育和文化等领域取得的合作成就及中津全面战略合作伙伴关系建立的历程，详细分析了中津共建"一带一路"所面临的机遇与挑战。报告认为，应提升津巴布韦在共建"一带一路"中的地位、推进两国治国理政交流、加强两国发展经验共享、深化两国经贸领域合作和加强两国民心相通。该报告作者沈晓雷，系中国社会科学院西亚非洲研究所（中国非洲研究院）助理研究员，主要从事非洲政治、非洲民族、南非和津巴布韦国别问题研究。

邓延庭著《中国与东非共同体成员国友好合作》全面梳理东非共同体成员国的发展战略，探讨中国"一带一路"倡议深度对接和参与域内各国现代化建设的重要意义，并且通过梳理中国与东非共同体成员国的合作成就，系统分析进一步深化双方合作所面临的机遇与挑战。该报告作者邓延庭，系中国社会科学院西亚非洲研究所（中国非洲研究院）助理研究员，主要研究领域为东非一体化与中非合作。

周瑾艳著《中欧非三方合作可行性研究》旨在介绍三方合作的最新讨论和实践层面的进展，并通过三个具体国别和行业案例（中英非安全合作、中德非职业教育合作、中欧非医疗合作）研讨三方合作面临的机遇和挑战。报告建议，三方合作应抓住新契机，从战略对接到具体政策合作层递推进，推动具体项目落地，从减贫和农业、公共卫生等争议较小、意义重大的领域开始，由易而难，循序渐进。该报告作者周瑾艳，系中国社会科学院西亚非洲研究所（中国非洲研究院）助理研究员，主要从事非洲发展问题、中国与西方对非洲的发展援助比较与三方合作、埃塞俄比亚国别研究。

【中非之路：坦赞铁路沿线访谈录】
张勇主编
浙江大学出版社，2019 年 10 月

该报告旨在纪念中国、坦桑尼亚、赞比亚三国签订坦赞铁路修建协定 50 周年，传承"坦赞铁路精神"，结合《重走坦赞铁路》纪录片，对相关人士进行访谈集结成书。全书共分六章，从原坦赞铁路修建亲历者、现坦赞铁路工作人员、坦赞铁路沿线地区民众、坦赞铁路列车乘客、坦赞铁路精神传承者、坦赞铁路研究者、媒体人等角度全方位、跨时空展现坦赞铁路发展全貌，对传播中国形象、弘扬中国文化的核心价值观具有良好的效果。该书运用真实客观的图片和文字语言，打破偏见，以异文化视角和人的感知去解读中非人民的交流，展现当下中国的发展和包容，引领更多的人读懂中国，读懂非洲，读懂世界。不仅具有专业的说服力，也展现了一种全新的中国文化传播策略。该书作者张勇，系浙江师范大学非洲研究院副教授，非洲影视研究中心主任，主要从事非洲影视研究。

● 志书

【《列国志》系列丛书】

社会科学文献出版社，2019年

新版《列国志》系列丛书2019年度出版了3部，由社会科学文献出版社出版。分别是王涛、曹峰毓编著的《毛里求斯》，裴善勤、钱镇编著的《坦桑尼亚》（第二版）和李广一编著的《毛里塔尼亚》。三本工具书分别对毛里求斯、坦桑尼亚和毛里塔尼亚的基本概况、历史、政治、经济、军事、社会、文化、外交等方面做了全面论述，对中非合作和"一带一路"在非洲的推进具有重要参考价值。《毛里求斯》的编者王涛，系云南大学国际关系研究院教授；曹峰毓，系云南大学国际关系研究院在读博士生。《坦桑尼亚》的原编者裴善勤，系新华社高级编辑，20世纪90年代曾任新华社驻达累斯萨拉姆分社首席记者；修订者钱镇，系中共中央党校（国家行政学院）国际战略研究院副研究员。《毛里塔尼亚》编者李广一，系原中国非洲史学会副会长，湘潭大学国际关系暨非洲研究中心主任，已退休。

● 学术资料

【非洲经济地理与区域发展研究资料汇编（共6卷）】

张振克主编

江苏人民出版社，2019年1月

《非洲经济地理与区域发展研究资料汇编》（1—6卷）汇编了南京大学地理系非洲经济地理研究室（非洲研究所的前身）1964—1986年未公开发表的涉及非洲地理研究诸多领域成果，2019年由江苏人民出版社出版，汇编丛书共分6卷。该套资料收录的《非洲经济地理资料参考》（后更名为《非洲地理资料》）和《非洲地理专刊》系最早涉及非洲地理与区域发展研究的未公开发表的连续出版物。此次汇编出版时，对原稿中的部分文字、图片、表格做了修改，按时间排序，每卷由专题研究非洲的若干篇论文组成，涉及非洲石油、农业、城市、国家、气候、自然地理、钢铁工业、木材、矿产资源、交通地理、区域发展等内容，反映了20世纪60—80年代中国非洲地理研究特别是非洲经济地理研究的概貌，具有较大的学术史料价值。同时，它对开展非洲自然地理、非洲经济地理与区域发展研究有一定的参考价值，对深入认识非洲地理环境、资源分布、工农业布局以及区域发展等仍有重要的现实意义。该书主编张振克，系南京大学非洲研究所所长、教授、博士生导师，兼任中国亚非学会副会长、中国非洲问题研究会执行秘书长、中国非洲史研究会理事、中国地理学会理事，长期从事沉积环境、海洋资源与环境方面的研究。

（李文刚编写）

第六篇
学刊简介

本部分共收录了22种学术期刊和学术集刊。收录标准有两个：一是由此前国内从事非洲研究的单位出版但现已停刊的刊物，这些刊物虽大多为内部发行，但为中国非洲研究事业的起步与推进做出了重大贡献；二是当前主要发表非洲研究的相关学术期刊和已连续出版2期以上的学术集刊。由于中东研究范围包括北非地区和国家，亦被收录其中。各刊简介所参考的资料，主要来自它们的网站、征稿启事，以及它们所发表的文章内容。已停刊刊物的简介，有的还参考了主办单位的大事记、相关学者的综述文章，以及相关单位提供的资料。学刊简介按"现有学刊"和"已停办学刊"两类进行简介，每类按各刊出版时间先后排序。

● 现有学刊

【《阿拉伯世界研究》（1978年）】

该刊1978年创刊，最初名为《阿拉伯世界》，主办单位为上海外国语大学中东研究所前身——中东文化研究所。1982年起，《阿拉伯世界》以季刊公开发行。2003年变更为双月刊，2006年更名为《阿拉伯世界研究》，2014年成为中国原国家新闻出版广电总局第一批认定学术期刊。

《阿拉伯世界研究》一直致力于弘扬学术探索与创新精神，促进中国"阿拉伯学""中东学"的学科建设和发展，长期关注西亚北非地区政治、经济、能源、安全、宗教、社会和文化等领域的发展，强调对相关热点问题进行深入系统的学理探究，力求凸显中国话语和全球视野。

《阿拉伯世界研究》注重基础研究与政策研究相结合，对中东研究中的重大理论与现实问题进行深入研讨，近期关注的议题主要包括：中东极端主义思想和组织的案例研究，中东国家内政与外交及社会思潮，美欧俄及新兴大国的中东政策，中东地区的海洋（五海）政治及环印度洋政治，中国与具体中东国家的双边关系，"一带一路"建设的具体领域和案例研究。

《阿拉伯世界研究》现被列入中国社会科学院编制的《中国人文社会科学期刊AMI评价A刊》（2018年版）扩展版、南京大学编制的《中文社会科学引文索引》（2019—2020年版）扩展版、北京大学编制的《中文核心期刊要目总览》（2017年版）。该刊每年均有多篇文章被中国人民大学复印报刊资料《世界经济导刊》《国际政治》和《宗教》等二次文献转载。

【《西亚非洲》（1980年）】

1980年3月，中国社会科学院西亚非洲研究所开始创办《西亚非洲》双月刊，由综合编辑室编辑和中国社会科学出版社出版，内部发行，16开本，每期约15万字。1982年，《西亚非洲》改由中国社会科学出版社在国内发行。2001年1月，《西亚非洲》正式进入全国邮局发行系统和中国国际图书贸易公司海外发行渠道。

《西亚非洲》以马克思主义为指导，

以弘扬学术、服务读者为宗旨,致力于搭建学术平台、引领学术发展、创建拥有学术精品的学术刊物。该刊注重深度探究西亚非洲地区政治、经济、国际关系、历史、宗教、文化和社会问题等研究领域,兼顾基础理论与重大现实问题研究,突出理论性、前瞻性和创新性研究成果,主要栏目包括热点透视、主题讨论、研究论坛和学术评论。2019 年,该刊主要聚焦伊斯兰革命 40 年伊朗内政外交的演变、大国与非洲的关系、跨国民族问题、中国外交 70 年与新南南合作、"逆全球化"思潮中的排外主义、中东政治发展与安全治理,发表了一系列重要的研究成果。至 2019 年年底,《西亚非洲》共出刊 269 期。

《西亚非洲》一直是中国中东、非洲研究学者的权威性学术园地,也是中国有关政府部门、各大专院校和科研单位国际问题教研人员,以及外经贸企业和市场调研人员的重要参考读物。《西亚非洲》现列为《中国人文社会科学期刊 AMI 评价 A 刊》(2018 年版)、《中文社会科学引文索引》(2019—2020 年版)、《中文核心期刊要目总览》(2017 年版),每年均有多篇文章被《中国社会科学文摘》和中国人民大学复印报刊资料《国际政治》《中国外交》等转载。

【《亚非纵横》(1990 年)】

该刊原名《亚非》,为中国亚非发展交流协会在 1990 年创办的会刊,每年出版 4 期。自 1992 年起作为内部刊物发行,1994 年与国务院发展研究中心亚非研究所共同主办后将刊物名称改为《亚非纵横》,自 2004 年第 1 期起转为公开发行,自 2006 年起改为双月刊,每年发行 6 期。

《亚非纵横》以为党、政、军、学、企等各界读者深入了解和认识亚非乃至世界提供高质量服务为宗旨,主要刊登关于亚非地区及影响该地区的重大战略问题、热点问题和政治、经济、科技、社会等方面问题的重要研究成果。在办期间,该刊主要栏目包括:非洲问题研究、专家视角、周边动态研究、美国与亚洲、专家视角、周边发展研究、国际经济研究、能源合作、印度问题及中印关系、中东地区和区域经济合作等。

自 2015 年第 3 期起,该期刊改名为《亚太安全与海洋研究》,由亚非研究所和南京大学中国南海研究协同创新中心合作办刊,研究领域更侧重亚太地区。

【《亚非研究》(2007 年)】

2007 年创刊,为北京外国语大学亚非学院主办的学术性、专业性集刊。该刊创办之初,第 1—7 辑由时事出版社出版,自 2015 年第 8 辑起改由社会科学文献出版社出版,自 2016 年第 9 辑起改为每年 2 辑,至 2019 年已出版 14 辑。

《亚非研究》主要发表国内外亚非研究领域的相关成果,栏目设置包括语言文学、历史文化、社会政治、跨学科研究、域外视点、经典译丛和研究动态(含书评、综述),以及非洲地区研究、中东地区研究、南亚地区研究、东南亚地区研究、东亚地区研究和亚太地区研究等。

自 2015 年以来,《亚非研究》在非

洲与中东研究领域发表的研究内容主要包括：以埃塞俄比亚为例分析近代非洲国家的改革，非洲选举冲突，中东伊斯兰国家的现代化对民族主义的影响，中东地区伊斯兰教派矛盾，加纳大选及其民主化进程，中非关系的若干质疑及其回应，中非投资合作的法律障碍，中国与东非国家的人文交流与合作，以及非洲的中国新移民等。

《亚非研究》在2015年入编中国知网、中国学术期刊网络出版总库。经过多年发展，该刊的专业性与权威性已获得国内同行的认可与好评，且为中国有关政府部门在亚非问题上进行决策提供了一定的智力支持。

【《非洲研究》（2010年）】

该刊2010年创刊，由浙江师范大学非洲研究院主办，是刊发非洲研究成果、探讨非洲问题的综合性学术集刊，至2019年已出版19卷。该刊自2010年至2014年每年1卷，自2015年起每年2卷；第1—11卷由中国社会科学出版社出版，自第12卷起由社会科学文献出版社出版。

《非洲研究》秉承浙江师范大学非洲研究院"非洲情怀、中国特色、全球视野"的治学精神，坚持"求真创新、平等对话、沟通交流"的办刊方针，致力于搭建开放的非洲研究学术交流平台，汇粹学术思想与观念之精华，努力推动中国非洲研究事业的进步。

《非洲研究》拥有鲜明定位和特色，致力于打造独具非洲特色的人文社会科学期刊，旨在创建一个以非洲问题为研究对象的多学科、综合性学术交流平台。该刊设有非洲政治与国际关系，非洲经济与发展，非洲历史、教育与文化，中非关系，非洲研究书评及海外来稿等栏目。2019年，该刊物主要关注的问题包括非洲国家治理与政治发展、族群关系、经济一体化、教育发展进程和中非命运共同体研究等。

《非洲研究》在2015年入编中国知网、中国学术期刊网络出版总库。2019年，该刊荣获社会科学文献出版社优秀集刊奖，体现其较强的学术影响力。

【《中国非洲研究评论》（2011年）】

该刊2011年创刊，为北京大学非洲研究中心主办的学术集刊，至2019年已出版7辑。第1辑由北京大学出版社出版，自第2辑起由社会科学文献出版社出版。

《中国非洲研究评论》将前沿探讨与基础研究相结合，主要收录国内外学者对非洲政治、经济、社会、历史、教育、文化和中非关系等方面的研究成果。与此同时，该刊题材丰富、作者多元，且注重培养年轻学者。除学术论文外，还会收录非洲领导人和中国驻非大使演讲、研究综述、调研报告、研究心得、青年园地和研究生手记等作品。

《中国非洲研究评论》在组稿时还充分依托北京大学非洲研究中心的资源优势，如2015年第5辑收录了"博雅非洲论坛"自2014年创办后历次活动的重要成果，2017年第7辑则选取了由该中心主办的2017年"北京论坛：中非合作发展的新趋势"的优秀论文，主题包括政治和国际关系、经贸合作与中国经验、中非合作与双向移民，以及人文交流等。此外，2016 年第 6 辑重点推介非洲文学和梳理中国非洲文学研究的历史与现状，为国内非洲文学研究做出了贡献。

《中国非洲研究评论》已入编中国知网、中国学术期刊出版总库，在同类集刊中下载量和引用量均位居前列，拥有较强的学术影响力与社会影响力。

【《非洲经济评论》（2012 年）】

该刊 2012 年创刊，是由上海师范大学非洲研究中心主办，由上海三联书店出版的学术集刊，每年出版一期，至 2019 年已出版 8 期。

《非洲经济评论》以非洲经济研究为核心，同时兼顾非洲历史、中非关系等其他领域。从研究内容来看，主要跟踪非洲大陆的经济发展趋势，剖析其中的规律，所刊发文章均为国内外最新研究成果，尤其是关于非洲经济和中非经贸关系领域的研究成果。

《非洲经济评论》设有非洲经济研究、中非经贸关系研究、非洲区域经济组织研究、非洲经济史研究、非洲对外经济关系研究、古代中非关系史研究和青年园地等栏目。在 2019 年出版的最新一辑中，非洲经济研究栏目考察了 2018 年非洲经济发展状况，研究了南非的汇率制度和费尔斯通天然橡胶公司在利比里亚的发展历程，以及译介了联合国非洲经济委员会组织发布的《非洲经济报告（2019）》的概要和《联合国非洲经济委员会六十年：1958—2018》；中非经贸关系研究栏目分析了中非经贸合作新趋势、中非共建"一带一路"的现状和前景及中国对非农业投资等问题；综述·书评栏目则评述了《非洲经济史：内部发展与外部依赖》和《中非关系和非洲经济转型》两本著作。

自创刊以来，该刊已成为国内非洲经济研究的一个重要学术平台，为国内外从事非洲经济研究和中非经贸关系研究的学者提供了一个学术讨论、信息交流和展现成果的重要渠道。

【《阿拉伯研究论丛》（2015 年）】

该刊 2015 年创刊，是由北京第二外国语学院中东学院、中阿改革发展研究院主办，由社会科学文献出版社出版的学术集刊，每年出版 2 期，至 2019 年已出版 10 期。

《阿拉伯研究论丛》旨在深度探究阿拉伯地区政治、经济、国际关系、历史、宗教、文化、语言、文学和社会问题等研究领域，兼顾基础理论与重大现实问题研究，注重学术性、前沿性、创新性、时代性，依托北京第二外国语学院，面向全国，兼及国际，努力反映国内外阿拉伯研究领域的最新进展。

《阿拉伯研究论丛》主要栏目包括国别与区域聚焦，阿拉伯政治、经济与社会，以及阿拉伯语语言文学与文化等。该刊自创刊以来先后重点关注的主题包括：埃及当下与未来、黎巴嫩当下与未来、叙利亚危机与大国博弈、"伊斯兰"世俗化与国际政治、中东历史与现实的多维探讨、"一带一路"沿线国家文化特性及开展人文交流可行性研究、埃及与沙特的转型之路、中阿产能合作，以及中东地区的思想、文明与发展等。

《阿拉伯研究论丛》在2015年创刊后，当年入编中国知网、中国学术期刊网络出版总库，并于2018年加入中国国际关系期刊研究会，目前已成为国内阿拉伯研究的重要学术集刊之一。

【《北大中东研究》（2015年）】

该刊2015年创刊，是由北京大学外国语学院阿拉伯语系主办，由社会科学文献出版社出版的学术集刊，至2019年已出版3期。

《北大中东研究》依托北京大学外国语学院阿拉伯语系的学术研究领域与优势，以中东历史、文化、文学和语言研究为核心，主要栏目包括语言与文学研究、中东研究、历史与文化研究及书评，同时每期适当增加外国学者的文章，或直接引进或翻译。

在2018年出版的最新一期《北大中东研究》中，历史与文化研究栏目刊登了伊斯兰教中有关禁止造像绘画问题和伊巴德派的形成与早期发展的文章；语言与文学研究栏目关注的是当代埃及小说中的南方地区，帕慕克与土耳其当代文学，卡德尔·阿卜杜拉的小说《大巴扎》和纳吉布·马哈福兹小说《蜃景》；中东研究栏目则分析了约旦的叙利亚难民问题，吉哈德与正义战争在概念上的差异，阿拉伯国家与"艾森豪尔主义"和民国回族学人视野中的土耳其述论。

《北大中东研究》已入编中国知网、中国学术期刊网络出版总库。作为国内唯一一本以中东历史、文化、文学和语言为核心的集刊，该刊有助于丰富读者对中东地区的人文认知，有助于促进中国学者加强对中东历史与文化的研究。

【《非洲法评论》（2015年）】

该刊2015年创刊，是由湘潭大学中非经贸法律研究院和湘潭大学法学院共同主办的学术集刊，由湘潭大学出版社出版，每年出版1卷，每卷约25万字，至2019年已出版5卷。

《非洲法评论》以非洲法研究为核心，同时兼顾中非经贸关系、非洲国际关系等其他领域。从研究内容来看，主要致力于反映中国非洲法研究的最新成果，尤其是中非经贸合作领域的法学研究成果，建立、完善和更新中国非洲法学的理论体系。

《非洲法评论》主要刊登有关非洲各国国内法律及非洲国际法等方面的论文、综述、评述、译文、书评及资料等，设有湘非经贸合作的法制保障、非洲宪法与公民权利保护、非洲经贸投资法律、非洲环境保护与海洋合作等栏目。2019年，该刊主要聚焦湘非经贸合作的法治保障与法律风险、非洲国家宪法实施、埃及修宪、乌干达艾滋病防治中的反歧视、中非航天合作的理论框架和制度选择、南非遗产管理、"一带一路"跨境基建项目法律风险与应对、埃及新投资法、乌干达企业所得税制度、中国与南非海洋管理制度的比较及非洲象保护法律机制等。

自创刊以来，《非洲法评论》已成为国内非洲法研究的一个重要学术平台，为国内外从事非洲法研究和中非经贸关系研究的学者提供了一个学术交流、信息传播和成果展示的重要渠道。

【《中东研究》（2015年）】

该刊2015年创刊，是由西北大学中东研究所主办，社会科学文献出版社出版的学术集刊，每年出版2期，至2019年已出版10期。最初名为《中东问题研究》，自2017年第2期（总第6期）更名为《中东研究》。

《中东研究》重点关注"大中东"地区的历史变迁与现实问题的发展，以"历史与现状结合，基础与应用并重"作为办刊主旨，鼓励跨学科研究、学术创新、学术争鸣、学术个性与学派意识。主要刊发关于中东及伊斯兰世界的学术论文，栏目设置有中东史研究、中东国际关系、文明史研究、中国与中东关系、区域研究、外论译介、学术史及书评等。

2018年以来，《中东研究》在历史领域主要关注的是埃及史和大叙利亚史研究；在政治与国际关系领域方面主要关注了中东国家政治转型、南苏丹国家治理、伊拉克战后重建与政治生态演进、吉尔吉斯斯坦政治发展、土耳其谋求加入金砖国家和摩洛哥金字塔式外交决策机制等问题；在古代文明史领域主要关注的是摩尼教研究及南波斯历史地理研究；在民族与社会问题领域主要关注了中东民族主义与民族国家构建、利比亚民兵组织和伊朗巴斯基民兵等问题。

《中东研究》得到了教育部长江学者奖励计划、西北大学"双一流"建设项目和陕西高校人文社科基地项目的资助，所发表文章均已入编中国知网、中国学术期刊出版总库。

● 已停办学刊

【《亚非译丛》（1959年）】

1959年9月，在中国社会科学院西亚非洲研究所的前身——中国科学院亚非研究所（隶属哲学社会科学部）开始筹建之际，为适应国内加强对亚非问题研究的迫切需要，亚非研究所创办了《亚非译丛》（油印本）。《亚非译丛》系月刊，主要编译国外学者的相关研究论文，内部发行，试办10期后于1960年停刊。1962年7月，《亚非译丛》复刊，仍为月刊，每期8万字，内部发行，每期发行3000份，赠阅交换150份。1964年，亚非研究所分为西亚非洲研究所和东南亚研究所后，两所仍继续合办《亚非译丛》。1966年初，随着非洲民族解放运动形势的发展，《亚非译丛》扩增内容，每期由8万字增至10万字。到1966年5月，《亚非译丛》共出刊47期。同年6月，"文化大革命"开始后，刊物停办。

【《亚非资料》（1960年）】

为了加强中国与亚非国家的团结和支持亚非拉各国人民争取民族独立的斗争，需加强对亚非拉各国历史与现状的研究。为此，中国科学院亚非研究所（隶属哲学社会科学部）筹备小组于1960年11月试编、油印《亚非资料》。1961年7月西亚非洲研究所成立后设立了编辑室，负责《亚非资料》的编辑工作。从1963年7月起，创办《亚非资料》双月刊，内部发行，每期约5万字，分赠有关单位。1964年，《亚非资料》停刊。

【《非洲经济地理参考资料》（1964年）】

1964年中国最早成立的非洲研究机构——南京大学地理系非洲经济地理研究室，为更好服务国家对非工作需要，提交非洲地理研究的成果上报国家相关部门，创办了内部刊物《非洲经济地理参考资料》，文稿主要由非洲经济地理研究室研究人员提供。1964年11月20日至1965年11月10日仅出版2期，介绍了非洲石油经济、矿业地理、城市人口，以及加纳、肯尼亚、冈比亚等国经济地理概况。1966—1972年，受"文化大革命"的影响，《非洲经济地理参考资料》停刊。1973年12月，《非洲经济地理参考资料》改名为《非洲地理资料》，并作为第3期连续出版，1973—1984年共计出版25期，主要介绍非洲国家和地区的经济政治地理和自然地理情况及新近资料，聚焦非洲大陆、地区及国别的矿产资源、自然地理环境、土地资源、森林资源、农业地理、工业地理、钢铁地理，以及产业发展等问题，相关非洲地理专业方向上的研究几乎覆盖了所有非洲国家。

【《西亚非洲资料》（1965年）】

1965年，《西亚非洲资料》由中国科学院哲学社会科学部亚非研究所创刊，双月刊，每期约4万字，内部发行，主要刊登西亚非洲所学者撰写的文章，以及翻译或编译的文章。"文化大革命"开始后被迫停刊。1978年复刊，改为不定期内部刊物，每期约8万字。复刊初期，以刊登资料性或调研文章为主，1986年后以刊登系统性文献资料和一些学术论文为主。从2001年第1期（总第160期）起改为季刊，到2001年底停刊，共出刊163期。

【《非洲动态》（1973年）】

该刊1973年创刊，由中共中央对外联络部主办。自1978年7月起，《非洲动态》由中国科学院西亚非洲所主办，为不定期内部刊物，至1980年底共出刊197期。

【《非洲地理专刊》（1978年）】

该刊1978年8月创刊，为南京大学地理系非洲经济地理研究室创办的内部刊物，主要刊发非洲经济地理研究室研究人员的相关研究成果。1979年12月《非洲地理专刊》停刊。在此期间，《非洲地理专刊》共出版4期，专题分别为"非洲之角问题""第三世界石油资源及其在世界上的地位""南非（阿扎尼亚）的工业"和"非洲铁路运输地理"。

【《亚非问题研究》（1979年）】

1979年3月，北京大学亚非洲研究所出版内部刊物《亚非问题研究》，刊名由赵朴初题写。该刊物旨在加强当时国内学界对亚非地区历史和现状的调查研究，所选登文章主要为有关民族解放运动理论和亚非地区政治、经济、文化等现状和历史方面的研究成果、有关资料、外论选译和新书评价等，至1981年共出版 7 期。

1982 年，《亚非问题研究》改为公开出版发行，每年出版辑数不固定，至 1989 年共出版 12 辑。《亚非问题研究》公开发行后，每辑 15 万字左右，所刊登文章主要包括东北亚、西亚、非洲地区和国家的政治、经济、文化教育、民族宗教等现状和历史方面的研究成果、系统的资料，以及有关的外论选译、国内外学术动态和书刊评价等。

1991 年 5 月，北京大学亚非研究所与南亚东南亚研究所合并，两所主编的《亚非问题研究》（共出版 12 辑）和《南亚东南亚评论》（共出版 4 辑）停刊。两所合并后，名称仍为亚非研究所，出版新刊《亚非研究》。《亚非研究》遵循《亚非问题研究》办刊宗旨与原则，至 1998 年共出版 8 辑。

【《非洲问题参考资料》（1979 年）】

该刊 1979 年 12 月创刊，由湘潭大学历史系非洲问题研究室（后改名为非洲研究室）编。1979—1983 年共出版 8 期，1984 年第 9 期改刊名为《亚非研究资料》，1985 年出版第 11 期后停刊。

《亚非问题参考资料》每期内容相对固定，前面几篇主体文章通常为对非洲各国政治、经济、历史和国际关系等领域的研究成果，多为编译或翻译外国学者的著作和论文，少部分为中国学者撰写。主体文章之后，设资料、统计图表、动态、民族和文学等栏目，向读者全面介绍非洲国家经济数据、文化、风俗、民族、城市风貌，以及国内非洲学界研究动态等。

【《非洲历史研究》（1980 年）】

1980 年 3 月，中国非洲史研究会成立。5 月，《中国非洲史研究会通讯》（油印本）问世。1982 年 2 月，《中国非洲史研究会通讯》铅印本第一期出版。1983 年，为扩大学术交流，增强中国非洲史研究会会刊的学术性，中国非洲研究会将会刊《中国非洲史研究会通讯》改名为《非洲历史研究》。是年 6 月，《非洲历史研究》创刊号第一期出版，但总刊期仍延续《中国非洲史研究会通讯》排序，为总第 13 期。

《非洲历史研究》由北京大学陆庭恩教授和中央民族大学顾章义教授负责编辑，创刊时拟每年出两期，后由于经费等方面的原因，有时每年一期，有时每年两期合刊出版，至 1997 年共出版 16 期，加上《中国非洲史研究会通讯》共出版 28 期。

《非洲历史研究》长期设研究与讨论、译文、学会文献、学术动态和资料索引等栏目，主要刊发非洲历史研究的最新成果，包括国内学者的研究成果和翻译国外学者的论文。该刊 1997 年最后一期设专题综论、比较研究、学术争鸣、国际关系、札记与动态、译文和文献索引等栏目，涉及主题包括非洲口头传说、黑人文化个性、马赫迪起义、豪萨圣战、两次世界大战期间非洲国际关系和非洲现代化等。

【《亚非》（1982 年）】

该刊 1982 年创刊，由北京外国语学

院亚非语系主办，不定期内部出版，至1989年共出版11期。《亚非》丛刊编辑部由缅甸语、柬埔寨语、印尼语、老挝语、马来西亚语、僧伽罗语、泰语和越南语8个专业组成的东南亚研究室，以及由斯瓦希利语和豪萨语2个专业组成的斯、豪语区研究室构成。《亚非》主要刊登介绍上述语言所覆盖国家的历史、地理、民族、社会、政治、宗教、文化艺术、语言文学和风土人情等方面情况的文章，以及研究人员在这些国家的见闻、收集整理的资料和某些学术性的论文。

【《西亚非洲调研》（1992年）】

该刊1992年9月创刊，为中国社会科学院西亚非洲研究所主办的不定期内部刊物。该刊创办的背景为基于冷战后急剧变化的国际形势，中国社会科学院西亚非洲研究所提出有计划、有重点地对西亚非洲地区面临的政治、经济和国际关系等方面的问题进行综合性、理论性、战略性研究，为中央和有关部门把握该地区形势发展和制定有关政策服务。该刊共出刊101期，于2001年停刊。

（沈晓雷编写）

第七篇

学术机构

本部分按全国性非洲研究学术团体、国内非洲研究机构和非洲智库分类。为了在一定程度上反映中国非洲研究机构的学术地理分布，国内非洲研究机构（包括党政军系统、高校系统、社科院系统、民间智库等）按照机构所在省（区）和直辖市首字的拼音顺序排列（位于同一省、市的机构按照成立时间先后排列）。为了保证信息的准确性，所有材料均由各研究机构提供，编辑时做了必要修改。

● 全国性非洲研究学术团体

【中国亚非学会】

（一）机构概况

中国亚非学会是中国国内最早成立的一个研究国际问题的学术团体。在周恩来总理、陈毅副总理的亲切关怀和国内学术界及文化界许多著名学者的倡议和通力合作下，中国亚非学会于1962年4月19日在北京成立，周扬担任第一届理事会会长。中国亚非学会的成立，标志着我国对亚非各国的研究工作进入了全面、系统、有组织的阶段。成立时学会拥有会员500多人，遍布全国20多个省（区）、市。中国亚非学会在"文化大革命"期间停止一切活动，1984年12月，中国亚非学会恢复活动。1986年3月，中国亚非学会在北京召开第二届会员代表会议，修改、通过了新的学会章程，提出学会今后的活动内容。至此，中国亚非学会重新开始正常地、有计划地工作。1991年8月1日，中国亚非学会经民政部重新审核批准为全国性的合法社会学术性团体。1999年9月，遵照民政部《社会团体登记管理条例》和重新修订的《中国社会科学院社会团体管理办法》，经中国亚非学会常务理事会讨论，按民政部要求和规范修订了学会新的章程。经主管单位中国社会科学院和民政部批准，于2000年1月20日重新通过了民政部的登记注册。学会成立至今，共举行了七届会员代表大会。2018年7月13日，"中国亚非学会第七届会员代表大会暨亚非形势学术报告会"在北京举办，107位专家学者当选为中国亚非学会第七届理事会理事，张宏明当选为会长，刘中民、刘鸿武、肖宪、沐涛、张忠祥、张振克、李安山、李新烽、杨光、洪永红、徐伟忠、郭志峥、黄民兴为副会长，秘书长詹世明。

中国亚非学会的宗旨是促进中国对亚非地区和国家政治、经济、文化、宗教和社会状况的研究，积极开展国内外的学术交流。几十年来，学会主要在以下五个方面开展工作。（1）学会创办了《中国亚非学会会讯》，介绍会员的活动和研究情况，刊登国内外学者的学术成果，交流亚非研究的动态和信息，通报学会的工作。至今已编发共15期。（2）举办学术研讨会。（3）举办学术报告会。（4）开展对外学术交流活动。（5）编印学术论文集。

近年来，中国亚非学会组织的学术活动日渐频繁和丰富，先后主办（合办）了"新国际环境下的亚非合作"研讨会（2012年11月）、"非统/非盟五十年与亚非合作"研讨会（2013年5月）、

"'一带一路'战略和新时期亚非合作——纪念万隆会议60周年"高端研讨会（2015年4月）、"新时期中国在非洲利益的拓展与维护"学术研讨会（2016年9月）、"非洲法语国家：发展与合作"学术研讨会（2018年8月）、"非洲重点国家研究"学术研讨会（2018年12月）、"非洲形势中的重大现实与热点问题"学术研讨会、"中国非洲研究70年：回顾与展望"学术研讨会等重大学术研讨活动。此外，该学会每年邀请外交部非洲司负责人主讲"非洲形势与非洲关系"报告会，在首都非洲学界产生了较大影响。

（二）联系信息

网站：http://iwaas.cssn.cn/xsst/zgyfxh/

联系人：詹世明；电话：010—87421036/7；邮箱：zhansm@cass.org.cn

通讯地址：北京市朝阳区国家体育场路1号院3号楼，中国非洲研究院（100101）

【中国非洲问题研究会】

（一）机构概况

中国非洲问题研究会（China Society for African Studies），是在国家民政部注册登记备案的全国性社团组织，主管部门为教育部。中国非洲问题研究会成立于改革开放初期的1979年，是国内较早成立的全国性专门开展非洲研究的学术组织。1979年以来，南京大学非洲研究所张同铸教授、中国社会科学院西亚非洲所陈公元研究员、前外交部副司长安永玉先生曾担任中国非洲问题研究会会长。该研究会秘书处挂靠南京大学非洲研究所。本届理事会在民政部备案于2016年3月，现任会长为前商务部副部长魏建国先生，研究会现有会员280人。

中国非洲问题研究会为研究非洲经济社会发展问题的学术团体，主要由国内高校、研究机构、资深媒体和相关部门的非洲研究专家学者组成。属于跨学科、跨领域非洲研究的全国性社团组织。该研究会的宗旨是发挥学术社团的优势，开展非洲经济社会发展战略的综合研究，聚焦中非合作战略、对非投资与贸易以及非洲发展有关的热点问题，开展学术交流与研讨。该研究会的主要业务范围有：学术交流、理论研究、业务培训、国际合作、咨询服务。主要学术活动有：组织举办学术研讨会、报告会，为有关部门、机构提供咨询服务；促进国际学术交流与合作等。

中国非洲问题研究会成立以来，先后举办过数十次全国性非洲研究学术会议与国际会议，就非洲发展、非洲经济、非洲现代化、中非关系、非洲与全球化等问题进行学术研讨与交流。该研究会组织力量出版过《非洲地图集》《非洲经济社会发展战略问题研究》《非洲经济发展战略》《简明非洲百科全书（撒哈拉以南）》等著作与工具书。该研究会自2017年开始不定期出版《非洲发展研究》文集。中国社会科学院西亚非洲所是研究会发起单位之一，也是最重要的会员单位，拥有《西亚非洲》和《中国非洲学刊》两个学术期刊，是国内非洲问题研究的重要学术平台。作为研究会秘书处挂靠单位的南京大学，依托南京大学非洲研究所及相关专业（经济地理、世界史、国际关系、国际贸易），公开出版过《非洲石油地理》、《非洲农业地理》、《非洲自然地理》、《非洲地图集》、《中非资源开发与中非能源合作安全研究》（丛书）、《非洲农业图志》、《非洲经济地理与区域发展研究资料汇编》（6卷本）、《中非三国：从部落跃向现代》、《走非洲，求发展论坛》系列文集等。研究会成立以来，在挂靠单位和国家相关部门的支持下，各会员及会员单位锐意进取，为中国非洲研究事业的发展做出了重要贡献。

（二）联系信息

网站：http：//www.chinasas.org.cn

联系人：张振克；电话：025—89686694；邮箱：casnju@126.com

通讯地址：江苏省南京市仙林大道163号，南京大学非洲研究所/中国非洲问题研究会（210023）

【中国非洲史研究会】

（一）机构概况

中国非洲史研究会（Chinese Society of African Historical Studies），是在国家民政部注册的全国性民间学术团体。成立于1980年，会址设在北京大学国际关系学院。现有会员260人。领导机构为全体会员选举产生的理事会。现任第十届理事会产生于2017年10月。

中国非洲史研究会理事会聘请顶级专家陆庭恩教授和宁骚教授为名誉会长，聘请彭坤元研究员、顾章义教授、郑家馨教授、李广一教授、张象教授、何烈辉先生、许永璋教授、黄舍骄大使、许孟水大使、刘贵今大使、杨立华研究员、舒运国教授、张宏明研究员、李忠人教授和刘鸿武教授为顾问。

现任会长为国内外知名的权威专家、北京大学教授李安山博士。

该研究会的宗旨是，遵循"百花齐放、百家争鸣"的方针，协调和加强国内外学术交流，促进非洲问题研究的深入，推动中国—非洲关系的发展，为我国的改革开放和社会主义现代化事业做出贡献。该研究会的主要任务为，团结和组织全国非洲史的教学、研究人员和实际工作者开展非洲史和非洲问题研究；组织举办该学科学术研讨会、报告会；组织该会会员撰写、编辑和译介与本学科有关的专著、论文、报告和资料等；接受有关部门、机构的业务咨询；促进国际学术交流等。

该研究会成立40年来，先后举办全国性的学术会议30余次，就非洲社会主义思潮、非洲民族解放运动、非洲阶级结构、非洲政治转型和政治发展、非洲现代化与经济发展问题、全球化与非洲、中非关系、非盟六十年、非洲与外部世界的关系、非洲城市化与"一带一路"等理论课题进行学术研讨。该研究会编辑出版了《非洲史论文集》（生活·读书·新知三联书店1982年版）、《非洲通史》（三卷本，华东师范大学出版社1995年版）、《中国非洲史研究会文集（2015）》（社会科学文献出版社2016年版）、非洲研究系列丛书（华东师范大学出版社出版）等有重大影响的学术专著，主持《非洲大事年表》《非洲问题研究中文文献目录》等工具书的撰写，组织和协调联合国教科文组织编写的八卷本《非洲通史》等学术名著的译介工作。出版会刊《非洲历史研究》28 期。积极鼓励和组织国内学者前往非洲进行学术考察和讲学，并邀请国外知名学者来华做学术访问和学术报告，为非洲史的科学研究、人才培养和学科建设做出了重要贡献。

（二）联系信息

网站：http://iwh.cssn.cn/xh_zx/xh_zx_zgfzsyjh/

联系人：刘兰；电话：010—87421031；邮箱：liulan@cass.org.cn

通讯地址：北京市朝阳区国家体育馆北路1号，中国社会科学院世界历史研究所（100101）

（詹世明编纂）

国内非洲研究机构

【安徽大学西亚北非研究中心】

（一）机构概况

安徽大学西亚北非研究中心由安徽大学于2015年5月13日批准成立，是依托安徽大学国际关系学、经济学、法学、历史学和法语等学科国际问题研究资源和力量组建而成的跨学科专门研究机构。作为安徽大学"地区与国别研究院"下属区域研究中心之一，该中心主要研究西亚北非地区总体和国别各方面的发展与变化，注重研究与安徽省社会经济发展密切相关的西亚北非诸国的经济、政治、法律、文化和社会等投资环境，为安徽省地方政府对该地区的投资合作及外事工作提供决策参考、咨询。

该中心现有专职研究人员4人，兼职研究人员4人。研究团队中，既有专业基础扎实、潜力巨大的青年学术骨干，也有经验丰富、年富力强的学术和学科带头人，中心团队勇于开拓和创新，相关科研成果取得一定经济效益和社会效益，具备承担相关领域重要科研项目的能力。2015年以来，该中心研究人员承担或参与国家社科基金重大项目2项，国家社科基金一般项目2项，中国社会科学院创新工程子项目1项，省级项目11项。该中心成员所承担的各类课题，既注重学术性，也兼顾社会经济发展和政府决策的应用性。如"当代中东局势发展及我国战略对策研究""全球化与国际安全的双向互动研究""安徽省企业在西非经济共同体成员国贸易开发调研项目""中国'一带一路'实施战略问题调研"等。该中心专职和兼职研究人员在国内外学术期刊上发表论文（不含横向性的各类专题研究成果、地方政府和企业委托的内部研究成果以及其他内部刊物发表的成果等）50余篇，其中在CSSCI期刊上发表的论文占近1/3，产生了一定的学术影响。

此外，该中心努力发展与其他科研院所、行业企业、地方政府以及国外科研机构的深度合作，并聘请中国在西亚非洲研究领域具丰富经验和造诣的国内学者担任中心顾问，如前中国中东问题特使吴思科先生、中国北京大学非洲研究中心主任李安山教授、浙江师范大学非洲研究院院长刘鸿武教授；外国专家法国弗朗什孔泰大学语言分析教授蒙基·马蒂尼担任中心外籍顾问。

该中心设有日常事务办公室，并建有三个专门研究室——"中东研究室""非洲研究室"和"安徽与亚非经济合作研究室"，制订年度研究规划。

（二）联系信息

网站：http：//yfyjzx.ahu.edu.cn/

联系人：王泽壮；电话：0551—65108870；邮箱：wangzezhuang@126.com

通讯地址：安徽省合肥市肥西路3号，安徽大学（龙河校区）教学主楼西楼2楼

【中国国际问题研究院发展中国家研究所】

（一）机构概况

中国国际问题研究院成立于1956年11月24日，是新中国第一家专门从事国际问题研究的专业机构。2017年，中国国际问题研究院入选国家高端智库培育单位，2020年转为国家高端智库建设试点单位。中国国际问题研究院还设有全国第一家习近平外交思想研究中心。中国国际问题研究院的非洲研究隶属于发展中国家研究所。该所前身是中国国际问题研究所第四研究室和发展中国家研究部。2014年，由于中国国际问题研究所改名为中国国际问题研究院，发展中国家研究部相应改为发展中国家研究所。发展中国家研究所是中国国际问题研究院八个专业研究所之一，非洲研究是发展中国家研究所的重要组成部分。中国国际问题研究院的发展目标是建设国家一流高端智库，服务于国家整体外交和对非外交工作。中国国际问题研究院为中国外交培养了大量人才，其中部分学者后来成为中国驻非洲国家的大使和高级外交官。中国国际问题研究院院刊《国际问题研究》（中英文版）在国内外具有广泛影响。该刊不定期刊载国内外学者关于非洲地区和中非关系的研究文章。

发展中国家研究所的发展定位是紧密配合中国对非工作，积极开展国际问题调研、二轨外交和公共外交。研究人员从政治、经济、安全、社会发展等角度关注非洲及其在全球事务中的作用和影响；研究中国和非洲国家的关系，为增强中国与非洲国家的互助合作关系提供政策建议；研究非洲有关热点问题及其国际影响；注重宏观研究与区域国别研究相结合。中国国际问题研究院还有专业人员常年在中国驻非洲国家大使馆工作，从事一线外交工作与调研工作。发展中国家研究所现有研究员2人，副研究员3人，助理研究员5人，绝大部分研究人员拥有博士学位。

紧密配合中国外交开展二轨外交和公共外交是中国国际问题研究院的重要职责之一，国际交往因此非常频繁。发展中国家研究所每年接待大量来自非洲的专家学者和政府官员，也接待欧美国家涉非洲研究的学者和官员代表团。该所研究人员每年多次赴非洲不同国家进行实地考察和调研。

（二）联系信息

网站：http：//www.ciis.org.cn/

微信号：CIIS_since_1956

联系人：曾爱平；电话：010—85119580；邮箱：zengaiping@ciis.org.cn

通讯地址：北京市东城区台基厂头条3号（100005）

【中国社会科学院西亚非洲研究所（中国非洲研究院）】

（一）机构概况

为加强对非洲研究，1959年9月，中共中央宣传部委托中国科学院哲学社会科学部（中国社会科学院前身）组成亚非研究所"建所筹备小组"。1961年7月4日，根据毛泽东主席的指示，中国科学院亚非研究所正式成立。1964年1月20日，亚非研究所分设为西亚非洲研究所和东南亚研究所。10月30日，亚非研究所正式更名为西亚非洲研究所。1981年1月1日，西亚非洲研究所划归中国社会科学院。2018年9月3日，习近平主席在中非合作论坛北京峰会上宣布设立"中国非洲研究院"。2019年4月9日，依托中国社会科学院雄厚的研究力量，中国非洲研究院正式成立。由此，中国社会科学院西亚非洲研究所和中国非洲研究院系"一个单位，两块牌子"，现是中国最大的西亚非洲学术研究单位和高端智库。

西亚非洲研究所是多学科综合性研究机构，是国内西亚非洲研究领域的学术中心。研究对象有71个西亚非洲国家，主要围绕该地区当代政治、经济、社会、国际关系、法律、民族、宗教等问题开展学术研究，并向党中央和国务院提供相关政策建议，同时向有关企业和机构提供咨询服务。

西亚非洲研究所现有科研和管理人员70余人，其中专业技术人员54人。设有6个研究室、2个编辑部、图书信息室和综合办公室。政治研究室重点开展中东非洲政治发展道路、政治制度、政党制度、政治组织、政治人物以及政治发展问题研究，中东非洲国家法律体系、法律制度等研究。经济研究室重点开展中东非洲经济发展战略、经济体制、经济政策与改革、资源和市场、产业结构与调整、区域一体化进程与中非共建"一带一路"等研究。国际关系研究室重点开展大国与中东非洲关系，中东非洲国家间关系，中东非洲国家对外关系研究；中国与中东非洲关系研究；中东非洲重要国际组织研究。社会文化研究室重点开展中东非洲历史研究，中东非洲社会制度与社会结构、社会问题与社会治理、社会保障等研究，中东非洲文明形态、文化教育等研究。民族宗教研究室重点开展中东非洲地区和国家民族政策、民族关系、民族形态和民族问题研究，中东非洲地区传统宗教、犹太教、基督教、伊斯兰教等研究。安全研究室重点开展中东非洲地区和国家安全战略、安全机制、安全治理和安全问题研究，以及地区冲突、反恐形势、海盗问题等传统和非传统安全问题研究。编辑部编辑出版《西亚非洲》和《中国非洲学刊》，刊载中东非洲历史、政治、经济、国际关系、社会、文化、民族、宗教，以及中国与中东非洲国家关系等论文。图书信息室提供中东非洲研究文献和信息资料，主办中国非洲研究院、西亚非洲研究所中外文网站和微信公众号，适时发布中东非洲重要研究成果和资讯。

西亚非洲研究所不仅是中国中东和非洲研究的先行者，而且人才集中，积累深厚，成果丰富，在国内中东和非洲研究领域一直保持着优势和领先地位，在国际上有一定的影响力。其一，学科建设具有整体优势。从基础学科建设到应用研究，西亚非洲研究所有长期积累和开拓性研究，形成了系统性的基础研究和应用研究成果。诸如，《非洲手册》、《非洲概况》、《中东手册》、《简明西亚北非百科全书》、《简明非洲百科全书》以及多卷本列国志系列、《中东非洲发展报告》、《中东发展报告》、《非洲发展报告》，同时在三级学科领域也有一批有影响的著作。这些成果在学界反响较大，其中一些成果系学科奠基之作，有些成果填补了国内学术研究的空白。其二，人才队伍具有规模优势。西亚非洲研究所汇集了国内中东非洲研究领域相对密集的高层次研究人才，人才力量较为雄厚，研究人员具有学历层次高、学科背景多样、学术经历丰富、研究视野开阔、研究能力较强等特点。目前，研究人员年龄结构比较合理，学术功底较为扎实，专业素质良好，有10多名专家和青年学者曾在研究对象国工作多年，熟悉对象国的基本国情。研究实力在国内其他同类研究机构中具有优势。其三，学科发展具有平台优势。（1）重要学术传播平台：两刊四网。依托西亚非洲研究所《西亚非洲》专业核心期刊（1980年创办）和《中国非洲学刊》（2020年创办）以及四个网站，在国内外有着一定影响力；（2）国内学术组织和团体。中国亚非学会、中国中东学会挂靠该所，会长和秘书长均为西亚非洲研究所人员担任，提供了统领全国中东、非洲学术研究的重要资源；设立中国社会科学院海湾研究中心和西亚非洲研究所南非研究中心，为区域和国别研究提供重要支撑。（3）高端国际化平台。亚洲中东学会联合会是西亚非洲所发起并形成机制化的国际学术平台，两年轮流召开国际研讨会；2018年在阿联酋大学建立"中国研究中心"，努力拓展学术影响力。其四，学科发展具有支撑优势。从构建"三大体系"布局上，目前有一个中国社会科学院登峰战略优势学科、两个重点学科，同时设立两个所级重点学科。从经费投入到人员配置，都为学科建设和发展提供了重要支撑。

在学位教育方面，中国社会科学院大学（中国社会科学院研究生院）在西亚非洲研究所设立西亚非洲研究系，招收硕士、博士研究生，且设有博士后流动站。西亚非洲系设三大专业、六个研究方向：（1）世界经济专业，方向有中东经济、非洲经济；（2）国际政治专业，方向有中东政治、非洲政治；（3）国际关系专业，方向有中东国际关系、非洲国际关系。西亚非洲系所设课程涵盖中东、非洲地区的政治、经济、国际关系、历史、社会文化等多个方面，努力培养具备扎实的专业知识，并能够掌握科学系统的研究方法的综合型人才。从1978年至今，西亚非洲研究系已培养硕士、博士研究生约70人。

中国非洲研究院的成立为西亚非洲研究所的发展注入了新的动能。中国非洲研究院的宗旨是：汇聚中非学术智库资源，深化中非文明互鉴，加强治国理政和发展经验交流，为中非和中非同其他各方的合作集思广益、建言献策，增进中非人民相互了解和友谊，为中非共同推进"一带一路"合作，共同建设面向未来的中非全面战略合作伙伴关系，共同构筑更加紧密的中非命运共同体提供智力支持和人才支撑。中国非洲研究院学习贯彻习近平主席致中国非洲研究院成立贺信精神，大力推进"三大体系"建设，努力发挥好"四大功能"，加强学术型高端智库建设。其一，发挥交流平台作用，密切中非学术交往。办好"非洲讲坛""中国讲坛""大使讲坛"，运行好"中非治国理政交流机制""中非可持续发展交流机制"和"中非共建'一带一路'交流机制"，举办"中非文明对话大会""中非智库论坛"等高端研讨会。其二，发挥研究基地作用，聚焦共建"一带一路"。开展中非合作研究，每3年发布50个研究课题，对中非共同关注的热点问题进行跟踪研究；陆续推出"中国非洲研究院文库"系列，包括智库报告、学术专著、研究论丛、经典译丛、法律译丛、年鉴等六大系列的学术成果。其三，发挥人才高地作用，培养高端专业人才。开展学历学位教育，实施中非学者互访、高端人才培训等项目。第四，发挥传播窗口作用，讲好中非友好故事。办好中英文中国非洲研究院网站，创办中、英、法语种国际化专业研究杂志《中国非洲学刊》。

现任领导：中国非洲研究院院长蔡昉；中国社会科学院西亚非洲研究所所长、中国非洲研究院常务副院长李新烽；中国社会科学院西亚非洲研究所党委书记、中国非洲研究院副院长郭红；中国社会科学院西亚非洲研究所纪委书记、副所长、中国非洲研究院副院长王林聪。

（二）联系信息

网　站：http：//iwaas.cass.cn/（中国社会科学院西亚非洲研究所）

http：//cai.cssn.cn/（中国非洲研究院）

微信号：China_Africa2019

联系人：马军伟；电话：010—87421055

通讯地址：北京市朝阳区国家体育馆北路1号，中国非洲研究院（100101）

【国务院发展研究中心亚非发展研究所】

（一）机构概况

国务院发展研究中心亚非发展研究所（以下简称亚非所）成立于1994年1月，目前正按照党中央关于中国特色新型智库建设的意见要求，在国务院发展研究中心领导下，秉持"唯实求真，守正出新"的核心价值理念，着眼国家治理体系和治理能力现代化要求，坚持理论联系实际，就亚非地区的国家间关系、各国内外政策和发展战略、地区热点问题及突发事件等开展客观理性研究，为国家决策部门和有关单位提供政策建议和咨询意见。

非洲研究室为亚非所内设机构，专责开展非洲发展研究，为中央对中非关系和涉非问题科学决策提供高质量智力支持。2004年亚非所创办《亚非纵横》（双月刊），刊载政策性、战略性和学术性文章。其中涉非版块由非洲研究室具体承办（2015年5月，应形势发展和中央需求变化，《亚非纵横》更名为《亚太安全与海洋研究》）。2013年3月，亚非所开设"国研亚非网"网站，登载相关学术交流活动、研究成果和亚非热点动态。非洲研究室负责非洲板块运营和维护。同年3月，亚非所成立海外利益研究中心，非洲研究室负责涉非洲内容的深层次调研，力求为中国在非利益保护、中国企业走入非洲等提供专题研究成果和咨询服务。

长期以来，亚非所非洲研究室紧扣国家和有关政府部门关注的非洲政治、经济和社会重大问题进行动态跟踪和深入研究，培养了一批研究骨干，组建了一支由专职人员和特约研究员构成的研究队伍，形成了一批富有成效的研究成果。既为政策决策提供了重要、积极的智力支持，发挥了政府智库作用，又有效促进了国内外对非研究机构间的合作与交流，还通过刊物和网站等载体，为对非洲领域专业人员和社会各界跟踪非洲形势变化、深入了解和研究非洲问题提供了参考支持。

（二）联系信息

网站：http://www.aadrc.org.cn/

联系人：李波；电话：010—68745141；传真：010—68745697；邮箱：hasann@126.com

通讯地址：北京市海淀区知春路61号5层东区（100190）

【北京大学非洲研究中心】

（一）机构概况

北京大学非洲研究中心是北京大学集教学、科研、政策咨询与人才培养为一体的综合性、跨学科、跨院系的研究型中心，该中心前身为季羡林先生领导的亚非所（既是研究机构，又是教学机构），从20世纪60年代初即成为中国亚非拉研究重镇。当时的亚非所又依托于历史系的亚非拉教研室和东方语言文学系、西方语言文学系、政治学系、哲学宗教系、社会学系等学科的雄厚师资力量，在国内非洲历史和现状研究方面一直发挥引领方向、输送人才的作用。1998年，国内非洲研究处于最冷门的时期，陆庭恩、何芳川、郑家馨等老一辈学者，倡导在国内成立第一个非洲研究中心，集中全校各学科的优势，对非洲进行多学科综合研究。迄今为止，北京大学非洲研究中心为国内各兄弟院校和智库输送了诸多专业人才，也积累了丰富的关于非洲历史和当前情况的研究成果。北京大学非洲研究中心是全国成立最早的高校非洲研究中心，也是北大最早的三个区域国别研究中心之一。目前中心成员包括20多位来自北大不同院系的教研人员和14位外聘特约研究员。该中心主要优势体现在多学科、多院系的共同参与，研究覆盖面广，为其他高校所不及。同时，作为中国非洲史研究会的会长单位，该中心还发挥着广泛团结全国非洲研究的学者，与涉非政府部门和涉非企业界人士保持密切沟通与合作关系的作用，致力于引领和推进中国的非洲研究。

该中心建设有三大目标：（1）逐步建立一些必要的资料库及可查询的资料，使做实际工作的同志可以非常方便地查找各种相关资料；（2）为一些带有现实意义的课题提供参考咨询意见，真正做到在深入研究的基础上能对症下药；

（3）与国内外，特别是非洲的智库开展人文社会交流和合作研究实践。

该中心建设有三大任务：（1）中心积极为国家政策和社会需求服务，既注重基础研究，同时配合国家发展战略，努力为中非合作与交流提供咨询性服务，近两年来提供了诸多重要咨询贡献。（2）该中心重视对中国学生和来自非洲人才的培养，既为国家培养紧缺人才（如非洲语言文学、中非关系方面人才等），也通过跨系选课等举措来培养不同学科综合研究型人才。同时，每年还参与大量非洲学位生（本硕博）和非学位生的培养工作。（3）除了教学和研究，该中心特别注重中非文化交流，发挥着中非人员交流和互动的作用，既有学术讲座、论坛、非洲活动周，也组织协调非洲文学、戏剧表演等活动，为校内以及在京非洲留学生和在华非洲人士（政界要人、文化学术人士），提供与中国学界文化交融的机会。

该中心有三大特色成果：（1）中心每周发布的《北大非洲电讯》拥有6000名读者，包括重要的政府官员、海内外学者和社会人士，已成为具有很强公信力的中国非洲研究的一扇重要窗口；（2）中心每年举办的"北京大学博雅非洲论坛"也成为中国非洲研究的一个知名论坛品牌；（3）自2011年开始，中心每年通过以书代刊的形式出版《中国非洲研究评论》，广邀国内外同行贡献他们的研究和观点，推动国内的非洲研究。

（二）联系信息

网站：https://caspu.pku.edu.cn/

微信号：Pkucas

联系人：许亮；电话：010—62751632

通讯地址：北京市海淀区颐和园路5号，北京大学国际关系学院（100871）

【中非发展基金研究发展部】

（一）机构概况

中非发展基金是2006年中非合作论坛北京峰会上中国政府宣布的对非务实合作的重要举措，目的是鼓励和支持中国企业对非投资。中非发展基金于2007年6月开业运营，初始设计规模50亿美元。2015年12月，习近平主席在中非合作论坛约翰内斯堡峰会上宣布，为支持中非"十大合作计划"实施，为中非发展基金增资50亿美元，基金总规模提升为100亿美元。2018年9月，习近平主席在中非合作论坛北京峰会开幕式主旨讲话中提出"八大行动"，在首项"产业促进行动"中，强调继续发挥中非发展基金作用。中非发展基金是我国第一支专注对非投资的股权基金，在引导和支持中国企业对非投资方面发挥了重要作用。

中非发展基金下设的研究发展部专门从事对非投资相关研究，自2008年设立以来，跟踪研究"非洲发展"和"中非合作"两大主题，逐步形成以对非投资为核心的非洲研究智库品牌。研究成果为国家政策制定、基金业务和合作企业提供智力支持，在业内享有良好的知名度和美誉度。

研究发展部主要成果有：承接中财办、国家发改委、外交部、商务部等十余项课题；报送分析解读与咨政建议，多篇研究成果被中办、国办、国务院研究室、国家行政学院、新华社等采纳；国别研究覆盖非洲54个国家，提供全面、原创的国别投资分析；行业研究围绕对非投资重点领域，提供市场分析、数据信息与策略建议；聚焦对非投资相关的热点、难点、重点问题，以及同业机构的管理机制和业务模式，提供专项分析。此外，还针对全球政经形势、非洲热点问题和市场行业动态进行监测，提供《非洲动态日报》和《政经形势分析周报》两项咨询产品，截至2020年3月，已完成日报近3000期、周报近400期。

（二）联系信息

网站：http://www.cadfund.com/

联系人：徐泽来；电话：59892982；邮箱：xuzelai@cadfund.com

通讯地址：北京市西城区复兴门内大街28号凯晨世贸中心东座11层（100031）

【中非工业合作发展论坛专家委员会】

（一）机构概况

中非工业合作发展论坛专家委员会成立于2009年11月，是一支囊括了中非各界专业人士的智囊团队，包括来自非洲国家的驻华使节、中国驻非洲国家前大使、国际组织代表、国家有关部委领导、中非著名学者等。

专家委员会是中非工业合作发展论坛开展各项活动的指导研究机构，专门为中非之间在经济、文化、科技等领域的合作与交流提供指导性建议和意见，对中非之间热点话题定期发表学术性报告，为中国企业在非洲的投资和发展制订战略计划。

专家委员会开展的基本活动有以下四方面：（1）学术交流：定期举行各种有价值的学术交流和小型专业研讨会；（2）嘉宾座谈：邀请中非各界官员、学者、知名专家与本委员会成员共同就中非热点话题、合作与交流的方向及方式等进行讨论分析；（3）咨询指导：通过与中国企业的交流，为企业进军非洲市场量身打造经营、管理、技术等战略计划；（4）研究报告：每年发布非洲工业化前景指数报告和非洲营商环境报告。

此外，自成立以来每年定期举办的非洲专家研讨会已经成为社会各界认识非洲的重要风向标。非洲工业化前景指数报告和非洲营商环境报告，成为中国企业走进非洲投资贸易的重要参考资料。

专家委员会每年定期组织专家学者赴非洲实地交流考察，10年时间里到访30多个国家与100多个组织机构进行交流研讨，获得了非洲各界的支持和地方机构的好评。

未来论坛专家委员会主要专注于非洲工业化、投资贸易、营商环境等方面的研究，成为中国企业走进非洲可信赖的研究机构。

（二）联系信息

网站：http://www.zfhz.org/

微信号：走进非洲

联系人：吕彬；邮箱：www.caif_zfhz@163.com

通讯地址：北京市朝阳区十里堡甲三号都会国际11M

【外交学院非洲研究中心】

（一）机构概况

外交学院非洲研究中心成立于2009年12月，是挂靠在外交学院、非营利性的群众学术团体，2017年被评定为教育部国别和区域研究备案中心。研究中心第一任主任是唐晓教授（2009—2016），第二任主任是李旦教授（2016—2019）。唐晓教授和李旦教授先后担任外交部中非联合研究与交流计划指导委员会委员。研究中心是非实体单位，成员来自外交学院各院系及研究中心，包括外交学系、英语系、外语系、国际法系、国际经济学院、亚洲研究所等，专业背景多元。

该中心的定位是：积极开展对中国与非洲国家政治、经济、文化关系的学术研究和交流活动，推动外交学院与非洲有关的教学与研究工作，为政府科学决策服务。

该中心的成果主要有：发表和出版有关非洲和中非关系的论文和著作；承担课题研究，迄今已完成十多项非洲研究课题，如"中国在非洲的国家形象形成机制与演变规律研究""我国在非洲打造地区物流中心的可行性及运行模式研究""非洲领导人第三任期现象及其影响""中非全面战略合作伙伴关系框架下的中国与加蓬关系研究""法国外交理念与体制变革的新动向""非洲信息通讯业发展国际合作情况及中非合作策略研究""博弈视角下在非中资企业面临的风险与应对策略研究"等；增进学生对非洲的了解，培育有关非洲和中非关系的博士学位和硕士学位论文；为政府有关部门撰写研究报告。

国际交流方面，外交学院与肯尼亚外交学院、摩洛哥外交学院签订合作谅解备忘录；2012年，外交学院非洲研究中心申报并成功加入"中非10+10合作伙伴计划"，成为与非洲国家高校结成学术交流合作伙伴的十大国内非洲研究中心之一，与喀麦隆国际关系学院结成了伙伴关系；多次承办外交部中非联合交流项目之非洲法语国家学者访华学术交流团项目，主题包括非洲安全局势与中非安全合作、非洲国家探索适合自身国情的发展道路、推动构建更加紧密的中非命运共同体等；邀请非洲高校、研究机构学者来校短期访问。

该中心的发展目标是踏实、深入地开展基础研究，尤其是关于埃塞俄比亚、厄立特里亚、加蓬、冈比亚、加纳、几内亚、几内亚比绍的基础研究；与非洲高校、研究机构的互访和合作研究常规化；定期举办非洲研究研讨会；推出高质量的研究成果与咨询报告。

（二）联系信息

网站：http://fzzx.cfau.edu.cn/

联系人：伍梦茹；电话：010—68323114；邮箱：wumengru@cfau.edu.cn

通讯地址：北京市西城区展览馆路24号，外交学院科研处（100037）

【中国传媒大学非洲传媒研究中心】

（一）机构概况

中国传媒大学非洲传媒研究中心成立于2012年12月10日，为国内首家涉非传媒研究机构，中心旨在构建21世纪中非传媒研究与人才培养的高端学术平台。自成立以来，中心在科学研究、人才培养、中非人文交流三大领域开拓进取，已成为国内特色鲜明的涉非研究机构。

该中心依托学校办学优势，聚焦中非传媒相关领域研究。中心成员围绕中国在非国家形象及话语权建构、中国在非舆情大数据研究、公共外交与中非媒体合作、非洲媒体发展、中非媒介传播比较研究等方向开展了系列研究；多次承担国家级及省部级科研项目，产出了一批具有代表性的研究成果及咨询报告；中心研究人员主持完成了国家社科基金项目"中国在非洲国家形象及影响力研究"；多次承担外交部"中非联合研究交流计划"的研究项目，就中国对非公共外交、中国媒体在非传播策略、非洲媒体发展、中国在非话语传播策略等课题展开相关研究；此外，中心还承担了中央网信办、文化部等部委委托的涉非重点研究课题；在中国对非传播研究中，发表了多篇中英文论文，其中张艳秋教授围绕"建构性新闻"阐述中国对非传播的论述，引起了非洲与欧美学界及媒介的关注及讨论，BBC、CGTN、China Daily 及非洲多家媒体对此也进行了报道。

该中心成立以来，切实推动我国在非洲传媒教育及培训领域的发展。中心积极参与商务部涉非媒体培训项目，培养了一批知华友华非洲媒体记者及信息官员。中国传媒大学自 2011 年起承办商务部发展中国家国际传播硕士项目，非洲传媒研究中心人员承担大量的教学管理及教学任务。该项目培养了来自 60 多个发展中国家的 200 多名资深媒体记者及政府信息官员。其中非洲学员占 2/3，分别来自非洲近 30 个国家，毕业生回国后成为具有影响力的政府信息官员、媒体人士、中非媒体研究学者，如南非总统办公室新闻官、南苏丹副总统办公室主任、非洲国家驻外使领馆参赞、媒体负责人、国家电视台主播、知名媒体记者等。项目毕业典礼照片入选中共十九大前"砥砺奋进的五年"大型成就展。此外，中心人员多次为商务部、中国外文局、国家广电总局承办的非记者培训项目讲授课程并参与接待，授课培训达千人，促进了非洲媒体记者改变其涉华媒体观念，培养其知华友华情结。

该中心与非洲高校及研究机构等建立了良好的互动关系，成为中非媒体研究领域成效显著的人文交流平台。中心与南非、肯尼亚、埃塞俄比亚、尼日利亚、加纳、埃及、津巴布韦、赞比亚、马拉维、南苏丹等国重点高校建立了稳定而活跃的交流关系，开展媒体项目研究、人员交流、论文评阅、联合发表等活动。中国传媒大学与金山大学、罗德斯大学、日星大学、埃及不列颠大学、桑吉巴尔国立大学等签署了校级合作备忘录；与南非金山大学新闻学院及传播学院联合举办了"中非报道"项目。2017—2019 年，中心连续 3 年受外交部委托，承办"中非联合研究交流计划"项目下的非洲学者、记者来华团项目，共接待了 60 多名非洲知名高校的媒体研究学者、智库人员、著名媒体从业人员来华短期交流，促进了中非传媒智库间的合作。此外，中心每 2—3 年举办中非媒体研究国际研讨会，促进了中非媒体学者的交流。该中心主要研究人员多次赴非洲调研，积极参加涉非国际研讨活动，传播中国学术话语。

2019年底，该中心纳入校直属科研战略平台——人类命运共同体研究院，同时成立了中国首家非洲传媒智库——"中传—四达非洲传媒联合研究智库"。联合智库的建立是中国传媒大学与四达时代集团在涉非传媒研究及传媒市场发展领域的强强合作，对推动"一带一路"倡议下的中非经贸合作及人文交流具有开拓意义。非洲传媒研究中心将围绕人类命运共同体的建设积极开展工作，继往开来，切实促进中非命运共同体意识的传播与构建。

（二）联系信息

网站：http://www.icsf.cuc.edu.cn/

微信号：中传人类命运共同体研究院

联系人：张艳秋；邮箱：yqzhang@cuc.edu.cn

通讯地址：北京朝阳区定福庄东街1号，中国传媒大学42号楼112室（100024）

【国际关系学院外语学院非洲研究所】

（一）机构概况

国际关系学院外语学院非洲研究所作为一家非洲区域国别研究的实体研究机构，正式组建于2013年。非洲研究所依据中国当前对非政策及总体发展战略，重点研究非洲各国特别是法语非洲国家历史、政治和社会文化，研究中非、法非以及欧美其他国家与非洲之间关系，以期为中国对非政策、中非文化交流以及民间经贸往来提供理论指导、学术依据和咨询服务。

非洲研究所科研人员主体为国际关系学院法语系教师。研究所聘请本校国际政治、国际经济、文化传播、法律系及校外非洲研究领域的专业人士为兼职研究员，搭建跨学科研究团队；聘请德高望重、学术斐然、关心支持非洲研究工作的知名人士为顾问；聘请了解非洲当地情况、有丰富经验的中外人士为特约研究员。

国际关系学院外语学院非洲研究所与中国现代国际关系研究院、中国社会科学院西亚非洲研究所、浙江师范大学非洲研究所等国内外非洲研究领域的专业机构、专业人士、出版社及智库建立良好的交流合作机制，在信息分享、思维碰撞及学术互动等方面具有一定优势。

非洲研究所成立以来，科研人员积极参加国内外重要非洲研讨会议，并赴非洲开展实地考察研究。迄今已主持和参与的研究课题涉及中国海外利益保护、中非"非传统安全"领域合作、中非安全形势、中国与法语非洲国家关系等，其中包括外交部"中非联合研究交流计划"中的"当代法国对西非法语国家的文化策略"，教育部《非洲地区发展报告2014—2015》"非洲媒体"专题，浙江师范大学非洲研究基地项目"当代非洲法语文学与非裔法语文学的翻译与研究""中法关系中的非洲因素研究""中非交流合作前景及问题——以滞留广州非洲移民为例"等。

国际关系学院非洲研究所将以中非全面战略合作伙伴关系的建立为历史契

机，为中非友好交往探索新思路、新途径，为共同实现"中国梦"与"非洲梦"贡献一分力量。

（二）联系信息

网站：https://waiyuxueyuan.uir.cn/ysjg/fzyjs/

联系人：刘天南；电话：010—62861354；邮箱：violine505@163.com

通讯地址：北京市海淀区坡上村12号（100091）

【中国现代国际关系研究院非洲研究所】

（一）机构概况

中国现代国际关系研究院（以下简称现代院）成立于1980年，是首批国家高端智库建设试点单位之一。非洲研究所前身是现代院西亚非洲研究所的一部分，为适应中非关系新形势需要，2013年现代院专门成立非洲研究所，从事对非洲地区，尤其是撒哈拉以南非洲的政策研究和学术研究，研究领域覆盖国别、非洲一体化、大国对非政策和中非关系等，研究队伍梯队合理，包括研究员、副研究员、助理研究员。

非洲研究所与国内主要学术研究机构保持密切联系，与非洲、欧美30余家智库、大学建立交往机制，每年接待来访外宾数十批。2018年曾举办"现代院论坛2018：中非合力共建人类命运共同体"大型国际学术会议。非洲研究所是中非合作论坛框架下的"中非智库10+10合作伙伴计划"成员单位，与南非安全研究所互为交流伙伴。

（二）联系信息

网站：http://www.cicir.ac.cn/

联系人：孙红；电话：010—88547368；邮箱：sunhong@cicir.ac.cn

通讯地址：北京市海淀区万寿寺甲2号，中国现代国际关系研究院非洲研究所（100081）

【中国人民大学中东非洲研究中心】

（一）机构概况

2013年，中国提出共建"一带一路"倡议，提供大量的投资用于基础设施建设，以推动中国"丝绸之路"沿线地区的发展。鉴于中东和非洲地区在"一带一路"建设的成功实施中起关键作用，中国人民大学中东非洲研究中心集合来自中国和中东非洲地区的专家、学者，以共同合作促进该地区有效的地缘经济和地缘战略发展，并增进人们对该地区复杂动态的理解为目标，在以色列学术交流促进协会（Sino-Israel Global Network & Academic Leadership）的支持下，于2014年正式成立中国人民大学中东非洲研究中心。

中东非洲研究中心致力于促进学界对中东和非洲地区的理解，包括地区关系的演进和热点问题的走向，旨在促进中国与中东、非洲学者间的有效互动，为跨地区学术交流与合作提供平台。

中国人民大学中东非洲研究中心定位的核心目标是：鼓励新的、理性的、能够应对地区挑战的国际合作研究；为中国学者参与在中东和非洲举办的国际会议提供资助；推动中国与有关国家之间的学术交流；促进深层次的相互理解和区域稳定，发挥智库的应有作用。

目前中心共有专、兼职研究人员12

名，由刘青建教授担任研究中心主任，崔守军副教授担任执行主任。

（二）联系信息

联系人：崔守军；邮箱：cuishoujun@hotmail.com

通讯地址：北京市海淀区中关村大街59号，中国人民大学国际关系学院（100872）

【商务部国际贸易经济合作研究院西亚及非洲研究所】

（一）机构概况

商务部国际贸易经济合作研究院（以下简称商务部研究院）为商务部直属事业单位，是集经贸研究、信息咨询、新闻出版、教育培训于一体的综合性、多功能社会科学研究咨询机构。商务部研究院的前身是1948年8月创建于香港的中国国际经济研究所，1949年10月新中国成立后迁移广州，1951年底迁至北京。1997年和2002年，经过两次机构整合形成现在的研究院。在70多年的发展历程中，研究院求真务实、积极进取，为中国商务事业的发展发挥了积极作用，在国内外享有较高声誉。商务部研究院拥有一支高职称、高学历、专业化、年轻化的研究咨询队伍，现有各类高级专业技术职称人员110多人，硕士研究生以上学历120多人，享受国务院政府特殊津贴30多人，派驻中国驻外经商机构、国际机构工作人员数十人。

西亚及非洲研究所系商务部研究院的业务部门之一，原隶属于商务部研究院亚洲和非洲研究所，2016年独立成所，致力于中国与西亚非洲国家经贸关系、中国与西亚非洲地区一体化组织合作与发展关系、中国与西亚非洲国家产能合作以及"一带一路"合作等研究，跟踪研究西亚非洲国家经济发展、重点产业、经贸关系、投资环境及西亚非洲地区综合经贸及重点和热点。为党中央和国务院、商务部等国家部委、地方政府和企业提供经贸合作咨询与服务。

西亚及非洲研究所下设三个部门，分别为西亚北非部、东部非洲部和南部非洲部，现任所长为张建平同志，所内共有8名研究人员，其中博士、博士后及副高级职称以上7人。代表性成果包括，《中国与非洲经贸关系》系列年度报告，直接支持中非论坛北京峰会的《2015—2018年中非经贸合作成果回顾》《扩大中国从非洲进口的政策研究》《非洲发展新趋势及对中非合作的影响》《迪拜自贸区发展经验及对中国的启示》等，推动了中国对非洲经济的研究发展，促进中非经贸合作，为中国"一带一路"建设提供智力支持。

西亚及非洲研究所积极承担商务部研究院研究生院的人才培养工作，致力于培养具有国际视野和扎实理论素养的高素质高层次复合型人才，已培养经济学、金融学硕士17名，现有在读博士研究生1名，硕士研究生9名。

该所研究人员积极开展和参与国际交流活动，在摩洛哥、乌干达、坦桑尼亚、埃塞俄比亚、塞内加尔等国参加高级别中非合作研讨会并发表演讲，与英国、美国、德国、澳大利亚等发达国家开展在非洲第三方合作的1.5轨或2轨对话。在《人民日报》、中央电视台中英文频道等媒体多次就中非合作发表文章和接受采访。通过参加国内外中非经贸领域的国际交流活动并分享研究成果，为深化非洲研究和中非合作建言献策。

（二）联系信息

网站：http://www.caitec.org.cn/

联系人：韩珠萍；电话：010—64515187；邮箱：victoria.han.zhuping@outlook.com

通讯地址：北京市东城区安定门外东后巷28号

【北京外国语大学非洲研究中心】

（一）机构概况

北京外国语大学非洲研究中心成立于2017年，是校级中心和教育部国别和区域研究备案基地。2019年9月23日，北京外国语大学亚非学院扩建，分别成立亚洲学院、非洲学院。因管理体制调整，非洲研究中心现由非洲学院负责运行。

该中心的主要研究领域为非洲文学、非洲语言学、非洲历史、非洲政治、中非关系等。自成立以来，中心已经在非洲语言文学和区域国别研究方面取得了初步的成果。教研队伍依据自身特色，在非洲本土非洲研究成果的译介和评价、中非教育文化交流、非洲国家与世界的关系等方面积极探索。孙晓萌教授主持的国家社科基金项目"英国殖民时期非洲豪萨语和斯瓦希里语本土文学嬗变研究（1900—1960）"是中心标志性项目。

目前，该中心共有研究人员9人；同时，中心努力在全校非洲研究人才的整合中发挥作用，推动以中青年教师为主力的跨学科创新团队的建立，发挥外籍专家力量，进行跨校科研合作。中心组建开放式研究团队，校内外专家学者均可作为中心的兼职或特聘成员参与项目合作。

未来数年，该中心将进一步依托北京外国语大学多语种多学科的结合，着力基础研究，有针对性地发展对策研究，发挥好社会服务功能。

（二）联系信息

微信号：北外非洲研究中心

联系人：李洪峰；邮箱：lihongfeng@bfsu.edu.cn

通讯地址：北京外国语大学非洲学院东院主楼333号（100089）

【北京语言大学非洲研究中心】

（一）机构概况

北京语言大学非洲研究中心成立于2017年，于2018年5月正式挂牌，是在教育部备案的国别和区域研究中心。该中心的发展目标是：以"一带一路"倡议为指导，以"加强中非友谊、服务中非合作"为原则，打造中非合作与交流的信息沟通平台。

北京语言大学非洲研究中心依托中心的科研师资力量，以国家中非合作大背景对法语专门人才的需求为契机，于2019年3月开设"法语国家与地区研究"课程，目前已将该课程纳入法语专业研究生的必修课计划。北京语言大学"法语国家与地区研究"课程以法国和世界范围内开展的"法语国家与地区"教学的实践为参照，从理论和实践两个层面进行课程内容规划。学生将在学期末结合自己的兴趣特长，撰写非洲研究领域的相关论文。对有意愿开展非洲研究的法语专业研究生进行重点培养，纳入服务中非合作的法语专门人才培养计划，依托非洲研究中心师资科研平台，组织学生定期参加中心组织的相关研讨会、国别报告的资料搜集与撰写、国别与区域理论研讨、国别与区域课题调研以及问卷访谈等活动。

北京语言大学非洲研究中心未来研究和发展方向：（1）以现有法语专业本科、硕士培养方案为基础，加强对象国语言文化社会概况等专业知识的嵌入。（2）以语言为工具、国别区域研究理论为抓手，开展本科和硕士阶段的区域与国别研究。（3）以国内对象国留学生为资源，建立"对象国留学生 + 本科法语生"互动学习模式，加强对对象国社会知识的认知和研究。（4）与对象国驻华使馆建立长期稳定的联系，建立学术交流与人文交流的情感纽带。（5）与非洲法语国家孔子学院建立紧密合作，拓宽对非洲法语对象国的深入了解渠道。（6）开展赴非洲法语国家的田野调查；建立"教师 + 学生"学术共同体。与当地大学建立学术联系，互办讲座和研讨会等。

（二）联系信息

网站：http://irs.blcu.edu.cn/col/col16046/index.html/

联系人：李岩；电话：010—82303514；邮箱：connie_liyan@163.com

通讯地址：北京市海淀区学院路15号，北京语言大学教五楼321室（100083）

【对外经济贸易大学突尼斯研究中心】

（一）机构概况

对外经济贸易大学突尼斯研究中心成立于2017年3月，之后获批教育部区域和国别研究备案基地。2017年6月，对外经济贸易大学成立区域国别研究院，致力于将人才培养、学术研究和国家发展相结合，推动学科发展，打造高端智库。突尼斯研究中心成为研究院下设的14个研究中心之一。

突尼斯研究中心以对外经济贸易大学阿拉伯语系和部分法语系教师为校内主要研究力量，现有教授5人、副教授2人、讲师3人，并邀请突尼斯迦太基大学等高校的学者加入研究队伍，按照教育部和学校对国别和区域研究的总体安排和设计，着力开展对突尼斯的国别研究，兼顾北非地区与突尼斯有着相近历史、文化和国情的其他相关国家研究。

作为隶属于高校的智库，对外经济贸易大学突尼斯研究中心亦肩负着人才培养的责任。该中心的人才培养聚焦"一带一路"建设，致力于培养全球治理人才。中心以外语专业为依托，把课题研究、国际合作与学生的培养结合起来。通过学生出国留学、短期出国访问、参与课题研究、外事志愿服务等途径，发挥协同功效，扎实培养学生的语言能力、学术研究能力和综合素质，为人才培养工作提供支撑，为中突合作培养高水平、复合型、创新型外语人才。突尼斯研究中心还着力打造一支精通阿拉伯语、英语或法语，并具备国际问题研究能力的高水平学术团队。通过项目团队建设，吸纳青年教师、硕博士进入项目组，为有志于突尼斯研究、北非研究的青年研究力量创造机遇。

该中心的研究以基础研究为切入点，着力夯实突尼斯研究的基础，逐步推进北非区域研究。研究领域涵盖突尼斯政治、经济、文化、外交的基础研究，中国与突尼斯关系的历史研究，中突合作的具体问题研究和北非区域研究。中心的工作方式以项目带动为主，突破学科壁垒，打造开放平台。自成立以来，中心承接了教育部国际司2项指向性课题，获批国家社科基金冷门绝学项目1项，完成国家社科基金项目1项，累计向国别和区域研究信息交流平台提交动态10余份。中心研究人员先后受邀参加由中国外交部主办的中阿合作论坛圆桌会议，由中阿友协、阿中友联和阿盟共同主办的中阿青年大使论坛，由埃及开罗美国大学主办的非洲高等教育论坛，由沙特智库研究和知识交流中心主办的亚洲阿拉伯学大会等高端国际学术会议。中心研究人员承担了中国外文局等单位对非洲和对阿拉伯国家的干部培训授课任务，为中非友好、中阿友好贡献力量。中心还高度重视在国内外主流媒体发声，中心主任黄慧曾多次接受突尼斯、阿尔及利亚、阿联酋等非洲和阿拉伯国家主流媒体，以及CGTN阿拉伯语频道的采访，并担任CGTN阿拉伯语频道《财经》栏目访谈嘉宾。

在国际交流方面，该中心借助"中非高校20+20"合作机制，与突尼斯迦太基大学建立联系，以点带面，开展了一系列国际学术交流活动。2016年年底，对外经贸大学派出由黄慧担任团长的学术代表团访问迦太基大学。此后，中心促成迦太基大学高等语言学院与对外经济贸易大学外语学院在两校校际合作框架协议内签署教育合作子协议。双方还达成了互派教师前往对方机构进行讲学、开展联合研究等方面的合作意向。自2017年起，中心累计组织学术代表团访问突尼斯3次，接待突尼斯学术代表团3次，向突尼斯派出留学生近20人，接收突尼斯留学生8人。2017年，中心牵头与迦太基大学共同举办了首届中突创新与创业联合学术研讨会。此后，中心每年主办一届会议，已坚持3年，并着力将会议机制化，以打造中突学术交流的高端平台。

未来，该中心将继续努力，围绕科学研究、人才培养，加强国际合作与交流，通过内联外引加强与国内外智库的联系，逐步将突尼斯研究中心建设成突尼斯研究乃至北非区域研究的知名平台。在此基础上，积极向有关部门提交咨政报告，在中突合作中发挥智库作用，提升突尼斯研究中心服务政府决策的能力。

（二）联系信息

微信号：区域国别研究动态

联系人：黄慧；邮箱：huanghui@uibe.edu.cn

通讯地址：对外经济贸易大学127号信箱（100029）

【中国传媒大学坦桑尼亚研究中心】

（一）机构概况

2017年7月，经教育部批准，教育部国别和区域研究工作秘书处下发批准函件，依托中国传媒大学建设教育部国别和区域研究备案中心——坦桑尼亚研究中心。经中国传媒大学科学研究处批准，坦桑尼亚研究中心设立在中国传媒大学外国语言文化学院，受教育部国别和区域研究工作秘书处及中国传媒大学外国语言文化学院共同管理。2019年底中国传媒大学开展科研机构认定工作，教育部国别与区域问题研究备案中心坦桑尼亚中心被认定为其他高级别科研机构，依托中国传媒大学外国语言文化学院管理，任命敖缦云为负责人。

该中心以教育部国别和区域研究工作秘书处批准函件为基本文件，充分发挥中国传媒大学在学科、人才和技术方面的优势，将部委委托和高校运行相结合，优势互补，合作共赢。

该中心实行主任负责制，由中国传媒大学科研处任命，报教育部国别和区域研究工作秘书处备案。目前中心共有成员4人，另聘有兼职研究员2人，外籍学术顾问2人。

该中心负责人敖缦云于2011年取得全球第一届斯瓦希里语硕士学位，现在坦桑尼亚达累斯萨拉姆大学继续攻读全球第一届斯瓦希里语博士，也是攻读这一学位的唯一的中国人。近年来中心承担了《习近平谈治国理政》（第一卷、第二卷）的斯瓦希里文翻译、校对工作。

中国传媒大学2019届斯瓦希里语毕业生12人，其中1人进入外交部工作，1人赴解放军信息工程大学任教，2人就职北京市安全局，5人继续攻读国内或国外研究生，3人自主就业。中国传媒大学现有2019级斯瓦希里语学生20人。

未来该中心将根据中国和非洲国家交往过程中在政治、经济、文化、教育等各个方面的需求，针对坦桑尼亚及其所在非洲东部地区，开展国别和区域相关研究，成为智库型研究中心。具体目标：为国家提供与研究对象国（区域）问题相关的咨政服务；与研究对象国（区域）智库、研究机构等建立合作关系；产学研结合，服务中国企业走出去及非洲企业走进来；国别和区域研究人才培养（包括课程和教材体系建设、本科生教育、选派学生赴境外学习、外国留学生来华教育等情况）；组织中坦两国之间不定期学术研究活动或人文交流，为最终建立中坦人文交流机制提供智力支持。

（二）联系信息

联系人：敖缦云；邮箱：961061988@qq.com

通讯地址：北京市朝阳区定福庄东街1号，中国传媒大学外国语言文化学院（100024）

【中国农业大学国际发展和全球农业学院非洲发展研究中心】

（一）机构概况

自2007年起，中国农业大学便开始关注非洲发展，并从不同视角对不同领域的问题开展实地调查和研究，其中包括中非贫困与减贫战略对比研究、中非农业比较研究、中国和日本对坦桑尼亚农业发展援助的比较研究、中国和巴西在非洲农业发展中的角色研究，等等。基于中国农业大学过去30多年从"引进来"到"走出去"国际发展合作研究和人才培养探索之上，尤其在过去十多年中非农业合作与减贫实践与研究之上，2017年底，中国农业大学联合西北农林科技大学成立了中国南南农业合作学院，并于2018年初成立了非洲发展研究中心。2019年12月，在智库建设的基础上，中国农业大学统筹各方中非农业合作与研究的力量，设立了国际发展与全球农业学院，有关非洲发展研究和人才培养工作成为学校新农科建设的关键部分。

该中心的发展目标是：围绕着中非农业合作、非洲发展两个领域开展相关文献搜集和实地调查工作，并在此基础上搭建国际化平台，促进在中非农业合作和非洲发展领域的高层政策与研究对话，生产新的发展知识。此外，还将制订在上述两个领域内的人才培养计划，建设中国与非洲国家之间的人才交流和培养体系，并开展非洲发展实地示范，通过实地互动平行分享中国发展经验。

该中心在职人员共有13人，其中教授8人、副教授5人，全部具有博士学位以及海外学习或工作的经历，均在国际发展研究和教学方面具有丰富经验。未来5年内，将引进不超过15位高层次人才共同参与该领域的研究。

该中心运用发展研究的学科视角，将研究、教学和实践三者有机结合在一起。研究重点在于从发展研究视角看中国在非洲发展中的作用，研究内容涵盖中国的对外援助、在非洲的政府投资和私人投资情况，中非人口流动，等等。学科建设上，将依托国际发展学科开展非洲发展研究，将非洲置于中国、西方等不同视域下进行对比分析，从全球角度分析非洲的政治、经济、社会转型问题，及中非合作相关议题。实证研究上，注重基于长期深入的中非农业和减贫经验分享实践之上，通过参与式互动和实地调研获得一手的实地数据，注重数据库的搭建。人才体系建设上，培养在中非合作、非洲发展研究领域的新型人才，尤其注重其理论生产和实践行动结合能力的提升。

迄今为止，研究团队已有包括国家社科基金重点项目和一般项目等国内外一流研究基金支持项目共8项，并取得国家级和省部级奖励共6项，获得了商务部、外交部、财政部、农业部、国家开发银行，以及盖茨基金会、英国国际发展署、联合国开发计划署、世界粮农组织等国际发展机构30多项研究项目的支持。研究团队在国内外顶级期刊、重要学术期刊上发表高水平论文共150多篇，出版专著16本。此外，还设立了国内第一个国际发展方向本科人才培养体系、国内第一个国际发展方向研究生人才培养体系、国内第一个国际发展留学生人才培养体系，建立了海外第一家集教学、研究和实践为一体的综合性海外实习基地——坦桑尼亚村级减贫学习中心和中坦联合研究中心，开拓了国内第一家以国际发展组织作为实习基地的研究教学机构，发起设立了国内首个国际发展研究网络（CIDRN），在国内外行业内产生重大影响。

目前，基于中国农业大学人文与发展学院学科建制，团队已培养近十名中国博士和硕士研究生，他们以坦桑尼亚为研究地点完成学位论文，为中坦合作及坦桑尼亚产业发展提出建议。此外，迄今为止，还培养了300多名留学生取得硕士或博士学位，其中95%的学生来自非洲国家。

研究团队多年来与诸多发达国家和发展中国家的政府部门、研究机构或高校建立了广泛的交流与合作关系。其中包括英国萨塞克斯大学发展研究所（IDS）、伦敦政治经济学院（LSE）、坦桑尼亚的经济和社会研究基金会（ESRF）以及苏克因农业大学，等等。此外，还与世界银行、盖茨基金会、联合国开发计划署等国际组织开展了广泛合作。

（二）联系信息

网站：http://cissca.cau.edu.cn/

微信号：CIDGA

联系人：陆继霞；电子邮箱：lujx@cau.edu.cn

通讯地址：北京市海淀区圆明园西路2号，中国农业大学人文与发展学院（100193）

【中国社会科学院世界历史研究所非洲史研究室】

（一）机构概况

根据习近平主席致中国历史研究院成立贺信和致中国非洲研究院成立贺信的精神，2019年12月初，中国社会科学院世界历史研究所非洲史研究室正式挂牌成立。目前，研究室有3名科研人员。其中，2名研究员，1名副研究员，均拥有博士学位。

非洲史研究室依托于中国社会科学院世界历史研究所的非洲史学科。中国社会科学院世界历史研究所在中国非洲史研究领域，一直具有较强的研究实力和学术影响力。彭坤元教授是1995年出版的3卷本《非洲通史》（古代、近代、现代卷）主要策划专家之一，并与北京大学陆庭恩教授共同主编了其中的"现代卷"。在世界历史研究所的推动下，经过中国民政部批准，1980年中国非洲史研究会正式成立。中国非洲史研究会在引领学术、团结同仁、服务社会和资政育人方面，发挥了重要作用，并组织全国研究力量，进行科研攻关，完成了上述3卷本《非洲通史》。非洲史研究室主任毕健康研究员，兼任中国非洲史研究会法人代表和秘书长。

非洲史研究室主要开展非洲地区史、国别史和专题史研究，目前研究重点为南部非洲和北部非洲历史研究。世界历史研究所非洲史学科2010年被中国社会科学院批准为特殊学科，2017年再度被中国社会科学院登峰计划列为特殊学科。学科成员积极开展对外学术交流，多次举办全国学术会议，承担并完成了多项国家社科基金项目，发表了具有一定影响力的科研成果。

非洲史研究室科研人员承担、参与并已经完成的主要项目有："南非种族隔离制度与资本主义经济关系的历史考察"（国家社科基金项目，刘兰）；"战后英国英属撒哈拉以南非洲政策研究"（国家社科基金青年项目，杭聪）；"近代以来国外社会变革与社会稳定专项研究"之亚非拉子项目（中国社会科学院创新工程重点项目，毕健康为子项目负责人，杭聪为项目组成员）；"从伊朗问题看中东国家的国家、宗教与发展问题"（中国社会科学院基础学者资助计划，毕健康）；"中东现代化进程中的民主问题比较研究"（国家社科基金青年项目，毕健康为课题负责人，刘兰为课题组成员）；"战后英美新殖民主义研究"（张顺洪为课题组负责人，毕健康为课题组成员）。

（二）联系信息

联系人：杭聪；电话：010—87421031；邮箱：hangcong@cass.org.cn

通讯地址：北京市朝阳区国家体育场北路1号院3号楼315室（100101）

【中共中央党校（国家行政学院）国际战略研究院非洲拉美研究所】

（一）机构概况

中共中央党校（国家行政学院）国际战略研究院主要从事中国外交和国家安全领域的重大理论与战略问题研究。该院重视非洲问题研究，于2012年成立了学术研究平台"非洲研究部"，在此基础上于2019年成立实体机构"非洲拉美研究所"。该院于2012年成为中国外交部"中非联合研究交流计划"的实施单位，于2013年成为中非合作论坛"中非智库10+10合作伙伴计划"的合作单位，与埃塞俄比亚亚的斯亚贝巴大学和平与安全研究所（IPSS）结成长期性的学术合作伙伴关系。

非洲研究部的研究领域为中国对非战略与政策、治国理政经验研究、中国对外援助、非盟与非洲一体化、大国对非外交政策，等等。

非洲研究部着眼于中非关系和非洲发展领域的若干重大基础性、战略性、前瞻性研究议题，在学术研究上充分体现中共中央党校（国家行政学院）应有的理论深度、战略高度和全球视野。非洲研究部将通过相关学术研究、政策咨询和国内外学术交流活动，成为国内有影响力、国际有知名度的非洲研究思想库。

非洲研究部在非洲研究领域已承担国家社科基金项目5项，承担来自中共中央党校（国家行政学院）、外交部、中联部、商务部、教育部、国务院新闻办公室等单位的省部级课题20余项，完成多项中央重大委托课题。在非洲研究领域出版学术著作6部、译著1部，包括《中非关系与中国的大国责任》《通向复兴之路：非盟与非洲一体化研究》《中非发展合作：理论、战略与政策研究》等著作。在《世界经济与政治》《外交评论》《国际政治科学》《西亚非洲》《当代亚太》和 Review of International Studies（Cambridge University Press）等国内外知名刊物上发表学术论文百余篇，向中央和有关政府部门提交调研和咨询报告多篇。

非洲研究部长期参与中共中央党校（国家行政学院）为非洲国家举办的各种党政干部研修班的教学工作，与埃塞俄比亚梅莱斯领导力学院、阿尔及利亚国家行政学院建立了长期的合作关系。近年来，国际战略研究院相关教师相继赴埃塞俄比亚、肯尼亚、南非、苏丹、南苏丹、安哥拉、塞拉利昂、尼日利亚等20余个非洲国家进行实地调研或参加学术研讨会，同时接待多位来自非洲国家的学者、政府官员以及欧美国家从事非洲问题研究的学者。

（二）联系信息

联系人：罗建波；电话：010—62805137；邮箱：luojb@ccps.gov.cn

通讯地址：北京市海淀区大有庄100号，中共中央党校（国家行政学院）国际战略研究院（100091）

【重庆师范大学东非（印尼）研究中心】

（一）机构概况

重庆师范大学东非（印尼）研究中心成立于2012年11月，是由国际汉语文化学院主管，依托外国语学院建设的校级重点科研平台，2017年6月申报成为教育部国别和区域研究备案中心。

该中心主要的研究方向为东非文化、语言、教育、历史和中非教育合作，等等。

该中心共有研究人员18人，其中重庆师范大学外国语学院15人，历史学院2人，文学院1人；含教授5人，副教授11人；博士10人。曾雪梅教授担任中心主任。

该中心成立以来在非洲方面的重要研究成果有：《卢旺达语言、教育和社会发展研究》《卢旺达语&英语&汉语词典》，以及《卢旺达教育情况手册》等。

（二）联系信息

联系人：曾雪梅；电话：023—65362742；邮箱：2534194838@qq.com

通讯地址：重庆师范大学外国语学院（401331）

【重庆交通大学贝宁研究中心】

（一）机构概况

重庆交通大学贝宁研究中心成立于2017年6月，为教育部备案的国别和区域研究中心之一。

贝宁研究中心以"增强决策咨询能力"为核心，开展贝宁及其周边国家政治、经济、文化、社会等全方位、综合性、立体化研究，以及援非中国工程的政治、社会、经济与文化影响研究，旨在促进学校交通文化研究、国家与城市形象传播研究、旅游经济研究、工程汉语与工程文化研究、汉语国际教育研究的发展，并进一步加强与中国驻贝宁大使馆、贝宁中国文化中心、中资机构密切合作，建立贝宁及周边国家动态风险预告机制。

贝宁研究中心充分发挥重庆交通大学与贝宁阿波美卡拉维大学共建孔子学院的平台优势、援非项目影响力研究的先导优势、援非工作的历史优势、交通工程与文化等学科优势，整合资源，开展各项研究，并积极研讨贝宁及西非地区热点问题。

贝宁研究中心拥有独立的办公场地、完备的办公设施、专门的学术网站，还有由国内外专家学者组成的学术委员会，国外专家有法国的白乐桑（Joël Bellassen）教授、贝宁共和国的于连（Segbo Julien）教授等，国内专家有浙江师范大学王辉教授、重庆交通大学副校长张尚毅教授等十余人。

贝宁研究中心积极组织学术研讨会，深入开展调研工作，并统筹开展基础研究和应用研究，已撰成《贝宁教育情况指南手册》，并完成教育部科研项目两项，分别为"非洲高新技术产业发展合作情况及我合作策略——以贝宁为例"和"贝宁政党制度研究报告——贝宁政党制度的历史、现状和运行情况"。另外，还启动贝宁研究科研培育项目相关工作，鼓励更多的专家学者积极加入贝宁研究的科研团队中。

贝宁研究中心推动在贝宁阿波美卡拉维大学和其他有研究生招生资质的学校或机构招收中贝关系方向的研究生，同时大力发展汉语国际教育本科，扩大面向贝宁的招生规模，适当进行奖学金政策倾斜。推进土木、交通、航海、人文等学院"2+2""1+3"项目的发展，适度增大贝宁学生的规模，增加"海外工程师"项目在贝宁的招生量；稳步发展面向贝宁和西非的多层次、多形式的汉语培训和文化体验项目。

贝宁研究中心在剖析贝宁及西非地区热点问题的同时，还提出了今后的发展设想，即集聚力量，凝练方向，明确四个重点研究方向，成立四个研究所，包括贝宁及西非地区发展研究所、中贝人文交流研究所、贝宁及西非地区交通发展研究所、贝宁及西非地区汉语国际教育发展研究所。其中，贝宁及西非地区发展研究所立足贝宁及西非本土，主要开展贝宁及西非地区政治、经济、文化等相关领域的研究。中贝人文交流研究所主要开展中贝人文交流研究，包括贝宁社会对中国的理解、想象与认同，在贝汉语人群的人际网络与互动，贝宁留华归国人员的中国印象与态度，贝宁旅游经济的发展潜力，中国产品在贝美誉度的形成与挑战，中国国家形象的传播等。贝宁及西非地区交通发展研究所，依托重庆交通大学的学科特色，特别是交通特色，开展贝宁及西非地区交通发展研究。贝宁及西非地区汉语国际教育发展研究所，一方面，发挥优势，整合资源，培养"汉语+职业技能"领域的应用型人才；另一方面，加强汉语教育教学研究，包括与汉语教育有关的中贝教育交流的机制与策略、贝宁教育体系与国家意识的权建、中国教育理念和体系在贝宁的影响力形成、中国传统体育在贝宁的接纳与发展，以及贝宁及西非地区汉语教育发展情况等。

（二）联系信息

网站：http://bnyjzx.cqjtu.edu.cn/

联系人：唐娟；邮箱：645451585@qq.com

通讯地址：重庆市南岸区学府大道66号（400074）

【广东外语外贸大学非洲研究院】

（一）机构概况

广东外语外贸大学非洲研究院（下文简称非洲研究院）于2016年11月22日由前国务委员戴秉国先生揭牌成立，建院三年多来，研究院始终坚持应用研究的定位，以问题为导向，以任务为牵引，坚持"三个结合"，即与中央对非工作的总方向相结合、与广东省对非中心工作相结合、与广东企业走进非洲的需求相结合，初步探索出了一条非洲应用研究的路径，希望以此为中国非洲研究的重要补充。

非洲研究院主要的服务功能包括：

（1）开展非洲整体和分国别的经济、政治、文化、外交等问题的基础理论研究；（2）与国家有关部门合作（如外交部、国家发改委、商务部、广东省政府等），就某一热点问题提供研究报告和政策咨询；（3）就非洲投资及经济合作（地方政府在非洲设立经济合作项目和投资项目）等问题，向地方政府提供从政策咨询到经济园区规划等服务；（4）为有意去非洲投资的商业企业提供投资政策、投资规划等方面的政策咨询服务；（5）参与主办关于非洲研究、非洲投资、非洲事务等方面的会议和论坛，邀请非方人员来华讲座，组织国内专家到非洲讲座等；（6）为非洲国家培养经济管理、外交等方面人才，根据具体需要为非洲国家培养职业技术人才。

非洲研究院下设对非投资贸易研究中心、中国文化品牌全球营销研究中心、东非研究中心、"一带一路"商科人才协同培养中心和"一带一路"中医药人才协同培养中心。现有专兼职研究人员35人。组建了非洲区域与国别研究创新团队。非洲研究院目前是教育部备案的国别和区域研究中心之一，根据教育部的要求推进了备案实体化建设。

三年来，非洲研究院共承担国家部委、广东省、广东省各地市、企业等委托课题27项，其中，中联部"一带一路"智库联盟委托项目——"'一带一路'与非盟对接研究"获优秀结项成果。承担了外交部中非人文交流联合研究计划项目2项。撰写各类研究报告15项，获得省委、省政府主要领导批示5项，被《人民日报》内参采纳1项，被中办采纳2项。

2018年非洲研究院联合国内外非洲研究机构、重点企业和商协会发起成立了"一带一路"非洲研究联盟，现有中国成员单位16家，非洲成员单位16家，欧洲成员单位2家。非洲研究院将用5年左右的时间实现非洲54个国家都有1—2个智库机构加入非洲研究联盟的全覆盖。

非洲研究院联合广州中医药大学和广东省中医院，联合培养中医药人才，为中医药走进非洲储备人才。联合广东外语外贸大学商学院、国家发改委海外投资协会设立非洲班，实现中国企业家和非洲客商的无缝对接，推进贸易畅通和非洲国家的能力提升。推动中国汽车维修技术向非洲转移，带动中国二手车出口和汽车零配件用品的供应链打造。

非洲研究院在东部非洲建立了肯尼亚研究基地，在南部非洲建立了南非研究基地，在北部非洲建立了埃及研究基地。2020年将在西部非洲建立尼日利亚研究基地，同时启动埃及研究基地和南非研究基地的国际合作共建，双方投入资金、研究人员，合作研究，共享成果，联合出版。建院以来，非洲研究院出访非洲三次，与埃塞俄比亚、尼日利亚、加纳、肯尼亚、乌干达、南非和埃及的有关政府部门、中国使领馆、中国商协会、产业园区、科研机构、高等院校等建立了联系，拓展了非洲研究的人脉资源。研究院与非洲国家驻广州的11个总领事馆建立了业务联系，有比较通畅的对话机制；与非洲国家驻广州的9个商协会建立了商务对话机制，起到了沟通信息、联合研究、共享成果的桥梁和纽带作用。

非洲研究院计划用5—8年的时间，将自己打造成中国非洲应用研究的南方高地，为中国企业走进非洲和中国对非影响力的显著提升做出积极贡献。

（二）联系信息

网站：https://ias.gdufs.edu.cn/

微信号：ias-gdufs

联系人：刘继森；邮箱：165596976@qq.com

通讯地址：广东省广州市白云大道北2号广东外语外贸大学MBA教育中心307室

【中山大学社会学与人类学院非洲研究中心】

（一）机构概况

该研究机构于2017年成立，依靠中山大学社会学人类学院的深厚学科优势，积极向非洲区域拓展。中心由中山大学社会学与人类学院朱铁权教授任主任，陈亮副研究员任执行主任，与社会学与人类学院、政务学院等研究人员组成核心研究团队，并定期交流。

该中心围绕"一带一路"倡议和建构中非命运共同体的战略需求，以具体的非洲研究促进学科建设。在"一带一路"倡议和中非民间交流日益频繁的背景下，紧扣移民、企业投资、文化交流等议题进行社会科学研究。

该中心的科研活动集中于考古学和社会人类学两个领域。在考古学方面，利用科技考古学科优势，探索古代中非之间如何通过跨海洋贸易网络加强联系。中心于2012年与2017年在非洲肯尼亚拉穆群岛Manda岛，进行考古发掘，发现了大量的不同时期的中国瓷器、2枚永乐通宝、4枚中国料珠、3俱疑似中国人的人骨遗骸等。在社会人类学方面，将非洲研究纳入中非共同体建设和"一带一路"倡议的框架下，关注中非之间的发展、商贸、人文交流与机制。具体科研成果包括：（1）对来广州非洲客商和留学生进行问卷调查，涉及大部分非洲国家；对中非跨国婚姻进行调查研究；对跨国贸易中间商群体进行研究；对网络非洲人形象建构进行研究；对在华非洲人的非正式治理进行研究。（2）从2017年开始，对埃塞俄比亚边疆地区的游牧民族进行文化人类学研究。（3）对在埃塞俄比亚进行投资的企业的内部的族群关系、文化差异与理解进行研究。

2018年6月，该中心举办首届"古今中非联系"国际学术研讨会，着眼于从考古、移民、在非企业中发掘中国与非洲的联系。2019年12月，该中心举办第二届"古今中非联系"会议"非洲人类学研究的田野调查方法"工作坊，在中国人类学、语言学等学科内推动研究在非洲进行实地调查的方法。

该中心成立以后，与亚的斯亚贝巴大学埃塞俄比亚研究中心（IES）、萨马拉大学（Semara University）等机构建立了良好的学术合作关系。

（二）联系信息

联系人：陈亮；邮箱：chenliang9@mail.sysu.edu.cn

通讯地址：广东省广州市新港西路135号马丁堂（510275）

【武汉大学非洲研究中心】

（一）机构概况

武汉大学非洲研究中心成立于2010年，是依托于武汉大学法语系、专注于非洲研究的学术机构。中心依托学校综合性大学的多学科优势和法语学科优势，整合和调动武汉大学的相关资源，与法国和非洲法语国家40多所大学和科研机构长期保持全面合作关系，包括法国巴黎大学、克莱蒙费朗第二大学、波尔多第三大学、国立里昂第三大学、拉罗谢尔大学、洛林大学及摩洛哥哈桑一世大学、贝宁科特努大学、马里巴马科社会大学、突尼斯斯法可斯大学、塞内加尔谢克安踏迪奥普大学、埃及亚历山大大学和本哈大学、加蓬邦戈大学、几内亚首都大学等。武汉大学非洲研究中心自成立至今，积极与国外非洲研究机构建立合作关系，取长补短，互学互鉴，并与相关机构联合培养硕士、博士研究生，为国内非洲研究输送优秀青年人才。中心于2013年成为法语国家大学联盟成员，2017年成为教育部备案的国别和区域研究中心。

该中心现任主任为武汉大学外国语言文学学院副院长及法语系主任、社会经济学家、非洲研究专家王战教授。中心内现有5名专任教授，3名副教授，2名讲师及博士、硕士研究生数十名，覆盖非洲社会文化、语言文学、跨文化交际等诸多热点研究领域。

该中心自成立以来积极开展引智工作。近5年以来，每年邀请10—20名法国和非洲法语国家的专家来讲学或合作研究，其中有诺贝尔文学奖得主勒克莱齐奥、法兰西学院院士ANNA CHENG、法国教育部汉语总督白乐桑、巴黎七大副校长BRICOUT、贝宁科特努大学校长SINSIN、塞内加尔谢客安踏迪奥普大学副校长MBAYE、巴黎大学亚非拉研究所主任NATIVEL、波尔多三大阿拉伯研究所主任GHOUIRGATE等100多位与非洲研究相关的各国著名学者。他们从法语国家的政治、经济、历史、国际关系、地理和科技与文化等方面入手，为广大法语系师生及校内外有志于非洲研究的青年学者和研究生讲授了诸多前沿理论和知识。客座学者们颇具学术水平的讲座优化了法语专业的教学内容，提高了中心区域国别研究的水平，为"一带一路"倡议在非洲的实施和复合型人才的培养打下了基础。引智工作也促进了法语系国际化纵深发展。法语系先后与巴黎七大亚非拉研究所、波尔多三大非洲历史文化研究室、克莱蒙大学法语国家基地、哈桑一世大学丝绸之路研究所、谢客安踏迪奥普大学发展经济研究院建立了合作关系，实现了教师互访和学生交流，联合培养历史、地理、经济、社会学、文学等方向的博士近20名。其中"中国在非洲投资风险识别""中国商人在阿尔及利亚文化融合研究""基于法国城市化模型的中国就地城市化研究"和"吸引非洲商人的义乌竞争和融合要素分析"等论文已在法国和中国答辩通过。

2017年，武汉大学依托引智工作在国内首创建立了中法非高等教育三方合作机制，并于当年举办了首届论坛。2018年在卡萨布兰卡的哈桑一世大学举办了第二届论坛，2019 年在巴黎七大举办第三届论坛。共有 20 多所法语国家大学和 50 多所中国大学的校长、学者和博士生参加了论坛，探讨了关于非洲政策、制度和宗教文化的各项课题，同时也对三方合作的潜力做出了展望。

2019 年，武汉大学非洲中心累计出版 2 部非洲研究专著；发表 14 篇非洲题材相关论文与评论；组织 9 项课题立项，其中国家级 8 项；4 篇咨询报告被国家部委采用；6 位非洲研究专家莅临讲学；多次参加国内外学术会议。中心学术影响力持续提高。

（二）联系信息

微信号：WHU Francophone Studies

联系人：王战；邮箱：wangz13@aliyun.com

通讯地址：湖北省武汉市武昌区珞珈山武汉大学外国语言文学学院（430072）

【湘潭大学中非经贸法律研究院】

（一）机构概况

湘潭大学中非经贸法律研究院（下文简称"研究院"）的前身是 1978 年 9 月根据中央指示成立的湘潭大学非洲问题研究室，系我国改革开放后在高校成立的第一个研究非洲问题的学术性机构。1998 年，改建为非洲法研究所。2005 年，扩建为非洲法律与社会研究中心。2019 年 6 月，改为现名。

研究院现有专职研究人员 28 人，其中教授 11 人，副教授 8 人，讲师 9 人，且 27 人已取得博士学位，现任院长为洪永红教授。其中，享受国务院政府特殊津贴专家 1 人，国家百千万人才工程划入选者 1 人，宝钢优秀教师奖 2 人，教育部新世纪优秀人才支持计划入选者 2 人，具有一年以上域外访学经历者 10 人，能够灵活运用英语和法语进行授课。此外，研究院还向国内重要非洲研究机构聘请兼职教授 5 人，聘请来自南非、埃塞俄比亚、乌干达等国知名高校兼职教授 4 人。

研究院平台基础深厚，运作机制成熟，形成了教育合作、法律研究与文化交流协同推进的特色。其一，在教育合作方面，2010 年，湘潭大学入选"中非高校 20+20 合作计划"，与东非排名第一的乌干达麦克雷雷大学结为合作伙伴。其二，在法律研究方面，2012 年，中国法学会确定该院为"中国—非洲法律培训基地"，2018 年，成为"中非法学院院长论坛"永久承办单位。其三，在文化交流方面，2014 年，乌干达麦克雷雷大学与湘潭大学共建孔子学院，中方院长由研究院主任洪永红教授担任，为研究院开展中非文化交流提供平台支撑。

研究院科研成绩斐然，成果具有较强学术和社会影响力，在人才培养上硕果累累。研究院成员共出版非洲法方向的学术专著 30 余部，发表论文 150 余篇。在 2000 年推出中国第一部非洲法学术专著《非洲法导论》，于 2015 年创刊中国第一本非洲法学术期刊《非洲法评论》。在非洲传统法律文化、非洲人权与外交、非洲部门法专论、非洲经贸投资法专论、中非法律纠纷解决五个方面取得了较高成就。如，《非洲法律发达史》《南非共和国国际私法研究》《卢旺达刑事法庭研究》等著作在学界影响较大。同时，研究院以会议、论坛等方式，大力推动中非交流与实务合作。研究院先后承办大型中非法律合作会议 30 余次，举办中非法律学术讲座 40 余场。研究院成员多次受邀参加国家"中非合作论坛·法律论坛"等活动。

研究院的人才培养体系完备、成效显著，在课程设置、教材体系和研究生教育方面成果突出。研究院于 1999 年首次开始招收非洲法专业硕士研究生。"非洲法"作为专章，在 2003 年首次被列入国家级规划教材。研究院针对不同学历层次的学生需求，分别编撰了法学本科和研究生使用的非洲法教材；2010 年开始招收非洲法博士研究生，2012 年开始招收非洲法非洲籍留学生。目前，研究院已培养 100 多名非洲专业硕士和博士研究生。近年来，研究院有 10 余名研究生受国家公派留学资助赴非留学。

研究院对接国家与湖南省对非合作需求，以科研项目和实务咨询为抓手，先后承担各类研究项目逾 50 项。2005 年以来，研究院成员共承担国家社科基金项目 10 余项，省部级项目 20 余项，企业横向委托项目 10 余项。其一，国家社科基金项目主要有"非洲国家限制外国人就业法及中资企业的应对研究""中非经贸投资纠纷解决机制研究""'一带一路'背景下我国企业对非投资的环境法律风险及对策研究""中非法律合作的历史与发展""非洲法律文化史"等 10 余项；其二，省部级哲学社科规划项目主要有"非洲人权保护法律制度研究""非洲投资法研究""非洲国际法：成就、问题与前景""南非环境法研究""非洲区域组织法研究"等 20 余项；其三，中央部委委托项目主要有"中非产能合作中的劳动争议问题研究""中非现有双边投资条约存在的不足""非洲国家法学与社会经济发展"等 10 余项；其四，受理企业横向咨询项目主要有"'一带一路'沿线国家法律风险防范指引（南非）""南非投资法律咨询"等 10 余项。

（二）联系信息

联系人：洪永红；电话：0731—58292281；邮箱：3167381356@qq.com

通讯地址：湖南省湘潭市雨湖区学林路湘潭大学法学院（411105）

【湖南省非洲文化研究与交流中心】

（一）机构概况

湖南省非洲文化研究与交流中心是由湖南省人民政府外事侨务办公室于 2013 年 12 月批准成立的省级智库平台，其前身是 2012 年 7 月成立的长沙理工大学西非文化研究中心，挂靠长沙理工大学外国语学院。段胜峰教授担任中心主任。

该中心依托利比里亚大学孔子学院，致力于非洲文化与中非文化交流的研究与实践，以期为湖南省政府职能部门的涉非外事活动提供辅助性服务、为省内各行业对非交流工作提供咨询翻译服务、为省内企业对非业务发展提供咨询培训服务。自成立以来，非洲中心把握时代脉搏，与时俱进，锐意进取，积极参与"中华文化走出去"战略，主要开展理论研究、实践交流、外事服务等方面的工作。

该中心主持国家社科基金项目5项，主持教育部项目3项，主持省社科基金项目10余项。出版专著、译著、编著共计14部。发表论文100余篇，其中CSSCI收录论文30余篇，中国人民大学《复印报刊资料》全文转载3篇。经过多年积累，非洲中心已形成比较稳定的研究方向："中华文化走出去"战略研究、非洲来华留学生教育研究、非洲文学（戏剧文学和口头文学）研究、非洲孔子学院可持续发展研究、非洲英语研究等。中心出版的《走进西非》被用作联合国维和部队指定教材。

该中心主要通过培育"文化摆渡者"志愿者服务项目发挥其服务社会功能，志愿者遍及全球，影响湖南：全球孔子学院、中非经贸博览会、联合国可持续农业机械化中心、外事来华团组接待等都有志愿者身影。"文化摆渡者"汉语文化国际推广志愿团于2016年荣获全国第三届青年志愿服务项目大赛金奖（由共青团中央、中央文明办、民政部、水利部等主办），2016年荣获第十一届中国青年志愿者"优秀组织奖"和"优秀项目奖"（由共青团中央、教育部等组织评选），2017年荣获湖南省高校校园文化建设成果一等奖（湖南省教育厅组织评选）。

该中心先后承担中国能建湖南火电建设工程公司外派员工2期培训、广西水电工程局葡语人才培训班1期培训、中国路桥黑山分公司本土员工培训班1期培训等任务，举办"首届能源电力翻译与教学以及信息技术应用研修班"。培训选拔了13名中方院长或教师和22名学生志愿者赴利比里亚、阿尔及利亚、韩国、黑山、马来西亚、泰国等国家孔子学院或孔子课堂任职。培养利比里亚来华语言生30余名，德克已成为利比里亚第一位本土汉语教师。

该中心与利比里亚教育界建立了较为紧密的联系。利比里亚外交学院教育代表团来访1次，利比里亚大学教育代表团来访5次，利比里亚孔子学院夏令营文化考察团来访6次，美国东斯特劳斯堡夏令营文化考察团来访2次，黑山孔子学院夏令营文化考察团来访2次。

该中心科研团队科研能力强、年龄结构合理、职称学位高。现有教授3人，副教授5名，讲师若干名，其中7人具有博士学位。中心设有固定办公室与办公设备，设常务副主任一名管理日常事务，设勤工助学岗1—2个。

（二）联系信息

联系人：刘坛孝；电话：0731—85258545；邮箱：32449147@qq.com

通讯地址：湖南省长沙市天心区万家丽南路二段960号长沙理工大学（外国语学院）文科楼A区613室

【湖南师范大学非洲研究中心】

（一）机构概况

湖南师范大学非洲研究中心依托湖南师范大学政治学学科而成立，学科历史可追溯到20世纪30年代末。作为湖南省较早开展非洲研究的高校之一，湖南师范大学开展了非洲政治、南非宪法、非洲法语区文化、非洲旅游市场等研究。2007年和2011年，湖南师范大学政治学学科获批博士后流动站和政治学一级学科博士点之后，非洲研究被确定为国际政治专业特色方向。2017年，"湖南师范大学非洲研究中心"正式挂牌成立。2018年，湖南长沙被商务部确定为"中国—非洲经贸博览会"永久举办城市，湖南师范大学非洲研究中心主动对接中非省市合作实际需求，积极打造中部地区非洲研究智库和交流平台，举办首届"一带一路"与中非命运共同体学术研讨会暨湖南师范大学非洲研究中心揭牌仪式。

湖南师范大学非洲研究中心是一家高校教学研究型综合机构，是中国中部省份非洲研究和中非合作的学术交流与智库平台。中心致力于促进湖南与非洲的合作，主要开展非洲整体历史与国别、非洲法律与人文研究，并为湖南—非洲经贸及文化领域的合作提供智力支持与服务。

陈晓红教授担任湖南师范大学非洲研究中心主任，研究团队由"一带一路"与中非合作团队、中非现代农牧业合作团队、非洲法律与社会研究团队、中非旅游与文创合作团队、中非人文交流与语言服务团队协同组成。现有专、兼职研究人员13名，其中正高级职称8人，副高级职称1人，35岁以下青年学者4人。中心还聘请了国内外知名特邀研究员4人。

近年来，湖南师范大学非洲研究中心借助中非经贸博览会永久落户湖南的区位优势和平台优势，举办了一系列学术会议、学术讲座和对外学术交流，协同省内外研究专家就中非卫生健康、农业发展、减贫脱困、教育培训、法律法规、医药开发等领域开展了系列智库研究，积极建言献策，为政府部门和企事业单位提供了对非经贸和交往的智力支持与保障。在团队成员共同努力下，湖南师范大学非洲研究中心参与了多卷本《非洲通史》、《殖民主义史·非洲卷》、多卷本《非洲经济史》等非洲整体史研究工作，编撰出版了列国志《马拉维》《斯威士兰》《莱索托》等国别研究成果，出版和发表了《"一带一路"背景下中非双边投资条约的革新研究》《非洲法律文化史论》《武装组织规范学习的动力与进程研究》《北乌干达武装冲突及其解决策略》等专项研究成果。

依托湖南师范大学政治学和法学两个一级学科博士点，中心面向在校学生开设了非洲与大国关系专题、非洲研究概况专题等课程，并在政治学理论、国际政治、国际法等专业招收非洲研究方向硕士、博士研究生，形成了较为连续的人才培养体系，为社会各界培养输送了数十名专门从事非洲研究和对非事务人才。

下一步，湖南师范大学非洲研究中心将继续借助中非经贸博览会机制，扎根湖南，立足全国，面向非洲，发挥好省属高校对非交流智库作用，围绕中国与非洲国家贸易促进、投资推介、农业技术、能源电力、合作园区、基础设施及融资合作等问题开展研究，围绕非洲国家投资法、环境法、贸易法及劳工法开展研究，并在深度研究非洲国家文化的基础上，探讨实施湘非文旅项目、打造湘非媒体合作网络、推动互设湘非文化中心、尝试学者互访的可行性。

（二）联系信息

联系人：陈晓红；邮箱：306201502@qq.com

通讯地址：湖南省长沙市麓山路36号湖南师范大学公共管理学院

【湖南大学中非经贸研究中心】

（一）机构概况

习近平主席提出中非合作"八大行动"的首个行动第一条举措"中非经贸博览会"正式永久落户长沙，每两年举办一届。以此为契机，湖南大学整合国际贸易学国家重点学科、湖南省贸易研究基地等优势，于2019年1月成立了湖南大学中非经贸研究中心。中心主任为许和连教授（湖南大学经济与贸易学院院长，国家社科基金重大项目首席专家，芙蓉学者特聘教授），副主任为肖皓教授（湖南大学经济与贸易学院副院长，湖南省首批智库青年拔尖人才，入选"湖湘英才"计划），中心成员包括赖明勇教授（教育部长江学者、国家杰出青年科学基金项目主持人）、张亚斌教授（万人计划哲学社会科学领军人才、文化名家暨"四个一批"人才）、祝树金教授（国家社科基金重大项目首席专家）、侯俊军教授（国家社科基金重大项目首席专家）、罗能生教授（国家社科基金重大项目首席专家、湖南省参事）等。

该中心的主要目标是为办好中非博览会提供学术和智力支持，服务于湖南省开放崛起战略；探索中非经贸长期合作机制，服务于习近平总书记"共建中非命运共同体"的战略构想。同时，支撑形成"对非教育培训"的全国教育品牌，为湖南教育强省注入新优势。

在功能定位方面，建设成为"中非经贸合作"领域的专业智库，致力于探索、研究、提炼中非经贸长期合作机制，推动形成中非经贸全面合作的市场化创新模式等。建设成为"中非经贸"的专业综合服务平台，形成政产学研的合作平台，面向政府、市场、企业，开展博览创新、商务咨询、产业合作、驻地服务、信息服务、科技合作等专门服务。建设成为"中非经贸"的特色人才培养基地，创新中非经贸合作人才培养模式，打造中非经贸主题精品课程体系，打造全方位、全过程的理论实践人才培养体系，培养非洲经贸领域的复合型人才和创新人才。

目前，该研究中心正在湖南省人民政府组织下组建成为中非经贸合作研究院。

（二）联系信息

网站：http://cet.hnu.edu.cn/

微信号：China-Africa-Yuelu

联系人：肖皓；邮箱：xh_26@126.com

通讯地址：湖南省长沙市岳麓区西湖街道湖南大学财院校区经济与贸易学院

【中南大学中非合作与发展研究中心】

（一）机构概况

中南大学中非合作与发展研究中心成立于2019年5月，挂靠中南大学文学与新闻传播学院，中心主任为文学与新闻传播学院院长白寅教授。该中心以习近平新时代中国特色社会主义思想为指导，以构建"人类命运共同体"为理念，服务国家外交战略需求，推动"一带一路"建设发展，开展中非文化、经济、科技、教育等领域的研究，提供对非资源开发、经贸合作、交通运输、医疗合作等服务，构建与非洲全面合作与交流的纽带，打造"中华文化走出去"的名片，为中非交流合作提供智力支持和技术支撑。

该中心的发展目标是努力打造成为湖南省示范性重点新型智库、国家级智库与经贸合作助推机构。中心成立以来，着力从以下方面入手开展工作。

一是依托中南大学学科门类齐全之优势，综合矿冶工程、公共卫生、交通运输、文化传播、语言服务、东盟研究等多个机构的师资力量及相关资源，协调湖南省有关部门及其他高校专家，以及国内高校和研究机构的知名学者，并逐步吸纳国外专家，组成国内一流的专家团队，打造研究团队。围绕研究方向，在理论层面探讨非洲研究、中非交流合作、中华文化在非洲的传播等问题，在实践层面探索如何促进中非资源开发、交通运输、经贸合作、教育合作、医疗卫生、文化交流等发展。形成智库报告、专著、论文等相关成果。

二是以湖南省与非洲各国经贸文化交流为抓手，大力开展经贸促进活动与研究。协助政府做好中非经贸博览会，研究中非经贸合作现状与发展趋势、非洲有关热点问题及其国际影响，为政府对非决策提供理论依据，并为相关企业开拓非洲市场提供咨询和跨国投资培训；利用学校学科优势，开展国际产能合作、矿产资源开发利用、轨道交通、土木工程、道路建设等活动；协调、服务政府部门、各大企业的援非培训等科研合作项目；举办短期技术培训班。

三是以非洲各孔子学院、湘雅医学院、湖南省儿童医院等为主体，开展国际教育、医疗合作与文化交流活动。通过对企业赴非人员的文化培训和健康传播研究，提升赴非人员对外交流能力、谈判能力、文化生活质量、安全意识和健康意识；协调、协助非洲来华留学研究生培养工作；建立湖南与非洲的文化、经济和科技交流的纽带，宣传湖南形象，推动中华文化海外传播，提出加强中非交流合作的政策建议。

四是着重发展中非文学、文化交流。语言服务方面，继续以援外培训、中非论坛为抓手，提供语言服务，为湘非经贸往来提供语言支持，推动中非文化、文学交往。

该中心现有研究人员10余人。

（二）联系信息

微信号：健康非洲

联系人：周雯娟；邮箱：wenddi. zhou@csu. edu. cn

通讯地址：湖南省长沙市麓山南路中南大学文学与新闻传播学院（410012）

【南京大学非洲研究所】

（一）机构概况

南京大学非洲研究所是国内最早从地理学专业视角系统研究非洲经济发展的专门机构，其前身为1964年高教部批准成立的"南京大学非洲经济地理研究室"。1993年经南京大学上报教育部备案更名为"南京大学非洲研究所"。2013年南京大学非洲研究所（研究中心）列入江苏省高校国际问题研究中心基地建设。

历经半个多世纪的发展，南京大学非洲研究所形成了传统与特色优势：以学术研究为基础、以培养人才为核心、积极服务国家与地方对非合作的发展。发展定位是打造具有国际影响和国内有特色的非洲研究基地和国内非洲研究高层次人才的培养基地。

进入21世纪，伴随中非合作的加强，南京大学非洲研究所不断加强学术研究，服务国家战略，形成了以学术研究为基础、以培养人才为核心、积极服务国家战略的发展思路。南京大学整合力量，形成了专兼职结合的南京大学非洲研究队伍，目前，非洲研究所所长为张振克教授，副所长为刘立涛副教授，主要研究人员和涉及的非洲研究领域有：刘成富教授（法国文学、非洲法语国家与中法非合作研究）、甄峰教授（非洲城市化研究）、黄贤金教授（非洲土地资源研究）、章锦河教授（旅游地理）、黄繁华教授（国际贸易、全球化、产业链）、赵书河副教授（非洲干旱农业与遥感研究）、张兴奇副教授（非洲水资源）等，在南京大学的大力支持下，还聘请了曾在非洲一线工作的钟建华大使、孙树忠大使为南京大学兼职/客座教授，指导和参与南京大学的非洲研究工作，相关涉及对非投资与贸易的企业家被聘任为南京大学非洲研究所兼职研究员。2018—2019年非洲研究所引进专职研究与工作人员2人，并建立博士后流动站，非洲研究人员队伍建设不断加强。

南京大学的非洲研究底蕴深厚、独具特色，秉承诚朴雄伟、励学敦行的传统，学术成果颇丰，获得教育部、江苏省多项二等奖以上哲学人文社科类奖项。1964—1965年出版内部刊物《非洲经济地理参考资料》，1973年更名为《非洲地理资料》并续前编号出版，截至1984年，总计出版了27期，几乎涉及非洲所有国家，内容涉及地缘战略、钢铁工业、石油地理、农业地理等。20世纪80年代中期南京大学的非洲经济地理专职研究人员和辅助人员近20位，非洲研究成果卓著。1985年出版了《非洲地理图集》，地图集包含地图、专题地图和60多万字的文字解释，被称为中国的"非洲研究百科全书"。从20世纪80年代至90年代初，出版了《世界农业地理总论》《非洲石油地理》《非洲自然地理》《非洲农业地理》等，以及连续的内部资料《非洲地理专报》。20世纪90年代南京大学张同铸教授主编的《非洲经济社会发展战略研究》，汇集众多学者共识，是中国非洲研究成果中的经典之作，获首届教育部人文社会科学优秀成果二等奖。2019年南京大学非洲研究所汇集出版了《非洲经济地理与区域发展研究资料汇编》（1—6卷），是南京大学非洲地理研究1964—1985年的内部研究成果，丛书有中国非洲研究的史料价值，也助于从独特的视角研究非洲问题。2012年以来出版了《非洲农业图志》《非洲土地资源与粮食安全》《非洲人文地理》《非洲港口经济与城市发展》《非洲渔业资源及其开发战略研究》《非洲农业与农村发展》《中非合作能源安全战略研究》《非洲概况与中非合作》《金犀牛：中世纪非洲史》等研究成果。相关成果获得教育部、江苏省哲学社会科学优秀成果奖二等奖。南京大学非洲研究所也积极服务社会，为国家与地方部门及企业提供相关的咨询服务。

南京大学非洲研究所重视非洲研究人才的专业化培养，在培养硕士与博士研究生方面，涉及的专业包括地理学、外国语言与文学、海洋科学、国际关系、国际政治、国际经济与贸易等领域。

近年来南京大学非洲研究所十分重视学术交流与对非合作，与美国艾默瑞大学、德国图宾根大学、埃及开罗大学、肯尼亚肯雅塔大学、坦桑尼亚苏卡因农业大学发展研究所、达雷斯萨拉姆大学海洋研究所、阿尔及利亚CREAD经济研究中心、南非开普敦大学、摩洛哥非洲亚洲研究中心与穆罕默德五世大学、埃塞俄比亚哈瓦萨大学、亚的斯亚贝巴大学、韩国汉阳大学欧洲非洲研究所等机构的专家学者保持密切联系与合作。2005年以来南京大学主办了四届"走非洲、求发展"论坛以及涉及非洲发展的多场国际会议。近年来，南京大学非洲研究所发起了"非洲发展研究伙伴计划"，连续参与主办两届"非洲发展与亚非合作国际研讨会"（在摩洛哥、韩国分别举办）。2019年南京大学非洲研究所协办江苏省"第二届江苏—南共体投资与发展大会"，国内外嘉宾300多人参加会议。

（二）联系信息

网站：http://iasnju.nju.edu.cn/

微信号：南大非洲研究

联系人：张振克；电话：025—89686604

通讯地址：江苏南京市仙林大道163号昆山楼，南京大学非洲研究所（210023）

【江苏师范大学亚非研究所】

（一）机构概况

江苏师范大学亚非研究所成立于1993年，其前身为1987年成立的亚非研究室。亚非研究所以亚非地区的区域综合研究为目标，主要研究亚非地区和国家经济、政治以及国际关系的现状，兼及历史、社会、文化、民族、宗教等学术领域。进入21世纪以来，随着改革开放的不断扩大和深入，亚非研究所的发展受到学校的高度重视，研究力量也不断加强，各项工作取得了突破性进展，2006年升格为校级研究机构。

亚非研究所现有专职、兼职教师和研究人员12人，其中教授8人，副教授3人，讲师1人。7人拥有博士学位，2人为博士生导师，5人为硕士生导师。亚非研究所的研究人员大都有国内外研修经历，致力于同北京大学、南京大学等著名学府进行学术交流，并与几所世界著名大学建立了联系，积极参加中国非洲史研究会、中国亚非学会等组织的有关活动。

亚非研究所依托江苏师范大学历史文化与旅游学院世界历史和专门史硕士点，通过主持学术讲座、主办或参加学术会议等方式开展活动，在学生中和学术界产生了广泛而积极的影响。如中国非洲史研究会年会三度在江苏师范大学召开，其中第八届年会暨中国与非洲关系研讨会为中非合作论坛北京峰会后的首次年会，盛况空前，参加者除了高校和研究机构的学术界同仁外，还有来自国务院发展研究中心、外交部、教育部等多个政府部门负责中非交流事务的官员，以及中国非洲投资网、上海世博会事务协调局等企事业单位的高管，《人民日报》等主流媒体和各大网站争相进行全面报道，在海外也产生了相当大的影响。

近几年来，研究所争取到并主持完成了多项国家社会科学基金项目、教育部和江苏省政府规划项目、江苏省高校哲学社会科学重大项目以及校内科研项目多项，每年皆有相当数量的学术成果发表。涉及非洲研究方面主要有：所长孙红旗教授主持完成国家社会科学基金后期资助项目"土地问题与南非经济政治"，国家社科基金一般项目"南非种族和解问题研究"；出版专著《殖民主义与非洲专论》，获评江苏省政府第十一届哲学社会科学优秀成果三等奖，《土地问题与南非政治经济》获评江苏省政府第十二届哲学社会科学优秀成果二等奖。此外孙红旗还参与了北京大学牵头的国家哲学社会科学规划项目和国家教育部社会科学研究基金重点项目《殖民主义史（非洲卷）》的研究工作和联合国教科文组织项目《非洲通史》的汉译工作，等等。目前，孙红旗兼任中国非洲史研究会副会长，中国亚非学会理事。在进行基础研究的同时，孙红旗和江苏师范大学亚非研究所的同人们还注重科研成果的应用转化，服务于国家的高端战略和地方经济社会的发展目标，所提出的关于"一带一路"倡议下的中非合作等相关问题的研究成果得到全国政协和国家有关领导人的采纳和批示。

（二）联系信息

联系人：孙红旗；电话：0516—83403258；邮箱：hongqisun@126.com

通讯地址：江苏省徐州市铜山新区上海路101号（221116）

【扬州大学苏丹研究中心】

（一）机构概况

20世纪70年代，扬州大学开始开展对非教育科研援助。2008年，扬州大学承办教育部首次"中阿（10+1）高教合作研讨会"，确立重点开展对非教育科研援助及国别和区域研究的目标与规划。2009年，扬州大学代表出席在苏丹喀土穆举行的"中阿高教与科研合作研讨会"，首次提出以苏丹为重点对象国开展教育科研合作和国别研究。2010年，扬州大学与喀土穆大学结对加入教育部"中非高校20+20合作计划"，正式明确以苏丹为对象国开展教育科研合作和国别区域研究。2012年，"扬州大学非洲研究中心（苏丹研究所）"和"扬州大学中国—苏丹现代农业技术联合研究与交流中心"正式成立。2017年，苏丹研究中心获批成为教育部备案的国别和区域研究中心，承办中国非洲史研究会2017年换届大会暨"一带一路与非洲发展"学术会议。2018年，该中心引进专职研究人员，主办首届"中苏关系高层论坛暨苏丹问题学术研讨会"。2019年，该中心参加在喀土穆举办的"中苏关系的历史、现状与未来"国际研讨会以及"中苏关系与苏丹政治、外交、经济政策"座谈会，与海外教育学院联合举办"中国—苏丹高等教育合作发展论坛"。2019年11月25日，"扬州大学南苏丹研究中心"成立。

该中心研究围绕"一带一路"倡议和建构中非命运共同体的战略需求，以"苏丹国情"和"中苏合作"为两大学术研究重点，对苏丹开展全方位的基础研究和应用研究，在此基础上开展对苏丹周边国家、北部非洲和非洲之角等地区的区域研究。

该中心由扬州大学副校长俞洪亮教授任主任，外国语学院院长王金铨教授任执行主任，苏丹问题专家姜恒昆博士为中心特聘学术顾问和研究员。2018年，该中心引进全职研究人员4名，与阿拉伯语系、法语系、英语系和其他院系研究人员组成核心研究团队。目前，该中心拥有专职研究人员17名，含苏丹籍研究人员2名。

自2014年至今，该中心获批各级各类项目20项，含省部级项目4项。2018年9月10日，"扬大苏丹研究中心"公众号创办，截至2019年底发布文章97篇。2019年，该中心提交咨政成果31份，完成项目10项，撰写完成苏丹教情手册1册，发表科研论文9篇，同时开展多次调研、专家讲座，并多渠道发布有关苏丹局势的相关评论。

该中心以阿拉伯语本科专业为基础，在阿拉伯语语言文学、法语语言文学、外国语言学及应用语言学专业下招收"国别和区域研究"方向硕士研究生。以扬州大学中国—苏丹现代农业技术联合研究与交流中心为基地，开展对苏丹农业交流与合作，培养硕士生和博士生。在教育部"中非高校20+20合作计划"框架下开展专题培训，截至2019年，来华参训苏丹籍学员近800人次。与苏丹喀土穆大学等合作院校开展联合培养项目，形成了较为连续的人才培养体系。

该中心采取"走出去"和"引进来"相结合的发展策略，重视对苏丹开展实地调研以及国外研究成果的利用，并与国外主要苏丹研究机构建立了密切合作关系。该中心与国际苏丹研究两大学术机构即英国苏丹研究学会（SSSUK）和北美苏丹研究协会（SSA）建立了联系，与苏丹国内11所高校（含南苏丹）达成共识并签署合作协议，与苏丹高教科研部、埃及水利部、埃及国家研究中心等部门和机构构建了密切合作关系，与世界知名民调机构盖洛普（Gallop）、皮尤（Pew）以及苏丹知名智库（非洲国际研究中心、拉卡伊兹研究中心、战略研究中心）保持密切联系，定期就区域关系、东北非局势、高等教育、农业合作等问题交流研讨。

该中心坚持以学术研究为核心和根本，以学科建设和人才培养为依托，以服务国家和社会需求为使命，以成为集学术研究、人才培养、社会服务、国际交流为一体的知名国别和区域研究机构为目标，并以促进中苏两国人民相互了解，培养"国别通""区域通"和"领域通"人才及为中苏、中非、中阿关系发展和"一带一路"建设提供智力支持为核心追求。

（二）联系信息

网站：http://sdyjzx.yzu.edu.cn/

微信号：扬大苏丹研究中心

联系人：王金铨；电话：0514—87971608；邮箱：bfsuwjq@163.com

通讯地址：江苏省扬州市华扬西路196号扬州大学扬子津校区笃行楼

【常州市社会科学院"一带一路"非洲研究中心】

（一）机构概况

"一带一路"非洲研究中心成立于2017年3月8日，是为进一步增强新型智库建设新优势，加强政产学研合作协同创新，更好地服务国家"一带一路"中非产能合作和江苏省"一带一路"交汇点建设，构建常州市对外开放新优势，由常州市社会科学院、市商务局、市经信委与河海大学共建。该研究中心充分发挥河海大学的学科优势，凝聚学校水资源、水利水电、环境工程、交通、能源、物流网工程、管理科学和工商管理等领域的研究力量，以现有社科智库为基础，集中各方智慧力量，打造国内一流的非洲研究战略智库，为江苏省及常州市融入"一带一路"建设、提升企业国际化水平提供智力支持。

该中心积极整合社会各界资源，每年承担市社科院、商务局和经信委的专项课题，同时围绕非洲经济、文化、环境、社会等领域开展研究，努力推出高质量的研究成果，为实施常州市"一带一路"建设和国际产能合作提供理论指导。该中心以"面向国家需求，服务开放发展，增进中非友谊"为愿景，以"求真务实，开拓创新，勇于担当"为使命。该中心立足服务常州政府和企事业单位，服务河海大学"一流学科"建设目标，为常州市推进"一带一路"建设和国际产能合作提供理论指导和技术支撑，为江苏（常州）企业对非洲投资和产能合作提供人才培养培训、国际交流、涉外法律、政策咨询等方面的智力支持和咨询服务，服务我国"走出去"战略和对外直接投资事业大局。

该中心围绕国家对外开放和"一带一路"建设进行前瞻性、战略性研究。承担国家社科重大项目、国家自然科学基金项目、江苏省社科基金项目、教育部社科基金项目和常州市科技支撑项目等。聚焦中非经贸与投资、对外开放和"走出去"战略，总结推广我国（江苏省）对外开放和国际合作建设成果和经验；围绕推进"一带一路"交汇点建设，研究江苏省（常州市）产业转移和国际产能合作发展的方向和重点，探索中非国际产能合作、境外产创新园区和全球产业科技创新中心试点建设等方面，承接重大研究课题和科技支撑项目，提供理论支撑和决策咨询服务。该中心的研究领域与研究方向为：（1）中非洲经贸与投资问题研究，包括非洲经贸与投资问题研究，非洲贸易与投资政策研究与咨询；（2）非洲水资源研究领域，包括非洲水资源问题研究，非洲水资源开发利用政策研究与咨询；（3）非洲基础设施联通建设研究领域，包括基础设施联通建设问题研究，中国企业参与非洲基础设施建设政策研究；（4）中非（常州）人文教育交流领域，包括中非高校教育交流与人文交流研究，中非（常州）人文教育交流政策研究与咨询。

该中心自成立以来，积极开展学术交流和课题研究，承担国家社科基金项目"空间经济学视角下中国企业对非洲海外投资的战略调整、引力集聚和治理研究"和"全球价值链视角下中国高铁标准'走出去'的知识转移机制、路径与对策研究"等课题研究，赴南非、苏丹和埃塞俄比亚国家访问。开展了常州市社会科学院委托的重点课题"常州市对接国际产能转移与非洲合作研究""一带一路战略与常州开放发展研究"。研究中心已撰写多份重要研究报告和建议书，先后在《江苏社会科学》《经济纵横》《现代经济探讨》等核心期刊发表了系列学术论文。研究中心先后邀请多位国内知名非洲问题专家进行指导并做学术讲座。同时，研究中心的部分专家学者积极参加了国内重要学术会议，开展学术交流和成果分享。

（二）联系信息

网站：http：//bs.hhuc.edu.cn/

联系人：田泽；邮箱：tianze21@126.com

通讯地址：江苏省常州晋陵北路200号（213022）

【南昌大学经济管理学院非洲贸易与投资研究所】

（一）机构概况

南昌大学经济管理学院非洲贸易与投资研究所成立于2014年5月。研究所由南昌大学国贸系教师、江西省关注非洲经济研究的企业界人士，与非洲贸易、投资相关的银行、政府咨询机构、实验室共同发起成立的非营利机构。

根据研究所章程，该所的主要职责和任务是：（1）开展学术研究，组织学术活动；（2）组织申报省级以上科研课题；（3）组织申报省级社科奖、学会奖；（4）加强同各兄弟院校、研究所的联系，促进学术交流；（5）开展同国内各相关领域的企事业单位的交流与合作；（6）编辑出版具有指导性、服务性、理论性的相关内刊。该所广泛收集和整理非洲各个国家贸易与投资的相关政策与环境信息；深入开展非洲经济研究的调研活动。业务范围为：（1）定期开展非洲经济的学术交流；组织人才培训，举办关于非洲经济发展的研讨会等相关活动。（2）组织相关非洲研究领域专家为国家及各企事业单位的相关政策提出意见和建议，并为相关企业提供投资咨询、项目可行性分析、行业研究、市场研究等多维度的信息咨询。（3）完成南昌大学经济与管理学院交办的其他任务。

非洲贸易与投资研究所研究领域重点在中非贸易和对非洲投资两大领域，研究宗旨是集政府智库、企业咨询、科研教学为一体，为南昌大学搭建各学科之间、各高等院校之间在中非贸易和对非洲投资方面的交流与合作的平台，体现跨学科、重实用、促交流的特色。

非洲贸易与投资研究所除了以文献研究、实地调研等方式开展研究外，还有3个研究平台：（1）商务部发展中国家江西培训基地对非洲国家官员授课；（2）南昌大学国际交流学院有近千名来自非洲国家的本科生和硕士研究生；（3）校外研究员长期往来于中国和非洲国家之间，常驻非洲工作、或公司在非洲有分公司和办事处等。

非洲贸易与投资研究所目前有研究员15名。其中，南昌大学教师10名，校外研究员5名。研究所研究员具有博士学位的有5名，有高级职称的有6名。研究所的研究人员普遍有去非洲实地调研和访问的经历。

（二）联系信息

联系人：毛小明；电话：0791—83969471；邮箱：805267646@qq.com

通讯地址：江西省南昌市红角洲学府大道999号外经楼406室

【江西师范大学马达加斯加研究中心】

（一）机构概况

江西师范大学马达加斯加研究中心自2015年6月25日成立以来，紧密结合国家"一带一路"倡议及对外政策，服务于我国政府对非政治经济策略的制定和施行，对马达加斯加的政治、经济、文化、社会等方面开展全方位综合研究，以期增进中马两国人民间的相互理解和信任，推动两国在各领域的互利合作。江西师范大学为中心配备了必要的办公场所和办公设备，并结合大学情况制定了中心管理规章制度及人才培养方案，并在此基础上申请设立了教育部国别和区域研究培育基地。2017年7月，该中心顺利入选教育部国别和区域研究中心备案名单。自此，中心努力完成各项建设和发展，力争早日建成国内一流、初步具有世界性影响的非洲国别研究中心。

2017年9月，马达加斯加研究中心挂靠单位由江西师范大学国际合作与交流处调整至外国语学院，实现了行政管理放权、整合相关学科资源的目标。该中心现有主任1名，副主任2名，专兼职研究员12人，其中马籍研究员2人，科研秘书1人，建成了一支初具规模的中外专兼职研究团队。该中心研究涉及非洲特别是马达加斯加的文学、历史、政治、经济、法律、民俗、对外汉语教学等各个领域。

2019年5月，该中心完成了独立办公场所的改造，现已建成办公室、图书资料室及对外接待室，并计划于2020年完成马达加斯加博物馆的筹建工作。目前，中心已购置了一批来自马达加斯加的绘画、木雕、草编等手工艺品、民族乐器及矿石标本。该博物馆建成后，将举办马达加斯加艺术展和其他相关专题展览，以充分展示马达加斯加与非洲独特的自然生态与人文魅力。

近年来，该中心出台相关政策鼓励研究员在课题申报、学术论文发表及研究专著撰写方面出成绩。截至2019年，中心已完成2项教育部专项课题，分别为马达加斯加的贸易政策研究和民族政策研究；完成4项中心自筹经费公开招标课题，主题涉及中国对马达加斯加外交政策研究、马达加斯加教育变迁、以马达加斯加现代化为例来看中国新型对非援助政策、19世纪马达加斯加地缘政治研究等领域。2018年，完成了教育部要求的《马达加斯加教情报告》撰写工作。中心研究员发表了13篇关于马达加斯加及非洲研究的文章；完成了"马达加斯加研究丛书"三本书稿《简明马达加斯加语》《马达加斯加俚语集》和《马达加斯加民间故事集》的审定和校对工作，并顺利进入刊印阶段。近期，正在筹备《2019马达加斯加研究年刊》《马达加斯加研究法语文学作品选》的出版工作。中心计划每年出版三本丛书，争取在3年之内将该书系打造成为国内非洲研究领域规模较大、影响力较大的系列出版物。另外，中心正在着手翻译《马达加斯法律》，为参与中国非洲研究院的非洲法律系列译丛做准备。

该中心研究员以多种方式积极参与国内外国别与区域研究学术交流活动。如中心负责人先后带队赴浙江师范大学非洲研究院、广西大学东盟研究院、北京大学非洲研究院等研究机构进行考察、交流与学习。同时，积极参与上级主管部门及兄弟院校组织的各类学术会议，以指导和促进中心学术的建设与发展。此外，中心自创立之初就不断邀请国内外的专家学者前来进行学术讲座。中心研究员还赴马达加斯加开展田野调查，以获得第一手调研资料。

为加强学科建设与人才培养，2019年10月，该中心整合力量帮助外国语学院申报法语语言文学专业二级硕士点。该硕士点已于2019年11月正式获批，将于2020年9月招收硕士研究生，届时将把非洲国别与区域研究列入开设课程中。2020年，外国语学院申报外国语言文学一级学科博士点，将把非洲国别与区域研究列入四个申报方向之一。

（二）联系信息

网站：http://mrc.jxnu.edu.cn/

联系人：陈莉娟；电话：0791—88120324；邮箱：804412178@qq.com

通讯地址：江西省南昌市紫阳大道99号，江西师范大学瑶湖校区（330022）。

【中非贸易研究中心】

（一）机构概况

中非贸易研究中心成立于2014年6月，隶属于Afrindex·中非商道，是中国专业的中非贸易智库平台，研究领域涵盖机电设备、食品、医药、纺织、新能源、建材、化工等七大产业为主的数十个业态领域。

该中心立足非洲54个国家，切合中国企业走进非洲的深度产业认知和商业战略制定诉求，主要侧重于非洲细分产业研究领域，包括非洲产业发展现状研究和发展趋势预判等。仅在2019年，中心就编纂了8份非洲通用型市场分析报告，包括《非洲汽车市场分析报告》《非洲纺织—印染市场分析报告》《非洲涂料市场分析报告》《非洲家电市场分析报告》《非洲冰箱市场分析报告》《非洲油气精练市场分析报告》《非洲基础设施产业投资报告》《非洲聚氨酯泡沫市场分析报告》等。

自成立至今，中非贸易研究中心已经编制了上千份非洲7大产业通用市场分析报告和上百份企业定制化深度市场分析报告，并立志成为中国最大的非洲产业研究民间智库。

在人才培养方面，中非贸易研究中

心遵循"产学研"一体化人才培育思路，与西南交通大学、电子科技大学西非研究中心、西南财经大学等国内重点院校展开深度合作，积极构建成熟的"校企联盟"发展体系，培养学生从校园理论、田野调查到企业实践的立体化成长路径。目前，中非贸易研究中心已经帮助了10多个非洲博士留学生落地到Afrindex·中非商道在非洲各国的运营中心，从事市场调研和运营工作。

（二）联系信息

网站：http：//news. afrindex. com/

微信号：afrindex

联系人：李敏；邮箱：jessica@af-can. cn

通讯地址：四川省成都市高新区交子大道177号中海国际中心A座13层

【西南财经大学非洲研究中心】

（一）机构概况

西南财经大学非洲研究中心成立于2016年，是西南财经大学首个教育部备案的国别和区域研究中心，具备深厚的学术积累和广泛的对外合作经验。中心研究力量雄厚，研究团队中包括多位具有海外研究经历、拥有国际知名高校博士学位的学者，以及前中国驻外使馆商务参赞、国际知名会计师事务所国际税及并购服务领域专家。中心负责人为董艳教授。

该中心旨在响应国家"一带一路"倡议，深入研究中国企业在非洲国家投资的机遇和风险。中心硬件设施完备，并配备丰富的电子信息资源，包括ScienceDirect、Springer、Bloomberg、Wind等十多种数据库和数据终端；主要工作包括基础研究、应用研究、咨询服务、风险预警和海外学生教育五个方面；致力于在"中外产能合作"框架下，为中国企业发挥自身比较优势，进行战略转移与转型，实现中外经济合作的"双赢"乃至"多赢"提供有效的政策建议；为政府和跨国公司就中非经济和金融问题提供高质量的研究和咨询服务。

该中心成立以来的重要科研成果包括：（1）已完成教育部委托的四份国别和区域研究课题："肯尼亚金融风险政策研究""非洲高新技术产业发展国际合作情况及我合作策略""安哥拉教育手册""津巴布韦教育手册"。（2）已成功收集到2003年至今中国对非洲国家投资情况的详细数据，包括4000多个投资项目的翔实信息。系统研究产业链转移、环境规制、腐败、经济政策等因素对非洲投资风险和金融业风险的影响，多次发表关于研究中非贸易合作关系、环境规制对中非投资影响的学术论文。(3) 中心已建立起"非洲主要国家和城市投资信息平台"，并定期发布对象国投资风险信息，以及对非投资相关项目最新信息，为中国投资者提供有价值的决策参考。投资风险数据平台的数据来源主要为利用当地信息渠道建立的数据采集体系，中心组织10余位非洲籍留学生定期开展"非洲主要城市投资环境调查"，调查内容涉及当地民生价格、资产价格、汇率、社会治安、政治稳定程度、基础设施情况数据；每1—2个月进行一次实地调查，目前实地调查的范围已覆盖非洲5个国家和8个城市。（4）

创立可视化交通数据库，收集中国各省与非洲主要城市之间的运输路线和贸易时间。(5) 2018 年 6 月中心依托经济与管理研究院学科优势主办经贸合作论坛，积极响应国家"一带一路"倡议，拓展交流领域，传递先进的学术思想，同全球专家学者分享学术成果；2018 年 12 月在坦桑尼亚达累斯萨拉姆、2019 年在毛里求斯主办跨国金融风险研讨会，邀请世界知名高校学者，共同探讨当前复杂金融环境下跨国投资的风险问题；并在会议期间走访中国政府办事处及多家中资企业。

成立四年多以来，该中心在对外合作与交流方面成绩突出，为中心发展奠定了良好的外部环境。同时，长期坚持的基础研究逐渐产出若干有价值的学术研究和对外服务成果。基础研究的进展离不开对该校非洲籍留学生资源的"盘活"。中心充分发挥该校非洲籍留学生熟悉国情的长处，助力调查研究的有效开展。中心鼓励非洲籍留学生积极参与"非洲主要国家和主要城市投资环境调查"，在调查方案制定、调查问卷设计、调查实施、数据整理与分析等各环节为留学生提供学习和锻炼机会。此外，截至 2019 年 12 月，在非洲研究中心和经济与管理研究院的积极促成下，西南财经大学已先后与埃塞俄比亚贡德尔大学、埃塞俄比亚韦尔基特大学、坦桑尼亚商业教育学院就非洲师资委托培养项目达成一致，目前已进入项目协议正式签署和项目落地阶段。

在未来的工作目标方面，首先，该中心将进一步优化学科建设和人才培养，进一步系统化有关框架体系，充实课程内容。其次，中心将努力增强决策咨询能力，加大咨政服务工作力度，使咨政服务与学术研究双线有序推进。再次，鉴于"非洲主要国家和城市投资信息平台"已初步建成，并开始面向企业发布相关投资参考信息，重点工作将是进一步丰富信息发布内容，并计划定期发布特定国家的"投资风险评估报告"。

（二）联系信息

网站：http：//riem.swufe.edu.cn/

联系人：于可欣；电话：028—87098241；邮箱：yukexincd@163.com

通讯地址：四川成都柳台大道 555 号，西南财经大学格致楼 1214 室

【电子科技大学西非研究中心】

（一）机构概况

电子科技大学西非研究中心成立于 2017 年 4 月，中心依托公共管理学院，是电子科技大学推进"国家哲学社会科学走出去"战略的一项重要举措，将促进研究成果、产品技术的输出，共同推进西非国家搭建国际化、区域化的"政、产、学、研"平台；是电子科技大学构建国际化跨学科研究体系、打造新型高端"智库"的有益探索。

西非研究中心联合加纳 5 所高校成员单位（加纳大学、加纳教育大学、加纳海岸角大学、加纳发展大学、加纳行政管理学院）、电子科技大学西非校友会和加纳中华工商总会，着力于打造集留学生人才培养基地、学术交流平台、西非研究智库为一体的"1 + 1 + 1"中非合作新模式。(1) 构建一个人才培养

基地。拓展来华留学生的西非生源,丰富学校本科、硕士、博士多层次留学生培养体系;开展西非海外干部培训、师资培训、定制化 ICT 与工程培训、学生暑期实践项目等,致力于构建集学历教育、在职培训、实训实践为一体的多元化、特色化的海外人才培训基地。(2) 搭建一个学术研究、文化交流平台。通过定期举办"西非论坛"等国际性学术会议、中非友谊·学术文化交流月,推广文化资源 3D 平台、中国—西非国际产学研合作项目,致力于搭建集学术、人文、科技等多领域的中非交流合作和研究平台,提高我国高校、企业在非影响力,提升文化软实力。(3) 建立一个西非研究智库。结合非洲成员单位的学科优势、研究特色,加强与海外成员单位加纳大学统计、社会和经济研究院(全球智库排名第 164 位)、加纳伊曼尼政策教育中心(全球智库排名第 113 位)以及贝宁非洲经济学院(African School of Economics)和社会动态和地方发展研究所(Lasdel-Laboratoire d'Etudes et de Recherche sur les Dynamiques Sociales et le Développement Local)等西非智库组织的合作与联合研究,发布、承接研究课题,为我国政府及西非国家提供政策咨询。

电子科技大学西非研究中心的集人才培养基地、学术交流平台、西非研究智库为一体的"1+1+1"中非合作新模式能够促进中国对西非政治、经贸、科技、人文、教育领域产生长期而深远的影响;加强国际、区域问题和国别问题研究有助于弥补国内在西非研究方面空缺,形成以"智库"为导向的国际化跨学科研究体系。

该中心设有管理委员会和顾问委员会,由学校主管领导、相关方向学术领军人物、业界专家等组成,对中心发展方向、重大决策等进行指导;设立主任 1 名,副主任 4 名;依托海内外中心成员单位,设立西非社会治理、中非人文研究 2 个研究所;中心合作发展部主要负责西非合作项目及业务拓展;行政事务办公室负责日常行政及财务处理。2019 年,中心聘任中国非洲史研究会会长李安山(北京大学国际关系学院教授)为电子科技大学协议教授,聘任贝宁阿卡美波拉大学、北京大学国际关系学院博士 Guillaume Moumouni(吉尤姆·穆穆尼,贝宁)为中心助理研究员。

中心的短期目标是力争成为外交部"中非联合研究交流计划"指导单位和"中非智库 10+10 合作伙伴计划"中方智库单位;中期目标是成为教育部区域和国别研究基地;长期目标是成为具有影响力的全球西非研究智库。

(二) 联系信息

网站:http://cwas.uestc.edu.cn/indexZh.html/

微信号:电子科技大学西非研究中心

联系人:张蒙蒙(行政);传真:028—61831756;邮箱:zhangmengmeng2013@163.com

通讯地址:四川省成都市高新西区西源大道 2006 号,电子科技大学清水河校区

【西华师范大学埃塞俄比亚研究中心】

（一）机构概况

埃塞俄比亚研究中心于2017年初开始筹备，并正式成立于2017年6月，是由西华师范大学管理的实体性研究机构。中心的成立顺应国家"一带一路"倡议的需要，旨在整合学校埃塞俄比亚、非洲问题、非裔美国人研究等力量的基础上，致力于增进中国对埃塞俄比亚及相关区域的社会文化了解，针对埃塞俄比亚及其周边国家开展跨领域、跨学科研究，从而推动学校学科建设和学术研究，为政府和企业界相关决策提供智力支持，为四川与埃塞俄比亚开展学术交流与经济合作搭建平台，促进中国与埃塞友谊。中心重点关注埃塞俄比亚政治、外交、经济、文学、文化、历史、宗教与民族问题，以及周边国家和区外大国与埃塞俄比亚的互动关系，尤其关注埃塞俄比亚政治和外交关系、埃塞俄比亚英语文学、埃塞俄比亚民族宗教问题、埃塞俄比亚历史文化、埃塞俄比亚经济发展和国家现代化等领域。中心现有成员11人，包括兼职研究员1人，其中副教授以上职称共9人，讲师1人，助教1人。

自筹备建设以来，该中心已开展多次学术活动，发表学术成果2篇。在中心筹备期间，由西华师范大学主办，科研处、外国语学院共同承办的题为"'一带一路'倡议：新时期中国外交实践理论创新的结晶"的学术讲座在华凤校区朝阳楼学术厅举行。此次讲座由全国政协委员、前中国驻埃塞俄比亚特命全权大使、中共中央对外联络部原副部长、中国国际交流协会副会长艾平主讲。2017年11月11日，由四川省翻译协会主办、埃塞俄比亚研究中心协办的"翻译年会暨'一带一路'翻译学术研讨会"在西华师范大学北湖校区学术厅举行。埃塞俄比亚研究中心成员参加了"'一带一路'背景下的翻译与翻译研究"分论坛，并就中非翻译研究的前景做分组讨论。2018年1月，由中心兼职研究员、外交学院教授沈诗伟撰写的《埃塞将成为全球制造业中心》一文在《环球时报》发表。2018年6月，沈诗伟教授撰写的《携手共筑中非命运共同体》一文在《光明日报》发表。2018年6月29日，中心主任夏延华教授与中心多位成员参加由西华师范大学主办的"武汉峰会后中印关系的发展前景"学术会议。

中心的长远发展目标为建设一个具有典型研究特色、研究领域较全面的埃塞俄比亚研究基地；拥有一个具有相当影响力的埃塞俄比亚研究网站及重要刊物，具备实力独立承担国家级项目，并向政府和企业提供埃塞俄比亚相关资讯以供参考。

（二）联系信息

网站：http://scasobyzx.jwz500.com/

联系人：夏延华；邮箱：1229326835@qq.com

通讯地址：四川省南充市顺庆区师大路一号西华师范大学外国语学院

【济南大学非洲研究中心】

（一）机构概况

为贯彻落实教育部2012年提出的国

别和区域研究要"逐步扩大研究对象国的覆盖范围"的指示精神，济南大学加大政策引导力度，实施项目支撑，强化制度建设，于2014年成立了非洲法语区研究中心，济南大学前党委书记范跃进教授任中心主任。2017年，该中心被列入教育部国别和区域研究中心备案名单，备案名称为济南大学非洲研究中心。中心现任主任为济南大学外国语学院院长李常磊教授，中心名誉主任为中国外交部前部长李肇星。目前，中心现有专、兼职人员33人，其中高级外交官3人、教授17人、副教授8人、讲师3人、外国专家2人。

该中心依托济南大学综合性高校学科门类多样的优势，以济南大学外国语学院为载体，积极整合国际交流学院、资源与环境学院、文学院、商学院、政法学院、历史与文化产业学院等的学术力量，积极吸纳校外研究力量，充分利用校内外相关单位的学术资源与学术平台开展对非研究。2019年8月10日，济南大学非洲研究中心获批成为山东省外事研究与发展智库，将为全省外事工作"开门决策"、科学决策提供有力支撑。

该中心的主要研究领域为：（1）非洲法语区国家及刚果河流域国家研究，以刚果（布）研究为前期重点研究对象，逐步对非洲法语区尤其是刚果河流域国家进行全方位、立体式全面综合研究，具体包括经济、政治、历史、文化、教育、文学艺术、对外关系、生态环境等领域。（2）非洲水资源与环境研究，主要关注非洲国家水资源的管理与可持续利用、采矿工作对水资源与生态系统的影响、煤层气和页岩气对地下水的影响、地下水资源的勘探和开发、跨境水资源问题和政策、气候变化对区域干旱和洪涝灾害的影响等方面。中心该领域充分发挥济南大学作为"中非水资源论坛核心单位"的优势，先后派出多名研究人员参加论坛，在国际学术论坛上发出了中国学者的声音。（3）中非文化交流研究，主要对非洲国家的语言、文学、音乐、美术等领域进行研究，并以济南大学—刚果（布）马利安·恩古瓦比大学共建孔子学院为依托，积极开展中国文化在非洲的推广研究。

该中心制定的具体研究规划有：（1）社会与文化研究，研究非洲国家的政体及政党，厘清政治制度发展脉络，包括现有党派、各党派宗旨、各党派力量以及各党派之间的关系；研究非洲国家的法律，包括商法、投资法、劳动法等法律；研究非洲国家的人口、民族、族群关系和习俗；研究非洲国家的文学、历史、哲学、教育、体育、艺术、民间谚语等。（2）经济与合作研究，研究和总结非洲国家的货币金融状况，包括英国、法国、美国等国家与其货币金融合作的情况；研究和总结非洲国家的经济现状、产业结构、经济改革及中非经济合作经验；研究和总结非洲国家的发展模式。（3）资源与环境研究，通过和非洲国家相关机构合作，开展田野调查，研究当地的水资源、矿产资源、土壤、大气、生态保护等状况，切实为非洲生态保护提供建议。（4）中非关系研究，研究中非外交关系、医疗合作、文化合作、教育合作及体育合作的历史、现状及发展趋势，为巩固中非交流与合作添砖加瓦。（5）中国文化推广研究，立足孔子学院、中国文化中心及大众传媒，研究和总结中国对非洲语言与文化推广的经验与不足。

该中心自成立以来，完成了《非洲法语区国家研究》《非洲民间故事（法汉对照）》《刚果（布）教育情况手册》《中国与刚果（布）关系研究》等著作、研究报告和调研报告。

（二）联系信息

联系人：李常磊；电话：0531—82765846；邮箱：sfl_tr@ujn.edu.cn

通讯地址：山东省济南市市中区南辛庄西路336号济南大学外国语学院（250022）

【西北农林科技大学非洲研究中心】

（一）机构概况

西北农林科技大学非洲研究中心成立于2017年6月，是教育部备案的国别和区域研究中心之一。

该中心主要研究国别为：毛里求斯、莱索托、利比里亚、利比亚、摩洛哥、马拉维，但不局限于上述非洲国家。中心的主要研究领域为：非洲农业资源状态评价与资源信息管理；非洲农业资源（特别是农业物种资源）保护与开发利用政策；发达国家及新经济体在非洲的资源战略与发展重点；非洲农业资源开发利用与经贸合作；非洲农业发展及减贫途径。

该中心完成了中国—联合国非洲水行动项目——非洲干旱地区预警机制及适应性技术研究任务，完成了埃及玉米抗旱品种选育与抗旱栽培技术体系研究，完成了埃及小麦抗旱品种选育技术与品种示范项目，完成了非洲地区旱地节水农业技术合作、开发与示范项目，完成了埃及农业科技发展战略研究。

该中心招收非洲留学生，培养农学专业本科生5名，毕业硕士、博士研究生35名，非洲留学生已经在不同国别的农业管理、科学研究部门发挥了重要作用。派遣了8名志愿者和研究生前往非洲国家开展交流工作，成为国内农业企业走出去的重要力量。中心还承担了农业部外经中心，商务部国际司，陕西省农业厅、商务厅、杨凌示范区国际局各类非洲国家访问项目30次，开展专题培训48场，培训人数达到900余人。

该中心完成了中国援助贝宁农业技术示范中心的技术援助任务；完成了中国援助喀麦隆农业技术示范中心的技术援助任务；完成了陕西省农垦集团、陕西省海外投资有限公司喀麦隆农业技术示范中心项目可行性论证；完成了中国新时代国际工程公司科摩罗香草产业发展项目可行性论证；完成了杨凌憨憨彩蛋有限公司吉布提养殖农场项目可行性论证；完成了陕西建工集团国际工程部委托的科特迪瓦万头牛场项目可行性论证；完成了坦桑尼亚、津巴布韦、喀麦隆农业项目考核评估工作。

该中心自成立以来，完成了一系列咨政成果，主要有：中国援助喀麦隆农业技术示范中心运行方案、科摩罗香草产业发展研究报告、津巴布韦农业区域规划报告、中国援助坦桑尼亚农业技术示范中心技术方案、埃及农业科技发展报告、中国援助贝宁农业技术示范中心培训方案、埃及尼罗河三角洲农作制调查研究报告，等等。

该中心的发展目标为：建设成为制订非洲农业政策的智库；开展非洲资源勘查、开发与利用的技术平台；研究非洲农业经济、社会、文化和历史的学术中心；培养从事非洲基础研究和应用研究高层次人才的基地；中非经贸合作与科技转化的桥梁。

该中心研究团队共有专职研究人员8名，外聘专家4名。中心负责人为海江波教授。

（二）联系信息

网站：https://arc.nwsuaf.edu.cn/

微信号：gh_00c2d30f4d0c

联系人：郭勇；电话：029—87082311；邮箱：634081078@qq.com

通讯地址：陕西省咸阳市杨陵邰城路3号，西北农林科技大学非洲研究中心924室

【华东师范大学非洲研究所】

（一）机构概况

华东师范大学非洲研究所的前身为华东师范大学历史系非洲史研究室，成立于1985年，第一任研究室主任是艾周昌教授，1996年起由沐涛接任。2010年6月，经华东师范大学校长办公会讨论批准，以该研究室为主体成立了华东师范大学非洲研究中心，挂靠历史系，并举行了挂牌仪式。2011年5月，又将研究中心更名为非洲研究所，并在其下成立了华东师范大学—达累斯萨拉姆大学坦桑尼亚联合研究中心，在同年达累斯萨拉姆大学校长访问期间举行了挂牌仪式。2018年12月5日，为进一步推动对非洲的研究和深化两校合作，达累斯萨拉姆大学—华东师范大学工作站正式成立。

该所利用华东师范大学的综合学科优势，侧重于非洲基础问题研究和人才培养，文理兼容，重点在以下三个方面。一是依托坦桑尼亚联合研究中心和教育部对非援助"20+20"项目，重点开展非洲历史文化，尤其是东非地区的历史文化研究以及中非关系研究。二是依托华东师范大学国际比较教育研究力量，开展非洲教育问题研究。三是由华东师范大学河口海岸国家重点实验室与达累斯萨拉姆大学海洋科学研究所合作，开展东非地区自然和人类活动影响下的河口海岸泥沙沉积和侵蚀动态、红树木生态系统的生物地球化学过程、近海水域生态结构与功能对富营养化的响应等问题的研究。

该研究所现有研究人员7人，分布于华东师范大学历史学系、地区和国际关系研究院、教育学部和河口海岸科学研究院，其中教授4人，副教授1人，讲师3人；校外兼职教授8人；有非洲历史文化等方面的图书资料上万册。

该所公开出版的重要论著有：《早期殖民主义侵略史》（人民出版社1982年）、《中非关系史文选》（1500—1918）（1989年）、《非洲通史》（三卷本）（1995年）、《中非关系史（1996年）》、《非洲黑人文明》（1999年）、《南非现代化研究》（2000年）、《南非——在黑白

文化的撞击中》（2000年）、《亚非国家现代化研究》（2009年）、《非洲黑人智慧》（2000年）、《南非对外关系研究》（2003年）、《尼日利亚史》（翻译，2010年）、《列国志：布基纳法索和多哥》（社会科学文献出版社2011年）、《穆塞韦尼总统与乌干达》（2013年）、《尼雷尔文选》（四卷）（翻译，2014年）、《中非古代关系史稿》（2019年）等。研究所承担的省部级以上研究课题10余项，包括国家社科基金"七五"重点项目"多卷本非洲通史"、国家社科基金重大项目"中非关系历史文献和口述史料整理与研究"、国家教育委员会"七五"研究课题"中非关系史"、上海市"十五"哲学社会科学规划课题"发展中国家现代化研究"等。

华东师范大学从1978年和2003年开始分别招收非洲史方向的硕士和博士研究生，迄今已累计培养150余位硕士、博士生；从2011年起，研究所招收非洲留学生攻读非洲史、环境保护等方向的研究生；根据教育部"20+20合作协议"，与坦桑尼亚达累斯萨拉姆大学联合培养人才，每年选派2名左右硕士或博士研究生到达累斯萨拉姆大学学习；与法国高师集团合作，选派学生加入"中法班"，中法联合培养非洲研究方向的博士生。

与海外有合作交流关系的高校有：坦桑尼亚的达累斯萨拉姆大学、阿鲁沙曼德拉理工大学，埃塞俄比亚的亚的斯亚贝巴大学，法国巴黎高师和里昂高师，瑞士巴塞尔大学；曾联合召开中坦合作研讨会、"走进非洲——纳米比亚历史图片及贝宁皇宫精品艺术展"等，每年不定期接待和派出师生前往这些高校进行学术交流。

华东师范大学非洲研究所的目标是成为中国非洲史、非洲教育和非洲海岸保护的研究重镇和人才培养高地。

（二）联系信息

网站：http：//history.ecnu.edu.cn/af

联系人：沐涛；邮箱：mutao63@163.com

通讯地址：上海市东川路500号，华东师范大学非洲研究所

【上海师范大学非洲研究中心】

（一）机构概况

上海师范大学非洲研究中心成立于1998年，2011年被教育部评为"国别和区域研究基地"，2014年入选外交部"中非智库10+10合作伙伴计划"。

该中心由中国非洲史研究会顾问、国内著名非洲研究专家舒运国教授一手创办。目前，中心有专职研究人员6名、特别研究员3名、兼职研究员6名。

该中心长期致力于非洲历史、非洲经济及中非关系等研究，先后完成国家社科基金项目、教育部项目、上海哲学社会科学项目、上海市教委项目多项。截至2019年底有在研国家社科基金重大项目和国家社科基金一般项目各1项。

该中心出版专著十余部，发表论文百余篇。2012年以来，张忠祥教授、舒运国教授、刘伟才副教授先后出版了《中非合作论坛研究》《20世纪非洲经济史》《泛非主义史》《非行者言：19世纪英国人非洲行居记录的史料价值及

其利用》四部著作，均在国内具有开创性。中心结合项目平台和自身研究特色，编辑出版"非洲经济史译丛"和"非洲历史人物传记译丛"。截至2019年底出版非洲经济史译著1部，非洲历史人物传记译著2部。

该中心注重发挥自身专业特色，积极为中非合作和地方外事建言献策，完成外交部"中非联合研究交流计划"项目多项，为政府部门提供决策咨询报告多篇。中心注重配合中非关系发展，通过在报刊媒体刊文以及在公众教育场合授课等形式进行非洲知识传播和中非关系宣传工作。中心注重发挥非洲经济研究特色，自2012年起编辑出版《非洲经济评论》，该刊已成为国内非洲经济研究的重要阵地之一。

在当前中非各级各类交流蓬勃发展的大背景下，顺应当前教育和学术研究国际化的趋势，针对非洲研究注重实地调查的特点，该中心注重国际交流，每年举办国际学术研讨会和工作坊，邀请国外学者来中心交流、讲学。中心研究人员均多次赴非考察，多名研究生也在国家留学基金、教育部和外交部等多种中非交流计划的资助下赴非访问和学习。

该中心已与博茨瓦纳大学、内罗毕大学、赞比亚大学、津巴布韦大学以及南非、尼日利亚、贝宁、肯尼亚、津巴布韦的多所大学和研究机构建立学术和人员交往，并与英、法、美等国家的非洲研究学者保持密切联系，努力走在国际学术科研的前沿，为中非关系的长期稳定发展献计献策。

（二）联系信息

网站：http://shcas.shnu.edu.cn/

联系人：刘伟才；电话：021—64324535；邮箱：liuweicai@shnu.edu.cn

通讯地址：上海市桂林路100号上海师范大学非洲研究中心

【上海国际问题研究院西亚非洲研究中心】

（一）机构概况

上海国际问题研究院西亚非洲研究中心前身为上海国际问题研究院中东研究中心，于2008年改建成立。中心目前的主要研究领域包括：中东政治和国际关系、能源安全和地缘政治、国际政治中的伊斯兰文化、中国—中东关系、非洲地区国际关系、非洲地区和平安全、中非关系、大国对非政策比较研究等。

目前该中心有专职科研人员10名，其中非洲研究方向2名。非洲研究团队以中非关系为着眼点，重点研究非洲政治安全、经济和债务问题、大国对非政策比较等。非洲研究团队出版了《非洲世纪的到来？非洲自主权与中非合作研究》《非洲政治导论》等著作或译作，研究成果发表在《西亚非洲》《世界经济与政治》《外交评论》《当代亚太》等国内重要刊物上。研究团队承担了国家社科基金、财政部、外交部、教育部、中国进出口银行、中非联合研究交流计划等课题多项。相关研究成果发挥了重要的咨询和应用价值，在社会上引起了较好的反响。

该中心的非洲研究团队立足于上海国际问题研究院，重视国际交流合作。

研究院与摩洛哥新南方政策中心、非洲政策研究所、南非国际问题研究所、斯坦陵布什大学中国研究中心、津巴布韦经济学会等十余家非洲机构保持长期的交流合作关系，团队成员在近 20 个非洲国家开展过访学、调研和交流活动，非洲团队已经接待了 10 余位非洲学者来沪访学。

（二）联系信息

网站：http://www.siis.org.cn/

微信号：SIIS1960

联系人：周玉渊；邮箱：zhouyuyuan@siis.org.cn

通讯地址：上海市徐汇区田林路 195 弄 15 号（200233）

【上海外国语大学东非研究中心】

（一）机构概况

随着斯瓦希里语本科专业的正式设立，上海外国语大学于 2019 年 5 月 12 日正式成立东非研究中心。该中心以新成立的斯瓦希里语专业教研室成员为主，旨在通过斯瓦希里语研究，借助上海外国语大学这一国际化教学平台，从东非本土视野出发，为国内学者进行东非地区的社会人文调查及研究提供更多的本土文本。

上海外国语大学东非研究中心目前共有常驻工作人员 3 人，其中 2 人为上海外国语大学斯瓦希里语专业教师，1 人为德国拜罗伊特大学非洲研究中心选派的外籍专家。中心日常工作以斯瓦希里语文学研究、东非文化研究为主，各项工作仍处于起步阶段。此外，中心也配合上海外国语大学宣传部"多语种网站建设项目"进行东非地区新闻编译工作。斯瓦希里语专业的学生作为中心志愿者，也对中心的日常工作助力良多。同时中心也始终坚持为社会各界提供东非地区人文文化研究领域的咨询服务，真正做到学以致用。

在国际交流方面，上海外国语大学东非研究中心每年积极参与国际相关学术交流活动，如德国拜罗伊特大学非洲研究年会、全球亚非研究联盟年会等大型国际学术会议并发表论文。同时也积极组织国际知名学者赴上海外国语大学开办学术讲座，参加学术会议。中心各成员学术背景也囊括非洲、欧洲和亚洲各大知名院校，保证了中心较强的国际交流水平。

未来，上海外国语大学东非研究中心仍将以文学、文化研究为主，从人文主义视角出发，观察东非地区的社会发展及变化。并以此为基础，为国内非洲地区研究提供更多维度与更深层次的思考与研究。

（二）联系信息

联系人：马骏；电话：021—67701240；邮箱：sisumajun@163.com/majun@shisu.edu.cn

通讯地址：上海市松江区文翔路 1550 号七教楼 120 室

【天津职业技术师范大学非盟研究中心】

（一）机构概况

天津职业技术师范大学是中国首批建立的职业技术师范院校，也是中国教育部授权设立的首批教育援外基地之一。近年来，该校积极参与国家对非教育援助与合作，派遣援外教师200余人次，培养、培训当地师生2万余人；为60多个国家开展各类职业教育培训，培训学员1100余人次。该校长期与非洲联盟以及埃塞俄比亚保持着良好的合作与交流，和非盟委员会签有合作备忘录，并受教育部委托参与了埃塞俄比亚联邦职业技术教育与培训学院（Federal TVET Institute of Ethiopia）的建设，在该学院和亚的斯亚贝巴大学设有两所孔子学院，并承接了埃塞俄比亚鲁班工坊的建设工作。

2012年6月，为服务国家对非洲合作需求，推动该校对非教育合作事业的发展，该校在原非洲职业教育研究中心（成立于2005年）的基础上成立了非盟研究中心，致力于在政治、经济、教育等领域开展对非洲联盟组织以及埃塞俄比亚国别研究工作。中心的宗旨是依托该校的学科特色和对非教育合作优势，开展对非洲联盟组织和埃塞俄比亚国别研究工作，致力于以高水平的研究成果推动中国与非洲联盟组织和埃塞俄比亚的合作，服务"一带一路"倡议的落实。

非盟研究中心以非洲联盟和埃塞俄比亚为研究重点，在科研上有着明确的定位和系统的规划。中心在非盟研究领域的主要科研方向包括：非盟组织的立法、决策与运作机制研究、非盟与外部世界关系研究、非盟与非洲区域大国关系研究、非盟与非洲和平与安全问题研究、非盟与非洲区域一体化研究等。中心在埃塞俄比亚国别研究领域的主要研究方向包括：埃塞俄比亚政治与经济问题研究、教育与文化研究、历史研究、语言文学研究，中国与埃塞俄比亚关系研究等方面。自成立以来，非盟研究中心长期坚持定期举办非洲联盟研究和埃塞俄比亚国别研究领域的大型学术会议，积极承接外交部、教育部、文化部等部委调研项目，踊跃建言献策，出版了《非洲一体化背景下的中非合作》《非洲制造：埃塞俄比亚的产业政策》《中非教育交流与产能合作国际学术研讨会》《埃塞俄比亚教育手册》等学术成果，在相关领域产生了一定的学术影响。2017年6月，非盟研究中心正式入选教育部国别和区域研究中心备案名单。

目前，研究中心共有专职研究人员6名。2020年度，研究中心拟引进高层次人才2名，进一步壮大科研队伍。中心还依托该校的教育援外优势，聘请了该校外国语学院、经管学院及职教学院等校二级学院的外派教师为兼职研究人员，充分发挥他们的资源和专业优势，发展多学科综合性研究。此外，中心还聘请了原中国驻埃塞俄比亚大使解晓岩先生担任中心名誉主任，聘请前中国驻非盟使团团长旷伟霖大使为中心高级顾问，聘请埃塞俄比亚金卡大学校长Gebre Yntiso教授及亚的斯亚贝巴大学非洲研究中心主席Tesfaye Tafesse教授为客座教授。在专、兼职研究队伍之外，研究中心还成立了一个由国内外非洲研究领域知名专家组成的专家委员会，为中心的发展决策和科研项目的开展提供社会资源与智力支持。该委员会成员包括埃塞俄比亚亚的斯亚贝巴大学校长阿德马苏教授、中国非洲史研究会主席李安山教授，上海师范大学非洲研究中心舒运国先生、南开大学张象教授等国内非洲研究领域著名的专家和学者。

非盟研究中心长期与非洲联盟委员会以及非洲国家高校和智库保持着密切的合作关系。中心于2015年和非盟委员会签署合作备忘录，致力于在职业教育、文化交流、联合研究等领域开展长效合作。自2014年来，非盟研究中心连续多年举办非盟青年官员教育与文化研习班。2017年，研究中心联合非洲联盟在天津举办"中非教育交流与产能合作国际学术研讨会"。此外，研究中心还和埃塞俄比亚的斯亚贝巴大学、巴哈达尔大学、金卡大学等高校的研究机构，如亚的斯亚贝巴大学非洲研究中心、埃塞俄比亚研究院、埃塞俄比亚发展研究院等，保持着密切的学术交流和科研合作。

（二）联系信息

网站：https://caus.tute.edu.cn

联系人：翟风杰；电话：86228828 7970；邮箱：zhaifengjie@aliyun.com

通讯地址：天津市河西区大沽南路1310号，天津职业技术师范大学非盟研究中心（300222）

【云南大学非洲研究中心】

（一）机构概况

云南大学的非洲研究有着悠久的历史。早在20世纪50年代，在著名的云南籍阿拉伯语学者纳忠教授主持下，云南大学开始非洲与中东问题的教学和研究，纳忠教授还曾担任1980年成立的中国非洲史研究会的首任会长。20世纪80年代，云南大学赵瑞芳教授、吴继德教授参与中国非洲史研究会的筹建和3卷本《非洲通史》的编写工作。1991年，刘鸿武教授从尼日利亚留学归国，在云南大学正式组建非洲研究学科，并于1996年开始招收非洲研究硕士研究生，2000年开始招收非洲研究博士研究生。经学校正式批准，1998年成立云南大学亚非研究中心，2007年成立云南大学非洲研究中心，刘鸿武教授任中心创始主任。以云南大学非洲研究中心为学术支撑，2010年云南大学成为教育部教育援外基地之一，2011年成为外交部"中非联合研究交流计划"项目单位，2013年成为外交部"中非智库10+10合作伙伴计划"中方智库，2017年成为教育部国别和区域研究基地。2017年3月，教育部云南大学中国—南非人文交流研究中心在云南大学挂牌。

云南大学非洲研究中心长期由刘鸿武教授担任学术委员会主任，由张永宏教授担任中心主任。从2019年10月开始，由贺鉴教授担任中心主任，由梁益坚副研究员和杨惠博士担任中心副主任。目前，中心专职研究人员有：张永宏、张春、贺鉴、卢凌宇、梁益坚、王涛、李湘云、夏艳、张佳梅、杨惠等10人；兼职研究人员有：李泽华、刘军、马燕坤、周倩、赵姝岚、林泉喜、赵贤、李洪香等8人；有在站博士后1名，在读博士生12名，在读硕士生20名。

经过几十年的积累发展，云南大学非洲研究在国内非洲研究领域逐渐形成自己的特色。第一，是国内重要的非洲研究高层次人才培养单位，拥有硕士生、博士生和博士后招收权，迄今已向高校、科研机构、政府部门等培养输送近百名非洲研究博士、硕士，他们中有些人已成长为学术骨干和有影响的学者；第二，从文化的角度研究非洲，重点关注非洲新兴国家构建进程中的文化认同问题；第三，长期坚持非洲国别史、专门史研究，结合当代中非关系发展实践，探讨世界文明对话背景下中非交往的特殊意义；第四，结合云南大学文化多样性、生物多样性研究优势，展开对非洲本土知识、民族问题、发展问题、环境问题、减贫问题、恐怖主义与安全问题等的研究；第五，适应时代发展需求积极凝练和拓展新的研究方向。张春、贺鉴、卢凌宇等研究人员加盟后，非洲安全、非洲外交、非洲法律、非洲海洋与"一带一路"等议题成为云南大学非洲研究新的增长点。

作为教育部教育援外基地的学术支撑机构、教育部国别和区域研究基地、教育部云南大学中国—南非人文交流研究中心、外交部"中非智库10+10合作计划"中方智库以及云南大学政治学一流学科建设的重要平台，该中心依托云南大学深厚的人文底蕴和国际问题研究的人才优势，在学术研究、科研合作、文化交流、人才培养等方面与广大非洲国家、美日欧发达国家的相关高校与研究机构保持着良好的交流与合作关系。

近年来，云南大学非洲研究中心研究人员承担了几十项国家级和省部级课题，出版相关著作10多部，发表论文100余篇，在国内外学术界具有越来越突出的影响力。中心的发展目标是，未来几年成为国际知名国内一流的中国非洲研究重镇。

（二）联系信息

网站：http://www.cas.ynu.edu.cn/

联系人：梁益坚；电话：0871—65039175；传真：0871—65033776；电子邮箱：liangyijian1979@163.com

通讯地址：云南省昆明市翠湖北路2号，云南大学非洲研究中心映秋院3楼（650091）

【云南师范大学非洲地理与资源环境研究院】

（一）机构概况

云南师范大学对非洲问题的研究始于21世纪初叶，逐渐形成了以周倩教授、胡洋博士为核心的科研团队，在肯尼亚、刚果（金）的历史文化、资源环境、土地制度研究等方面取得一定成果。2018年10月29日，云南师范大学为加强地理学一级学科博士点、地理学一流学科建设，邀请教育部长江学者特聘教授、浙江师范大学非洲研究院院长刘鸿武教授来访。刘鸿武教授认为云南师范大学有良好的地理学一级学科博士点基础，而非洲地理作为一门新兴学科，前景广阔、前途可期，提出积极开展非洲地理学研究的建议。

2019年1月2日，经学校批准，依托云南师范大学地理学一级学科博士点，云南师范大学正式创建非洲地理与资源环境研究院。2019年12月23日，研究院揭牌，聘请刘鸿武教授为研究院首任院长，聘请南非前大使格特·约翰斯·格罗布勒先生、马里前参赞迪亚洛·约罗博士、中国石油国际勘探开发有限公司高级地质师金博博士为研究院特别顾问，组建专兼职结合的研究团队推进研究院各项建设工作。

该研究院坚持以学科建设为本体、以智库服务为功用、以媒体传播为手段、以扎根非洲为前提、以中非合作为路径，依托云南师范大学地理学一级学科博士点，组建专业研究团队开展非洲自然地理、资源、环境及中非合作研究。研究院的主要研究特色为以下几方面。（1）结合学科优势，开辟地理学研究新方向。利用云南师范大学地理学科研平台、人才团队、技术手段等研究优势，积极借鉴国内研究机构快速成功发展的经验，集聚研究团队、培养学术梯队，做实做强"非洲地理与资源环境"特色学科。（2）通过非洲地理学研究服务地方与国家发展战略，充实国别与区域研究内容。注重对非洲地形、气候、交通和资源等基本情况的收集和分析，增强非洲国别与区域研究中对相关地理信息的把握。（3）延伸学科价值链，充分发挥地理学的全球治理功能。以地理学研究为基础，拓展非洲研究体系，推动云南师范大学其他学院及研究机构开展非洲地理研究。在外语学院成立非洲地理研究文献翻译中心，在历史与行政学院成立非洲历史地理研究中心，在政治与法律学院建立非洲资源开发法律研究中心，服务国家"一带一路"发展倡议。

该研究院设有非洲人文与经济地理研究所、非洲资源环境数据库与国情监测实验室和非洲经济与中非合作研究所三个研究单位。共有专职研究人员10人，其中教授4人、副教授2人、讲师4人。兼职研究人员10人，包括2名外籍研究人员。

非洲地理与资源环境研究院3名教授可招收中非合作与非洲地理研究方向硕士生、博士生、博士后；1名教授、2名副教授可招收硕士生。研究院目前有在读硕士生12人，在读博士生3人（包括一名尼日利亚籍博士研究生）。

目前，该研究院正在推进的主要工作有以下两点。（1）非洲资源环境数据库及研究团队建设：主要以云南师范大学中国西南对外开放与边疆安全研究中心、旅游与地理科学学院教师为核心，组建非洲资源环境监测与数据库建设团队，重点开展非洲资源环境监测、资源环境开发、资源环境数据库建设等领域的研究。（2）启动"非洲地理与资源环境丛书"国别研究系列第一期十卷本图书编纂工作。

（二）联系信息

网站：https://xbzx.ynnu.edu.cn/index.htm（代网址）

微信号：云师大非洲地理资源环境研究

联系人：胡洋；邮箱：374800210@qq.com

通讯地址：云南省昆明市呈贡区聚贤街768号，云南师范大学东区实训大楼15楼（650500）

【浙江师范大学非洲研究院】

（一）机构概况

浙江师范大学非洲研究院

(IASZNU）是在国家教育部、外交部支持下于 2007 年成立的中国高校首个综合性、实体性非洲研究院，是国内首个拥有非洲研究长江学者特聘教授的学术机构，是教育部首批黄大年式教师团队、教育部区域和国别研究基地、教育部中国南非人文交流研究中心、教育部"中非高校 20+20 合作计划"中方单位，是外交部中非联合研究交流计划指导委员会指导单位、外交部"中非智库 10+10 合作伙伴计划"中方智库，是浙江省政治学 A 类一流学科、浙江省 2011 协同创新中心、浙江省新型重点专业智库。连续 4 年入选美国宾大《全球智库报告》"最佳区域研究中心（大学附属）"榜单，入选中国智库索引 CTTI 2019 区域研究与国际关系领域智库 TOP15 第六名、CTTI 2018 中国高校智库百强榜单 A+智库，入选中国社会科学院《中国智库综合评价 AMI 研究报告（2017）》"中国智库综合评价核心智库榜单"。

该研究院由教育部长江学者特聘教授、浙江省特级专家、浙江省政府咨询委员会特邀委员、教育部高校教学指导委员会（政治学类专业）委员刘鸿武教授担任创始院长和首席专家，坚持以"聚焦重大问题、服务国家战略"为导向，以"当代非洲发展问题"与"新时期中非合作关系"为重点研究方向，秉持"非洲情怀、中国特色、全球视野"的治学精神，在全国率先倡导和构建中国特色"非洲学"学科体系，培养中国的"非洲通"和非洲的"中国通"，努力打造国家对非合作的高端学术机构与战略智库。

该研究院下设非洲政治与国际关系、非洲教育、非洲历史文化、非洲经济四个研究所，同时建有南非分院、尼日利亚研究中心、埃及研究中心、东非区域国别研究中心、中非影视研究中心、非洲人类学研究中心、非洲法语国家研究中心、中非教育合作研究中心、中非水文明研究中心、非洲研究特色资源数据库、非洲研究图书资料中心等特色平台，并与校内兄弟学院共建有非洲翻译馆、非洲文学研究中心、非洲交通研究中心、非洲地理环境研究中心、非洲科技问题研究中心、非洲法律与社会发展研究中心、非洲艺术研究中心、非洲音乐舞蹈研究中心、中非经贸研究中心、非洲体育研究中心、非洲孔子学院研修中心、非洲语言调查研究中心等校内协同研究机构，组织和推动全校形成了互相支持、各有侧重的综合性非洲研究大学科格局。

该研究院拥有一支 40 人的国际化队伍，其中国家级人才 2 人、省部级人才 6 人、返聘大使 3 人，正高职称 6 人、副高职称 13 人，非洲籍学者 6 人，博士 27 人。研究人员均有多次长短期赴非开展田野调研的学术经历，形成了"一流人脉、一线体验、一手资料"的学术网络资源。校内各学院还形成了一支近 200 人的兼职非洲研究队伍，开展文理工交叉的跨学科研究。

该研究院现有"非洲教育与社会发展""中非关系史"两个交叉学科博士点、"非洲学"交叉学科硕士点、"政治学"一级学科硕士点和"非洲教育""非洲历史"二级学科硕士点，积极为中非合作培养复合型专业人才。成果获教育部全国高校科学研究（人文社会科学）政治学优秀成果二等奖、国家级教学成果二等奖、浙江省高等教育教学成果一等奖、浙江省研究生学会教学成果一等奖。

该研究院自成立以来，主持国家社科基金重大项目、教育部人文社科重大攻关项目各1项，主持国家社科基金项目23项（支持校内其他学院获国家社科基金项目近20项），教育部、外交部等中央部委和国际合作课题80余项；编撰出版《教育部哲学社会科学发展报告—非洲地区发展报告》《浙江师范大学非洲研究文库》《非洲研究》《中国南非人文交流发展报告》等各系列学术著作、译著和专题报告120余部（卷），其中专著《新时期中非合作关系研究》获教育部全国高校科学研究（人文社会科学）政治学优秀成果二等奖、浙江省哲学社会科学优秀成果一等奖、入选国家社科基金中华学术外译项目，专著《非洲学发凡》是国内首部专门研究讨论非洲学基本问题的著作，丛书"中国改革开放与发展实践"已译成英、法文在非洲出版；在国内外发表高质量论文400多篇；拍摄两部中非关系纪录片《我从非洲来》《重走坦赞铁路》；建成国内高校首个非洲博物馆，10年来接待参观者逾5万人，成为中非文化交流的桥梁，入选浙江省科普基地。

该研究院编辑《非洲研究智库专刊》，向国家部委等提交各类咨询报告80余篇，多篇获国家领导人、省部级领导批示或被中办、国办、《教育部高校智库专刊》《国务院研究室送阅件》《新华社内参》等录用，被赞誉"建议靠得住、部委离不开、成果可信赖"；创办中非智库论坛，已在中国、埃塞俄比亚、南非等成功主办8届会议，被纳入中非合作论坛框架，在海内外产生广泛影响，还多次配合国家战略举办中非媒体智库论坛等国际会议；紧扣中非关系重大政策和热点，解读国家对非战略，助力舆论引导与公共外交，每年发表解读文章、接受媒体采访超百次。2018年9月中非合作论坛北京峰会期间，央视邀请刘鸿武院长现场解读习近平主席重要演讲，引导国际舆论；2018年11月浙江省政府邀请刘鸿武院长为省领导做推进浙非合作专题报告，面对面为省长和政府部门提供政策建议，推进浙非合作战略规划与政策落实。

该研究院与非洲数十个国家的30多家高校、智库机构建立了合作关系，聚集了一批非洲本土研究伙伴。2018年成立非洲研究院南非分院，走出研究院非洲化战略的重要一步。累计派出师生赴非留学、调研、访学、讲学250余人次，接待坦桑尼亚前总统姆卡帕、加纳前总统罗林斯、莫桑比克时任总理阿里等500余位非洲、欧美国家政要、学者、官员及研究生前来访问、讲学和交流。

浙江师范大学非洲研究院在长期创造性、开拓性实践中凝练出了"学科建设为本体，智库服务为功用，扎根非洲为前提，媒体传播为手段，中非合作为路径"的"五位一体"学科建设经验，并辐射国内同类研究机构，助力打造高校非洲研究网络。受教育部赞誉"在全国高校独树一帜""具有代表性、示范性、推广性",受外交部赞誉"有效带动了国内对非研究发展和人才队伍建设,加强了中非学术界的相互了解与合作,为促进中非人文交流做出了积极贡献"。

(二)联系信息

网站:http://ias.zjnu.cn/

微信号:浙师大非洲研究院

联系人:杨文佳;电话:0579—82286091;邮箱:ywj@zjnu.cn

通讯地址:浙江省金华市婺城区迎宾大道688号,浙江师范大学非洲研究院(321004)

【浙江农林大学非洲农林研究院】

(一)机构概况

2012年12月由浙江农林大学和国际竹藤组织在杭州联合组建非洲农林研究院(CAFOR),旨在通过与非洲合作伙伴的合作,共同打造非洲农林业教育和科技合作平台,合作开展有关非洲农林业发展的科学研究和能力建设。通过南南合作推动中非农林业及相关领域的合作和交流,促进中非农林产业的可持续发展。

该研究院依托农业、林业和其他自然资源,以竹、茶资源和文化研究为特色与优势,全方面、多角度开展教育、科研、咨询等工作。通过研究非洲农林业的发展状况,探索中非农林技术方面合作的有效模式。通过中非农林科技合作和文化交流,推动农林知识技术转让与传播,提高科学研究与技术合作水平,促进中国和非洲农林产业的可持续发展。研究院立足浙江农林大学,借鉴中国其他教育科研机构和国际竹藤组织的成熟经验,探索行之有效的农林科技合作和人才培养的有效模式。同时,利用国际竹藤组织遍布世界各地的成员国网络与合作伙伴关系,实施各种战略合作项目,从而为中国与非洲国家之间的农林合作和共赢发展提供技术和政策等服务。通过促进南南合作,满足中国和非洲国家的发展需求。通过促进研究和开发竹子等特色农林业资源的潜力,为中国和非洲国家实现粮食安全、环境保护和消除贫困的目标做出贡献。

该研究院的发展目标主要有以下四方面。(1)建成南南合作框架下中非农林业发展的研究和咨询机构,更好地为中国政府对外(特别对非洲)的合作需求服务。(2)建成中国对非洲农林发展的科技支撑机构。促进浙江农林大学和国际竹藤组织的知识和技术能在南南合作中得到有效的应用。(3)建成非洲高等农林教育与能力建设的平台。为中国和非洲国家培养高层次、国际化的农林研发人才。(4)建成中非绿色经济合作发展的信息和技术传播平台。研究和出版有关非洲农林产业发展的论文、研究报告、咨询报告和专著,提升国际竹藤组织和浙江农林大学的学术能力和国际影响力。

该研究院院长由楼一平担任,目前共有研究人员6人,客座教授4人。研究院下设三个研究所:农业和环境研究所、林业与应对气候变化研究所和可持续消费和生产及粮食安全研究所,此外还设有研究院办公室负责日常人事、财务等行政工作,发展交流部负责研究院对外联络、宣传与筹资等工作。

研究院在非洲农业资源、中国援非

农业项目的示范效应、非洲国家农业产业发展的战略制定、非洲林业应对气候变化、"一带一路"国家农林业能力建设等五大方向和领域开展了初步的研究工作，共实施了 16 个研究和示范项目，项目总结经费约 1900 万元。5 年来出版涉非研究专著 4 部，发表研究论文 20 余篇，发布专题研究报告 10 篇。先后举行有规模的国际培训 9 次、国内培训 5 次，培训了以"一带一路"沿线和非洲国家为主的三大洲 17 个国家的 400 余位学员。

该研究院与农业部、商务部、欧盟、花旗银行基金会、联合国粮农组织等 10 余个国内外政府部门和国际组织建立了实质性的项目联系。为肯尼亚、喀麦隆、卢旺达、越南等国家制定了农林作物和产品的战略规划。

该研究院参与实施的"中国竹林碳汇造林方法学研究"和"竹林碳汇造林方法学在非洲的推广应用"项目，在肯尼亚和埃塞俄比亚两国开展碳汇造林示范，助力国家南南合作气候战略的落实。项目作为该校"竹林生态系统碳汇监测与增汇减排关键技术及应用"的内容之一，荣获 2017 年国家科技进步奖二等奖。

（二）联系信息

网站：https://cafor.zafu.edu.cn

联系人：杨广生；电话：0571—63746816；邮箱：gsyang@zafu.edu.cn

通讯地址：浙江省杭州市临安区衣锦街 252 号，浙江农林大学（衣锦校区）实验大楼 616 室

【浙江师范大学非洲法律与社会发展研究中心】

（一）机构概况

浙江师范大学非洲法律与社会发展研究中心成立于 2015 年 11 月，由中国法学会与浙江师范大学合作建立，致力于非洲法律研究和中非法治合作，目标是成为集非洲法律研究、涉非法律人才培养、非洲法律专家培训、涉非法律社会服务与对非法律国际合作等功能为一体的国内一流的高水平创新团队。

该中心研究人员主要由浙江师范大学大学法政学院法学系教师组成，团队目前拥有核心成员 10 人，其中教授 2 人，副教授 4 人，讲师 4 人；9 人具有博士学位；6 人具有 6 个月以上的出国访学经历；8 人为 45 周岁以下。中心主任为吴卡教授。

2016—2019 年，该中心成员曾先后赴肯尼亚、埃塞俄比亚、南非、纳米比亚、坦桑尼亚等非洲多国参加学术会议和开展学术交流。

该中心建有多个高水平科研创新平台："非洲法律与社会发展研究中心"（2015 年 11 月，与中国法学会共建）、"中非法律研究中心"（2019 年 5 月，与坦桑尼亚达累斯萨拉姆典型共建）、"非洲法律查明研究中心"（2019 年 6 月建立，为校高水平科研创新平台培育资助项目）。

2019 年 11 月，完成中国驻坦桑尼亚大使馆委托项目"坦桑尼亚法律文本翻译"；同年 12 月，由中心负责人吴卡教授撰写的《中非产能合作国际法律保障机制研究》出版。

（二）联系信息

联系人：吴卡；邮箱：wuka@163.com

通讯地址：浙江省金华市浙江师范大学法政学院 45 号楼（321004）

【明危咨询】

（一）机构概况

随着中国在非影响力的迅速拓展，在非利益维护的压力和需求与日俱增。在此背景下，明危咨询于 2015 年 12 月 22 日在杭州成立，这是国内首家非洲研究民间智库。明危咨询由多名国内高校非洲研究人员发起，凝聚了一批从事非洲研究的青年学者，他们均有深入非洲实地调研或交流访问的经历。在研究领域上，明危咨询的研究团队注重国别研究与领域研究相结合，且基本覆盖非洲的重要国家和领域。

明危咨询致力于成为一家专注非洲风险研究与评估的民间智库，以推动中国对非研究和为中国在非利益维护提供智力支持为己任。为更好维护中国在非利益、建立产学研之间的联系，明危将紧迫性、综合性、包容性较强的风险评估作为重点研究领域。明危以非洲国别研究为基础，重点开展非洲政治、经济领域的安全风险评估，并逐步向法律、社会、文化等领域拓展。

明危咨询以研究小组的形式进行组织建设。研究小组由高校研究人员、非洲研究学子和企业人士组成。2013 年底南苏丹内战爆发，团队主要负责人成立了"南苏丹研究小组"，为南苏丹的中资企业和涉南苏丹部门判断局势走向提供了智力支持。2015 年，研究小组将研究领域扩大到苏丹，成立了"苏丹与南苏丹研究小组"。随着研究队伍的壮大和研究范围的扩展，2017 年 5 月 1 日，"苏丹与南苏丹研究小组"扩大为"东非研究小组"，目前研究小组成员达到 30 人。明危每月召开一次月度例会，讨论当月非洲局势动态，开展主题研讨并进行团队建设。

明危咨询以微信公众号"明危东非观察"为对外成果发布平台，除了主题分析外，每日发布东部非洲最新局势动态。2014—2019 年，已连续六年持续发布东非局势动态，成为学界和企业界了解东部非洲的一扇窗口。此外，明危咨询还与国内外非洲研究机构、在非企业机构和人员及涉非部门有着密切联系与合作关系，定期为相关部门撰写咨询报告。自 2019 年 11 月起推出《非洲每日要闻简报》项目。简报分为北部非洲、东部非洲、西部非洲、南部非洲四大板块，以尼日利亚、埃及、埃塞俄比亚、南非四个地区性大国为重点跟踪国，以非洲国家政治、经济、外交动态为重点跟踪领域，跟踪国家接近 30 个，基本上覆盖整个非洲。在此基础上，推出非洲每月动态合集。

（二）联系信息

网站：http://www.mwara.cn/

微信号：明危东非观察

联系人：周军；邮箱：329648400@qq.com

通讯地址：浙江省杭州市西湖区教工路 198 号浙商大创业园 C 座 712 室

【浙江工商大学北非研究中心】

（一）机构概况

2017年5月，浙江工商大学党委书记金一斌率教育代表团赴摩洛哥、突尼斯，与北非高校和教育机构商谈合作，双方达成一系列共识。后以浙江工商大学外国语学院为牵头单位，外部协同法国鲁昂大学、武汉大学法国研究中心、武汉大学非洲法语国家研究中心、北京外国语大学法语国家与地区研究中心、杭州法语联盟、杭州市翻译协会、中非桥、壹芯控股等国内外研究力量；内部整合浙江工商大学外国语学院、国际教育学院、东方语言文化学院、人文与传播学院、旅游与城乡规划学院、MBA学院、经济学院、公管学院等校内学术资源，成立了浙江工商大学北非研究中心。2017年12月该中心被学校认定为校级科研机构。

该中心的发展定位是建设成为一个研究北非地区的政治、经济、历史、文化、语言、宗教、社会等的全方位、综合性的研究机构，争取在全省甚至全国同类机构中具有较大影响力。（1）从学术角度为地方政府提供智库服务，提供决策咨询。（2）从现实需要角度，将研究成果服务于本地区，拓展浙江省及杭州市与非洲该地区的交流，为企事业单位提供咨询，为其完善和拓展在非洲的各项业务出谋划策，满足浙江省及杭州市的地方需求。

该中心的研究特色为：以习近平新时代中国特色社会主义理论为指导；以问题为导向，大问题、小切口；注重基础性、应用性、比较性的研究；在中非关系、法非关系、北非文化、北非对外关系、北非经济等领域开展研究。

该中心由外国语学院院长李丹弟教授担任中心主任。专职研究人员主要由该校法语、阿拉伯语、英语、德语、西班牙语等语种的教师组成；同时聘请了法国鲁昂大学等著名学者担任兼职研究员，聘请多名曾在中国驻北非国家使领馆工作过的具有多年一线外交经验的外交家以及中国社会科学院、中国国际问题研究院、上海国际问题研究院、中国现代国际关系研究院、武汉大学、北京外国语大学、外交学院、国际关系学院等科研院校，法国电力公司、浙江省建设投资集团有限公司、杭州电子商务研究院、中非桥、中非经贸研究院、杭州法语联盟、杭州市翻译协会、壹芯控股等企事业单位和社会团体的研究员和高管担任兼职研究员，共同开展相关课题研究。中心团队成员年龄结构合理、研究领域分布多样化。

该中心前期已经多次召开相关的研讨会、讲座、交流会等。已开展初步的法国对非政策研究、中非经贸交流研究、中国企业在非洲研究、非裔作家作品等一系列研究，取得了一定的研究成果。已派出教师和学生积极参与商务部和商务厅援非项目，多名法语学生赴非工作。

该中心聘请法国加尔省前总检察官、法国国会议员、法国—亚洲关系研究会主席 Jean-Marie Cambaceres（让—马里·冈巴塞雷斯），法国鲁昂大学前副校长、博导、法国著名语言学家、外交家 Philippe Lane，法国鲁昂大学教授、博导 Foued Laroussi 等为中心兼职研究员。与突尼斯 Oussama Karoui 教授、法国 Fabien Neibaf 等保持长期合作。

该中心扎扎实实开展各项工作，包括管理工作、研究工作等，争取在培育期满后顺利转为正式研究基地，为国家和地区的发展贡献力量。

（二）联系信息

网站：http://flc.hzic.edu.cn/

联系人：陈建伟；邮箱：cjwp2017@163.com

通讯地址：浙江省杭州市下沙学正街18号浙江工商大学外国语学院（310018）

【浙江海洋大学非洲沿海国家研究中心】

（一）机构概况

浙江海洋大学非洲沿海国家研究中心成立于2017年6月。该中心以非洲沿海国家为研究对象，立足"海洋非洲"和"非洲海洋"，主要以非洲国家的海洋政策、海洋法律、海洋经济、海洋产业、海洋科技、海洋环保、海洋文化等内容为关注对象，积极推进中非海洋领域的一系列合作，为中非海洋命运共同体的构建搭建学术、文化、教育合作交流平台。中心主任为杨光熙教授。

目前，该中心设置有非洲海洋政策与法律研究、非洲海洋经济与产业研究、非洲沿海国家语言与海洋文化研究、非洲沿海国家教育研究、非洲海洋环保与海洋技术研究等方向。

该中心积极推进非洲留学生教育。海洋科学、水产养殖、海洋食品、汉语言文学等专业已招收多批次非洲沿海国家研究生和本科交换生，和南非罗德斯大学、坦桑尼亚达累斯萨拉姆大学、塞内加尔达喀尔大学等多所非洲高校签订了合作协议。

该中心共有专兼职研究人员20名，已承担非洲海洋研究方向多项国家社科基金、省社科基金、科技部和省科技厅项目，研究团队、研究方向和研究特色逐渐形成，在非洲海洋研究方面产生一定影响力。2019年该中心获得国家社科基金项目1项，省重大社科项目1项，出版专著1部，均为非洲海洋及相关领域研究。共有4位教师出访非洲国家。

（二）联系信息

联系人：杨光熙；邮箱：1136613228@qq.com

通讯地址：浙江省舟山市浙江海洋大学人文学院（316004）

（詹世明编纂）

● 非洲主要智库

非洲智库世界排名（2019年）

排名	国家	智库名称	研究方向	负责人	主要专家	联系方式
30	南非	非洲建设性争端解决中心（African Centre for the Constructive Resolution of Disputes, ACCORD）	冲突管理、冲突分析和冲突预防	Vasu Gounden Founder & Executive Director	Cedric de Coning（Senior Research Fellow）	电话：+27 31 502 3908；传真：+27 31 5024160；邮箱：info@accord.org.za；网站：https://www.accord.org.za
43	博茨瓦纳	博茨瓦纳发展政策分析研究所（Botswana Institute for Development Policy Analysis, BIDP）	发展政策分析和能力建设	Dr Tebogo Seleka（Executive Director）	Prof. PatrickMalope	电话：+267 3971750；传真：+267 3971748；邮箱：webmaster@bidpa.bw；网站：http://www.bidpa.bw/
46	南非	安全研究研究所（Institute for Security Studies, ISS）	跨国犯罪、移民、海洋安全与发展、维和、预防犯罪和刑事司法以及冲突和治理分析	Anton du Plessis Executive Director	Anton du Plessis DrJakkie Cilliers Dr Roba D Sharamo	电话：+27 12 346 9500/2；传真：+27 12 460 0998；邮箱：iss@issafrica.org；网站：https://issafrica.org
54	南非	南非国际事务研究所（South African Institute of International Affairs, SAIIA）	外交政策、政府管理、环境、经济政策和社会发展	Elizabeth Sidiropoulos Chief Executive	Aditi Lalbahadur Alex Benkenstein Andreas Freytag Chelsea Markowitz	电话：+27 (0) 11 339 2021；传真：+27 (0) 11 339 2154；邮箱：info@saiia.org.za；网站：https://saiia.org.za

续表

排名	国家	智库名称	研究方向	负责人	主要专家	联系方式
65	肯尼亚	非洲经济研究联合会（African Economic Research Consortium, AERC）	撒哈拉以南经济政策研究	Prof. Njuguna Ndung'u Executive Director		电话：+254 20 2734150；传真：+254 20 2734170；邮箱：communications @ aercafrica.org/executive. director @ aercafrica.org；网站：https://aercafrica.org
73	加纳	IMANI政策和教育中心（IMANI Center for Policy and Education）	社会政策分析、宣传、研究、影响评估、成本效益分析	Franklin Cudjoe President and Chief Executive Officer		邮箱：info @ imanighana.org；网站：https://imaniafrica.org
78	尼日利亚	民主与发展中心（Centre for Democracy and Development, CDD）	民主治理	Idayat Hassan Director	Jeannette Akua Eno, Dr. Dayo Oluyemi-Kusa Chijioke, Kelechi Iwuamadi	电话：+23480979 99944 +23492902304；邮箱：cddabv @ cddwestafrica.org；网站：https://www.cddwestafrica.org
81	埃塞俄比亚	埃塞俄比亚发展研究研究所（Ethiopian Development Research Institute）	经济研究和政策分析	Dr. Yohannes Ayalew Executive Director	Newai Gebre-ab Gebrehiwot Ageba Kebedew（DPhil）Alebel Bayiru Woldesillasie（PhD）	电话：+251（0）115 506 066；传真：+251（0）115 505 588；网站：http://www.edri.org.et
83	南非	冲突解决中心（Centre for Conflict Resolution, CCR）	非洲安全、治理问题研究			网站：http://www.ccr.org.za
97	肯尼亚	肯尼亚公共政策研究与分析研究所（Kenya Institute for Public Policy Research and Analysis, KIPPRA）	公共政策研究及分析	Dr. Linda Musumba BOARD CHAIRPERSON		电话：+254 20 4936000 / 2719933/4；邮箱：admin @ kippra.or.ke/http://kippra.or.ke

续表

排名	国家	智库名称	研究方向	负责人	主要专家	联系方式
114	塞内加尔	非洲社会科学研究发展理事会（Council for the Development of Social Science Research in Africa, CODESRIA）	发展、公共政策等问题研究	Dzodzi Tsikata President	Prof. Mamadou Diouf Theresa Moyo Carlos Lopes	电话：(221) 33 825 98 22；传真：(221) 33 824 12 89
120	加纳	非洲经济转型中心（African Centre for Technology Studies, ACTS）	为非洲国家政府提供经济问题咨询	Dr. K. Y. Amoako President and Founder	Tutu Agyare Florizelle Liser Antoinette Monsio Sayeh Jean-Louis Sarbib	电话：+ 233（0）302 210 240；邮箱：http://acetforafrica.org
124	乌干达	Makerere 社会研究所（Makerere Institute of Social Research, MISR）	政治研究、政治经济学、历史研究、文学和文化研究	Mahmood Mamdani Executive Director	Lyn Ossome Samson A. Bezabeh Virginie Tallior	电话：02003052000/0414532838/0414554582；邮箱：communication@misr.mak.ac.ug；网站：https://misr.mak.ac.ug
132	埃塞俄比亚	东部及南部非洲社会科学研究组织（Organization for Social Science Research in Eastern and Southern Africa, OSSREA）	促进东部及南部非洲的研究人员与政策制定者之间的交流	Truphena E. Mukuna Executive Director	Dr. Fekadu Adugna Dr. Tekalign Ayalew	电话：+251-1-11239484；传真：+251-1-11223921；邮箱：info@ossrea.net；网站：https://www.ossrea.net
142	埃塞俄比亚	联合国非洲经济委员会（United Nations Economic Commission for Africa, UNECA）	落实联合国非洲计划、泛非洲及区域性发展智库			电话：251-11-544-5000；传真：251-11-551 4416；网站：https://uneca.org

资料来源：James G. McGann, "2019 Global Go to Think Tank Index Report", https://repository.upenn.edu/think_tanks/17, 2020-03-26.

（高雪琪整理）

第八篇

学术动态

2019年对于中国的非洲研究颇具特别意义。4月9日，中国非洲研究院成立，习近平主席发来贺信，指出了中国非洲研究院引领下的国内非洲研究发展方向，强调"汇聚中非学术智库资源，增进中非人民相互了解和友谊，为中非和中非同其他各方的合作集思广益、建言献策，为促进中非关系发展、构建人类命运共同体贡献力量"。中国非洲研究院以交流平台、研究基地、人才高地、传播窗口"四大功能定位"为突破口，推出了"非洲讲坛"。中国社会科学院院长谢伏瞻和中国社会科学院副院长、中国非洲研究院院长蔡昉分别在南非、埃塞俄比亚和塞内加尔举办的3次大型国际学术研讨会上致辞，并宣布启动"中非治国理政交流机制""中非可持续发展交流机制"和"中非共建'一带一路'交流机制"，推动了中非学术界的紧密合作与联合研究，为中国的非洲研究注入了新动能。

本部分从学术讲座、学术研讨会、学术访问、学术机构要闻四方面集中反映了2019年国内非洲研究机构举办的主要学术活动。信息主要源自学术活动各主办单位的网站、微信公众号等多媒体。条目编排以学术行动举办的时间先后排序。

● 学术讲座

【北京大学举办"互联网时代跨文化传播和交流：中国和非洲在地知识的重要性"讲座】

2019年4月15日，北京大学公共传播与社会发展研究中心、非洲研究中心共同邀请美国宾州州立大学教育学院Ladislaus Semali教授登临生命传播国际教授工作坊，主讲"互联网时代跨文化传播和交流：中国和非洲在地知识的重要性"。

在厘清基本概念后，Semali教授以自己祖父和巴萨尔瓦人为例，讲解在地知识在人类交流中的重要性。受当地环境和历史文化的影响，巴萨尔瓦人能够根据动物的脚印判别动物的种类、体积、位置等信息，他们以自己独有的方式理解世界和环境。

在Semali教授看来，当下人们正处于一个多元文本共存的时代，人们常常需要从一个符号系统转向另一个符号系统，这种跨媒介的传播形式导致了后现代社会的不确定性。因此，所有人类经历的事件都是有待解读的文本，而不同的人从不同的角度和观念出发，对同一事件也会有不同的解读。符号学、语言学和象征主义等领域的相关研究已经为我们提供了大量的支撑理论，而在这一过程中，种族、性别、阶级和国家等含义的生产与在地文化息息相关，人们对能指意义的理解受到历史、事件、文化、环境等多重因素的影响。

人们在被塑造的过程中规定了概念的含义，反过来又影响了人们对事物的理解，尽管每一种再现都是复杂且不完全的，但人们并不是完全无法触摸和获悉跨媒介叙事与交流，Ladislaus Semali教授提出理解其中要害的五大原则。第一，人们要意识到视觉再现也是一种语言；第二，同一事物存在不同的意义，同时也存在不同的理解和再现方式；第三，文化意义不仅停留在人们的脑中，而且会对人们的行为产生实际的影响；第四，更为重要的是，事物本身并不存在一个确定的、不变的意义，是文化的参与者给予了人、物和事件意义；第五，反过来，这种意义又给予人们一种身份认同。所以，是我们说话、思考、感受、使用以及再现事物的方式给予了事物意义，换句话说，我们通过在地的解释框架赋予事物、人以及事件意义。

随后，Ladislaus Semali 教授解释了在地知识在跨媒介叙事和交流中的重要作用。正如上述所说，意义对于自我认知、认同与归属感极为重要，人们在日常交往中无时无刻不在生产和交换意义，在这一过程中，恰恰是在地知识给予了人们认同、归属、看待世界的视角以及与他人沟通的方式。人们在实际交流中使用的符号和能指生成也传递着意义，它们在代表人们观念、思想和感觉的同时，也使人们能够彼此理解。

尽管符号和能指作为一种沟通工具能够帮助人们彼此理解，但是在 Ladislaus Semali 教授看来，由于人们对其他文化背景不敏感或过于关注自身的在地知识，仅从自身的价值、信念和规则框架认知、思考和理解而忽略其他文化的多种解读，在跨文化传播中误解和误读仍时常发生。此时，人们需要从文化因素和情景因素共同出发，从认知和情感两方面入手，去尊重、理解和感受其他文化，打破自身的思维定式，去了解其他文化的价值。

最后，Ladislaus Semali 教授和现场的同学就在地知识与知识体系的区别、事物的主观性与客观性等问题进行了交流。北京大学师曾志教授、刘海方副教授、王进杰博士参与互动并讨论。

【中国非洲研究院举办首届"非洲讲坛"】

2019 年 9 月 17 日，首届"非洲讲坛"在中国非洲研究院开讲。此次讲坛聚焦战略地位重要、域内形势复杂、素有"非洲火药桶"之称的非洲之角，邀请厄立特里亚非洲战略研究中心主任耶马内·特凯斯特（Yemane Tekeste）和南苏丹朱巴大学社会与经济学院的梅拉·比耶尔教授（Melha Biel），就非洲之角和平与安全局势发表主题演讲。来自中国政府部门、研究机构和企业界人士，以及参加"'一带一路'倡议与非洲一体化"国际研讨会的部分非洲学者，共 80 余人出席此次讲坛。

中国非洲研究院常务副院长李新烽指出，非洲之角长期以来一直是兵家必争之地，也是中非共建"一带一路"的重要落脚点。此次"非洲讲坛"将为中方更好地理解非洲之角的和平与安全局势搭建便利的平台，进一步加强中非学术界的互学互鉴。

外交部非洲司副司长李翀表示，"非洲讲坛"通过邀请非洲学者分析、研判、解读事关非洲全局的重点、热点问题，以非洲人的视角为中国官员、学者、媒体深度剖析非洲发展局势，开辟了中非学术对话与智库交流的新途径。

耶马内·特凯斯特在题为"非洲之角新和平环境与更广泛国际合作前景"

的演讲中指出，由于错综复杂的原因，非洲之角地区长期无法走出混乱与恶化的泥沼。近年来，阿比主政下的埃塞俄比亚开始全面改革，厄立特里亚与埃塞俄比亚达成和平协议，索马里安全形势逐步趋稳，苏丹新政府与反对派达成分权共识等因素，共同推动非洲之角局势朝向积极的方向发展。但也要看到，埃塞俄比亚与苏丹关系的不确定性，长期事实"独立"的索马里兰与索马里关系的走向，尼罗河流域国家在尼罗河水资源开发利用上的交锋等问题，仍然是非洲之角和平发展所面临的巨大挑战。他建议设立"红海对话机制"，来推动域内各国关系实现全面正常化，奠定非洲之角走向和平发展的基础。

梅拉·比耶尔在题为"非洲之角的和平与安全：历史与现状"的演讲中指出，当前埃塞俄比亚国内的政治经济改革、埃厄冲突结束、南苏丹政府与反对派达成和解等变化，正在推动非洲之角朝向利好的方向发展。非洲之角域内各国、次区域合作组织和国际社会应充分利用好这个机遇期，积极利用各类双边、多边的对接和协调机制，建设性地参与地区和平进程。"一带一路"倡议为非洲之角国家的发展提供了重要机遇，非洲之角域内各国间的联系将进一步加强，各国国内的民生建设将进一步提质增效，从而为全面破解非洲之角的安全困局探索切实可行的道路与模式。

与会中非学者就国际社会如何参与非洲之角和平安全建设、非洲之角域内国家如何解读中国"一带一路"倡议、非洲之角和平与安全建设给中非合作带来的新机遇等问题，与两位非洲主讲学者进行了问答互动。

"非洲讲坛"是中国非洲研究院为落实中非联合研究交流计划的要求而举行的常规学术活动，邀请非洲有影响的专家学者就非洲和中非关系发展中的重大现实问题发表专题演讲，以非洲人的视角来阐释非洲问题，从而帮助中国对非工作各界更好、更全面、更深入地认识非洲、研究非洲。

【中国非洲研究院举办第二届"非洲讲坛"】

2019年10月28日，由中国非洲研究院主办的第二届"非洲讲坛"在北京召开。此次论坛以"大湖地区的和平与安全"为主题，邀请南非金山大学国际关系学院教授 Gilbert M. Khadiagala、联合国负责维和事务的前助理秘书长 El-Ghassim Wane 和卢旺达总统顾问 Jean-Paul Kimonyo 先生分别发表主旨演讲。来自中联部、外交部、商务部、中国非洲研究院、军事科学院、北京大学、对外经贸大学、天津职业技术师范大学、电子科技大学、中土公司等中央部委、研究机构、大专院校以及涉非企业共80多人出席此次"非洲讲坛"。

中国非洲研究院常务副院长、中国社会科学院西亚非洲研究所所长李新烽研究员主持开幕式。他表示，非洲大湖地区是非洲文明的重要摇篮之一，对非洲发展、安全至关重要。但是该地区安全形势仍然面临很大挑战，影响着非洲大陆政治经济社会发展的前景。第二届"非洲讲坛"以大湖地区和平与安全为主题，希望中国智库学者能够更好地了解该地区局势发展现状及趋势，加强中非学界互鉴。

南非金山大学国际关系学教授 Gilbert M. Khadiagala 的演讲题目为"非洲大湖地区的当代安全及治理挑战"。他表示，非洲大湖地区的安全形势受到几大历史遗留问题的影响。随着西方大国在大湖地区和平和安全方面参与力度逐渐减小，中国能够发挥更加积极的作用。他认为要想推进大湖地区的和平建设，需要重建国家机构，通过强有力的国家倡议，促使权力去中心化，让人民广泛参与国家发展进程，促进种族和解，促进地区发展，缩小贫富差距。

联合国负责维和事务的前助理秘书长 El-Ghassim Wane 表示，从 20 世纪 90 年代开始，大湖地区一直面临冲突与暴力，错失了发展机遇，这些冲突背后有身份认同、资源、政治经济等诸多因素掺杂。他提出，非洲问题必须由非洲主导解决，非洲各国应该努力促进相关机制发挥作用，加强地区主人翁意识，支持非洲国家和地区的相关机制建设，寻求长期解决方案。他认为，中国在该地区的作用将会越来越明显，中国外交官夏煌大使被任命为联合国秘书长非洲大湖地区问题特使就是一个例证。中国是联合国常任理事国，能够发挥自身影响力，让各参与方在和平安全框架下做出承诺并积极落实。

卢旺达总统顾问 Jean-Paul Kimonyo 的发言题目为"非洲大湖地区局势的新常态：保持关注和乐观"。他回顾了乌干达与卢旺达的冲突发展历程及现状，表示两国间的关系既有历史遗留因素，也受到内政选举的影响，未来两国关系不太明朗。布隆迪于 2014 年再次陷入不稳定局势，政治生态愈加呈现个人崇拜的趋势，加之经济困难，外交孤立，短期内很难看到解决方案。他认为，中国在大湖地区的作用非常重要，希望中国能够从长远出发，促进维和行动的有效协调，致力于各个团体、组织实现团结协作，在该地区发挥更大作用。

三位非洲专家学者演讲结束后，中国国际问题研究基金会非洲研究中心舒展大使主持了讨论环节。与会学者就地区机制整合、公民社会在和平进程中发挥的作用、国际组织的参与对解决民族种族冲突方面的作用、自由贸易对促进区域一体化的作用和影响与三位非洲专家展开交流。

● 学术研讨会

【"中国非洲研究 70 年：回顾与展望"研讨会在湘潭大学举行】

2019 年 5 月 11 日，以"中国非洲研究 70 年：回顾与展望"为主题的中国亚非学会学术研讨会在湖南湘潭大学举行。

研讨会由中国亚非学会主办，湘潭大学法学院、湘潭大学非洲法律与社会研究中心承办。研讨会共设"主题报告"和"专题研讨"两个环节。湘潭大学校党委书记黄云清，中国亚非学会会长、中国社会科学院西亚非洲研究所张宏明研究员，中国社会科学院西亚非洲研究所党委书记郭红，中国非洲史学会会长、北京大学国际关系学院李安山教授出席研讨会开幕式并致辞。来自中国社会科学院西亚非洲研究所、北京大学、外交学院、南京大学、浙江师范大学以及湘潭大学等30多个国内非洲研究机构和高等院校的专家学者约120人与会。

黄云清表示，非洲是推进"一带一路"建设的重要方向和落脚点，对于构建"人类命运共同体"具有标杆示范意义。在中非合作深入发展背景下，此次研讨会的召开具有重要意义。张宏明指出，中国的非洲研究已经走过70年，有必要对过去70年的成就和问题进行厘清。对非研究最突出的问题是学科发展不平衡，研究潜力没有得到充分发挥；中非研究的投入和产出不成正比，无法满足目前中非发展的需求。李安山表示，此次研讨会的召开是70年来中非交往成果的一个展示，也是中国对非研究新征程的开始。

在主题报告阶段，中国国际交流协会副会长、中共中央对外联络部原副部长艾平作了题为"非洲研究中的四大问题"的报告，他认为交流平台、人才基地、人才培养与对外传播方法，是当前非洲研究中需要着力解决的问题，期待国内非洲学界根据国家外交战略部署、非洲人民的需求、不同时期非洲研究的任务，解决好以上问题。原中国政府非洲事务特别代表、中国亚非学会原会长刘贵今作了题为"浅谈中国的非洲研究及智库如何为中非关系发展建言"的报告，他认为非洲研究重要性日益凸显，要加大学术研究投入，要有团队、机构、平台，在加强学术领域交流合作的同时要加强学界与政府部门合作，理顺非洲研究的体制机制。湖南省商务厅副厅长李心球作了题为"中非经贸合作与中非经贸博览会"的报告，他认为非洲矿产、石油等资源丰富，土地极其肥沃，有人口红利，且非洲国家发展愿望普遍强烈，正在积极寻求投资机会。中非双方经贸合作前景广阔。开展中非经贸合作，举办大型博览会，是推动国内相关地区开放发展的大好机会。

专题研讨阶段，与会专家学者分别就"中国非洲研究宏观回顾与展望""中国非洲政治、国际关系研究回顾与展望""中国非洲安全、区域治理研究回顾与展望""中国非洲经贸、产能合作研究回顾与展望""中国非洲法律、历史文化研究回顾与展望"5个议题进行了深入交流研讨，为中非关系发展献计献策。

【中非智库论坛第八届会议在北京隆重举行】

2019年8月25—27日，"中非智库论坛第八届会议"在北京钓鱼台国宾馆隆重举行。此次会议由中非合作论坛中方后续行动委员会秘书处主办，浙江师范大学非洲研究院承办，中国非洲研究院和中国国际问题研究院协办。来自非洲45个国家的驻华使节、51个非洲国家的政府官员、智库学者、媒体代表和中国知名智库机构代表、企业代表等近400人参会。

外交部部长助理陈晓东、非盟驻华代表奥斯曼大使、中国国际问题研究院常务副院长阮宗泽、卢旺达总统顾问基蒙约、中非产能合作基金执行董事韩红梅、塞内加尔达喀尔大学校长特别顾问恩迪亚耶等分别在开幕式上致辞，浙江师范大学党委书记蒋国俊主持开幕式。

外交部部长助理陈晓东表示，新时代对中非智库合作提出新要求，希望双方智库学者聚焦构建更加紧密的中非命运共同体，积极开展联合研究，为推动中非合作论坛北京峰会成果落实建言献策。非盟驻华代表奥斯曼大使在致辞中指出，中非合作论坛的项目成果与"一带一路"倡议和非盟《2063年议程》相契合，有助于全球化进程的推动以及全球治理水平的提升。

此次论坛设三个分论坛，分别是"携手构建更加紧密的中非命运共同体""共建'一带一路'与非盟《2063年议程》紧密对接""中非智库媒体交流合作与中非话语权建设"。中非专家学者结合当前国际形势、发展中国家团结合作关系和中非关系发展历史等，就构建更加紧密的中非命运共同体、共建"一带一路"、落实中非合作"八大行动"、推动中非合作提质增效、打造中非联合研究交流计划"增强版"、加强中非治国理政经验交流、加强中非智库交流合作等议题进行深入研讨，为全面推动北京峰会成果落实、携手构建更加紧密的中非命运共同体建言献策。

随着中非关系快速发展，双方都认识到思想文化交流及学术交流的重要性，日益重视发挥智库的作用。在此背景下，中非智库论坛于2011年创立，迄今已分别在中国、埃塞俄比亚、南非等国成功举办了8届会议。中国和非洲国家的许多智库、研究机构及高校都是中非智库论坛的重要参与方，为推动中非智库交流与合作、加强中非学术联合研究做出了积极贡献。中非智库论坛已成为中非合作论坛框架下的一个重要机制化分论坛。

【"'一带一路'倡议与非洲一体化发展"国际研讨会在北京举行】

2019年9月16日，"'一带一路'倡议与非洲一体化发展"国际研讨会在北京举行。研讨会由中国非洲研究院主办，来自10个非洲国家及国内有关部门、研究机构、大专院校的政府官员、专家学者、媒体人士及企业代表共100余人参会。

会议开幕式由中国非洲研究院常务副院长李新烽教授主持。中国社会科学院副院长、中国非洲研究院院长蔡昉和非洲社会科学研究发展理事会前副会长、喀麦隆雅温得第一大学教授恩科洛·福埃教授分别致辞。

蔡昉院长在致辞中表示，非洲一直积极推进一体化进程，寻求非洲统一发展。非洲自贸区的成立是非洲一体化的重要表现形式，在市场联通、人员资源流动、金融合作及工业化进程方面具有重大意义。尤其在当前保护主义、单边主义抬头的大背景下，非洲加速一体化建设凸显其对和平、合作、发展的坚定向往。中国的经济内部一体化过程也可以为非洲一体化建设提供借鉴。中国将"一带一路"倡议与非洲《2063年议程》紧密对接，稳步落实五通，不断寻找优质合作机会。2019年4月9日成立的中国非洲研究院也将成为深化中非文明互鉴、全面建设战略合作伙伴关系的主要平台，为助力中非关系建设、实现中非人文交流，增进互信了解友谊，及其他方面的合作，集思广益贡献力量。

恩科洛·福埃教授认为，此次研讨会与前不久在刚果（金）举行的研讨会主题不谋而合，讨论的议题也是相似的。"一带一路"倡议是古丝绸之路的发展与延伸，是连接亚非文明的伟大桥梁。与西方对非洲的影响不同，"一带一路"倡议让世界看到了中国的决心和愿景——中非在对话上建立关系，而非冲突。"一带一路"倡议带来和平、安全与合作，而不是分裂与歧视。福埃指出，大国需要相互尊重，求同存异，建立良好关系的新模式，互利共赢。中国在建设中非关系上做出了实质的贡献，也为促进非洲一体化的融合，走向合作共赢，对抗分裂主义、保护主义做出了示范。

研讨会分三个时段举行，议题分别为"'一带一路'倡议助推非洲一体化进程""非洲基础设施建设中的中国因素""非洲工业化与中非产能合作"。中国政府首任非洲事务特别代表刘贵今大使、赞比亚大学孔子学院赞方院长桑德·恩格兰德教授、北京大学国际关系学院教授、中国非洲史研究会会长李安山分别主持了三个时段的会议。中外专家学者就上述议题展开深入研讨，取得广泛共识，为中非共建"一带一路"提供智力支持。

【"延安精神与中非治国理政经验交流"国际研讨会在延安举行】

2019年9月21日，"延安精神与中非治国理政经验交流"国际研讨会在延安大学泽东干部学院举行。研讨会由中国非洲研究院和延安大学联合主办，得到了全国政协中非友好小组的大力支持。来自11个非洲国家的12名专家学者，以及来自中国非洲研究院、延安大学、中国人民大学、外交学院、西安科技大学、中国延安干部学院、照金干部学院、延安革命纪念馆等机构的中方学者，共约50人出席此次研讨会。中外专家学者齐聚革命圣地，围绕会议主题"延安精神与中非治国理政经验交流"展开深入研讨。

全国政协副秘书长、中非友好小组副组长郭军在开幕式上表示，此次研讨会于9月21日在革命圣地延安举行，恰逢中国人民政治协商会议成立70周年，具有重要的纪念意义。延安是中华民族重要的发祥地，是中国革命的圣地，培育出具有实事求是、理论联系实际，全心全意为人民服务和自力更生、艰苦奋斗的精神内涵的延安精神。中国不照搬别人的制度模式，取得了经济建设方面的巨大成就，依靠的就是延安精神。中非具有各自优势，可以做到合作共赢、实现共同未来。中非合作大有可为。全国政协中非友好小组愿与非洲国家的智库、大学等相关机构密切往来，开展治国理政经验交流互鉴，推动深化各领域务实合作，夯实双方友好的民意和社会基础。

延安大学党委副书记兼马克思主义

学院院长田伏虎介绍，延安大学建校已有82年历史，为民族解放、革命胜利和老区建设做出了重要贡献。党的十八大以来，延安大学设立了具有"延安精神特质"的人才培养目标，构建了以课堂教学为主体、以体验教学和践行活动为两翼的延安精神育人体系。此次研讨会着眼于全球治理体系比较研究，致力于探究延安精神视域下的中非治国理政经验，是彰显延安精神新时代价值的重要理论研讨。

非洲社会科学研究发展理事会副会长福埃教授表示，中国在革命和建设方面取得的成就让全世界人民为之骄傲，这得益于几代中国领导人的卓越领导。习近平主席曾多次强调文明的多样性，也指出人类美好的发展和未来离不开责任的共担。智库学者应当更多地投入有关中非合作中文明多样性并存发展、责任共担的哲学文化研究中，为发展中国家提供理论支持。

中国非洲研究院常务副院长李新烽回顾了中非友好交往的历史，指出2018年中非合作论坛北京峰会成功举办将中非关系提升至新的历史水平，双方致力于共筑更加紧密的中非命运共同体。2019年4月中国非洲研究院成立，这是习近平主席在北京峰会上宣布的加强中非交流合作的重要举措之一。中国非洲研究院的成立对于加强中非学术研究，深化中非文明互鉴，推动中非友好合作关系全面深入发展，具有重要意义。

开幕式后，研讨会分三个时段举行，讨论主题分别是"延安精神与当代中国""延安精神与毛泽东思想在非洲的传播""延安精神与中非治国理政经验交流"。延安大学马克思主义学院执行院长谭虎娃、圣多美和普林西比前外交部长卡洛斯·泰尼、中国非洲研究院副研究员吴传华博士分别主持了上述三个时段的研讨。中非学者围绕三个主题展开直接对话和深入研讨，达成广泛共识。

【北京大学举行"尼雷尔日在中国"纪念活动】

2019年10月14日，首届"尼雷尔日在中国"纪念活动在北京大学举行。在新中国成立70周年、中坦建交55周年之际，坦桑尼亚驻华大使馆携手北京大学，联合举行朱利叶斯·尼雷尔逝世20周年大型纪念活动。坦桑尼亚前总理兼执政党坦桑尼亚革命党中央委员会成员平达率领的坦桑尼亚政府代表团10位成员专程参加纪念活动。坦桑尼亚驻华大使姆贝尔瓦·凯鲁基与来自非盟、16个非洲国家和巴勒斯坦驻华使馆的17位外交官应邀参加活动。与会的中国政府代表有中国人民对外友好协会副会长林怡、外交部中非合作论坛事务大使周欲晓、中联部四局副局长陈怀凡等。北京大学校长郝平出席纪念活动，并接受北京大学非洲同学会赠送的题为"望向未来"的尼雷尔画像，副校长王博在开幕式环节中致辞。修建了中非友谊象征的坦赞铁路的中国土木工程集团有限公司（前身为铁道部援外办公室）的副总经理吕晶以及其他企业界代表参加了活动。

王博副校长在致辞中表示，北京大学与坦桑尼亚和非洲大陆有着悠久的不解之缘。早在20世纪50年代末，随着非洲国家争取民族独立的运动逐渐展开，北京大学历史学系的杨人楩教授就开始关注非洲研究并在中国最早筹备非洲历史的研究生课程。中国改革开放以来，北大的非洲研究学者积极与世界各地非洲研究机构和学者建立联系，汲取众长，深化研究。1998年，北京大学成立了中国最早的非洲研究中心之一。进入21世纪以来，北京大学与坦桑尼亚的缘分继续深化。2007年，坦桑尼亚前总统本杰明·姆卡帕访问北京大学，发表了"非洲在全球化时代面临的主要经济和政治任务"的演讲，与师生代表进行了座谈。当前，坦桑尼亚仍然是北京大学研究非洲的师生们所关注和访问最多的国家之一。许多坦桑尼亚年轻人也传承了北京大学与坦桑尼亚的缘分，现在有13位学生正在北京大学学习。今天这场纪念活动，就是要继承中坦两国血浓于水的情谊，让年轻人将一直以来互相扶持、深入彼此国家民族基因的共同精神传承下去。

尼雷尔基金卡玛塔博士和北京大学赵白生教授分别向大会作了题为"朱利叶斯·尼雷尔——政治家，人文主义者，思想家"和"尼雷尔与全球南方"的主题发言。

来自北京大学、华东师范大学、中国社会科学院西亚非洲研究所等高校及科研机构的20多位专家学者，与平达、达累斯萨拉姆大学和尼雷尔基金会的学者共聚一堂，对"尼雷尔与南南合作""尼雷尔与泛非主义"两个专题进行了深入热烈的研讨。睿纳新国际咨询的首席执行官、联合国开发计划署原副国别主任芮婉洁女士和北大非洲研究中心秘书长许亮分别主持了两个专题的研讨。总统府副常务秘书弗朗西斯·迈克尔博士和刘海方分别作会议总结并宣布纪念活动落幕。坦桑尼亚媒体代表8人和3位坦桑尼亚著名学者，在北京企业界人士、智库以及北京大学和其他高校的学者与学生共200多人出席纪念活动。

【首届"中国—南苏丹智库论坛"在朱巴举行】

2019年10月25日，首届"中国—南苏丹智库论坛"在南苏丹首都朱巴成功举行。此次论坛由浙江师范大学非洲研究院与南苏丹战略与政策研究中心联合举办，中国驻南苏丹大使华宁与南苏丹共和国副总统詹姆斯·伊加出席论坛开幕式并致辞。南苏丹总统教育顾问兼战略与政策研究所主席盖伊、总统顾问兼南中友协会长本杰明、代理外长达乌、交通部长卢克、路桥部长米约克等南苏丹政要出席论坛。中南两国政府官员、专家学者、媒体人士以及其他国家、国际组织驻南苏丹外交人员等共计百余人参会。

华宁大使在致辞中指出，中南建交8年来，两国关系经受住了风风雨雨的考验。在南苏丹最困难的时候，中国始终与南苏丹人民在一起。在中非合作和"一带一路"框架下，中南各领域交流合作取得了长足发展。中南关系发展不只是政府与政府间的合作，更需要人民与人民间的交流，双方智库、媒体、工商界、民间组织都可以为两国关系的发展做出贡献。

南苏丹副总统伊加代表南苏丹政府

热烈祝贺首届南中智库论坛召开,希望通过举办此次论坛,加深相互了解,规划未来合作。伊加表示,南苏丹支持习近平主席提出的共同构建人类命运共同体理念,愿在中非合作论坛和"一带一路"框架下,加强南中政治互信,扩大农业、基建、能源等经济合作,促进两国人文领域的交流联系。

教育部长江学者特聘教授、浙江师范大学非洲研究院院长刘鸿武作题为"中非关系70年回顾与展望"的报告,南苏丹战略与政策研究中心高级研究员詹姆斯·帕迪埃特作评述。

与会代表聚焦基础设施投资与合作、教育交流与合作、国家重建、人道主义、媒体合作等领域,阐述南苏丹的建设与发展以及中国与南苏丹的合作问题。南苏丹外交和国际合作部代理外长在闭幕式致辞中高度肯定此次智库论坛成功举办,强调南苏丹政府愿与中方一道,落实好两国领导人达成的重要共识,加强双方在产业促进、设施联通、贸易便利、绿色发展、能力建设、健康卫生、人文交流及和平安全八大领域的合作,促进南中合作迈向更高水平。

【扬州大学举办"中国—苏丹高等教育合作发展论坛"】

2019年11月4日,"中国—苏丹高等教育合作发展论坛"在扬州大学举行。论坛由扬州大学海外教育学院和苏丹研究中心联合举办,来自中国和苏丹教育领域的100多名专家学者参会。

在开幕式环节,扬州大学副校长刘巧泉、中国非洲史研究会会长李安山、喀土穆大学国际处处长阿布巴卡·穆罕默德分别致辞,喀土穆大学经济学院院长易卜拉欣·艾哈迈德宣读了苏丹驻华大使馆发来的贺信。开幕式上还举行了"扬州大学—喀土穆大学可再生能源国际联合实验室"揭牌仪式。

研讨环节由苏丹研究中心执行主任王金铨教授主持,中苏发言学者就中苏高等教育合作、中苏教育体制、高校国际化等议题分享了各自的观点。

中国非洲史学会会长李安山教授作了题为"中非高等教育合作:历史、现实及反思"的主旨发言。李安山教授首先对比了20世纪70年代、80年代以及90年代以来中非教育合作的异同,接着比较了1976—1995年和1996—2015年这两个阶段来华留学的非洲学生变化,发现后一阶段非洲学生来华留学呈现出学生人数急剧增加、自费学生人数增加快于中国政府奖学金人数的增长、大多数非洲学生留学的主要目的是获取学位三大特点。李安山教授还专门介绍了中国与苏丹的教育合作状况,以及扬州大学与苏丹教育合作的进程与成效。

来自苏丹和扬州大学的发言学者分别分享了苏丹和中国教育领域的发展状况。喀土穆大学经济学院院长易卜拉欣·艾哈迈德教授分析了苏丹摆脱经济困境的内外条件,喀土穆大学医学实验科学学院副院长哈桑·穆萨博士介绍了苏丹的教育体制、管理制度和汉语教学状况,喀土穆大学农学院若兰博士分享了在中国的学习生活经历。扬州大学教育科学学院院长查永军教授介绍了中国高等教育的历史、现状、问题和建议。

国际合作与交流处处长秦旭教授分享了中国高等教育国际化面临的国际挑战、应对战略、发展机遇和趋势，介绍了扬州大学开展国际合作的基本情况。国际联合实验室主任孙伟教授介绍了国际联合实验室的发展历史、学科建设状况、学术成就和学生招生情况。苏丹研究中心付海娜博士回顾了中苏合作的历史和特征，分析了国际格局的变迁对中苏合作的影响、当下中苏合作面临的挑战以及未来双边合作的趋势。

苏丹研究中心执行主任王金铨教授在总结发言中表示，此次论坛研讨全面回顾了中苏教育合作状况，分享了中国和苏丹高等教育发展状况，表达了对加强合作的意愿，加深了双方的友谊，希望在未来能够进一步强化扬州大学与苏丹在教育领域的合作，推动中苏友好。

2019年是扬州大学与苏丹高校开展"中非高校20+20合作计划"第十年。扬州大学先后开展了9期"高层次人才交流与培养计划"，面向苏丹高教科研部和以喀土穆大学为主的多所高校开设了共30期人力资源培训班和学术研讨会，先后有近800人次来扬州大学参加各类培训和研讨活动。

【中国非洲史研究会2019年年会在广州举行】

2019年11月22—24日，中国非洲史研究会2019年年会暨"一带一路"与非洲历史研究新起点学术研讨会在广州举行。此次会议由中国非洲史研究会与广东外语外贸大学共同主办，广东外语外贸大学非洲研究院承办，广东外语外贸大学国际经贸研究中心和广东总商会协办。来自全国各非洲研究机构、高等院校、企业和新闻媒体的代表共100多人参会。

会议开幕式由广东外语外贸大学非洲研究院执行院长刘继森教授主持，广东外语外贸大学副校长焦方太教授和中国非洲史研究会会长李安山教授分别致辞。开幕式后，中国原驻厄立特里亚、卢旺达大使，中国非洲史研究会副会长舒展主持了主题报告会。报告会由中国原驻加纳、肯尼亚大使孙保红主讲。孙大使从当前非洲形势、中非关系现状和下一步中国对非工作设想等三个方面作了报告，以自己在加纳、肯尼亚的驻外经历诠释了中非友好关系的内涵。

在大会研讨阶段，专家学者们就"非洲历史专题研究""'一带一路'建设与中非经贸合作""非洲大陆自由贸易区与中非命运共同体建设""大国对非政策与非洲国家外交""当代非洲政治与国家安全"等议题进行发言，并与在场学者进行了互动交流。

在分组研讨阶段，第一组的议题为"中非合作与法律保障"和"非洲语言文学与中非人文交流"；第二组的议题为"地方经济与非洲发展战略对接"。此次大会还组织了"青年论坛"，多位博士和硕士研究生积极发言。与会者分享自己的研究成果，交流彼此的学术思想和观点，营造出浓厚的学术研讨氛围。

大会闭幕式由中国非洲史研究会秘书长毕健康研究员主持，中国非洲研究会会长李安山、名誉会长宁骚教授作会议总结。李安山教授对会议举办的各个环节给予高度评价，认为会议日程紧张有序、有条不紊，研讨环节精彩纷呈，交流互动活跃，鼓励各位非洲研究同仁继续努力，推动我国非洲研究迈向更高水平。宁骚教授作为中国非洲史研究会的创会元老，回顾了研究会近40年的发展历程，对研究会每年举行一次学术研讨会的优良传统给予高度评价，并对年轻一代从事非洲研究的专家学者提出了殷切希望。中国社会科学院世界历史研究所所长汪朝光致闭幕词，他从世界历史研究的宏观视角，肯定了非洲史研究的成就和地位，对我国非洲研究事业的发展充满信心，号召全国各地学者齐心协力，共同推动我国非洲研究学术水平的进步。

此次年会期间还举行了中国非洲史研究会第十届理事会会议，就研究会的近期和未来工作进行了讨论和交流，并决定2020年非洲史研究会年会将在成都举行。

【"非洲形势中的重大现实与热点问题"学术研讨会在北京召开】

2019年11月28日，由中国亚非学会、中国国际问题研究基金会非洲研究中心、中国非洲研究院共同主办的"非洲形势中的重大现实与热点问题"学术研讨会在北京召开，国内有关非洲研究机构专家学者共80余人出席会议。

此次学术活动由主题报告会和专题研讨会两部分构成。外交部非洲司孙保红大使在"当前非洲形势与中非关系"主题报告会上，就当前非洲形势与中非关系发表了主旨演讲。孙大使的报告主要包括当前非洲形势、中国对非工作70年成就及经验、下阶段中国对非工作思路，以及对国内非洲研究的建议等几方面内容。孙大使认为，当前非洲形势发展整体比较平稳，但也出现了几个较为突出的特点：非洲一体化进程取得重大进展，非洲国际地位和影响持续提升；各国政府更加注重致力改善民生和营商环境；非洲传统安全问题降温，非传统安全问题较为突出；主要大国在非洲的竞合态势愈加明显，对非洲投入加大，更加重视非洲战略价值，国际对非合作掀起新热潮。中国对非合作重点在于进一步强化落实2018年中非合作论坛峰会举措，推动合作成果的进一步落实。2019年正值新中国成立70周年，中国继续坚持高水平政治互信的对非友好工作传统，秉承"真实亲诚"和正确的义利观，推进对非工作战略合作升级。下一阶段中国对非工作将以2020年中非合作论坛成立20周年为契机，加强与非洲合作的沟通对接，推动"一带一路"建设深入开展，细化合作方案，进一步优化工作布局。关于对非研究，孙大使建议国内非洲科研机构在加强基础研究的同时，也要为国家战略服务。

在专题研讨阶段，与会专家学者围绕"非洲形势中的重大现实与热点问题"这一主题，就非洲总体形势、非洲次区域形势、非洲国别形势、非洲热点问题等进行了深入研讨。与会者尤为关注非洲政治生态、经济形势、安全状况、地缘政治、对外关系等领域出现的新变化、新特点和新趋势，对此进行深入分析，取得许多共识。

研讨会最后，中国国际问题研究基金会非洲研究中心主任舒展大使做总结发言。中国亚非学会会长张宏明研究员对学会2019年工作进行了回顾总结；中国亚非学会副会长、上海师范大学非洲研究中心主任张忠祥对学会2020年工作计划作了说明。

【"治国理政与中非经济社会发展"国际研讨会在南非举行】

2019年12月3日，由中国社会科学院（CASS）、中国非洲研究院（CAI）和南非人文科学研究理事会（HSRC）共同主办的"治国理政与中非经济社会发展"国际研讨会在南非行政首都比勒陀利亚召开。中国社会科学院院长谢伏瞻、中国驻南非大使林松添、HSRC主席苏迪恩、南非科学创新部副总司长杜特伊特、乌干达总统特别助理帕特里克等中外嘉宾出席开幕式并致辞。来自中国、南非及其他一些非洲国家重要学术机构的专家学者、政府官员、企业界代表以及媒体人士共200余人参加了研讨会。

谢伏瞻院长指出，新中国成立70年来，中国共产党领导中国人民独立自主、自力更生、艰苦奋斗，创造了世所罕见的经济快速发展奇迹和社会长期稳定奇迹。特别是改革开放40年来，中国不断扩大开放、坚持走和平发展道路并主动融入世界，既发展了自己，也造福于世界。中华民族迎来从站起来、富起来到强起来的伟大飞跃，最根本是因为中国共产党领导人民建立和完善了中国特色社会主义制度，形成和发展了党的领导和经济、政治、文化、社会、生态文明等各方面制度，不断加强和完善国家治理。中国将以更加开放的眼光、开阔的胸怀对待世界各国人民的文明创造，分享治国理政经验，开展文明交流互鉴，携手建设更加美好的世界。为了进一步促进中非关系发展，谢院长提出了三点建议：一是牢固树立中非命运共同体理念，二是加强中非治国理政经验交流，三是深化中非人文智库交流合作。

林松添大使以翔实的数据介绍了新中国成立70年，特别是改革开放40多年所取得的历史性成就，指出中国共产党团结带领中国人民，坚持走中国特色社会主义道路，创造了40年经济快速发展和政治社会长期稳定两大奇迹，这是西方国家教科书里从未有过的纪录。中方愿同非洲等国际社会分享中国治国理政和成功发展的经验，支持非洲国家实现可持续发展。

研讨会下设3个分论坛：治理能力建设，城市化、产业发展与创新，应对贫困、不平等及失业挑战。与会中非专家学者围绕上述议题进行直接对话，展开深入研讨，取得广泛共识。非洲学者认为，研讨会有助于解读"中国之治"的密码，中国的成功发展道路和治国理政经验为非洲国家实现自主可持续发展提供了新的选择。

会议期间，中国非洲研究院宣布启动实施"中非治国理政交流机制"。该机制支持中非学术界围绕治国理政经验交流这一主题，召开高端研讨会，开展合作研究，举办研修班，资助研究成果出版，为扩大中非相互全面直接了解，加强中非治国理政经验交流，促进双方政策联通和发展战略对接创造有利条件，为中非共建"一带一路"、共筑更加紧密的中非命运共同体提供智力支持。

【"中非携手促进可持续发展"国际研讨会在非盟总部举行】

2019年12月6—7日，"中非携手促进可持续发展"国际研讨会在位于埃塞俄比亚首都亚的斯亚贝巴的非洲联盟（简称"非盟"）总部召开。研讨会由中国非洲研究院和非盟委员会联合主办，中国社会科学院国际合作局和非洲联盟委员会经济事务部联合承办。与会的中方代表来自中国社会科学院、商务部研究院、生态环境部、中国农业科学院等机构，外方代表来自非洲联盟、联合国非洲经济委员会、联合国贸发会议、联合国环境署、联合国教科文组织、非洲能力建设基金会等国际机构，以及埃塞俄比亚、肯尼亚、尼日利亚等十几个非洲国家的政府部门、研究机构、企业界等，各界人士共计300余人出席研讨会。中国社会科学院院长谢伏瞻、中国驻非盟使团大使刘豫锡、非洲联盟委员会贸易与工业委员阿尔伯特·穆昌加出席会议开幕式并致辞，埃塞俄比亚高级部长、总理特别顾问阿尔卡贝·奥克贝发表主旨演讲。

谢伏瞻院长指出，中非历来是休戚与共的命运共同体，当前双方正在携手共筑更加紧密的中非命运共同体。中非要加强战略对接，深化全面战略合作伙伴关系；加强务实合作，破解发展难题；加强人文交流，深化文明互鉴。中国将同包括非洲国家在内的世界各国一道，努力实现更高质量、更有效率、更加公平、更可持续的发展。

刘豫锡大使指出，中国对非合作一贯重视给非洲带来实实在在的成果，助力非洲实现发展，真正惠及非洲民众。中国对非合作致力于推动非洲的经济多元化和工业化进程，帮助非洲破解基础设施薄弱、劳动力技能不足和资金短缺等发展困境。中国在"一带一路"倡议下帮助非洲改善基础设施状况，增强非洲的内生发展动力，致力于持续推动非洲经济发展。

阿尔伯特·穆昌加指出，中非需要携手合作，共同推动世界可持续发展。中国倡导的"一带一路"倡议符合非洲国家的关切，特别是在基础设施建设和贸易促进等领域。当前非洲国家致力于充分发挥自身的资源和劳动力等优势，推动经济发展，中国和非洲深化务实合作，有利于帮助非洲国家实现发展潜力。

阿尔卡贝·奥克贝在主旨演讲中指出，中国在实现经济转型方面给非洲国家做出了非常好的表率，非洲国家可以从中学习有益的发展经验。非洲大陆充满了发展机遇，如年轻人口占比最高、城市化进展迅速、中产阶级规模不断壮大，具备实现经济结构性转变的发展潜力。中国可以在非洲经济转型中扮演更加重要的作用，加强与非洲国家在各领域的务实合作。

与会中非专家学者围绕经济转型与发展、债务管理、教育技能和社会可持续发展、生态环境保护、自然资源管理、城市化、非洲大陆自由贸易区、"一带一路"倡议等8个专门议题进行深入研讨和交流。会议期间,中国非洲研究院宣布启动实施"中非可持续发展交流机制"。该机制支持中非学术界围绕实现可持续发展目标(SDG)这一主题,召开高端研讨会,开展合作研究,举办研修班,资助研究成果出版,为促进中非共商、共建、共享式合作,最终实现共同发展、可持续发展提供智力支持。

【"中非合作与共建'一带一路'"国际研讨会在塞内加尔举行】

2019年12月9日,由中国非洲研究院和塞内加尔国家行政学院共同主办的"中非合作与共建'一带一路'"国际研讨会在塞内加尔国家行政学院举行。塞内加尔科学委员会主席阿卜杜莱耶·法勒大使,中国社会科学院副院长、中国非洲研究院院长蔡昉,中国驻塞内加尔大使张迅,塞内加尔总统特别代表、基建部部长乌玛尔·尤姆出席会议开幕式并致辞。来自中国社会科学院、中国国际问题研究院、中国商务部国际贸易经济合作研究院、中国农业科学院、丝路基金、中非合作基金、中交产业投资控股公司、中国驻塞内加尔大使馆等中方机构和塞内加尔科学委员会、国家行政学院、达喀尔大学等塞方机构,以及肯尼亚、喀麦隆、尼日利亚和赞比亚等非洲国家的专家学者和政府部门代表,共120余人参加了研讨会。

阿卜杜莱耶回顾了中塞关系的历史成就,认为2019年双方更有信心将双边关系推上新台阶。两国在人文交流方面有着很大的合作空间,"一带一路"是中国与世界沟通的创举,同时符合非洲的发展需求。中非在实现非洲工业化、基础设施建设、数字化建设、水资源利用等领域合作方面具有很大潜力。塞方将积极支持"一带一路"倡议,希望通过"一带一路"合作推动非洲实现可持续发展。

蔡昉院长表示,自2013年习近平主席提出"一带一路"倡议以来,已得到包括非洲国家在内的国际社会的广泛认可与参与,并取得丰硕成果,包括蒙内铁路和亚吉铁路在内的一大批项目业已建成或正在有效推进。"一带一路"倡议与非盟《2063年议程》实现战略对接,有助于推动中非实现共同发展。塞内加尔是第一个同中国签署"一带一路"合作文件的西非国家,中塞未来合作前景广阔。

张迅大使表示,非洲是"一带一路"的历史和自然延伸,中方愿同非方一道将共建"一带一路"、落实中非合作论坛北京峰会成果同非盟《2063年议程》和非洲各国发展战略深入对接,推进双方在产业发展、基础设施建设、贸易投资等领域合作,为非洲国家带来更多发展红利,更好造福中非人民。

塞内加尔总统特别代表、基建部部长尤姆认为,中国非洲研究院与塞内加尔国家行政学院共同举办研讨会,展示了双方共筑中非命运共同体的决心,有助于推动中非关系再上新台阶。他还感谢中国企业为塞内加尔发展所做的贡献,希望中国企业继续增加在该国的投资。

研讨会下设两个分论坛:一是基础设施、工业发展与科技创新,二是政策协调与人文交流,与会中非专家学者围绕上述议题进行充分交流和深入研讨。会议期间,中国非洲研究院宣布启动实施中非共建"一带一路"交流机制。该机制支持中非学术界围绕共建"一带一路"这一主题,召开高端研讨会,开展合作研究,举办研修班,资助研究成果出版,为促进中非共商、共建、共享"一带一路",实现双方发展战略对接提供智力支持。

【"非洲大湖地区发展局势与投资机会研判圆桌论坛"在杭州举行】

2019 年 12 月 16 日,"非洲大湖地区发展局势与投资机会研判圆桌论坛"在杭州举行。围绕"非洲大湖地区发展局势研判"和"非洲大湖地区与浙江省经贸合作、人文交流"两大主题,中非学者、官员、企业代表进行了深入研讨。论坛由联合国秘书长大湖地区问题特使办公室、浙江师范大学非洲研究院主办,中非民间商会杭州办事处协办。

联合国秘书长大湖地区问题特使夏煌大使、特使办公室国际会议执行秘书扎卡里·穆伊、特使办公室主任安尼费奥克·约翰逊、浙江师范大学副校长钟依均、浙江省社科联一级巡视员邵清等出席会议并致辞。教育部长江学者特聘教授、浙江师范大学非洲研究院院长刘鸿武担任论坛主席。

钟依均介绍了浙江师范大学对非研究与对非交流合作的基本情况,他表示此次非洲研究院与联合国秘书长大湖地区问题特使办公室联合举办大湖地区专题研讨会,进一步延伸了学校对非学术交流合作的广度和深度。邵清介绍了浙江省推进"一带一路"建设的基本政策与实施情况,他表示浙江省 2019 年 3 月专门出台了全国首个省级对非经贸合作行动计划,为中国企业"走出去"提供更加扎实可靠的学术支持。

夏煌大使指出,非洲是发展中国家最集中的大陆,中国作为最大的发展中国家的定位将长期不变,中非双方的合作有着十分坚固的历史基础和巨大的现实需要。非洲大湖地区战略地位突出、资源丰富,局部的非法武装冲突不会改变大湖地区和平与安全的整体性趋势,从战略角度加强对大湖地区形势的精准研判,聚焦中国与大湖地区的合作机会具有重要的战略和实际意义。

扎卡里·穆伊指出,非洲大湖地区各国自独立以来,受西方影响严重,长期陷入了和平与安全的泥潭,急需新的发展模式增强自身发展能力并打破恶性循环。安尼费奥克·约翰逊表示,丰富的矿产耕地资源、庞大的市场需求、不断扩大的出口市场与贸易伙伴、明显改善的政府治理与经商环境等方面优势,使得大湖地区成为国际资本、企业投资的理想地区。

刘鸿武表示,这是联合国秘书长大湖地区问题特使办公室首次与中国智库合作到中国进行非洲大湖地区的投资贸易推介会,旨在增进浙江省对大湖地区安全形势与合作机会的了解,促进双方投资贸易合作。浙江师范大学非洲研究院将持续发挥基础研究优势,积极为浙江与大湖地区、非洲其他地区的合作发展做好学术支撑工作。

浙江师范大学非洲研究院高级研究员、南非国际关系与合作部欧美司原代理副总司长格特表示，非洲发展潜力逐渐显现，越来越多的国家纷纷主动与非洲国家建立合作关系。与此同时，越来越多的非洲国家认为，中国是能"办实事"的合作伙伴，中非合作未来前景看好。浙江师范大学非洲研究院高级研究员、马里驻华大使馆原第一参赞约罗表示，浙江省和非洲大湖地区在自然资源、文化底蕴和人口活力方面具有一定的相似性，双方贸易投资合作具有广阔的空间以及巨大的投资回报。

此外，浙江师范大学非洲研究院国际关系研究所、东非区域国别研究中心的学者分别从国别、区域和专题的角度进行发言。

● 学术访问

【中国非洲研究院成功承办"2019年非洲英语国家学者访华团"项目】

为了进一步加强中非智库之间的交流合作，促进中非人文交流，深化中非文明互鉴，推动构建更加紧密的中非命运共同体，中国非洲研究院于2019年6月24日至7月6日成功承办了"2019年非洲英语国家学者访华团"项目，来自尼日利亚、坦桑尼亚、津巴布韦、南非、纳米比亚、博茨瓦纳、塞拉利昂、赞比亚、乌干达等9个非洲国家的12名专家学者应邀访华。除了在北京紧凑的日程安排以外，非洲学者还赴陕西省进行实地调研，顺利完成各项活动，访问成效非常显著。

6月25日，中非合作论坛北京峰会成果落实协调人会议开幕式在北京隆重举行，中非政府官员及各界人士500余人与会，非洲学者访华团全体成员应邀出席。他们认真聆听了习近平主席的贺信、王毅外长的主旨讲话以及乌干达总统穆塞韦尼等嘉宾的致辞，高度评价中非合作论坛及此次会议对于推动北京峰会成果落实的重要意义。

6月25日至7月1日，非洲学者乘坐高铁来到陕西省，在西安与延安两地进行调研。他们先后访问西安外国语大学、西北政法大学和延安市政府，与中方专家学者、地方政府官员就中非共建"一带一路"、中非法律文化交流、中非治国理政经验交流等议题进行座谈。代表团还参观了陕西省博物馆、秦始皇帝陵博物馆，拜谒杨家岭、宝塔山革命圣地，访问延安市梁家河村。延安市委、市政府高度重视非洲学者团来访，市委副书记、市长薛占海专门会见代表团全体成员。通过此次访问，非洲学者得以深入了解中华民族的悠久历史和中国共产党的奋斗历程，亲眼看到我国社会主义现代化建设的伟大成就，实地领略中国领导人的成长历程和治国理政卓越成效，充分认识"一带一路"建设的重要意义给非洲发展带来的难得机遇，全面理解"延安精神"的丰富内涵及伟大意义。非洲学者纷纷表示，陕西之行让他们大开眼界，对他们今后的研究和讲学大有裨益。

回到北京后，非洲学者团密集访问了中国社会科学院农业发展研究所、中国社会科学院大学、中国传媒大学、中国国际扶贫中心等机构，与中方专家学者进行座谈交流，涉及中国发展道路与中非发展合作、中国扶贫成就与中非减贫合作、中国在非洲舆论环境与中非媒体合作、中国教育成就与中非教育合作、"一带一路"倡议与非盟《2063年议程》对接等诸多议题。

非洲学者团还访问外交部非洲司，与李翀副司长就中国外交政策与中非关系进行座谈。李司长从历史形成、内涵丰富、开放包容、全方位、高质量等方面向非洲学者介绍了中非友好合作的特点，并就中非合作中的一些所谓敏感问题和争议问题进行了答疑解惑，受到非洲学者的一致高度好评。

访问最后的压轴学术活动是在中国非洲研究院举办"中非共筑更加紧密的命运共同体"研讨会，非洲学者以此次访华所见、所闻、所感为要领，结合各自的学术背景，围绕中国发展、非洲发展、中非友好合作、中非共建"一带一路"、中非命运共同体建设等议题畅所欲言，并与参会的中方专家学者展开深入研讨，为非洲学者团访华画上了圆满句号。

【中国非洲研究院学者首访东共体总部和联合国秘书长大湖地区特使办公室】

2019年10月18—22日，中国非洲研究院两位学者吴传华博士和邓延庭博士出访坦桑尼亚和肯尼亚两国，执行中国社会科学院"智库丝路万里行"赴非洲调研项目。其间，两位学者访问了位于坦桑尼亚北部城市阿鲁沙的东非共同体（简称"东共体"）总部和位于肯尼亚首都内罗毕的联合国秘书长大湖地区特使办公室。这是中国非洲研究院学者首次访问这两个重要机构。

10月18日，中国非洲研究院两位学者拜访东共体总部，该组织秘书处公共事务部官员西门·奥瓦卡负责接待。奥瓦卡介绍，相似的历史发展脉络、共通的语言与文化、相互毗邻的地理优势，为东非区域一体化发展提供了必要前提。自新一代东共体成立以来，各个成员国围绕关税同盟、共同市场、货币联盟、政治联邦等四个支柱，有序推进区域一体化的持续深入发展，初步实现了人员、资本、技术、服务等生产要素在区域内的自由流动。奥卡瓦指出，在肯定东非一体化成绩的同时，还应看到东共体决策程序效率偏低、执行机构力量偏弱、成员国之间非关税贸易壁垒偏多、社会各阶层参与程度偏低等问题，仍然在很大程度上制约着成员国之间的通力合作。奥卡瓦表示，在中非共建"一带一路"的背景下，东共体希望能够在基础设施建设、人才培养、和平安全等多个领域扩大深化与中国的交流与合作。此访是中国非洲研究院首次派出学者与非洲次区域组织开展直接对话交流，有助于深化中国学者对非洲区域一体化发展的认知和研究，为中非关系全面顺利发展建言献策。

10月22日，中国非洲研究院两位学者访问联合国内罗毕办事处，拜会联合国秘书长大湖地区特使夏煌大使，并与特使办公室成员进行座谈。夏大使对中国非洲研究院学者来访表示欢迎，希望双方就大湖地区问题进行深入交流。特使办公室政治处主任多纳塔·加拉西介绍了大湖地区特使所承担的加强《刚果（金）与大湖地区和平、安全与合作框架文件》（以下简称《框架文件》）各缔约国之间的合作关系，推动全面落实《框架文件》，提升缔约国社会治理能力和经济社会发展水平等方面的职责。特使办公室人权与司法官员芭芭拉·马塔斯科尼从加强缔约国司法合作的角度分析了域内人权保护工作情况，认为有关各方在2019年5月签署的《关于正义和良政的内罗毕宣言》进一步凸显了人权保障对于和平进程的重要意义。特使办公室政治事务高级官员特丽莎·珀克尔指出，通过开展国际合作加强对域内各国政府官员、学者以及普通民众的培训和教育，可以有效提升各个社会阶层对当地社会经济发展的参与度，让包容性的可持续发展成为支持和平进程的重要基础。此访是中国非洲研究院首次派出学者与联合国专门机构开展直接对话交流，有助于进一步加强中国学者对大湖地区形势以及联合国在非洲和平进程中作用的认识，推动中国非洲研究学界准确对接非洲热点问题和重点议题，不断提升研究质量和水平。

【中国非洲研究院李新烽常务副院长率团赴苏丹调研】

2019年10月21—24日，中国非洲研究院常务副院长、中国社会科学院西亚非洲研究所所长李新烽带领中国非洲研究院学者杨宝荣、刘林智赴苏丹进行实地调研。

10月21日，中国非洲研究院学者走访了中国港湾东部非洲区域管理中心，与该中心总会计师曲德森、市场部经理张佳林、市场部商务专员方腊梅、市场部商务专员伍志斌进行座谈。据了解，中国港湾早在1985年就进入苏丹市场，长期以来该公司立足于解决苏丹发展需要，通过积极参与苏丹港口及相关项目建设，帮助苏丹提升发展能力，取得了较大的成就，也得到了苏丹政府和人民的广泛认同和赞誉。双方就中资企业在苏丹面临的机遇和挑战，如何进一步深化中苏合作，让"一带一路"建设惠及更多苏丹人民等主题进行了深入交流。

10月22日，中国非洲研究院学者赴中国水利电力对外公司苏丹经理部（以下简称"中水苏丹经理部"）进行调研。公司刘勇刚总经理介绍了公司的基本情况、在苏丹的主要水利工程项目和经营情况。双方还就苏丹营商环境、中国在苏丹进行水利工程建设的经验、苏丹与周边国家的水资源分配等问题进行了探讨。

10月23日，中国非洲研究院学者参加了中国驻苏丹大使馆举办的苏丹局势研讨会。马新民大使介绍了使馆的基本情况、当前苏丹政治经济形势和中苏关系的发展趋势，来自国内5所科研单位和院校的12名专家学者就苏丹政治经济形势、苏丹外交的变化趋势、未来中苏开展交流合作等问题进行了讨论交流。李新烽常务副院长、杨宝荣研究员、刘林智助理研究员也分别做了主题发言。与会专家学者希望使馆今后能将会议机制化，每年定期举办类似会议，为中苏

10月24日，中国非洲研究院学者参加了"中苏关系的历史、未来与现状——纪念中苏建交60周年"国际研讨会。此次会议由中国驻苏丹大使馆和阿拉伯—中国友好协会联合主办，来自中苏两国的21名专家学者围绕苏丹政治、外交、经济政策和中苏关系发展前景等议题进行了深入研讨。李新烽常务副院长做了"中苏友好合作：阶段、特点和启示"的主题发言，杨宝荣研究员、刘林智助理研究员也分别围绕苏丹经济发展和中苏关系的前景和挑战等议题进行了发言。

【云南大学举办"中国—南非民族文化交流工作坊"系列活动】

2019年12月15—19日，"中国—南非民族文化交流工作坊"在云南大学顺利举行。此次活动由云南大学文化发展研究院和云南大学中国—南非人文交流研究中心共同举办，得到教育部国际合作与交流司的支持。此次工作坊以"交流互鉴、共享共创"为主题，邀请了14名来自南非的嘉宾（包括民族文化与非遗传承人、艺术家、专家学者），和若干中国非遗传承人、学者以及政府代表，通过论坛、工作坊、考察等方式，让中非文化艺术家、民族文化持有者"进校园""进园区""进社区""进商区"，感知中国和南非民族文化的魅力，让中国和南非的非遗传承人、艺术家、学者、专家、官员共同针对民族文化、非物质文化遗产的保护、创新与利用进行交流与合作。

12月15日，"中国—南非民族文化交流工作坊"开幕式在云南大学东陆校区举行。云南大学副校长李晨阳致开幕词，他希望通过此次工作坊，充分发挥云南大学优势学科的力量，结合中国与非洲国家在文化保护传承领域的经验与做法，建立长效交流机制。

中国社会科学院西亚非洲研究所党委书记郭红表示，中国非洲研究院将认真学习贯彻习近平主席贺信的精神，与国内非洲研究同人和非洲朋友们一道，抓住难得的历史机遇，为促进中非人文交流、深化中非文明互鉴、构建更加紧密的中非命运共同体做出积极贡献。

云南大学文化发展研究院院长李炎教授指出，2019年的"文化交流工作坊"侧重于南非和云南本土的文化传承人、文化艺术家们的相互交流，同时还强调一个"进"字，通过中南文化艺术家、民族文化持有者"进商区""进校园""进园区""进社区"，更多地让社会了解中南两国民族文化的魅力，感知民族文化交流给民众带来的愉悦、给城市带来的温度。

云南艺术学院副院长陈劲松教授以"传统手工艺传承与创新的实践研究"为题，云南省文化和旅游厅非遗处副处长王静以"云南非遗故事：从民族民间歌舞乐的发展看云南非遗现状"为题，中国非洲研究院民族宗教研究室主任李文刚以"对中非文化交流的几点看法"为题，分别作了发言。

南非斯坦陵布大学博物馆馆长邦盖尼以"南非的遗产保护法律体系"为题，介绍了南非文化遗产方面的立法、特别是非遗保护方面的问题。约翰内斯堡大学恩色勒以"关于未来的博物馆和遗产保存的政治性"为题，从南非的视角和历史的角度，对博物馆与遗产保护相关问题与大家进行了分享。德班理工大学兹瓦内在"表演：非洲祖先的一种存在方式"的演讲中指出，表演是理解世界的一个重要工具，可以让人们更了解自己和彼此，也能以这种形式教育年轻人去保护自己的文化。

在开幕式之后的几天里，分别举行了"中国—南非民族文化交流工作坊"进社区、进园区、进商区、进校园活动，取得了良好的人文交流效果，此次"中国—南非民族文化交流工作坊"也完美地落下了帷幕。

● 学术机构要闻

【中国非洲研究院挂牌成立】

2019年4月9日，中国非洲研究院成立大会在北京隆重举行。中国国家主席习近平致贺信，对中国非洲研究院成立表示热烈祝贺。中共中央政治局委员、中央外事工作委员会办公室主任杨洁篪出席大会，宣读习近平主席贺信并致辞。莫桑比克前总统希萨诺、非盟委员会人力资源和科技事务委员安杨出席大会并致辞。中国社会科学院院长谢伏瞻主持大会开幕式。中非政府部门代表、学术机构、智库、媒体、企业界人士及非洲各国驻华使节共约350人参加大会。

习近平主席指出，当今世界正面临百年未有之大变局，中国作为最大的发展中国家，非洲作为发展中国家最集中的大陆，双方人民友谊源远流长。新形势下，中非深化传统友谊，密切交流合作，促进文明互鉴，不仅造福中非人民，而且将为世界和平与发展事业作出更大贡献。习近平主席表示，在2018年召开的中非合作论坛北京峰会上，中非双方一致决定构建更加紧密的中非命运共同体，实施中非合作"八大行动"。设立中国非洲研究院是其中人文交流行动的重要举措。希望中国非洲研究院汇聚中非学术智库资源，增进中非人民相互了解和友谊，为中非和中非同其他各方的合作集思广益、建言献策，为促进中非关系发展、构建人类命运共同体贡献力量。

杨洁篪主任表示，习近平主席贺信充分体现了习主席本人和中方对中非关系和中非人文交流的关心和支持，更加坚定了中非双方办好中国非洲研究院的信心和决心。他希望中国非洲研究院抓住历史机遇，办出特色、办出水平，积极推动中非文化融通、政策贯通、人心相通，为中非加强战略对接、打造更高水平的中非全面战略合作伙伴关系建言献策，培养中非人文交流强大的人才梯队，营造中非友好合作事业良好的舆论环境，为构建更加紧密的中非命运共同体做出积极贡献。

莫桑比克前总统若阿金·希萨诺表示，在国际关系格局发生新变化的背景下，中国非洲研究院的成立是一个重要的里程碑事件。中国在非洲所做的，正是非洲大陆所需要的。基于相互了解与尊重，以及不断增进双方的共同利益，非中关系一定会越来越好。

非盟委员会人力资源和科技事务委员安杨认为，中国非洲研究院的成立表明，非中关系正进入新的阶段，将进一步强化中非双方在人文交流、学术研究等领域的合作，推动实现非盟《2063年议程》。

开幕式结束后举行了"中非合作与人文交流"国际学术研讨会，中非专家学者深入交流，共商中国非洲研究院发展之道，共谋中非合作共赢、共同发展之计，达成广泛共识，取得丰富成果。非洲与会代表高度评价习近平主席向中国非洲研究院成立致贺信，表示愿同中方携手构建更加紧密的中非命运共同体，将积极支持中国非洲研究院建设，为加强双方人文交流合作、促进中非人民相互了解和友谊做出更大贡献。

【北京外国语大学成立非洲学院】

2019年9月23日，在中华人民共和国70华诞到来之际，北京外国语大学隆重举行亚洲学院、非洲学院成立大会。

北京外国语大学党委书记王定华，非洲驻华使团团长、喀麦隆驻华大使马丁·姆巴纳，摩洛哥驻华大使阿齐兹·梅库阿尔，尼泊尔驻华大使利拉·马尼·鲍德尔，孟加拉驻华大使法兹勒·卡里姆，南非驻华使馆公使包博森，马来西亚驻华使馆教育参赞侯春兴等来自15个亚非国家的20余位驻华使节，20余位中国原驻外大使，中国—东盟中心秘书长陈德海，外交部非洲司司长戴兵，教育部高教司司长吴岩出席，25所兄弟院校的领导专家，北京外国语大学在京校领导、师生代表1000余人参加活动。开幕式由北京外国语大学党委常委、副校长贾文键主持。

关于亚洲学院、非洲学院的未来发展，王定华提出了"四位一体"发展方略。一是高起点站位，把两个学院的成立作为落实中央决策部署、提升国家语言能力的重要举措。二是综合性定位，将在三到五年内把新增的非通用语陆续开设起来，同时不断深化融语言教学、国别与区域研究等为一体的综合性建设模式，努力实现从语言全覆盖到国别区域研究全覆盖。三是创造性到位，积极探索通用语、非通用语复合，邻国同族语复合，官方语、民族语复合等多种复语模式；创造本硕博贯通培养、跨院系跨学科培养、国内外联合培养等多元发展路径。四是倾斜性摆位，增设专项经费，对建设任务较重的非洲学院予以特殊倾斜，设立"特设教席"。他指出，北京外国语大学将秉承"服务国家、贡献社会、成就人生"的建校宗旨，弘扬"兼容并蓄、博学笃行"的校训精神，坚持"追求卓越、实现一流"的价值追求，逐步实现"大语做强、中语做优、小语做好"的外国语言文学学科发展战略，在服务"一带一路"倡议和人类命运共同体建设过程中做出新的更大的贡献。

陈德海秘书长、阿齐兹·梅库阿尔大使、利拉·马尼·鲍德尔大使、戴兵司长、吴岩司长、北京语言大学副校长张宝钧先后致辞。代表非洲国家驻华使节的阿齐兹·梅库阿尔大使在致辞中表示，热烈祝贺亚洲学院、非洲学院成立，并指出，非洲未来将会成为世界新的发展源泉，中国的"一带一路"倡议把中国和非洲各国更多地联系在一起，共同推动经济发展。相信北京外国语大学非洲学院未来将会成为非洲研究的中心，培养更多人才。

戴兵指出，北京外国语大学设立非洲学院恰逢中非关系迈进新时代，可谓正当其时，不仅填补了国内语言教学和研究的空白，也将有利于促进中国对非研究，为中非人文交流合作提供新的动力。他对北京外国语大学非洲学院建设提出了三点希望，一是培养致力于中非友好事业、通晓非洲语言和非洲文化的"非洲通"。二是加强与非洲学术界合作，深入开展非洲国别区域研究。三是搭建中非人文交流桥梁，讲好非洲合作共赢、共同发展的动人故事，为推进中非文明对话、交流、互鉴发挥独特作用。

随后，王定华、戴兵、阿齐兹·梅库阿尔，中国原驻加蓬、喀麦隆大使、北京外国语大学校友薛金维和包博森，以及非洲学院院长李洪峰教授共同为非洲学院揭牌。

【《非洲通史》新卷在北京大学发布】

2019年11月2日，由联合国教科文组织牵头编写的《非洲通史》第9—11卷发布会在北京大学隆重举行。北京大学校长、联合国教科文组织第37届大会主席郝平，《非洲通史》国际科学委员会主席、厦门大学教授奥古斯汀·霍尔，《非洲通史》项目协调员阿里·穆萨耶，《非洲通史》国际科学委员会副主席、北京大学李安山教授及来自中国和非洲18个国家26位校长出席发布会。发布会由北京大学副校长王博主持。联合国教科文组织助理总干事菲尔明·爱德华德·马可托向发布会发来视频致辞。

北京大学校长郝平在致辞中高度评价了《非洲通史》第9—11卷的历史意义，指出：《非洲通史》是由联合国教科文组织牵头设立国际科学委员会，邀请全球历史学界的顶级学者参与撰写，准确、全面、客观、公正地描述了非洲地区的文明史和发展史。长期以来，中国为非洲国家的发展进步感到高兴，正如习近平总书记所指出的，无论国际风云如何变幻，中国会一如既往地做非洲和平稳定、繁荣发展、联合自强、平等参与国际事务的支持者和促进者。他祝愿《非洲通史》新卷在中国能有更大的传阅度，进一步增进中国人民与非洲人民的相互了解。

发布仪式上，联合国教科文组织助理总干事菲尔明·爱德华德·马可托在视频致辞中表示，《非洲通史》新卷丰富生动展现了非洲文明的发展及非洲文明在促进人类社会可持续发展中的杰出贡献。他对北京大学组织《非洲通史》新卷发布会表示感谢。《非洲通史》国际学术组织成员霍尔教授、项目协调员阿里先生和北京大学李安山教授分别从国际学术合作、行政协调配合、亚洲特别是中国学者所做贡献角度发言，阐述了《非洲通史》的编写过程及其重要意义。随后，郝平校长、霍尔教授、阿里先生及李安山教授共同为《非洲通史》新卷揭幕。

据悉，《非洲通史》由联合国教科

文组织牵头,遴选全球顶级专家学者,组织国际编委会集体编撰而成。北京大学国际关系学院的李安山教授是联合国教科文组织《非洲通史》国际科学委员会副主席,并且是委员会中唯一一位代表亚洲的学者。他倡导用东方独特的视角来观察和理解非洲,拓展非洲研究的领域,丰富非洲研究的内涵。从全书的内容看,该书准确、全面、客观、公正地描述了非洲地区原著居民的文明史、原著居民与外界的接触交流史、欧洲列强在非洲地区的殖民史及当地人民的抗争史,完整地再现了非洲地区国家独立、民族解放、人民革命、经济发展、社会进步的全部历史,编著权威,内容全面,史料翔实。联合国教科文组织牵头编撰的《非洲通史》前八卷是非洲史研究领域的权威巨著,但是由于前八卷成书于20世纪90年代中期,无法涵盖非洲研究领域最新的研究成果。因此,新卷的第九卷主要是对前八卷历史知识的更新和增补。第十卷则重点关注跨大西洋奴隶贸易以后散居海外的非洲裔的早期历史。第十一卷在前半部分集中论述了非洲裔群体的近现代发展历史,后半部分分别对性别、青年、城市等新兴专题进行研究。

新书发布会之后,学者们就"非洲通史与非洲研究新视角"展开学术研讨,为非洲研究在中国的未来发展提供了有益的参考和建议。

(吴传华编写)

第九篇

数据统计

2019年非洲国家主要经济指标

国家 \ 指标	人口（百万）	GDP总量（百万美元）	GDP实际增长率（%）	人均GDP（美元）	通货膨胀率（%）	出口额（百万美元）	进口额（百万美元）	经常项目平衡（百万美元）	外债总额（百万美元）	汇率（1美元兑换本国货币）
阿尔及利亚	42.9	181 500	1.0	15 751	2.4	39 847	45 889	-14 305	5434	119.44
安哥拉	31.8	80 438	-2.2	6250	17.2	33 755	15 324	2635	53 527	482.23
贝宁	11.8	9900	6.4	—	-0.2	1830.2	3781.9	-830.9	4300	583.1
博茨瓦纳	2.3	19 470	3.8	19 379	2.2	5585	5884	82	1695	10.76
布基纳法索	20.3	13 400	6.0	—	-3.5	3846.0	3791.6	-928.3	3400	586.0
布隆迪	11.5	2900	1.8	—	-0.8	191.5	657.3	-346.9	—	1845.5
喀麦隆	25.9	38 745	3.7	3911	2.5	5326	6115	-1772	11 941	585.96
佛得角	0.55	1958.5	5.4	—	1.0	263.9	920.4	-89.9	—	98.52
中非共和国	4.75	2332	4.5	—	3.5	180.5	459.4	-130.2	—	585.5
乍得	15.9	10 800	2.8	—	-0.6	3475	2480	526	—	585.5
科摩罗	0.9	1200	1.0	—	3.2	37.7	283.5	-78.6	—	439.1
刚果（布）	5.4	10 600	1.8	—	1.8	7482	3741	644	—	585.5
刚果（金）	86.8	49 640	4.6	—	4.3	15 999	14 374	-2027	5295	1645.8
科特迪瓦	25.6	44 822	7.1	4514	-1.3	12 677	9089	-771	17 603	588.3
吉布提	1.0	2897	6.7	—	3.3	184.5	886.7	-200.9	—	177.7
埃及	98.1	316 400	5.6	13 448	9.2	28 389	62 266	-6285	114 410	16.82
赤道几内亚	1.4	13 200	-1.8	220.68	2.2	4381	2294	-640	1525.2	588.3
厄立特里亚	3.5	2016.3	5.0	—	-15.8	1114.3	1158.4	-119.2	779.5	15.08
埃塞俄比亚	112.1	85 700	7.2	2159	15.96	2942	13 343	-4623	29 614	29.11
加蓬	2.2	16 813	3.2	18 454	2.3	6469	2952	-281	7184	585.5
冈比亚	2.3	1807.6	5.4	—	7.0	135.0	495.1	-104.3	—	50.08
加纳	30.4	5040	6.1	64 961	6.4	15 761	14 028	-2067	24 540	5.21
几内亚	12.8	11 800	6.4	—	9.6	4081.6	3582.6	-255.7	—	9183.5
几内亚比绍	1.9	1455.9	4.7	—	0.7	306.9	288.7	-35.0	—	585.53
肯尼亚	52.6	96 520	5.3	3653	5.4	5854	16 211	-3886	35 604	101.34
莱索托	2.1	2600	1.8	—	5.0	1365.5	1872.4	-90.2	—	14.5

续表

指标 国家	人口（百万）	GDP总量（百万美元）	GDP实际增长率（%）	人均GDP（美元）	通货膨胀率（%）	出口额（百万美元）	进口额（百万美元）	经常项目平衡（百万美元）	外债总额（百万美元）	汇率（1美元兑换本国货币）
利比里亚	4.9	3100	0.4	—	26.1	610.1	1114.0	-732.8	1312.1	192.1
利比亚	6.8	34 224	1.7	20 086	2.7	25 732	16 543	4431	2714	1.4
马达加斯加	26.6	12 193	5.0	—	6.4	3041.5	3584.8	-18.6	—	3644
马拉维	19.6	8682	4.1	1297	10.3	1344	2697	-1050	2496	745.91
马里	18.5	17 100	5.0	1297	-3.0	3809.6	3922.9	-747.6	—	586.0
毛里塔尼亚	4.5	5800	5.2	—	2.9	2941.4	3148.6	-584.6	5800	36.6
毛里求斯	1.26	13 681	3.5	25 069	1.1	2389	5223	-678	11 765	36.49
摩洛哥	36.5	115 558	2.4	9049	0.3	24 342	44 420	-5248	50 611	9.62
莫桑比克	30.4	15 500	1.9	1346	3.5	4724	6749	-4306	17 040	61.5
纳米比亚	2.6	13 756	-0.8	10 555	4.8	4029	5621	-485	7174	14.53
尼日尔	23.3	8900	5.5	—	-2.8	1265	2486	-1796	—	586
尼日利亚	201.0	443 700	2.1	6098	11.4	60 805	49 432	-6378	50 669	306.42
卢旺达	12.6	10 100	9.2	—	3.4	1166.7	1963.0	-682.5	—	899.35
圣多美和普林西比	0.215	490.6	2.3	—	8.6	15.6	136.8	-64.0	—	21.9
塞内加尔	16.3	24 481	6.6	4016	0.1	3466	7013	-2132	2599	585.52
塞舌尔	0.1	1800	3.9	—	1.7	592.4	1136.9	-233.0	—	14.03
塞拉利昂	7.8	4200	4.8	—	15.3	601.9	1194.7	-801.0	—	8970.2
索马里	14.6	—	—	—	—	—	—	—	—	—
南非	58.6	363 149	0.4	13 851	4.0	100 631	98 848	-13 766	178 804	13.97
苏丹	42.8	31 957	-2.5	4641	50.4	3015	6802	-4610	62 232	45.0
南苏丹	12.6	—	—	—	35.0	2300	2800	—	—	—
斯威士兰	1.15	4200	0.8	—	3.3	1762	1660	281	500	14.4
坦桑尼亚	58.0	64 745	6.8	3372	3.8	5382	8517	-2237	20 006	2291
多哥	8.1	5670	5.3	—	0.3	1016	1888	-298	—	585.52
突尼斯	11.7	39 636	1.1	12 799	6.7	15 178	20 762	-4085	34 279	2.93
乌干达	44.3	32 226	5.9	2385	2.9	4139	6814	-3095	13 457	3704
赞比亚	17.9	25 246	0.8	4228	11.7	8439	6680	170	19 332	14.11
津巴布韦	14.6	30 000	-10.3	2745	8.3	3895	5195	-793	12 529	22.0

说明：人均GDP数值按购买力平价计算；表中各项指标均为估计值。

资料来源：EIU, *Country Report*, 2020年非洲国家第一季度相关各期。

（安春英整理）

非洲国家主要社会发展指标

指标 国家	人类发展指数（0—10）2017年	贫困发生率（%）2009—2016年	成人文盲率（%）2010—2017年	享受卫生服务人口（%）2015年	预期寿命（岁）2018年	女性议员占比（%）2018年	基尼系数（0—100）2008—2017年	手机用户（部/百人）2017年	互联网覆盖率（%）2017年
阿尔及利亚	0.75	0.5	27.4	88	77	25.8	27.6	111.0	47.7
安哥拉	0.58	30.1	33.3	52	62	30.5	42.7	44.7	14.3
贝宁	0.51	49.5	66.5	20	61	7.2	47.8	78.5	14.1
博茨瓦纳	0.72	16.1	12.3	63	68	9.5	53.3	141.4	41.4
布基纳法索	0.42	43.7	64.7	20	61	11.0	35.3	93.5	—
布隆迪	0.42	71.8	37.8	48	58	36.4	38.6	54.5	5.6
喀麦隆	0.56	23.8	28.5	72	59	31.1	46.6	83.7	23.2
佛得角	0.65	8.1	13.2	22	73	23.6	47.2	112.1	57.2
中非共和国	0.37	66.3	62.5	46	54	8.6	56.2	25.2	4.3
乍得	0.40	38.4	77.4	12	54	15.3	43.3	42.7	6.5
科摩罗	0.50	17.9	50.5	36	64	6.1	45.3	57.6	8.5
刚果（布）	0.61	37.6	20.4	15	66	11.3	48.9	96.1	8.7
刚果（金）	0.46	76.6	22.5	29	60	8.9	42.1	43.5	8.6
科特迪瓦	0.49	28.2	56.3	22	55	10.6	41.5	130.7	43.8
吉布提	0.48	17.1	—	47	63	26.2	41.6	39.0	55.7
埃及	0.70	1.3	24.0	95	72	14.9	31.8	105.5	45.0
赤道几内亚	0.59	—	5.2	75	58	20.0	—	44.7	—
厄立特里亚	0.44	—	—	16	66	22.0	—	13.7	1.3
埃塞俄比亚	0.46	27.3	—	28	66	38.8	39.1	37.7	18.6
加蓬	0.70	3.4	17.6	42	67	17.1	38.0	131.5	50.3
冈比亚	0.46	10.1	57.5	59	62	10.3	35.9	141.2	19.8
加纳	0.59	13.3	28.2	15	63	12.7	43.5	127.5	37.9
几内亚	0.46	35.3	67.2	20	61	21.9	33.7	92.0	11.4
几内亚比绍	0.46	67.1	63.5	21	58	13.7	50.7	77.1	3.9
肯尼亚	0.59	36.8	21.1	30	68	21.8	40.8	86.1	17.8
莱索托	0.52	59.7	23.7	30	55	22.1	54.2	70.9	29.8
利比里亚	0.44	40.9	—	17	63	12.3	35.3	56.2	8.0

续表

指标 国家	人类发展指数(0—10) 2017年	贫困发生率(%) 2009—2016年	成人文盲率(%) 2010—2017年	享受卫生服务人口(%) 2015年	预期寿命(岁) 2018年	女性议员占比(%) 2018年	基尼系数(0—100) 2008—2017年	手机用户(部/百人) 2017年	互联网覆盖率(%) 2017年
利比亚	0.71	—	—	97	72	16.0	—	94.4	21.8
马达加斯加	0.52	77.6	28.4	12	67	19.2	42.6	34.1	9.8
马拉维	0.48	70.3	37.5	41	64	16.7	44.7	41.7	13.8
马里	0.43	49.7	66.4	25	59	8.8	33.0	118.8	12.7
毛里塔尼亚	0.52	6.0	30.3	40	64	20.3	32.6	92.2	20.8
毛里求斯	0.79	0.5	6.8	93	75	11.6	35.8	145.4	55.6
摩洛哥	0.67	1.0	30.3	77	76	20.5	39.5	122.9	61.8
莫桑比克	0.44	62.4	43.1	21	59	39.6	54.0	40.0	20.8
纳米比亚	0.65	13.4	11.7	34	65	46.2	59.1	—	36.8
尼日尔	0.35	44.5	69.2	11	61	17.0	34.3	40.9	10.2
尼日利亚	0.53	53.5	—	29	54	5.6	43.0	75.9	27.7
卢旺达	0.52	55.5	28.9	62	68	61.3	43.7	72.2	21.8
圣多美和普林西比	0.59	32.3	9.8	35	67	18.2	30.8	85.1	29.9
塞内加尔	0.51	38.0	47.7	48	68	41.8	40.3	99.4	29.6
塞舌尔	0.80	1.1	6.1	98	74	21.2	46.8	176.6	58.8
塞拉利昂	0.42	52.2	66.9	13	53	12.3	34.0	87.7	13.2
索马里	—	—	—	—	57	24.4	—	48.3	2.0
南非	0.70	18.9	5.6	66	64	42.3	63.0	156.0	56.2
苏丹	0.50	14.9	—	—	65	30.5	35.4	70.7	30.9
南苏丹	0.39	42.7	—	7	58	28.5	46.3	22.2	8.0
斯威士兰	0.59	42.0	16.9	57	59	7.2	51.5	76.9	30.3
坦桑尼亚	0.54	49.1	21.9	16	67	37.2	37.8	69.7	16.0
多哥	0.50	49.2	35.8	12	61	17.6	43.1	77.8	12.4
突尼斯	0.73	0.3	20.1	92	76	31.3	32.8	124.3	55.5
乌干达	0.52	41.7	29.5	19	60	34.3	42.8	58.2	23.7
赞比亚	0.59	57.5	16.8	44	63	18.0	57.1	78.6	27.9
津巴布韦	0.53	21.4	11.3	37	62	31.5	43.2	85.3	27.1

说明：贫困发生率以人均日支出不足1.9美元国际贫困线为标准。

资料来源：AfDB, *Indicator on Gender, Poverty, the Environment and Progress toward the Sustainable Development Goals in African Countries* 2019, Vol. XX, Abidian, 2019; AfDB, *African Statistical Yearbook* 2019, Addis Ababa, 2019.

（安春英整理）

非洲国家环境与可持续发展指标

指标 国家	城市化率 （%） 2018年	森林覆盖率 （%） 2015年	森林资源年度变化率 （%） 2015年	国内可再生水资源（千立方米/年） 2014年	单位GDP二氧化碳排放量 （公斤） 2014年	可再生能源消费占总能源消费比重 （%） 2016年
阿尔及利亚	72.6	0.8	1.0	11.3	0.8	0.08
安哥拉	65.5	46.4	-0.2	148.0	03.3	54.65
贝宁	47.5	38.2	-1.1	10.3	0.7	49.95
博茨瓦纳	69.4	19.1	-0.9	2.4	0.4	28.41
布基纳法索	29.4	19.6	-1.1	12.5	0.3	72.26
布隆迪	13.0	10.7	2.5	10.1	0.2	89.22
喀麦隆	56.4	39.8	-1.12	273.0	0.3	78.13
佛得角	65.7	22.3	1.0	0.3	0.3	25.23
中非共和国	41.4	35.6	-0.1	141.0	0.2	77.73
乍得	23.1	3.9	-2.4	15.0	0.1	85.28
科摩罗	29.0	19.9	-1.1	1.2	0.1	41.92
刚果（布）	66.9	65.4	-0.1	222.0	0.2	63.31
刚果（金）	44.5	67.3	-0.2	900.0	0.2	62.66
科特迪瓦	50.8	32.7	0	76.8	0.4	97.03
吉布提	77.8	0.2	0	0.3	—	28.50
埃及	42.7	0.1	0.8	1.8	0.8	5.69
赤道几内亚	72.1	55.9	-0.7	26.0	0.3	12.70
厄立特里亚	40.0	15.0	-0.3	2.8	—	80.14
埃塞俄比亚	20.8	12.5	0.1	122.0	0.3	91.90
加蓬	89.4	89.3	0.7	164.0	0.3	82.07
冈比亚	61.3	48.2	0.3	3.0	0.5	51.33
加纳	56.1	41.0	0.3	30.3	0.3	41.96
几内亚	36.1	25.9	-0.6	226.0	0.3	75.11
几内亚比绍	43.4	70.0	-0.5	16.0	0.3	86.45
肯尼亚	27.0	7.8	0.9	20.7	0.3	71.85

续表

指标 国家	城市化率（%）2018年	森林覆盖率（%）2015年	森林资源年度变化率（%）2015年	国内可再生水资源（千立方米/年）2014年	单位GDP二氧化碳排放量（公斤）2014年	可再生能源消费占总能源消费比重（%）2016年
莱索托	28.2	1.6	1.9	5.2	0.9	50.97
利比里亚	51.2	43.4	-0.7	200.0	0.4	82.91
利比亚	80.1	0.1	0	0.7	1.4	1.64
马达加斯加	37.2	21.4	-0.2	337.0	0.3	68.08
马拉维	16.9	33.4	-0.6	16.1	0.2	78.53
马里	42.4	3.9	-1.6	60.9	0.1	59.43
毛里塔尼亚	53.7	0.2	-1.6	0.4	0.5	34.56
毛里求斯	40.8	19.0	0.1	2.89	0.4	10.34
摩洛哥	62.5	12.6	0	29.0	0.6	11.02
莫桑比克	36.0	48.2	-0.5	100.3	0.6	79.94
纳米比亚	50.0	8.4	-1.0	6.2	0.3	17.24
尼日尔	16.4	0.9	-1.0	3.5	0.3	79.69
尼日利亚	50.3	7.7	-4.9	221.0	0.2	82.40
卢旺达	17.2	19.5	1.7	9.5	0.1	85.98
圣多美和普林西比	72.8	55.8	-0.1	2.2	0.5	39.18
塞内加尔	47.2	43.0	-0.5	25.8	0.4	37.59
塞舌尔	56.7	88.4	0	—	0.4	1.22
塞拉利昂	42.1	42.2	1.7	160.0	0.3	77.63
索马里	45.0	10.1	-1.2	6.0	—	94.67
南非	66.4	7.6	0	44.8	1.2	14.44
苏丹	34.6	—	-5.2	4.0	0.2	61.64
南苏丹	19.6	—	—	26.0	—	28.64
斯威士兰	23.7	34.1	0.8	2.6	0.2	60.87
坦桑尼亚	33.8	52.0	-0.8	84.0	0.3	86.13
多哥	41.7	3.5	-7.8	11.5	0.6	71.63
突尼斯	68.9	6.7	1.1	4.2	0.6	12.47
乌干达	23.8	10.4	-5.3	39.0	0.2	88.59
赞比亚	43.5	65.4	-0.3	80.2	0.2	88.45
津巴布韦	32.2	36.4	-2.1	12.3	0.7	82.90

资料来源：AfDB, *Indicator on Gender, Poverty, the Environment and Progress toward the Sustainable Development Goals in African Countries* 2019, Vol. XX, Abidian, 2019; AfDB, *African Statistical Yearbook* 2019, Addis Ababa, 2019.

（安春英整理）

2019年非洲国家营商环境部分指标

国家	营商指数排名（位）	营商指数得分（分）	开办企业时间（天）	办理施工许可时间（天）	获得电力电价（美分每千瓦时）	财产登记时间（天）	保护少数投资者保护力度指数（0—50）	纳税占利润百分比（%）	跨境贸易进口耗时（小时）	执行合同成本占索赔额百分比（%）	办理破产成本占资产价值（%）
阿尔及利亚	157	48.6	18	131	2.1	55	10	8.1	96	21.8	7.0
安哥拉	177	41.3	36	184	3.7	190	16	21.5	96	44.4	无实践
贝宁	149	52.4	8	88	20.7	120	21	11.9	59	64.7	21.5
博茨瓦纳	87	66.2	48	102	16.3	27	30	21.5	3	39.8	18.0
布基纳法索	151	51.4	13	121	23.8	67	21	16.2	96	81.7	21.0
布隆迪	166	46.8	5	70	17.3	23	17	28.5	180	36.1	30.0
喀麦隆	167	46.1	13	126	17.0	81	14	38.9	163	46.6	33.5
佛得角	137	55.0	9	101	26.3	19	12	18.3	24	19.8	无实践
中非共和国	184	35.6	22	219	10.5	75	13	0	120	82.0	76.0
乍得	182	36.9	58	226	21.2	29	12	31.3	172	45.7	60.0
科摩罗	160	47.9	16	107	28.1	30	13	30.4	26	89.4	无实践
刚果（布）	180	39.5	49	164	8.1	54	13	0	208	53.2	25.0
刚果（金）	183	36.2	7	122	10.0	38	11	23.6	174	80.6	无实践
科特迪瓦	110	60.7	6	163	12.6	39	21	8.8	89	41.7	18.0
吉布提	112	60.5	14	146	26.2	24	26	17.7	50	34.0	11.0
埃及	114	60.1	12	173	9.7	76	32	14.4	265	26.2	22.0
赤道几内亚	178	41.1	33	144	17.4	23	13	53.0	240	19.5	无实践
厄立特里亚	189	21.6	84	无实践	无实践	78	8	9.2	无实践	16.6	无实践
埃塞俄比亚	159	48.0	32	136	3.6	52	5	24.6	194	15.2	14.5
加蓬	169	45.0	10	275	19.1	72	12	20.3	120	34.3	14.5
冈比亚	155	50.3	8	173	20.2	73	12	24.4	32	20.4	14.5
加纳	118	60.0	13	170	23.6	33	30	10.0	36	23.0	22.0
几内亚	156	49.4	15	151	20.3	44	13	0	156	45.0	10.0
几内亚比绍	174	43.2	8	143	27.3	48	22	15.1	36	28.0	无实践
肯尼亚	56	73.2	23	159	21.7	43.5	46	30.1	60	41.8	22.0
莱索托	122	59.4	15	183	13.9	43	16	10.8	1	31.3	20.0

续表

指标 国家	营商指数排名（位）	营商指数得分（分）	开办企业时间（天）	办理施工许可时间（天）	获得电力电价（美分每千瓦时）	财产登记时间（天）	保护少数投资者保护力度指数（0—50）	纳税占利润百分比（%）	跨境贸易进口耗时（小时）	执行合同成本占索赔额百分比（%）	办理破产成本占资产价值（%）
利比里亚	175	43.2	18	87	39	44	11	35.4	144	35	30.0
利比亚	186	32.7	35	无实践	12.6	无实践	9	22.1	96	27	无实践
马达加斯加	161	47.7	8	194	11.3	100	18	16.6	58	33.6	8.5
马拉维	109	60.9	37	153	17.2	47	29	20.4	55	69.1	25.0
马里	148	52.9	11	124	14.2	29	21	−7.5	77	52	18.0
毛里塔尼亚	152	51.1	6	104	17.6	49	16	0	64	23.2	无实践
毛里求斯	13	81.5	4.5	95.5	20.5	17	39	10.3	9	25	14.5
摩洛哥	53	73.4	9	58	12.4	20	35	21.1	26	26.5	18.0
莫桑比克	138	55.0	17	118	9.6	43	16	30.8	16	53.3	20.5
纳米比亚	104	61.4	54	160	15.1	44	28	16.7	3	35.8	14.5
尼日尔	132	56.8	10	98	21.3	13	21	21.6	156	52.6	18.0
尼日利亚	131	56.9	7	105	11.9	92	36	13.5	120	38.9	22.0
卢旺达	38	76.5	4	97	13.7	7	22	25.7	48	64.6	29.0
圣多美和普林西比	170	45.0	7	67	18.3	52	10	19.4	17	45.6	无实践
塞内加尔	1233	59.3	6	177	18.2	41	22	16.2	72	36.4	20.0
塞舌尔	100	61.7	32	113	32.1	33	17	18.8	33	15.4	11.0
塞拉利昂	163	47.5	8	182	18	56	20	18.5	82	39.5	42.0
索马里	190	20.0	70	无实践	无实践	188	0	无实践	76	21.4	无实践
南非	84	67.0	40	155	16.1	23	40	21.8	36	33.2	18.0
苏丹	171	44.8	34	255	2.4	11	15	11.5	132	19.8	20.0
南苏丹	185	34.6	13	131	无实践	48	8	9.2	360	30	无实践
斯威士兰	121	59.5	21.5	116	16.5	21	13	25.2	4	56.1	14.5
坦桑尼亚	141	54.5	29.5	184	12.6	67	25	20.9	240	14.3	22.0
多哥	97	62.3	2.5	168.5	17.6	35	21	10.3	180	47.5	15.0
突尼斯	78	68.7	9	133	7.7	35	31	13.6	27	21.8	7.0
乌干达	116	60.0	24	113	16.9	42	28	22.3	96	31.3	29.5
赞比亚	85	66.9	58	188	4.6	45	30	2.0	72	38.7	9.0
津巴布韦	140	54.5	27	178	12.4	29	27	17.6	81	83.1	22.0

说明：营商指数排名系以全球190个经济体为统计样本。

资料来源：https://chinese.doingbusiness.org/zh/custom-query，访问时间：2020年2月25日。

（安春英整理）

2019年中国与非洲国家商品贸易额

（单位：美元）

国家 \ 指标	双边贸易总额	中国出口	中国进口	中国顺/逆差额
阿尔及利亚	8 082 759 149	6 941 831 410	1 140 927 739	5 800 903 671
安哥拉	25 710 127 145	2 055 871 045	23 654 256 100	-21 598 385 055
贝宁	2 306 876 317	2 152 519 421	154 356 896	1 998 162 525
博茨瓦纳	318 613 998	301 479 795	17 134 203	284 345 592
布基纳法索	321 513 099	261 617 059	59 896 040	201 721 019
布隆迪	79 334 947	66 388 726	12 946 221	53 442 505
喀麦隆	2 680 271 347	1 670 593 251	1 009 678 096	660 915 155
佛得角	64 209 469	64 180 778	28 691	64 152 087
中非共和国	61 862 214	25 660 431	36 201 783	-10 541 352
乍得	726 494 666	278 805 489	447 689 177	-168 883 688
科摩罗	73 716 761	73 685 038	31 723	73 653 315
刚果（布）	6 485 175 485	434 910 733	6 050 264 752	-5 615 354 019
刚果（金）	6 505 341 985	2 076 759 113	4 428 582 872	-2 351 823 759
科特迪瓦	2 496 943 524	2 041 557 693	455 385 831	1 586 171 862
吉布提	2 226 343 768	2 206 298 932	20 044 836	2 186 254 096
埃及	13 201 823 724	12 201 186 545	1 000 637 179	11 200 549 366
赤道几内亚	1 836 279 439	113 215 382	1 723 064 057	-1 609 848 675
厄立特里亚	254 721 064	48 529 385	206 191 679	-157 662 294
埃塞俄比亚	2 666 885 721	2 322 902 324	343 983 397	1 978 918 927
加蓬	5 016 209 774	377 262 457	4 638 947 317	-4 261 684 860
冈比亚	593 910 475	512 466 843	71 443 632	441 023 211
加纳	7 643 009 963	4 903 346 467	2 559 663 496	2 343 682 971
几内亚	4 176 975 112	1 717 576 631	2 459 398 481	-741 821 850
几内亚比绍	49 341 038	31 938 678	8 402 360	23 536 318
肯尼亚	5 172 603 788	4 993 491 513	179 112 275	4 814 379 238
莱索托	103 308 012	72 034 474	31 273 538	40 760 936

续表

指标 国家	双边贸易总额	中国出口	中国进口	中国顺/逆差额
利比里亚	4 027 653 376	3 903 798 997	123 854 379	3 779 944 618
利比亚	7 252 410 677	2 451 602 928	4 800 807 749	-2 349 204 821
马达加斯加	1 276 971 181	1 072 464 407	204 506 774	867 957 633
马拉维	275 766 576	260 057 147	15 709 429	244 347 718
马里	595 403 735	435 102 274	160 301 461	274 800 803
毛里塔尼亚	1 956 540 973	1 025 889 536	930 651 437	95 238 099
毛里求斯	845 294 995	806 420 288	38 874 707	767 545 581
摩洛哥	4 670 120 370	4 034 810 814	635 309 556	3 399 501 258
莫桑比克	2 669 733 737	1 957 696 409	712 037 328	1 245 659 081
纳米比亚	709 282 213	198 171 109	511 111 104	-312 939 995
尼日尔	511 204 148	287 335 891	223 868 257	63 467 634
尼日利亚	19 274 643 606	16 622 592 902	2 652 050 704	13 970 542 198
卢旺达	300 072 185	264 995 328	35 076 857	229 918 471
圣多美和普林西比	8 934 279	8 920 559	13 720	8 906 839
塞内加尔	2 511 747 002	2 210 961 267	300 785 735	1 910 175 532
塞舌尔	65 721 730	65 653 129	68 601	65 584 528
塞拉利昂	509 280 405	313 541 165	195 739 240	117 801 925
索马里	750 083 544	731 369 640	18 713 904	712 655 736
南非	42 466 862 512	16 543 499 500	25 923 363 012	-9 379 863 512
苏丹	3 033 370 874	2 289 827 493	743 543 381	1 546 284 112
南苏丹	1 649 409 404	122 242 186	1 527 176 218	-1 404 934 032
斯威士兰	43 247 735	42 481 502	766 233	41 715 269
坦桑尼亚	4 178 546 293	3 811 330 473	367 215 820	3 444 114 653
多哥	2 311 841 034	2 131 404 091	180 436 943	1 950 967 148
突尼斯	1 573 278 798	1 364 203 356	209 075 442	1 155 127 914
乌干达	783 034 132	740 754 991	42 279 141	698 475 850
赞比亚	4 232 436 526	970 288 400	3 262 148 126	-2 291 859 726
津巴布韦	1 342 993 269	368 806 997	974 186 272	-605 379 275

资料来源：中国海关总署网站：http://www.customs.gov.cn/customs/302249/302274/302277/302276/2851396/index.html.

(安春英整理)

第十篇

年度大事

1月

1月1日 布隆迪将政治首都迁至基特加,原首都布琼布拉为经济首都。基特加市为布隆迪第二大城市,位于该国地理位置的中心,历史曾为布隆迪的政治首都,1962年布独立后将首都迁至布琼布拉。

1月2—6日 中国国务委员兼外交部长王毅对埃塞俄比亚和非盟总部、布基纳法索、冈比亚、塞内加尔进行正式访问。这是王毅2019年首访,也延续了中国外长连续29年来年初访问非洲的传统。访问期间,王毅分别与埃塞俄比亚总统萨赫勒—沃克、埃总理阿比、埃外长沃尔基内、非盟委员会主席法基、布基纳法索总统卡博雷、冈比亚总统巴罗、塞内加尔总统萨勒举行会见会谈。

1月7日 加蓬军人凯利·翁多·奥比昂中尉领导的"加蓬国防和安全爱国青年运动"占领加蓬国家电台并发表讲话,发动政变。但国内局势迅速得到控制,政变未遂。

厄立特里亚总统伊萨亚斯和埃塞俄比亚总理阿比共同宣布开放奥姆哈杰（Omhajer）至乌梅拉（Humera）的边境出入点。该边境出入点已关闭20年,是厄埃之间重要的人员、货物运输通道。

非洲开发银行（BAD）与欧洲重建和发展银行（BERD）与突尼斯发展、投资和国际合作部以及国家清洁局签署协议,两个国际金融机构共同为突融资5亿突第（约3亿美元）,实施33个新市镇的清洁卫生项目。

1月8日 安哥拉内政部长安热洛·塔瓦雷斯表示,《安哥拉外国公民法》草案已获国民议会相关特别委员会通过。新法案将引入部分程序豁免以加快处理外国公民赴安手续,与此同时,将进一步对外国人开放旅游和投资。

1月10日 利比里亚投资委员会与英国蜂鸟资源公司（Hummingbird Resources Inc.）签署一项为期25年的金矿资源开发协议,投资规模约2.5亿美元。涉及的金矿品位约1.24克/吨,储量达380万盎司,范围涉及利锡诺州、大克鲁州、吉河州和马里兰州。

中国国家主席习近平同吉布提总统盖莱互致贺电,庆祝两国建交40周年。

1月12日 加蓬总统府宣布任命劳动、就业和职业培训部长朱利安·恩科格·贝卡莱为新总理,取代现任总理恩贡戴。

1月13—19日 应阿拉伯联合酋长国、埃及、赤道几内亚和喀麦隆政府邀请,习近平主席特别代表、中共中央政治局委员、中央外事工作委员会办公室主任杨洁篪对上述四国进行正式访问。访问期间，杨洁篪与各国领导人举行会见会谈。

1月14日　肯尼亚总统肯雅塔在肯海港城市蒙巴萨宣布启动内阁改组，1名部长被免职，有2人新任政府部长，另有多名部长职位发生变动。

1月15日　非洲联盟常驻代表委员会在埃塞俄比亚首都亚的斯亚贝巴的非盟总部召开会议，标志着第32届非盟峰会系列会议拉开帷幕。

1月18日　马达加斯加举行总统权力交接仪式。在马临时总统拉库图沃的见证下，卸任总统埃里与当选总统拉乔利纳签署权力交接文书，实现了总统权力交接的平稳过渡。

1月19日　刚果（金）宪法法院宣布，国家独立选举委员会10日公布的大选结果有效，反对党候选人齐塞克迪当选新总统。

1月21日　埃及二号卫星实施协议签约仪式在埃及首都开罗举行，中国驻埃及大使馆公使衔商务参赞韩兵和埃及国家遥感空间科学局主席马哈茂德分别代表中埃合作单位签署协议。

几内亚电信部长表示，该国启动第二条海底光缆项目，提升本国的电信传输能力。

1月21—22日　欧盟和非盟在比利时布鲁塞尔成功举行峰会，欧盟同意向非盟提供贷款41亿欧元，加强欧盟—非洲私营企业合作。会议公布了"欧盟—非洲可持续投资和就业联盟"倡议。

1月23日　尼日利亚联邦政府启动"战略收入增长计划"，旨在提高政府收入水平，为经济可持续发展提供动力。该项计划包括三部分内容：一是实现政府收入的可持续发展，确保财政的弹性和韧性；二是扩大收入来源，加大征收执法力度；三是加强绩效管理，建立激励机制。

1月24日　刚果（金）新当选总统费利克斯·齐塞克迪在总统府宣誓就职，多国派出高级别官员出席就职典礼。

联合国批准给予利比里亚总额达500万美元的和平建设资金，用于和平建设相关项目。

2月

2月1日　东共体第20届领导人峰会在坦桑尼亚阿鲁沙市举行。会议敦促各成员国携手打击恐怖主义、呼吁降低成员国之间的贸易成本并解决由来已久的非关税壁垒问题。峰会期间，与会的6个成员国首脑及其代表共同签署了东非货币机构法案。

2月4日　中国国家主席习近平同苏丹共和国总统巴希尔互致贺电，庆祝两国建交60周年。同日，国务院总理李克强同苏丹总理穆塔兹也互致贺电。

习近平主席特别代表、中国常驻联合国代表马朝旭出席安理会"雇佣军活动是非洲不安全和不稳定的根源"高级别公开辩论会。

2月10—11日　非洲联盟第32届首脑会议在埃塞俄比亚首都亚的斯亚贝巴举行，此次非盟峰会系列会议主题为"难民、回返者和国内流离失所者：为在非洲被迫流离失所找到持久解决办法"。峰会上，各国首脑和政府代表对非洲和平与发展、难民和移民等多个议题展开讨论，为推动非洲繁荣、可持续发展建言献策。中国国家主席习近平致电视贺非洲联盟第32届首脑会议在亚的斯亚贝巴召开。

2月14日　联合国国际移民组织在南苏丹瓦乌建设初级医院，用于为返南民众及当地社区提供妇幼保健等医疗服务、清洁用水以及心理疏导服务。

2月15日　世界银行和法国发展署宣布，双方联手向几内亚提供1.08亿美元贷款发展电力化项目。项目的主要内容包括三个方面：首都科纳克里大区大科纳克里（Grand Conakry）城市电网改扩建；金迪亚（Kindia）大区输变电网的改扩建和完善；弗雷卡利亚（Forécariah）大区输变电网的改扩建和完善。

2月18—19日　应布隆迪总统恩库伦齐扎邀请，索马里总统穆罕默德·阿卜杜拉希·穆罕默德访问布隆迪，双方主要就各自关心的问题，尤其是非盟派索维和部队事宜进行磋商。

2月19—21日　应中国国务委员兼外交部长王毅邀请，吉布提外交与国际合作部长优素福对中国进行正式访问。20日，国家副主席王岐山、王毅外长分别与优素福外长举行会见会谈。

2月20日　津巴布韦宣布，央行将通过市场手段调节美元与本国债券货币间汇率，不再将两者官方汇率锁定在1∶1。

2月21日　乌干达与卢旺达签署引渡条约，以缓解两国紧张局势。

2月22日　苏丹总统巴希尔发表全国电视讲话，宣布苏进入为期一年的国家紧急状态，同时宣布解散联邦政府和各州政府。巴希尔的电视讲话结束后，数百名抗议者走上首都喀土穆街头，举行示威游行。

2月23日　苏丹总统巴希尔任命穆罕默德·塔希尔·艾拉为联邦政府总理、阿瓦德·伊本·奥夫为第一副总统兼国防部长，此外任命18名军方人士作为各州州长。24日，苏新总理和第一副总统以及各州新任州长宣誓就职。

2月24日　现任塞内加尔总统马基·萨勒在总统选举中获得58.26%的选票，再次当选总统。

2月24—25日　首届阿盟—欧盟峰会在埃及沙姆沙伊赫举行。此次峰会聚焦加强反恐安全合作以及根据国际法支持难民、打击非法移民等问题。

2月27日　尼日利亚国家独立选举委员会宣布，现任总统、全体进步大会党总统候选人布哈里在23日举行的大选中获胜，再次当选尼总统。

3月

3月3日 肯尼亚和埃塞俄比亚领导人对厄立特里亚进行正式访问,三国领导人在总统府举行的三方峰会上讨论了地区形势,并分别讨论了双边关系发展。

3月5日 吉布提争取进步人民联盟主席、总统盖莱在吉布提会见中联部副部长郭业洲率领的中共代表团。访吉期间,郭业洲还出席了吉人盟建党40周年特别大会,并同吉人盟总书记伊利亚斯举行了会谈。

3月5—9日 葡萄牙总统马塞洛·雷贝罗·德索萨对安哥拉进行正式访问,并与安总统若昂·洛伦索举行会谈,重点就加强两国关系并分析当前的区域和国际问题交换意见。

3月6日 中共中央对外联络部部长宋涛在京会见由总书记尼扎尔·巴拉卡率领的摩洛哥独立党代表团。

3月7—8日 卢旺达总统卡加梅对坦桑尼亚进行正式访问,两国元首会晤并讨论双边关系以及区域一体化事宜。

3月10日 埃塞俄比亚航空公司一架从首都亚的斯亚贝巴飞往肯尼亚的客机,起飞后不久坠毁,造成飞机上157人全部遇难。

由姆贝基领导力学院主办的非中关系研讨会在南非大学举行。南非前总统姆贝基作主题演讲时表示,非中合作基于互利共赢的基础。

3月11日 欧盟和安哥拉签署三项预算为2200万欧元的协议,用于资助与高等教育、公共财政以及安和欧盟之间对话有关的项目。

3月11—15日 第四届联合国环境大会在肯尼亚首都内罗毕的联合国环境规划署总部举行,主题为"寻找创新解决方案,应对环境挑战并实现可持续的消费和生产"。大会期间出版了一系列综合报告,强调有必要迅速行动以解决现有环境挑战。

3月12日 法国总统马克龙访问吉布提,开启对吉布提、埃塞俄比亚、肯尼亚东非三国的访问之旅。访问期间,马克龙总统在吉和埃塞提倡"平衡的""尊重型"伙伴关系,表示今后将进一步加强法国与非洲国家的经济、文化和防务合作,并在肯签署巨额合同。

3月13日 俄罗斯主管非洲事务副外长博格丹诺夫在坦桑尼亚总统府会见马古富力,就深化双边合作进行会谈。坦拟与俄建立双边经贸投资联委会,以推动双方经贸合作向纵深发展。

3月14—15日 第六届非洲国际发展峰会在摩洛哥卡萨布兰卡举行,主题为"当东非遇到西非",旨在进一步加强非洲地区的经济融合与发展。

3月18—22日 "维护世界和平的中国军队"主题展览在埃塞俄比亚首都亚的斯亚贝巴非盟总部举办。

3月20日　中国国家主席习近平分别致电莫桑比克总统纽西、津巴布韦总统姆南加古瓦和马拉维总统穆塔里卡，就三国遭受强热带气旋灾害表示慰问。

3月24—29日　应中国全国人大常委会委员长栗战书邀请，布基纳法索国民议会议长萨康德率团访华。26日，栗战书在京与萨康德议长举行会谈。

3月27日　乌干达总统穆塞韦尼访问肯尼亚。访问期间，双方就东非铁路网北部走廊建设交换意见并达成一致。

中国国务院总理李克强在海南博鳌会见来华出席博鳌亚洲论坛2019年年会的圣多美和普林西比总理热苏斯。

3月29日　中国人民对外友好协会与苏丹驻华大使馆在京共同举办庆祝中国苏丹建交60周年招待会。

3月30日至4月2日　应埃及自由埃及人党邀请，中共中央委员、贵州省委书记孙志刚率中共代表团访埃，其间分别会见埃议会第一副议长谢里夫、自由埃及人党主席哈利勒、祖国未来党总书记胡利和亚历山大省省长库索瓦，并签署了《贵州省和亚历山大省建立友好省关系意向书》。

3月31日　中国国家主席习近平致电阿拉伯国家联盟首脑理事会会议轮值主席突尼斯总统埃塞卜西，祝贺第30届阿拉伯国家联盟首脑理事会会议在突尼斯市召开。

第30届阿拉伯国家联盟首脑理事会在突尼斯举行。

4月

4月1日　金砖新开发银行与南部非洲发展银行签署了一项总额3亿美元的融资协议，旨在促进温室气体减排和可再生能源行业发展，此项融资将用于南部非洲发展银行指定的风能、太阳能、生物能等可再生能源项目。

4月1—2日　第二届中阿北斗合作论坛在突尼斯举办，论坛主题是"合作、应用、服务"。

4月2日　阿尔及利亚总统布特弗利卡宣布任期结束前辞职，并不再寻求第五个总统任期。

4月5日　埃及文物部长哈立德·阿纳尼宣布，埃及考古队在南部索哈杰省发掘出一座可追溯至公元前305年至公元前30年托勒密王朝时期的贵族墓葬。

4月6—7日　第十七届世界经济论坛中东北非峰会在约旦首都安曼举行，峰会围绕"构建新的合作平台"主题展开探讨和对话。

4月8—11日　应摩洛哥众议院邀请，中国全国人大常委会副委员长曹建明率团访问摩洛哥，同马勒基众议长举行会谈，分别会见奥斯曼尼首相和苏伊里代参议长。

4月9日　中国非洲研究院成立大会在京召开。国家主席习近平致贺信，对中国非洲研究院成立表示热烈祝贺。中共中央政治局委员、中央外事工作委员会办公室主任杨洁篪出席大会,宣读习近平主席贺信并致辞。

阿尔及利亚议会任命阿民族院(参议院)议长本·萨拉赫为临时总统。

4月11日　苏丹国防部长穆罕默德·艾哈迈德·伊本·奥夫发表电视讲话,宣布推翻总统巴希尔,国家进入3个月的紧急状态,并实行宵禁。

4月12—14日　应肯尼亚国民议会邀请,中国全国人大常委会副委员长曹建明率团访问肯尼亚,分别会见肯尼亚总统肯雅塔和参议院代议长金迪基,同国民议会代议长切博伊举行会谈。

4月13日　苏丹过渡军事委员会主席阿卜杜勒·法塔赫·布尔汉宣布,解除在全国范围内实行的宵禁。

4月15日　利比里亚总统乔治·维阿签署第96号总统令,颁布一系列措施,旨在改善营商环境,扭转经济形势。具体措施包括:居住许可证、工作许可证按申请人或受益人意愿最高给予五年有效期,收费标准由移民局、劳工部分别与财政部商议后发布,并由利税务总局直接征收并存入政府统一账户;取消原商工部负责签发的进口许可证,进口商品仅需向商工部进行书面备案,同时允许财政部对已有国产同类商品的进口货物征收附加税;对旅行社降低货物服务税(10%降低到7%);以及由税务总局商财政部对因政府及司法检查、审计等导致未及时缴纳关税、房地产税产生的罚金予以豁免等。

4月17日　为期一周的非盟运输、跨国跨区域基础设施、能源和旅游专业技术委员会第二届常会在开罗结束。会议主题为"开发智能基础设施以促进非洲的大陆转型和整合"。会后发表"开罗宣言",各方承诺将通过发展智能基础设施促进非洲大陆经济转型和一体化。

4月18日　利比亚民族团结政府内政部称,由于法国政府支持利东部"国民军"武装,民族团结政府决定中止与法国的合作。

4月20—22日　埃及就宪法修正案举行全民公投,公投以88.83%的支持率获得通过,现任总统阿卜杜勒-法塔赫·塞西将可执政至2030年。宪法修正案内容还包括将25%的议会席位分配给女性候选人,重新设立议会上院(参议院),恢复副总统的职位等。

4月21日　卢旺达总统卡加梅在基加利会见到访的中国全国政协副主席郑建邦一行。郑建邦还分别与卢总理恩吉伦特、参议长马库扎、众议长穆卡巴利萨举行会见会谈。

4月22日　马里总统凯塔签署总统令,任命布布·西塞为马里新总理。西塞拥有经济学博士学位,曾在世界银行任职,2013年进入凯塔当选马里总统后的第一届政府担任工业和矿业部部长,直至2016年被任命为经济和财政部长。

4月23日　中共中央对外联络部部长宋涛在京会见由埃塞俄比亚人民革命民主阵线总书记安杜亚莱姆率领的干部考察团。

4月24日　中国国家主席习近平在京分别会见来访的莫桑比克总统纽西、埃塞俄比亚总理阿比。

中国国务院总理李克强在京会见埃塞俄比亚总理阿比。会见后，两国总理共同见证了多项双边合作文件的签署。

4月25日　中国国家主席习近平在京会见肯尼亚总统肯雅塔。会见后，两国元首共同见证了双边合作文件的签署。

中国国家主席习近平在京会见埃及总统塞西。

中共中央政治局常委、国务院副总理韩正在京会见肯尼亚总统肯雅塔。

全国政协主席汪洋在京会见埃及总统塞西。

4月28日　中国国家主席习近平在京会见吉布提总统盖莱。会见后，两国元首共同见证了共建"一带一路"等双边合作文件的签署。

5月

5月3—7日　中国政府非洲事务特别代表许镜湖访问苏丹，分别会见苏丹过渡军事委员会主席布尔汉、副主席哈马达尼和代理外长易卜拉欣，就苏丹局势、中苏关系等交换了看法。

5月6日　联合国秘书长古特雷斯与非洲联盟委员会主席法基在纽约召开第三届联合国—非洲联盟年度会议。会后联合公报表示，双方将继续致力于深化战略伙伴关系，通过更加综合的方法解决和平与安全问题，实现非洲可持续发展。

5月8日　中共中央对外联络部部长宋涛在京分别会见厄立特里亚外长奥斯曼、厄人民民主与正义阵线中央政治部长耶迈尼和津巴布韦民盟全国主席、政府国防部长穆欣古里。

中国国务委员兼国防部长魏凤和在京会见津巴布韦民盟全国主席、政府国防部长穆欣古里。

5月11日　南非独立选举委员会公布的计票结果显示，执政党非洲人国民大会在2019年南非大选中获胜。

5月14—15日　埃塞俄比亚—欧盟商务论坛在比利时布鲁塞尔举行。

5月22日　南非国民议会新当选议员选举执政党非洲人国民大会推举的候选人拉马福萨为南非总统。当天，南非国民议会新当选议员在立法首都开普敦宣誓就职，并选举非国大推举的候选人莫迪塞为新一届国民议会议长。

5月24日　马里内阁会议通过一项有关在马开征非洲联盟税的法律草案。根据该法案，政府将对入境的所有进口商品征收0.2%的税款，以便为非洲联盟预算提供资助。

5月25日　习近平主席特使、全国人大常委会副委员长、民建中央主席郝明金在南非行政首都茨瓦内（比勒陀利亚）出席南非总统拉马福萨就职仪式，并于当日会见拉马福萨。

5月26—30日　应中国国家主席习近平邀请，尼日尔共和国总统穆罕默杜·伊素福对中国进行国事访问。访问期间，伊素福总统分别与习近平主席、李克强总理、栗战书委员长举行会见会谈。

5月27日　马拉维选举委员会公布总统选举结果，现任总统、民主进步党领导人彼得·穆塔里卡成功连任，任期5年。

5月29日　南非总统拉马福萨在行政首都比勒陀利亚宣布新一届内阁成员名单。新政府部门数量由36个减为28个。此次被合并的部门包括高等教育部与信息科技部、环境部与森林渔业部、矿业部与能源部等，以落实精简政府、减少开支的承诺。

5月30日　非洲大陆自由贸易区协议正式生效，成为非洲里程碑事件。非洲自贸区建设旨在进一步降低关税、消除贸易壁垒，促进区域内贸易和投资发展，实现商品、服务、资金在非洲大陆的自由流动，从而形成非洲单一大市场。

5月31日　连接肯尼亚东部港口城市蒙巴萨和首都内罗毕的蒙内铁路迎来通车两周年。这条由中企承建的中国标准的现代化铁路，是肯尼亚独立以来最大的基础设施建设项目，也是"一带一路"倡议在非洲落地的重要成果。

6月

6月3—4日　"联合国教科文组织—中国—非洲世界遗产能力建设与合作论坛"在巴黎联合国教科文组织总部举行，此次论坛的主题为"世界遗产与可持续发展与中非经验共享"。

6月4日　尼日利亚代表穆罕默德-班德当选第74届联合国大会主席。他在当选后致辞说，工作重点将包括促进和平与安全、消除贫困、加强应对气候变化行动和推动包容性发展等。

6月7日　埃塞俄比亚总理阿比分别与苏丹过渡军事委员会主席阿卜杜勒·法塔赫·布尔汉和反对派成员会谈，调解苏内部争端。

6月11日　欧盟人道主义救援及危机管理委员斯蒂廉德发表声明称，鉴于萨赫勒地区受武装冲突、气候变化等影响而面临严重人道主义危机，欧盟将向该地区七个国家提供总额为1.52亿欧元的人道主义援助，主要用于粮食安全、医疗卫生、社区重建等领域。

6月18日　西非国家经济共同体（西共体）财长及央行行长会议的重要成果是，讨论了在2020年实施单一货币有关事宜，商定一系列技术问题，包括汇率制度、货币政策框架等，并制定了路线图。

6月22日　埃塞俄比亚阿姆哈拉州首府巴赫达尔发生未遂兵变，军队参谋长遭枪击身亡。

6月25日　中国国家主席习近平在京同来华进行工作访问的乌干达总统穆塞韦尼举行会谈。两国元首一致同意，将中乌关系提升为全面合作伙伴关系。会谈后，两国元首共同见证了双边合作文件的签署。

6月26日　莫桑比克总统纽西在马普托会见到访的中央军委副主席许其亮。访问期间，许其亮与莫国防部长姆图穆克举行正式会谈，并检阅莫三军仪仗队。

6月27—29日　首届中国—非洲经贸博览会在湖南长沙举行。博览会以"合作共赢，务实推进中非经贸关系"为主题，聚焦贸易促进、投资推介、农业技术、能源电力、合作园区、基础设施及融资合作等重点领域，举办形式多样、内容丰富的各项活动。

6月28日　中国国家主席习近平在大阪主持中非领导人会晤。与会领导人就深化中非合作、支持非洲发展和联合国工作、维护多边主义等重大问题交换意见，达成广泛共识。习近平提出三点主张。

6月29日　在尼日利亚首都阿布贾召开的西共体第55届首脑会议通过决议，拟于2020年1月发行单一货币，并将其命名为"ECO"。新货币会以浮动汇率制度为基础，搭配聚焦通货膨胀目标机制的货币政策框架。

7月

7月1日　毛里塔尼亚宪法委员会公布总统选举最终结果，确认前国防部长乌尔德·加祖瓦尼获得超过半数选票，当选毛总统。

7月4日　苏丹过渡军事委员会和主要反对派"自由与变革力量"在首都喀土穆签署关于组建国家过渡时期治理机构的"宪法宣言"首份协议，将为组建过渡政府铺平道路。

7月4—5日　2019中非职业教育国际学术交流研讨会在乌干达首都坎帕拉举行。

7月5日　经过为期两天的直接对话，苏丹过渡军事委员会和主要反对派"自由与变革联盟"就组建国家过渡时期治理机构达成协议。

7月7日　第12届非盟特别峰会在尼日尔首都尼亚美举行，会议宣布正式启动非洲大陆自贸区建设，此次峰会的主题为"创造统一非洲市场"。这是非洲经济一体化进程的重要里程碑。

7月8—9日　第14届中国与葡语国家经贸洽谈会在圣多美和普林西比首都圣多美市举行。

7月11日　国际货币基金组织与刚果（布）达成救助协议，计划在三年内向刚提供4.5亿美元救助，帮助刚果（布）政府实现包容性增长，提高政府治理水平，提高公共事务管理的透明度。

7月11—12日　利比里亚总统乔治·曼内·维阿访问几内亚。两国元首商定将联手修建一条从几内亚首都科纳克里至利比里亚首都蒙罗维亚的高速公路，以及一条跨境高压输变电网。

7月13日　埃及文物部召开新闻发布会，宣布有着4500多年历史的弯曲金字塔内部墓室在修复完成后向游客开放。

7月15—20日　中国国防部主办的首届中非和平安全论坛在京举办，此次论坛主题为"携手合作，共筑安全"。其间，非方代表还参观了中国陆、海、空军部队并赴上海参访。

7月17日　联合国和非洲联盟驻达尔富尔联合特派团（联非达团）在苏丹法希尔超级营地内为中国第二批赴苏丹达尔富尔维和直升机分队全体140名官兵授予和平荣誉勋章。

世界卫生组织总干事谭德塞在日内瓦宣布，刚果（金）埃博拉疫情已构成国际关注的突发公共卫生事件。

中国全国人大常委会委员长栗战书在京会见利比里亚临时参议长阿尔伯特·切。

中国国务委员兼国防部长魏凤和在京集体会见首届中非和平安全论坛全体非方代表。集体会见前，魏凤和会见了来华出席论坛的贝宁、加纳等7个非洲国家的国防部长。

7月18—19日　埃塞俄比亚总理阿比对厄立特里亚进行工作访问。

7月19日　肯尼亚启动非洲最大的风力发电厂项目。该风力发电厂耗资7.75亿美元，位于肯北部图尔卡纳湖沿岸，由365台涡轮机组成，有助于推动肯实现绿色能源的宏伟目标。

第21届东南非国际贸易博览会和高级别商业峰会在肯尼亚内罗毕举行，峰会主题为"通过贸易促进区域一体化"。

7月25日　突尼斯总统埃塞卜西在突军队医院因病去世。突尼斯人民代表会议（议会）主席纳赛尔宣誓就任突尼斯临时总统。7月26日，中国国家主席习近平就突尼斯总统埃塞卜西不幸逝世向突尼斯代总统纳赛尔致唁电。同日，国务院总理李克强就埃塞卜西不幸逝世向突总理沙赫德致唁电慰问。

7月26日　突尼斯党主席、政府总理沙赫德在突会见中共中央对外联络部部长宋涛。宋涛还会见了突外长杰希纳维及突主要政党领导人。

8月

8月1日　毛里塔尼亚新当选总统乌尔德·加祖瓦尼在首都努瓦克肖特宣誓就职。习近平主席特使、全国人大常委会副委员长王东明参加加祖瓦尼总统的就职仪式，并于当日会见加祖瓦尼。此前，王东明还会见了即将卸任的毛里塔尼亚总统阿齐兹，向他转达了习近平主席的口信。

8月4—6日　第18届"非洲增长和机会法案（AGOA）论坛"在科特迪瓦召开，科总统瓦塔拉、美国负责非洲事务的助理国务卿纳吉出席，来自39个非洲受惠国政府和业界代表参加。美国贸易谈判代表马奥尼与非洲联盟工贸委员会专员穆长加签署了一项联合声明，将加强美非投资与贸易合作。

8月5日　埃及总统塞西强烈谴责开罗市中心发生的爆炸事件是一起"懦弱的恐怖主义事件"，誓言政府将全力铲除恐怖主义。8月6日，中国国家主席习近平就埃及开罗发生恐怖袭击向埃及总统塞西致慰问电。

8月8—10日　应几内亚总统孔戴邀请，布基纳法索总统卡博雷对几进行友好访问。访问期间，两国元首多次举行会谈，就今后加强两国在各领域的合作深入交换意见。两国元首商定，修建一条联通两国的跨境铁路线。

8月15日　圣多美和普林西比政府与非洲开发银行及葡萄牙签署《葡语国家倡议》。

8月17日　苏丹过渡时期文官权力机构文件《宪法宣言》签字仪式在首都喀土穆举行。《宪法宣言》是苏军事过渡委员会同反对派联盟"自由与变革力量"就推进苏政治过渡进程达成的基础性文件，主要规定了组建过渡期最高权力机构、政府、议会的基本原则和具体安排。

8月18日　乍得总统代比宣布，受部族冲突影响，乍东部西拉省及相邻的瓦达伊省进入为期3个月的紧急状态。

8月21日　乌干达总统穆塞韦尼和卢旺达总统卡加梅在安哥拉首都罗安达签署了一份谅解备忘录，标志这两个东非国家将停止对抗，结束两国间紧张关系。

8月28—30日　第七届东京非洲发展国际会议在横滨举行，此次峰会主题为"通过人力、技术和创新推动非洲发展"。

8月31日　埃塞俄比亚总理阿比会见以色列总理内塔尼亚胡，双方表示重点关注包括现代农业、灌溉、信息通信技术、医疗和旅游业等领域的投资合作。

9月

9月1日　南非一些民众聚集在约翰内斯堡市中心，抗议毒品交易猖獗，并将原因归结于移民，随后，示威者开始攻击和抢劫外国人和移民开设的商店。从2日起，暴力行为从约翰内斯堡蔓延至比勒陀利亚，并持续多日。

9月4日　习近平主席特别代表、中共中央政治局委员、中央外事工作委员会办公室主任杨洁篪在内罗毕会见肯尼亚总统肯雅塔。同日，杨洁篪还会见了肯尼亚外长朱马。

9月4—6日　世界经济论坛非洲峰会在开普敦国际会议中心举行，主题为"第四次工业革命塑造包容性增长和共同未来"。会议围绕如何加强基础设施建设、创造更好的投资环境、加速非洲贸易一体化、鼓励技术创新、推广新技术应用等话题展开讨论。

9月5日　习近平主席特别代表、中共中央政治局委员、中央外事工作委员会办公室主任杨洁篪在阿布贾会见尼日利亚总统布哈里。同日，杨洁篪还会见了尼日利亚外长奥尼亚马。

9月7日　中国国家主席习近平就津巴布韦前总统穆加贝不幸逝世向津巴布韦总统姆南加古瓦致唁电。

9月8日　埃及航天局在位于埃及新行政首都附近的航天城举行仪式，宣布由中国援助的埃及二号卫星项目启动。

9月9日　中非合作研讨会在埃塞俄比亚首都亚的斯亚贝巴举行，会议由中国驻非盟使团与塞尤姆基金会共同举办，主题为"传承传统友好：中非合作成果和展望"。

9月10—12日　第五届对非投资论坛在刚果（布）首都布拉柴维尔举行，此次论坛主题为"加强合作，促进非洲地区就业和经济多元化"，设立人力资源开发、数字经济与创新、公私合营与营商环境、工业化与全球价值链、气候与智慧能源5个专题。

9月14日　西非国家经济共同体特别峰会在布基纳法索首都瓦加杜古举行。西共体15个成员国以及毛里塔尼亚、乍得首脑出席。与会各方就筹措10亿美元资金用于打击区域恐怖主义达成一致。

9月14—15日　厄立特里亚总统伊萨亚斯对苏丹进行为期2天的正式访问。两国就促进经济、贸易、政治、外交以及军事安全合作达成共识。

9月16日　卢旺达总统卡加梅在乌鲁维鲁村主持召开东共体商业理事会议，主题为探讨应对阻碍贸易和经济一体化的挑战。

埃及、苏丹、埃塞俄比亚就埃塞俄比亚复兴大坝问题举行三方会谈，但无果。该大坝的填筑及运营的周期问题一直是三方争论的核心问题。埃塞坚持3年为周期的运营时长，而埃及则主张以7年为期。

9月24日　中国国务委员兼外长王毅在纽约出席联合国大会期间会见苏丹过渡政府总理哈姆杜克。

9月26日，苏丹执政的联合主权委员会发布称，由于利比亚和中非共和国对苏丹的国家安全和经济构成了严重威胁，决定关闭与两国之间的边界。

9月28—30日　第六届中国（埃及）贸易博览会在埃及首都开罗国际展览中心开幕举办。

10月

10月3日 安哥拉本格拉铁路项目正式移交签约仪式在安哥拉港口城市洛比托火车站举行。

10月4日 喀麦隆为解决该国英语区分离主义危机而组织了全国对话，当天通过的最终报告建议赋予英语区特别地位。

中国国家主席习近平同几内亚总统孔戴互致贺电，庆祝两国建交60周年。

10月11日 挪威诺贝尔委员会宣布，将2019年诺贝尔和平奖授予埃塞俄比亚总理阿比·艾哈迈德·阿里，以表彰他在谋求和平和国际合作方面所作的努力，尤其是在解决与厄立特里亚边境冲突方面的决定性举措。

10月12日 马拉松世界纪录保持者、肯尼亚长跑名将埃鲁德·基普乔格在奥地利维也纳冲击全马两小时大关成功，成为在两小时内完成全程马拉松的历史第一人。

10月16日 世界粮食日，2019年的主题是"行动造就未来，健康饮食实现零饥饿"。当前世界粮食安全形势整体向好，但仍面临严峻挑战，非洲国家面临的饥饿问题尤为突出。非洲是世界上粮食最不安全的大陆，大约每四人中就有一人营养不良。目前非盟和非洲国家正在积极采取对策。

10月17日 中国与毛里求斯正式签署自由贸易协定，成为中国商签的第17个自贸协定，也是中国与非洲国家的第一个自贸协定。当日，中国商务部部长钟山与毛里求斯驻华大使李森光分别代表两国政府在北京签署了《中华人民共和国政府和毛里求斯共和国政府自由贸易协定》。

10月17—23日 应南非国际关系与合作部长潘多尔邀请，中国国务委员兼外交部长王毅对南非进行正式访问。访问期间，王毅分别与南非总统拉马福萨、南非外长举行会见会谈。

10月23—24日 首届俄罗斯与非洲国家峰会在俄罗斯索契举行，峰会重点讨论俄与非洲国家在经济和安全等领域的合作。

10月24—25日 第四届非洲IT展在拉巴特举行，主题为"使数字化成为非洲新资源和增长引擎"，由刚果共和国和中国作为主宾国。

10月25日 博茨瓦纳首席大法官特伦斯·兰诺瓦内在博首都哈博罗内宣布，现任总统莫克维齐·马西西领导的民主党在日前举行的国民议会选举中获胜，马西西将继续担任总统。

10月27日 莫桑比克全国选举委员会公布选举结果，现执政的莫桑比克解放阵线党及其总统候选人纽西以压倒性优势赢得15日举行的大选。

第四届中非艺术节在埃及南部历史文化名城阿斯旺开幕。

10月28日 中共中央对外联络部部长宋涛在京会见南非副总统、非国大副主席马布扎。

10月29日　中国国务院总理李克强在京会见来华进行正式访问并出席中国南非国家双边委员会第七次全会的南非副总统马布扎。

10月30日至11月3日　应中国国家副主席王岐山邀请，南非共和国副总统马布扎对中国进行正式访问，并同王岐山共同主持中南国家双边委员会第七次全体会议。

11月

11月1日　博茨瓦纳当选总统莫克维齐·马西西在首都哈博罗内宣誓就职。

11月4—13日　应马达加斯加共和国政府、纳米比亚共和国政府、加纳共和国政府邀请，中国国务院副总理孙春兰对上述三国进行正式访问。访问期间，孙春兰分别与各国领导人进行会见会谈。

11月5—7日　非经委政府间专家和高级官员委员会第23次会议在厄立特里亚首都阿斯马拉举行，东非各国共同讨论非洲区域一体化。

11月6—7日　2019全球能源互联网暨中非能源电力大会在京举行，大会主题为"全球能源互联网——绿色低碳可持续发展之路"和"非洲能源互联网——非洲发展新动能"。

11月8日　突尼斯最高独立选举委员会宣布突议会选举最终结果，突尼斯复兴运动党在议会217个席位中获得52席，成为议会最大党。此外，有30多个政党获得议会席位。

11月10—13日　应利比里亚众议院邀请，中国全国人大常委会副委员长武维华率团访问利比里亚，访问期间武维华会见了代总统麦吉尔，同利众议长钱伯斯、临时参议长阿尔伯特·切举行会谈。

应埃及议会议长阿里邀请，中国全国政协主席汪洋对埃及进行正式访问。访问期间，汪洋分别会见了总统塞西、总理马德布利，并同阿里举行会谈。

11月11—13日　由非洲开发银行主办的第二届非洲投资大会在南非约翰内斯堡举行，旨在推动非洲基础设施建设，进一步释放经济发展潜力。

11月12日　毛里求斯新一届政府在位于莫卡市的毛总统府宣誓就职，执政党联盟"毛里求斯人联盟"领导人普拉温德·贾格纳特出任新政府总理。

11月14日　中国国家主席习近平在巴西利亚会见南非总统拉马福萨。双方表示，要加强发展战略对接，积极扩大双边贸易和投资，拓展产能产业、基础设施建设等领域合作，共建"一带一路"。

11月18—22日　"2019年非洲工业化周"在埃塞俄比亚首都亚的斯亚贝巴举办，主题为"用非洲工业化撬动非洲大陆自贸区市场"。

11月25日　中国、俄罗斯、南非三国海上联合军事演习开幕式在南非开普敦港码头举行。

11月26日　第三届中国（肯尼亚）产能合作品牌展览会在内罗毕开幕。

11月27日至12月8日　首届几内亚制造产品博览会在首都科纳克里举办。

11月30日　纳米比亚选举委员会宣布，现任总统哈格·根哥布在本月27日举行的总统选举中获胜，再次当选纳米比亚总统。

12月

12月2日　毛里求斯国民议会通过总理贾格纳特提名的新总统人选，普里特维拉杰辛格·鲁蓬当选毛里求斯总统。

12月3日　西非经济货币联盟特别峰会在塞内加尔的贾姆尼亚贾闭幕，会议决定向同为该联盟和萨赫勒五国集团成员国的马里、尼日尔和布基纳法索提供1亿美元资金支持，用于打击萨赫勒地区恐怖主义。

中共中央对外联络部部长宋涛在京会见由尼日利亚全体进步大会全国主席奥希奥姆霍尔率领的该党代表团，就推动两党两国关系发展交换了意见。

12月9日　第九届非洲、加勒比和太平洋地区国家集团首脑会议在肯尼亚首都内罗毕开幕，会议主题为"致力于多边主义的非加太集团转型"。

12月10—12日　非盟网络安全专家组（AUCSEG）在非盟总部举行成立后的首次会议，代表非洲5个次区域的10名网络安全专家出席会议。其间各位专家讨论了非洲大陆的网络安全问题及面临的挑战，并研究了最好地应对这些挑战的方法。

12月11—12日　阿斯旺可持续和平与发展论坛在埃及南部城市阿斯旺举办，论坛围绕非洲如何应对恐怖主义、气候变化、能源安全、地区冲突等议题进行讨论，发布《阿斯旺和平与发展报告》及《阿斯旺可持续和平与发展宣言》。

12月14—17日　第三届世界青年论坛在埃及沙姆沙伊赫举行，论坛主题为和平、发展和创新。

12月17日　全国政协副主席、中非友好小组组长王正伟在京会见以塞拉利昂议会副议长赛格普·托马斯为团长的非洲国家青年议员访华团。

中国向遭受旱灾的纳米比亚提供紧急粮食援助的发放仪式在纳米比亚北部卡万戈西地区的恩库雷恩库鲁举行。

应贝宁议会邀请，全国政协副主席邵鸿率团访贝，贝总统塔隆在科托努会见代表团一行。邵鸿还与贝国民议会议长弗拉沃努以及部分议员举行会谈。

12月17—22日　应乌干达共和国、刚果共和国、塞内加尔共和国政府邀请，中共中央政治局委员、中央外事工作委员会办公室主任杨洁篪对上述三国进行正式访问。访问期间，杨洁篪分别同三国元首、外长会见会谈。

12月19日　阿尔及利亚当选总统阿卜杜勒-马吉德·特本在首都阿尔及尔万国宫会议中心宣誓就职。

12月20日　欧盟委员会宣布与摩洛哥合作实施一系列新项目，融资额达3.89亿欧元，以支持摩洛哥进行改革、包容性发展、边境管理以及实施《摩欧共同繁荣伙伴计划》。

12月21日　西共体（ECOWAS）国家元首和政府首脑委员会第56次会议在尼日利亚阿布贾开幕。此次会议除地区状况年度报告外，还审议调解和安全理事会的报告、部长理事会报告、单一货币特别报告、区域安全行动计划以及安理会主席关于几内亚比绍的政治局势和总统选举的报告。

法国总统马克龙与西非经济货币联盟八国（贝宁、布基纳法索、科特迪瓦、几内亚比绍、马里、尼日尔、塞内加尔和多哥）在科特迪瓦签署协议，宣布结束使用西非法郎。

12月22—28日　第28届阿尔及利亚生产博览会（FPA 2019）在会展中心举行，特本总统主持开幕式，博览会主题为"阿尔及利亚：多元、创新和竞争性经济"。

12月25—27日　应埃塞俄比亚总理阿比邀请，厄立特里亚总统伊萨亚斯抵达埃塞俄比亚并对其进行工作访问。

12月26日　南苏丹总统基尔视察中国援建的南苏丹朱巴教学医院。

12月28日　索马里首都摩加迪沙一处公路检查站遭自杀式汽车炸弹袭击，截至30日已造成至少79人死亡、149人受伤，这成为2017年10月以来索马里发生的最严重的恐袭事件。

（赵苹整理）